U0588057

說郛三種

捌

[明] 陶宗儀 等編

上海古籍出版社

說郛目録

尤射

魏 繆襲

口贊從王𠳿厥德縱射觀游罔度獲尤于上天口遂戒旃㳄游內讌擷盡也悛民于時肅太史胴采似姓名作尤、志悛汁也

𦎫稽觀射口氏口烈黨般譜憿苦濟婧言其德也鄒淑奕坦允魏恂繹令順懿揚言其威儀口口也有聞旁外三十有一識射口乃蹻艘于門爰路于江以搜厥𢐄有牢有憮有慍有瀉曰寡人爽義爽干長謝射也罔曰弗俚惟𢐄咨

人亦有言惟天斯地惟文斯武謂射不可已也口口口𢐄罔紓下參闕文鳳凰來儀此錯簡當在有聞旁外之下

右稽觀第一

口口口我報聘于王亦𠭯曰求仇二月口口遺射大罰于江槳弗逆尤自此也故有後戒有攓于厥中艐于鑠射退我旋于王惟辰心弗逆釗抽厥畢惟脅闐㚘遺惟曰河濁有淸寧朕挺予倚淸哉淸哉余惟辰愼哉闕

右搬騁第二

口口戊口又通射于林丘旋有非六月口口命澳錫

我以言格我以詠辰我惟禔曰厲哉脩哉淡再格曰厲我于時聿厥憮曰小子敬告惟略朕詠瘉朕殺朕殺庸恫恩以詹惟恍以延朕弗德罔承譬華軺車軸也而朽桃賊襦而敗裳奚搋偶已冐子之錫敢弗薄以副格錫畀惟對厥錫□□□□□□□□惟乃競競罔化于朕躬允若時辰乃朕扈乃錫于萬億禩罔俊□□諷遲由時罔夙夜達厥問先求得其歡心然後諫于射□□□□□□賦我思二章此句當在爽再格曰厲下□

右遇射第三

喘有事于江麋姦芊典告我灼押書訓之尢曰烏乎天産吉人挺吉惟寒禀敬采事閒躬罔弗終輕采慢躬罔獲濟古哲有言輕火略焚慢水略溺烏乎戒哉地匪履勿履采匪廸勿廸謹于行事□□□上下暲明也爰易鶩陰陽鋼正也爰罔僭嚴于治國道本也戒自兹哉古吝成氏獵于江百倅弗邇中央氏遝于應門百姓躊躇猰雅豕就食于橧靡哉嘗鳳鳥妄擾有師具啼自兹犨顧也勿恣厥遊妄奔傷足恣遊圮度采蹈于尤靡至□□躬協于義靡夵□也俾惟曰甫田弗悉去厥莠大壁弗悉去厥瑕辰肆于觀游亦惟制于乃鼓閒俾惟曰臾大也墻底壞胎杪穴喬木底朽胎趍蠹辰撿于厥身亦惟光于乃令德奚臧否于朕觀□□□□□□□□警戒勔釗朕觀惟辰迹迹興所指者廣不必及射而射在其中可謂善諫矣射□疾旃于時亟悛

右尤戒第四

□□□□我贈玉藉芳報如旃罔藉惟惟曰侯乃巳敎芳奚席于寡人侯□□我贈元毛報如旃□□錫實以糊犄我滋遲賦無衣于時辰期于江門奄雎筵

罔逆辟惡也侯□□上國之香龕□蠡昏辰易□□□夢月墜于前典賦詩曰明月爛兮倜以有翰兮濟曰匪觀兮迹印之館兮□□我獻箴嘉旃□□我有松丘之志將曾曰侯□□好也俾俾訣適曰寡人弗德幼弃于我前社嗣雁多艱兹恃乃以薄荷揣何有郎弗有寡人將弗有爽阱艾疇乂厥中罔中惟乃中厥行罔行惟乃行厥言罔言惟乃言若苗方萌弗耕弗耘弗有旋戍熟也若雞方卵弗伏弗適弗有晨寡人侯煋崽鄉姓冬煋崽侯艾蔣俀艾之松丘時蹩寡人覩覩蹩磐從

艾苦哉弗苦何眷也而松丘之茹朧服玑止抑嬉愉
何弗苦也肆嘗之責其去國也于辰我請戾于西殿侯魏
盈焉弗格惟錫醴餚餚饎我遅弗瞑眩弗克樹疾殄
覆馮以惓錫我寶枕紾也玉席筆也命寧口口命空
于期門弗遣口口口甘露降于時辰奏樂名曰玉
華曲名也靡辰罔奏盛口口介口侯古寶古圓二辰錫
我一辰易如香口口口口乃會八乙卯甲子侯月會
丙子丙辰侯日會癸亥戊辰侯歲會侯時會二咸以
戊子壽好也口口我辰奏蔑牒匪攸匿然以服辟泄
尤射　八　四
也口侯口聘我元玉上等玉口誓也錫書弗藉善聿書曰
觀恂立誓筵罔底貳攸貳于厥中有如大江于淵内
宮昭告皇天口口口既而賦大車之末章藏于盟府
口口侯曰寡人惟背回也反言若治而曰亂也若在疚匪藥焉有
瘳背寡人將以仲秋之望口口錫我寶環秬鬯一卣
我拜錫口口望不果背奏書寓忱我肅對曰曩我逖
罔武布厥愫幸乃射忝于游射恂失德展乃皇天置
介俾觀觀其乘合我展嘉天之賜自茲迄茲靡有怠
賜胎卽命我背寧甲子追侯小罔大矢厥胎衷我展

慽□古有姦咎我慽姦逝厥咎覆射于令德垂禔于
子孫顯問於後禜慽乃蘊于乃射靡獲釋茲侯曰盬
空共辰豈胎衷胎易我玉莫巳脩茲拒我背莫巳葯
胎衷乃射莫罔射茲睽曩誓莫罔人艮苗恒昧于秋
獲時風恒昧于昏雨首滅末否鮮末然我焉獲乃終
以貳寧靡盟府曩誓騰中永言曰東圃有木其名曰
李招我于圃曰請食爾恒繁者華恒鮮者子命乎命
乎吾將去此書口口有曰口責其口口吉詩口口口口侯諷有椒鹽循蹝
請于時我盬空口以上乃口口口口口口以下實口口口口
尤射　八　五
右贈玉第五
侯口口齊厥令幼墜于學我惘旃凾純成華也葯黔
墨也丹牒滕書訓曰維鏞弗鑠終匪金維人弗學終
匪彥肆古聖后勤幼靡怠聞旃大庭有懿元妃名曰
無設大庭槊勅鄉厥學畀筞三千有奇俾抽中宮采
采糊厥厥躬無設服于靡斁日昏術輯采藏錠蠢于學
恒悖以狙鷄鳴術祉瞻厥采旬日之夕僅一瞋棊
芡然有成庸作大庭之歌白鴿牾牾朱鸞翁翁牾牾鳴聲
翁翁鳴貌終降于厥宮無設弗厲祥礦弗瑟再恭而後咏

明月敷厥行爍曤罔晝貳學若時焉弗學而可底時
侯念于兹内朕訓奏純成葯黝豎丹牒虫耶玄以妙
惟乃索心以從斯罔俾無設專顯于大庭朕嘉乃錫
惟芊維秋九月拜丹牒于内殿夜嚴以佔奠有獲一

右學訓第六

侯冬十月□□有東之役我弗送□□我賦卷耳之
首章□歸自東我弗克逆皆道我□□我東厥駕□
賦伯兮之二章我賦鴟鴞之三章□□我暨繹示之
圖而旋闕

右東役第七

維三十有三載克終我訓令于辭民歌曰瞻彼世兮
辭有雙鬓謂蛇兮今則龍何必佔畢盤游是從□□
□□□□□□□□□□侯時□内豫信信腆致
我玄貂一兩苴飲二布之貴重者可以爲帶寶珠二圓丘石一
大玉出海外神山□□我報以承澤二寶屬也出□□志侯永寶川山
□□□□□□□□
□□□玄貂屬也

右腆致第八

維正月□□越□日□□我報□□之聘遂舘旃屢

俾丙仲秋之背厥緒則書寓我曰欽拜稽首稱言焉
乎淩遜予觀弗克儀惟弗天屬維因旋村于卯下若
麋鹿之在厥縣若野鳥之在厥筱靡敢花也长逸乃德
展龐濬深也侯慨慨于厥裘罔攸寧金疇弗曰厥孔
堅恒液于厥熾淵疇弗曰厥孔深恒測于厥泳翀至
也予觀之弗詣夫情厥惟恂堅臨深哉允迺于淵金
夫嘗察越于觀　鮮遂于兹厥言幼聆諸黄耇農侯
食耕卒有獲女侯食績卒有織夫惟耕罔越乃心後
惟終獲遂乃顧烏乎允監哉予觀靡嘗若厥魚趾步

離水罔靡悔苟離未悔食言乃厥諱辰也此章□我□言□□
庸作咎曰猷祇膺乃告昭乃忱攸隱厥弗辰序于埜
焉憾若侯躬隱嘗苗之式雨厥旱罔天咎咎侯苗嘗
嘗之式相厥顛罔相咎咎侯嘗予攸弗辰或咎乃允
若乃告子誕大也禔兹藉右人厥一人辰偕升若降
厥心弗勍印罔爸厥一人遜越參若商厥心辰在若
若何貪若其靡曰寧遜乃心允一予紓背厥罔憾苟
設貳辰在予側亦罔光允若乃告予誕禔予忠乃徽
乘獲乃徽言服乃慰卸淩遜乃徽言辰冀嗚呼乃射

𠬝中盤厥門又戒射忠哉人胥詩張皇淮乃之皇慶尚惟
背世音鈙行行文此章□□會不□□自也
右捌言第九
巳巳召會于吕圃弗至□□庚午我申欸釆越石志
過也欸紒也□□□□□釆事□□□□越□□□□□□夏五月□□越□□
門賓籍詩滕我志服也其一曰鷄鳴歐歐聲也明燈
晢晢音制摩彼華衾彼疎之之辭三載在是澌言紙之爛
矣初製賦也三載而若初製不不寢也□□其二曰方朋伊何榜入擊
鼓其聲橦橦歷我江滸思子不見蹢蹢獨翔賦也□□□□
尤射
八
□蹄子也其三曰昔我邂子𦬊莔葳蕤今我懷子有蒿蓼
差日月疾邁氷炎我息賦也□□其四曰青青絲竹蔭我
宮墻馥馥幽蘭發我堂廂堂之左右廂安得覯子薦以兕
觥賦也其五曰曰汗卬手十彼淸水丹魚羣游衎衎
其體彼何修斯天佑之祉賦也美佑祉于魚悼已不天也其六曰歷
覲重門以眺玄里楊柳方方倉庚嚶止願乘行雲言
覲君子賦也
右志服第十
六月□□我尋盟侯錫書曰赤帝肆壽舍石其渤請

紓厥會商弗果顒蒼實監侯厥攸行我避闕文
右赤帝第十一
□□□□錫我紫紈之幃黃金飾□秋□□寒盟我
弗豫于時曹侯蘄好蘄求也闕文
右紫幃第十二
癸酉歸我以承澤□□乙亥錫我服屬覲寶器也冬至
□□□日卜夢其繇曰有女孄娥坐彼虎子有窺厥
牖展侯吉士卜人曰有女有士陰陽協也虎子威始
也窺牖通明也陰陽既協威始而邇明岡弗吉尤到
尤射
九
于射于埒又縱射觀游我戒之□□□丙子錫我蒨
蒨紵紵筐篚觀造也躬觀其造□管道也□□□□闕
右承澤第十三
十一月□□我卜會其繇曰言宗其猶觀光于朝卜
人曰宗猶合也觀光于朝丕慶哉載其繇曰有芳其
杏侯合合止曰巳合也而芳在其中君岡攸疑合也
□□薛伯蘢曰侯先往我侯弗遴闕文
右卜合第十四
戊寅越七日壬子吉實至于吕圃有陳侯之會我西

弗遊我賫書曰屬古囗囗夏囗囗越茲疇曰厥弗遜
卒未獲丕會侯微茲乃命厥軼匪乃祧何底時于方
迫于費會陳侯辰維鼻孟脈會儀草震東風丕會匪
茲疇攸善予何弗辰乃弗在館疇式授几進疇式蠲
飲食疇式蔬戾疇式逆逝疇式送徙觔于乃躬罔繇
丕會乃越上何仇予越下何戾上下天地也俾若時謩舟
之幾獲豎𡿨而風瑟譬大旱踰蕿而降霖若弗瑟弗
降鬱陶乎厥衷予雅靡攸如乃弗格已行个格邁已
逾辰格焉汗勝焉以下闕予中靡攸泊若子雁越海若鰥買

之止于遐闕芸芸曷獲次尚乃弗罪厥弗逬予欽辰
辰空乃鴽闕文

右實至第十五

囗囗丁丑我有京師之役我賫以華虫帶鉤也報我趾
澤之履趾澤在鼻際西出命歸囗囗我歸自京師闕

右華虫第十六

囗囗癸酉我賫以追捫寶扇名藉爪芳報我襦袱寶器也
眞交也闕囗乞膚金作今銀也于我

右追捫第十七

右雨會第十八闕

四月囗囗戊命史于京師發黃金廿兩兩一車兩輪也五月
蔑生明囗囗囗囗囗囗囗囗丁夫錫我辟邪流蘇
五色錦幨闕許報合

右命史第十九

囗囗囗囗囗復射禮也囗囗囗囗書曰渡于鳩水舍
厥會執越子里先得金嗣射從時昌于孫惟振振承
膺天休闕

右復射第二十

射經

宋　王琚

總訣

凡射必中席而坐一膝正當垛一膝横順席執弓必中在把之中且欲當其弦心也以弓當左膝前竪按席稍吐下弰向前微令上傾向右然後取箭覆其手微拳令指第三節齊平以三指捻箭三分之一加於弓亦三分之一以左手頭指捘之則轉弓令弦稍離身就箭即以右手尋箭羽下至闕以指頭第二指節

當闕約弦徐徐送之令衆指差池如鳳翮使當於心又令當闕羽向上弓弦既離身即易見箭之高下取其中平直然後擡弓離席目覘其的按手順下引之令滿其持弓手與控指及左膊肘平如水准令其肘可措杯水故曰端身如幹直臂如枝直臂者非初直也架弦畢便引之比及滿使臂直是也引弓不得急急則失威儀而不主皮不得緩緩則力難爲而箭去遲唯善者能之箭與弓把齊爲滿地平之中爲盈貫信美而術難成要令大指知鏃之至然後發箭故曰鏃不上指必無中矢指不知鏃同於無目試之至也或以目視鏃馬上與暗中則乖此爲無術矣故矢在弓右視在左箭發則靡其弰厭其肘仰其腕目以注之手以指之心以趣之其不中何爲也又曰矢量其弓弓量其力無動容無作色和其文體調其氣息一其心志謂之楷式知此五者爲上德故曰良患弓軟服當自遠若患力羸恒當引之但力勝其弓則容貌和發無不中故始學者先學持滿須能制其弓定其體後乃射之然其的必始於一丈百發百中寸以加

之漸至於百步亦百發百中乃爲術成或升其的於高山或致其的於深谷或曳之或擲之使其的縱横前却所以射禽獸與敵也凡弓惡右傾箭惡其儒音頤惡傍引頸惡却垂胷惡前凸背惡後偃皆射之骨髓疾也故身前竦爲猛虎方騰額前臨爲封兕欲鬬出弓弰爲懷中吐月平箭闕爲弦上縣衡此皆有威容之稱也

又曰凡控弦有二法無名指疊小指中指壓大指頭指當弦直竪中國法也屈大指以頭指壓勾指此胡

澁也此外皆不入術　法力少利馬上漢法力多利步用然其持妙在頭指間世人皆以其指末齪弦則致箭曲又傷羽但令指面隨弦直竪即脆而易中其□遠乃過常數十步古人以爲神而秘之月法不使□指過頭亦爲妙爾其執弓欲使把前入扼把後當□指本節平其大指承鏃却其頭指使不得則和美有聲而俊快也射之道備矣哉○井儀開弓形所謂懷中吐月也○襄尺襄平也尺曲尺也平其肘所謂肘上可置杯水也白矢矢白鏃至指也所謂彀率也

○剡注注指也以弓弰直指於前以送矢俗所謂縿揎也剡銳也弓弰也靡其弰○參連矢行急疾而連參也

步射總法

左肩與胯對垜之中兩脚先取四方立後次轉左脚大指垜中心此爲丁字不成八字不就左手開虎口微鬆下二指轉弝側臥則上弰可隨矢直指的下弰可抵脚骨下此爲靡其弰右手摘弦盡勢翻手向後要肩臂與腕一般平直仰掌現掌紋指不得開露此爲壓肘仰腕射經曰無動容無作色按手頤下引之令滿取其平直故曰端身如幹直臂如枝箭發則靡其弰壓其肘仰其腕胸凸背偃皆是射之骨髓疾也

步射病色

開弓斷手謂前手太高　手低不平開弓摸手謂前手太低後手高開弓偃弰謂身直頭偃前手腕仰兩摘謂不發用力及前後分解不齊所弦謂遺箭分弓實握不轉腕微鬆手轉弝脫弝謂手太鬆側拱手弝剟弰弰子大二件謂下弰傳右脚後手約謂手側不

仰腕後手小謂斂定手不放手後手偃後手捲二件謂遺箭不直硬或剪弦列手

前後手法

宋盧宗邁太尉釋撥說文云側手擊物曰撥謂當後手如擊物之狀令臂與肩一般平直是也捩說文云捩拗也謂以前手推弝後手控弦如用力拗捩之狀繃說文云繃斷也謂當以後手摘弦如繃斷之狀翻手向後仰掌向上令見掌紋是也控說文云控擲也即當以前手點弰如擲物之狀令上弰指的下弰抵

肩骨下也

馬射總法

勢如追風月如流電滿開弓緊放箭目勿瞬視身物[illegible]坐不失其馳舍矢如破

持弓審固

左手垂下微曲大指羈弝第二第三指着力把弓箭餘指斜籠下弰指左脚面曲右手當心右臂貼肋以大指第二第三指於節上四指絃叉提弰箭筈與手齊訣曰持弓審固事須如垜在南踌面向西右手提

弓左當弝仍令箭筈兩相齊

舉弝按弦

欽身微曲注目視的左手輪指坐腕弝弓箭如懷中吐月之勢續以左手第二指與第三指靠心斜入撥弦令弓上傳着右肩然後舉左脚三移其步以取箭訣曰舉弝撥弦橫縱脚輪指坐腕身微欽上弰斜傳右肩膊左手持把橫對心

抹羽取箭

以左手三指丞下緊抵前四指五指鈎落上[illegible]右脚隨步合左手指弰抵弝以二指按箭三指斜撚箭四指五指向裏斜鈎左手二指三指羈餘掣箭至鏃訣曰前當弓弝一般齊三實兩虛勢漸離小指取[illegible]羈緊鏃抹羽入弦無暫遲

當心入筈

右手第二指緊控箭筈大指捻筈當心前手就後手撥幹入筈左脚尖指垜脚跟微出右脚橫直鞋衩對垜淺坐箭筈左手第二第三指坐腕羈前雙眼斜覷的訣曰右手二指抱箭筈兩手相迎穩入弦捻筈當

心斜覷帖緊膨兩膝直如衡

鋪膊牽弦

輪指把弝推出前手微合上弰兩臂弦曲不可展盡左手輪指容第二指過弓弝節上大指面緊着弓弝屈起指節餘指實屈鋪下前膊左右脚膝着力同入筈法訣曰前脚鋪下若推山右指彎弓緊扣弦兩臂稍曲不展盡文牽須用緩投肩

欽身開弓

以右手第二指取箭弝外覷帖側手引箭至[illegible]

靠定血盆骨爲進凡鏃與弝齊爲滿半弝之間爲貫盈貫盈信美雖有及者大抵脅肋腳膝着力亦同入筈法訣曰開弓發矢要欽身弝外分明認帖眞前肘[illegible]雙膊聳脅肋腳膝力須勻

極力遣箭

球腰出弰上弰畫地下弰傳右膊後手仰腕極力遣後肘過肋倚後手向後前手猛分虎口着力向下急捺轉腕以第四第五指緊鉤弓弝兩肩凸出[illegible]力倍勁訣曰弰去猶如搦斷把箭發應同撚折[illegible]箭[illegible]

畫鞋後靠脊極力遣出猶自然

捲弦入弰

後箭兩手相迎直右手過胷曲左手捲弦以右第二指取箭前腳跟着地聳身稍斂雙眼覷帖曲右手貼肘以左手第二第三指側手羈翎直右手上臂仰腕過胸取箭訣曰右指羈箭當胸出左手捲弦弰靠肩箭已中將無動手抹羽入筈法如前

弓有六善

一者性體少而勁二者太和而有力三者久射力不屈四者寒暑力一五者弦聲清實六者張便正凡弓性體少則易張而壽但患其不勁欲其勁者妙在治筋凡筋生長一尺乾則減半以膠湯濡而極之復長一尺然後用則筋力已盡無復伸弛又揉其材令仰然後傳角與筋此兩法所以爲筋也凡弓節短則和而虛(虛謂挽過吻則無力)節長則健而柱(柱謂挽過咳則木強而不來節謂把梢裨木長則柱短則虛)節得中則和而有力仍弦聲清實凡弓[illegible]射與天寒則勁強而難挽射久天暑則弱而不[illegible]則膠之爲病也凡膠欲薄而筋力盡強弱任筋而

任膠此所以射久力不屈寒暑力一也弓所以爲正者材也相材之法視其理其理不因矯揉而直中繩則張而不跛此弓人之所當知也

九射格

廬陵歐陽修

中熊

上虎　下鹿

右雕　雉　猿

左鴈　兔　魚

九射之格其物九爲一大侯而寓以八侯熊當中虎居上鹿居下雕雉猿居右鴈兔魚居左而物各有籌射中其物則視籌所在而飲之射者所以爲羣居之樂也而古之君子以爭九射之格以爲酒禍起於爭爭而爲欺不若不爭而樂也故無勝負無賞罰中者不爲功則無好勝之矜不中者無所罰則無不能之誚揆籌而飲飲非觥也無所耻故射而自中者有不得免飲而屢及者亦不得辭所以息爭也終日爲樂而不耻不爭君子之樂也揆籌之法一物必爲三籌

盡射賓之數多少不常故多爲之籌以備也凡今賓主之數九人則人撰其一八人則撰其熊籌不及八人而又少則人撰其一而置其餘籌可也益之以籌而人撰其一或二皆可也惟主人臨時之約然皆置其熊籌中則在席皆飲若一物而再中則視執籌者飲量之多少而飲器之大小亦惟主人之命若兩籌而一物者亦然凡射者一周既飲酬則歛籌而復撰之籌新而屢變矢中而無情或適當之或幸而免此所以歡然爲樂而不厭也

投壺儀節

宋　司馬光錄

合用之人

禮生一人 掌贊　司射一人 司投

司正一人 司罰　使人一人 執壺薦羞

贊者二人 取矢　酌者二人 行觴

弦者 歌詩擊磬擊鼓

贊者用弟子爲之酌者卽賓主勝黨之弟子

按方氏曰以弦歌貍首則弦者當有瑟　今兹未能姑缺之

合用之物

壺　矢八　中　算八十

豐　觶　磬　鼓

犧　酒壺　羞槃　水盌

盥盆　帨巾

按禮盥手洗爵有罍以盛水有枓勺以㪺水有洗以盛棄水今人以盥盆盥手以水盌洗爵雖非古亦可從也

賓主皆起降坐　序立　主東賓西餘見圖
司正令弟子　司正曰毋憮毋傲毋偝立毋踰言偝
立踰言有常爵有諠譁失禮者司正言其人失禮
罰之
使人執壺　主人捧矢於壺取四矢捧之
主人致辭賓對辭　主人曰某有枉矢哨壺請以樂
賓　賓曰子有旨酒嘉肴某既賜矣又重以樂敢
辭　主人曰枉矢哨壺不足辭也敢固以請　賓
曰某既賜矣又重以樂敢固辭　主人曰枉矢哨

壺不足辭也敢固以請　賓曰某固辭不得命敢
不敬從
賓拜受　鞠躬拜興拜興平身　賓將拜工人進還
曰敢避
主人送矢　賓受矢主人復位
拜送　鞠躬拜興拜興平身　賓亦退避曰敢避
贊者授主人矢　於壺取四矢授主人
主人進視投所　設席皆南向
復位　主人揖賓就席　司射度壺　司射於筵上

人處取壺置賓主席之南取主人矢度之各一矢
半
司射設中　坐設中於西階主所立位之前取筭實
八筭於中橫委其餘筭於中西
司射奏投壺之令　請賓　司射曰順投爲入比投
不釋勝飲不勝者正爵既行請爲勝者立馬一馬
從二馬三馬既備請慶多馬
請主人　司請賓
賓主皆坐　司射執筭於中西東面坐取中之八

筭執之改實八筭於中而起
命弦者奏樂　司射曰請奏貍首間若一　弦者曰
諾　奏樂一終
請投　司射曰矢具請拾投　樂二終行鼓聲賓主
迭投一矢樂五終盡四矢有入者司射坐而釋筭
一矢釋一筭賓于中右主于中左
卒投數筭　司射曰左右卒投　贊者二人徹矢
司射坐取餘筭於中西起告曰請數　於中西東
面坐先數右筭後數左筭鈞則左右各執一筭以

告曰左右鈞有勝者多一筭則繞一筭以告左勝
曰左賢於右一奇右勝曰右賢於左一奇三則曰
三奇多二筭則繞二筭以告曰某賢於某若干純四
則曰二純毋壺則不請數復奏樂請投
命酌行罰　司射舉手曰請行觴　酌者曰諾　勝
者之子弟既諾乃於西階上南面設豐復洗觶升
酌酒坐奠豐上
當飲者跪取酒致辭勝者跪對辭　勝者揖飲者東
面跪豐旁取酒捧揖勝者曰賜灌勝者西面跪對
投壺儀節　四
曰敬養　左右鈞則不行罰復奏樂請投
飲酒　使者坐薦羞
皆起　還酌者觶
復位　主揖賓就席
立馬　司射曰請立馬　坐取勝者已數筭立于勝
者祊釋筭之前遂兼斂左右筭置中西又取中之
八筭繞之於實八筭于中而起
贊者送矢　命弦者奏樂　一終請投卒投行罰立
馬同前禮

贊者送矢　命弦者奏樂　同前禮
行慶禮　若勝者得二馬劣者得一馬則司射取劣
者一馬益勝者告曰一馬從二馬　復告曰三馬
既備請慶多馬　賓主皆曰諾　若勝者頻得三
馬則止告曰三馬既備請慶多馬
勝者酒　自酌酒立飲
飲酒　使者薦羞
撤馬　司射曰請撤馬　仍置中西賓主皆退
衆賓僎以次耦投　如前禮止令贊者送矢奏樂請
投
投壺儀節　五
禮畢賓主請復就坐行無筭爵
無嘩敬也踰言遠談他事也曰辟告之以不敢當
也順投以矢本入也以末入非順矣比驚頻也以
入而奪而頻投雖入亦不爲釋也間鼓若一者詩
樂作止所間疏數之節均平如一也拾(其去)投更迭
而投也純全也奇隻也灌猶飲也養奉養
成謂拜受拜送可答拜而無避命酌行
一飲而無跪酌今之宜而使人易行亦
是亦一說　也
緣皷音節
圓者擊鼙方者擊皷磬聲緩急應皷之句句二
〇□句〇〇□句□〇□句〇〇□句

貍首聲調

今取原壤所歌者以士大夫可通用也然例以馬
氏取詩者不以迹害理之説則曾孫侯氏八句亦
可通用故并著其調

貍首之斑然執女手之卷
然
曾孫侯氏四正具舉大夫
君子凡以庶士小大莫處
御于召所以燕以射則燕
則譽　士叶所巻叶兩

詩樂作止之節

先擊磬以宣歌聲每歌一終一擊鼓歌五終則五擊

奏詩投壺之節

詩歌五終一終爲一節先歌一節以聽再歌一節始投循歌聲之終鼓聲之始而發矢賓主迭發一矢四節盡四矢乃卒投數筭

壺新格

宋　司馬光

傳曰張而不弛文武弗能也弛而不張文武弗爲也一張一弛文武之道也君子學道從政勤勞罷倦必從容宴息以養志游神故可久也蕩而無度將以自敗故聖人制禮以爲之節因以合朋友之和飾賓主之歡且寓其教焉夫投壺細事遊戲之類而聖人取之以爲禮用諸鄉黨用諸邦國其故何哉鄭康成曰投壺射之細也古者君子射以觀德爲其心平體正

端壹審固然後能中故也蓋投壺亦猶是矣求審度於此而取中於彼仁道存焉疑畏則疏惰慢則失義方象焉左右前却過分則差中庸著焉得十失二或功盡棄誡慎明焉是故投壺可以治心可以脩身可以爲國可以觀人何以言之夫投壺者不使之過亦不使之不及所以爲中也不使之偏頗流散所以爲正也中正道之根柢也聖人作禮樂修刑政立教化垂典謨凡所施爲不啻萬端要在納民心於中正而已然難得而制者無若人之心也自非大賢守道敦

固則放蕩傾移無不至求諸少選且不可得是故聖人廣爲之術以求之投壺與其一焉觀夫臨壺發矢之際性無麤密莫不聳然恭謹志存中正雖不能久可以習焉豈非治心之道歟一矢之失猶一行之虧也豈非脩身之道乎兢兢業業慎終如始豈非爲國之道歟君子之爲之也確然不動其心儼然不改其容未得之而不懾既得之而不驕小人之爲之也俯身引臂挾巧取奇苟得而無愧豈非觀人之道歟由是言之聖人取以爲禮宜矣彼博奕者以詭譎相高

以殺賊相勝孔子猶云飽食終日無所用心爲之猶賢乎已況投壺者又可鄙略而輕廢哉古者壺矢之制揖讓之容今雖闕焉然其遺風餘象猶彷彿也世傳投壺格圖皆以奇儁難得者爲右是亦投瓊探鬮之類耳非古禮之本意也余今更定新格增損舊圖以精密者爲右偶中者爲下使夫用機徼倖者無所指其手焉壺口徑三寸耳徑一寸高一尺實以小豆壺去席二箭半箭十有二枚長二尺有四寸以全壺不失者爲賢苟不能全則積筭先滿百二十者勝後者負俱滿則餘筭多者勝少者負爲圖列之左方并各釋其指意焉

有初箭十筭

首箭中者君子作事謀始以其能慎始故賞之

第二箭以下連中不絶者皆五筭若一箭不中次箭皆爲散箭其遠中内有貫耳及驍者其箭別計假若有初箭仍貫耳則二十筭是也舊圖初箭一籌其次每箭加二籌盡四箭而止甚非勸功之道今自二箭以下連中不絶者皆賞之

所以勉人於不解也

全壺無筭

無筭者不以耦之筭數多少皆勝之也若兩人俱全則復計其餘筭以次勝負夫爲山九仞功虧一簣全壺實難故君子貴之

有終十五筭

末箭中也靡不有初鮮克有終故比之有初又加五筭也

散箭一筭

貫耳十算
耳小於口而能中之是其用心愈精故賞之
驍箭十算
亦謂之驍皆俊猛意也謂投而不中箭激反躍捷而得之復投而中者也爲其已失而復得之不遠復善補過者也故賞之若復投而貫耳者其算別計復投而不中者廢之
敗壺不問已有之算皆負
謂十二箭皆不中大無功也若兩人皆敗則亦

計餘算以決勝負
橫耳橫壺皆依常算無賞
橫耳謂箭橫加耳上舊五十籌橫壺謂橫加壺口舊四十籌皆依常算無賞謂偶然而橫非投者工何足以賞若爲後箭所擊而墜地者與不中同
倚竿龍首龍尾狼壺帶劍耳倚竿皆廢其算
倚竿謂箭斜倚壺口中舊十五籌龍首謂倚竿正箭首正向已者舊十八籌龍尾謂倚竿而箭羽正向已者舊十五籌狼壺謂轉旋口上而成倚竿者舊十四籌帶劍謂貫耳不至地者舊十五籌耳倚竿舊十五籌今廢其算謂皆傾邪險詖不在於善而舊圖以爲奇箭多與之算甚無謂也今廢其算所以罰之然亦異於不中者故於連中全壺皆得通數若爲後箭所擊及自墜壺若耳中者與不中同
倒中倒耳壺中之算盡廢之
倒中舊百二十籌倒耳舊不問籌數並滿此則

顛倒反覆惡不大者奈何以爲上賞今盡廢其算所以明逆應之道

有初

貫耳

連中

散箭

有初貫耳

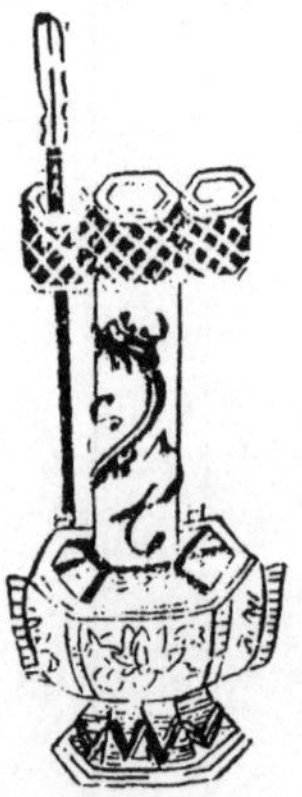

連中貫耳

橫耳

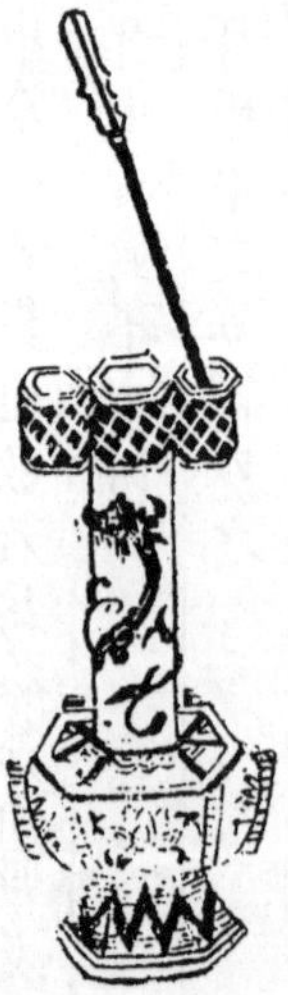

橫壺

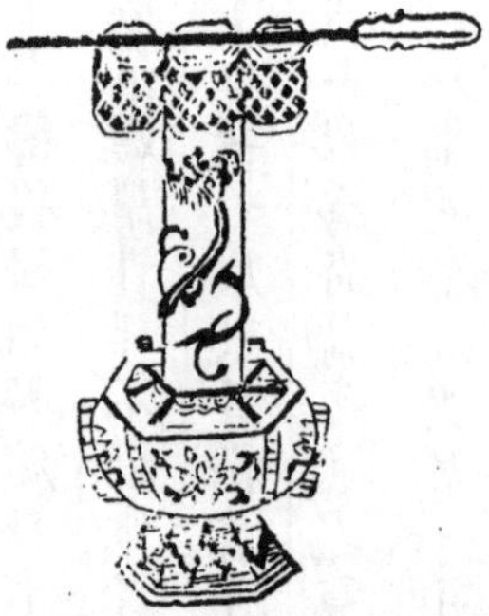

倚竿

耳倚竿

倒中

倒耳

全壺

有終

驍箭

帶劍

龍首

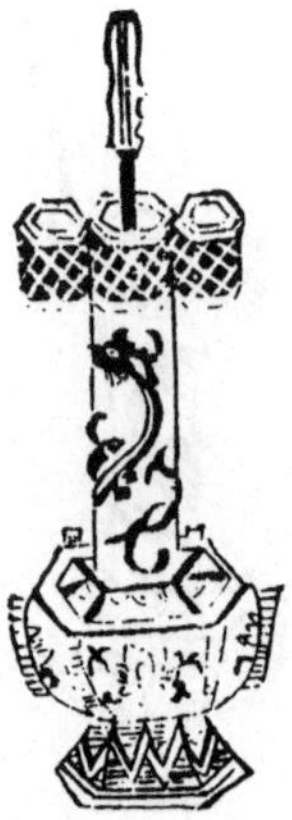

龍尾

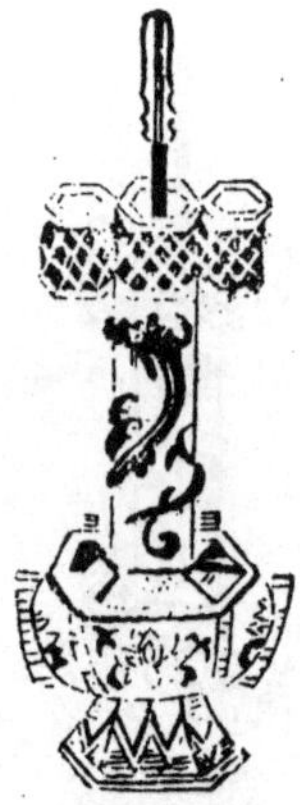

浪壺

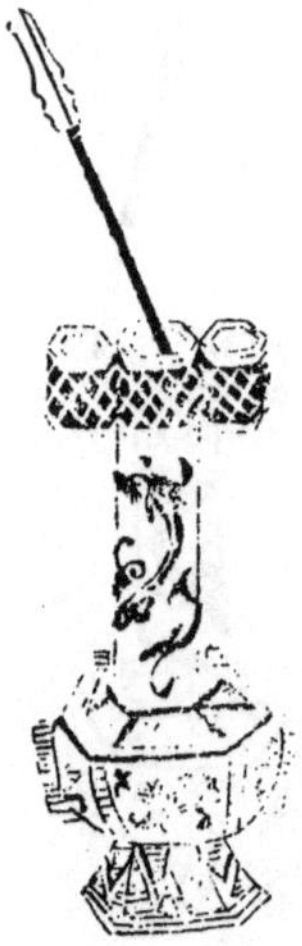

敗壺

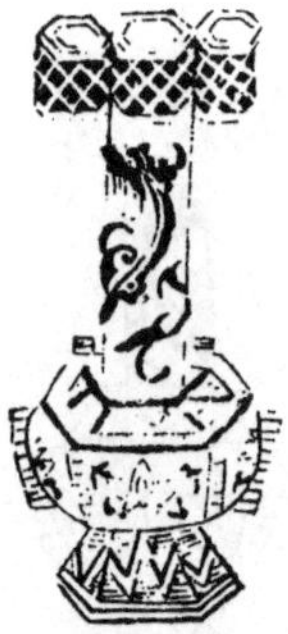

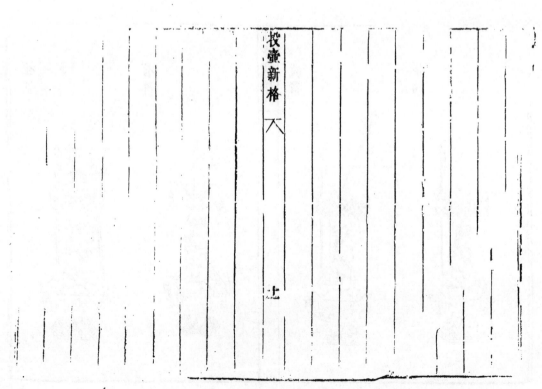

丸經卷上

元　亡名氏

承式章第一

播丸之制全式爲上破式次之違式出之播丸之式先世家風後學體面折旋中矩周旋中規失利不嗔得雋不逌若喜怒見面利口傷人君子不與也謙遜宗窩讓人先拋毬兒得采者便索窩忘擄成筭手中無擄者筭輸一籌無鷹背同因動爲擊毬兒基上安定或被風吹動當稱風落如不稱風落或自那動者亦筭打了對權不易對定毬棒不可換易或再換及抹去𡈽子者亦筭輸一籌乖令背式罰不可恕他人得勝索著法度不依隨者筭輸一籌毬兒打在窩中用棒撥出者輸一籌趨時爭利賞

不爲加自巳毬兒在不得揄處却那在便利之揄者不賞而有罰勝負靡常色斯舉矣贏郎矜能逞謟輸郎發怒便走或至罵僕嗔別拋毬擲棒此非閑雅君子真小人耳俚語云廢毬棒磨靴底眼睛飽肚裏儩樺皮臉施狗皮輸便怒贏便喜喫別人不囬禮此之謂也

崇古章第二

靈臺潛慮較若畫一會其至常精藝無二人心隨時更異謂如窩脚會兒本自一家今分兩處窩脚只使擄棒能走能飛能收窩法度更多人不易學會兒只打撲棒能飛不能丢又不能收窩法度更少人甚易學今不穢諸般法度只說別人是窩脚殊不知鍊到精處同一理而巳豈有差〇常去聲先登者生之徒後擴者死之計生有人二打在窩邊後來人二棒誤撞前毬不問有書踰偏蹴先活後死故意打去撞人者筭輸一籌

恣縱從累其主毬兒著身者若在兮上行者若了兒但是件當在於上行走者亦了宮毬兒不在揄上籌人無傷〇縱平聲從去聲放土安基隨揄起刷棒正揸棒巢中安下基棒棒上不放土者自家一籌土大旺也賺了有添無減播者若將棒於頂上拔貫角筭輸一籌速上毬𨍭杖擬兒皮塔兒磚角等不放乾土索窩者自死一籌諸雜巧播皮面打着毬兒者皆是活毬若是木分著毬者謂之上棒死毬也矜能喪善有等人說播丸時只自高强打處便贏未嘗有輸及到場上口中說得精細手拙不能應口一籌不展全場輸了俚語云高者不說說者不高是也方欺荷瞞有等人場上引着十餘件當將一般顏色毬兒打在死處却放一箇在好處做活毬又去打箇處帶躋剔子在死處賜在活處候人眼不見把他人毬兒賜在死處小廝每蹉在土裏然後拿死毬如此者真可耻也掛窩佳傍致疑成隙凡棒柄窩上横過抹著毬兒筭掛窩抹不著筭

上毬兒打在住處傍邊上書記定教人遠看不要到根前本不那動教人猜疑遂成嫌隙因人上畫毬兒被人賜動只教本人上畫若是自家上畫死了毬兒正賽詭隨令人口巧手拙但打得說隨不得正賽之規度怎爭勝負心情慣性剛燥强辯不伏自害憸恐俚語云有智羸無智輸只此是也覽而記之神斯會矣熟看此書自然播擊得法象皆絃服豈不快哉

審時章第三

作有時天朗氣清惠風和暢飲飽之餘心無所礙取擇良友三三五五於園林清勝之處依法播擊風雨陰晦大寒大暑不與也樂有節讓定會數或五或七會滿爲止惟在和睦賦詩情滌煩襟消飲食而巳勿爲叢逸〇樂音洛有時則事不廢如時爲始則不誤事有節則[illegible]不妨悅不荒逸志不亂矣無時無節則事廢而志妨有時有

節則身安而志逸不得其時則荒廢政事傷氣動志得其時則心平氣和志自樂矣

因地章第四

地形有平者有凸者有凹者有峻者有仰者有阻者有妨者有迎者有裹者有外者諸形絕無曰平龜背曰凸中低曰凹勢險曰峻之上曰仰前隔曰阻後礙曰妨可反曰迎左高曰裹右高曰外平者勿失地形平則衆皆可及我既及家衆若失家則敗凸者有取形如龜背難從中行必觀左右形勢而取居凹者有行兩高中低可從中行到家不難峻者欲緩毬住峻坡窩在坡下不可力擊輕緩擊之仰者欲及窩在上毬在下不到則不能上必使到窩邊落也阻者欲越窩與毬相隔必經可至妨者用巧後既有礙難於運棒當取地形對棒端正迎者勿及窩後有墻壁或木石者不可定至窩邊落恐迎回無功裹者裹之吾左高窩在右當反裹之就其勢外者外之吾右高窩在左當反外之就其勢立飛者囊撲棒單手盛於韋囊也行蹲者籠擁棒杓棒處於提籃也所稱既備無不勝矣凡稱心之棒既全有已如此者無有不勝之道也○稱去聲

丸經 卷上 三

擇利章第五

上有堅者有坌者有燥者有濕者地之形也堅者損之土硬擊難出力大則遠故減力而擊之坌者益之土鬆難行故加力擊之燥者濕者隨形處之觀土燥濕隨地宜而擊○處上聲因地之利制勝之道也得地利之宜亦取勝之一端也

定基章第六

基縱不盈尺橫亦不盈尺縱長也橫濶也皆不滿一尺也○縱平聲擇地而處之揀好地畫基○處上聲直向而畫之直對窩也瓦礫則除之若有瓦礫草木等物除畢然後畫基權彎者利陷凡權棒不利劍脊基偏利嚗樣基直者利凸棒直不利嚗樣基偏利劍脊基作基不左立假如向前擊毬畫基者不得居西可居東丸不處基外毬安在基外者敗○處上聲權不擊基畫基畢及未畫不可基內試棒足不踏基手不拭基無易基恐利他也無毀基禁惡徒也後礙家傍不處基後礙棒難運窩傍復來難爲○處上聲不踐家傍恐有作也窩邊周圍五人內不許人行恐兇惡之徒埇土阻毬作坑陷毬窩邊行者同班皆輪故動復擇基兩反不許作備有同班一毬在左一毬在右所住難爲彼居類者故爲不得已而動之動已復揀好基如此者將動毬人來往兩邊不許擊毬此禦奸之術也禁虛詐奸惡之法也

丸經 卷上 四

取友章第七

恭必泰恭敬者必安詳浮必亂輕浮者必爭亂泰者善之徒君子也亂者惡之徒小人也君子小人其爭也不同其朋也有異君子小人其志不同存人驗察之也君子之爭藝高而服衆技藝高人自服小人之爭奇詐而謀利技藝低以詐取利是故取朋必以君子而遠小人也必進君子退小人○遠去聲昔楚莊王爲匏居之臺

賓主相者贊者而皆賢者伍舉稱之稱其能合賢人也賓主為章華之臺賓者相者贊者皆非賢者伍舉諫之其諫衆得賢人相去聲播丸會朋不可不慎也播丸雖爲娛戲佞之人不可與同樂也君子慎之

正儀章第八

斷場建旗毬場上斷成了窩立彩色旗兒合衆同樂合聚播丸之人相與同樂○樂音洛恪慎其儀各事其事各人謹守進退各去關牌領籌奔競躁逸爭取籌棒奪戶逞手號呶諠譁在場鬧噪叫囂比於敗羣不可與也如此之人不循規矩是如敗羣撒衆即逐去之有斐君子其儀不忒如有文質君子依守規式自有容儀不至差失安如閑如容止安詳天如申如周旋閑雅摶旋動作天天申申如也不勞神於極以暢四肢不太任力至於疲乏但要得四體血脈和暢而已非手之舞之足之蹈之耶所以怡悅性情使自娛樂也

置序章第九

初擊者擇基而安頭棒安基其次隨處而作二棒隨毬住處便擊不許安基其次擇基謂之強二棒安基者強梁之徒也初擊不容謂之阻頭棒不許人安基是阻人能也強阻者君子惡之小人作之強阻君子不肯小人爲能基既處已總投於地以次行列取而安之取毬能安於基內也○處上聲行音杭遠者先近者後左者先右者後離窩遠者先擊右頭棒者左邊先擊所以置先後之序也此乃定先後之法也

試藝章第十

權擲者所持之棒也故以棒爲操之權有立者擯當立而運十數爲余副八數爲中副其次爲小副飛者立者次及十棒不可改製行者不可使飛飛者不可使行撲棒單手者當立運者也蹲者今人曰滅膝是也杓棒鷹嘴當蹲行者擯棒是也飛者撲棒單手杓棒是也遠者立近者蹲隨宜用力也無阻則行有阻則飛隨宜用棒行者不擯擯棒不滅膝飛者隨宜撲棒單手當立杓棒鷹嘴當蹲有阻不定行無阻不定飛有阻多飛無阻多行隨宜斟酌用棒務在取中返此則迷若執定一端取中難矣是以持欲固緊持棒也運欲和使力得中無低昂

不起身疾也無空權二手皆當有棒也○空去聲心手相對古之法也運棒時手對心

記止章第十一

丸至之所毬所住處也當以杖畫記其止也勿前勿後勿左勿遠恐彼有所移也唯畫於右可去寸許長亦相比也定法凡動於我或毬搖或衣動或足動或手動或棒動或他物動毬也令安置首令彼動我毬者代我安於初所畫之前頭勿遠勿後恐彼得利彼乃爲敗彼隨動我毬彼毬已擊則不用未擊則不許擊也我若無畫彼雖爲敗吾亦俱去不可復若我初無畫彼動我毬則任我陡之所往不可取回復安本處彼雖爲輸恐我亦不得其利故也

□其分離兩毬相離也及有妨阻今人謂之坷子無復動移□□□及有坷子俱不可動若動者動者爲輸中身爲敗復從我擊我使著他人爲身者他人爲敗取我之毬再復擊之不擊亦從我心○中去聲

制財章第十二

富不出微財富厚者不吝嗇貧不出重貨貧薄者不倍償富出微財則耻貧出重貨則竭量力而爲之可也智者有方財不絕攄擊有法故得常勝所以財不盡也愚者無方將恐竭攄擊無法所以常負財不足用也財不絕者必勝之基財不絕則心安故勝將竭者必敗之道財將盡心不安愈怯會輸也

衍數章第十三

十數九數爲大會八數七數爲中會六數五數爲小會四數三數爲一朋二人爲單對十數八數六數可分不分從之九數七數五數四數三數皆不分雙數可分隻數不可分四數雖隻數少亦不可分也分者相朋也朋者班也不分者各逞其能也相朋者一朋勝多爲贏倘五人爲一班於一班中多勝一人者是□□等各逞者他不勝而我勝爲贏初棒贏二棒二棒贏三棒三棒□四棒於三會中大會中會小會俱勝一敗免一敗者俱上獨一□□一□一朋一敗勿免其取三四人擊九獨一不上者不上不可不取其物數

少故也一日不三會一日不賭三會惜物故也有遺不得爲贏爲贏得十九籌是遺一籌利物不可得矣若昨所得今不用義也昨日勝得十九籌惟一籌未得今日不可理昨日所勝十九籌乃義聚之道也

運籌章第十四

大籌二十中籌十五小籌一十此謂分班時三會也初勝三次勝二後勝一牌數初勝次次勝後後勝四初贏二二三三贏四贏四者不可用也不可打第四棒最上多初其中多次其下多後上中下之能也復有爭先滿三竭五每人五牌三番勝得一牌如此五番也方牌盡勝得一所謂初棒二棒三棒都同止得一牌無再爭一人上爲餘皆不用上者

不偏能飛行遠近不偏能一種也中者亞之此上者稍低亦不偏能也下者阻其偏不可行矣下等者若不隨意則必窘矣是故必擬可也欲專此事必精此藝

決勝章第十五

衆爲已敗之形已敗之形者失棒擬棒著身著毬懸空挂窩磚上閣住淤搾基傘死毬踏坷子放坷于那毬踢人毬兒擬死毬基中撥坷子上棒毬兒自上畫數次安毬基中試棒基外安毬畫基不於左除上行吾爲決勝之妙得之於心應之於手志過於人是爲決勝人皆見我所以中之能而莫知吾所以制勝之能機深識廣人難度也妙之妙者也風墜而中不可爲勝若不隔□可准初

中風吹上窩者別人已安毬在基內則不算初棒未曾安毬在基者算初棒〇中去聲抑亦乘機決勝之妙也此在己之能慮勝而後會亦兵家之成算也

出奇章第十六

致於死地則無生致於生地則無怯死而復生生而復死謂之出奇心手相應故也君子無所怯小人有所懼無怯者坦然有懼者戚若坦則多勝戚則多敗多勝者神舒而氣和多敗者色厲而內荏人心有所主則無懼無怯畢勝而擊之故無敗㣲心無所主則妄動而失利將之用兵亦然智者察之迫而勝之彼既怯可急乘機而勝之若隕大石於高山矣彼既怯而敗我既𢡖而勝則我之勢如高山擲石不可阻古良將以之

丸經卷下

權輿章第十七

權輿始計也造衡自權始造車自輿始丸准輪論量權權量身毬欲量棒大小棒欲量身長短相稱則利相戾則不利矣〇量去聲琢磨之失雖能亦敗造棒刮棒失其法度雖善擊者亦不能以巧勝彼矣窔者寬薄遙者窄厚窔者激起也面欲皮面寬木分薄遙者擊遠也凡揳棒攛棒畢手杓棒欲令致遠必須皮面窄木分厚若遙此式則不相應矣偏欹爲乖棒頭不可挨手不可脫手端爲中棒頭中竅妙不預磨削不預磨削恐麩壞矣不毀心脊勿將棒中心刮陷及將脊刮低也先刄次脊後平其心最後刮心也贅木爲丸乃堅乃久

贅木者瘿木也瘿木堅牢故可久而不壞無實爲劣輕重欲稱無眼者不可用太重則遲太輕則飄工從主料以理工者匠也造棒必從擊毬主人心之所好凡治料諸棒必當依此理也善勝者不恃力唯恃地知地形爲上

製器章第十八

工欲善其事必先利其器夫欲精善其藝必須得好利器謂如擊得毬好亦須得好棒器利藝精心手相應臨事發機無不中也又有好棒丸經之妙悟之於心播擊之法熟之於手百發百中今有新舊權製具錄于左〇中去聲

正棒頭打八面　倒棒斜插花

臥棒斜插花　攛棒斜插花

虎塔斜插花　燕尾斜插花

倒棒鞦捲簾　底板基兒

胯裏基兒　兩肩基兒

山口四面基兒　山口四面打皮塔

山口打棒尾　背身打土兒

背身打鞦杖　背身彈棒

背身正棒　背身撲棒

竹撅兒打四邊　皮塔打八面

遠雙彈棒　遠雙彈棒

三根彈棒　疊柄彈棒

三撅三毬彈棒　雙撅雙毬倒棒打擴

井裏拔　正棒頭鞦撅兒

棒尾皮塔　棒尾打四邊

棒上安偏棒　棒上安正棒

棍兒颭棒　前撅鞦過後

後撅撳過前　棍子鞦撅兒

杓兒鞦撅兒（已上新法）土尖

傅角　毬上毬

直杖

紐杖　靴尖

雁點頭　泥撅兒

泥蝦蟆　正棒頭

倒棒頭　土尖棒尾

颭棒　積棒

打燕尾　遠近小土兒（已上古法）

取材章第十九

取材之方不可不察（夫欲造棒採取材料不可不知其法）秋冬取木用其堅也（秋冬木植津氣在內所以堅牢故可取也）筋膠以牛用其固也（筋牛牛膠性最堅固其他不及也）竹取勁幹用其剛也（南方大竹剛勁厚實故可爲柄）樑斵以時用其柔也（春夏天氣溫暖筋膠相和可以造棒也）

適宜章第二十

遠近隨宜（或遠或近流人便益）各安其能（隨各人所能用棒索窩）遠無百步之遊（蹴遠勿出百步之外）近必盈丈之外（一丈之內太近故必一丈之外以及）遠多則疲（遠力多故疲）近多則弱（不能致遠故弱）遠者難易行（致遠者少致近者多）有力者利遠無力者利近（強弱）遠者拙（麁也）近者巧（細也）百步之遥不可再（太遠不可兩遍）

百之遜不可數（五六十步不可頻數）各適其宜而已矣（其[illegible]）已矣

處用章第二十一

熟地必華（謂熟窩不再擊每日須當改華）毋敎以利（不許指與入地形喻道便利處敎者筭輸）毋利勿許（不許放埧子及塡土賺躧陷地如此者筭輸）假權勿從（不許登棒與爲人使棒如非者出之）錯丸棄之（錯擊他人毬者筭輸）爲妨出之（或前或後或左或右影他人使棒如非者出之）陰結爲奸（謂二人平日相親愛或分弃時分開而於自班中故不肯用意以致失利如此乃謂暗中與人相結是爲朋奸如此者多使分開若彼二人自欲分開而復如此者名曰拾封不可以入會矣）非擊爲敗（挑撥推砍斃劍刮呑篩碾如此者皆筭輸）代施倍罰（替他人擊者筭輸二倫）馭衆處用之道也（亦兵家鞠旅用卒之義也）

觀形章第二十二

擊不他視專視其丸他視傷權專視必利（夫擊毬時眼勿看窩而下棒專觀於毬必得其利）權從心（棒隨心轉）心從形（心從地勢）從心先形（欲從心所作必先觀其地形）從形必中（隨地形者必上窩○中去聲）從形者勝從力者敗（隨地形者勝恃自力者敗）從力雖勝謂之僥倖（僥然得也）

善行章第二十三

行止者嫌愛之端（行止善則可敬不善則可鄙厭）言語者榮辱之階（[illegible]不可妄誕妄誕[illegible]滑不莊則桀）訥於言敏於行正已踐言是爲善行（愼言語謹行止先行其言斯爲善矣○行去聲）言行有常君子貴之（[illegible]顧言求德人也○行去聲）

寧志章第二十四

心之所之定而處之勿徇於已（心所定向無循已私○處上聲）赧莫赧於易（易者將本色毬兒相換及毬兒在不好處換在好處）恥莫恥於復（復者初擊不利欲再擊也）既易既復同朋盡敗（若易毬若重擊非但本人爲輸同班盡皆作輸毬會得勝亦不爲勝）懸有三曰高曰平曰低不可用也（高者仰也平者立也低者盈寸而下空也懸毬於此三者皆不可用）

集智章第二十五

善巧者不以力（不恃力也）善爭者不以奇（善爭者君子之爭君子不作奇怪也）善巧者左右逢其源善爭者嘿嘿而取勝（善高不言而勝也）奇怪索隱謂之侮平易無頗謂之德（平易可爲法奇怪不可學）奇怪者人所未覩也平易者衆所共知也奇怪數出君子疾之小人翫之（奇怪者小人之所以爭能也平易者君子之所以存心也○數入聲）

擧要章第二十六

衆衆紜紜吾將傍通（若衆毬聚在窩邊吾取地勢傍通行之傍通者借喻也）[illegible]足難通勇者必勝（謂三人毬在我前一毬正對兩毬在正對之左右吾欲左則左有阻）

欲右則右有阻欲正則正有阻是以直至窩中必勝勇者不怯也有强力之中有[illegible]末之巧難至之所用力多後有不須用力但稍擊可隨形上窩者○中去聲下同有不度之中偶然中也有求中之蹶用詐求中反成敗蹶故先度爲上先看地勢土性度其遠近避其妨阻也○度入聲下同先度後動百發百中先動後度百發百蹶不可僥倖求中不度而中謂之偶然故曰差之毫釐失之千里分毫不可苟且此決勝之要智者所守也有智之人必須熟覽此書

知幾章第二十七

先人者制人搏擊熟閑心有定向必能制人後人者制於人搏擊不熟臨時發幾志先怯弱必爲人所制也制人者人皆仰之必手相應發無不中人必稱善制

於人者人皆卑之多死少活人皆哄之人仰之三軍之帥也衆必服而歸之將之用兵亦由是也人卑之匹夫之諒也衆所不與難方爭矣幾者動之由事之微幾者人心念發動之初善惡從此而分榮辱存焉勝負之先見者也勝負皆前於此知幾知微君子哉見幾而作不俟終日惟君子能之

守中章第二十八

擊高當踰致遠當臻過樹過牆必當高超而過擊遠者必過所限不踰不臻爲敗之名不能過能制爲敗不所操從人所操之權各從人心所主從勝索高從贏者操不從人主不從勝君子不爲也君子之人不作

觀心章第二十九

斯術無方制心爲上收其放心也心體既明觀心爲上自己心體已明必觀他人之心如何觀心者觀其形聽其聲有怯於心必顯諸形顯諸形者我得迫而勝之視形乘勝怯者無復怯而輸者必難復勝既無以復我可縱橫縱橫者自在乘勝縱之橫之彼心愈驚彼驚我寧必勝之徵彼既惶懼我心既安必勝之道也初勝勿驕驕而必失初既勝當自愼毋爲驕驕必敗愼終如始乃可無敵

貴和章第三十

君子無所爭正已而不求於人和而不同搏先處雖若平等相近而尊卑之序

不可紊亂詭揚諂諛是謙非稱長道短巧佞之人不可近也奴顔巧言佞也正處隨情和也但思搏擊之法爲娛樂無有爭心自和而不同君子貴之貴賤有等不相爽蹶成德者貴重之便佞取贏君子不貴也便僻巧佞務要勝於人者君子不與也○便平聲

待傲章第三十一

貌多待一曰傲衆待其來其人慢期不至傲也衆不悅一曰孤所作不同人意自逞其能孤也輕桃曰賤行此輕薄故曰賤人取惡曰凶所爲僥兆於人人疾惡之故曰凶人跛足目盲傴僂耳聾不可與也殘疾者不與嬉樂便佞之徒不足道也諂曲之人不足與言○便平聲道音導是故貴賤不

相效（賤者不敢效貴效則干犯在上之人而取敗矣）同類必相求（朋友之交可以相效）
多勝無矜色數敗無恚容君子也（多勝不誇數敗無怒君子也○數入聲）

知人章第三十二

觀志知人（觀其意趣可知人之善惡）觀心知已（內觀此心則已之言行亦可自知也）
心欲寧（心要靜定）志欲逸（志欲寧適）氣欲平（氣要溫和）體欲安（體要安舒）
貌欲恭（容止端莊）言欲訥（語言簡當）有諸中必形諸外（由乎中而應乎外）
弈勝負決矣（擲先勝負已定）正賽行矣（賭賽已畢）體不安（觀其手足失措）
貌不恭（容止急躁）作於意（意思嗔恚）見於色（顏色愠怒）形於言（出言不遜）
小人也（此等可見其為小人也）心平氣和不形於色不作於意
君子也（勝負不動於心容止自若成德人也）

打馬圖序

惠則通通則無所不達專即精精即無所不妙故庖丁之解牛郢人之運斤師曠之聽離婁之視大至於堯舜之仁桀紂之惡小至於擲豆起蠅巾角拂棊皆臻至理者何妙而已後世之人不惟學聖人之道不到聖處雖嬉戲之事亦得其依稀彷彿而遂止者多矣夫博者無他爭先術耳故專者能之予性專博凡所謂博者皆耽之晝夜每忘食事但平生隨多寡未嘗不進者何精而已自南渡來流離遷徙盡散博具

故罕為之然實未嘗忘於胸中也今年冬十月朔聞淮上警報江浙之人自東走西自南走北居山林者謀入城市居城市者謀入山林旁午絡繹莫知所之易安居士亦臨安泝流涉嚴灘險抵金華卜居陳氏第乍釋舟楫而見軒窗意頗適然更長燭明奈此良夜何於是乎博弈之事講矣且長行葉子博塞彈棊世無傳者打褐大小豬窩族鬼胡畫數倉賭快之類皆鄙俚不經見藏酒摴蒲雙蹙融近漸廢絕選僊加減插關火質魯任命無所施施智巧大小象戲弈棊

又唯可容二人獨采選打馬特為閨房雅戲嘗恨采選叢繁勞于檢閱彼能通者少難遇勍敵打馬簡要而苦無文采按打馬世有二種一種一將十馬者謂之關西馬一種無將二十馬者謂之依經馬流行既久各有圖經凡例可效行移賞罰互有同異又宣和間人取二種馬參雜加減大約交加僥倖古意盡矣所謂宣和馬者是矣予獨愛依經馬因取其賞罰互度每事作數語隨事附見使兒輩圖之不獨施之博徒實足貽諸好事使千萬世後知命辭打馬始自易安居士也時紹興四年十一月二十有四日易安居士李清照序

打馬圖目錄

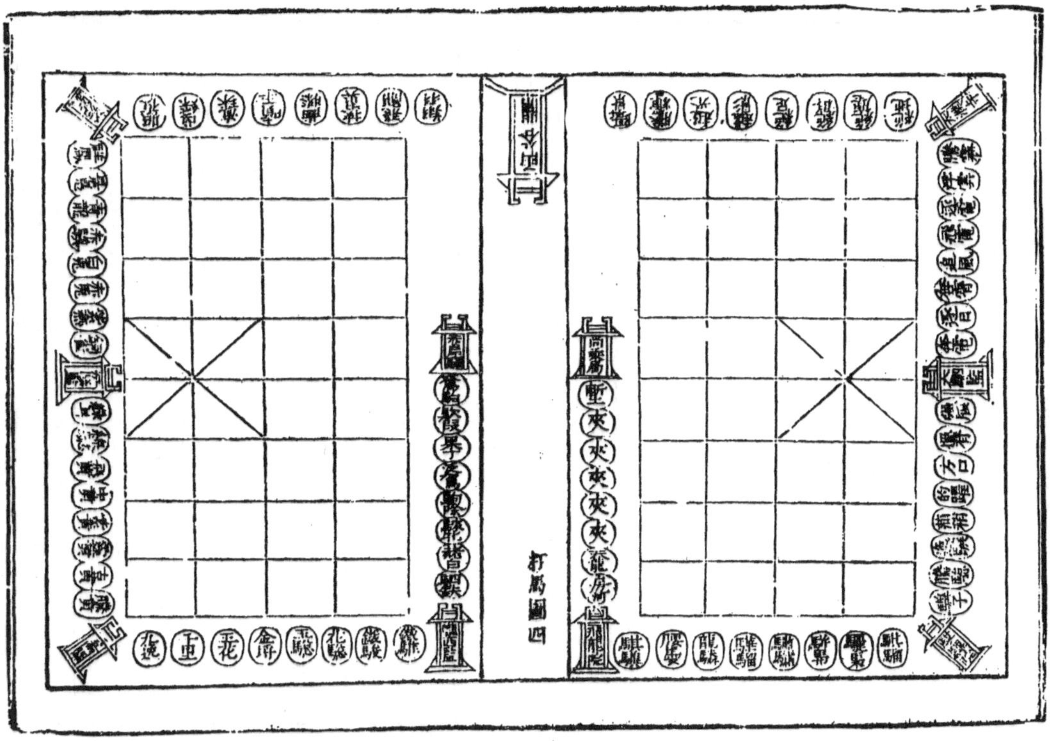

色樣圖

堂印　箄箕　醉十

碧油　暮宿　撮九

桃花重五　大鎗　拐九

雁行兒　皂鶴　妹九

拍板兒　野雞項　夾九

滿盆星　八五　雁八

黑十七　花羊　撮八

馬軍　了角兒　拐八

靴楦　條巾　大肚

銀十　赤十二　夾八

撮十　腰曲縷　白七

小浮圖　飥鏈兒　川七

小娘子　紅鶴　夾七

赤牛　九二　拐七

黑牛　小鎗　小嘴

驢觜　急火鑽　葫蘆

角搜　十　火筒兒

大開門　蛾眉　丁九
正臺　夾十
凡堂印至撮十爲賞采小浮圖至小娘子爲罰
采其餘自赤牛至丁九通有五十六采

打馬圖

宋　李清照

打馬世有二種一種一將十馬者謂之關西馬一種無將二十馬者謂之依經馬流行既久各有圖經凡例可考行移賞罰互有異同李易安獨取爲閨房雅戲乃因依經馬取其賞罰互度每事作數語精妍工麗世罕其儔不僅施之博徒實足貽諸同好韻事奇人兩垂不朽矣

鋪盆

凡置局二人至五人鈞聚錢置盆中臨時商量多寡從衆然不可過四五人之數多則本采交錯多致喧鬨矣詞曰既先設席豈憚攖金便請著鞭譁令編埒罪而必罰已從約法之三章賞必有功勿效遶床之大叫凡不從衆議喧鬨者罰十帖入盆

本采

凡第一擲謂之本采如擲賞罰色即不得認作本采詞曰公車射策之初記其甲乙神武挂冠之日定彼去留汝其有始有終我則無偏無黨

下馬

凡馬每一十四用犀象刻成或鑄銅為之如大錢樣刻其文為馬文各以馬名別之或只用錢各以錢文為別仍雜采染其文詞曰夫勞多者賞必厚施重者報必深或再見而取十官或一門而列三戟又昔人君每有賜臣下必先以乘馬焉秦穆公猶赦孟明解左驂而贈之是也豈功重錫爾自取之乎何厚薄焉

行馬

凡馬局十一窩遇入窩不打賞一擲詞曰九陽數也或數九而立窩窩險塗也故入窩而必賞既能據險一以當千便可成功寡能敵衆請同後騎以避先登

凡疊成十馬方許過函谷關十馬先過然後餘馬隨多少得過自至函谷關則少馬不許踰別人多馬詞曰自馬不礙行百里者半九十汝其知乎方茲萬勒爭先千羈競轃得其中道止以半塗如能疊騎先馳方許後來繼進既施薄効須稍旌甄可倒半盆

凡疊足二十馬到飛龍院散采不得行直待自擲真本采堂印碧油雁行兒柏板兒滿盆星諸賞采等及別人擲自家真本采上次擲罰采方許過詞曰萬馬無聲恐是啣枚之後千蹄不動疑乎立仗之時如能翠幕張油黃扉啟印雁歸沙漠花發武陵歌筵之小板初齊天際之流星暫聚或受彼罰或旌巳勞或當謝事之時復過出身之數語曰跡之薄家之厚也以此始者以此終乎皆得成功俱無後悔

打馬

凡多馬遇少馬點數相及即打去馬馬數同亦許打去任便再下詞曰衆寡不敵其誰可當成敗有時夫復何恨或往而旋返有同虞國之留或去亦無傷有類塞翁之失欲刷孟明五敗之恥好求曹劌一旦之功其勉後圖我不汝棄

凡打去人全垜馬倒半盆被打人出局如願再下者亦許詞曰趙幟皆張楚歌盡起取功定霸一舉而成方西隣責言豈可蟻封其處既南風不競固難金埒同居使請同鞭不須戀棧

設打去全馬人願再下詞曰虧于一簣敗此垂成久伏鹽車方登峻坂豈期一蹶遂失長塗恨群馬之皆

空忿前功之盡棄但素蒙剪拂不棄駑駘願守門欄再從驅策訴風驤首已傷今日之障泥戀主銜恩更待明年之春草

倒行

凡遇打馬過疊馬遇入窩許倒行詞曰雖敵是求唯險是據後騎欲來前馬反顧旣將有爲退亦何害語不云乎日暮途遠故倒行而逆施之也

入夾

凡遇飛龍院下三路謂之夾散采不許行遇諸夾采

方許行詞曰昔晉襄公以二陵而勝者李亞子以夾寨而興者禍福倚伏其何可知汝其勉之當取大捷

落塹

凡尚乘局下一路謂之塹不行不打雖後有馬到亦同落塹謂之同處患難直待自擲諸渾花賞采眞本采傍本采別人擲自家眞本采傍本采上次擲罰采下次擲眞傍撞方許依元初下馬之數飛出飛盡爲倒盆每飛一匹賞一帖詞曰凛凛臨危正欲騰驤而出騄驥遇伏忽驚弃塹之投項羽之騅方悲不逝玄德之騎已出如飛既勝以奇當旌共異請同凡列亦倒全盆

倒盆

凡十馬先到函谷關倒半盆打去人全馬倒半盆全馬先到尚乘局爲細滿倒倍盆過尚乘局爲麤滿倒一盆落塹馬飛盡同麤滿倒一盆詞曰瑤池宴罷騏驥皆歸大宛凱旋龍媒並入已窮長路安用揮鞭未賜弊帷尤宜報主驥雖伏櫪萬里之志長存國正求賢千金之骨不棄定收老馬欲取奇駒旣以解請爲

三年之賜如圖再戰願成他日之功

賞帖

凡謂之賞帖者臨時商量用錢爲一帖自擲諸渾花賞采眞傍本采各隨下馬匹數在局皆供別人擲人眞傍本采隨手眞傍撞上次罰采各隨下馬匹數犯事人供凡打馬得一馬賞一帖被打人供落塹飛出馬一匹賞一帖在局人皆供

賞擲

凡自擲諸渾花諸賞采眞傍本采打得馬疊得馬飛

得馬皆賞一擲別人擲自家具倣本采上次擲罰采
皆賞一帖

蹴踘圖譜

鄣郡汪雲程

毬門社規

初起毬頭用脚踢起與驍色驍色挾住至毬頭右手頓在毬頭膝上用膝築起一築過不過撞在網上順下來守網人踢住與驍色驍色復挾住仍前去頓在毬頭膝上築過左右軍同或賽二籌或賽三籌先拈鬮子分前後築過數多者勝衆以花紅利物酒果鼓樂賞賀爲

毬門式

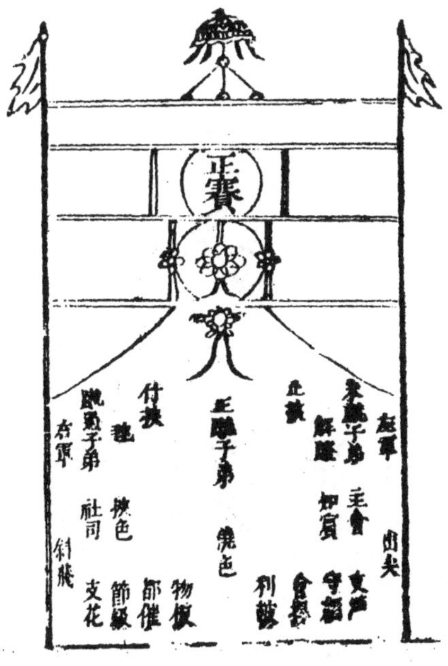

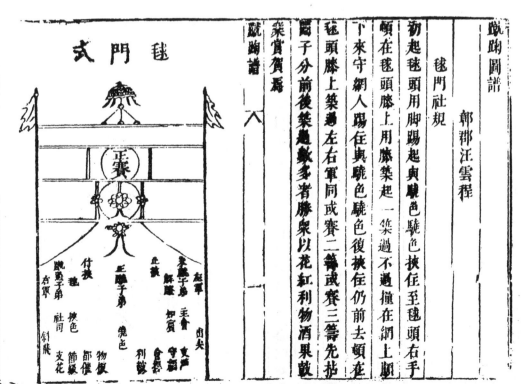

毬門物色

職事旗　毬門彩　紅綠絹　揷戴花

揷戴旗　紅纓　銅鈴　銀盤

銀盞　香案　果盒　利物

排旗　引旗　幌索　網厂傘

毬門人數

都部署校正　社司　知賓　正挾

副挾　解蹬　毬　挾色　主會

守綱　節級　曉色　會幹　都催

左軍　右軍　出尖　斜飛

下場口訣

身如立筆身欲直

手如提物手欲垂

身用旋安要宛轉

脚用活立要跳躍

一人場戶

直身正立不許拗背或打三截解數或打成套解數或打活解數一身俱是蹴踘旋轉縱横無施不可雖搶場校尉千百中一人耳

二人場戶

每人兩踢名打二曳開大踢名白打一人單使脚名挑踢一人使雜踢名廝弄亦惟校尉能之

三人場戶

校尉一人茶頭一人子弟一人立站須用均停校尉過論與子弟子弟用右膁與茶頭須轉一遭方使雜踢所謂拋下須當右者是也又有順行轉動名小官場三人定位名三不顧一人當頭名出尖自古及今罔能或易其他如四人場戶名下火五人場戶名小出尖六人場戶名大出尖七人場戶名落花流水八人場戶名涼傘兒九人場戶名踢花心十人場戶名全場俱是巧立名色錯亂喧鬨厥爲不經茲並刪去不使溷諸譜焉

徙色名

六錠銀　虎掌　入月圓　古老錢
鋼子菊　葵花　不斷雲　山水萬字
雲臺月　五角　六葉龍　旋羅虎掌
香烟篆　斗底　葉底挑　雪花虎掌
側金盞　龜背　鵓鴿頭　梨花虎掌
一對銀　一瓶花　十二月　兩朵雲

踢搭名色

內外臁　左右兩臁　入步臁

左右分臁　左右完臁　左右空臁
左右擺膝　左右兩膝　左右攝膝
迓鼓膝　左右旋膝　耿子膝
入步膝　偷步膝　走馬膝
左右兩拐　兩逼拐　兩捽拐
兩聽拐　不揪拐　左右攝泊拐
入步拐　左右鞘拐　背劍拐
銷腰拐　披掛拐　兩脚下拐
鴛鴦拐　合扇拐　鼓根拐
兩殺拐　兩右兩搭　左右單搭
左右㧱搭　左右攝搭　入步搭
剪搭　左右分搭　左右八字
左右㧱八字　摘步八字　左右兩扳摟
左右側扳摟　左右斜蹬　走馬蹬
左右偎蹬　流星磴　左右正蹬
兩㧱蹬　不揪蹬　左右飛蹬
提袍蹬　鎖腰蹬　左右兩抄
左右聽抄　側脚背抄　左右入步抄

走馬抄　左右捻　虛捻
滿脚捻　不揪捻　拍板捻
左右拐捻　側捻　魚兒捻
寶捻　引脚捻　拜捻
雙脚捻　左右兩肩　左右丁字捻
斜肩　側肩　背肩
左右足斡　偎脚斡　㧱脚斡
單脚斡　不揪足斡　鎖腰足斡
畫眉足斡　入步足斡　圓光足斡

披肩足幹　提袍足幹　鴛鴦足幹

打揎訣

打揎添氣也事須易而實難不可太堅堅則健色浮急蹴之損力不可太寬寬則健色虛泛蹴之不起須用九分着氣乃爲適中

下截解數

脚面任　脚頭　轉關　雙轉關

虛捻　側捻　滿捻　脚頭實捻

正騎　剪騎　側騎　鳳㗸珠

叠脚　滿叠脚　挑葉　鷄揷食

步步隨　滿樹花

中截解數

巧膝蹬　三捧敲　下珠簾　膝搭

踏搭　踿了膝　孤注拐

上截解數

砑金領　大過橋　拗鬓　拗挾

摺叠鬓　十字鬓　透鬓　三點金

斜揷花　畫眉兒　五花兒　風擺荷

掉水燕　鷩落架　劈破桃　仙人過橋

燕歸巢　玉項牌　套玉環　掛玉鈎

玉闌干　綉帶兒　飛挾　十字綉帶

飛鬓　繳膷　錯認鬓　野馬跳澗

復還京　朝天子　節節高

成套解數

一套　實捻　虛捻　雙實捻　雙虛捻

滿脚捻

二套　左右挪實搭　左右脚面任搭

膝搭　拐搭

三套　左右白任鳳㗸珠

左右鷄揷食鳳㗸珠

左右綉帶鳳㗸珠

左右挑起一尺落下鳳㗸珠

四套　一對正騎　一對挾騎　朝天正騎

一對拗騎　一對剪騎　朝天拗騎

五套　搊拾白任　兩捧巧白任

三捧巧白任

六套　轉關叠脚　左右叠脚　左右雙叠脚
七套　左右脇下綉帶　左右肩外綉帶
面前十字綉帶
八套　左右研金領挾　左右大過橋挾
左右飛挾
九套　左右摺叠䰍　左右十字䰍
左右飛䰍　左右透䰍　左右拘䰍
十套　朝天燕歸巢　斜挿花燕歸巢
三跳澗燕歸巢　朝天子燕歸巢
放下脚面佺飛起燕歸巢

十一套　朝天仙人過橋　朝天掉水燕
朝天畫眉兒　朝天風擺荷
朝天撈破桃　朝天野馬跳澗
朝天奔玉環　朝天掛玉鈎
坐地解數
脚面佺　左右臁　研金領　大過橋
掉水燕　風擺荷　五花兒　玉闌干
急三踢　仙人過橋　左右摺叠䰍
野馬跳澗

禁踢訣
左右幹望下　順風拐望下　兩踢望下
頭踢望下　右膝望下　右臁望下
左擺摟望下　右肩望下　右抄望下
左抄望下　右八字望下

那偎側脚訣
那脚即是入步側脚須當步穩務要隨身倒步不可亂那動脚如踢氣毬只可說不可踢若踢動一踢都

不是須要明師開發親手撇出教一踢有一踢撇一踢得一踢休想塲戶上尋得一踢來如泛在右臁上來就將右脚向右邊却使左臁如泛在左臁上來就將左脚向左使右臁如左上泛短先入右脚却使左踢搭如右上泛短先入左脚却使右踢搭如右上泛深用左脚向後却使右脚踢搭如左上泛深使右脚向後却使左踢搭如右上泛深濶使左脚去右脚根後使右踢搭如左上泛深濶使右脚去左脚根後使壓脚踢搭或抄或拿兩踢或蹬或鎖腰或拔肩並沒

高爲易以低爲難也

取樣蹺踢側脚捷訣

那步迓鼓膝　側脚脉子膝　側脚畫眉

那步圓光足幹　那步兩踢　側脚鎖腰

那步過拐　那步八字　那步擺膝

那步滿街趁　那步不脉拐　側脚聽拐

那步走馬抄　那脚步步隨　側步披肩

那步走馬膝　側脚脇下拐　那步擺膝

官場下作

迓頭拐　論居中來使右脚向左脚根後却用左拐下

入鬢拐　論過右來將左鬢迎入下右拐使搭出論

合扇拐　論從右過側脚先使左拐後用右拐出尋論

背劒拐　論過頭出使左拐從右肩後出使踢出論

畫眉拐　左拐高起到面上過如畫眉相似尋論

急斜拐　下若右拐過頭向前後使搭論

十字拐　先使左拐後使右拐如十字意

叠二拐　不問左右連兩拐尋論

鴛鴦拐　先下左拐而前過後用右拐出

日上三竿　不問左右連三踢或三搭後尋論

膁拐　論泛右來脚向右使右拐用圓搭出論

捎拐　論泛背後落身望前使拐頭上過出論

鯉魚潑剌　下一左拐或右拐一膝一蹬以搭出論

鳳翻身　論泛後落轉身或下拐或下搭或蹬脚轉身

聽拐　下左拐頭歪望右下右頭歪向左使耳聽

秋千搭　先起膝高抬伸脚使搭尋出論

招搭　先使脚尖相迎招後用搭下尋論

夜叉板搭　右拐論側步去右邊後使左搭高起

請搭　用兩手相請意後下或左搭或右搭尋論

鎗拐　下一或左拐或右拐直直起落使搭出論

和尚投井　論看高來直下兩手作圓使健色圈内下

雙論

實捻　正面論來低毒便使捻下

一字搭　右脚向左邊門過右如寫一字意後尋論

磨搭　使脚如推磨一般下搭尋論
花肩　用左肩擗住放下使足幹上右肩下出論
驍膝　使膝高起下住足幹再起膝上放下尋論
屏風拐　論泛㶊左那脚向左下右拐高起右上尋
論
跨口拐　正面泛來不動脚使搭下
圓光拐　下一左拐從頭上過如圓光一般右上尋
論
錯認拐　論泛右拐臁下右脚那向右使左拐下

摺疊拐　左右上一般或一邊或兩邊連三拐四五
拐尋論
騎伏　認得泛真下正騎剪騎拗騎

輸贏籌數

賺辭不到者　輸一小籌　踢脫輸一大籌
失圈出論　輸一小籌　過頭不到輸一大籌
出論壓左　輸一小籌　不到輸一大籌
左論偷右下　輸一小籌　踢脫輸一大籌
趣頭下右　輸一小籌　踢脫輸一大籌
轉身趕趂　輸一小籌　踢脫輸一大籌
下搭重四拐　輸一小籌　踢脫輸一大籌
無関搭出論　輸一小籌　踢脫輸一大籌
下論轉身　輸一小籌　踢脫輸一大籌
入步拐　輸一小籌　踢脫輸一大籌
騎頭出論　輸一小籌　不到差輸一大籌
退步下搭　輸一小籌　踢脫輸一大籌

錦語

解數一　勘臁二　轉花枝三　火下四　皮破五　出尖六

落花流水七　斗底八　花心九　全場十
健色氣毬　打揎添氣　添氣吃物　夾氣相爭
宿氣中酒　朝天巾幘　拐搭鞋靴　單脬無錢
夾脬有鈔　脬聲言語　幞串多口　網兒衣服
上網上蓋　下網裏衣　補踢幹事　順行跟隨
水脉酒　足目飽　脉透醉　褪了飢
撥動行　上手得　下馬與　入步來
歪不好　圓好　入網進屋　五角村
遺數老　踢透死　虎掌手　梢拐後

嵌角（膝）　膁髀（去）　揷脚（向前）

不踢訣

網兒裏　飲酒後　筵席前　氣毬表乾

有風起　泥水處　無子弟　燈燭下

無下網　見相識

譜雙序

孔子有言不有博奕者乎爲之猶賢乎已大氐人之從事百役勞憊厭倦不可以久必務游息以暢神滌氣故取諸博博之名號不同其志於戲一也然奕棊象戲家喻戶曉至雙陸打馬樗子視明瓊爲標的非圖謀則無以得彷彿雙陸最近古號雅戲以傳記考之獲四名曰握槊曰長行曰波羅塞戲曰雙陸蓋始於西竺流於曹魏盛於梁陳魏齊隋唐之間我太宗皇帝播之聲詩紀於奎文雙有光焉閱時滋久中州

泯泯罕見而殊方偏譯頗能爲之家君北歸余侍從容始得北雙之說南遷真陽嘗往觀遂之番禺又聞所謂南雙者私竊自語以爲四荒之戲茲得其二亘遼以東或謂與南無殊惟西陲踔遠巨得而詳嘗闕之以俟它日於是摭古審今悉輯諸書所載彙而著之凡局馬之法與夫施置入出之度粲然於此謂之譜雙從余通判常州時北客狎至乘解博雙迭日夜不厭信使舉以訪余余反復論之終不之解則雙之不絕者無幾矣是書固未能盡要已十得八九庶

者當自得云紹興辛未六月庚午朔鄱陽洪遵叙

譜雙目錄

譜雙卷第一

宋　洪遵

北雙陸盤

盤馬制度

廣州雙陸板

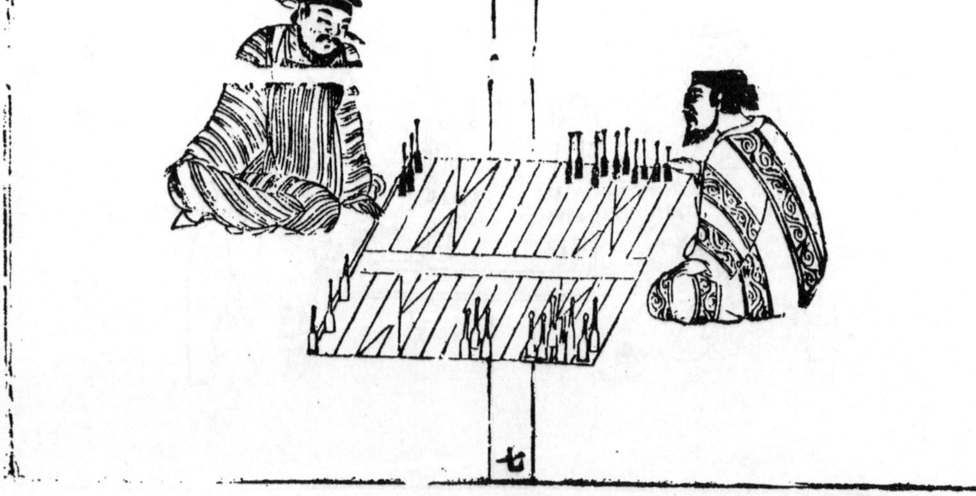

大食雙陸毬

真臘闍婆雙陸板

譜雙卷第二

北雙陸

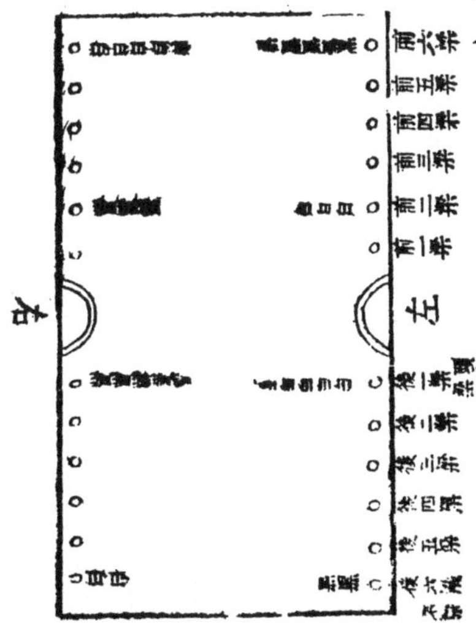

平雙陸 一名契丹雙陸

凡置局二人白墨各以十五馬爲數用骰子二據彩數下馬白馬自右歸左墨馬自左歸右凡馬盡過門後方許對彩拈出如白馬過門擲六二即出左後一梁左後五梁馬遇它彩亦然拈馬先盡贏一籌或拈盡而敵馬未拈贏雙籌

骰子今稱色數兒擲出重色稱花

俱呼爲准謂如准幺准六之類

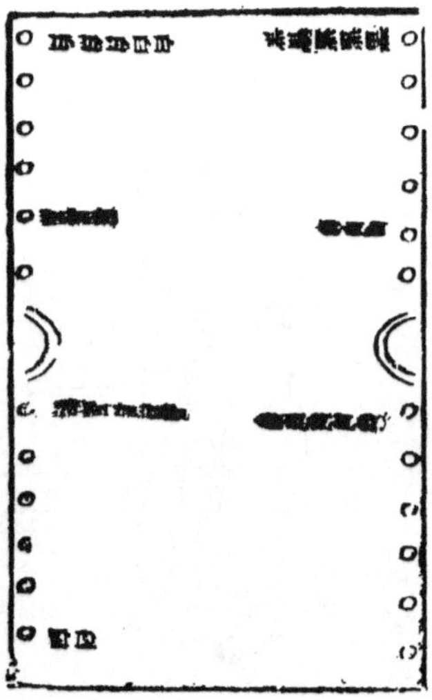

打間雙陸

下馬行馬出馬與平雙陸同凡馬十有五而十二馬歸至一邊兩兩相比間一路無馬故謂之間贏一籌再成又勝無止法或五路成雙一路馬單即不得籌

回回雙陸

布局行馬大抵與平雙陸相類但出局時不問點色多少任意出兩馬

七梁雙陸 其詳附三梁雙陸後

兩馬相比爲梁十四馬行過一邊就七路雙立故曰七梁凡成七梁贏一籌再成又勝七如平雙陸

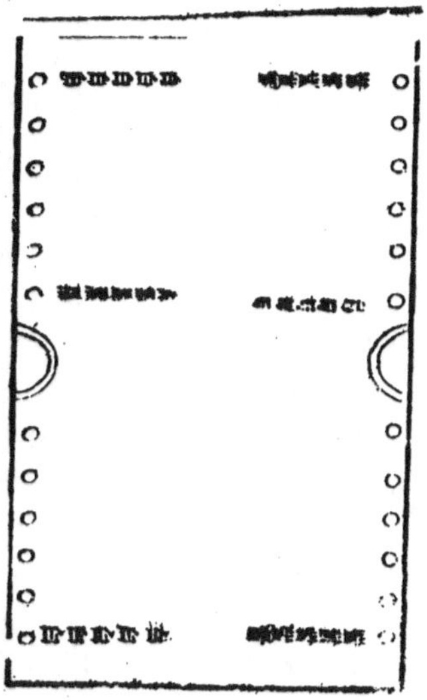

三梁雙陸 一名家雙陸

馬分爲三以三骰子對彩而進行兩馬貳三馬併行一馬亦可荀終拈出如常法

七梁雙陸

凡移馬再成七梁相並則又勝後梁有空再移馬成七梁亦勝如起馬先盡而敵馬未成七梁則勝雙籌如未成七梁馬未盡歸擲出大采但移動後一梁馬謂之褫頭輸三籌不下

譜雙卷第三

廣州

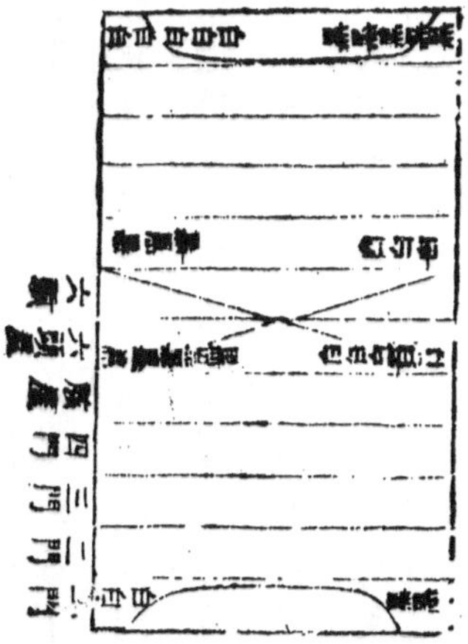

番禺雙陸

用骰子二臨彩下馬白馬自右歸左黑馬自左歸右番禺人多爲之南番亦能此行路出局如北地之下雙陸

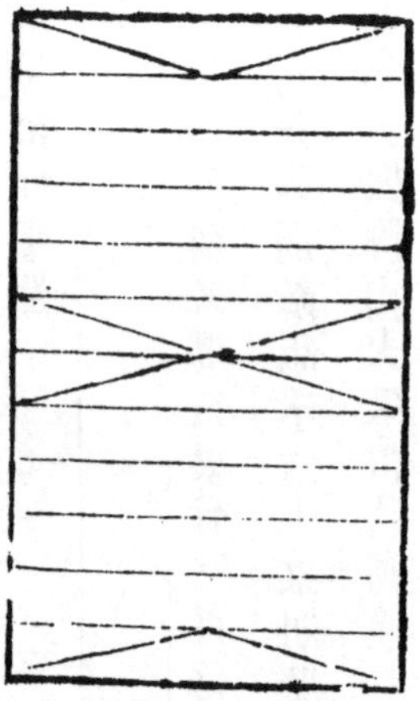

下頻雙陸

下馬出局與頻贏雙陸同凡遇雙彩雙幺雙二雙三之類併移四馬如彩數謂如擲雙三則四馬皆進三路又隨出擲番禺人多爲之

不打雙陸

下馬出局如常法不用骰子箕一人於暗處喝彩皆以七爲數或二五或么六或四三遇子不打故謂之不打雙陸番禺人能之

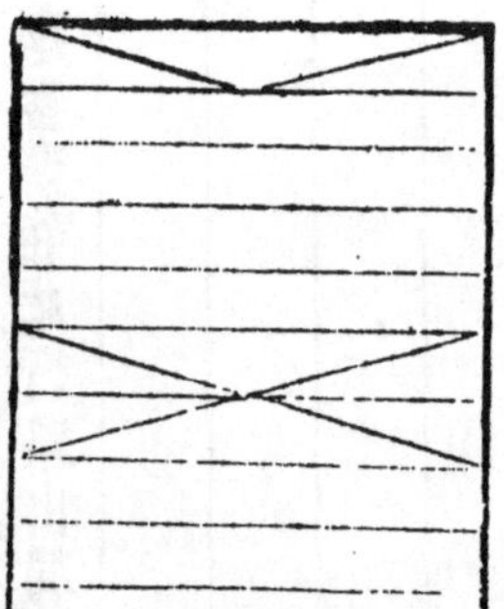

佛雙陸

廣中兒輩爲之各用十二馬更不布局遇彩旋丁每一路置二馬六路置馬十二止在一門二門三門四門胅屋六頭屋不過外六門與敵馬相望不復可打或擲么五則就一五路下馬謂如二四路各有雙馬又擲二四則不下馬得他彩方進十二馬入局足却擲彩貼出

三梁雙陸

用二骰子眞馬爲三成如北地之三梁雙陸進馬出局如常法番禺人能之

譜雙卷第四

南番　東

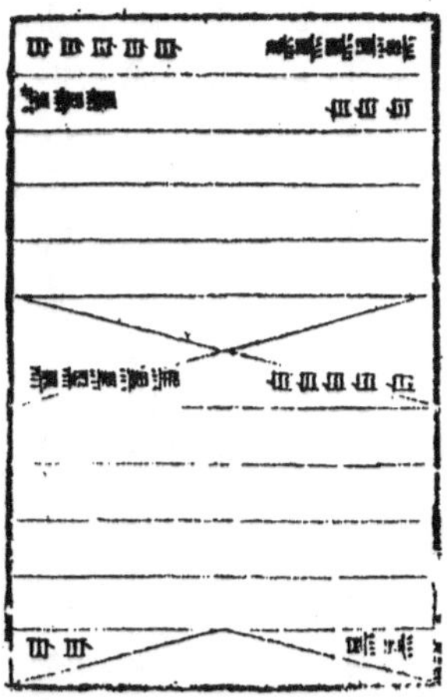

四架八雙陸

三佛齊闍婆眞臘爲之番禺人亦有能者用二骰子進馬出局如羅蘿雙陸惟馬子排置小異局終三馬作一屋成五屋者謂之子勾嬴兩局

南皮雙陸

南皮古城俗之布局與四架八雙陸同進馬出局如常法骰子以木或角爲之而長無幺六

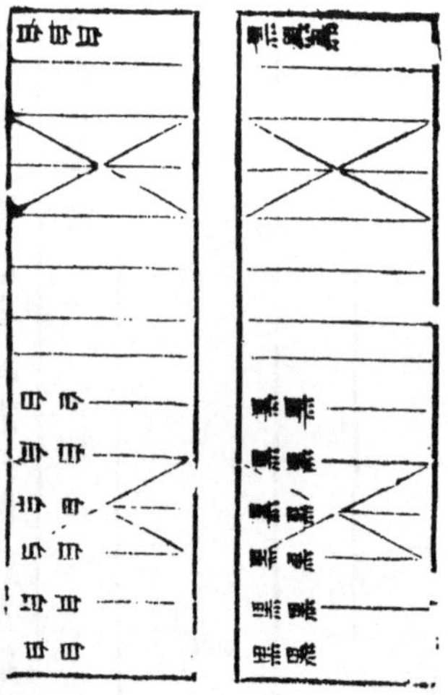

大食雙陸

以毯爲局織成青地白路用三骰子馬分爲七白馬居右黑馬居左八門遇雙彩方得過（八門毯之四角有八門也）十五馬至外六門未散贏一籌雙彩賞一擲（雙五雙二之類）渾花贏一籌仍賞擲又渾花亦然（渾花謂三么三二之類）馬先出贏小籌敵馬未出已馬拈盡贏大籌如棋之籌局也

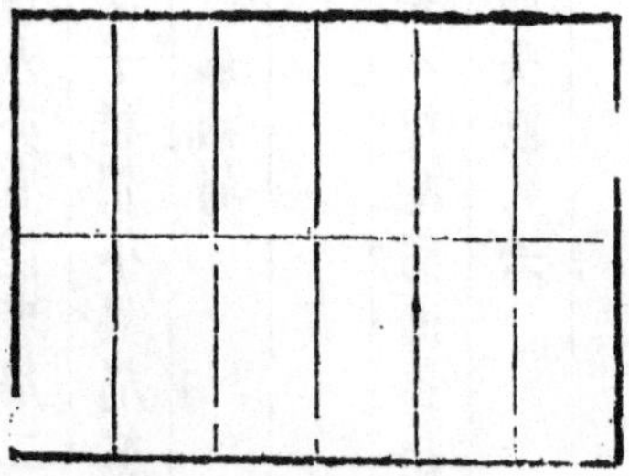

日本雙陸

白木爲盤濶可尺許長尺有五厚三寸刻其中爲路置二骰子於竹筒中撼而擲諸盤上視其采以行馬馬以青白二色琉璃爲之如市間棋子狀馬先歸一處者爲勝倭人甚好之兩人對局自朝至暮不已傍觀者亦移日不去

譜雙卷第五 說郛

常局格制

雙陸率以六爲限其法左右各十二路號曰梁白黑各十五馬右前六梁左後一梁各布五馬右後六梁二馬左前二梁三馬白黑相偶用骰子二各以其彩行白馬自右歸左黑馬自左歸右或以二骰之數共行一馬或行二馬或移或疊凡馬單立則敵馬可擊兩馬相比爲一梁它馬旣不得打亦不得同途凡遭打必候元入局處空位與彩相當始得下（謂如第二梁空今擲得三彩則下）所打者未下則它馬不得行至後六梁謂之疊梁凡疊梁已滿如打得它馬即併馬於近下五路凡開後一梁爲敵人地若不獲它馬即盡移歸頭梁之内每擲視其彩拈出二馬數有餘則取不足則否彩小不取則併移歸下梁常須固兩馬不可移動動則頭破後六梁謂之末梁馬先出盡爲勝勝而他馬未歸梁或歸梁而無一馬出局則勝雙（籌）凡賞罰之籌唯所約無有定數

南北局例

敵人以後一梁爲胲（胲音孩）前一梁爲門（前一梁與一梁相隔）胲門最緊有兩馬至胲謂之把胲折一馬曰拆胲爲馬至門謂之把門拆一馬曰拆門後六梁謂之宮馬歸梁曰入宮狄仁傑所謂雙陸不勝宮中無子也兩馬相比爲梁一道不得過六馬十五馬過門欲出若五六路上馬多則爲頭重蓋五六爲大彩不常有若擲二三不可便就大位拈馬須自頭梁移下則頭輕易出南雙陸從頭出謂之開腳兩子相比謂之做屋亦曰一門屋第一路曰一門二路曰二門三路曰三

門四路曰四門五路曰胲屋六路曰六頭屋總謂之内六門後六路曰外六門後第一路亦曰六頭子巳出復入曰落子二子相比曰縛（謂如四路上有馬再有馬來即曰縛四）進一步曰上自出曰喫子十子作一處亦可南人對局巳見敗證則頻打不許成屋謂之合碎（合碎猶言翻局也）三佛齊闍婆占城曰貿犁眞臘曰踄

事始

雙陸劉存馮鑑皆云魏曹植始製考之北史胡王之弟爲握槊之戲近入中國又考之竺貝雙陸出天竺

名爲波羅塞戲然則外國有此戲久矣其流入中國則曹植始之也唐王續集云闘彩曹王之局謂此也

盤馬

北雙陸盤如棊盤之半而長兩門二十四路皆刻出用象牙實之以渤海櫟木爲重蒸不假施漆而塵垢不能侵或以花石砌餙以木承之以白木爲白馬烏木爲黑馬富者以犀象爲之馬底圓平而殺其上長三寸二分上徑四分下徑寸一分大抵如今人家所用搗衣椎狀番禺人以板爲局布黑道而漆之或以

漆或畫地爲之以黄楊木爲白子桄榔木爲黑子底平柄短如截標如浮屠形三佛齊闍婆占城眞臘南皮以花梨木爲板刀劃成路多席地置板其上蕃王則板下以銅爲簧如響板然拍子時鏘然有聲以爲樂以象牙爲白子烏梅木爲黑子或以紅牙爲黑子大食國以毯織成局白黑子與諸國同

骰子

三佛齊闍婆眞臘大食以木爲骰子六而南皮占城以烏木或角爲之長二寸許無幺六三佛齊闍婆名城骰子曰胡纏幺曰薩二曰塗打三曰帝御四曰肯五曰班猝六曰喃眞臘骰子曰撒家幺曰收二曰枚吡三曰琳四曰不琳吡五曰班六曰辛大食幺曰亦二曰塗打三曰栖打四曰察打五曰班打六曰失打

賭賽

北人以金銀奴婢羊馬爲博以所獲男女或買到人謂之奴婢貧者以杯酒勝負不問局數多者以十五籌爲率先滿者勝少至十籌或七八籌皆臨局計議枝高者饒一籌

或二三四籌亦有明現未投先牽角頭黑馬歸第三梁謂之牽三梁仍許先擲者番禺人以百緡至三二百緡約以三局下至十緡貧者三數鐶至數十金高者饒一子先歸一點一路也至六點或饒先擲三佛齊闍婆眞獵南皮占城以金銀或千緡以三五局爲率大食國以其國所用金錢爲博錢面文作象形

名稱

北人打雙陸曰打雙盤曰雙盤馬曰雙馬番禺打雙陸曰打雙陸盤曰雙陸板馬曰雙陸子三佛齊闍婆

臨城打雙陸曰巴悄板曰巴板馬曰姑茶一局曰臨
板眞臘打雙陸曰除地板曰𦾔馬曰塞（姑則切）一局曰
板大食打雙陸曰吧吔（下音齊）板曰毬馬曰掘一局曰
亦

雜記

北雙有五曰平雙陸曰三梁曰七梁曰打間曰回回
平雙陸易北人多能之三梁雙陸難能者什一而已
打間合而言之曰梁間燕之茶肆多置局或五
或六多至十餘博者出錢以做局如中州郡肆置棋

具也漢人契丹戸置雙雙馬行亦令從者挾以出骰
子入合𣟂中（合𣟂華言皮袋）番禺雙陸名有五曰下嚐曰三
椎曰囉龐曰不打曰佛雙陸下嚐三堆難囉龐不打
易佛雙陸止孺兒爲之凡閩閩皂隸輩皆能此戲士
大夫則否端康連惠四州亦頗有能者南蕃名有三
曰四架八曰南皮曰大食惟四架八番禺人能之

說郛目錄

除紅譜

元 楊維楨

古之君子凡有所撰造必係以姓氏使後世知所起也昔阮咸氏嘗作月琴世遂謂之阮咸猪窩者朱河所撰也後世訛其音不務察其本始謂之猪窩者非也朱河字天明宋大儒朱光庭之裔南渡時始遷建業遂世家焉河少有才望落魄不羈仕至天官冢宰此書世傳河所作本名除紅譜除紅者以除四紅言之也或乃謂三么一采爲猪窩又謂之猪婆龍夫三么者本所謂快活三也於諸采中爲罰采之最爲有以是目其書者乎且名不雅馴君子醜之總之除紅者近是夫除紅例以四色觀法於主耦方圍四也一紅爲主而餘三爲客取象於徑一圍三也數之前後皆八而惟以十爲中自八以退不及也而罰有差十二以進有餘者也而賞有差九之十二則多寡勝負相角而成其發明四時盈縮人事怠勤章矣其所表見皆不妄設予既多暇率此意論次其大吉詳著於篇而作除紅譜序時洪武元年三月上巳日

擲法開列於左 計一十一則

一凡擲色之始先以一色相賽其得四紅者先擲餘色次之如三人擲色一人先得四紅者其二人復賽如前無紅者獨後四五人以上倣此

一凡除紅用四骰子擲之以四紅爲主除一四紅但以餘三色計之自八點以下皆爲罰色十三點以上皆爲賞色俱不必賽自九點以至十二點除柳葉兒十二時兩色之外俱爲賽色

一凡擲出雙紅者除紅葉節節高之外俱爲强紅不用四色中如無四紅者除渾花素葉之外俱爲散色不用

一凡賞色在手仍即自擲如擲出賽色方許下次人賽擲出强紅散色等項方許下次人擲如屢見賞色則雖常擲不妨

一凡賽色須記先擲者點數必待賽出賞罰色方止散色强紅不論

一凡賽色少一點者謂之蹋脚罰二帖如賽出各等罰色三帖以下者依本帖罰之復加一帖四帖以上但依本帖罰之不必加罰

一凡賽色相同點數者謂之趕上賞一帖如賽八九點而自擲柳葉兒者罰四帖敵者仍罰趕上一帖

一凡賽色多一點者謂之壓倒賞二帖如賽出各等賞色三帖以下者依本帖賞之復加一帖四帖以上者但依本帖賞之不必加賞

一凡賽色多二點三點者止賞一帖少二點三點者止罰一帖

一凡擲色或三人或五人或從左逆行或從右順行次第循環須先議定毋得臨期紊亂如有應擲而不擲者罰三帖與下次人及有未擲而先擲者罰五帖與上次人

一凡賭色行酒其賞罰帖數照例施行如賞一帖者自飲一杯餘倣此

標目六十二條

渾花計六采

渾四爲滿園春賞六帖

渾六爲混江龍賞五帖

渾五爲碧牡丹賞五帖
渾三爲鴈行兒賞五帖
渾二爲柏枝兒賞五帖
渾幺爲滿盆星賞五帖
三紅計五采
三紅一幺爲花心動賞五帖
三紅一二爲蝶戀花賞四帖
三紅一三爲紅衫兒賞四帖
三紅一五爲錦上花賞四帖
三紅一六爲銷金帳賞四帖
雙紅計六采
雙紅雙幺
雙紅雙二
雙紅雙三
雙紅雙五
雙紅雙六爲紅葉兒俱賞三帖
雙紅五六爲節節高賞三帖
對子計十采

雙幺雙二
雙幺雙三
雙幺雙五
雙幺雙六
雙二雙三
雙二雙五
雙二雙六
雙三雙五
雙三雙六
雙五雙六爲素葉兒俱賞二帖
十八點止一采
六六六爲得勝令賞五帖
十七點止一采
五六六爲皂羅袍賞二帖
十六點止一采
五五六爲雪兒楠賞一帖
十五點計二采
五五五爲永團圓賞一帖

三六六爲皂鵰旗賞一帖
十四點計二釆
三五六爲穿花鳳賞一帖
二六六爲鐵道冠賞一帖
十三點計三釆
二五六爲楚雞頭賞三帖
么六六爲點絳脣賞二帖
三五五爲鳳歸雲賞二帖
十二點計三釆

二五五爲十二時賞四帖
三三六爲鷓鴣天賽色
么五六爲巫山一段雲賽色
十一點計三釆
三三五爲鵲踏枝賽色
么五五爲梅梢月賽色
二三六爲畫眉不盡賽色
十點計三釆
二二六爲夾十兒賽色

么三六爲撮十兒賽色
二三五爲落梅花賽色
九點計四釆
三三三爲柳葉兒罰四帖
么二六爲女冠子賽色
么三五爲一剪梅賽色
二二五爲鎖南枝賽色
八點計三釆
么二五爲鎖項八罰三帖

么么六爲睜眼八罰三帖
二三三爲鴈兒八罰二帖
七點計三釆
么三三爲川七兒罰一帖
么么五爲白七兒罰一帖
二二三爲夾七兒罰一帖
六點計二釆
么二三爲嬰孩兒罰三帖
二二二爲粉蝶兒罰一帖

五點計二采

么二二爲五供養罰一帖

么么三爲葫蘆兒罰一帖

四點計一采

么么二爲咬牙四罰三帖

三點計一采

么么么爲快活三罰五帖

除紅圖

滿園春

賞六帖

混江龍

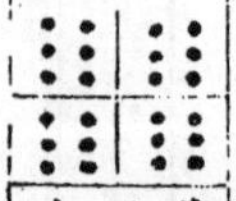

賞五帖

碧牡丹

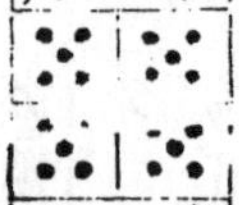

賞五帖

鴈行兒

賞五帖

拍板兒

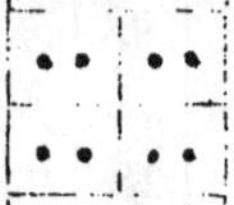

賞五帖

滿盆星

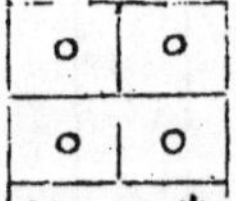

賞五帖

花心動

賞五帖

蝶戀花

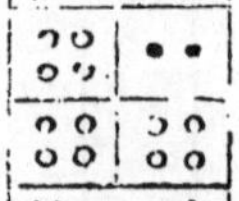

賞四帖

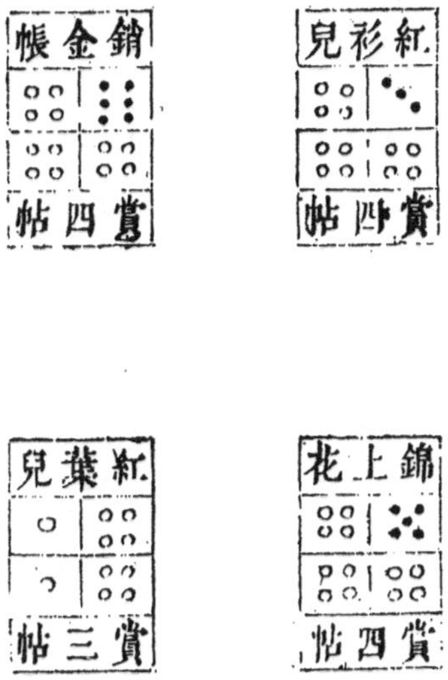
紅衫兒
賞四帖
銷金帳
賞四帖
錦上花
賞四帖
紅葉兒
賞三帖

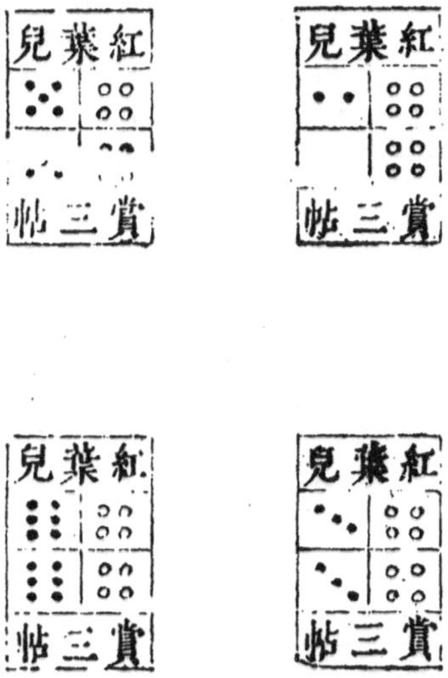
紅葉兒
賞三帖
紅葉兒
賞三帖
紅葉兒
賞三帖
紅葉兒
賞三帖

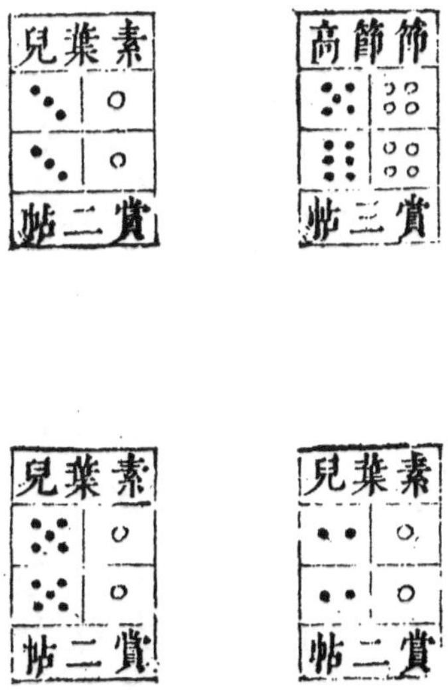
節節高
賞三帖
素葉兒
賞二帖
素葉兒
賞二帖
素葉兒
賞二帖

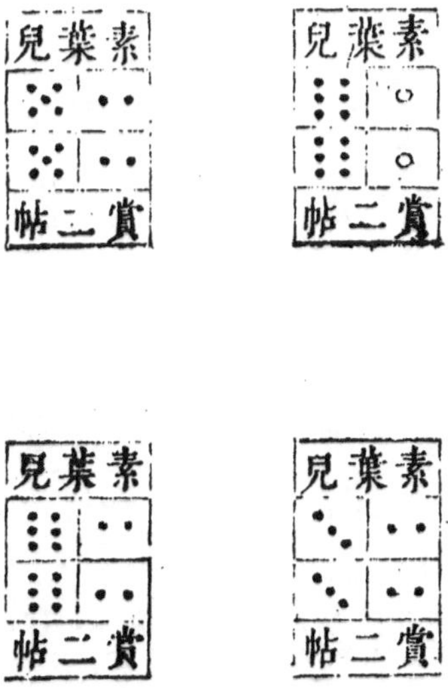
素葉兒
賞二帖
素葉兒
賞二帖
素葉兒
賞二帖
素葉兒
賞二帖

素葉兒

賞二帖

素葉兒

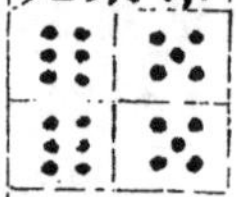

賞二帖

素葉兒

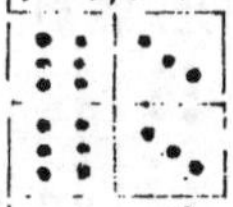

賞二帖

得勝令

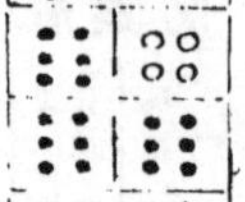

賞五帖

皂羅袍

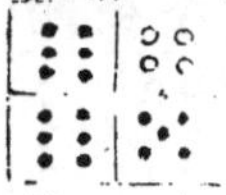

賞三帖

永團圓

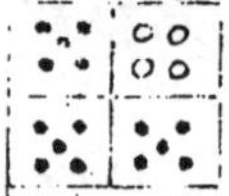

賞一帖

雪兒梅

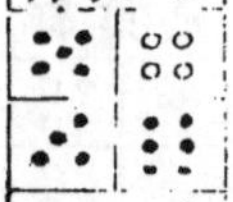

賞五帖

皂鵰旗

賞一帖

穿花鳳

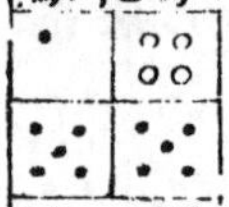

賞一帖

呼鷄頸

賞三帖

鐵道冠

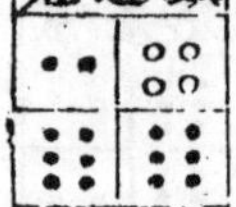

賞一帖

點絳唇

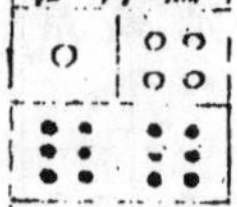

賞二帖

鳳歸雲

賞二帖

鷓鴣天

賽色

十二時

賞四帖

巫山一段雲

賽色

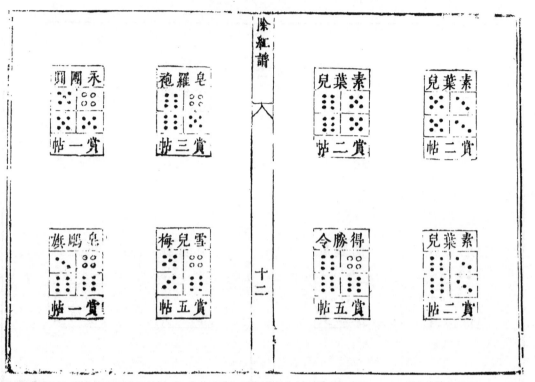

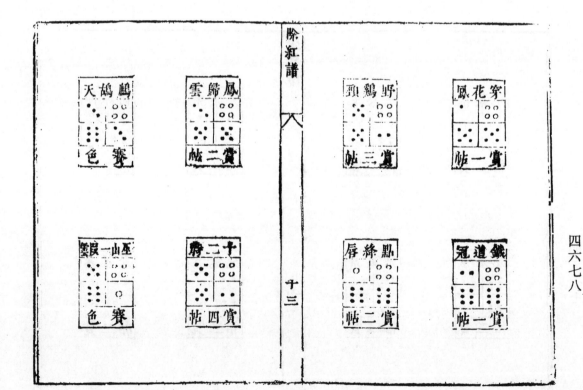

鵲踏枝

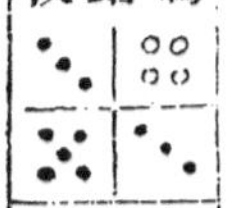

賽色

畫眉不盡

賽色

梅稍月

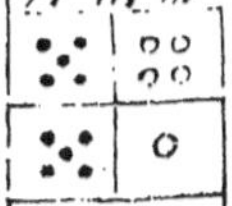

賽色

夾十兒

賽色

落梅花

賽色

女冠子

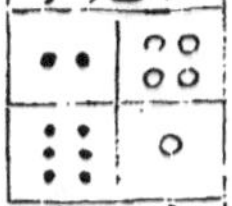

賽色

摽葉兒

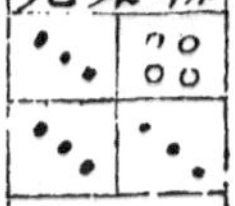

罰四帖

一剪梅

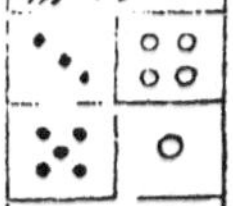

賽色

鎖南枝

賽色

聯眼八

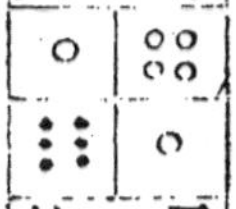

罰二帖

鑽頂八

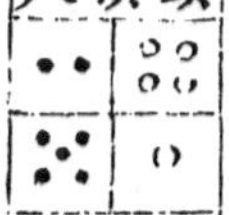

罰三帖

鴈兒八

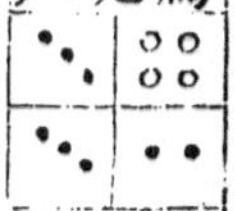

罰二帖

川七兒

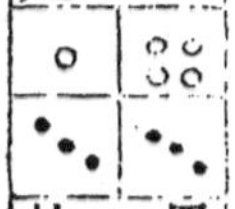

罰一帖

夾七兒

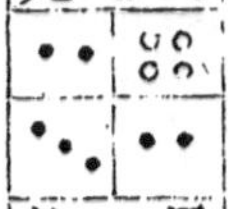

罰一帖

白七兒

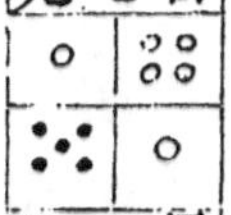

罰一帖

耍孩兒

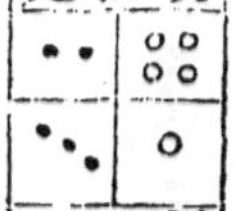

罰三帖

除紅譜　八　十六

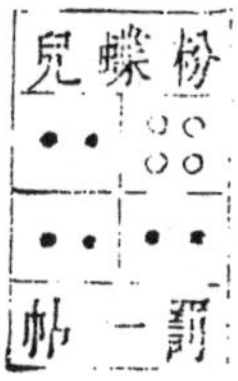

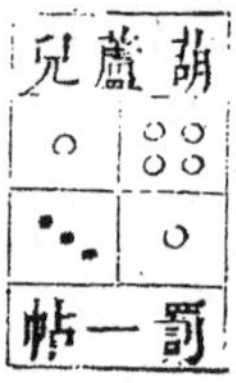

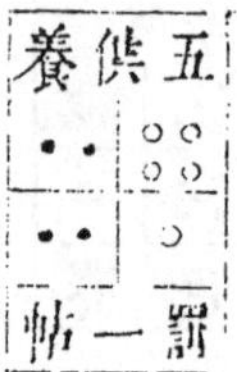

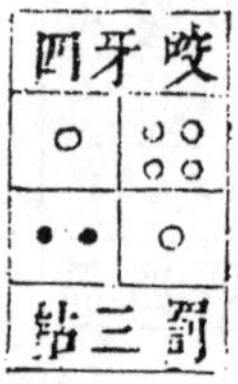

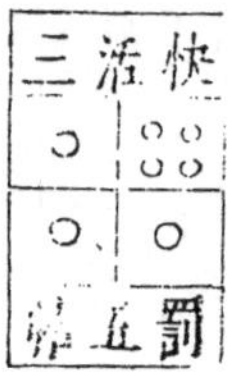

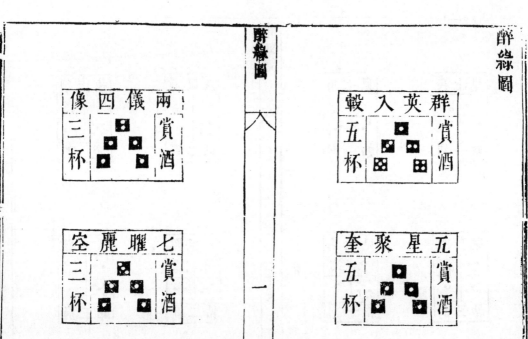

醉綠圖

醉綠圖　八　一

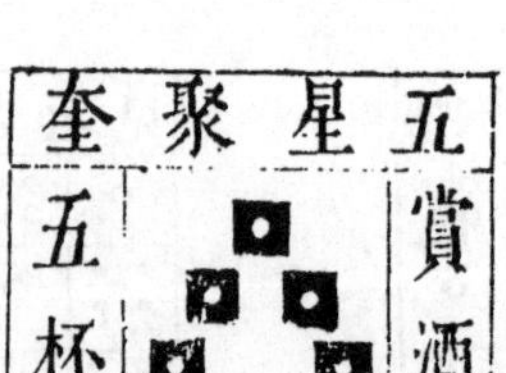

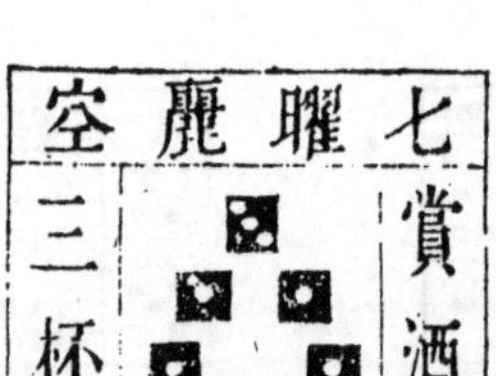

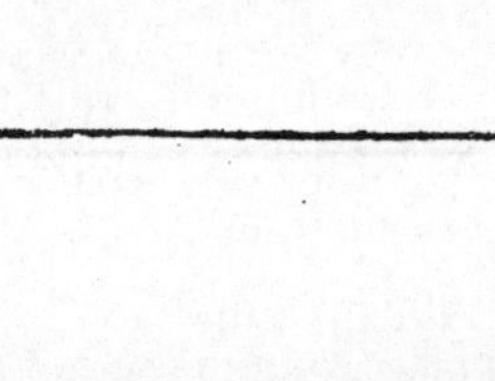

丹露聯珠

賞酒三杯

四方歸極

賞酒三杯

六化四時

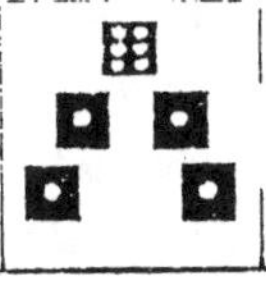

賞酒三杯　罰擲者一杯

十道同風

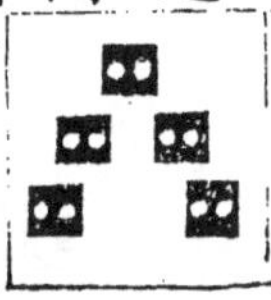

賞酒五杯

八荒一體

賞酒三杯

麟閣功臣

賞酒三杯

瓊樓十二

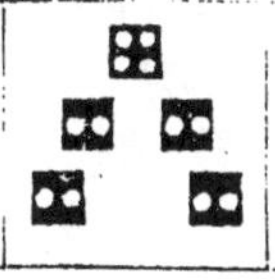

賞酒三杯

五行八字

賞酒三杯

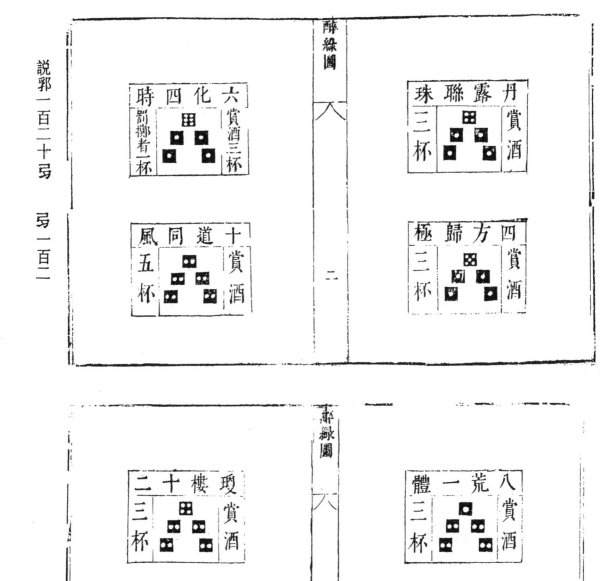

醉綠圖　四

八柱擎天

賞酒三杯

罰擲者一杯

陶柳三眠

賞酒

五杯

月夜南飛

賞酒

三杯

夢合巫山

賞酒

三杯

醉綠圖　五

落紅飛鸞

賞酒

三杯

花壓玉欄

賞酒

三杯

霜空鴈字

賞三杯

罰擲者一杯

丹鳳聯飛

賞酒

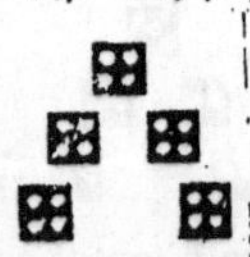

五杯

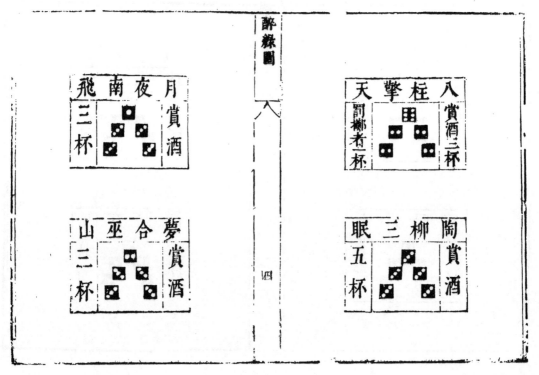

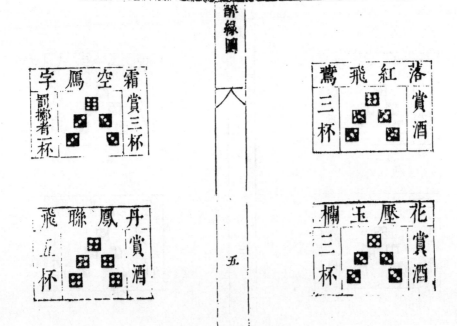

葵蓴向陽

賞酒

三杯

雙蝶穿花

賞酒

三杯

落霞飛鶩

賞酒

三杯

梅飄花徑

賞酒

三杯

醉綠圖

六女踏花

賞酒三杯

罰擲者一杯

江城梅落

賞酒

五杯

五雲捧日

賞酒

三杯

合璧連珠

賞酒

三杯

三弄梅花

賞酒五杯

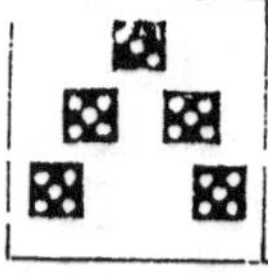

紅英綴翠

賞酒三杯

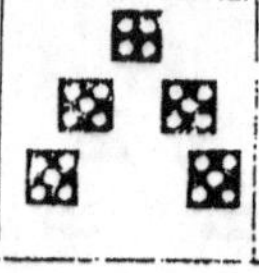

空點瀧梅

賞酒三杯

罰擲者一杯

六魔降世

賞酒五杯

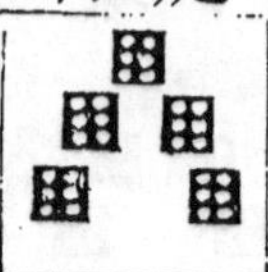

罰擲者一杯

麗日中天

賞酒三杯

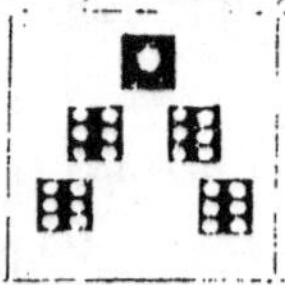

罰擲者一杯

二雄逐鹿

賞酒三杯

罰擲者一杯

碧天翎氣

賞酒三杯

罰擲者一杯

二十八宿

賞酒三杯

罰擲者一杯

月值朔虚

賞酒三杯

罰酒擲者杯

賞采二杯圖

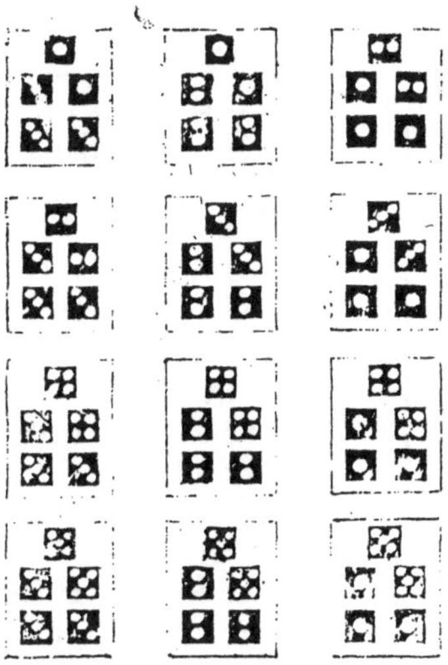

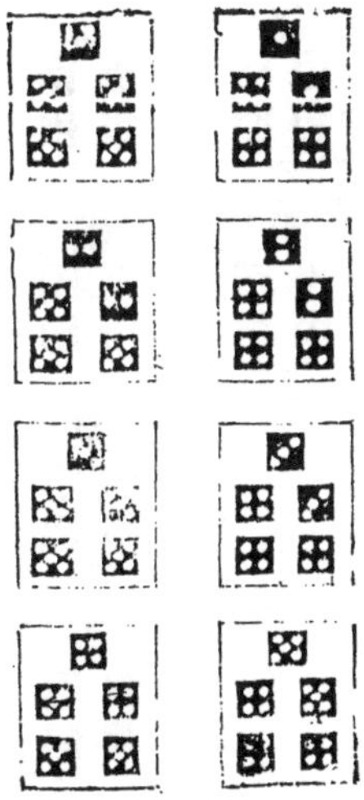

罰采一杯圖

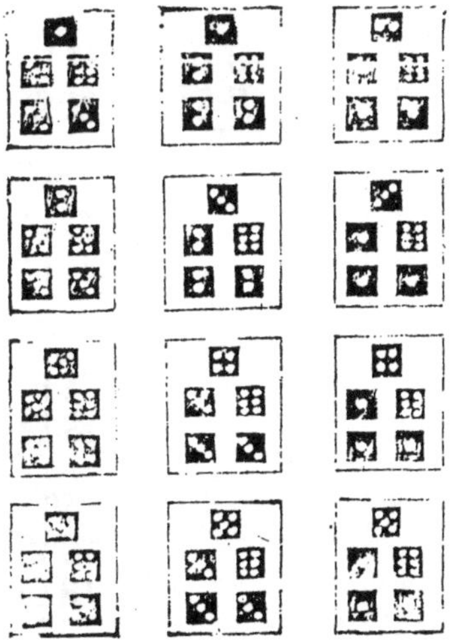

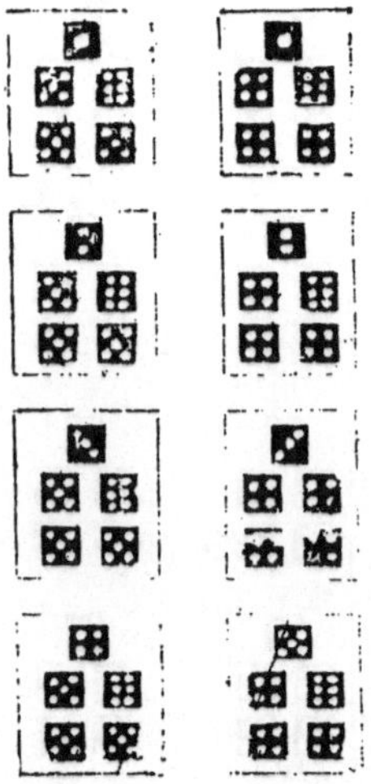

賞采二杯罰采一杯圖

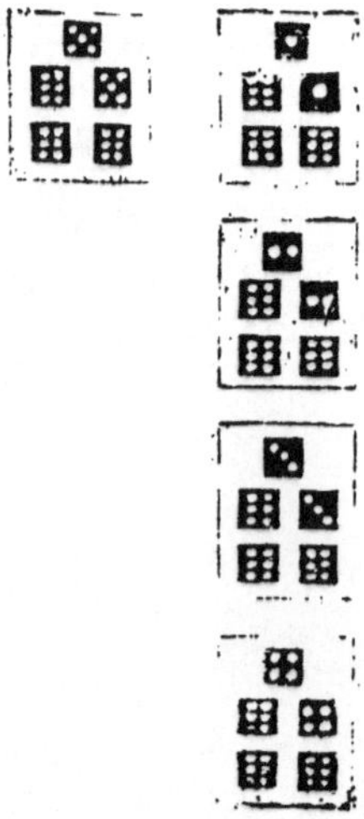

罰采二杯圖

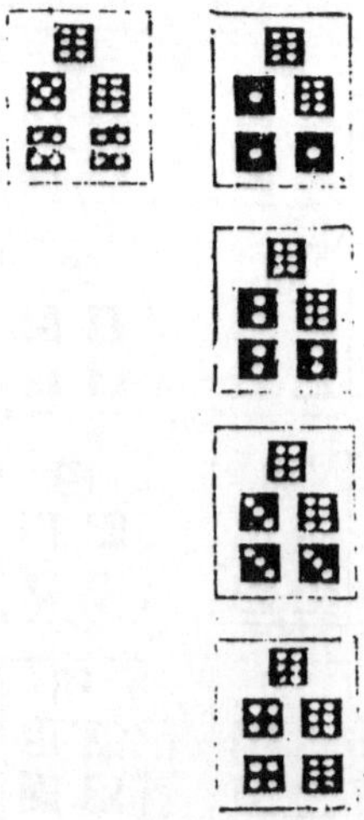

賞采罰采各一杯圖

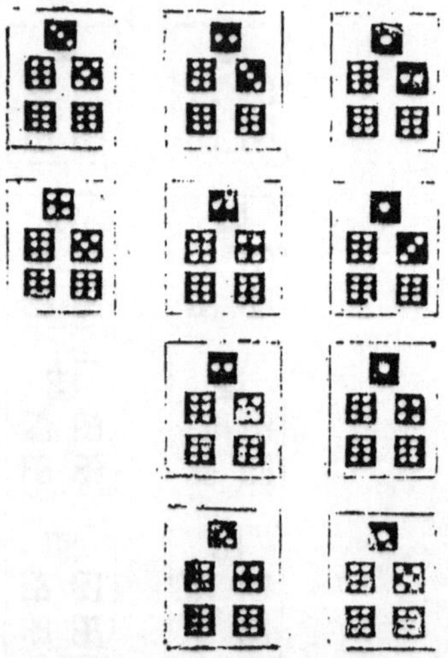

賽采並不賞不罰圖

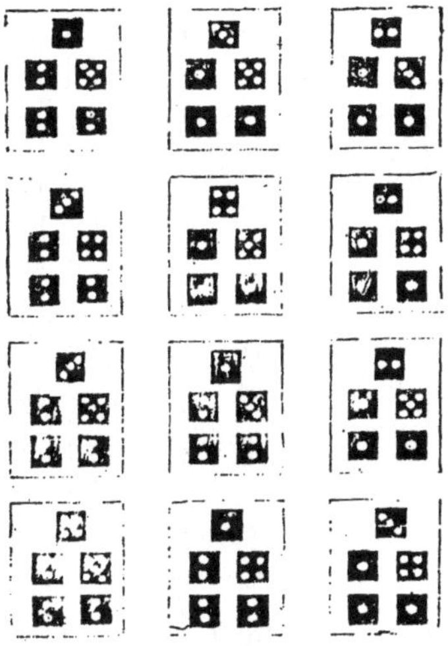

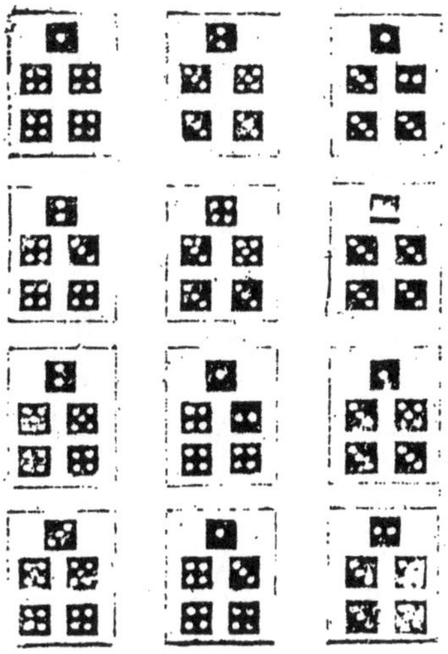

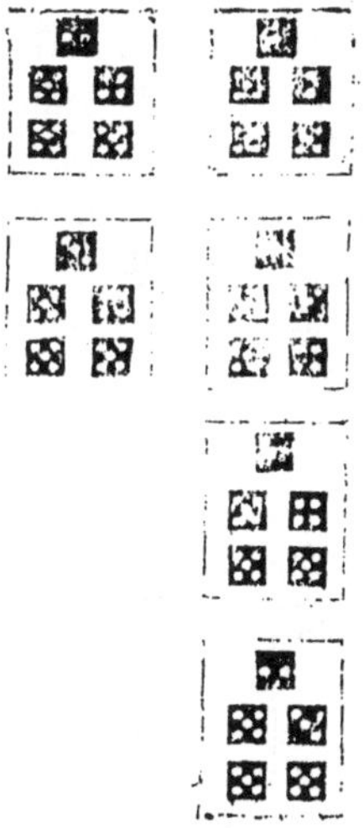

骰子選格

唐 房千里

序曰開成三年春予自海上北徙舟行次洞庭之陽有風甚急繫舡野浦下三日遇二三子號進士者以穴骰雙雙爲戲更投局上以數多少爲進身職官之差數豐貴而約賤卒局座客有爲尉椽而止者有貴爲相臣將臣者有連得美名而後不振者有始甚微而欻升于上位者大凡得失酬似前所謂不繫賢不肖但卜其偶不偶耳達人以生死爲勞息萬物爲一馬果如是吾今之貴者安知其不果賤哉彼眞爲貴者乃數年之榮耳吾今貴者亦數刻之樂耳雖久促稍異其歸於偶也同列禦寇敘穆天子夢遊事近者沈拾遺述枕中事彼皆異類微物猶且竊爵位以加人或一瞬爲數十歲吾果斯人也又安知數刻之樂果不及數年之榮耶因條所置進身職官遷黜之目爲選格

[illegible]秩例

侍中 中書令 門下侍郎

中書侍郎 左右常侍

給事中 諫議大夫 中書舍人

左右補闕 左右拾遺

翰林學士 知制誥

左右僕射 左右丞

尚書 左右郎中 左右員外郎

御史大夫 御史中丞 殿中侍御史

太常卿 光祿卿 衛尉卿

太僕卿 大理卿 鴻臚卿

司農卿

秘書監 少監 秘書郎

著作郎

史館修撰 集賢校理 太常博士

國子祭酒 司業

諸衛將軍 金吾衛 驍衛

領軍 千牛 羽林

左右武衛　左右威衛　左右監門衛
太子師傅　太子賓客　太子詹事
左右庶子　中允　諭德
贊善　洗馬
王府諮議　長史
京兆尹　京府少尹
萬年縣尹
觀察使　防禦使　團練使
諸州刺史　幕府副史　判官
支使　推巡　記室
縣尉

樗蒲經略

宋　程大昌

投五木瓊橩玖骰

博之流爲樗蒲爲握槊爲呼博爲酒令體製雖不全同而行塞勝負取决於投則一理也蔡澤說范雎曰博者或欲大投班固奕指曰博懸於投不必在行投者擲也桓元目劉毅樗蒲一擲百萬皆以投擲爲名也古惟斲木爲子一具凡五子故名五木後世轉而用石用玉用象用骨故列子之謂投瓊律文之謂出玖凡瓊與玖皆玉名也蓋謂蒲者借美名以命之未必眞嘗用玉也御覽載繁欽威儀箴曰其有退食[illegible]息閒居撩橩弄碁文局樗蒲言不及義勝負是圖注云橩瞿營反博子也橩之讀與瓊同其字仍目從木知其初制本以木爲質也唐世則鏤骨爲竅朱墨雜塗數以爲采亦有出意爲巧者取相思紅子納寘竅中使其色明現而易見故溫飛卿豔詞曰玲瓏骰子安紅豆入骨相思知也無此此二者即今世通名骰子也本書爲投後轉呼爲頭北史周文命丞郎擲樗

蒲頭則昔云投者遂轉爲頭矣頭者總首之義自鏤骨爲骰以後不惟五木舊制堙沒不傳而字直爲骰不復爲投矣若其體制又全與用木時殊異矣方其用木也五子之形兩頭尖鋭中間平廣狀似今之杏仁惟其尖鋭故可轉躍惟其平廣故可以鏤采也凡一子悉爲兩面其一面塗黑黑之上畫牛犢以爲之章犢者牛子也一面塗白白之上卽畫雉雉者野雞也凡投子者五皆現黑則其名盧盧者黑也言五子皆黑也五黑皆現則五犢隨現從可知矣此在樗蒲

爲最高之采挼木而擲往往叱喝使致其極故亦名呼盧也其次五子四黑而一白則是四犢一雉則其采名雉用以比盧降一等矣自此而降白黑相雜每每不同故或名爲梟卽鄧艾言云六博得梟者勝也或名爲犍謂五木十擲輒犍非其人不能是也凡此采名樗蒲經雖皆枚載然反覆推較率多駁而不通也至於骰子之制周知祖襲五木然而詳畧大率不同也五木止有兩面骰子則有六面故骰子著齒自一至六爲采亦益多率其大而言之則是裁去五木兩頭尖鋭而蹙長爲方既有六面又著六數不比五木但有白黑兩面矣五木之制至晉世猶復用木然列子已言投瓊則周末已嘗改玉骨也耶或者形製仍同五木而質已用玉石也今世蜀地織綾其文有兩尾尖削而中間寬廣者既不象花亦非禽獸乃遂名爲樗蒲豈古制流於機織至此尚存也耶

采

采本是采色之采指其文以言也如黑白之以色別雉犢之以物別皆采也投得何色其中程者勝因遂

名之爲采今俗語凡事小而幸得者皆以采名之義益起此也此正班固所譏謂懸於投而不屬乎其人之有德者也齊書李安民與明帝樗蒲五擲皆盧帝大驚曰卿面方如田封侯相也言其投而得雋非一時幸中也此言相有福也後周王思政在同州與太祖樗蒲大出衣寶約擲盧者與之思政歛容跪誓願得成盧已果得盧又北史梁主蕭詧曾獻瑪瑙鍾周文帝執之顧丞郎曰能擲樗蒲頭得盧者便與鍾已經數人不得至薛端乃執樗蒲頭而言曰非爲此鍾

可貴但思露其誠耳擲之五子皆黑文帝即以與之用此而言則得雋而名以爲采其來尚矣

盧雉

自有骰子以後樗蒲尖長之子遂廢閣不用凡古書古事語及樗蒲者其名數遂不可曉雖非要事要之闕所不知終是懷慊也樗蒲經也者據其所見立爲之書有意乎追補亡矣然古樗蒲事在史而詳者惟劉毅傳爲著舉此之經語以與毅傳相較則此書所載不能與之諧合也故知其傳不古也晉書劉毅傳

曰毅於東府聚樗蒲大擲一判應至數百萬餘人並黑犢以還惟劉裕及劉毅次擲得雉大喜此言衆人先毅而擲已有得犢者矣而五木未至純盧也次傳及毅則遂得雉雉者四黑而一白夫四黑而一白其采名爲雉次於盧也褰衣繞床叫謂同座曰非不能盧不事此耳雉次於盧盧高於雉雉亦高於它采既不得盧而得雉莫若人不能及故大爲之言曰非不能盧直不爲耳裕惡之因接五木久之曰老兄試爲卿答既而四子皆黑其一子轉躍未定裕厲聲喝之即成盧焉四子皆黑其餘一子若一得黑即必現白如又現白即是四黑一白采當爲雉矣裕若得雉即不能勝毅故一子之轉躍未定者裕遂厲聲喝之使現黑采也黑采既現即乘[illegible]遂可以成其爲盧也盧現而雉自降等故毅怒裕不肯相借也哉毅意不快曰亦知公不能以此見借也用毅傳所記以求晉世之樗蒲采名齒數予之前說悉與之合也劉裕所得之盧是五子之半而爲黑者皆現乎上而五子之半爲白者皆藏於下俯仰合計則五子通爲十面半白半黑具足無欠而五木之齒數亦相應協無欠無餘矣自斯以往黑白兩面交致其雜亦隨齒立名而不出乎白黑兩面是皆有數可數故亦有象可畫矣今此經所繪白黑遂有不可推較者失在誤添純白純黑兩色故其說不與史合耳今

先列舊圖而後別立新畫貴其易曉

按樗蒲經舊畫只有四木四木者博子四箇也不是一木簇爲四角古蒲子皆言五木故知舊經

誤畫

盧

雉

[illegible]係用五木五木者本投凡五箇也

盧

雉

若本晋傳而求之則五黑者五子同皆爲黑而黑上皆畫爲犢無有純黑而不爲犢形者也五白者五子皆白白者畫雉無有純白而不爲雉形者也於是合而言之其陽能現五犢則其陰必藏五雉二五爲十而五子之十面無欠無餘推之而皆可通矣今舊圖之於五黑也以其三畫犢以其二純黑則是五子之

十面者以其半爲純黑以其半爲黑犢乃可應數不知十面皆黑安得別有一白越自外來而鬥乎四黑之間可以命之爲雉也耶若匇予皆有四面兩面有文黑上畫犢白上畫雉兩面無文純白不畫雉純黑不畫犢且以劉裕所投言之四黑已見其一白若專是白而上無畫雉之文則此之一白而間五黑何以得名爲雉也凡此皆推而不通今故別爲之圖而正樗經之誤使史語明白

五白梟犍

老杜今夕行曰馮陵大叫呼五白袒跣不肯成梟盧觀其意脉正用劉毅事而五白非樗蒱所貴不知杜獨何據也樗蒱家謂二白三黑爲犍犍惡齒也御覽曰六箸五擲皆犍不爲不能則知犍爲惡齒也

梟名甚多鄧艾曰六博得梟者勝此艾因牙上有梟形爲勞衆之言耳韓子曰儒何以不好博勝者必殺梟是殺其所貴也儒者以爲害義故不博據此言之則梟因爲善齒而殺梟者又當得雋則梟之采品甚低非盧比也老杜槊言梟盧亦恐未詳

藝經

邯鄲淳

棊道

棊局縱横各十七道合二百八十九道白黑棊子各一百五十枚

棊品

夫圍棊之品有九一曰入神二曰坐照三曰具體四曰通幽五曰用知六曰小巧七曰鬬力八曰若愚九曰守拙九品之外今不復云

彈棊

彈棊始自魏宮内裝器戲也文帝於此伎亦特好用手巾拂之無不中有客自云能帝使爲之客著葛巾拂棊妙踰於帝

博

博局戲六著十二棊也古者烏曹作博

投壺

投壺之禮主人奉矢司射奉中使人執壺主人請曰某有枉矢哨壺請以樂賓

塞

塞行棋相塞謂之塞也

藏鉤

義陽臘日飲祭之後叟嫗兒童爲藏鉤之戲分爲二曹以交勝負若人偶即敵對人奇即人爲遊附或屬上曹或屬下曹名爲飛鳥以齊二曹人數一鉤藏在數手中曹人當射知所在一藏爲一籌三籌爲一都

象戲

周武帝造象戲

五木經

唐　李翺

樗蒲五木玄白判

樗蒲古戲其投有五故曰呼爲五木以木爲之因謂之木今則以牙角尚節也判半也合其五投並上玄下白故曰玄白判

厥二作雉

雉鳥也取二投於白上刻爲鳥

背雉作牛

其刻雉鳥二投背上並刻牛故曰背也以雉犢爲彩者謂其悍戾逢敵必鬭以求勝也雖矢馬關亦皆角遂防邊之義也

王采四盧白雉牛

王貴也

甿采六開塞塔秃撅梟

甿賤也其采義未詳

全爲王駁爲甿

全謂其不雜也

皆玄曰盧厥筴十六

盧黑白色也書曰玈弓玈矢謂所投盡黑也十六筴者行馬時便以此數矢而隔之他筴倣此

背白曰白厥筴八雉二玄三曰雉厥筴十四牛三白三曰犢厥筴十雉一牛二白三曰開厥筴十二雉如開

如開各一

厥餘皆玄曰塞厥筴十一雉白各二玄一曰塔厥筴五牛玄各二白一曰秃厥筴四白三玄二曰撅厥筴

三白二玄三曰梟厥筴二矢百有二十設關二間矢爲三

間別也刻木爲關彫飾之每聚四十矢

馬筴二十厥色五

大率戲時不過五人五色者各辨其所執也

凡擊馬及王采皆又投

擊馬謂打敵人子也打子得儁王采自專故皆許重擲王采累得累擲之變則止

舊本擲誤行

謂逢可以疊馬卽許疊也如不要疊亦得重馬殺
打着尤苦
非王采不出關不越坑
馬出關亦自專之義也名爲落坑義在難出故用
王采能出也
人坑有謫
其所罰隨所約並輸合坐
行不擇筴馬一矢爲坑
謂矢行致馬落坑也亦有馬皆不可均融數齊而
入坑者所賭隨臨時所約劉毅家無擔石儲而一
擲百萬也

彈碁經

徐廣

彈棋二人對局黑白各六枚先列棋相當下呼上擊
之
夾食者二人黃黑各七十棊横列于前第四道上甲
乙迭推二棋夾一爲食棋不得食十兩不得過食不
由道則不行棋如挾不取食一棋爲籌賭多以隨人
所
悄悶先悶其位以十二時相從文曰同有文章虎不
如龍豕者何爲來如兎宮王孫盡卜乃造黃鍾大㘸
旋馬非類相從羊奔蛇宂牛入鷄籠
子之多少人之明數隨戲者制如十子爭先以落多
爲不妙
以塼二枚長七寸栫去三十步立爲標各以塼一枚
方圓一尺擲之主人持籌隨多少甲先擲破則得籌
乙後破則奪先破者
昔人彈碁握槊長行波羅雙陸諸藝後多失傳而
近代唯雙陸盛行或曰握槊卽今之雙陸長行卽

古之彈棊　亦未然

儒棋格

魏侍中肇

投二智一禮二位三義四信五棋下白黑半方五分長寸善六敬七德八忠九順十方局尺五周道四十其用三十六四維之道通數而基謙退爲尚故高彩者先投彼此二位謂之凈左右二道謂之中其凈中四道彼此左右牙有二不得相干行棊之沷始附凈起轉牙相順經因凈中出通生爲務不存塞殺彩越凈中者休則立梟梟者不伏會凈者梟折爲伏伏者

不梟若彩雖會而于彼擬過之非于彼者則自居矣行伏棋者得以彩依數而行兩彩同者唯行一一謙者停兩謙退一等行梟棊者得異彩亦候數而行兩彩同者盡行其數一謙一行道兩謙者停行伏不得衘梟不得行伏折梟伏者皆從后定因彩而悶者壘而申之緣行致累者悶而通足皆不限道數梟伏而悶者但行于梟行棊之憾不相凌觸所蹈皆靈孤明自出絶于詭巧而順消息悉遇中道勝負乃分先梟后伏驗之于凈道梟若從不盡二彩者則全行伏梟

伏兩少者行于梟彼既出盡此有不出者卽許以爲勝者之筭若全未出則爲之露投次局負仍先得十筭立一爵三爵立則成勝矣

棊訣

宋　劉仲甫

一布置

蓋布置棊之先務如兵之先陣而後戰也意在疎密得中形勢不屈遠近足以相援先後可以相符若入地境或于六三三六下子及九三與十三之着斷不執一進退合宜訣曰遠不可大疎疎易易斷近不可太促促則勢羸用意在人此乃爲格

二侵凌

夫棋路無必成子無必殺乘機制變不可像圖凡布置已定則強弱未分形勢鼎峙然後侵凌之法得以行乎其間必使應援相接勾絡相連多方以權過進避而侵襲侵襲若行則彼路不得不促權過漸急則彼勢不得不羸俟乎忿而先動則視敵而牽其情觀動則制乎變此之謂善奕者也

三用戰

用戰之法非棊要道也不得已而用之則務在廉謹以守封疆端重而全形勢封疆善守則在我者實矣

形勢能全則在我者逸矣夫以實擊虛以逸待勞則攻必勝戰必克矣

四取舍

取舍者棊之大計轉戰之後孤棊隔絶取舍不明患將及矣蓋施行決勝謂之取棄子取勢謂之舍若內足以豫奇謀外足以降形勢縱之則莫禦任之則莫攻如是之棊雖少可取而保之若內無所圖外無所援出之則愈窮而徒益彼之勢守之則愈困而徒壯彼之威如是之棊雖多可舍而委之棊者意同於用兵故叙此四篇粗舍孫吳之法古人所謂怯敵則運計乘虛沉謀黙戰于方寸之間解難排紛于頃刻之際動靜迭居莫測奇正不以猶豫而害成功不以小利而妨遠畧此非淺見謏聞者能議其髣髴耳

棋經

宋　清和張擬

夫萬物之數從一而起局之路三百六十有一一者生數之主據其極而運四方也三百六十以象周天之數分爲四隅以象四時隅各九十路以象其日外周七十二路以象其候夫棋三百六十黑白相半以法陰陽局之線道謂之枰線道之間謂之罫局方而靜棋圓而動自古及今奕者無同局傳曰日日新故宜用意深而存慮精以求其勝負之由則至其所未至矣

得筭

棋者以正合其勢以權制其敵故計定於內而勢成於外戰未合而筭勝者得筭多也筭不勝者得筭少也戰已合而不知勝負者無筭也兵法曰多筭勝少筭不勝而況于無筭乎由此觀之勝負見矣

權輿

權輿者奕棋布置務守綱格先于四隅分定勢子然後拆二斜飛下勢子一等立二可以拆三立三可以

折四與勢子相望可以拆五近不必比遠不必乖此皆古人之論後學之規舍此改作未之或知書曰事不師古無以克永世又曰慎厥初惟厥終

合戰

博奕之道貴乎謹嚴高者在腹下者在邊中者占角此棋家之常然法曰寧輸數子勿失一先有先而後有後而先擊左則視右攻後則瞻前兩生勿斷俱活勿連闊不可太疏密不可太促與其戀子而求生不若棄之而取勢與其無事而强行不若因之而自補

彼衆我寡先謀其生我衆彼寡務張其勢善勝者不爭善陳者不戰善戰者不敗善敗者不亂夫棋始以正合終以奇勝必也四顧其地牢不可破方可出人不意掩人不備凡敵無事而自補者有侵絕之意也棄小而不救者有圖大之心也隨手而下者無謀之人也不思而應者取敗之道也詩云惴惴小心如臨于谷

虛實

夫棋緒多則勢分勢分則難救投棋勿逼逼則使彼實而我虛虛則易攻實則難破臨時變通慎勿執一傳曰見可而進知難而退又曰執中無權猶執一也

自知

夫智者見於未萌愚者暗于成事故知己之害而圖彼之利者勝知可以戰不可以戰者勝識衆寡之用者勝以虞待不虞者勝以逸待勞者勝不戰而屈人者勝老子曰自知者明

審局

夫棋布勢務相接連自始至終著著求先臨局交爭雌雄未決毫釐不可以差焉局勢已羸專精求生局勢已弱銳意侵綽沿邊而走雖得其生者敗弱而不伏者愈屈躁而求勝者多敗兩勢相圍先蹙其外勢孤援寡則勿走機危陣潰則勿下是故棋有不走之走不下之下誤人者多方成功者一路而已能審局者則多勝矣易曰窮則變變則通通則久

度情

人生而靜其情難見感物而動然後可辨推之于棋勝敗可得而先驗法曰夫持重而廉者多得輕易而

貪者多喪不爭而自保者多勝務殺而不顧者多敗因敗而思者其勢進戰勝而驕者其勢退求己弊而不求人之弊者益攻其敵而不知敵之攻己者損目凝一局者其思周心役他事者其慮散行遠而正者吉機淺而詐者凶能自畏敵者強謂人莫己若者亡意傍通者高心執一者卑語默有常使敵難量動靜無度招人所惡詩云他人有心予忖度之

斜正

或曰棋以變詐爲務劫殺爲名豈非詭道耶予曰不

然易曰師出以律否臧凶兵本不尚詐謀言詭道者乃戰國縱横之說棋雖小道實與兵合故棋之品甚繁而奕之者不一得品之下者舉無思慮動則變詐或用手以影其勢或發言以泄其機得品之上者則異于是皆沉思而遠慮因形而用權神遊局內意在子先圖勝于無朕滅行于未然豈敢假言詞喋喋手勢翩翩者傳曰正而不譎此之謂也

洞微

凡棋有益之而損者有損之而益者有侵而利者有侵而害者有宜左投者有宜右投者有先着者有後着者有緊辟者有慢行者粘子勿前棄子思後有始近而終遠者有始少而終多者欲強外先攻內欲實東先擊西路虛而無眼則先覷無害於他棋則做劫饒路則宜疏受路則勿戰擇地而侵無礙則進此皆棋家之幽微不可不知也易曰非天下之至精其孰能與于此

名數

夫奕者凡下一子皆有定名棋之形勢死生存亡因

名而可見有衝有斡有綽有約有飛有關有劄有粘有頂有尖有覷有門有打有斷有行有立有捺有點有聚有蹺有夾有撥有辟有刺有勒有撲有征有劫有持有殺有鬆有盤用棋之名三十有二圍棋之人意在萬周臨局變化遠近縱横我不得而前知也用行取勝難逃此名傳曰必也正名乎其奕之謂歟

品格

夫圍棋之品有九一曰入神二曰坐照三曰具體四曰通幽五曰用智六曰小巧七曰鬭力八曰若愚九

曰守拙九品之外不可勝計未能入格今不復云傳曰生而知之者上也學而知之者次也困而學之又其次也

雜說

夫棋邊不如角角不如腹約輕於捺捺輕于薛夾有虛實打有情僞逢綽多約遇拶多粘大眼可贏小眼斜行不如正行兩關對直則先覷前途有礙則勿征施行未成不可先動角盤曲四局終乃亡直四板六皆是活棋花聚透點多無生路花六聚七終非吉祥

十字不可先紐勢子在心勿打角圖奕不欲數數則怠怠則不精奕不欲疏疏則忘忘則多失勝不言敗不語振廉讓之風者君子也起忿怒之色者小人也高者無亢卑者無怯氣和而韻舒者喜其將勝也心動而色變者憂其將敗也赧莫赧于易耻莫耻於盜妙莫妙于用鬆昏莫昏于覆劫凡棋直行三則改方聚四則非勝而路多名曰贏局敗而無路名曰輸籌皆籌爲溢停路爲芇打籌不得過三淘子不限其數金井轆轤有無休之勢有交逝之圖奕棋者不可不知也凡棋有敵手有半先有兩先有桃花五有北斗七夫棋有無之相生遠近之相成强弱之相形利害之相傾不可不察也是以安而不泰存而不驕安而泰則危存而驕則亡易曰君子安而不忘危存而不忘亡

右十三篇作于清河張公擬公嘗仕宋爲翰林學士其文章政事固未暇論而觀光集稱其英姿卓識邁然特立於風塵之表於是亦可以想見其儀刑矣是編雖不能悉公之平生而其修詞命章傍

通曲暢非深達是道者曷克臻此爾後作者迭興莫不極力模擬或取遠而遺近舍大而從小求其能盡奕之情如公者鮮矣今諸家采錄加以訓詁多重複舛戾適足自亂亦無取焉

棋手勢

徐泓

唐宣宗時大中中日本國王子來朝獻寶器音樂上設百戲珍饌以禮焉王子善圍棋上勅顧師言待詔爲對手王子出如楸玉局冷煖玉棋子云本國之東三萬里有集真島島上有凝霞臺臺上有手談池池中生玉棋子不由制度自然黑白分明冬温夏冷故謂冷煖玉又產如楸玉類楸木琢之爲局光潔可鑒及師言與之敵手至三十三下勝負未決師言懼辱

君命而汗下凝思方敢落指則謂之鎮神頭乃是解兩征勢也王子瞪目縮臂以伏不勝廻語鴻臚曰待詔第幾手耶鴻臚詭對曰第三師言實逸國手矣王子曰願見第一曰王子勝第三得見第二勝第二得見第一今欲躁見第一其可得乎王子掩局而吁曰小國之一不如大國之三信矣今好事者尚有顧師言三十三下鎮神頭圖

棋品

梁　沈約

序曰弈之時義大矣哉體希微之趣含奇正之情靜則合道動必適變若夫入神造極之靈經武緯文之德故可與和樂等妙上藝齊工支公以爲手談王生謂之坐隱是以漢魏名賢高品間出晉宋盛士逸思爭流雖復理生於數研求之所不能涉義出乎幾爻象未之或盡聖上聽朝之餘因日之暇廻景紓情降臨小道以爲凝神之性難限入玄之致不窮今撰錄

名氏隨品詳書俾粹理深情永垂芳於來葉

江彪

江彪與王恢等棋第一品道第五品

羊玄保

羊玄保爲黄門侍郎善弈棋品第三宋文帝亦好弈與賭郡玄保戲勝以補宣城太守常中使至玄保曰今日上何召我耶其子戎曰金溝清泚銅池搖颺既佳風景當得劇棊

到溉

到溉奕棋人第六品與朱异韋黯於御座校棋比勢覆局不差一道

陸瓊

陸雲公大同末受武帝詔校定棊品到溉朱异以下並集雲公瓊年八歲於客前覆局由是都下號曰神童异言之于武帝召見風神警亮進退詳審帝甚異之

圍棋義例

唐　徐鉉

立　歷也沿邊而下子者曰立恐彼子有往來相衝之患也

行　行也連子而下曰行使有粘連不斷之緒也

飛　走也隔一路而斜走曰飛有似禽鳥斜飛之義也

尖　簽也兩路斜簽而下子曰尖使有覷之之意也

粘　連也彼欲以子斷之我卽以子連之故曰粘

幹　間也謂以子間之曰幹

綽　侵也以我子斜侵彼子之路而欲出之曰綽

約　攔也以彼子斜攔我子之頭而反閉之曰約

關　隘也兩子正相對而立者謂之關有單關雙關之名

冲　突也直連子而入關謂之冲

覷　視也有可斷而不斷先以子視之曰覷

殺　提也棊死而結局曰殺既殺而隨手曰復殺俗又謂之提今集中但以提字音之欲易曉之耳

劄　札也有若兩虎口相對者夾而札之使有復殺

頂　撞也我彼之子同路而直撞之之謂頂

捺　按也以子按其頭曰捺自上而按下也

跳　趍也我彼之子皆相倚聯行而我子居下勢不能張而欲先取其勢則以我子斜出一路而拂彼子之頭若趍首之狀也經曰寧輸數子弗失一先正此意也

門　閉也閉之使不得出曰門隔一路曰行門二路曰大門

斷　段也段之而爲二曰斷

打　擊也謂擊其節曰打連打數子曰趕

點　破也深入而破其眼曰點旁通其子透點

征　殺也兩邊逐之殺而不止曰征

辟　截也謂以我子截住彼之頭緒次着斷也使之急曰辟

聚　集也凡棋有求全眼者則反聚而點之有聚三聚四花聚五聚六之類

劫　奪也先投子曰抛後應子曰劫乃有實東擊西棄小圖大之功也

撥　逼也以子促而逼之曰撥

撲　投也以我子投彼穴中使其急救曰撲所以促其着也

勒　束也使其無眼曰勒與劄刺之義小異耳

刺　刺也連子而直入曰刺若戈戟之傷物此亦使之無全眼也

夾　甲也兩子夾一子曰實夾兩子自夾曰虛夾

盤　蟠也兩棋隔絕而欲連之沿邊而度子曰盤

鬆　惕也棋家取其玲瓏透空疏而不漏之謂也

持　和也兩棋相圍而皆不死不活曰持有兩棋皆無眼者有兩棋各有劫者有各一眼活者有彼棋兩段各一眼而我棋一段無眼間其中而俱活者蓋取其鷸蚌相持之義故曰持

古局象棋圖叙

王子曰此古局象棋圖法葢司馬温公倣象戲而損益之者也則何以取戰國當是時衰周君惴惴守其蝸角之地不敢出步武而七雄碁置從衡無端倪即機詐所自出也迨夫周鼎旣遷秦鹿亦失則機詐亦時而窮矣今觀其將與偏裨之進退行人之往來與夫騎砲弓弩刀劒之湊合則七國之戰爭幾千年不足以當奕者之一笑然竊念士生其間不䝱贅舌而運兒謀則駈而之鋒鏑已耳亦大不幸哉方今海内

合而爲一延頸之寇無敢越局天下智術之士幾積于無用而謀所以娛心志供杯酒者惟博奕是資一何婾快也則茅康伯之表茲圖將乎時哉雖然語有之天下雖安忘戰必危之戲也即以之習戰亦可也若徒曰爲之猶賢乎巳則又非温公與康伯意云東海王逸民叙

古局象棋圖

古局象棋圖

宋 司馬光

七國象戲用百有二十周一七國各十有七周黃秦白楚赤齊青燕黑韓丹魏綠趙紫周居中央不動諸侯亡得犯秦居西方韓楚居南方魏齊居東方燕趙居北方七國各有將直斜行無遠近一偏直行無遠近一裨斜行無遠近雖名象戲而無象及車者車卽將及偏裨所乘象不可用於中國故也一行人直斜行無遠近不能役敵敵亦不能役一砲直行無遠近前隔一棋乃可擊物前無所隔及隔兩棋以上則不可擊一弓直斜行四路一弩直斜行五路二刀斜行一路四劒直行一路四騎曲行四路謂直一斜三凡欲戲者所得之國則相之在坐七人則各相一國六人則秦與一國連衡五人則楚與一國合從四人則齊與一國合從三人則秦與二國連衡或但令在坐之人各占一國而空其餘國其所與之國惟相所擇遂并相之先誓之曰所相之國亡得妄代之謀及告以難犯者先罰酒秦楚韓齊魏趙燕以次移棋棋已離故處亡得復還及悞移棋者皆有罰若擊與國則盡撤去與國之棋凡能擒敵將者勝雖未擒獲一國吏士過十者勝彼所獲吏士雖未

滿十而此亡吏士已過十者負于時坐上獲最多者勝勝者飲負者既飲歛棋出局有擒二將或獲諸吏士滿三十者霸霸則諸國皆服遍飲在坐而罷一騎當弓弩刀劒之二砲當三裨當四偏當五

右司馬溫公所述周黃居中尊天子也無更士不侵伐也諸國異色各因其方也行人猶說客從衡於其間也餘各有制度噫將以智爲本七國環列于一盤之上以七人遞相攻擊或勝或負其智不智可知矣蓋前哲立意懼人無所用心未嘗不惓惓於書史之間或文字飲則奕之因以考古制也語云不有博奕者乎爲之猶賢乎已頤正居士裴子喜樂與賢士大夫遊因得是本遂刻梓以廣其傳時開禧丙寅上元日刊于書窗

琵琶錄

唐　段安節

琵琶法三才象四時風俗通云琵琶近代樂家作不知所起長三尺五寸法天地人五行四絃象四時釋名琵琶本　中馬上所鼓吹手前曰琵引手却曰琶因以爲名漢遣烏孫公主入蕃念其行遠思慕本朝使知名者馬上奏琵琶以慰悅之琵琶有直項曲項者蓋使於關軸也樂錄云琵琶本出於絃鼗而杜摯以爲秦之末世苦於長城之役百姓絃鼗而鼓之古

曲陌上桑間范曄石苞謝奕孫放孔偉阮咸皆善此樂東晉謝鎮西在大市樓上彈琵琶作大道之曲世說云謝仁祖在北牖下彈琵琶有天際之意又朱生善彈琵琶至大官貞觀中裴路兒彈琵琶始廢撥用手今所謂搊琵琶是也白秀眞使蜀便回得琵琶以獻以逤邏檀爲槽其木溫潤如玉光采可鑒金縷之虹又慼之成雙鳳貴妃每奏於梨園音韻淒清飄若雲外開元中梨園則有駱供奉賀懷智雷海清其樂器或以石爲槽鵾雞筋作絃用鐵撥彈之安史之亂

流落外地

有舉子曰白秀才子弟寓止京師偶值宫姓内弟子出在民間白仰納一妓爲跨驢之樂因夜風清月朗是麗人忽唱新聲白驚遂不復唱逾年因遊靈武李靈曜尚書廣設筵白預坐末廣張妓樂至有唱何滿子者四坐傾聽俱稱絶妙白曰某有伎人聲調殊異於此促召至短髻薄妝態度閑雅發問曰適唱何曲曰何滿子遂品調舉袂發聲清響激越諸樂不能逐部中亦有同琵琶聲韻高下然揭藿郎指無差遂問

曰莫是宫中　二否　復問曰莫是梨園騎供奉否二人相對汍瀾歔欷而已

建中中有康崑崙稱第一手始遇長安大旱詔兩市祈雨及至天門街市人廣較勝負及鬭聲樂東街則有康崑崙琵琶最上必謂街西無敵也遂請崑崙登綵樓彈一曲新翻調錄安（以爲名悞稱太腰）至街西豪俠閲樂東市稍誚之而亦於綵樓上出女郎抱樂器先云我亦彈是曲兼移於楓香調中及撥聲如雷其妙絶入神崑崙驚愕乃拜爲師女郎遂更衣出見乃僧也莊嚴寺僧本俗姓段也翌日德宗召入内令教授崑崙段師奏曰且請令彈一調及彈師曰本領何雜兼帶邪聲崑崙驚曰師神人也臣少年初學藝時側於隣家女巫處授一品絃調後乃累易數師之藝今段師精識如此玄妙也段師奏曰且遣崑崙不近樂器十年候忘其本態然後可教許之後果盡段師之藝也

元和中有王芬曹保之子善才其孫習納皆精此藝次有裴興奴與曹同時納善運撥若風雨然不事揑

絃興奴則善於攏撚指撥稍軟時人謂納右有手興奴左有手

武宗初朱崖李太尉有樂人廉郊者師於曹綱盡綱之能嘗謂其流云教授人多矣未嘗有此性靈弟子也郊嘗詣平原別於池上彈蕤賓調忽有一片方鐵躍出有識者謂是蕤賓鐵也蓋是指撥精妙律呂相應耳

安節門下有樂吏楊志善能琵琶其姑尤更妙絶本宫弟子後出宫於永穆觀中住自惜其藝當畏人

閉夢至夜深方彈志善懇求教授終不允且曰吾藝死不傳人楊乃賂其視至求寄宿於覗竊聽姑彈吾仍以自繫脂皮鞋帶以指畫帶記其節奏遂得一兩曲調明日請姑彈之姑大驚異楊即實陳其事姑意方回乃盡傳之

能文中朝有內人鄭中丞中丞當時宮人官也善琴內庫有琵琶二兩號大忽雷小忽雷因爲題頭脫損送在崇仁坊南趙家料理大約造樂器悉在此坊其中有趙二家最妙時權相舊吏梁厚本有別墅在照應縣之

西南西臨御河垂釣之際忽見一物流過長五七尺許上以錦纏之令家童接得就岸乃秘器也及發開視之乃一女郎容色儼然以羅巾繫其頸遂解其領巾伺之口鼻之間尚有餘息即移入室中將養經旬方能言語云我內弟子鄭中丞也昨因忤旨令內人縊殺投於河中錦即是弟子臨刑相贈爾及如故即垂泪感謝厚本本無妻即納爲室自言善琵琶其琵琶今在南巡趙家料理拾値訓注之事人莫有知者厚本因賂其樂器近購得之至夜分方敢輕彈後値良辰飲于花下酒酣不覺即彈數曲是時有黃門放鷂私于墻外聽之曰此是鄭中丞琵琶聲也竊窺之翌日達上聽文宗始嘗追悔至是驚喜遣中使宣詔問其由來乃赦厚本罪任從匹偶仍加錫賚焉

咸通中有米和即米藜加字也丈善唱歌由從道尤妙後有王連兒連兒名金兩

羯鼓錄

唐　南卓

羯鼓出外夷樂以戎羯之鼓故曰羯鼓其音主太簇一均（一作云）龜茲部高昌部疏勒部天竺部皆用之次在都曇鼓答臘鼓之下（都曇鼓似腰鼓而小答臘者即揩鼓也）雞婁鼓之上䥶如漆桶（山桑木爲之）下有小牙牀承之擊用兩杖其聲焦殺鳴烈尤宜促曲急破戰杖連碎之聲又宜高樓晚景明月清風破（一作空透）遠特異衆樂杖用黃櫨（一作檀）狗骨花楸等木須至乾緊絕濕氣而復柔

膩乾取發越響亮膩取戰裊健舉捲用剛鐵鐵當精鍊捲當至勻若不剛即應條高下撅捩不停不勻即鼓而緩急若琴徽之緊病矣諸曲調如太簇曲色俱騰乞婆娑耀日光等九十二曲名玄宗所製（其餘徵羽調曲皆與胡部同故不載）上洞曉音律由之天縱凡是絲管（一作管絃）必造其妙若制作曲調隨意即成不立章度取適短長應指散聲皆中點拍至於清濁變轉律呂呼召君臣事物迭相制使雖古之夔曠不能過也尤愛羯鼓玉笛（玉笛之說見遺事）常云八音之領袖不可無也（不可無也四字一作

諸樂不可爲比）嘗遇二月初詰旦巾櫛方畢時當宿雨初晴景物（一作明麗）明麗小殿內庭柳杏將吐睹而歎曰對此景物豈得不與他判斷之乎左右相目將命備酒獨高力士遣取羯鼓上旋命之臨軒縱擊一曲曲名春光好（自製者也）神思自得及顧柳杏皆已發拆上指而笑謂嬪御曰此一事不喚我作天公可乎嬪御侍官皆呼萬歲又製秋風高每至秋空逈徹纖翳不起即奏之必遠風徐來庭葉隨下其曲絕妙入神例皆如此汝南王璡寧王（一本有長字）子也姿容妍審（一作美）秀出藩

邸玄宗特鍾愛焉自傳授之又以其聰悟敏慧妙達音旨每隨游幸頃刻不捨常戴砑絹（秦廬史作砑綃）帽打曲上自摘紅槿花一朵置於帽上笪處二物皆極滑久之方安遂奏舞山香一曲而花不墜落（本色所謂定頭項難在不動搖）上大喜笑賜璡金器一廚因誇曰眞（一本無眞字）花奴（璡小字）姿質明瑩肌髮光細非人間人必神仙謫墮也寧王謙謝隨而短斥之上笑曰大哥不在過慮阿瞞自是相師（上於諸親常自稱此號）夫帝王之相須有英特越逸之氣不然有深沉包育之度（一作厚）若花奴

但端秀過人悉無此相固無術也而又舉止淹一作閑
雅當更得公卿間令尊耳寧王又笑曰若如此臣乃
輸之上曰若此一條阿瞞亦輸大哥矣寧王又謙謝
上又笑曰阿瞞贏處多大哥亦不用撝挹衆皆歡賀
上性俊邁酷不好琴曾聽彈琴正弄未及畢叱琴者
出待詔出去謂內官曰速召花奴將羯鼓來爲我解
穢
黃幡綽亦知音上嘗使人召之不時至上怒絡繹遣
使尋捕綽既至及殿側聞上理鼓固止謁者不令報

羯鼓錄　三

俄頃上又問侍官奴來未綽又止之曲罷復改奏一
曲纔三數十聲綽即走入上問何處去來綽曰有親
故遠適送至郊外上頷之鼓畢上謂曰賴稍遲我向
來怒時至必撻焉適方思之長入供奉已五十餘日
暫一日出外不可不放一作許他東西過往綽拜謝訖
內官有相偶語笑者上詰之具言綽尋至聽鼓聲候
時以入上問綽綽語其方怒及解怒之際皆無少差
上奇之復厲聲謂曰我心脾肉一本無肉字骨下事安有
小鼓能料之耶今且謂我如何綽走下階

面北鞠躬大聲曰奉敕監金雞上大笑而止
宋開府璟雖耿介不羣亦深好色樂尤善曷鼓樂部行王
詢云南山起雲北山起雨即開府所爲也始承恩顧與上論鼓事曰不是
青州石末即是曾山花甕然小碧上掌下須有朋去聲
肯之聲據此乃是漢震一作侲第二一作三鼓也且䍀用
石末花甕固是腰鼓掌下朋肯聲是以手拍非羯鼓
明矣第二鼓者左以杖右以手指又開府謂上曰頭如青山峯手
如白雨點此即羯鼓之能事也山峯取不動雨點取
碎急即上與開府兼善兩鼓也而羯鼓偏好以其比

羯鼓錄　四

漢震稍雅細焉開府之家悉傳之東都留守鄭叔則
一作剳祖母即開府之女今尊賢里鄭氏第有小樓即
宋夫人習鼓之所也開府孫沈亦工之并有音律之
學貞元中進樂書三卷德宗覽而嘉之又知是開府
之孫遂召對賜坐與論音樂喜甚數日又召至宣徽
張樂使觀焉曰有舛誤乖濫悉可言之沈曰容臣與
樂官商榷講論其狀條奏上使宣徽使教坊使就教
坊與樂官參議數月一作日然後進奏二使奏樂工多
言沈不解聲律不審節拍兼有聵疾不可議樂上慶

異之又召宣徽使對且曰臣年老多病耳頗失聰若
逌於聲律不至無業上又使作樂曲罷問其得失承
稟舒遲衆工多笑之况顧笑者忽忿怒作色奏曰曲
雖妙其間有不可者上驚問之即指一琵琶云此人
大逆戕忍不日間兼即抵法不宜在至尊前又指一
笙云此人神魂已遊墟墓不可更留供奉上尤驚異
令主者潛伺察之旋而琵琶者爲同輩告訐稱六七
年前其父自縊不得端由即令按鞫遂伏其罪笙者
乃憂恐不食旬日而卒上益加知遇面賜章綬累召

對每令察樂樂工見况悉惴恐脅息不敢正視况懼
罹禍辭病而退
嗣曹王臯有巧思精曉器用爲荆南節度使有羈旅
士人懷二棬欲求通謁先啓賓府府中觀者訝之曰
豈足尚耶士曰但啓之尚書當解矣及臯見棬捧而
嘆曰不意今日獲逢至寶指其剛匀之狀賓佐唯唯
或腹非之臯曰諸公必未信命取食柈自選其極平
者遂重二棬於柈心以油注之棬中滿而油不浸漏
蓋相契無際也臯曰此必開元天寶中供御棬不然

無以至此問其所自答曰其人在黔中得於高力士
之家衆方深伏賓府又潛問客直償幾何客曰不過
三百五緡及遺財帛器皿其直果稱焉
廣德中蜀客前雙流縣丞李琬者亦能之調集至長
安僦居務本里夜聞羯鼓聲頗妙於月下步尋至一
小宅門極卑隘叩門請謁謂鼓工曰君所擊者豈非
耶婆色一作沙雞乎雖至精能而無尾何也工大異之
曰君固知音者此事無人知某太常工人也祖父傳
此藝尤能此曲近張通儒入長安某家事流散父没

河西此曲遂絕今但按舊譜數本尋之竟無結尾聲
故夜夜求之琬曰曲下意盡乎工曰盡琬曰意盡即
曲盡又何索尾焉工曰奈聲不盡何琬曰可言矣夫
曲有不盡者須以他曲解之可盡其聲也夫耶婆色
鷄當用掘柘急遍解之工如所教果相協聲意皆盡
如柘枝用渾解甘州用吉了解之類是也工泣而謝之即立言於寺卿奏
爲主簿後累至太常寺少卿宗正卿
宰相杜鴻漸亦能之永泰中爲三州副元帥西川節
受使至成都有削杖者在蜀以二鼓杖獻鴻漸得之

示於衆曰此尤物也當衣衾下收貯積時矣匠曰其於春溝中養者十年及出蜀至利州西界華嘉陵驛入漢州矣自蜀南來始臨嘉陵江有山水境致其夜月色又佳乃與從事楊炎杜亞（一作悰孫源孝曰案代宗廣德二年崔旰反成都命鴻漸以宰相兼山南劍南副元帥往鎮撫之鴻漸憚旰許以不死反委以政日與從事杜亞楊炎縱酒高會則此是亞無疑悰於武宗會昌間鎮東川非從事也）韓登驛樓望江月行觴讌話曰今日出艱危脫猜迫外則不辱命於朝廷內則免中禍於微質皆諸賢之力也既保此安步又賦此殊景安得不自賀乎遂命家僮取鼓與板笛

羯鼓錄　七

以前所得杖斷奏數曲四（一作西）山猿鳥皆驚飛鳴噭噭從事悉異之曰昔夔之拊搏百獸舞庭此豈遠耶鴻漸曰若某於此稍會致功未臻尤妙尚能及此況至聖御天賢臣考樂飛走之類何有不感因言此有別墅近華嚴閣每遇風景晴朗時或登閣奏此初見群羊牧於山下忽數頭躑躅不已某不謂以鼓然也及止鼓羊亦止某復鼓羊亦復然遂以疾徐高下而節之無不應之而變旋有二犬自其家走而吠之及群羊側遂漸止聲仰首（一作遂聲俯仰）所有所聽少選即復死頸掉尾亦從而變態是知率舞固不難矣其後乃不敢爲也（一本無此句）

近士林中無習之者唯僕射韓卓善亦不甚露焉爲鄂州節度使時問於黃鶴樓一月兩習而已會昌元年卓因爲洛陽令數陪劉賓客白少傅宴遊白有家僮多佐酒卓因談往前三數事二公亦應和之謂卓曰若吾友所談宜爲文紀不可令湮沒也將語而未錄及陝府盧尚書（孫源孝疑盧商）任河南尹又話之因遺爲紀即粗爲編次尚未脫藁至東陽因曝書見之乃詳

羯鼓錄　八

列而竟爲雖不資儒者之博聞亦助賓筵之談話屬之好事庶或流傳

前錄大中二年所著四年春陽能免旋自海南路由廣陵崔司空（孫源孝曰崔鉉也）爲鎮司空邂逅合素厚留止旬朔輒獻之過蒙獎飾因曰宋沇郎某之中外親丈人知音之異事非止於此也嘗謂太常丞每諸懸鐘磬亡墜至多稱亡者又乖律呂一日早於光宅佛寺待漏（貞元中禁省有待漏院朝士多立於門衛中或立近坊人家及光宅寺也）聞塔上風鐸聲傾聽久之朝廻復止寺舍問寺主僧曰上人塔上

鐸皆知所自乎曰不能知況曰其間有一是古製某請一登塔循金索歷叩以辯之可乎僧初難後許乃叩而辯焉寺衆即言往往無風自摇洋洋有聞非此耶況曰是耳必因祠祭考本懸鐘而應也固求摘取而觀之曰此姑洗之編鐘耳請且獨綴於僧庭歸太常令樂工與僧同（一本有臨之二字恐反誤）約其時彼叩樂懸此果應之遂購而獲焉又曾送客出通化門路逢度支運承駝馬俄頃忽草草揖客别躧乘至左藏認一鈴言亦編鐘也他人但覺鏴鑄獨工不與衆者埒莫知其餘及配懸鐘音形皆合其度異乎此亦識微在金奏者與刘於鼓錄則寖差矣以大君子所傳又精義入神豈容忽而不載遂附之于末

諸宮曲

太簇宮

色俱騰　耀日光　乞婆婆
大勿　大通　舞山香
羅犁羅　蘇莫賴耶　俱倫僕
阿箇盤陀　蘇合香　崴鉤樂
春光好　無首羅　鶻嶺鹽
踈勒女　耍殺鹽　通天樂
萬載樂　景雲　紫雲
承天樂　順天樂

太簇商

蘇羅　榛利梵　大借席
耶婆色雞　堂堂　半杜渠
君王盛神　武赫赫君之明　大鉢樂背
大沙野婆　破陣樂　黄駿蹄

放鷹樂　英雄樂　思歸
憶新院　西樓送落月　操霜風
九成樂　傾盃樂　百歲老壽
還成樂　打毬樂　飲酒樂
舞厥麼賦　太平樂　大酺樂
大寶樂　聖明樂　婆羅門
崩加那　萬歲樂　秋風高
回婆樂　夜半擊羌兵　香山
優婆師　匝天樂　禪曲

渡穢破虜廻　五更囀　黄鸎囀
大定樂　戲殿　須婆
鉢羅背　大秋秋鹽　栗特
突厥鹽　踏蹄長

太簇角

火蘇賴耶　大春楊栁　大東祇羅
大郎賴耶　即渠沙魚　大達磨友
俱倫毗　悉利都　移都師
阿鵲鵜烏歌　飛仙　涼下採桑

西河師子三臺舞石州　破勃律

徵羽調與胡部不載

諸佛曲調

九仙道曲　盧舍那仙曲　御製三元道曲
四天王　半閣麽奴　失波羅辭見柞
草堂富羅　于門燒香寶頭伽
菩薩阿羅地舞曲　阿陀彌大師曲

食曲

雲韶曲　九巴鹿　阿彌羅衆僧曲

無量壽　眞安曲　雲星曲
羅利兒　芥老雞　散花
大燃燈　多羅頭尼摩訶鉢婆娑阿彌陀
悉駄低　大統　曼度大利香積
佛帝利　龜茲大武　僧箇支婆羅樹
觀世音　居麽尼　眞陀利
大與　永寧賢者　恒河沙
江盤無始　具作　悉家牟尼
大乘　毗沙門　渴農之文德

菩薩緱利陀　聖主興　地婆拔羅伽

說郛目録

金漳蘭譜

宋 趙時庚

予大父朝議彦自南康解印還里卜居築茅引泉植竹因以爲亭會宴乎其間得郡侯傅上伯成名其亭曰筼簹世界又以其東架數椽自號趙翁書院回峯面勢依山疊石盡植花木叢雜其間繁陰布地環列蘭花掩映左右以爲游憩養疴之地予時尚少于其中尤好其花之香艷清馥者目不能捨手不能釋即詢其名黙而識之是以酷愛之殆幾成癖粤自嘉定

改元以後又聞數品高出於向時所植者予喜而求之故盡得其花之容質無失封培愛養者之法而品第之殆今三十年矣然未嘗與達者道暇日有朋友過予會詩琴棋之後脩然而問之予則曰有是心矣即縷縷爲之詳言友曰吁亦開發後覺之一端也豈如一身可得而私何不示諸人以廣傳耶予不得辭因集爲一卷名曰金漳蘭譜欲以續前人牡丹荔枝譜之意云爾時紹定癸巳六月良日澹齋趙時庚謹書

敘蘭容質第一

陳夢良　色紫每幹十二萼花頭極大爲衆花之冠至若朝暉微照曉露暗濕則灼然騰秀亭然露奇歛膚傍幹團圓四向婉媚嬌綽竚立凝思如不勝情花三片尾如帶微靑葉三尺頗覺弱黯然而綠背雖似劍脊至尾稜則軟薄斜撒粒許帶緇最爲難種故人希得其眞

吳蘭　色深紫有十五萼幹紫荚紅得所養則岐而生至有二十萼花頭差大色映人目如翔鸞翥鳳千

態萬狀葉則高大剛毅勁節蒼然可愛

潘花　色深紫有十五萼幹紫圓匝齊整踈密得宜踈不露幹密不簇枝綽約作態窈窕逞姿眞所謂艷中之艷花中之花也視之愈久愈見精神使人不能捨去花中近心所色如吳紫艷麗過於衆花葉則差小於吳峭直雄健衆莫能及其色特深

仙霞　乃潘氏西山於仙霞嶺得之故更以爲名

趙十四　色紫有十五萼初萌甚紅開時若晚霞燦日色更晶明葉深紅者合於沙土則勁直肥聳超出群品亦云趙師博蓋其名也

何蘭　紫色中紅有十四萼花頭倒壓亦不甚綠

品外之奇

金稜邊　色深紫有十二萼出於長泰陳家色如吳花片則差小幹亦如之葉亦勁健所可貴者葉自尖處分二邊各一線許直下至葉中處色映日如金線其家寶之猶未廣也

白蘭甲

濟老　色白有十二萼標致不凡如淡粧西子素裳

縞衣不染一塵葉似施花更能高一二寸得所養則岐而生亦號一線紅

竈山　有十五萼色碧玉花枝開體膚鬆美顒顒昂昂雅特閑麗眞蘭中之魁品也每生並蒂花幹最碧葉綠而瘦薄開生子蒂如苦蕒菜葉相似俗呼爲綠衣郎

黃殿講　號爲碧玉幹西施花色微黃有十五萼合并幹而生計二十五萼或迸於根美則美矣每根有萎葉朵朵不起細葉最綠肥厚花頭似開不開幹雖

高而實瘦葉雖勁而實柔亦花中之上品也
李通判　色白十五蕚峭特雅淡追風浥露如泣如訴人愛之或類鄭花則減一頭地位
葉大施　花劒春最長貞花中之上品惜乎不甚勁直
惠知客　色白有十五蕚賦質清癯團簇齊整或向背嬌柔瘦潤花英淡紫片尾凝黄葉雖綠茂細而觀之但亦柔弱
馬大同　色碧而綠有十二蕚花頭微大間有向上

者中多紅暈葉則高聳蒼然肥厚花幹勁直及其葉之半亦名五暈絲上品之下
鄭少舉　色白有十四蕚瑩然孤潔極爲可愛葉則修長而瘦散亂所謂蓬頭少舉也亦有數種只是花有多少葉有軟硬之別白花中能生者無出於此其花之資質可愛爲百花之翹楚者
黄八兒　色白有十二蕚善於抽幹頗似鄭花惜乎幹弱不能支持葉綠而直
周染花　色白十二蕚與鄭花無異但幹短弱耳
夕陽紅　花有八蕚花片凝尖色則凝紅如夕陽返照
觀堂主　花白有七蕚花聚如簇葉不甚高可供婦女時粧
名弟　色白有五六蕚花似鄭葉最柔軟如新長葉則舊葉隨換人多不種
弱脚　只是獨頭蘭色綠花大如鷹爪一幹一花高二三寸葉瘦長二三尺入臘方花薫馥可愛而香有餘

魚魫蘭　十二蕚花片澄澈宛如魚魫采而沉之水中無影可指葉頗勁綠此白蘭之奇品也

品蘭高下第二

余嘗謂天下凡幾山川而支派源委於人迹所不至之地其間山坳石罅斜谷幽竇又不知其幾何多邁古之修竹盧之危木雲烟覆護溪澗盤旋萬蘿蔽道陽暉不燭冷然泉聲磊乎萬狀隄圯之異則所産之多人賤之蔑如也倏然輕采於樵牧之手而見竅然識者從而得之則必携持登高岡涉長途欣然不憚

其勞中心之所好者不能以集凝而置之也其地近城百里淺小去處亦有數品可取何必求諸深山窮谷每論及此往往啟識者雖有不韙之誚毋乃地遍而氣殊葉萎而花蠹或不能得培植之三昧者耶是故花有深紫有淺紫有深紅有淺紅與夫黃白綠碧魚魫金稜邊等品是必各因其地氣之所種而然意亦繇其本質而產之耶抑其皇穹儲精景星慶雲隨光遇物而流形者也噫萬物之殊亦天地造化施生之功豈予可得而輕議哉切嘗私合品第而數之以

謂花有多寡葉有强弱此固其因所賦而然也苟惟人力不到則多者從而寡之弱者又從而弱之使夫人何以知蘭之高下其不誤人者幾希嗚呼蘭不能自異而人異之耳故必執一定之見物品藻之則有淡然之性在況人均一心心均一見眼力所至非可誣也故紫花以陳夢良爲甲吳潘爲上品中品則趙十使何踏大張青蒲統領陳八斜淳監糧下品則許景初石門紅小張青蕭仲和何首座林仲孔莊觀成外則金稜邊爲紫花奇品之冠也白花則濟老竈山施花李通判惠知客馬大同爲上品所謂鄭少舉黃八兄周染爲次下品夕陽紅雲嶠朱花觀堂主青蒲名弟弱腳王小娘者也趙花又爲品外之奇

天下養愛第三

天不言而四時行百物生者何蓋歲分四時生六氣合四時而言之則二十四氣以成其歲功故凡穹壤者皆物也不以草木之微昆蟲之細而必欲各遂其性者則在乎人因以氣候而生全之者也被動植者非其恩乎及草木者非其人乎斧斤以時入山林數罟不入污池又非其能全之者乎夫春爲青帝回馭

陽氣風和日煖蟄雷一震而土脈融暢萬彙蘖生其氣則有不可得而揜者是以聖人之仁則順天地以養萬物必欲使萬物得遂其本性而後已故作臺太高則衝陽太低則隱風前宜面南後宜背北蓋欲通南薰而障北吹也地不必曠曠則有日亦不可狹狹則蔽氣右宜近林左宜近野欲引東日而被西陽夏遇炎烈則蔭之冬逢冱寒則曝之下沙欲疏疏則連雨不能淫上沙欲濡濡則酷日不能燥至於插引葉

之架平護根之沙防蚯蚓之傷禁螻蟻之穴去其莠草除其絲網助其新篦剪其敗葉此則愛養之法也其餘一切窠虫族類皆能蠹害並可除之所以封植灌溉之法詳載于後

堅性封植第四

草木之生長亦猶人焉何則人亦天地之物耳閒居暇日優游逸豫飲膳得宜以蘭而言之且一盆盈滿自非六七載莫能至此皆由夫愛養之念不替灌溉之功愈久故根與壤合然後森鬱雄健敷暢繁麗其

葉蓊有得於自然而然者合焉欲分而拆之是裂其根荄易其沙土况或灌溉之失時愛養之乖宜又何異於人之饑飽則燥濕干之邪氣乘間入其榮衛則不免侵損所謂向之寒暑適宜肥瘦得時者此豈一朝一夕之所能仍舊者也故必於寒露之後立冬以前而分之蓋取萬物得歸根之時而其葉則蒼根則老故也或者於此時分一盆與蘭吝其盆之端正則不忍擊碎因剔出而根已傷暨三年培植尤至困培于今深以為戒欲分其蘭而須用碎其盆務在輕手擊之亦須緩緩解拆其交互之根勿使有拔斷之失然後逐篦蘖取出積年腐蘆頭只存三年者每三篦作一盆盆底先用沙填之即以三篦蘖之互相枕藉使新篦在外作三方向却隨其花之好肥瘦沙土從而種之盆面則以少許瘦沙覆之以新汲水一勺以定其根更有收沙曬之法此乃又分蘭之至要者尚預於未分前半月取土篩去瓦礫之類曝令乾燥或欲適肥則宜於淤泥沙可用便糞夾和曬之候乾或復濕如此十度視其極燥更須篩過隨意用蓋沙乃

久年流聚雜居陰濕之地而蘭之驟爾分析失性假以陽物助之則來年葉篦自長爾與舊葉比肩此其効也夫苟不知收曬之宜用彼積拚之沙或憚披曝必至羸弱而黃葉者有之篦之不發者有之積有日月不知體察其失愈甚候其已覺方始滌根易沙加意調護冀其能復不亦後乎抑又知其果能復焉如其稍可全活有幾何時後而獲遂本質邪故為深愛惜之因併為之言曰與其於既損之後而欲復全生意寧若於未分之前而必欲全其生意豈不省力令

逐品所宜沙土開列于後

陳夢良　用黃淨無泥瘦沙種而忌用肥恐有腐爛之失

吳蘭　潘蘭　用赤沙泥

何蘭　蒲統領　大張青　金稜邊　各用黃色麁沙和泥更添些少赤沙泥種爲妙

陳八斜　淳監糧　蕭仲弘　許景初　何首座　林仲　孔莊觀成　乃下品任意用沙

濟老　施花　惠知客　馬大同　鄭少舉　黃八兄　周染　宜溝壑中黑沙泥和糞壤種之

李通判　霞山　鄭伯善　魚魫　用山下流聚沙泥種之

夕陽紅　以下諸品則任意栽種此封植之槩論也

灌溉得宜第五

夫蘭自沙土出者各有品類然亦因其土地之宜而生長之故地有肥瘦或沙黃土赤而瘠有居山之巔山之岡或近水或附石各依而產之要在度其本性何如爾不可不謂其無肥瘦也苟性不能別曰何者當肥何者當瘦强出已見混而肥之則好膏腴者因得所養之法花則轉而繁葉則雄而健所謂好瘦者不因肥而腐敗吾未之信也一陽生於子荄甲潛萌我則注而灌溉之使蘊諸中者稍發强壯迨夫萌英迸沙高未及寸許從使灌之則戢然而卓簪暨南薰之時長養萬物又從而漬潤之則修然而高鬱然而蒼蒼者精於感遇者也秋八月之交驕陽方熾根葉大水欲老而黃此時當以濯魚肉水或穢腐水澆之過時之外合用之物隨宜澆注使之暢茂亦以防秋風肅殺之患故其葉弱拳拳然抽至出冬至而極夫人分蘭之次年不發花者蓋恐泄其氣則葉不長爾凡善於養花切須愛其葉葉聳則不慮其花不發也

紫花

陳夢良極難愛養稍肥隨即腐爛貴用清水澆灌則佳也

潘蘭雖未能受肥須以茶清沃之糞得其本生地土之性

吳花看來亦好肥種當灌溉以一月一度

趙花何蘭大張青蒲統領金稜邊半月一用其肥則
可
淳監糧蕭仲和許景初何首座林仲孔莊觀成縱有
太過不及之失亦無大害於用肥之時當時沙土乾
燥遇晚方始灌溉候曉以清水碗許澆之使肥膩之
物得以下積其根厲新來未發箆自無勾蔓逆上散
亂盤盆之患更能預以瓮鋼之屬儲蓄雨水積久色
綠者間或灌之而其葉則浡然挺秀濯然而争茂盈
臺簇檻列翠羅青縱無花開亦見雅潔

白花
濟老施花惠知客馬大同鄭少舉黃八兄周染愛肥
一任灌溉
李通判竈山鄭伯善肥在六之中四之下又朱蘭亦
如之
魚魫蘭質不瑩潔不須以穢膩之物澆之
夕陽紅雲嶠青蒲觀堂主名弟弱脚肥瘦任意亦當
覜其沙土之燥晚則灌注曉則清水澆之儲蓄雨水
沃之令其色綠為妙

惠知客等蘭用河沙嵌去泥塵夾糞蓋泥種底用麄
沙和糞方妙
鄭少舉用糞蓋泥和便晒乾種之上面用紅泥覆之
竈山用糞壤泥及河沙內用草鞋屑鋪四圍種之累
試甚佳大凡用輕鬆泥皆可
濟老施花用糞及小便澆泥攤曬用草鞋屑圍種

王氏蘭譜

宋 王貴學

窓前有草濂溪周先生蓋達其生意是格物而非玩物予及友龍江王進叔整暇於六籍書史之餘品藻百物封植蘭蕙設客難而主其譜擷英於幹葉香色之殊得韻於耳目口鼻之表非體蘭之生意不能也所禀既異所養又充進叔資學亦如斯蘭野而巖谷家而庭堦國有臺省隨所置之其芳無斁夫草可以會仁意蘭豈一草云乎哉君子養德於是乎在淳祐

丁未孟春戊戌蒲陽葉大有序

萬物皆天地委形其物之形而秀者又天地之委和也和氣所鍾爲聖爲賢爲景星爲鳳凰爲芝草草有蘭亦然世稱三友挺挺花卉中竹有節而嗇花梅有花而嗇葉松有葉而嗇香惟蘭獨併有之蘭君子也飡霞飲露孤竹之清標勁柯端莖汾陽之清節清香淑質靈均之潔操韵而幽妍而淡曾不與西施何郎等伍以天地和氣香之也予嗜焉成癖志几之暇具於心服於身復於聲謇之間搜求五十品隨其性質植之客有誚予曰此身本無物子何取以自累予應之曰天壤間萬物皆寄爾耳聲之寄耳色之寄鼻臭之寄口味之寄有耳目口鼻而欲絕夫聲色臭味則天地萬物將無所寓其寄矣若總其所以寄我者而爲我有又安知其不我累耶客曰然遂譜之淳祐丁未龍江王貴學進叔敬書

品第之等

涪翁曰楚人滋蘭九畹植蕙百畝蘭少故貴蕙多故賤予按本草薰草亦名蕙草葉曰蕙根曰薰十二畝

爲畹百畝自是相等若以一幹數花而蕙賤之非也今均目曰蘭天下深山窮谷非無幽蘭生於漳者既盛且馥其色有深紫淡紫真紅淡紅黃白碧綠魚魫金錢之異就中品第紫蘭陳爲甲吳潘次之如趙如何如大小張淳監糧趙長泰（峽州邑名）紫蘭景初以下又其次而金稜邊爲紫袍奇品白蘭竈山爲甲施花惠知客次之如李如馬如鄭如濟老十九蕙黃八兄周染以下又其次而魚魫蘭爲白花奇品其本不同如此或得其人或得其名其所產之異其名又不同如

此

灌溉之候

涪翁曰蘭蕙叢生蒔以沙石則茂沃以湯茗則芳予於諸蘭非愛之大息使之碩而茂密而蕃蒔沃以時而已一陽生於子根荄正稱受肥尚淺其澆宜薄南薰時來沙土正濆噴肥滋多其澆宜厚秋七八月預防氷霜又以濯魚肉水或穢腐水停久反清然後澆之人力所至蓋不萌者寡矣

分拆之法

予於分蘭次年纔開花即剪去求養其氣而不泄爾未分時前期月餘取合用沙去礫揚塵使糞夾和（鵝糞為上他糞勿用）晒乾儲久遇寒露之後擊碎元盆輕手解拆去舊蘆頭存三年之頴或三頴四頴作一盆舊頴内新頴外不可太高恐年久易隘不可太低恐根局不舒下沙欲疏而通則積雨不瀆上沙欲細則潤宜泥沙順性雖橐駝復生無易於此

泥沙之宜

世稱花木多品惟竹三十九種菊有一百二十種芍藥百餘種牡丹九十種皆用一等沙泥惟蘭有差夢良魚魫宜黃淨無泥瘦沙肥則腐矣蘭仙霞宜麄細適宜赤沙澆肥朱李竈山宜山下流聚沙濟老惠知客馬大同大小鄭宜溝壑黑濁沙何趙蒲許大小張金稜邊則以赤沙和泥種之自陳八斜夕陽紅以下任意用沙皆可須盆面沙燥方澆肥平常澆水亦如之而澆水時與澆肥異肥以一年三次澆水以一月三次澆大暑又倍之此封植之法受養之地靖節菊和靖梅濂溪蓮皆識物眞性蘭性好通風故臺太高冲陽太低隱風前宜向離後宜背坎故迎南風而障北吹蘭性畏近日故地太狹隘氣太廣逼炎左宜近野右宜依林欲引東陽而避西照炎烈蔭之凝寒晒之蚯蚓蟠根以小便去之枯蠅點葉以油湯拭之摘莠草去蛛絲一月之内凡數十遍何其側眞怪識之橘逾淮為枳榖逾汝則死余毎病諸蘭肩載外郡取憐貴家既非土地之宜又失蒔養之法久皆化而為茅故以得活萌貽諸同好君子倘如鄙言則紉爲糞採爲聚生意日茂奚九畹而止

一　紫蘭

陳夢良有二種一紫榦一白榦花色淡紫大似鷹爪排釘甚疎壯者二十餘蕚葉深緑尾微焦而黄好濕惡燥受肥惡濁葉半出架而尚抽蘤幾與葉齊而朱破昔陳承議得於官所而奇之陳夢良字也棄之鷄栅傍一夕吐蕚二十五與葉俱長三尺五寸有奇人寶之曰陳夢良諸蘭今年懶爲子去年爲父越去年爲祖惟陳蘭多鈌祖所以價穹其葉森潔狀如劍脊尾焦衆蘭頂花皆並俯惟此花獨仰特異於衆

吳蘭色深紫向吾得於龍岩漳州縣名鐵礦山鐵叢石心而蜿媚葉之修緑冠諸品得所養則蘤岐生有二十餘蕚性頗受肥亭亭特特隱然君子立乎其前初成翁本性有仙霞色深紫花氣幽芳勁操持節榦葉與吳伯仲特花深耳

趙十使郎師溥色淡壯者十四五蕚葉色深緑花似仙霞葉之修勁不及之

何蘭壯者十四五蕚繁而低壓冶而倒披花色淡紫似陳蘭茅花榦壯而何則瘦陳葉尾焦而何則否或名潘蘭有紅酣香醉之狀經雨露則嬌困號醉楊妃不常發似仙霞

大張青色深紫壯者十三蕚資勁質直向北門張其姓讀書岩谷得之花有二種大張花多小張花少大張榦花俱紫葉亦肥瘦勝小張慳於發花

蒲統領色紫壯者十數蕚淳熈間蒲統領引兵逐寇忽見一所似非人世四周幽蘭欲摘而歸一老叟前曰此蘭有神主之不可多摘取數穎而歸

陳八斜色深紫壯者十餘蕚發則盈盆花頪大張清

榦紫過之葉緑而瘦尾蒲下垂紫花中能生者爲最間有一葉雙花

淳監糧色深紫多者十蕚叢生並葉榦曲花壯俯者如想倚者如思葉高三尺厚而且直其色尤紫大紫壯者十四蕚出於長泰亦以邑名近五六載葉緑而茂花韵而幽

許景初十二蕚者花色鮮紅凌晨浥露若素練輕茜玉顔半酡榦微曲善於排釘葉頗散垂緑亦不深

石門紅其色紅壯者十二蕚花肥而促色紅而淺葉

雖麄亦不甚高滿盆則生亦云趙蘭小張青色紅多
有八萼淡於石門紅花榦甚短止供簪插
蕭仲紅色如褪紫多者十二萼葉緑如芳茅其餘榦
纖長花亦離踈時人呼爲花梯
何首座色淡紫壯者九萼陳吳諸品未出人爭愛之
既出其名亞矣
林仲禮色淡紫壯者九萼花半開而下視葉勁而黄
一云仲美
粉粧成色輕紫多者八萼類陳八斜花與葉亦不甚

都
茅蘭其色紫之長四寸有奇壯者十六七萼麄而俗
人鄙之是蘭結實其破如線絲紛片片隨風飄地輕
生夏玉抽篦春前開花
金棱邊出於長泰陳氏或云東郡迎春坊門王元善
家如龍溪縣後林氏花因火爲王所得有十二三萼
幽香凌桂勁節芳筠花似吳而差小其葉自尖處分
爲兩邊各一線許夕陽返照恍然金色滒人寶之亦
罕傳於外是以價高十倍於陳吳目之爲紫蘭奇品

白蘭

竈山色碧壯者二十餘萼出漳浦昔有煉丹於深山
丹未成種其蘭於丹竈傍因名花如葵而間生並葉
榦葉花同色萼修齊中有薤黄東野朴守漳時品爲
花魁更名碧玉榦得以秋花故殿於紫蘭之後
濟老色微緑壯者二十五萼逐瓣有一線紅暈界其
中餘絶高花繁則榦不能制得所養則生紹興間僧
廣濟修養窮谷有神人授數隷蘭在山陰久矣師今
行果已滿與蘭齊芳僧植之岩下架一脉之水溉焉

人植而名之又名一線紅以花中界紅脉若一線然
榦花與竈山相若惟竈山花開玉頂下花如落以此
分其高下此花慳生蕋每歲只生一
惠知客色潔白或向或背花英淡紫片尾微黄頗似
施蘭其葉最茂有三尺五寸餘
施蘭色黄壯者十五萼或十六七萼淸操潔白聲德
黑香花頭頗大岐榦而生但花間未周下蕋半隨葉
深緑壯而長冠於諸品此等種得之施尉
李通判色白壯者十二萼葉有劍脊挺直而秀最可

人眼所以識蘭趣者不專看花正要看葉

鄭白善色碧多者十五蕚岐生過之膚美體膩翠羽金屑花若懶散下視其跗尤碧交秋乃花或又謂大鄭

鄭少舉色潔白壯者十七八蕚鄭得之雲霄葉勁曰大鄭葉軟曰小鄭散亂蓬頭少舉葉硃花一生則盈盆引於齊葉三尺勁壯似仙霞

仙霞九十蘤色白鮮者如濯舍者如潤始得之泰邑初不爲奇植之蘤多因以名花比李通判則過之

馬大同色碧壯者十二蕚花頭肥大瓣綠片多紅暈其葉高聳幹僅半之一名朱撫或曰翠微又曰五暈綠葉散端直冠他種

黄八兒色潔白壯者十三蕚葉綠而直善於抽幹頗似鄭花多猶荔之十八娘

朱蘭得於朱僉判色黄多者十一蕚花頭似開倒向一隅若虫之蠹幹葉長而瘦

周染色白壯者十數蕚葉與花俱類鄭而幹短弱葉幹長者爲少舉促而葉微黄者爲日善幹短者爲周花

夕陽紅色白壯者八蕚花片雖白尖處微紅者夕陽返照或謂產夕陽院東山因名

雲嶠色白壯者七蕚花大紅心膵於小張以所得之地名葉深厚於小張清高亦如之雲嶠海島之精寺也

林郡馬其色綠出長泰壯者十三蕚葉厚而壯似施而喬過之

青蒲色白七蕚挺肩露頴似碧玉而葉低小僅尺有五寸花尤白葉綠而小直而修

獨頭蘭色綠一花大如鷹爪幹高二寸葉類麥門冬入臘方蘤頗可愛建漳間謂之獻歲正一幹一花而香有餘者山鄭有之間有雙頭浩翁以一幹一花而香有餘者蘭也

觀堂主色白七蕚幹紅花聚如簇葉不甚高婦女多簪之

名第色白七八蕚風韵雖亞以出周先生讀書林先生諱臣物元和進士榜邦人以先生故愛而存之

魚魫蘭一名趙蘭十二蕚花片澄澈宛入魚魫采而

沉之無影可指葉頗勁緑顛微曲焉此曰蘭之奇品

更有高陽蘭四明蘭

碧蘭始出於葉（興花郡名）龜山院陳沈二仙修行處花有十四五萼與葉齊修葉直而瘦花碧而芳用紅沙種雨水澆之莆中奇品或山石和泥亦宜之

翁通判色淡紫壯者十六七萼葉最修長此泉州之奇品宜赤泥和沙

建蘭色白而潔味芳而幽葉不甚長只近二尺許深緑可愛最怕霜凝日晒則葉尾皆焦愛肥惡燥好濕

惡濁清香皎潔勝於漳蘭但葉不如漳蘭修長此南建之奇品也品第亦多而予尚未造奇妙宜黑泥和沙

碧蘭色碧壯者二十餘萼葉最修長得於所養則萼修於葉花葉齊色香韵而幽長三尺五寸有餘更有一品而花葉俱短三四寸許愛濕惡燥最怕烈日極之不得其本性則腐爛此廣州之奇品也

菊譜

宋　范成大

定品

或問菊奚先曰先色與香而後態然則色奚先曰黃者中之色土王季月而菊以九月花金土之應相生而相得者也其次莫若白西方金氣之應菊以秋開則於氣爲鍾焉陳藏器云白菊生平澤花紫者白之變紅者紫之變也此紫所以爲白之次而紅所以爲紫之次云有色矣而又有香有香矣而後有態是其

爲花之尤者也或又曰花以艷媚爲悅而子以態爲後歟曰吾嘗聞於古人矣妍卉繁花爲小人而松竹蘭菊爲君子安有君子而以態爲悅乎至於具香與色而又有態是猶君子而有威儀也菊有名龍腦者其香與色而態不足者也菊有名都勝者具色與態而香不足者也菊之黃者未必皆勝而置于前者正其色也菊之白者未必皆劣而列于中者次其色也雜羅香毬玉鈴之類則以瓌異而升焉至於順聖楊妃之類轉紅受色不正故雖有芬香態度不得與諸

花爭也然余獨以龍腦爲諸花之冠是故君子貴其質焉後之視此譜者觸類而求之則意可見矣

花總數三十有五品以品視之可以見花之高下以花視之可以知品之得失具列之如左云

龍腦第一

龍腦一名小銀臺出京師開以九月末類金萬鈴而葉尖謂花上葉色類人間染鬱金而外葉純白夫黄菊有深淺色兩種而是花獨得深淺之中又其香氣芬烈甚似龍腦是花與香色俱可貴也諸菊或以態

度爭先者然標致高遠譬如大人君子雍容雅淡識與不識固將見而悅之誠未易以妖冶嬿媚爲勝也

新羅第二

新羅一名玉梅一名倭菊或云出海外國中開以九月末千葉純白長短相次而花葉尖薄鮮明瑩徹若瓊瑤然花始開時中有青黄細葉如花蕊之狀盛開之後細葉舒展乃始見其蕊焉枝正紫色葉青支股而小凡菊類多尖闕而此花之蕊分爲五出如人之有支股也與花相映標韻高雅似非尋常之比也然

余觀諸菊開頭枝葉有多少繁簡之失如桃花菊則恨葉多如毬子菊則恨花繁此菊一枝多開一花雖有旁枝亦少雙頭並開者正素獨立之意故詳紀焉

都勝第三

都勝出陳州開以九月末鵞黄千葉葉形圓厚有雙紋花葉大者每葉上皆有雙畫直紋如人手紋狀而内外大小重疊相次蓬蓬然疑造物者著意爲之凡花形千葉如金鈴則太厚單葉如大金鈴則太薄惟都勝新羅御愛棣棠頗得厚薄之中而都勝又其最

美者也余嘗謂菊之爲花皆以香色態度爲尚而枝常恨麤葉常恨大凡菊無態度者枝葉累之也此菊細枝少葉嬋娟有態而俗以都勝目之其有取于此乎花有淺深兩色蓋初開時色深爾

御愛第四

御愛出京師開以九月末一名笑靨一名喜容淡黄千葉葉有雙紋齊短而闊葉端皆有兩闕内外鱗次亦有瓌異之云但恨枝榦差麤不得與都勝爭先爾葉比諸菊最小而青每葉不過如指面大或云出禁

中因此得名

玉毬第五

玉毬出陳州開以九月末多葉白花近蕊微有紅色花外大葉有雙紋瑩白齊長而蕊中小葉如剪茸初開時有青殼久乃退去盛開後小葉舒展皆與花外長葉相次倒垂而玉毬目之者以其有圓聚之形也枝榦不甚麤葉尖長無刓闕枝葉皆有浮毛頗與諸菊異然顏色標致固自不凡近年以來方有此本好事者競求致一二本之直比于常菊葢十倍焉

玉鈴第六

玉鈴未詳所出開以九月中純白千葉中有細鈴甚類大金鈴菊凡白花中如玉毬新羅形態高雅出於其上而此菊與之爭勝故余特次二菊覩名求實似無愧焉

金萬鈴第七

金萬鈴未詳所出開以九月末深黃千葉菊以黃爲正而鈴以金爲質是菊正黃色而葉有鐸形則於名實兩無愧也菊有花密枝褊者人間謂之鞍子菊實與此花一種特以地脉肥盛使之然爾又有大萬鈴大金鈴蜂鈴之類或形色不正比之此花特爲竊有其名也

大金鈴第八

大金鈴未詳所出開以九月末深黃有鈴者皆如鐸鈴之形而此花之中實皆五出細花下有大葉承之每葉之有雙紋枝與常菊相似葉大而疎一枝不過十餘葉俗名大金鈴葢以花形似秋萬鈴爾

銀臺第九

銀臺深黃萬銀鈴葉有五出而下有雙紋白葉開之初疑與龍腦菊一種但花形差大且不甚香耳俗謂龍腦菊爲小銀臺葢以相似故也枝榦纖柔葉青黃而麤疎近出洛陽水北小民家未多見也

棣棠第十

棣棠出西京開以九月末深黃雙紋多葉自中至外長短相次如千葉棣棠狀凡黃菊類多小花如都勝御愛雖稍大而色皆淺黃其最大者若大金鈴菊則又單葉淺薄無甚佳處唯此花深黃多葉大於諸菊

而又枝葉甚青一枝聚生至十餘朶花葉相映顏色鮮好甚可愛也

蜂鈴第十一

蜂鈴開以九月中千葉深黃花形圓小而中有鈴葉擁聚蜂起細視若有蜂窠之狀大抵此花似金萬鈴獨以花形差小而尖又有細蕊出鈴葉中以此別爾

鵞毛第十二

鵞毛未詳所出開以九月末淡黃纖細如毛生於花萼上凡菊大率花心皆細葉而下有大葉承之間謂

之托葉今此毛花自內自外葉皆一等但長短上下有次爾花形小於金萬鈴亦近年新花也

毬子第十三

毬子未詳所出開以九月中深黃千葉尖細重疊皆有倫理一枝之杪聚生百餘花若小毬諸菊黃花最小無過此者然枝青葉碧花色鮮明相映尤好也

夏金鈴第十四

夏金鈴出西京開以六月深黃千葉甚與金萬鈴相類而花頭瘦小不甚鮮茂蓋以生非時故也或曰非時而花失其正也而可置於上乎曰其香是也其色是也若生非其時則係於天者也夫特以生非其時而置之諸菊之上香色不足論矣奚以貴質哉

秋金鈴第十五

秋金鈴出西京開以九月中深黃雙紋重葉花中細蕊皆出小鈴萼中其萼亦如鈴葉但比花葉短廣而青故譜中謂鈴葉鈴萼者以此有如蜂鈴狀余頃年至京師始見此菊戚里相傳以爲愛玩其後菊品漸盛香色形態往往出此花上而人之貴愛寖落矣然

花色正黃未應便置菊之下也

金錢第十六

金錢出西京開以九月末深黃雙紋重葉似大金菊而花形圓齊頗類滴漏花（欄檻處處有亦名滴金一名金子）人未識者或以爲棠棣菊或以爲大金鈴但以花葉辨之乃可見爾

鄧州黃第十七

鄧州黃開以九月末單葉雙紋深於鵞黃而淺於鬱金中有細葉出鈴萼上形樣甚似鄧州白但小差爾

按陶隱居云南陽酈縣有黃菊而白者以五月採今人間相傳多以白菊爲貴又採時乃以九月頗與古說相異然黃菊味甘氣香枝幹葉形全類白菊疑乃弘景所記爾

薔薇第十八

薔薇未詳所出九月末開深黃雙紋單葉有黃細蕊出小鈴萼中枝幹差細葉有支股而圓今薔薇有紅黃千葉單葉兩種而單葉者差淡人間謂之野薔薇蓋以單葉者爾

黃二色第十九

黃二色九月末開鵞黃雙紋多葉一花之間自有深淡兩色然此花甚類薔薇菊惟形差小又近蕊多有亂葉不然亦不辨其異種也

甘菊第二十

甘菊生雍州川澤開以九月深黃單葉閭巷小人且能識之固不待記而後見也然余竊謂古菊未有瓌異如今者而陶淵明張景陽謝希逸潘安仁等或愛其香或詠其色或採之於東籬或泛之於酒斚疑皆今之甘菊花也夫以古人賦詠賞愛至於如此而一旦以今菊之盛遂將棄而不取是豈仁人君子之於物哉故余特以甘菊置於白紫紅菊三品之上其大意如此

酴醿第二十一

酴醿出相州開以九月末純白千葉自中至外長短相次花之大小正如酴醿而枝幹纖柔頗有態度若花葉稍圓加以檀蕊眞酴醿也

玉盆第二十二

玉盆出滑州開以九月末多葉黃心內深外淡而下有濶白大葉連綴承之有如盆盂中盛花狀然人間相傳以謂玉盆菊者大率金黃心碎葉初不知其得名之由後請疑於識者始以眞菊相示乃知物之見名於人者必有形似之實非講尋無倦或有所遺爾

鄧州白第二十三

鄧州白九月末開單葉雙紋白花中有細蕊出鈴萼中凡菊單葉如薔薇菊之類大率花葉圓密相次（花葉謂頭上白葉非枝葉之葉他稱花葉倣此）而此花葉皆尖細相去稀疏然

香比諸菊甚烈而又正爲藥中所用益鄧州菊潭所出爾枝榦甚纖柔葉端有支股而長亦不甚青

白菊第二十四

白菊單葉白花蕊與鄧州白相類但花葉差濶相次圓齊而枝葉麤繁人未識者多謂此爲鄧州白余亦信以爲然後劉伯紹訪得其眞菊較見其意故譜中別開鄧州白而正其名曰白菊

銀盆第二十五

銀盆出西京開以九月中花中皆細鈴比夏秋萬鈴

差疎而形色似之鈴葉之下別有雙紋白葉故人間謂之銀盆者以其下葉正白故也此菊近出未多見至其茂肥得地則一花之大有若盆者焉

順聖淺紫第二十六

順聖淺紫出陳州鄧州九月中方開多葉葉比諸菊最大一花不過六七葉而每葉盤疊凡三四重花葉空處間有筒葉輔之大率花形枝榦類垂絲棣棠但色紫花大爾余所記菊中惟此最大而風流態度又爲可貴獨恨此花非黃白不得與諸菊爭先也

夏萬鈴第二十七

夏萬鈴出鄜州開以五月紫色細鈴生於雙紋大葉之上以時別之者以有秋時紫花故也或以菊皆秋生花而疑此菊獨以夏盛按靈寶方曰菊花紫白又陶隱居云五月採今此花紫色而開於夏時是其得時之正也夫何疑哉

秋萬鈴第二十八

秋萬鈴出鄜州開以九月中千葉淺紫其中細葉盡爲五出鐸形而下有雙紋大葉承之諸菊如棣棠是

其最大獨此菊與順聖過焉或云與夏花一種但秋夏再開爾今人間起草爲花多作此菊蓋以其瓌美可愛故也

繡毬第二十九

繡毬出西京開以九月中千葉紫花花葉尖濶相次聚生如金鈴菊中鈴葉之狀大率此花似荔枝菊花中無筒葉而萼邊正平爾花形之大有若大金鈴菊者焉

荔枝第三十

荔枝枝紫出西京九月中開千葉紫花葉卷爲筒謂花葉也凡菊鈴葉有五出皆如鐸鈴之形又有卷生爲筒無尖闕者故謂之筒葉他與此同大小相間凡菊鈴并蕊皆生托葉之上葉背乃有花萼與枝相連而此菊上下左右攢聚而生故俗以爲荔枝者以其花形正圓故也花有紅者與此同名而純紫者蓋不多爾

垂絲粉紅第三十一

垂絲粉紅出西京九月中開千葉葉細如茸攢聚相次而花下亦無托葉人以垂絲目之者蓋以枝幹纖弱故也

楊妃第三十二

楊妃未詳所出九月中開粉紅千葉散如亂茸而枝葉細小嫋嫋有態此實菊之柔媚爲悅者也

合蟬第三十三

合蟬未詳所出九月末開粉紅筒葉花形細者與蕊雜比方盛開時筩之大者裂爲兩翅如飛舞狀一枝之杪凡三四花然大率皆筒葉如荔枝菊有蟬形者蓋不同爾

紅二色第三十四

紅二色出西京開以九月末千葉深淡紅叢有兩色而花葉之中間生筒葉大小相映方盛開時筒之大者裂爲二三與花葉相雜比茸茸然花心與筒葉中有青黃紅蕊頗與諸菊相異然余怪桃花石榴川木瓜之類或有一株異色者每以造物之付受有不平歟抑將見其巧歟今菊之變其黃白而爲粉紅深紫固可怪而又一株亦有異色並生者也是亦深可怪歟花之形度無甚佳處特記其異爾

桃花第三十五

桃花粉紅單葉中有黃蕊其色正類桃花俗以此名蓋以言其色爾花之形度雖不甚佳而開於諸菊未有之前故人視此菊如木中之梅焉枝葉最繁密或有無花者則一葉之大踰數寸也

雜記

叙遺

余聞有麝香菊者黃花千葉以香得名有錦菊者粉紅碎花以色得名有孩兒菊者粉紅青萼以形得名

有金絲菊者紫花黃心以蕊得名嘗訪於好事求於園圃既未之見而說者謂孩兒菊與桃花一種又云種花者剪掐為之至錦菊金絲則或有言其與別名非菊者若麝香菊則又出陽翟洛人實未之見夫既已記之而定其品之高下又因傳聞附會而亂其先後之次是非余譜菊之意故特論其名色列於記花之後以俟博物之君子證其謬焉

補意

余嘗怪古人之於菊雖賦詠嗟歎嘗見於文詞而未嘗說其花瓌異如吾譜中所記者疑古之品未若今日之富也今遂有三十五種又嘗聞於蒔花者云花之形色變易如牡丹之類歲取其變者以為新今此菊亦疑所變也今之所譜雖自謂甚富然搜訪所有未至與花之變易後出則有待於好事者焉君子之於文亦闕其不知者斯可矣若夫掇擷治療之方栽培灌種之宜宜觀於方冊而問於老圃不待予言也

拾遺

黃碧單葉兩種生於山野籬落之間宜若無足取者然譜中諸菊多以香色態度為人愛好剪鉏移徙或至傷生而是花與之均賦一性同受一色俱有此名而能遠近山野保其自然固亦無羨於諸菊也余嘉其大意而收之又不敢雜置諸菊之中故特列之於後云

菊譜後序

菊有黃白二種而以黃爲正人於牡丹獨曰花而不名好事者於菊亦但曰黃花皆所以珍異之故余譜先黃而後白陶隱居謂菊有二種一種莖紫氣香味甘葉嫩可食花微小者爲眞菊青莖細葉作蒿艾氣味苦花大名苦薏非眞也今吳下惟甘菊一種可食花細碎品不甚高餘味皆苦白花尤甚花亦大隱居論藥既不以此爲眞後復云白菊治風眩陳藏器之說亦然靈寶方及抱朴子丹法又悉用白菊蓋與前

說相牴牾今詳此惟甘菊一種可食亦入藥餌餘黃白二花雖不可餌皆入藥而治頭風則尚白者此論堅定無疑併著于後

菊譜序

草木之有花浮冶而易壞凡天下輕脆難久之物者皆以花比之宜非正人達士堅操篤行之所好也然余嘗觀屈原之爲文香草龍鳳以比忠正而菊與菌桂荃蕙蘭芷江蘺同爲所取又松者天下歲寒堅正之木也而陶淵明乃以松名配菊連語而稱之夫屈原淵明寔皆正人達士堅操篤行之流至於菊猶貴重之如此是菊雖以花爲名固與浮冶易壞之物不可同年而語也且菊有異於物者凡花皆以春盛而

實者以秋成其根柢枝葉無物不然而菊獨以秋花悅茂於風霜搖落之時此其得時者異也有花葉者花未必可食而康風子乃以食菊僊又本草云以九月取花久服輕身耐老此其花異也花可食者根葉未必可食而陸龜蒙云春苗恣肥得以採擷供左右杯按又本草云以正月取根此其根葉異也夫以一草之微自本至末無非可食有功於人者加以花色香態纖妙閑雅可爲丘壑燕靜之娛然則古人取其香以比德而配之以歲寒之操夫豈獨然而已哉洛

陽非風俗大抵好花菊品之數比他州爲盛劉元孫伯紹者隱居伊水之瀍萃諸菊而植之朝夕嘯詠乎其側蓋有意譜之而未假也崇寧甲申九月余得爲龍門之游得至君居坐於舒嘯堂上顧玩而樂之於是相與訂論訪其居之未嘗有因次第爲牡丹荔枝香筍茶竹硯墨之類有名數者前人皆譜錄今菊品之盛至於三十餘種可以類聚而記之故隨其名品類序於左以列諸譜之次

菊譜

彭城劉蒙

黃花

勝金黃

勝金黃一名大金黃菊以黃爲正此品最爲豐縟而如輕盈花葉微尖但條梗纖弱難得團簇作大本須留意扶植乃成

疊金黃

疊金黃一名明州黃又名小金黃花心極小疊葉穠

密狀如笑靨花有富貴氣開早

棣棠菊

棣棠菊一名金鎚子花纖穠酷似棣棠色深如赤金他花色皆不及蓋奇品也窠株不甚高金陵最多

疊羅黃

疊羅黃狀如小金黃花葉尖瘦如剪羅轂三兩花自作一高枝出叢上意度瀟灑

麝香黃

麝香黃花心豐腴傍短葉密承之格極高勝亦有白

者大略似白佛頂丁勝之遠甚吳中比年始有

千葉黃

千葉小金錢略似明州黃花葉中外疊疊整齊心甚大

太眞黃

太眞黃花如小金錢加鮮明

單花小金錢

單花小金錢花心尤大開最早重陽前已爛熳

垂絲菊

垂絲菊花蘂深黃莖極柔細隨風動搖如垂絲海

鴛鴦菊

鴛鴦菊花常相偶葉深碧

金鈴菊

金鈴菊一名荔枝菊舉體千葉細瓣簇成小毬如小荔枝枝條長茂可以攬結江東人喜種之有結爲浮圖樓閣高丈餘者余頃北使過欒城其地多菊家家以盆盎遮門悉爲鸞鳳亭臺之狀即此一種

毬子菊

毬子菊如金鈴而差小二種相去不遠其大小名字出於栽培肥瘠之别

小金鈴

小金鈴一名夏菊花如金鈴而極小無大本夏中開

藤菊花

藤菊花密條柔以長如藤蔓可編作屏幛亦名棚菊種之坡上則垂下裊數尺如纓絡尤宜池塘之瀕

十様菊

十様菊一本開花形模各異或多葉或單葉或大或

小或如金鈴往往有六七色以成數通名之曰十様衢嚴間花黃杭之屬邑有白者

甘菊

甘菊一名家菊人家種以供蔬茹凡菊葉皆深緑而厚味極苦或有毛惟此葉淡緑柔瑩味微甘咀嚼香味俱勝擷以作羮及泛茶極有風致天隨子所賦即此種花差勝野菊甚本不繫花

野菊

野菊旅生田野及水濱花單葉極瑣細

白花

五月菊

五月菊花心極大每一鬚皆中空攢成一匾毬子紅白單葉繞承之每枝只一花莖二寸葉似同蒿夏中開近年院體畫草虫喜以此菊寫生

金杯玉盤

金杯玉盤中心黃四傍淺白大葉三數層花頭徑三寸菊之大者不過此本出江東比年稍移栽吳下此與五月菊二品以其花徑寸特大故列之於前

喜容

喜容千葉花初開微黃花心極小花中色深外微暈淡欣然丰艷有喜色甚稱其名久則變白尤耐封殖可以引長七八尺至一丈亦可攬結白花中高品也

御衣黃

御衣黃千葉花初開深鵝黃大略似喜容而差疎瘦久則變白

萬鈴菊

萬鈴菊中心淡黃鎚子傍白花葉繞之花端極尖香尤清烈

蓮花菊

蓮花菊如小白蓮花多葉而無心花頭疎極蕭散清絕一枝只一葩綠葉亦甚纖巧

芙蓉菊

芙蓉菊開就者如小木芙蓉尤穠盛者如樓子芍藥但難培植多不能繁穠

茉莉菊

茉莉菊花葉繁縟全似茉莉綠葉亦似之長大而圓

淨

木香菊

木香菊多葉略似御衣黃初開淺鵞黃久則一白花葉尖薄盛開則微卷芳氣最烈一名腦子菊

酴醾菊

酴醾菊細葉稠疊全似酴醾比茉莉差小而圓

艾葉菊

艾葉菊心小葉單葉綠尖長蓬艾

白麝香

白麝香似麝香黄花差小亦豐腴韻勝

銀杏菊

銀杏菊淡白時有微紅花葉尖緑葉全似銀杏葉

白荔枝

白荔枝與金鈴同但花白耳

波斯菊

波斯菊花頭極大一枝只一葩喜倒垂下久則微捲如髮之鬈

雜色

佛頂菊

佛頂菊亦名佛頭菊中黄心極大四傍白花一層繞之初秋先開白色

桃花菊

桃花菊多至四五重粉紅色濃淡在桃杏紅梅之間未霜卽開最爲妍麗中秋後便可賞以其質如白之受采故附白花

胭脂菊

胭脂菊類桃花菊深紅淺紫比胭脂色尤重比年始有之此品旣出桃花菊遂無顔色葢奇品也姑附白花之後

紫菊

紫菊一名孩兒菊花如紫茸叢茁細碎微有菊香或云卽澤蘭也以其與菊同時又常及重九故附於菊

菊譜前序

菊草屬也以黃爲正所以槩稱黃花漢俗九日飲菊酒以祓除不祥蓋九月律中無射而數九俗尚九日而用時之草也南陽酈縣有菊潭飲其水者皆壽神僊傳有康生服其花而成僊菊有黃華北方用以準節令大略黃華開時節候不差江南地暖百卉造作無時而菊獨不然攷其理菊性介烈高潔不與百卉同其盛衰必待霜降草木黃落而花始開嶺南冬至始有微霜故也本草一名日精一名周盈一名傳延

年所宜貴者苗可以菜花可以藥囊可以枕釀可以飲所以高人隱士籬落畦圃之間不可一日無此花也陶淵明植以三徑采於東籬裛露掇英泛以忘憂鍾會賦以五美謂圓華高懸準天極也純黃不雜后土色也早植晚登君子德也冒霜吐穎象勁直也杯中體輕神僊食也其爲所重如此然品類有數十種而白菊一二年多有變黃者余在二水植大白菊百餘株次年盡變爲黃花今以色之黃白及雜色品類可見於吳門者二十有七種大小顏色殊異而不同

自昔好事者爲牡丹芍藥海棠竹筍作譜記者多矣獨菊花未有爲之譜者殆亦菊花之闕文也歟余姑所以見爲之若夫耳目之未接品類之未備更俟博雅君子與我同志者續之余所以見具列于後

菊譜

吳門史正志

黄

大金黄

心密花瓣大如大錢

小金黄

心微紅花瓣鵝黄葉翠大如衆花

佛頭菊

無心中邊亦同

小佛頭菊

同上微小又云疊羅黄

金整菊

比佛頭頗瘦花心微窪

金鈴菊

心微青紅花瓣鵝黄色葉小又云明州黄

深色御袍黄

心起突色如深鵝黄

淺色御袍黄

中深

金錢菊

心小花瓣稀

毬子黄

中邊一色突起如毬子

棣棠菊

色深黄如棣棠

甘菊

色深黄比棣棠頗小

野菊

細瘦枝柯凋衰多野生亦有白者

白

金盞銀臺

心突起瓣黄四邊白

樓子佛頂

心大突起似佛頂四邊單葉

添色喜容

心微突起瓣密且大

纏枝菊
花瓣薄開過轉紅色
玉盤菊
黃心突起淡白緣邊
單心菊
細花心瓣大
樓子菊
層層狀如樓子
萬鈴菊
心茸茸突起花多半開者如鈴
腦子菊
花瓣微皺縮如腦子狀
荼蘼菊
心青黃微起如鵝黃色淺
雜色紅紫
十樣菊
黃白雜樣亦有微紫花頭小
桃花菊

花瓣全如桃花秋初先開色有淺深深秋亦有白者
芙蓉菊
狀如芙蓉亦紅色
孩兒菊
紫萼白心茸茸然葉上有光與他菊異
夏月佛頂菊
五六月開色微紅

菊譜後序

菊之開也既黄白深淺之不同而花有落者有不落者葢花瓣結密者不落盛開之後淺黄者轉白而白色者漸轉紅枯於枝上花瓣扶踈者多落盛開之後漸覺離披遇風雨撼之則飄散滿地矣王介甫武夷詩云黄昏風雨打園林殘菊飄零滿地金歐陽永叔見之戲介甫曰秋花不落春花落爲報詩人子細看介甫聞之笑曰歐陽九不學之過也豈不見楚辭云夕餐秋菊之落英東坡歐公門人也其詩亦有欲伴

騷人賦落英與夫却繞東籬嗅落英亦用楚辭語耳王彦賓言古人之言有不必盡循者如楚辭言秋菊落英之語余謂詩人所以多識草木之名葢爲是也歐王二公文章擅一世而左右佩紉彼此相笑豈非於草木之名猶有未盡識之而不知有落有不落者耶王彦賓之徒又從而爲之贅疣葢益遠矣若夫可餐者乃菊之初開芳馨可愛耳若夫衰謝而後落豈復有可餐之味楚辭之過乃在於此或云詩之訪落注落訓始也意落英之落葢謂始開之花耳然則介甫之引證殆亦未之思歟或者之說不爲無據余學爲老圃而頗識草木者因併書於菊譜之後淳熙歲次乙未閏九月望日吳門老圃敘

海棠譜序

世之花卉種類不一或以色而豔或以香而妍是皆鍾天地之秀爲人所欽羨也梅花占於春前牡丹殿於春後騷人墨客特注意焉獨海棠一種風姿豔質固不在二花下自杜陵入蜀絶吟於是花世因以此薄之其後都官鄭谷已爲舉似（谷詩浣花溪上空惆悵子美無情爲發揚）本朝列聖品題雲章奎畫烜燿千古此花始得顯聞于時盛傳於世矣今採取諸家雜録及蒐次唐以來諸人詩句以爲一編目曰海棠譜雖纂集未能詳盡

聊預衆譜之列云開慶改元長至日叙

海棠譜

錢塘陳思

敘事

蜀花稱美者有海棠焉然記牒多所不録蓋恐近代有之何者古今獨棄此而取彼耶嘗聞　真宗皇帝御製後苑雜花十題以海棠爲首章賜近臣唱和則知海棠足與牡丹抗衡而可獨步於西州矣因搜擇前志惟唐相賈元靖耽著百花譜以海棠爲花中神僊誠不虛美耳近世名儒巨賢發于歌詠清詞麗句

往往而得立慶曆中爲縣洪雅春多暇日地富海棠幸得爲東道主惜其繁豔爲一隅之滯卉爲作海棠記敘其大槩及編次諸公詩句于右復率蕪拙作五言百韻詩一章四韻詩一章附于卷末好事者幸無誚焉（沈立海棠記序）

棠之稱甚衆若詩有蔽芾甘棠又曰有杕之杜又爾雅釋木曰杜甘棠也（郭璞注今之杜梨）杜赤棠白者棠又吕氏春秋果之美者棠實又俗說有地棠棠梨沙棠味如李無核較是數說俱非謂海棠也凡今草木以海

爲名者酉陽雜俎云唐贊皇李德裕嘗言花名中之帶海者悉從海外來故知海椶海栁海石榴海木瓜之類俱無聞於記述豈以多而爲稱耶又非多也誠恐近代得之于海外耳又杜子美海椶行云欲栽北苑不可得惟有西域　僧識若然則贊皇之言不誣矣海棠雖盛稱於蜀而蜀人不甚重今京師江淮尤競植之每一本價不下數十金勝地名園目爲佳致而出江南者復稱之曰南海棠大抵相類而花差小色尤深耳棠性多類梨核生者長遲逮十數年方有

花都下接花工多以嫩枝附梨而贅之則易茂矣種宜墟壤膏沃之地其根色黃而盤勁其木堅而多節其外白而中赤其枝柔密而脩暢其葉類杜大者縹綠色而小者淺紫色其紅花五出初極紅如臙脂點點然及開則漸成纈暈至落則若宿粧淺粉矣其蔕長寸餘淡紫色於葉間或三蕚至五蕚爲叢而生其蕊如金粟蕊中有鬚三如紫絲其香清酷不蘭不麝其實狀如梨大若櫻桃至秋熟可食其味甘而微酸茲棠之大槩也　沈立海棠記

杜子美居蜀累年吟詠殆遍海棠奇艷而詩章獨不及何耶鄭谷詩云浣花溪上空惆悵子美無情爲發揚是已　本朝名士賦海棠甚多往往皆用此爲實事如石延年云杜甫句作略薛能詩未工錢易詩云子美無情甚都官著意頻李定詩云不霑工部風騷力猶占勾芒造化權獨王荆公詩用此作梅花詩最爲有意所謂少陵爲爾牽詩興可是無心賦海棠末句云多謝許昌傳雅什蜀都曾未識詩人不道破爲尤工也　韻語陽秋

東坡海棠詩云只恐夜深花睡去更燒銀燭照紅粧事見太真外傳曰上皇登沉香亭召太真妃于時卯醉未醒命力士使侍兒扶掖而至妃子醉顏殘粧鬢亂釵横不能再拜上皇笑曰豈妃子醉是海棠睡未足耳　冷齋夜話

東坡謫黃州居于定惠院之東雜花滿山而獨海棠一株土人不知貴東坡爲作長篇平生喜爲人寫人間刻石者自有五六本云吾平生最得意詩也　古今詩話

韓持國雖剛果特立風節凜然而情致風流絶出時
輩許昌崔象之侍郎舊第今爲杜君章所有廳後小
亭僅丈餘有海棠兩株持國每花開輒載酒日飲其
下竟謝而去歲以爲常至今故吏尚能言之 石林詩話
少游在黄州飲於海橋天南北多海棠有老書生家
海棠叢間少游醉卧宿於此明日題其柱曰喚起一
聲人悄衾暖夢寒空曉章雨過海棠開春色又添多
少社甕釀成微笑半破癯瓢共舀覺健倒急投床醉
鄉廣大人間小東坡愛之恨不得其腔當有知之者
耳 冷齋夜話

李丹大夫客都下一年無差遣乃授昌州議者以去
家遠乃改授鄂州倅淵材聞之乃吐飯大步往謁李
曰誰爲大夫謀昌佳郡也奈何棄之李驚曰供給豐
乎曰非也民訟簡乎曰非也曰然則何以知其佳淵
材曰海棠無香昌州海棠獨香非佳郡乎聞者傳以
爲笑 墨客揮犀
前輩作花詩多用美女比其狀如曰若教解語人傾
國任是無情也動人陳俗哉山谷作酴醾詩曰露濕

仁郎試湯餅日烘荀令炷爐香乃用美丈夫比之若
將出類而吾叔淵材作海棠詩又不然曰雨過温泉
浴妃子露濃湯餅試何郎意尤工也
仁宗朝張冕學士賦蜀中海棠詩沈立取以載海棠
記中云山木瓜開千顆顆水林檎發一攢攢注云大
約木瓜林檎花初開皆與海棠相類若冕言則江西
人正謂棠梨花耳惟紫綿色者始謂之海棠按沈立
記言其花五出初極紅如臙脂點點然及開則漸成
纈暈至落則若宿粧淡粉審此則似木瓜林檎六花
者非真海棠明矣晏元獻云巴定復揺春水色似紅

如白海棠花然則元獻亦與張冕同意耶
閩中曹宇修貢堂下海棠極盛三面共二十四叢長
條脩榦頃所未見毎春著花真錦繡段其間有如紫
綿揉色者亦有不如此者葢其種類不同不可一槩
論也至其花落則皆若宿粧淡粉矣余三春對此觀
之至熟大率富沙多此官舍人家往往皆種之並是
黍子海棠正與蜀中者相類斯可貴耳今江浙間別
有一種柔枝長蔕顔色淺紅垂英向下如日蔫者謂

之垂絲海棠全與此不相類葢強名耳
吾叔劉淵材曰平生死無恨所恨者五事耳人問其故淵材斂目不言久之曰吾論不入時聽恐汝曹輕易之問者力請乃答曰第一恨鰣魚多骨二恨金橘太酸三恨蓴菜性冷四恨海棠無香五恨曾子固不能詩聞者大笑淵材瞠目答曰諸子果輕易吾論也
真宗御製後苑雜花十題以海棠爲首近臣唱和 瑣碎後錄

唐相賈耽著百花譜以海棠爲花中神仙 同前
重葉海棠曰花命婦又云多葉海棠曰花戚里 牡丹榮辱志
每歲冬至前後正宜移掇窠子隨手使肥水澆以盦過麻屑糞土壅培根底使之厚密纔到春暖則枝葉自然大發著花亦繁密矣 長春備用
許昌薛能海棠詩敘蜀海棠有聞而詩無聞 花木錄
南海棠本性無異惟枝多屈曲數數有刺如杜梨花亦繁盛開稍早 同前

東坡謫居齊安時以文章游戲三昧齊安樂籍中李宜一者色藝不下他妓他妓因燕序中有得詩曲者宜以語訥不能有所請人皆咎之坡將移臨安於飲餞處宜哀鳴力請坡半酣笑謂之曰東坡居士文名久何事無言及李宜恰似西川杜工部海棠雖好不吟詩 詩話總龜
蜀潘炕有嬖妾解愁姓趙氏其母夢吞海棠花蘂而生頗有國色善爲新聲 外史檮杌
黎舉常云欲令梅聘海棠棖子臣櫻桃及以芥嫁筍

但恨時不同然牡丹酴醾楊梅枇杷盡爲執友 雲仙散錄
海棠花欲鮮而盛於冬至日早以糟水澆根下 瑣碎錄
李贊皇花木記以海爲名者悉從海外來如海棠之類是也海棠候花謝結子剪去來年花盛而無葉 同前
黃海棠木性類海棠青葉微圓而色深光滑不相類花半開鵝黃色盛開漸淺黃矣 同前
海棠色紅以木瓜頭接之則色白 長樂志
徐儉樂道隱於藥肆中家植海棠結巢其上引客登

米而飲　緝珠集

海棠譜

錢塘　陳思

詩上

海棠　太宗御製

每至春園獨有名天然與染半紅深芳菲占得歌臺地妖艷誰憐向日臨莫道無情閑笑臉任從折戴上冠簪偏宜雨後看顏色幾處金杯爲爾斟

海棠　眞宗御製

春律行將半繁枝忽放芳霏霏含宿霧灼灼艷朝陽

戲蝶棲輕蕊遊蜂逐遠香物華留賦詠非獨務雕章

又

翠萼凌晨綻清香逐處飄高低臨曲檻紅白間纖條潤比攅溫玉繁如簇絳綃盡堪圖畫取名筆在僧繇

會僚屬賞海棠偶有興詠　光宗御製

濃淡名花產蜀鄉半含風露浥新粧嬌嬈不減舊時態誰與丹青爲發揚

觀海棠有成　又

東風用意施顏色艷麗偏宜著雨時朝詠暮吟看不

足羨他逸蝶宿深枝

唐薛許昌 能 海棠詩并序

蜀海棠有聞而詩無聞杜工部子美於斯有之矣得非輿象不出殁而有懷何天之厚余獲此遺遇儻不敢讓用當其無因賦五言一章二十句學陳梁之紫妍漢物之朱不以彼物攘其功不以陳言踵其趣式其人之適此有若韓宣子者風雅盡在蜀矣吾其庶幾又花植於府之古營因刻貞石以遺吾黨將來君子業詩者苟未變於道無賦耳咸通七年十二月二

十三日敘

酷烈復離披玄功莫我知青苔浮落處暮柳閒開時醉帶遊人插連陰彼叟移晨前清露溼晏後惡風吹香少傳何計妍多畫半遺島蘇連水脉庭綻雜松枝偶泛因沉硯閒飄欲亂棊遶山生玉壘和郡徧坤維負賞慙休飲牽吟分失饑明年因不見留此贈巴兒

又七言

四海應無蜀海棠一時開處一城香晴來使府低臨檻雨後人家散出墻閑地細飄浮淨蘚短亭深綻隔垂楊從來看盡詩誰苦不及催遊與畫將

海棠 鄭谷

春風用意匀顔色銷得攜觴與賦詩濃麗最宜新著雨嬌嬈全在欲開時莫愁粉黛臨窻懶梁廣丹青點筆遲朝醉暮吟看不足羨他蝴蝶宿深枝

蜀中賞海棠

濃淡芳春滿蜀鄉半隨風雨斷鶯腸浣花溪上空惆悵子美無情爲發揚 杜工部旅蜀詩集中無海棠之題

擢第後入蜀經羅利路見海棠盛開偶題

上國休誇紅杏艷沉溪自照綠苔磯一枝低帶流鶯睡數片狂和舞蝶飛堪恨路長移不得可無人與畫將歸手中已有新春桂多謝烟香更入衣

奉和 真宗御製後苑雜花海棠

晏樞相殊

太液波才綠靈和絮未飄霞文光啓旦珠琲密封條積潤涵仙露濃英奪海綃九陽資造化天意屬喬繇

同和 劉内翰筠

遲景烘初綻鮮風惜未飄蝶魂迷密徑鶯語近新條

芳蕙薫宮錦丹漿暈海綃惟將奉宸唱賡奉愧咎繇

海棠　晏樞相

輕盈千結亂櫻葩占得年芳迤碧櫳逐處間匀高下蕚幾番分破淺深紅煙晴始覺香纓綻日極猶疑蠟蒂融數夕朱欄未飄落再三珍重石尤風

又

杏靄何驚自鮮妍欲蕩魂向人無限思當晝不勝繁浩露晴方浥遊蜂暖更暄只應春有意留贈子山園

又

昔聞遊客話芳菲濯錦江頭幾萬枝縱使許昌詩筆健可能終古絕妍辭

又

濯錦江頭樹移根藥砌中只應春有意偏與半粧紅

和樞密侍郎因看海棠憶禁苑此花最盛　晏樞相

青瑣曾圍眄珍藂宛未移幸分霖雨潤猶見艷陽姿苒積來朱檻攀條憶絳蕤能令人愛樹不獨召南詩

又　郭待制稹

朱欄明媚照橫塘芳樹交加枕短牆傳得東君深意態染成西蜀好風光破紅枝上仍施粉繁翠陰中旋撲香應爲無詩怨工部至今含淚作啼粧

又　石學士延年

君看海棠格群花品詎同嬌嬈情自富蕭散艷非窮舊蔹斑炭花梅羅碎蜀宮錦窠杯裏影繡段欒前烘心亂香無數楚柔動滿叢意分巫峽雨腰細漢臺風盛若霞藏日鮮於血灑空高低千點赤深淺半開紅粧指朱纔布脣檀更融色焦無可壓體瘦不成豐枝重輕浮外苞疎密間中難勝蜂不定易入蝶能通

蜀地海棠繁媚有思加臓幹豐條茸蒻可愛北方所未見諸公作詩流播西人余素好玩不能自默然所道皆在前人陳迹中如國風中章亦無媿云　宋景文公

蜀國天餘煦珍葩地所宜濃芳不隱葉併艷欲然枝襞影分羣萼均霞點萬蕤回文錦成後夾煎燎烘時蜂蘂迎銜蜜鶯梢向坐危淺深雙絕態啼笑兩妍姿節排煙竦丹釭落帶垂童容鄣畏薄便面到憂遲

媚日能徐照酣風肯遽吹（蜀少疾風故花愈盛）惜憐當晼晚留
根付離披爬梳都無比繁多僅自持損香饒麝柘照
影欠瑤池畫要精伸色歌須巧騁辭舉樽頻語客細
摘玩芳期

和晏尚書海棠

媚柯攢仄倚春艷封植寧同北根移（花自西蜀流種而穠麗不變）
台嶺分霞爭抱蘂蜀宮裁錦鬬纏枝不憂輕露蒙時
潤正恨炎風獨處危把酒凭欄堪併賞莫容私恨爲
披離

海棠

西域流根遠中都屬賞偏初無可並色竟不許勝妍
薄暝霞烘爛平明露濯鮮長衾繡作地帑帳錦爲大
（吳人語帶穊爲帳天）淺影才欹檻柯橫欲照筵愁心隨落處醉
眼著繁邊的的誇粧靚番番恃笑嫣何當閻蘭媚要
是掩樓然艷足非天賚香輕且近傳所嗟名後出遺
載楚臣篇

又

萬蕚霞乾照晴空向來心賞巳多同未如此日家園
欒數偏繁枝衮衮紅

暮春月內署書閣前海棠花盛開率爾七言八
韻寄長卿諫議　張湞

去歲海棠花發日曾將詩句詠芳妍今來花發春依
舊君已雄飛玉案前驟隔清塵樞要地獨攀紅蘂艷
陽天疎枝高映銀臺月嫩葉低含倚閣煙花落花開
懷勝賞春來春去感流年清辭早綴巴人唱妙翰猶
緘蜀國牋共仰非圖方赫耳自嗟衰鬢轉皤然因憑
鶯蝶傳消息莫忘蓬萊有病僊

海棠　程琳

海外移根灼灼奇風情閑麗比應稀晶熒寶蕚排珠
琲旖旎芳叢簇繡帷繁極只愁隨暮雨飄多何計駐
春暉浣花溪上年年意露溼煙霞拂客衣

海棠　學士李定

青帝行春性自專精心知向海棠偏不需工部風騷
力猶占勾芒造化權倚檻半開紅朶密遶池初應翠
枝連誰人與拔栽瓊苑看與花王鬬後先

海棠　著作石楊林

花工裁剪用功專濯錦江頭價最偏酷愛幾思憑畫
手難題渾覺按詩權豔凝絳纈深深染樹認紅綃密
密連因想當年武平一枝枝春賜侍臣先

海棠　直講范鎮

不知眞宰是誰專生得韶光此樹偏吟筆偶遺工部
意賦辭今職翰林權風飄翠幕旋香入霞照危墻夕
影連移植上園如得地芳名應在紫薇先

又　石揚休

開盡妖桃落盡梨淺萼深萼照華池都緣西蜀盤根

遠豈是東君屬意遲爛憐別容矄宿酒露凝啼臉失
胭脂須知賈相風流甚曾許神僊品格奇

和　學士李定

輕紅如杏素遮梨直似佳人照碧池巳是化工教艷
絕莫嫌青帝與開遲烟滋綽約明雙臉雨借妖饒入
四脂西蜀有名須得地瓊林高壓百花奇

和燕龍圖海棠　推官楊諤

西漢撚虛橘東陽愛野棠許昌奇此遇子美欠先揚
杜宇三春艷蠶叢一國香燕脂照亂雨生色麗斜陽

富艷東君節壇妍白帝方錦樓祈水色玉壘換山光
風格林檎細腰支郁李長天生笑容質時樣舞衣裳
少吐深深染全開淡淡粧煙嫌護綠帶風陣損朱房
旋失因臨水閑飄弗過墻佩亡愁敎甫簪脫即連姜
蝶舞菱花照鶯啼卷畫堂僊如弄玉少墜似綠珠常
不見還成悔相思幾欲狂春深濯錦水日晚浣沙方
卧對移籐榻吟看近筆牀池淸滿圖倒鳥起一枝昂
紫燕銜泥急黃蜂趁蜜忙化工眞用意銷得與携觴

海棠　殿丞高惟幾

故國庸岷外孤根楚死中使梅休妬白僊杏巳饒紅
旋恐陽妖破尋憂下蔡空幾時夢巫峽獨立怨春風

海棠　高覿

錦里花中色最奇妖嬈天賦本來稀綺霞忽照迷紅
障穀露輕籠認翠幃繁朵有情粧媚景纖枝無力帶
殘暉好將繡向羅裙上永作香閨楚楚衣

海棠　凌景陽

名園封植幾經春露濕煙梢畫不眞多謝許昌傳雅
什蜀都曾未識詩人

海棠　　學士張冕

海棠栽植徧塵寰未必成都欲詠難山木瓜開千顆
顆水林檎發一攢攢（大約木瓜林檎花初發皆與海棠相類但花稀而先葉耳惟山木瓜水林檎尤似山木瓜揚州有之楮木叢也）初疑紅豆爭頭綴忽覺燕脂
衆手挼西蜀僧家根擬小南荊官舍樹枝寬高穿羣
木無因蔽平倚危樓最好看十畝園林渾似火數方
池面悉如丹錦袍萬丈仍連袂（白傳）珠被齊光更合
歡（晉詞）風嬾細腰挑正罷（楚宮）露晞銅雀淚新乾晨
曦遠借形雲暖秋魄微侵甲帳寒會讌豈勞供幄幙

採香應見費龍檀穠燒游女青絲髮殷染妖姬白玉
冠賓席半移隈茜綬使車多熱簇雕鞍層層排朵繁
飛蝶密密交柯宿翠翰詩客早懸矜纖管畫工誰敢
銜霜紈本期相伴千場醉可忍輕遨百卉殘川路尚
移隨迅瀨蕃船猶折出長灘飄零絳雪深盈尺收拾
晴霞散結團時去獨應賢者識色空潛有達人觀譜
爲僊子終須美（花譜似海棠爲神仙王禹偁海仙詩序）實作寒梅況不
酸（寒梅事具序中）五六年來離別恨春宵頻夢石臺盤（荊王石臺盤花後園海棠林下至今存焉）

西園海棠　　范純仁

丹萼翠葉競妖濃蜂蝶翻翻弄暖風濯雨正疑宮錦
爛媚晴先奪曉霞紅芬菲劍外從來勝歡賞天涯爲
爾同却想鄉關足塵土只應能見畫圖中

英部在前徒矜下里之曲風雅未喪豈繫擊轅
之音不圖綴緝靡之辭抑將導敦厚之旨耳海
棠雖盛於蜀人不甚貴因暇偶成五言百韻律
詩一章四韻詩一章附于卷末知我者無加焉

沈立

岷蜀地千里海棠花獨妍萬株佳麗國二月艷陽天
叢蕚匀如布修莖巧似編形雲輕點綴赤玉翠雕鐫
瑟瑟光輪紫猩猩血借鮮淺深相向背疎密遞勾牽
輕儁重重葉丹砂細細研蘂纖金粟拱鬚嫩紫絲拳
紅蠟隨英滴明璣著顆穿初萼爭裊娜翹幹共蹁躚
絕代知無價生香不減錢分靈應桂苑鍾粹定星躔
木帝經邦相花王入室賢祥飈加剪拂卿靄共陶甄
眞宰除推轂勾芒與著鞭不須憂薄命好爲惜流年
贊翼施生柄扶持煦嫗權主張韶令正調燮淑威宣

和氣高低洽芳心次第蓮金釵人十二珠履客三千
雲雨迷巫峽風波惑洛川娉婷宜佳楚妖冶合居燕
繡被通宵展華燈徹曙燃橫披前檻外半出假山巔
暗羨遊蜂採偷輸蟻穴沿瘦嫌一綱纖采怯女蘿纏
蓄恨憑誰訴無言只自憐文君酒壚伴楊子草堂前
品格生來別風流到老全繁中生悵望衆裏見喧闐
臙暖精神出晴明意態便關關鶯對語兩兩燕高騫
天上宜封殖人間偶竹延共櫻園別館與杏擁斜阡
清暖簾爭卷黃昏幕尚褰低籠金瓣條高映畫鞦韆

海棠譜　〈詩上〉　十二

忽認梁園妓深疑閬苑仙愁愁來蕙圃遠遠別芝田
羞隱瞋濛霧輕如淡蕩煙乍逢開羽扇初喜下雲軿
髣髴向星曆依稀帶擘鈿五銖衣宛轉七寶帳翩翩
獨立挨霓節成行列彩旃困宜欹虎枕步好襯金蓮
舞定休回袖粧濃不傅鉛蕊張松鬱鬱茵藉草芊芊
馥郁蘭俱夢扶蘇柳伴眠軀輕彌綽約腰細更便嬛
婭姹常顒若幽柔自洒然侍兒羅白芷娣子列芳荃
口口濃檀注腮腮薄粉塡解圍施幕幄買笑有榆錢
旖旎環瑤席婆娑匝玳筵嬌依屏曲曲泣對露涓涓

南陌輕埃蔽東郊夕照連幾時休縹渺從此識嬋娟
是處遺簪珥誰家不管絃妬姬貪恐失戲稚惜何顛
折悶撚頭糝擎縱約腕揎蕤遮鬟上鳳裝壓鬢邊蟬
汲引新懽聚消磨宿忿蠲縱觀須倒載命宴必加籩
翻曲教歌媛更詞送酒船鄉心須暫解病眼當時痊
迢遞來油壁從容仕錦韉雅宜交讓比穠與棣華聯
不憤參朱槿寧甘混木綿酴醾潛失色躑躅敢差肩
素奈思投迹天桃恥備員梧桐愧金井芍藥濫花磚
併歷辛夷俗潛排寶馬薦天恩無久恃人寵莫長專

海棠譜　〈詩上〉　十三

布影交三徑敷榮遍一廛凝眸方睞睞回首旋翩翩
可恐驚飈挫胡頻急景煎珊瑚隨手碎絳雪繞枝旋
拂漢霞初散當樓月自圓飄零隨蛺蝶散亂逐漪漣
灼灼龜城外亭亭錦水邊抱愁應慘慼有淚即潺湲
午隱迷蝴蝶朝寒怨杜鵑物情元倚伏人意莫拘攣
擢秀高羣木稱珍極八埏未開獨脈脈憂落固悁悁
別著新文紀重尋舊譜箋共知紅艷好誰辨赤心堅
寶事陪朱李根宜灌醴泉栽須憐竹柏樹莫繞烏鳶
恥託膏腴茂當隨富貴遷為多猶底滯因遠尚迍邅

客思易成亂心期未省慭畫思摩詰筆吟稱薛濤牋
醉目休頻送詩情豈易緣薛能誇麗句鄭谷賞佳篇
止感芳姿美那憐託地偏山經猶罕記方志未多傳
巧詠憂才竭冥搜得意漘遐陬寡眞賞僻境忍輕捐
拙祕慙非據搩奇敢讓先援毫敘名卉聊用放懷焉

又

占斷香與色蜀花徒自開園林無卽俗蜂蝶落仍來
青帝若爲意東風無限才古今吟不盡百韻愧空裁

海棠譜

錢塘　陳思

詩下

商山海棠　　王元之

錦里名雖盛商山豔更繁別疑天與態不稱土生根
淺著紅蘭染深於絳雪噴待開先釀酒怕落預呼魂
香裏無勍敵花中是至尊桂須辭月窟桃合避仙源
浮動冠頻側霓裳袖忽翻望夫臨水石竊客出墻垣
贈別難饒柳忘憂肯讓萱輕輕飛燕舞脈脈息嬀言

蕙陋虛侵逕梨凡浪占園論心兩蝶宿低面厭鶯喧
不忝神仙品（好事者作花品以此爲神仙品）何辜造化恩自期栽御
苑誰使擲山村綺季荒祠畔仙娥古洞門煙愁思舊
夢雨泣怨新婚晝恐名妃恨移同卓氏奔衹教三月
見不得四時存繡被堆籠勢燕脂浥淚痕試車春來
去應得伴芳樽

別堂後海棠

一堆紅雪媚青春惜別須教淚滿巾好在明年莫憔
悴校書兼是愛花人（此花余去後是推官王校書移入）

題錢塘縣羅江東手植海棠

江東遺跡在錢塘手植庭花滿縣香若使當年居顯位海棠今日是甘棠

寓居定慧院之東雜花滿山有海棠一株土人不知貴也　蘇東坡

江城地瘴蕃草木只有名花苦幽獨嫣然一笑竹籬間桃李漫山總麤俗也知造物有深意故遣佳人在空谷自然富貴出天姿不待金盤薦華屋朱脣得酒暈生臉翠袖卷紗紅映肉林深霧暗曉光遲日暖風

輕春睡足雨中有淚亦悽愴月下無人更清淑先生食飽無一事散步逍遙自捫腹不問人家與僧舍拄杖敲門看脩竹忽逢絕艷照衰朽歎息無言揩病目陋邦何處得此花無乃好事移西蜀寸根千里不易到銜子飛來定鴻鵠天涯流落俱可念爲飲一樽歌此曲明朝酒醒還獨來雪落紛紛那忍觸

海棠　前人

東風嫋嫋泛崇光香霧霏霏月轉廊只恐夜深花睡去高燒銀燭照紅粧

遊海棠西山示趙彥成　邵康節

東風吹雨過溪門白白朱朱亂遶村灘石已無回薄勢岸風猶出繫船痕時危不厭江山僻客好惟知笑語溫莫上南岡看春色海棠花下却銷魂

海棠　韓持國

濯錦江頭千萬枝當來未解惜芳菲而今得向君家見不怕春寒雨溼衣

在禁林時有懷荆南舊遊　元厚之

去年曾醉海棠叢聞說新枝發舊紅昨夜夢回花下

飲不知身在玉堂中

海棠　洪覺範

酒入香腮笑不知小粧初罷醉兒癡一株柳外墻頭見却勝千叢著雨時

海棠　崔德符

渾是華清出浴初碧綃斜掩見紅膚便教桃李能言語要比嬌妍比得無

海棠并序　梅聖俞

道損司門前日過訪别且云計程二月到郡

正看琵琶海棠頗見太守風味因爲詩以送
行
蜀州海棠勝兩川使君欲賞意已猛春露洗開千萬株燕脂點素攢細梗朝看不足夜秉燭何暇更尋桃與杏青泥劍棧將度時跨馬莫辭霜氣冷

海棠
江鷺入朱闌海棠繁錦條醉生燕玉頰瘦聚楚宮腰曾不分香去尤宜著意描誰能共吹笛樹下想前朝余嘗於宋宣猷宅見圖畫明皇於海棠花下卧吹觱篥寧王吹笛黃幡綽拍

又
要識吳同蜀須看線海棠燕脂色欲滴紫蠟帶何長夜雨偏宜著春風一任狂當時杜子美吟徧獨相忘

海棠　王荆公
綠嬌隱約眉輕掃紅嫩妖嬈臉薄粧巧筆寫傳功未盡清才吟詠興何長

移岳州去房陵道中見海棠　張芸叟
馬息山頭見海棠羣偎會處錦屏張天寒日晚行人絕自落自開還自香

和何靖山人海棠　文與可
爲愛香苞照地紅倚欄終日對芳叢夜深忽憶南枝好把酒更來明月中

晁二家有海棠去歲花開晁二呼杜卿家小娃歌舞花下痛飲今春花開復欲招客而杜已出
頗疑蜂蝶過鄰家知是東墻去歲花駿馬無因迎小妾鴟夷何用强隨車

守歲以詩調之　張文潛

雨中對酒庭下海棠經雨不謝　陳叅政
巴陵二月客添衣草草杯盤恨醉遲燕子不禁連夜雨海棠猶待老人詩天翻地覆傷春色齒豁頭童祝聖時白竹籬前湖海闊茫茫身世兩堪悲

陪粹翁舉酒於君子亭亭下海棠方開
世故驅人殊未央聊隨地主借繩床春風浩浩吹游子暮雨霏霏溼海棠古國衣冠無態度隔簾花葉有輝光使君禮數能寬否酒味撩人我欲狂

和冬曦海棠　程金紫

花中名品異八重比甘棠苞嫩相思䆒紅深琥珀光好風傳馥郁凡卉愧芬芳爛熳雲成瑞葳蕤女有孀生來先蜀國開處始朝陽賞即笙歌地題稱翰墨場烟霞容易散蜂蝶等閑忙誰是多情侶欄邊重舉觴

今朝秋氣蕭瑟不意海棠再開因書二絶期好事者和

曾逐狂飈取意飛一時春色便依稀舊叢還有香心在却被西風管領歸

露溼燕脂淚臉寒獨將幽恨倚闌干精神不比籬邊菊莫把尋常醉眼看

雨中海棠

玉脆紅輕不耐寒無端風雨若相干曉來試卷珠簾看蔌蔌飛香滿畫闌

惜海棠開晚

今年春色可勝嗟二月山中未見花長憶去年今夜月海棠花影到窓紗

海棠　僧如璧

賣花擔上爭桃李頻使春宮不直錢莫怪海棠不受折要令雲鬢絶塵緣

江左謂海棠為川紅　吳中復

靚粧濃淡蘂蒙茸高下池臺細細風却恨韶華偏蜀土更無顏色似川紅尋香只恐三春暮把酒欣逢一笑同子美詩才猶閣筆至今寂寞錦城中

海棠　劉子翬

幽姿淑態弄春晴梅借風流柳借輕種處静宜臨野水開時長是近清明幾經夜雨香猶在染盡燕脂畫不成詩老無心為題拂至今惆悵似含情

海棠　郭震

又隨桃李一時榮不逐東風處處生疑是四方嫌不種教於蜀地獨垂名

海棠

西蜀傳芳日東君著意時鮮葩猩薦血紫萼蠟融脂絳點疑流落寅欄合護持無詩任工部今有省郎知

和東坡海棠　趙次公

露氣熏微帶曉光枝邊燦爛映迴廊細看素臉元無

玉初點燕脂駐靚粧

和東坡定惠院海棠

化工妙手開羣木酷向海棠私意獨殊姿艷艷雜花
裏端覺神僊在流俗瞞起燕脂懶未匀天然腻理還
豐肉繁華增麗態度遠婀娜含嬌風韻足豈唯姚變
形管姝眞同窈窕關雎淑未能奔往白玉樓要當貯
以黄金屋顛蹶風暖欲黄昏脈脈難禁倚脩竹可憐
俗眼不知貴空把容光照山谷此花本出西南地李
杜無詩恨遺蜀高才没世誰雕龍後輩補亡難刻鵠

貎衆季子客齊安相逢忽慰羈人目當年甫白君可
繼爲花重賦陽春曲把酒因澆磊磈胸搜句輒傾空
洞腹多情恐作深雲收兒童莫信來輕觸

海棠　康肅吳公芾

海棠元自有天香底事時人故謗傷不信請來花下
坐惱人鼻觀不尋常

和澤民求海棠

君是詩中老作家笑將麗句换名花花因詩去情非
淺詩爲花來語更嘉須好栽培承雨露莫令憔悴困
塵沙他年爛熳如西蜀我欲從君看綺霞

見市上有賣海棠者悵然有感

連年蹤跡滯江鄉長憶吾廬萬海棠想得春來增絶
麗無因歸去賞芬芳偶然檐上逢人賣猶記樽前爲
爾狂何日故園修舊好臙脂燒銀燭照紅粧

和陳子良海棠四首

春來人物盡熙熙紅紫無情亦滿枝正引衰翁詩思
動舉頭那更得君詩

花開春色麗晴空惱我狂來只遶叢試問妖嬈誰與

比一株勝却萬株紅

雨後花頭頓覺肥細看還是舊風姿坐餘自有香芬
馥不許凡人取次知

十年栽種滿園花無似茲花艷麗多已是譜中推第
一不須還更問如何

寄朝宗

海棠已試十分粧細看妖嬈更異常不得與君同勝
賞空燒銀燭照紅光

所思亭海棠初開折贈兩使者

張　栻

未須比擬紅深淺更莫平章香有無過雨夕陽樓上看千花容有此膚腴

東風著物本無私紅入花梢特地奇想得粧臺春思滿一枝聊遣博新詩

黃海棠　　洪　适

漢宮嬌半額雅淡稱花仙天與溫柔態粧成取次妍

垂絲海棠

脉脉似崔徽朝朝長看地誰能解倒懸扶起雲鬟墜

次韻陸務觀海棠　　程大昌

喚回殘睡强矜持淺破朱唇倚笛吹千古妖妍磨不盡長隨春色上花枝

題苦竹寺海棠洞　　相山王之道

翠袖朱唇一笑開倚風無力競相偎陽城豈是僧家物端恐齊奴步障來

海棠　　陸　游

誰道名花獨故宮（謂故蜀燕王宮）東城盛麗足爭雄橫陳錦障闌干外盡吸紅雲酒醆中貪看不辭持夜燭倚狂直欲擅春風拾遺舊詠悲零落瘦損腰圍擬未工（老杜不應無海棠詩意其失傳爾）

又

十里迢迢望碧雞一城晴雨不曾齊今朝未得平安報便恐飛紅已作泥

又

蜀地名花擅古今一枝氣可壓千林譏彈更道無香處常恨人言太刻深

張園觀海棠

朝陽照城樓春容極明媚走馬蜀錦園名花動人意嚴粧漢宮曉一笑初破睡定知夜宴歡酒入妖骨醉低鬟羞不語困眼嬌欲閉雖艷無俗姿太息真富貴結束吾方歸此別知幾歲黃昏廉纖雨千點裛紅淚

夜宴賞海棠醉書

便便癡腹本來寬不是天涯强作歡燕子歸來新社雨海棠開後却春寒醉誇落紙詩千首歌費纏頭錦百端深院不聞傳夜漏忽驚蠟淚已堆盤

病中久止酒有懷成都海棠之盛

碧雞坊裏海棠時彌月兼旬醉不知馬上難尋前夢境樽前誰記舊歌辭目窮落日橫千嶂腸斷春光把一枝說與故人應不信茶烟禪榻鬢成絲

春晴懷故園海棠　楊萬里

故園今日海棠開夢入江西錦繡堆萬物皆春人獨老一年過社燕方回似青如白天濃淡欲墮還飛頻往來無那風光之不得遣詩招入翠瓊杯

張子儀太守折送秋日海棠

新樣西風較劣些重陽還放海棠花春紅更把秋霜

洗且道精神佳不佳

木渠野菊總無光秋色今年付海棠為底夜深花不睡翠紗袖上月和霜

說郛目錄

弓第一百四

洛陽牡丹記

宋　歐陽脩

花品叙第一

牡丹出丹州延州東出青州南亦出越州而出洛陽者今爲天下第一洛陽所謂丹州花延州紅青州紅者皆彼土之尤傑者然來洛陽纔得備衆花之一種列第不出三已下不能獨立與洛陽敵而越之花以遠罕識不見齒然雖越人亦不敢自譽以與洛陽爭高下是洛陽者是天下之第一也洛陽亦有黃芍藥

緋桃瑞蓮千葉李紅郁李之類皆不減他出者而洛陽人不甚惜謂之果子花曰某花云云至牡丹則不名直曰花其意謂天下眞花獨牡丹其名之著不假曰牡丹而可知也其愛重之如此説者多言洛陽於三河間古善地昔周公以尺寸考日出没測知寒暑風雨乖與順於此此蓋天地之中草木之華得中氣之和者多故獨與他方異予甚以爲不然夫洛陽於周所有之土四方入貢道里均乃九州之中在天地崑崙旁礴之間未必中也又況天地之和氣宜遍四

方上下不宜限其中以自私夫中與和者有常之氣其推於物也亦宜爲有常之形物之常者不甚美亦不甚惡及元氣之病也美惡鬲并而不相和入故物有極美與極惡者皆得於氣之偏也花之鍾其美與夫癭木擁腫之鍾其惡醜好雖異而得一氣之偏病則均洛陽城圍數十里而諸縣之花莫及城中者出其境則不可植焉豈又偏氣之美者獨聚此數十里之地乎此又天地之大不可考也已凡物不常有而爲害乎人者曰災不常有而徒可怪駭不爲害者曰

妖語曰天反時有災地反物爲妖此亦草木之妖而萬物之一怪也然比夫癭木擁腫者竊獨鍾其美而見幸於人焉余在洛陽四見春天聖九年三月始至洛其至也晚見其晚者明年會與友人梅聖俞遊嵩山少室緱氏嶺石唐山紫雲洞既還不及見又明年有悼亡之戚不暇見又明年以留守推官歲滿解去只見其蚤者是未嘗見其極盛時然目之所矚已不勝其麗焉余居府中時嘗謁錢思公於雙桂樓下見一小屏立坐後細書字滿其上思公指之曰欲作花品此是牡丹名凡九十餘種余時不暇讀之然余所經見而今人多稱者纔三十許種不知思公何從而得之多也計其餘雖有名而不著未必佳也故今所錄但取其特著者而次第之

姚黃　魏花　細葉壽安

鞓紅（亦曰青州紅）　牛家黃　潛溪緋

左花　獻來紅　葉底紫

鶴翎紅　添色紅　倒暈檀心

朱砂紅　九蕊真珠　延州紅

多葉紫　麤葉壽安　丹州紅

蓮花萼　一百五　鹿胎花

甘草黃　一擫紅　玉板白

花釋名第二

牡丹之名或以氏或以州或以地或以色或旌其所異者而志之姚黃左花魏花以姓著青州丹州延州紅以州著細葉麤葉壽安潛溪緋以地著一擫紅鶴翎紅朱砂紅玉板白多葉紫甘草黃以色著獻來紅添色紅九蕊真珠鹿胎花倒暈檀心蓮花萼一百五

葉底紫皆志其異者
姚黃者千葉黃花出於民姚氏家此花之出於今未
十年姚氏居白司馬坡其地屬河陽然花不傳河陽
傳洛陽洛陽亦不甚多一歲不過數朶
牛黃亦千葉出於民牛氏家比姚黃差小
真宗祀汾陰還過洛陽留宴淑景亭牛氏獻此花名
遂著
甘草黃單葉色如甘草洛人善別花見其樹知爲某
花云獨姚黃易識其葉嚼之不腥

魏家花者千葉肉紅花出於魏相仁溥家始樵者於
壽安山中見之斵以賣魏氏魏氏池館甚大傳者云
此花初出時人有欲閱者人稅十數錢乃得登舟渡
池至花所魏氏日收十數緡其後破亡鬻其園今普
明寺後林池乃其地寺僧耕之以植桑麥花傳民家
甚多人有數其葉者云至七百葉錢思公嘗曰人謂
牡丹花王今姚黃真可爲王而魏花乃后也
鞓紅者單葉深紅花出青州一曰青州紅故張僕射
齊賢有第西京賢相坊自青州以馲駞馱其種遂傳

洛中其色類腰帶鞓謂之鞓紅
獻來紅者大多葉淺紅花張僕射罷相居洛陽人有
獻此花者因曰獻來紅
添色紅者多葉花始開而白經日漸紅至其落乃類
深紅此造化之尤巧也
鶴翎紅者多葉花其末白而本肉紅如鴻鵠毛色
細葉麤葉壽安者皆千葉肉紅花出壽安縣錦屏山
中細葉者尤佳
倒暈檀心者多葉紅花凡花近蕚色深至其末漸淺

此花自外深色近蕚反淺白而深檀點其心此尤可
愛
一擫紅者多葉淺紅花葉杪深紅一點如人以三指
擫之
九蘂真珠紅者千葉紅花葉上有一白點如珠而葉
密蹙其蘂爲
一百五者多葉白花洛陽以穀雨爲開候而此花常
至一百五日開最先
丹州延州花者皆千葉紅花不知其至洛之因

蓮花萼者多葉紅花青趺三重如蓮花萼

左花者千葉紫花葉密而齊如截亦謂之平頭紫

朱砂紅者多葉紅花不知其所出有民門氏子者善接花以爲生買地於崇德寺前治花圃有此花洛陽豪家尚未有故其名未甚著花葉甚鮮向日視之如猩血

葉底紫者千葉紫花其色如墨亦謂之墨紫花在叢中旁必生一大枝引葉覆其上其開也比他花可延十日之久噫造物者亦惜之耶此花之出比他花最

遠傳云唐末有中官爲觀軍容使者花出其家亦謂之軍容紫歲久失其姓氏矣

玉板白者單葉白花葉細長如拍板其色如玉而深檀心洛陽人家亦少有余嘗從思公至福嚴院見之問寺僧而得其名其後未嘗見也

潛溪緋者千葉緋花出於潛溪寺寺在龍門山後本唐相李藩別墅今寺中已無此花而人家或有之本是紫花忽於叢中特出緋者不過一二朶明年移在他枝洛人謂之轉(音篆)枝花故其接頭尤難得

鹿胎花者多葉紫花有白點如鹿胎之紋故蘇相(禹珪)宅今有之

多葉紫不知其所出初姚黃未出時牛黃爲第一牛黃未出時魏花爲第一魏花未出時左花爲第一左花之前唯有蘇家紅賀家紅林家紅之類皆單葉花當時爲第一自多葉千葉花出後此花黜矣今人不復種也牡丹初不載文字唯以藥載本草然於花中不爲高第大抵丹延已西及褒斜道中尤多與荆棘無異土人皆取以爲薪自唐則天已後洛陽牡丹始

盛然未聞有以名著者如沈宋元白之流皆善詠花草計有若今之異者彼必形於篇詠而寂無傳焉唯劉夢得有詠魚朝恩宅牡丹詩但云一叢千萬朶而已亦不云其美且異也謝靈運言永嘉竹間水際多牡丹今越花不及洛陽甚遠是洛花自古未有若今之盛也

風俗記第三

洛陽之俗大抵好花春時城中無貴賤皆插花雖負擔者亦然花開時士庶競爲遊遨往往於古寺廢宅

有池臺處爲市井張幄帟笙歌之聲相聞最盛於月陂隄張家園棠棣坊長壽寺東街與郭令宅至花落乃罷洛陽至東京六驛舊不進花自今徐州李相迪爲留守時始進　御歲遣牙校一員乘驛馬一日一夕至京師所進不過姚黃魏花三數朶以菜葉實竹籠子藉覆之使馬上不動搖以蠟封花蔕乃數日不落大抵洛人家家有花而少大樹者葢其不接則不佳春初時洛人於壽安山中斲小栽子賣城中謂之山篦子人家治地爲畦塍種之至秋乃接接花工尤

著者一人謂之門園子豪家無不邀之姚黃一接頭直錢五千秋時立券買之至春見花乃歸其直洛人甚惜此花不欲傳有權貴求其接頭者或以湯中蘸殺與之魏花初出時接頭亦直錢五千今尚直一千接時須用社後重陽前過此不堪矣花之木去地五七寸許截之乃接以泥封裹用軟土擁之以蒻葉作庵子罩之不令見風日唯南向留一小戶以達氣至春乃去其覆此接花之法也用瓦亦奇種花必擇善地盡去舊土以細土用白斂末一斤和之葢牡丹根甜多

引蟲食白斂能殺蟲此種花之法也澆花亦自有時或用日未出或日西時九月旬日一澆十月十一月三日二日一澆正月隔日一澆二月一日一澆此澆花之法也一本發數朶者擇其小者去之只留一二朶謂之打剝懼分其脉也花纔落便翦其枝勿令結子懼其易老也春初既去蒻庵便以棘數枝置花叢上棘氣暖可以辟霜不損花芽他大樹亦然此養花之法也花開漸小於舊者葢有蠹蟲損之必尋其穴以硫黃簪之其旁又有小穴如鍼孔乃蟲所藏處花

工謂之氣葱以大鍼點硫黃末鍼之蟲乃死花復盛此醫花之法也烏賊魚骨用以鍼花樹入其膚花輒死此花之忌也

洛陽牡丹記

鄞江周氏

姚黃千葉黃花也色極鮮潔精采射人有深紫檀心近瓶青旋心一匝與瓶並色開頭可八九寸許其花本出北邙山下白司馬坡姚氏家今洛中名圃中傳接雖多惟水北歲有開者大歲間歲乃成千葉餘年皆單葉或多葉耳水南率數歲一開千葉然不及水北之歲也蓋本出山中宜高近市多糞壤非其性也其開最晚在衆花彫零之後芍藥未開之前其色甚

美而高潔之性敷榮之時特異于衆花故洛人貴之號爲花王城中每歲不過開三數朶都人士女必傾城往觀鄉人扶老携幼不遠千里其爲時所貴重如此

勝姚黃靳黃千葉黃花也有深紫檀心開頭可八九寸許色雖深于姚然精采未易勝也但頻年有花洛人所以貴之出靳氏之圃因姓得之皆在姚黃之前洛人貴之皆不減姚花但鮮潔不及姚而無青心之異焉可以亞姚而居丹州黃之上矣

牛家黃亦千葉黃花其先出于姚黃蓋花之祖也色有紅與黃相間類一捻紅之初開時也眞黃紅汾陰還駐蹕淑景亭賞花宴諸從臣洛民牛氏獻此花故後人謂之牛花然色淺于姚黃而微帶紅色其品目當在姚靳之下矣

千心黃千葉黃花也大率類丹州黃而近瓶碎蕊特盛異于衆花故謂之千心黃

甘草黃千葉黃花也色紅檀心色微淺于姚黃蓋牛丹之比焉其花初出時多單葉今名園培壅之盛變

千葉

丹州黃千葉黃花也色淺于靳而深于甘草黃有檀心深紅大可半葉其花初出時本多葉今名園栽接得地間或成千葉然不能歲成就也

閔黃千葉黃花也色類甘草黃而無檀心出于閔氏之圃因此得名其品第蓋甘草黃之比歟

女眞黃千葉淺黃色花也元豐中出于洛氏銀李氏圃中李以爲異獻于大尹潞公公見心愛之命曰女眞黃其開頭可八九寸許色類丹州黃而微帶紅溫

潤勻縈其狀色端整類劉師閣而黄諸名圃皆未有
然亦甘草黄之比歟
緣頭黄千葉黄花也色類丹州黄外有大葉如盤中有碎葉一簇可百餘分碎葉之心有黄緣數十莖聳起而特立高出于花葉之上故目之爲緣頭黄唯天黄寺僧房中一本特佳它圃未之有也
御袍黄千葉黄花也色與開頭大率類女眞黄元豐禮應天院神御花圃中植山篦數百忽于其中變此一種因目之爲御袍黄

狀元紅千葉深紅花也色類丹砂而淺葉杪微淡近蕚漸深有此檀心開頭可七八寸其色甚美迥出衆花之上故洛人以狀元呼之惜乎開頭差小于魏花而色深過之遠甚其花出安國寺張氏家熙寧初方有之俗謂之張八花今流傳諸譜甚盛龍巖有此花又特可貴也
魏花千葉肉紅花也本出晉相魏仁溥園中今流傳特盛然葉最繁密人有數之者至七百餘葉面大如盤中堆積碎葉突起圓整如覆鍾狀開頭可八九寸許其花端麗精采瑩潔異于衆花心洛人謂姚黄爲王魏花爲后誠爲善評也近年又有勝魏都勝二品出焉勝魏似魏花而微深都勝似魏花而差大葉微帶紫紅色意其種皆魏花之所變歟豈寓于紅花本者其子變而爲勝魏寓于紫花本者其子變而爲都勝邪
瑞雲紅千葉肉紅花者開頭大尺餘色類魏花微深然碎葉差大不若魏之繁密也葉杪微卷如雲氣狀故以瑞雲目之然與魏花迭爲盛衰魏花多則瑞雲

少瑞雲多則魏花少意者草木之妖亦相忌嫉而勢不並立歟
岳山紅千葉肉紅花也本出于嵩岳因此得名色深于瑞雲淺于狀元紅有紫檀心鮮潔可愛花唇微淡近蕚漸深開頭可八九寸
間金千葉紅花也微帶紫而類金紫腰開頭可八九寸許葉間有黄蕊故以間金目之其花蓋夫黄蕊之所變也
金繫腰千葉黄花也類間金而無蕊每葉上有金線

一道橫于半花上故目之爲金繫腰其花本出于緱氏山中

一捻紅千葉粉紅花也有檀心花葉葉之杪各有深紅一點如美人以胭脂手捻之故謂之一捻紅然開頭差小可七八寸許初開時多青折開時乃變成紅耳

九蕚紅千葉粉紅花也莖葉極高大其苞有青趺九重苞未折時特異于衆花花開必先青折數日然後色變紅花葉多鈹蹙有類揉草然多不成就偶有成

者開頭盈尺

劉師閣千葉淺紅花也開頭可八九寸許無檀心本出長安劉氏尼之閣下因此得名微帶紅黃色如美人肌肉然瑩白溫潤花亦端整然不常開率數年乃見一花耳

壽安有二種皆千葉肉紅花也出壽安縣錦屏山中其色似魏花而淺淡一種葉差大開頭不大因謂之大葉壽安一種葉細故謂之細葉壽安云

洗妝紅千葉肉紅花也元豐中忽生于銀李圃山篦中大率似壽安而小異劉公伯壽見而愛之謂如美婦人洗去朱粉而見其天眞之肌瑩潔溫潤因命今名其品第蓋壽安劉師閣之比歟

蹙金毬千葉淺紅花也色類間金而葉杪鈹蹙間有黃稜斷續于其間因此得名然不知所出之因今安勝寺及諸圃皆有之

探春毬千葉肉紅花也開時在穀雨前與一百五相次開故曰探春毬其花大率類壽安紅以其開早故得今名

二色紅千葉紅花也元豐中出于銀李圃中于接頭一本上歧分爲二色一淺一深深者類間金淺者類瑞雲始以爲有兩接頭詳細視之實一本也豈一氣之所鍾而有淺深厚薄之不齊歟大尹潞公見而賞異之因命今名

蹙金樓子千葉紅花也類金繫腰下有大葉如盤盤中碎葉繁密聳起而圓整特高于衆花碎葉鈹蹙互相粘綴中有黃蘂間雜于其間然葉之多雖魏花不及也元豐中生于袁氏之圃

碎金紅千葉粉紅花也色類間金每葉上有黃點數星如黍粟大故謂之碎金紅

越山紅樓子千葉粉紅花也本出于會稽不知到洛之因也近心有長葉數十片聳起而特立狀類重臺蓮故有樓子之名

彤雲紅千葉紅花也類狀元紅微帶緋色開頭大者幾盈尺花唇微白近蕚漸深檀心之中皆瑩白類御袍花本出于月波堤之福嚴寺司馬公見而愛之目之爲彤雲紅也

轉枝紅千葉紅花也蓋間歲乃成千葉假如今年南之千葉北之多葉明年北之千葉南之多葉每歲互換故謂之轉枝紅其花大率類壽安云

紫絲旋心千葉粉紅花也外有大葉十數重如盤盤中有碎葉百許簇于瓶心之外如旋心芍藥然上有紫粉數十莖高出于碎葉之表故謂之曰紫粉旋心

元豐中生于銀李圃中富貴紅不暈紅壽妝紅玉盤妝皆千葉粉紅花也大率類壽安而有小異富貴紅色差深而帶緋紫色不暈紅次之壽妝紅又次之玉盤妝最淺淡者也大葉微白碎葉粉紅故得玉盤妝之號

雙頭紅雙頭紫皆千葉花也二花皆並蔕而生如鞍子而不相連屬者也唯應天院神御花圃中有之不有多葉者蓋地勢有肥瘠故有多葉之變耳培壅得地力有餘五者然開頭愈多則花愈小矣

左紫千葉紫花也色深于安聖然葉杪微白近蕚漸深突起圓整有類魏花開頭可八九寸大者盈尺此花最先出國初時生于豪民左氏家今洛中傳接者

雖多然難得眞者大抵多轉枝不成千葉雖長壽寺彌陀院一本特佳歲歲成就舊譜所謂左紫即齊頭紫如碗而平不若左紫之繁密圓整而有夫含稜之異云

紫繡毬千葉紫花也色深而瑩澤葉密而圓整因得繡毬之名然難得見花大率類左紫云但葉杪色白不如左紫之唇白也比之陳州紫袁家紫皆大同而小異耳

安勝紫花也開頭徑尺餘本出于城中千葉安勝院

因此紫得名延歲左紫與綉毬皆難得花唯安勝紫與大宋紫特盛歲歲皆有故名圃中傳接甚多

大宋紫千葉紫花也本出于永寧縣大宋川豪民李氏之譜因謂大宋紫開頭極盛徑尺餘衆花無比其大者其色大率類安勝紫云

順聖千葉花也色深類陳州紫每葉上有白縷數道自唇至蕚紫白相間淺深同開頭可八九寸許燕寧中方有

陳州紫袁家紫一色花皆千葉大率類紫綉毬而圓

整不及也

潛溪緋本千葉緋花也有皂檀心色之殷美衆花少與比者出龍門山潛溪寺本後唐相李藩別墅今寺僧無好事者花亦不成千葉民間傳接者雖衆大率皆多葉花耳惜哉

玉千葉白花無檀心瑩潔如玉溫潤可愛景祐中開于苑上書宅山篦中細葉繁密類魏花而白今傳接于洛中雖多然難得花不歲成千葉也

玉樓春千葉白花也類玉蒸餅而高有樓子之狀元豐中生于何湻縣左氏家獻于潞公因名之曰玉樓春

玉蒸餅千葉白花也本出延州及流傳到洛而繇盛過于延州時花頭大于玉千葉杪瑩白近蕚微紅開頭可盈尺每至盛開枝多低亦謂之軟條花云

承露紅多葉紅花也每朶各有二葉每葉之近蕚處各成一個鼓子花樸凡有十二個唯葉杪折展與衆花不同其下玲瓏不相倚着望之如雕鏤可愛凌晨如有甘露盈個其香益更旖旎與承露紫大率相類

唯其色異耳

玉樓紅多葉花也色類形雲紅而每葉上有白縷數道若雕鏤然故以玉樓目之

一百五者千葉白花也洛中寒食衆花未開獨此花最先故此貴之

陳州牡丹記

宋　張邦基

洛陽牡丹之品見于花譜然未若陳州之盛且多也園戸植花如種黍粟動以頃計政和壬辰春予侍親在郡時園戸牛氏家忽開一枝色如鵞雛而淡其面一尺三四寸高尺許柔葩重疊約千百葉其本姚黄也而于葩英之端有金粉一暈縷之其心紫蕊亦金粉縷之牛氏乃以縷金黄名之以籧篨作棚屋圍幛復張青幙護之于門首遣人約止遊人人輸千錢乃

得入觀十日間其家數百千予亦獲見之郡首聞之欲剪以進于内府衆園戸皆言不可曰此花之變易者不可爲常他時復來索此品何以應之又欲移其根亦以此爲辭乃已明年花開果如舊品矣此亦草木之妖也

蘇長公記東武舊俗毎歲四月大會於南禪資福兩寺芍藥供佛而今歲最盛凡七千餘朶皆重跗累萼繁麗豐碩中有白花正圓如覆盂其下十餘葉稍大承之如盤姿格絶異獨出於七十朶之上云得之於城北蘇氏園中周宰相莒公之别業此亦異種與牛氏家牡丹並足傳異云

天彭牡丹譜

宋　陸游

花品序第一

牡丹在中州洛陽爲第一在蜀天彭爲第一天彭之花皆不詳其所自出土人云曩時永寧院有僧種花最盛俗謂之牡丹院春時賞花者多集于此其後花稍衰人亦不復至崇寧中州民宋氏張氏蔡氏宣和中石子灘楊氏皆嘗買洛中新花以歸自是洛花散於人間花戶始盛皆以接花爲業大家好事者皆竭

其力以養花而天彭之花遂冠兩川今惟三井李氏劉村毋氏城中蘇氏城西李氏花特盛又有餘力治亭館以故最得名至花戶連畛相望莫得其姓氏也天彭三邑皆有花惟城西沙橋上下花尤超絶由沙橋至堋口崇寧之間亦多佳品自城東抵濛陽則絶少矣大抵花品近百種然著者不過四十而紅花最多紫花黄花白花各不過數品碧花一二而已今自狀元紅至歐碧以類次第之所未詳者姑列其名於後以待好事者

狀元紅　祥雲　紹興春　臙脂樓　玉腰樓
金腰樓　雙頭紅　富貴紅　一尺紅　鹿胎紅
文公紅　政和春　醉西施　迎日紅　彩霞
疊羅　勝叠羅　瑞露蟬　乾花　大千葉
小千葉

右二十一品紅花

紫綉毬　乾道紫　潑墨紫　葛巾紫　福嚴紫

右五品紫花

禁苑黄　慶雲黄　青心黄　黄氣毬

右四品黄花

玉樓子　劉師哥　玉覆盆

右三品白花

歐碧

右一品碧花

轉枝紅　朝霞紅　灑金紅　瑞雲紅　壽陽紅
探春毬　米囊紅　福勝紅　油紅　青絲紅
紅鵝毛　粉鵝毛　蹙金毬　間緑樓　銀絲樓
六對蟬　洛陽春　海芙蓉　腻玉紅　内人嬌

朝天紫　陳州紫　袁家紫　御衣紫　靳黄
玉抱肚　勝瓊　白玉盤　碧玉盤　界金樓
樓子紅

右三十一品未詳

花釋名第二

洛化見紀於歐陽公者天彭往往有之此不載載其著於天彭者彭人爲花之多葉者京花單葉者川花近歲尤賤川花賣不復售花之舊栽曰祖花其新接頭有一春兩春者花少而富至三春則花稍多及成

樹花雖盛繁而花葉減矣狀元紅者重葉深紅花其色與鞓紅潛緋相類而天姿富貴彭人以冠花品多葉者謂之第一架葉少而色稍淺者謂之第二架以其高出衆花之上故名狀元紅或曰舊制進士第一人即賜茜袍此花如其色故以名之祥雲者千葉淺紅花妖艷多態而花葉最多花戶王氏謂此花如朶雲狀故謂之祥雲紹興春者祥雲子花也色淡佇而花尤富大者徑尺紹興中始傳大抵花戶多種花子以觀其變不獨祥雲耳胭脂樓者深淺相間如胭脂染成重趺累萼狀如樓觀色淺者出於新繁勾氏色深者出於花戶宋氏又有一種色稍下獨勾氏花爲冠金腰樓玉腰樓皆粉紅花而起樓子黄白間之如金玉色與胭脂樓同類雙頭紅者並蔕駢萼色尤鮮明出於花戶宋氏始秘不傳有謝主簿者始得其種今花戶往往有之然養之得地則歲歲皆雙不爾則間年矣此花之絶異者也富貴紅者其花葉圓正而厚色若新染乾者他花皆落獨此抱枝而槁亦花之異者一尺紅者深紅頗近紫色花而大幾尺故以一

尺名之鹿胎紅者鶴領紅子花色紅微帶黄上有白點如鹿胎極化工之妙歐陽公花品有鹿胎花者色紫花與此頗異文公紅者出於西京潞公園亦花之麗者其種傳蜀中遂以文公名之政和春者淺粉紅花有絲頭政和中始出醉西施者粉白花中間紅暈狀如酡顔迎日紅與醉西施同類淺紅花中特出深紅花開最早而妖麗奪目故以迎日名之彩霞者其色光麗爛然如霞叠羅者中間瑣碎如叠羅紋勝叠羅者差大如叠羅此三品皆以形而名之瑞露蟬亦

粉紅花中抽碧心如合蟬狀乾花者粉紅花而分蟬旋轉其花亦大千葉小千葉皆粉紅花之傑者大千葉無碎花小千葉則花蕚瑣碎故以大小別之此二十一品皆紅花之著者也紫繡毬一名新紫花蓋魏花之別品也其花間正如繡毬狀亦有起樓者爲天彭紫花之冠乾道紫色稍淡而暈紅出未十年潑墨者新紫花之子花也單葉深黑如墨歐公記有葉底紫近之葛巾紫花圓正而富麗如世人所戴葛巾狀福嚴紫亦重葉紫花其葉少於紫繡毬莫詳所以得

名按歐公所紀有玉版白出於福嚴院土人云此花亦自西京來謂之舊紫花豈亦出於福嚴耶禁苑黃蓋姚黃之別品也其花閑淡高秀可亞姚黃慶雲黃花葉重複郁然輪囷以故得名青心黃者其花心正青一本花往往有兩品或正圓如毬或層起成樓子亦異矣黃氣毬者淡黃檀心花葉圓正間背相承斂腴可愛玉樓子者白花起樓高標逸韻自然是風塵外物劉師哥者白花帶微紅多至數百葉纖妍可愛莫知何以得名玉覆盆者一名玉炊餅蓋圓頭白花

也碧花止一品名曰歐碧其花淺碧而開最晚獨出歐氏故以姓著大抵洛中舊品獨以姚魏爲冠天彭則紅花以狀元紅爲第一紫花以紫繡毬爲第一黃花以禁苑黃爲第一白花以玉樓子爲第一然戶歲益培接新特間出將不特此而已好事者尚屢書之

風俗記第三

天彭號小西京以其俗好花有京洛之遺風大家至千本花時自太守而下往往即花盛處張飲帟幕車馬歌吹相屬最盛於清明寒食時在寒食前者謂之

火前花其開稍久火後則易落最喜陰晴相半時謂之養花天栽接剔治各有其法謂之弄花其俗有弄花一年看花十日之語故大家例惜花可就觀不敢輕翦蓋翦花則次年花絕少惟花戶則多植花以侔利雙頭紅初出時一本花最直至三十千祥雲初出亦直七八千今尚兩千州家歲常以花餉諸臺及旁郡蠟蔕筠籃旁午于道予客成都六年歲常得餉然率不能絕佳淳熙丁酉歲成都帥以善價私售於花戶得數百苞馳騎取之至成都露猶未晞其大徑尺

夜宴西樓下燭焰與花相映影搖酒中繁麗動人嗟乎天彭之花要不可望洛中而其盛已如此使異時復兩京王公將相築園第以相誇尚予幸得與觀焉其動盪心目又宜何如也明年正月十日山陰陸游

牡丹榮辱志

愚叟丘璩

花卉蕃廡於天地間莫踰牡丹其貌正心荏莖節蔕蕊聳抑檢曠有剛克柔克態遠而視之疑美丈夫女子儼衣冠當其前也苟非鍾純淑清粹氣何以傑全德於三月內迓愚叟顧造化意以榮辱志其事欲姚之黄爲王魏之紅爲妃無所忝冒何哉位既尊矣必授之以九嬪九嬪佐矣必隸之以世婦世婦廣矣必定之以保傅保傅任矣則彤管位矣則命婦立命婦

立則嬖倖愿嬖倖愿則近屬睦近屬睦則疏族親疏族親則外屏嚴外屏嚴則宮闈壯宮闈壯則叢脞革叢脞革則君子小人之分達君子小人之分達則亨泰屯難之兆繼繼之者莫大乎善也成之者莫大乎性也禀乎中根本茂矣善歸已色香厚矣如是則施之以天道順之以地利節之以人欲其栽其接無竭無滅其生其成不縮不盈非獨爲洛陽一時歡賞之盛將以爲天下嗜好之勸也

姚黄爲王

名姚花以其名者非可以中色斥萬乘之尊故
以王以妃示上下等夷也
魏紅爲妃
天子立后以正內治故關雎爲風化之始妃嬪
世婦所以輔佐淑德符家人之封焉然後鵲巢
釆蘋釆蘩列夫人職以助諸侯之政今以魏花
爲妃配乎王爵視崇高富貴一之於內外也
九嬪
牛黃　細葉壽安　九蘂真珠

鶴翎紅　鞓紅　潛溪緋
朱砂紅　添色紅　蓮葉九蘂
世婦
纈葉壽安　甘草黃　一捻紅
倒暈檀心　丹州紅　一百五
鹿胎　鞍子紅　多葉紅
獻來紅
今得其十別求異種補之
御妻

玉版白　多葉紫　葉底紫
左紫　添色紫　紅蓮萼
延州紅　駱駝紅　紫蓮萼
蘇州花　常州花　潤州花
金陵花　錢塘花　越州花
青州花　密州花　和州花
自蘇臺會稽至歷陽郡好事者衆栽殖尤夥
八十一之數必可備矣
花師傅

蓂莢　指佞草　萷蓮
燕胎芝　螢火芝　五色靈芝
九莖芝　碧蓮　瑤花
碧桃
花形史
同穎禾　兩岐麥　三脊茅
朝日蓮　連理木　薝蔔花
長樂花
花命婦

上品芍藥　黃樓子等、粉口
柳浦　茅山冠子　醉美人
紅纈子　白纈子　黃絲頭
紅絲頭　蟬花　重葉海棠（出蜀中）
千葉瑞蓮
花嬖倖
中品芍藥　長命女花（出蜀中）　素馨
茉莉　荳蔲　虞美人（出蜀中）
丁香　含笑　男真

鴛鴦草（出蜀中）　女真　七寶花
石蟬花（出蜀中）　玉蟬花（出蜀中）
花近屬
瓊花　紅蘭　桂花
娑羅花　棣棠　迎春
黃拒霜　黃雞冠　忘憂草
金鈴菊　酴醾　山茶
千葉石榴　玉蝴蝶　黃酴醾（出蜀中）
玉屑

花疏屬
麗春　七寶花（出蜀中）　石瓜花（出蜀中）
石巖　千葉菊　紫菊
添色拒霜（出蜀中）　羞天花　金錢
金鳳　山丹　吉貝
木蓮花　石竹　單葉菊
滴滴金　紅雞冠　矮雞冠
黃蜀葵　千葉郁李
花戚里

旌節　玉盤金盞　鷲毛金鳳（出蜀中）
瑞聖　瑞香　御米
都勝　玉簪
花外屏
金沙　紅薔薇　黃薔薇
玫瑰　宻有　刺紅
紅薇　紫薇　朱槿
白槿　海木瓜　錦帶
杜鵑　梔子　紫荊

史君子　凌霄　木蘭

百合

花宮闈

諸類桃　諸類李　諸類梨

諸類杏　紅梅　早梅

櫻桃　山櫻　蒲桃

木瓜　桐花　栗花

棗花　木錦　紅蕉

花叢脞

紅蓼　牽牛　鼓子

芫花　蔓陀羅　金燈

射干　水葓　地錦

地釘　黄蜘蹰　野薔薇

薺菜花　夜合　蘆花

楊花　金雀兒　菜花

花君子

温風　細雨　清露

暖日　微雲　沃壤

永晝　油幕　朱門

甘泉　醇酒　珍饌

新樂　名倡

花小人

狂風　猛雨　赤日

苦寒　蜜蜂　蝴蝶

螻蟻　蚯蚓　白晝青蠅

黄昏蝙蝠　飛塵　妒芽

蠹　麝香　桑螵蛸

花亨泰

閏三月　五風十雨

主人多喜事　婢能歌樂

妻孥不倦排當　僮僕勤幹

子弟韞藉　正開值生日

欲謝時待解酲　門僧解栽接

借園亭張筵　從貧處移入富家

花屯難

醜婦妒與醉　猥人愛與嫌

盛開值私忌　主人慳鄙
和園賣與屠沽　三月內霜雹
賞處著棊鬬茶　筵上持七八
盛開債主臨門　箔子遮圍
露頭跣足對酌　遭權勢人乞接頭
剪時和花眼　正歡賞酗酒
頭戴如厕　聽唱辭傳家宴
酥煎了下麥飯　凋落後茗帚掃
園吏澆溺糞　落村僧道士院觀裏

揚州芍藥譜

宋　王觀

天地之功至大而神非人力之所能竊勝惟聖人爲能體法其神以成天下之化其功蓋出其下而曾不少加以力不然天地固亦有間而可窮其用矣余嘗論天下之物悉受天地之氣以生其小大短長辛酸甘苦與夫顏色之異計非人力之可容致巧於其間也今洛陽之牡丹維揚之芍藥受天地之氣以生而小大淺深一隨人力之工拙而移其天地所生之性故奇容異色間出於人間以人而盜天地之功而成之良可怪也然而天地之間事之紛紜出於其前不得而曉者此其一也洛陽風土之詳已見於今歐陽公之記而此不復論維揚大抵土壤肥膩於草木爲宜禹貢曰厥草惟夭是也居人以治花相尚方九月十月時悉出其根滌以甘泉然後剝削老硬病腐之處揉調沙糞以培之易其故土凡花大約三年或二年一分不分則舊根老硬而侵蝕新芽故花不成就分之數則小而不舒不分與分之太數皆花之病也

花之顏色之深淺與葉蕊之繁盛皆出於培壅剝削之力花既萎落亟剪去其子屈盤枝條使不離散故脉理不上行而皆歸於根明年新花繁而色潤雜花根窠多不能致遠惟芍藥及時取根盡取本土貯以竹席之器雖數千里之遠一人可負數百本而不勞至於他州則壅以沙糞雖不及維揚之盛而顏色亦非他州所有者比也亦有踰年即變而不成者此亦係夫土地之宜不宜而人力之至不至也花品舊傳龍興寺山子羅漢觀音彌陀之四院冠於此州其後

民間稍稍厚賂以匄其本壅培治事遂過於龍興之四院今則有朱氏之園最爲冠絶南北二圃所種幾於五六萬株意其自古種花之盛未之有也朱氏當其花之盛開飾亭宇以待來游者逾月不絶而朱氏未嘗厭也揚之人與西洛不異無貴賤皆喜戴花故開明橋之間方春之月拂旦有花市焉州宅舊有芍藥廳在都廳之後聚一州絶品於其中不下龍興朱氏之盛往歲州將召移新守未至監護不密悉爲人盜去易以凡品自是芍藥廳徒有其名爾今芍藥有三十四品舊譜只取三十一種如緋單葉白單葉紅單葉不入名品之内其花皆六出維揚之人甚賤之余自熙寧八年季冬守官江都所見與夫所聞莫不詳熟又得八品焉非平日三十一品之比皆世之所難得今悉列于左舊譜三十一品分上中下七等此前人所定今更不易

上之上

冠羣芳

大旋心冠子也深紅堆葉頂分四五旋其英密簇廣

可及半尺高可及六寸艶色絶妙可冠羣芳因以名之枝條硬葉疎大

賽羣芳

小旋心冠子也漸添紅而緊小枝條及緑葉並與大旋心一同凡品中言大葉小葉堆葉者皆花葉也言緑葉者謂枝葉也

寶妝成

髻子也色微紫於上十二大葉中密生曲葉回環裏抱團圓其高八九寸廣半尺餘每一小葉上絡以金

纈綴以玉珠香欺蘭麝奇不可紀枝條硬而葉平

盡天工

柳浦青心紅冠子也於大葉中小葉密直妖媚出衆儘非造化無能爲也枝硬而綠葉青薄

曉粧新

白纈子也如小旋心狀頂上四向葉端點小殷紅色每一朵上或三點或四點或五點象衣中之點纈也綠葉甚柔而厚條硬而絕低

點粧紅

紅纈子也色紅而小並與白纈子同綠葉微似瘦長

上之下

疊香英

紫樓子也廣五寸高盈尺於大葉中細葉二三十重上又聳大葉如樓閣狀枝條硬而高綠葉疏大而尖柔

積嬌紅

紅樓子也色淡紅與紫樓子不相異

中之上

醉西施

大軟條冠子也色淡紅惟大葉有類大旋心狀枝條軟細漸以物扶助之綠葉色深厚疏而長以柔

道粧成

黃樓子也大葉中深黃小葉數重又上展淡黃大葉枝條硬而絕黃綠葉疏長而柔與紫紅者異此品非今日之黃樓子也乃黃絲頭中盛則或出四五大葉小類黃樓子蓋本非黃樓子也

掬香瓊

青心玉板冠子也本自茅山來白英團掬堅密平頭枝條硬而綠葉短且光

素粧殘

退紅茅山冠子也初開粉紅即漸退白青心而素淡稍若大軟條冠子綠葉短厚而硬

試梅粧

白冠子也白纈中無點纈者是也

淺粧匀

粉紅冠子也是紅纈中無點纈者也

中之下

醉嬌紅

深紅楚州冠子也亦若小旋心狀中心緊堆大葉葉下亦有一重金線枝條高綠葉疎而柔

擬香英

紫寶相冠子也紫樓子心中細葉上不堆大葉者

妬嬌紅

紅寶相冠子也紅樓子心中細葉上不堆大葉者

縷金囊

金線冠子也稍似細條深紅者於大葉中細葉下抽金線細細相雜條葉並同深紅冠子者

下之上

怨春紅

硬條冠子也色絕淡甚類金線冠子而堆葉條硬而綠葉疎平稍若柔

妬鵞黃

黃絲頭也於大葉中一簇細葉雜以金線條高綠葉疎柔

蘸金香

蘸金蕊紫單葉也是髻子開不成者於大葉中生小葉小葉尖蘸一線金色是也

試濃粧

緋多葉也緋葉五七重皆平頭條赤而綠葉硬背紫色

下之中

宿粧殷

紫高多葉也條葉花並類緋多葉而枝葉絕高平頭

凡檻中雖多無先後並開齊整也

取次粧

淡紅多葉也色絕淡條葉正類緋多葉亦平頭也

聚香絲

紫絲頭也大葉中一叢紫絲細細是也枝條高綠葉疎而柔

簇紅絲

紅絲頭也大葉中一簇紅絲細細是也枝葉並同紫者

下之下

效殷粧

小矮多葉也與紫高多葉一同而枝條低隨燥濕而出有三頭者雙頭者鞍子者銀絲者俱同根而土地肥瘠之異者也

會三英

三頭聚一萼而開

合歡芳

雙頭並帶而開一朶相背也

擬繡韉

鞍子也兩邊垂下如所乘鞍狀地絕肥而生

銀含稜

銀緣也葉端一稜白色

新收八品

御叙黃

黃色淺而葉疎蕋差深散出於葉間其葉端色又微碧高廣類黃樓子也此種宜升絕品

黃樓子

盛者五七層間以金線其香尤甚

袁黃冠子

宛如髻子間以金線色比鮑黃

峽石黃冠子

如金線冠子其色深如鮑黃

鮑黃冠子

大抵與大旋心同而葉差不旋色類鵞黃

楊花冠子

多葉白心色黃漸拂淺紅至葉端則色深紅間以金

線

湖纈

紅色深淺相雜類湖纈

黽池紅

開須並萼或三頭者大抵花類軟條也

後論

維揚東南一都會也自古號爲繁盛自唐末亂離羣雄據有數經戰焚故遺基廢迹往往蕪沒而不可見今天下一統井邑田野雖不及古之繁盛而人皆安

生樂業不知有兵革之患民間及春之月惟以治花木飾亭榭以往來遊樂爲事其幸矣哉揚之芍藥甲天下其盛不知起於何代觀其今日之盛古想亦不減於此矣或者以謂自有唐若張祜杜牧盧仝崔涯章孝標李嶸王播皆一時名士而工於詩者也或觀於此或遊於此不爲不久而略無一言一句以及芍藥意其古未有之始盛於今未爲通論也海棠之盛莫甚於西蜀而杜子美詩名又重於張祜諸公在蜀日久其詩僅數千篇而未嘗一言及海棠之盛張祜

輩詩之不及芍藥不足疑也芍藥三十一品乃前人之所次余不敢輒易後八品乃得於民間而最佳者然花之名品時或變易又安知止此八品而已哉後將有出茲八品之外者余不得而知當俟來者以補之也

梅譜并序

宋　范成大

梅天下尤物無問智賢愚不肖莫敢有異議學圃之士必先種梅且不厭多他花有無多少皆不繫重輕余於石湖玉雪坡既有梅數百本比年又於舍南買王氏僦舍七十楹盡拆除之治爲范村以其地三分之一與梅吳下栽梅特盛其品不一今始盡得之隨所得爲之譜以遺好事者

江梅遺核野生不經栽接者又名直腳梅或謂之野梅凡山間水濱荒寒清絕之趣皆此本也花稍小而

疏瘦有韻香最清實小而硬

早梅花勝直腳梅吳中春晚二月始爛熳獨此品於冬至前已開故得早名錢塘湖上亦有一種尤開早余嘗重陽日親折之有横枝對菊開之句符都賣花者爭先爲奇冬初所未開枝置浴室中薰蒸令折强名早梅終瑣碎無香余項守桂林立春梅已過元夕則嘗青子皆非風土之正杜子美詩云梅蕋臘前破梅花年後多惟冬春之交正是花時耳

官城梅吳下圃人以直脚梅擇他本花肥實美者接之花遂敷腴實亦佳可入煎造唐人所稱官梅止謂在官府園圃中非此官城梅也

消梅花與江梅官城梅相似其實圓小鬆脆多液無滓多液則不耐日乾故不入煎造亦不宜熱惟堪青啖比梨亦有一種輕鬆者名消梨與此同意

古梅會稽最多四明吳興亦間有之其枝樛曲萬狀蒼蘚鱗皴封滿花身又有苔鬚垂於枝間或長數寸風至綠絲飄飄可玩初謂古木久歷風日致然詳考

會稽所產雖小株亦有苔痕蓋別是一種非必古木余嘗從會稽移植十本一年後花雖盛發苔皆剝落殆盡其自湖之武康所得者即不變移風土不相宜會稽隔一江湖蘓接壤故土宜或與同也凡古梅多苔者封固花葉之眼惟罅隙間始能發花花雖稀而氣之所鍾豐腴妙絕苔剝落者則花發仍多與常梅同去城都二十里有臥梅偃蹇十餘丈相傳唐物也謂之梅龍好事者載酒遊之清江酒家有大梅如數間屋傍枝四垂周遭可羅坐數十人任子嚴運使買得作凌風閣臨之因遂進築大圃謂之盤園余生平所見梅之奇古者惟此兩處爲冠隨筆記之附古梅後

重葉梅花頭甚豐葉重數層盛開如小白蓮梅中之奇品花房獨出而結實多雙尤爲瑰異極梅之變化工無餘巧矣近年方見之蜀海棠有重葉者名蓮花海棠爲天下第一可與此梅作對

綠萼梅凡梅花跗蔕皆絳紫色惟此純綠枝梗亦青特爲清高好事者比之九疑仙人萼綠華京師艮嶽有萼綠華堂其下專植此本人間亦不多有爲時所

貴重吳下又有一種萼亦微綠四邊猶淺絳亦自難得

百葉緗梅亦名黃香梅亦名千葉香梅花葉至二十餘瓣心色微黃花頭差小而繁密別有一種芳香比常梅尤穠美不結實

紅梅粉紅色標格猶是梅而繁密則如杏香亦類杏詩人有北人全未識渾作杏花看之句與江梅同開紅白相映園林初春絶景也梅聖俞詩云認桃無綠

葉辦杏有青枝當時以爲著題東坡詩云詩老不知梅格在更看綠葉與青枝蓋謂其不韻爲紅梅解嘲云承平時此花獨盛於姑蘇晏元獻公始移植西岡圃中一日貴游賂園吏得一枝分接由是都下有二本嘗與客飲花下賦詩云若更開遲二月北人應作杏花看客曰公詩固佳待北俗何淺也晏笑曰傖父安得不然王琪君玉時守吳郡聞盜花種事以詩遺公曰館娃宮北發精神粉瘦瓊寒露蕊新園吏無端偷折去鳳城從此有雙身當時罕得如此比年展

轉移接殆不可勝數矣世傳吳下紅梅詩甚多惟方子通一篇絕唱有紫府與丹來換骨春風吹酒上凝脂之句

鴛鴦梅多葉紅梅也花輕盈重葉數層凡雙果必並蔕惟此一蔕而結雙梅亦尤物

杏梅花比紅梅色微淡結實甚匾有斕斑色全似杏味不及紅梅

蠟梅本非梅類以其與梅同時香又相近色酷似蜜脾故名蠟梅凡三種以子種出不經接花小香淡其品最下俗謂之狗蠅梅經接花疏雖盛開花常半含名磬口梅言似僧磬之口也最先開色深黃如紫檀花密香穠名檀香梅此品最佳蠟梅香極清芳殆過梅香初不以形狀貴也故難題詠山谷簡齋但作五言小詩而已此花多宿葉結實如垂鈴尖長寸餘又如大桃奴子在其中

後序

梅以韻勝以格高故以橫斜疏瘦與老枝怪奇者爲貴其新接穉木一歲抽嫩枝直上或三四尺如酴醾

薔薇輩者吳下謂之氣條此直宜取實規利無所謂韻與格矣又有一種糞壤力勝者於條上茁短橫枝狀如棘針花密綴之亦非高品近世始畫墨梅江西有楊補之者尤有名其徒倣之者實繁觀楊氏畫大略皆氣條耳雖筆法奇峭去梅實遠惟廉宣仲所作差有風致世鮮有評之者余故附之譜後

梅品

宋　張功甫

序曰梅花爲天下神奇而詩人尤所酷好淳熙歲乙巳予得曹氏荒圃於南湖之濱有古梅數十散漫地十畝移種成列增取西湖北山别圃紅梅合三百餘本築堂數間以臨之又挾以兩室東植千葉緗梅西植紅梅各一二十章前爲軒楹如堂之數花時居宿其中環潔輝映夜如對月因名曰玉照復開澗環繞小舟往來未始半月捨去自是客有遊桂隱者必求

觀焉頃者太保周益公秉鈞予嘗造東閣坐定首顧予曰一棹徑穿花十里滿城無此好風光蓋予舊詩尾句衆客相與歆豔於是遊玉照者又必求觀焉値春凝寒又能留花過孟月始盛名人才士題詠層委亦可謂不負此花矣但花豔並秀非天時清美不宜又標韻孤特若三閭首陽二子寧稿山澤終不肯頫首屏氣受世俗湔拂間有身親貌悅而此心落落不相領會甚至於汚褻附近略不自揆者花雖眷客然我輩胸中空洞幾爲花呼叫稱寃不特三歎而足也因審其性情思所以爲獎護之策凡數月乃得之今疏花宜稱憎嫉榮寵屈辱四事總五十八條揭之堂上使來者有所警省且示人徒知梅花之貴而不能愛敬也使與予之言傳布流誦亦將有媿色云

花宜稱凡二十六條

爲澹陰爲曉日爲薄寒爲細雨爲輕烟爲佳月爲夕陽爲微雪爲晚霞爲珍禽爲孤鶴爲清溪爲小橋爲竹邊爲松下爲明窻爲疏籬爲蒼厓爲綠苔爲銅瓶爲紙帳爲林間吹笛爲膝上横琴爲石枰下棋爲掃

雪煎茶爲美人澹粧簪戴

花憎嫉凡十四條

爲狂風爲連雨爲烈日爲苦寒爲醜婦爲俗子爲老鴉爲惡詩爲談時事爲論差除爲花徑喝道爲對花張緋幙爲賞花動鼓板爲作詩用調羹驛使事

花榮寵凡六條

爲烟塵不染爲鈴索護持爲除地鏡淨落瓣不淄爲王公旦夕留盻爲詩人閣筆評量爲妙妓澹粧雅歌

花屈辱凡十二條

爲主人不好事爲主人慳鄙爲種富家園内爲與麤婢命名爲蟠結作屏爲賞花命猥妓爲庸僧窻下種爲酒食店内插瓶爲樹下有狗矢爲枝下晒衣裳爲青紙屏粉畫爲生猥巷穢溝邊

花經

宋　張翊

翊世本長安因亂南來先主耀置上列時邦西平昌令卒翊好學多思致嘗戲造花經以九品九命升降次第之時服其允當

一品九命

蘭　牡丹　蠟梅

酴醾　紫風流（睡香異名）

二品八命

瓊花　蕙　巖桂

茉莉　含笑

三品七命

芍藥　蓮　簷蔔

丁香　碧桃　垂絲海棠

千葉桃

四品六命

菊　杏　辛夷

豆蔻　後庭　忘憂

櫻桃　林禽　梅
五品五命
楊花　月紅　梨花
千葉李　桃花　石榴
六品四命
聚八仙　金沙　寶相
紫薇　凌霄　海棠
七品三命
散花　真珠　粉團

郁李　薔薇　米囊
木瓜　山茶　迎春
玫瑰　金燈　木筆
金鳳　夜合　躑躅
金錢　錦帶　石蟬
八品二命
杜鵑　大清　滴露
刺桐　木蘭　雞冠
錦被堆

九品一命
芙蓉　牽牛　木槿
葵　胡葵　鼓子
石竹　金蓮

花九錫

唐 羅虬

花九錫亦須蘭蕙梅蓮輩乃可披襟若芙蓉躑躅望仙山木野草直惟阿耳尚錫之云乎

重頂帷障風　金剪刀剪折

甘泉浸　玉缸貯

雕文臺座安置　畫圖

翻曲　美醑賞

新詩詠

附韓熙載五宜說

對花焚香有風味相和其妙不可言者

木犀宜龍腦　酴醿宜沉水

蘭宜四絕　含笑宜麝

薝蔔宜檀

附陳仲醇花寵幸

梅芬傲雪偏饒吟魂　杏蘂嬌春最憐粧鏡

梨花帶雨青閨斷腸　荷氣臨風紅顏露齒

海棠桃李爭豔綺席　牡丹芍藥乍迎歌扇

芳桂一枝足開笑語　幽蘭盈把堪贈佳儷

以此引類連情境趣多合

附袁中郎花沐浴

浴梅宜隱士　浴海棠宜韻致客

浴牡丹芍藥宜靚粧妙女

浴榴宜艷色婢　浴木樨宜清慧兒

浴蓮宜道士　浴菊宜好古而奇者

浴臘梅宜清瘦僧

洛陽花木記

鄞江周氏

予少時聞洛陽花卉之盛甲于天下嘗恨皆未能盡覩其繁盛妍麗竊有憾焉熙寧中長兄倅絳因自東都謁告生者親三月過洛始得遊精藍名圃賞及牡丹然後信嚮之所聞爲不虛矣會迫于官期不得從容遊覽元豐四年予遊官于洛吏事之暇因得博求譜錄得唐李衛公平泉花木記范尚書歐陽參政二譜按名尋討十始見其七八焉然范公所述五十二品可攷者纔三十八歐之所錄者二篇而已其敘錢思公雙桂樓下小屏中所錄九十餘種但槩言其畧耳至于花之名品則莫得而見焉因以余耳目之所聞見及近世所出新花參校三賢所錄者凡百餘品其亦殫于此乎然前賢之所記與天下之所知洛之所植牡丹而已至于芍藥天下以維揚爲稱首然而知洛之所植其名品不減維揚而開頭之種始不如也又若天下四方所產珍藥佳卉得一于園館足以爲美景異致者洛中靡不兼有之然天下之人徒

[illegible]洛土之宜花而未知洛陽衣冠之淵藪王公將相之圃[illegible]相望[illegible][illegible][illegible][illegible][illegible]甲第[illegible][illegible][illegible]政之于[illegible][illegible][illegible][illegible]而又[illegible][illegible]之[illegible]與洛人之好事者又善種花者[illegible][illegible][illegible][illegible][illegible][illegible][illegible][illegible]其盛也今[illegible][illegible][illegible]之所[illegible][illegible][illegible][illegible]一[illegible][illegible][illegible][illegible][illegible][illegible]品[illegible]于[illegible][illegible][illegible][illegible][illegible][illegible][illegible][illegible][illegible][illegible][illegible][illegible]錄[illegible]者[illegible][illegible][illegible][illegible]之[illegible][illegible]元豐五年二月

牡丹[illegible][illegible][illegible]

千葉[illegible][illegible][illegible]

千葉黃花其別十

姚黃　勝姚黃　牛家黃　千心黃

甘草黃　丹州黃　閔黃　女真黃

絲頭黃　御袍黃

千葉紅花其別三十四

狀元紅　魏花　勝魏　紅都勝

紫都勝　瑞雲紅　岳山紅　間金紅

金繫腰　一捻紅　九蕊紅　劉師閣

大葉壽安　細葉壽安　洗妝紅　蹙金毬

探金毬　二色紅　蹙金樓子　碎金紅

彤雲紅　轉枝紅　菍園紅　越山紅樓子
紫絲旋心　富貴紅　不暈紅　壽妝紅
玉盤妝　雙頭紅（亦多間葉）　遇仙紅　簇四簇五

千葉紫花其別十

雙頭紫　左紫　紫繡毬　安勝紫
大宋紫　順聖紫　陳州紫　袁家紫
婆臺紫　平頭紫

千葉緋花一

潛溪緋

千葉白花其別有四

玉千葉　玉樓春　玉蒸餅　一百五

多葉紅花其別三十二

鞓紅　大紅（深粉紅）　濕紅　承露紅（有十二個子）
添色紅（深似鶴翎）　鶴翎紅　朱砂紅　揉紅
胭脂紅　獻來紅　賀紅　大暈紅
林家紅（深色紅）　兩京強　觀音紅　青州紅
玉樓紅　雙頭紅　汝州紅　獨看紅
鹿胎紅　綴州紅　試妝紅　玲瓏紅

青線稜　延州紅　蘇家紅　白馬山
夾黃蕊　丹州紅　柿紅　唐家紅

多葉紫花其別十四

潑墨紫　冠子紫　葉底紫　光紫
段家紫　銀合稜（左紫之單葉者）　經巖紫
蓮花萼　大紫（亦名長壽紫）　索家紫　陳州紫
雙頭紫　承露紫　唐家紫

多葉黃花其別三

絲頭黃　呂黃　古姚黃

多葉白花一

玉醆白

芍藥

千葉黃花其別十六

御衣黃　淩雲黃　南黃樓子　尹家黃樓子
銀褐樓子　袁黃　延壽黃　硤石黃
新安黃　壽安黃　溫家黃　郭家黃
青心鮑黃　紅心鮑黃　絲頭黃　黃纈子

千葉紅花其別十六

紅樓子　紅冠子　朱砂旋心　硬條旋心
斑幹旋心　深紅小魏花　淡紅小魏花
紅纈子　靈山纈子　馬家紅　楚州冠子
四蜂兒　醉西施　剪平紅　邢山冠子
柳圃新接紅絲頭

千葉紫花其別六

紫樓子　龍間紫　紫披子　粉面紫
紫絲頭　紫纈子

千葉白花二

玉樓子　白纈子

千葉桃花一

緋樓子

雜花八十二品

瑞香紫巴本出廬山宜陰翳延　黃瑞香　川海棠
垂絲海棠名楸條　杜海棠淡色　黃海棠
纁綿海棠一名嬌海棠　南海棠　黃香梅
紅香梅千葉　臘梅黃千葉　紫梅千葉　雪香千葉
海石榴　散水單葉　千葉散水　垂絲散水

玉瓏璁　真珠花　玉屑花　錦帶花
大錦帶　細葉錦帶　文冠花　紅龍栢
白龍栢　紫龍栢　山茶臘月開　晚山茶寒食開
粉紅山茶　白山茶　棣棠單葉　千葉棣棠
二色郁李　白郁李千葉一名玉帶　單葉郁李
千葉櫻桃　垂絲櫻桃　山桃　山木瓜
軟條木瓜　紅薇　緋薇　紫薇
千葉紅梨　石藍　玉拂子　木犀
木蘭似木筆但木高丈餘開花與牡丹同時發　木筆似木蘭但木極大乃有花花正月初發

辛夷　紫荊　瓊花八仙而香者　玉蝴蝶
八仙花　丁香花　百結花　迎春花
金纏花　黃雀兒　映山紅即紅躑躅　賴桐一名百日花
紅木梨　千葉木梨　芙蓉亦名拒霜　千葉芙蓉
黃芙蓉千葉　千葉朱槿　三春花一名長命　玫瑰花
抹厲花　素馨花　佛桑花　夜合花
黃夜合　榿柳　倒仙花　紅蕉
仙人耳墜一名滿堂花　連翹花　鷺鷥兒花
千葉秋花

菓子花

桃之別三十

小桃　十月桃出西太乙宮　冬桃至冬方熟

蟠桃一名餅子桃千葉　千葉緋桃　二色桃一枝上二色

合歡二色桃一朵上二色　千葉緋桃　千葉碧桃

大御桃　金桃　銀桃　白桃

崑崙桃　憋利核桃　胭脂桃　白御桃

旱桃　油桃　人桃　客桃

平頂桃　胖桃　紫葉大桃　社桃

方桃　邠州桃　圃田桃　紅穰利核桃

光桃無毛

梅之別六

紅梅　千葉黃香梅　蠟梅

消梅　蘇梅　水梅

杏之別十六

金杏　銀杏　水杏　香白杏

纏金杏　赤腴杏　眞大杏　許赤杏

大緋杏　撮帶金杏　晚紅杏　黃杏

方頭金杏　千葉杏　黑葉杏　梅杏

梨之別二十七

水梨　紅梨　雨梨　濁梨

鵝梨　穰梨　消梨　乳梨

袁家梨　車寶梨　紅鵝梨　敷鵝梨

大谷梨　甘棠梨　紅消梨　泰王搯消梨

早接梨　鳳西梨　客指梨　懸羅梨

細帶懸羅　棒槌梨　清沙爛　棠梨

壓沙梨　梅梨　榅桲梨

李之別二十七

粉紅桃花紅　御李　操李　麝香李

北京水李　珍珠李　眞桃李　粉香李

小桃李　偏縫李　客絲李　胡天李

黃甘李　麥熟李　揀枝李　牛心李

紫灰李　冬李　晚李　焦紅李

金條李　橫枝李　消帶李　纓枝李

漿水李　憲臺李　嘉慶李

櫻桃之別十一

紫櫻桃　臈櫻桃　滑臺櫻桃　朱皮櫻桃
臈嘴櫻桃　早櫻桃一名熱熟子　吳櫻桃
水焰兒櫻桃　甜菓子　急溜子
千葉櫻桃

石榴之別九

千葉石榴　粉紅石榴　黄石榴　青皮石榴
水晶藥榴　朱皮石榴　重臺榴東京奉慈觀出此
水晶甜榴　銀含稜石榴偃師縣出

林檎之別六

蜜林檎　花紅林檎　水林檎　金林檎
轉身林檎　楔林檎

木瓜之別五

山木瓜　軟條木瓜　宣州木瓜　香木瓜　榠樝

柰之別十

蜜柰　大柰　紅柰　兔須柰
寒毬　黄寒毬　頻婆　海紅
大秋子　小秋子

刺花三十七種

倒提黄薔薇　千葉白薔薇
刺紅　密枝月季　千葉月桂粉紅
黄川季　川四季　深紅月季　長春花
日月花　四季長春　川金沙　黄金沙
水林檎單葉金沙也　寶相千葉　盧川寶相
黄寶相　荼䕷　千葉荼䕷　金荼䕷
薔薇單葉　二色薔薇　千葉薔薇　錦被堆
黄薔薇　馬綖花　粉團兒　單葉寶相
玫瑰　穿心玫瑰　玉香梅　千葉紅香梅

茶梅　千葉茶梅　黄玫瑰　減伏
木香花

草花八十九種

蘭出壇州者佳春開紫色　秋蘭　黄蘭出嵩山
水仙花一名金盞銀臺　單葉菊　金鈴菊
毬子菊　雞冠菊　地蒿菊　黄蔟菊
柿黄菊　青心菊　蕋紅菊　黄鶯延子
探白子　五色菊　粉紅菊　千葉大黄菊
碧菊　千葉晩菊　白菊　六月紫菊

鈒頭菊　紫菊一謂之旱蓮　金錢菊一名夏菊　萬鈴菊
川金錢菊深紅色單葉　川剪金　鵝黃萱草
大山萱草　千葉萱草　四季萱草　糙萱草
北極萱草　紅金燈　黃金燈　白金燈
粉紅金燈　碧金燈　紫金燈　紅絲花
石竹花粉紅　鵝毛石竹一名綉竹　御仙花
笆春亦名望仙　黃麗春　金鳳花　麗秋
玉簪花　紅蓑荷　水仙花　蔓陀羅花
千葉蔓陀羅花　層臺蔓陀羅花

雞冠花　矮雞冠　黃雞冠　白雞冠
粉紅雞冠　芫花　胡蜀葵　千葉紅葵
剪金　剪稜蜀葵　千葉紫葵　鵝黃蜀葵
九心蜀葵　千葉緋葵　千葉鼓子　水紅
鬢邊嬌　家水紅開百餘日　白山丹　水丹花深紅
金蓮花出嵩山頂　雲夢花　地錦花　照天花出坻州
水牡丹　杜參花出憲州　碧鳳花一名鴨脚　碧玉盞一名將茌
紫金帶　紅百合　紅山薑　碧山薑
黃百合　萱草　紫𩨨子

水花十九種
單葉蓮　千葉紅蓮　玉骨朶白蓮也　白樓子
紅樓子　碧蓮子出惠泉及邢化寺心中湧泉者是也　白蘋
草荇　水紅　穿心蓮　瑞蓮一名朱微
雙頭瑞蓮　佛頭蓮碧千葉　朝日蓮李駙馬園　千葉珠子蓮
鈒頭蓮　非草黃

蔓花六種
凌霄　蟠藤　雪葺花　荷葉花
千葉鼓子　牽牛花

四時變接法此唯洛中氣候可依若變接它處須各隨地氣早晚接
立春前後　接諸般鍼刺花自有刺花一門
雨水後　木瓜上接石南軟山木瓜大木瓜條木瓜宜木瓜
櫻桃上接諸般桃半枝紅　木筆上接木蘭辛夷
玉拂子上接玉蝴蝶花八仙花瓊　梔子上接榅桲
野薔薇上接千葉黃薔薇并諸般刺花　榅桲上接楨楂
二月節　椋桿上接林檎海棠　桃桿上接諸般桃諸般梅
杏桿上接諸般杏李子　棠梨上接諸般梨海棠
春分節　壓檜栢　分玉簪　接玫　栽芙蓉

分碧蘆　分芭蕉　潍百合　剪金石竹
種山丹　分早蓮　下金錢子　栽紫條玫瑰
石榴上接諸般石榴　棗押上接諸般棗
軟棗上接諸般柹
三月上旬　種諸般花子　栽百般花
穀雨　分諸般菊　栽五色莧　種諸般雞冠
五月節　種諸般竹　十三日竹迷
六月節　種玉筯子　栽望仙子六月已前皆可種須澆灌乃活
七月節　種木瓜　壓軟條檜

處暑　種牡丹子　種諸般芍藥
八月節　分牡丹　接牡丹篦子　分芍藥
栽諸般針刺花　種鹿春望仙
撒石竹并剪金錢等花子合分栽
九月節　種核桃　麗春子　望仙子　石竹
紫條玫瑰
霜降　種諸般菓子樹
十月節　種小桃　諸般雜木
十二月節　揭凍榆木　分擘錦被堆

減拔粉團子

接花法

接花必于秋社後九月餘前皆非其時也接花預于二三年前種下祖子惟根盛者爲佳盎家祖子根前而嫩嫩則津脉盛而木實山祖子多老根少而木虛接之多失削接頭願平而闊常令根皮包含接頭勿令作陡刃刃陡則帶皮處厚而根浹刃太陡則接頭多退而皮出不相對津脉不通遂致枯死矣接頭繫縛欲密勿令透風不可令濕瘡口接頭必以細土覆

之不可令人觸動接後月餘須時時看覷勿令根下生妬芽芽生即分減却津脉而接頭枯矣凡選接頭須取木枝肥嫩花芽盛大平圓而實者爲佳虛尖者無花矣

栽花法

凡願栽花須于四五月間先治地如地稍肥美即翻起深二尺以來去石瓦礫皮頻鉏削勿令生草至秋社後九月以前栽之若地多瓦礫或帶醎鹵則鉏深三尺以上去盡舊土別取新好黄土培壙切不可用

糞即生蠐螬而蠹花根矣根蠹則花頭不大而不成千葉也凡栽花不欲深深則根不行而花不發旺也但以瘡口齊土面爲佳此深淺之度也掘土坑須量花根長短爲淺深之準坑欲闊而平土欲肥而細然于土坑中心堆成小土墩子其墩子欲上鋭而下闊將花于土墩上坐定然後整理花根令四向横垂勿令掘摺爲妙然後用一生黄土覆之以瘡口齊土面爲準

種祖子法

凡欲種花子先于五六月間擇背陰處肥美地治作畦鉏欲深而頻地如不佳斟換而栽花法每歲七月以後取千葉牡丹花子候花瓶欲折其子微變黄時采之破其瓶子取子于已治畦地内一如種菜法種之不得隔日隔日多即花瓶乾而子黑則種之萬無一生矣撒子願密不欲疎疎則不生不厭太密地稍乾則先以水灌之候水脉均潤然後撒子訖把樓一如種菜法每十日一澆有雨即止冬月須用木葉盖覆有雪即以雪覆木葉尚候月間即生芽葉矣生時

頻去草久無雨即須日日澆灌切不得用糞候八月社後别至治畦不分種之如栽菜法如花子已熟曾治地即先取花瓶蓮花子掘地坑窖之一面速治地候熟可種即取窖中子依前法撒之其中間或有却成子葉者

打剥花法

凡千葉牡丹須于八月社前打剥一番每株上只留花頭四枝餘者皆可截先接頭于祖上接之候至來年二月間所留花芽間小葉見其中花蕊切須子細辯認若花芽須平而圓實即留之千葉花也若花蕊虚即不成千葉當此須去之每株止留三兩蕊可也花頭多即不成千葉而開頭小矣

分芍藥法

分芍藥處暑爲上時八月爲中時九月爲下時取芍藥須闊鉏勿令損根取出淨洗土看窠株大小花芽多寡須時分之每窠須留四芽以上一用好細黄土和泥揉蘸花根坐于坑中土墩上整理根令四向横垂然後以細黄土培之根不欲深深則花不發旺令

花根低如土面一指以下爲佳耳不得用糞候春間花芽發如頭圓平而實即留之處大者無花矣新栽時須窠只可留花頭一兩朵候一二年花得地力可四五朵花頭多只不成千葉矣慎之慎之栽芍藥于陰處晾根令微乾然後種則花速起發掘取後可留月餘不妨寄遠尤宜

魏王花木志

闕名

思惟

思惟樹漢時有道人自西域持貝多子植於嵩之西峯下後極高大有四樹樹一年三花

紫菜

吳郡邊海諸山悉生紫菜

木蓮

木蓮葉似辛夷花類蓮

山茶

山茶似海石榴出桂州

溪蓀

溪蓀如高梁薑生水中出茆山

朱槿

重臺朱槿似桑南中呼爲桑槿

蓴根

蓴根羹之絶美江東謂之蓴龜

孟娘菜

江淮有孟娘菜𦵔盆肉食

牡桂

牡桂葉大如苦竹葉葉中一脉如筆跡

黄辛

衛公平泉莊有黄辛夷紫丁香

紫藤花

鳬苑生

鬱樹

鬱樹高五六尺其實大如李色赤食之甘

盧橘

盧橘蜀生有給客橙似橘而非若柚而香冬夏華實相繼或如彈丸或如拳通歲食之亦名盧橘

楮子

南方記楮子如梅實二月花色仍連實七八熟土人鹽藏之味辛出交阯

石南

石南樹野生二月花仍連着實如燕子八月熟民採之取曝乾取皮作魚羹和之尤美出九眞

都勾似栟櫚木中出屑如麪可取爲餌食如桄榔

茶葉

茶葉似梔子可煑爲飲其老葉謂之荈嫩葉謂之茗

桂海花木志

宋　范成大

上元紅

上元紅深紅色絶似紅木瓜花不結實以燈夕前後開故名

白鶴花

白鶴花如白鶴立春開

南山茶

南山茶葩萼大倍中州者色微淡葉柔薄有毛別自

有一種如中州所出者

紅荳蔻花

紅荳蔻花叢生葉瘦如碧蘆春末發初開花先抽一榦有大籜包之籜解花見一穗數十蕊淡紅鮮妍如桃杏花色蕊重則下垂如葡萄又如火齊瓔珞及剪綵鸞枝之狀此花無實不與草荳蔻同種每蕊心有兩瓣相並詞人托興曰比目連理云

泡花

泡花南人或名柚花春末開蕊圓白如大珠既折則似茶花氣極清芳與茉莉素馨相逼番人采以蒸香風味超勝

紅蕉花

紅蕉花葉瘦類蘆箬心中抽條條端發花葉數層日折一兩葉色正紅如榴花荔子其端各有一點鮮綠尤可愛春夏開正歲寒猶芳又有一種根出上處特肥飽如膽餅名膽餅蕉

枸那花

枸那花葉瘦長畧似楊柳夏開淡紅花一朶數十萼

至秋深猶有之

史君子花

史君子花蔓生作架植之夏開一族一二十葩輕盈似海棠

水西花

水西花葉如萱草花黃夏開

裹梅花

裹梅花即木槿有紅白二種葉似蜀葵采紅者連葉包裹黃梅鹽漬暴乾以薦酒故名玉修花

楚辭芳草譜

宋 謝翱

江離

江離之草屈原幼時所先採蓋自其初度則兩已扈江離辟芷矣張勃云江離出臨海縣海水中正青似亂髮楚辭之于江離畦而種之則非水物本草蘪蕪一名江離又云被以江離揉以蘪蕪又不應是一物也

薰草

世以蕙草蓋即薰草臭如蘪蕪可以已厲故古之祓除以此草薰之因謂之薰草王逸章句云茵薰也今之零陵香

茵

按王逸云茵即薰司馬云大芝支遁云舜華則王說恐非七諫云飲菌若之朝露即莊子所謂朝菌者豈此耶

蘭

離騷云滋蘭九畹又云光風轉蕙汜崇蘭蘭草大都似澤蘭其香可着衣帶者是素問云治之以蘭除陳氣也皆槩指香草可見

蕙

蕙大抵似蘭皆柔荑其端作花蘭一荑一花蕙一荑五六花香次于蘭楚辭蘭每及蕙畹蘭而畝蕙也汜蘭而轉蕙也蕙殽蒸蘭藉也

杜若

杜若一名杜蘅苗似山薑花黃赤子大如棘九歌湘君曰采芳洲兮杜若將以遺兮下女湘夫人云搴汀

洲兮杜若將以遺兮遠者杜若之爲物令人不忘搴采而贈之以明其不相忘也

茝

楚辭以芳草比君子而言茝者最多蓋今香白芷也出近道下濕地可作面脂其葉可用沐浴故曰浴蘭湯兮沐芳

蘪蕪

芎藭之苗葉爲蘪蕪似蛇牀而香魏文帝以蕙草爲香燒之以蘪蕪藏衣中故少司命曰秋蘭兮蘪蕪羅

生兮堂下綠葉兮素枝芳菲菲兮襲予古詩上山采
蘼蕪

卷施

卷施草拔心不死江淮閒謂之宿莽說見郭璞贊故
離騷經曰朝搴阰之木蘭兮夕攬洲之宿莽非宿草
也

菉

離騷云薋菉葹以盈室兮判獨離而不服皆指惡草
卽菉竹之菉

菊

菊季秋寒露後五日始有華華得土之正色離騷夕
餐秋菊之落英覩崔寔費長房九日採菊語則茹菊
延齡自古已然

荃

荃昌蒲也一名蓀楚辭曰數惟蓀之多怒兮蓀詳聾
而不聞辭言香草皆以喻臣惟言蓀者喻君蓋蓀于
草爲君也

薜荔

離騷云貫薜荔之落蘂王逸章句曰薜荔香草緣木
而生蘂實也

款冬

款冬葉似葵而大叢生花出根下十一十二月雪中
出花茂悅郭氏曰款涷也故楚辭云款冬而生兮凋
彼葉柯

艾

蕭與艾本皆香草離騷則薄之曰戶服艾以盈要兮
謂幽蘭其不可佩然要之賤人所服比之蘭蕙則有

閒矣

蔞

蔞蔞蒿也其葉似艾白色長數寸高丈餘好生水邊
大招云苿酸蒿蔞不沾薄只王逸曰蒿蘩草也蔞香
草也

莎

莎莎葉都似三稜和香用之招隱云青莎雜樹兮薠
草靃靡

匏

匏瓠也可刳以涉水按楚辭王褒九懷稱援抱瓜兮援糧

蓼

蓼生水澤楚辭曰蓼虫不知徙乎葵菜言蓼辛葵甘虫各安其故不知遷也

茨

茨蒺藜也布地蔓生細葉子有三角狀如菱而小刺人生道上按七諫曰江離棄于窮巷兮蒺藜蔓乎東廂

菱

菱生水中實兩角或四角一名芰離騷曰製芰荷以爲衣兮集芙蓉以爲裳蓋芰葉雜遝荷葉博大有爲衣之象而芙蓉若可緝者也

蘋

蘋葉正四方中拆如十字根生水底葉敷水上天問曰靡萍九衢言其枝葉分爲衢道猶今言花五出六出也

萍

萍無根浮水而生楚辭曰竊傷浮萍兮無根

南方草木狀上

晉　譙國嵇含

南越交趾植物有四裔最爲奇周秦以前無稱焉自漢武帝開拓封疆搜求珍異取其尤者充貢中州之人或昧其狀乃以所聞詮叙有裨子弟云爾

草類

甘蕉

甘蕉望之如樹株大者一圍餘葉長一丈或七八尺廣尺餘二尺許花大如酒杯形色如芙蓉著莖末百餘子大名爲房相連累甜美亦可蜜藏根如芋魁大者如車轂實隨華每華一闔各有六子先後相次子不俱生花不俱落一名芭蕉或曰巴苴剝其子上皮色黃白味似蒲萄甜而脆亦療饑此有三種子大如拇指長而銳有類羊角名羊角蕉味最甘好一種子大如雞卵有類牛乳名牛乳蕉微減羊角一種大如藕子長六七寸形正方少甘最下也其莖解散如絲以灰練之可紡績爲絺綌謂之蕉葛雖脆而好黃白不如葛赤色也交廣俱有之三輔黃圖曰漢武帝元鼎六年破南越建扶荔宮以植所得奇草異木有甘蕉二本

耶悉茗

耶悉茗花末利花皆胡人自西國移植于南海南人憐其芳香競植之陸賈南越行紀曰南越之境五穀無味百草不香此二花特芳香者緣自別國移至不隨水土而變與夫橘北爲枳異矣彼之女子以綵絲穿花心以爲首飾

末利

末利花似薔薇之白者香愈于耶悉茗

豆蔻花

豆蔻花其苗如蘆其葉似薑其花作穗嫩葉卷之而生花微紅穗頭深色葉漸舒花漸出舊說此花食之破氣消痰進酒增倍泰康二年交州貢一篚上試之有驗以賜近臣

山薑花

山薑花莖葉即薑也根不堪食于葉間吐花作穗如麥粒軟紅色煎服之治冷氣甚效出九真交趾

鶴草

鶴草蔓生其花麴塵色淺紫蔕葉如柳而短當夏開
花形如飛鶴觜翅尾足無所不備出南海云是媚草
上有蟲老蛻爲蝶赤黃色女子藏之謂之媚蝶能致
其夫憐愛

甘藷

甘藷蓋薯蕷之類或曰芋之類根葉亦如芋實如拳
有大如甌者皮紫而肉白蒸鬻食之味如薯蕷性不
甚冷舊珠崖之地海中之人皆不業耕稼惟掘地種

甘藷秋熟收之蒸曬切如米粒倉圌貯之以充糧糗
是名藷糧北方人至者或盛具牛豕膾炙而末以甘
藷薦之若粳粟然大抵南人二毛者百無一二惟海
中之人壽百餘歲者由不食五穀而食甘藷故爾

水蓮

花之美者有水蓮如蓮而莖紫柔而無刺

水蕉

水蕉如鹿葱或紫或黃吳永安中孫休嘗遣使取二
花終不可致但圖畫以進

蒟醬

蒟醬蓽茇也生于蕃國者大而紫謂之蓽茇生于番
禺者小而青謂之蒟焉可以爲食故謂之醬焉交阯
九真人家多種蔓生

菖蒲

菖蒲番禺東有澗澗中生菖蒲皆一寸九節安期生
採服僊去但留玉舄焉

留求子

留求子形如梔子稜瓣深而兩頭尖似訶梨勒而輕

及半黃已熟中有肉白色甘如棗核大治嬰孺之疾
南海交阯俱有之

諸蔗

諸蔗一曰甘蔗交阯所生者圍數寸長丈餘頗似竹
斷而食之甚甘笮取其汁曝數日成飴入口消釋彼
人謂之石蜜吳孫亮使黃門以銀椀并蓋就中藏吏
取交州所獻甘蔗餳黃門先恨藏吏以鼠屎投餳中
啟言吏不謹亮呼吏持餳器入問曰此器既蓋之且
有油覆無緣于此黃門將有恨汝吏叩頭曰嘗從臣

求莞席臣以席有數不敢與亮曰必是此問之其服
南人云廿蔗可消酒又名干蔗司馬相如樂歌曰太
尊蔗漿析朝醒是其義也泰康六年扶南國貢諸蔗
一丈三節

草麴

草麴南海多矣酒不用麴糵但杵米粉雜以衆草葉
冶葛汁滌溲之大如卵置蓬蒿中蔭蔽之經月而成
用此合糯爲酒故劇飲之旣醒猶頭熱涔涔以其有
毒草故也南人有女數歲卽大釀酒旣濾候冬陂池

竭時寘酒罌中密固其上瘞陂中至春瀦水滿亦不
復發矣女將嫁乃發陂取酒以供賓客謂之女酒其
味絶美

芒茅

芒茅枯時瘴疫大作交廣皆爾也土人呼曰黃茅瘴
又曰黃芒瘴

肥馬草

南方冬無積藁淛海郡邑多馬有草葉類梧桐而厚
取以秣馬謂之肥馬草馬頗嗜而食果肥壯矣

冬葉

冬葉薑葉也苞苴物交廣皆用之南方地熱物易腐
敗惟冬葉藏之乃可持久

蒲葵

蒲葵如栟櫚而柔薄可爲葵笠出龍川

乞力伽

藥有乞力伽朮也瀕海所產一根有至數斤者劉涓
子取以作煎令可丸餌之長生

赬桐

赬桐花嶺南處處有自初夏生至秋蓋草也葉如桐
其花連枝萼皆深紅之極者俗呼貞桐花貞皆訛也

水葱

水葱花葉皆如鹿葱花色有紅黃紫三種出始興婦
人懷妊佩其花生男者卽此花非鹿葱也交廣人佩
之極有驗然其土多男不厭女子故不常佩也

蕪菁

蕪菁嶺嶠已南俱無之偶有士人因官攜種就彼種
之出地則變爲芥亦橘種江北爲枳之義也至曲江

方有菘彼人謂之菘

茄

茄樹交廣草木經冬不衰故蔬圃之中種茄宿根有三五年者漸長枝榦乃成大樹每夏秋盛熟則梯樹採之五年後樹老子稀即伐去之別栽嫩者

綽菜

綽菜夏生于池沼間葉類茨菰根如藕條南海人食之云令人思睡呼爲瞑菜

蕹

蕹葉如落葵而小性冷味甘南人編葦爲筏作小孔浮于水上種子于水中則如萍根浮水面及長莖葉皆出于葦筏孔中隨水上下南方之奇蔬也冶葛有大毒以蕹汁滴其苗當時萎死世傳魏武能噉冶葛至一尺云先食此菜

冶葛

冶葛毒草也蔓生葉如羅勒光而厚一名胡蔓草寘毒者多雜以生蔬進之悟者速以藥解不爾半日輒死山羊食其苗即肥而大亦如鼠食巴豆其大如㹠

蓋物類有相伏也

吉利草

吉利草其莖如金釵股形類石斛根類芍藥交廣俚俗多蓄蠱毒惟此草解之極驗吳黄武中江夏李俁以罪徙合浦初入境遇毒其奴吉利者偶得是草與俁服遂解吉利即遁去不知所之俁因此濟人不知其數遂以吉利爲名豈李俁者徙非其罪或俁自有隱德神明啟吉利者救之耶

良耀草

良耀草枝葉如麻黄秋結子如小粟煨食之解毒功不亞于吉利始昔有得是藥者梁氏之子耀亦以爲言梁轉爲良爾花白似牛李出高涼

蕙

蕙草一名薰草葉如麻兩兩相對氣如蘼蕪可以止癘出南海

南方草木狀中

木類

楓人

楓人五嶺之間多楓木歲久則生瘤癭一夕遇暴雷驟雨其樹贅暗長三五尺謂之楓人越巫取之作術有通神之驗取之不以法則能化去

楓香

楓香樹似白楊葉圓而岐分有脂而香其子大如鴨卵二月華發乃著實八九月熟曝乾可燒惟九真郡

有之

薰陸香

薰陸香出大秦在海邊有大樹枝葉正如古松生于沙中盛夏樹膠流出沙上方採

榕

榕樹南海桂林多植之葉如木麻實如冬青樹幹拳曲是不可以為器也其本稜理而深是不可以為材也燒之無焰是不可以為薪也以其不材故能久而無傷其陰十畝故人以為息焉而又枝條既繁葉又

茂細軟條如藤垂下漸漸及地藤稍入地便生根節或一大株有根四五處而橫枝及鄰樹即連理南人以為常不謂之瑞木

益智子

益智子如筆毫長七八分二月花色若蓮著實五六月熟味辛雜五味中芬芳亦可鹽曝出交趾合浦建安八年交州刺史張津嘗以益智子粽餉魏武帝

桂

桂出合浦生必以高山之巔冬夏常青其類自為林

間無雜樹交趾置桂園桂有三種葉如柏葉皮赤者為丹桂葉似柹葉者為菌桂其葉似枇杷葉者為牡桂三輔黃圖曰甘泉宮南有昆明池池中有靈波殿以桂為柱風來自香

朱槿

朱槿花莖葉皆如桑葉光而厚樹高止四五尺而枝葉婆娑自二月開花至中冬即歇其花深紅色五出大如蜀葵有蘂一條長于花葉上綴金屑日光所爍疑若焰生一叢之上日開數百朵朝開暮落插枝即

活出高凉郡一名赤檉一名日及

指甲花

指甲花其樹高五六尺枝條柔弱葉如嫩榆與耶悉茗末利花皆雪白而香不相上下亦北人自大秦國移植于南海而此花極繁細纔如半米粒許彼人多折置襟袖間蓋資其芬馥爾一名散沫花

蜜香　沉香　鷄骨香　黄熟香　鷄舌香

棧香　青桂香　馬蹄香

按此八香同出于一樹也交趾有蜜香樹榦似拒柳

其花白而繁其葉如橘欲取香伐之經年其根榦枝節各有別色也木心與節堅黑沉水者爲沉香與水面平者爲鷄骨香其根爲黄熟香其榦爲棧香細枝緊實未爛者爲青桂香其根節輕而大者爲馬蹄香其花不香成實乃香爲鷄舌香珍異之木也

桄榔

桄榔樹似栟櫚實其皮可作綆得水則柔韌北人以此聯木爲舟皮中有屑如麪多者至數斛食之與常麪無異木性如竹紫黑色有文理工人解之以製奕枰出九真交趾

訶梨勒

訶梨勒樹似木梡花白子形如橄欖六路皮肉相着可作飲變白髭髮令黑出九真

蘇枋

蘇枋樹類槐花黑子出九真南人以染絳漬以大庾之水則色愈深

水松

水松葉如檜而細長出南海土產衆香而此木不大

香故彼人無佩服者嶺北人極愛之然其香殊勝在南方時植物無情者也不香于彼而香于此豈屈于不知己而伸于知己者歟物理之難窮如此

刺桐

刺桐其木爲材三月三時布葉繁密後有花赤色間生葉間旁照他物皆朱殷然三五房凋則三五復發如是者竟歲九真有之

棹

棹樹榦葉俱似椿以其葉鬻汁漬果呼爲棹汁若以

樟汁雜疏肉食者卽時爲雷震死樟出高涼郡

杉

杉一名披煔合浦東二百里有杉一樹漢安帝永初五年春葉落隨風飄入洛陽城其葉大常杉數十倍術士廉盛曰合浦東杉葉也此休徵當出王者帝遣使驗之信然乃以千人伐樹役夫多死者其後三百人坐斷株上食過足相容至今猶存

荆

荆寧浦有三種金荆可作枕紫荆堪作牀白荆堪作

履與他處牡荆蔓荆全異又彼境有牡荆指病自愈節不相當者月暈時刻之與病人身齊等置牀下雖危困亦愈

紫藤

紫藤葉細長莖如竹根極堅實重重有皮花白子黑置酒中歷二三十年亦不腐敗其莖截置煙炱中經時成紫香可以降神

榼藤

榼藤依樹蔓生如通草藤也其子紫黑色一名象豆三年方熟其殼貯藥歷年不壞生南海解諸藥毒

蜜香紙

蜜香紙以蜜香樹皮葉作之微褐色有紋如魚子極香而堅韌水漬之不潰爛泰康五年大秦獻三萬幅常以萬幅賜鎭南大將軍當陽侯杜預令寫所撰春秋釋例及經傳集解以進未至而預卒詔賜其家令藏之

抱香履

抱香履抱木生于水松之旁若寄生然極柔弱不勝

刀鋸乘濕時刳而爲履易如削瓜既乾而韌不可理也履雖猥大而輕者若通脫木風至則隨飄而動夏月納之可禦濕蒸之氣出扶南大秦諸國泰康六年扶南貢百雙帝深歎異然哂其製作之陋但置諸外府以備方物而已按東方朔瑣語曰木履起于晉文公時介之推逃祿自隱抱樹而死公撫木哀歎遂以爲履每懷從亡之功輒俯視其履曰悲乎足下足下之稱亦自此始也

南方草木狀下

果類

檳榔

檳榔樹高十餘丈皮似青銅節如桂竹下本不大上枝不小條直亭亭千萬若一森秀無柯端頂有葉葉似甘蕉條派開破仰望眇眇如插叢蕉于竹杪風至獨動似舉羽扇之掃天葉下繫數房房綴數十實實大如桃李天生棘重累其下所以禦衛其實也味苦澁剖其皮鬻其膚熟如貫之堅如乾棗以扶留藤古

賁灰并食則滑美下氣消穀出林邑彼人以爲貴婚族客必先進若邂逅不設用相嫌恨一名賓門藥餞

荔枝

荔枝樹高五六丈餘如桂樹綠葉蓬蓬冬夏榮茂青華朱實實大如鷄子核黄黑似熟蓮實白如肪甘而多汁似安石榴有甜酢者至日將中翕然俱赤則可食也一樹下子百斛三輔黄圖曰漢武帝元鼎六年破南越建扶荔宫扶荔者以荔枝得名也自交趾移植百株于庭無一生者連年移植不息後數歲偶一株稍茂然終無華實帝亦珍惜之一旦忽萎死守吏坐誅死者數十遂不復茂矣其實則歲貢焉郵傳者疲斃于道極爲生民之患

椰

椰樹葉如栟櫚高六七丈無枝條其實大如寒瓜外有麤皮次有殼圓而且堅剖之有白膚厚半寸味似胡桃而極肥美有漿飲之得醉俗謂之越王頭云昔林邑王與越王有故怨遣俠客刺得其首懸之于樹俄化爲椰子林邑王憤之命剖以爲飲器南人至今

效之當刺時越王大醉故其漿猶如酒云

楊梅

楊梅其子如彈丸正赤五月中熟熟時似梅其味甜酸陸賈南越行紀曰羅浮山頂有胡楊梅山桃繞其際海人時登採拾止得于上飽啖不得持下東方朔林邑記曰林邑山楊梅其大如杯椀青時極酸既紅味如崖蜜以醖酒號梅香酎非貴人重客不得飲之

橘

橘白華赤實皮馨香有美味自漢武帝交趾有橘官

長一人秩二百石主貢御橘異黃武中交趾太守士燮獻橘十七實同一蔕以爲瑞異郡臣畢賀

柑

柑乃橘之屬滋味甘美特異者也有黃者有頳者頳者謂之壺柑交趾人以席囊貯蟻鬻于市者其窠如薄絮囊皆連枝葉蟻在其中并窠而賣蟻赤黃色大于常蟻南方柑樹若無此蟻則其實皆爲群蠹所傷無復一完者矣今華林園有柑二株遇結實上命群臣宴飲于旁摘而分賜焉

橄欖

橄欖樹身聳枝皆高數丈其子深秋方熟味雖苦澁咀之芬馥勝含雞骨香吳時歲貢以賜近侍本朝自泰康後亦如之

龍眼

龍眼樹如荔枝但枝葉稍小殼青黃色形圓如彈丸核如木梡子而不堅肉白而帶漿其甘如蜜一朶五六十顆作穗如蒲萄然荔枝過即龍眼熟故謂之荔枝奴言常隨其後也東觀漢記曰單于來朝賜橙橘龍眼荔枝魏文帝詔群臣曰南方果之珍異者有龍眼荔枝令歲貢焉出九眞交趾

海棗

海棗樹身無閑枝直聳三四十丈樹頂四面共生十餘枝葉如栟櫚五年一實實甚大如杯盌核兩頭不尖雙卷而圓其味極甘美安邑御棗無以加也泰康五年林邑獻百枚昔李少君謂漢武帝曰臣嘗遊海上見安期生食臣棗大如瓜非誕說也

千歲子

千歲子有藤蔓出土子在根下鬚綠色交加如織其子一苞恒二百餘顆皮殼青黃色殼中有肉如栗味亦如之乾者殼肉相離撼之有聲似肉豆蔻出交趾

五斂子

五斂子大如木瓜黃色皮肉脆軟味極酸上有五稜如刻出南人呼稜爲斂故以爲名以蜜漬之甘酢而美出南海

鉤緣子

鉤緣子形如瓜皮似橙而金色土人重之極芬香肉

甚厚白如蘆菔女工競雕鏤花鳥漬以蜂蜜點燕檀巧靡妙絶無與爲比泰康五年大秦貢十缶帝以三缶賜王愷助其珍味夸示于石崇

海梧子

海梧子樹與中國松同但結實絶大形如小栗三角肥甘香味亦樽俎間佳果也出林邑

菴摩勒

菴摩勒樹葉細似合昏花黄實似李青黄色核圓作六七稜食之先苦後甘術士以變白鬚髮有驗出九

眞

石栗

石栗樹與栗同但生于山石罅間花開三年方結實其殼厚而肉少其味似胡桃仁熟時或爲群鸚鵡至啄食略盡故彼人多珍貴之出日南

人面子

人面子樹似含桃結子如桃實無味其核正如人面故以爲名以蜜漬之稍可食以其核可玩于席間飣餖御客出南海

竹類

雲丘竹

雲丘竹一節爲船出扶南然今交廣有竹節長二丈其圍一二丈者往往有之

𥰭簩竹

𥰭簩竹皮薄而空多大者徑不過二寸皮麤澁以鎊犀象利勝于鐵出大秦

石林竹

石林竹似桂竹勁而利削爲切割象皮如刀竿出九

眞交趾

思摩竹

思摩竹如竹大而筍生其節筍既成竹春而筍往生節焉交廣所在有之

簞竹

簞竹葉踈而大一節相去五六尺出九眞彼人取嫩者硾浸紡績爲布謂之竹踈布

越王竹

越王竹根生石上若細荻高尺餘南海有之南人愛

其青色用爲酒籌云越王棄餘筭而竹生

園林草木疏

宋　王方慶

金燈熈生花開纍纍明艷垂條不自支條惡人家種之

蜀葵一名戎葵本中葵也花有重臺者紅紫褰白鮮麗多殊色

蔓胡桃一作葡萄或言蠻中藤子也子甘滑如乳霜風下漬

鬼皂莢生江南地澤如皂莢高一二尺沐之長髮去垢

蒟蒻根大如椀至秋葉滴露隨滴生苗細花輕艷蔚如黃蝶

金錢花梁大同二年來中土花黃重疊魚弘謂得花勝得錢

椒枝條蕃蔚子離離菽菽紅秋風白露中段柯古謂莄氣好上椒氣好下

野狐絲多蔓生于閑庭幽砌色白花微紅大如粟黍

牽牛條緣竹木而上花色如藍倩風露沾灑何限麗艷

説郛目録

弓第一百五

桐譜

宋　陳翥

古者氾勝之書今絶傳者獨齊民要術行於世雖古今之法小異然其言亦甚詳矣雖茶有經竹有譜吾皆畧而不具植桐乎西山之南乃述其桐之事十篇作桐譜一卷其植桐則有紀誌存焉聊以示於子孫庶知吾既不能干祿以代耕亦有補農之說云耳皇祐元年十月七日夜

叙源第一

桐柔木也月令曰清明桐始華又呂氏季春月紀云桐始華高誘曰梧桐也是日生葉故云始華爾雅釋木曰櫬桐又曰榮桐木郭普云即今梧桐也疏引詩大雅云梧桐生矣于彼朝陽是也皆云嶧陽孤桐釋木所謂櫬榮者乃桐之一木耳古詩云椅桐傾高鳳又曰井桐栖雲鳳故詩書或稱桐或云梧或曰梧桐其實一也初生葉脆而易長一年可聳七八尺更歲之間五六寸萌子采伐之巨椿者或可尺闊蘖其萌至二月三月方漸向陽者尤早背陰差遲其枝幹濡脆而嫩又空其中皮膚葉薄易爲風物所傷必須成氣而後花是故榦稚嫩者先榮葉茂盛者先榮其花開有先後先者未有葉而開自春徂夏迺結其實實如乳尖長而成穟莊子所謂桐乳致巢是也後者至

冬葉脫盡後始開秀而不實其蕊萼亦小於先時者是知桐獨受陰陽之淳氣故開春冬之兩花而異於羣木也其葉味苦寒無毒主惡蝕瘡著皮主五痔殺三虫療賁豚氣病其花飼豬肥大三倍然其皮葉亦有効於人也或者謂鳳凰非梧桐而不栖且衆木森森胡有不可栖者豈獨梧桐乎答曰夫鳳凰仁瑞之禽也不止强惡之木梧桐柔軟之木也皮理細膩而脆枝榦扶疎而軟故鳳凰非梧桐而不栖也又生於朝陽者多茂盛是以鳳喜集之即詩所謂梧桐生矣

于彼朝陽鳳凰鳴矣于彼高岡者也詩稱椅桐梓漆
後之人不別椅桐之異以爲是一木古詩云椅桐傾
高鳳嵇叔夜琴賦云惟椅桐之所生注云椅梧桐也
又陶隱居云梧桐一名椅桐也是不知椅與桐別耳
故毛傳云椅桐屬也孔氏引釋木云椅梓今而曰一
名椅郭云即楸也湛露曰其桐其椅既爲類而梓一
名椅故云椅桐爲梓屬言梓屬則椅梓別而釋木椅
梓爲一者陸云梓者楸之疏理白色而生子者梓實
桐皮曰椅則大類同小別也定本椅梓屬無桐字於

理是也是知椅與桐非一木也夫桐之爲木其異於
群類卓矣生則肌骨脆而嫩死則材體堅而韌燥之
所加而不坼裂濕之所漬而不腐敗雖松栢有凌霄
冒雪之姿苟就以燥濕則與朽木無異耳王氏謂受
氣淳矣眞不虛也於桐可獨見之矣其體濕則愈重
乾則愈輕生時以斧斫之甚易乾乃軟而拒斧故鄙
諺云輕是桐重是桐難斫亦是桐此之謂也

類屬第二

桐之類非一也今略志其所識者一種文理麄而體
性慢葉圓大而尖長光滑而毳稚者三角因子而出
者一年可拔三四尺由根而出者可五七尺已伐而
出於巨椿者或幾尺圍始小成條之時葉皆茸毳而
嫩皮體清白喜生於朝陽之地其花先葉而開白色
心赤內凝紅其實綴先長而大可圍三四寸內爲兩
房房中有肉肉上細白而黑點者即其子也謂之白
花桐一種文理細而體性緊葉三角而圓大白花花
葉其色青多毳而不光滑葉硬文微赤擎葉柄毳而
赤然多生於向陽之地其茂拔但不如白花者之易

長也其花亦先葉而開皆紫色而作穟有類紫藤花
也其實亦穟如乳而微尖狀如訶子而粘莊子所謂
桐乳致巢正爲此紫花桐實而中亦兩房房中與白
花實相似但差小謂之紫花桐其花亦有微紅而黃
色者蓋亦白花之小異者耳凡二桐皮色皆一類但
花葉小異而體性緊慢不同耳至八月俱復有花花
至葉脫盡後始開作微黃色今山谷平原間惟多有
白花者而紫花者尤少焉一種枝榦花葉與白桐花
相類其榦拔遲小而不侔其實大而圓一實中或二

子或四子可取油爲用今山家多種成林蓋取子以貨之也一種文理細緊而性喜裂身體有巨刺其形如欓樹其葉如楓多生於山谷中謂之刺桐晉安海物異名志云刺桐花其葉丹其枝有刺云凡二桐者雖多榮茂而其材不可入器用乃不爲工匠之所瞻顧也一種枝不入用身葉俱滑如桼之初生今兼并之家成行植於階庭之下門墻之外亦名梧桐有子可啖與詩所謂梧桐者非矣一種身青葉圓大而長高三四尺便有花如眞紅色甚可愛花成朶而繁葉

尤疎宜植於堦壝庭榭以爲夏秋之榮觀厥名眞桐亦曰赬桐焉凡二種雖得桐之名而無工度之用且不近貴色也

種植第三

凡種其子當先糞其地然後匀散之一春可高三四尺瘠地只一二尺耳土膏腴則莖葉青嫩而烏黑土瘦薄則成蒼黄之色至冬便可易而植之易之則斸根者不深而又易蔓荷從小而易至大則多爲疾風之所倒折以其一根不能自持故也凡桐之子輕而喜颺如柳絮飛可一二里其子遇地熟則出在林麓間則不生矣夫種子所長猶遲不如倒條壓之覆以肥地自然節節生條之上又多散根莖大斷而植之勝於種者又種子之地宜高原之處低濕則不能萌矣或要其栽之速者當於桐處耕劚其下使蔓根寸斷則其根斷自萌而茂與夫子種者又相萬矣凡植之法於十月十一月十二月正月葉隕汁歸其根皮榦未通之時必先坎其地而復糞之擇植一二春者全其根勿令凍損經久爲霜雪所薄掘後卽時以内

坎中厥坎惟寬而深先糞之以栽著其上又復以糞覆其上以黄土益焉一無爪爬二無振摇至春則榮茂而木又易於條榦其新莖可抽五六尺者迨又至春則根行而蔓其發乃尤愈於初春時也如用春植則皮汁通葉將萌根一傷故枝葉瘁矣至來春則齊土斫去矣忌其空心者免爲雨所灌令别抽心者不然至别下栽時更斫去植則尤妙於春斫也蓋春斫則破損其榦又摇其根故也桐之性不奈低濕惟喜高平之地如植於沙濕低下泉潤之處則必枯矣縱

抽茂不如高平之所凡植後至於抽條時必生岐枝日頻視之如岐枝萌五六寸則去之高者手不能及則以竹夾折之至二三年則勿去其枝恐其長而頭下垂故也伺其大則緣身而上以鈇刀貼身去慎勿留椿只經一兩春自然皮合也桐之皮甚軟脆而易傷切忌耕鋤之時及牛馬等損之如有所損當以楮皮纏縛之不爾則汁出也及才一二丈則多斜曲亦可以物對夾縛之令直以木牽之亦可蓋桐抽條不戴首而出又虛軟故耳仍不喜巨材所蔭如此葺之

其長可至十丈者故枚乘七發云龍門之桐高百尺而無枝信哉凡桐之茂大尤速於餘木故鄙語云相訟好栽桐桐樹好做龍訟方興言其易大也

所宜第四

桐陽木也多生於崇岡峻嶽巉巖盤石之間茂拔顯敞高燥之地即嵇叔夜所謂榮綺季之疇乃相與登飛梁越幽壑拔璚枝陟峻嶽以游乎其下是也今桐之所生未必皆茂于崇岡峻嶽但平原幽顯之處向陽之地悉宜之其性喜虛肥之土植者其下當常鋤之令熟無使草之滋蔓爲諸藤之所纏縛致形材曲而不滑及其有竹木根侵之盡鋤去更用諸糞擁之則其長愈出野者數倍十餘年間可幾也矣其地宜黃土之地則自然榮矣若沙石之所雖與時皆昌其長拔有遲焉樂肥與熟者惟桐耳縱桑柘亦無所敵夫肥熟則葉圓而大條虛而嫩葉圓而大則皷風矣條虛而嫩則易折矣凡欲避皷折之患則以竹竿破其葉令作三片又摘之令踈則雖過疾風不能損也以其葉破故耳至三四春乃自堅成不必然也桐之

性皆惡陰寒喜明煖陰寒則難長明煖則易大故詩雅云梧桐生矣于彼朝陽是也或陰濕之地植之終不榮矣夫陰濕則枝榦曲而斜潰濕則根葉黃而槁凡植于高平黃壤經三兩春後鋤其下令見蔓根以糞擁之尤良蓋厥性耐肥故也

所出第五

夫桐之所出豈獨蜀之爲美植之亦可以爲器詩不云乎樹之榛栗椅桐梓漆爰伐琴瑟斯可知矣江南之地尤多今各志其書傳所出堪美材者嶧山書曰

嶧陽孤桐注云嶧山書曰嶧陽之陽特生桐中琴瑟龍門山周禮春官大司樂云龍門之琴瑟注云龍門山名也枚乘七發云龍門之桐高百尺而無枝中鬱結之輪菌根扶疎以分離上有千仞之峰下臨百丈之谿湍流遡波又澹淡之其根半死半生冬則烈風漂霰飛雪之所激也夏則雷霆霹靂之所感也朝則黄鸝鳱鴠鳴焉暮則羈雌迷鳥宿焉獨鵠晨號乎其上鵾雞哀鳴翔乎其下是言龍門所生之桐也雲和山周禮大司樂云雲和之琴瑟以禮天神注云雲和

桐譜　九

山名也空桑山又大司樂云空桑之琴瑟注云空桑山名也此言雲和空桑山之桐耳可為琴瑟以禮天神地祇也寒山張協七命云寒山之桐出自太冥含黄鍾以吐幹據蒼岑而孤生又云晞三春之溢露遡九秋之鳴飈零雪寫其根霏霜封其條木既繁而後緑艸來環而先凋剪葳蕤之陽柯剖大呂之陰莖注云太冥北方也其有驃國吹臺所生之類備于襍說篇中此不具也

采斫第六

夫別地之肥瘠辨木之善否明長育之法識栽接之宜者惟山家流能之然至其長養剝斫之術多不能盡之蓋只知其長養之道而不詳乎器用所妨者今山家凡剝樹之枝悉皆去枝二寸或尺餘云免為雨所灌損而不知槁椿長則皮不能包矣迨至材巨槁椿方没却反引水自灌及取用之時以斧鋸刃之即槁椿腐而所置器者必為空穴矣良由去之不早耳凡長桐木三二春其岐枝可以竹夾去之竹夾不能及則緣身而上用快刀去之其去之務令與身相平

桐譜　十

勿留餘枿不二三春自然皮合矣至大而用之則無腐穴之病于其中也岐枝只候長五寸便可折矣亦無留嫩椿則萌矣夫豈惟桐乎斫諸木者亦可平身而去但人自昧耳桐材成可為器其伐之也勿高留焉椿上而取之若在山岩險絕之地遂塢坑崖之處其倒之則必拗驚折裂撲傷體理以其勢不可以絜故也如法之伐宜當所伐之下斧破之上用巨繩纏縛一尺有餘則免折裂之虞矣復用繩牽之俾向上山而從仍先去其臨險之枝則亡撲損之害矣不然

則周鋤其下以斧悉斷其根則其倒也無二者之患然臨事籌計知出於匠氏但貴其勿傷爲善者也凡諸材之用其伐必當八九月伐之爲良不爾必多蛀虫惟桐木無時焉

器用第七

古今匠氏爲小大之器度而用之其可貴者則必云烏桿白楊梓楙圭櫧山桃白石檮栗楩柟松栢椅桼之類善則善矣然而采伐不時則有蛀虫之害焉漬濕所加則有腐敗之患焉風吹日曝則有坼裂之變

焉雨濺泥淤則有枯蘚之體焉夫桐之材則異於是采伐不時而不蛀虫漬濕所加而不腐敗風吹日曝而不坼裂雨濺泥淤而不枯蘚乾濡相兼而其質不變楩柟雖類而其永不敵與夫上所貴者卓矣故施之大廈可以爲棟梁桁柱莫比其固但雄豪侈靡貴難得而尚華藻故不見用者耳今山家有以爲桁柱地伏者諸木屢朽其屋兩易而桐木獨堅然而不動斯久效之驗矣又世之爲棺槨其取上者則以紫沙楙爲貴以堅而難朽不爲乾濕所壞而不知桐木爲之尤愈於沙木沙木齧釘久而可脫桐木則粘而不銹久而益固更加之以漆措諸重壤之下周之以石灰與夫沙楙可數倍矣但識者則然亦非爲豪右所尚也凡用琴瑟之材雖皆用桐必須擇其可堪者周禮取雲和龍門空桑之桐爲琴瑟陶隱居云惟岡桐與白桐堪作琴瑟書曰嶧陽孤桐風俗通云生岩石之上采東南孫枝以爲琴是擇其泉石向陽之材自然其聲清雅而可聽蔡伯喈聞爨下桐聲取以爲琴號曰焦尾則知桐之材有賢不肖皆混而無別惟賞

音者識之耳凡白花桐之材以爲器燥濕破而用之則不裂今多以爲甑杓之類其性理慢之故也紫花桐之材文理如梓而性緊而不可爲甑以其易坼故也使尤良焉餘桐之材但有名耳不入棟梁棺槨器具之用矣今之僧舍有刻以爲魚者亦白花之材也匠氏之用尤喜紫花者白花澁而難光紫花緊而易光滑故也

雜說第八

魏明帝猛虎行曰雙桐生枯井枝葉自相加通泉溉

其根玄雨潤其柯王逸少曰木有扶桑梧桐松栢皆受氣淳於群類者也莊子云空門來風桐乳致巢注門戶空風喜投之桐子似乳者葉而生鳥喜巢之易緯曰桐枝濡毳而又空中難成易傷須成器而華新論曰神農皇帝削桐爲琴風俗通曰梧桐生於嶧陽山岩石之上采東南孫枝爲琴聲清雅莊子曰外子之神勞子之精則倚樹而吟據梧而瞑注云勞困故耳呂氏春秋曰成王與唐叔虞燕居剪桐葉以爲圭曰以此封汝淮南子曰智者有所不足故桐不可以

爲弩遁甲曰梧桐不生則九州異君梧桐以知日月正閏生十二葉一邊有六葉從下數一月有閏則十三葉視葉小者則知閏何月也不生則九州異君崔綺七竇曰爰有梧桐生於玄溪傳根朽壤托險生危淮南子曰桐木成雲注云取十石瓮滿以水置桐其中蓋之三四日氣如雲作莊子曰鵷鶵發南海而飛于北海非梧桐不止非竹實不食名山志曰吹臺有高桐皆白闈嶧陽孤生方此爲劣淮南子又曰以巨斧擊桐薪不待利日良時後而破之加斧桐薪之上

而無人力之奉雖順招搖刑德而不能破無其勢也論衡曰李子長爲政欲知囚情刻桐象囚形鑿地爲坎臥木囚其中囚若正木囚不動若有冤木囚動出蓋人之精誠着木人也古詩曰井梧栖雲鳳又曰倚梧傾高鳳孟子曰拱把之桐梓人苟欲生之皆知所以養之者至於身而不知所以養之者豈愛身不若桐梓哉弗思甚也今有場師舍其梧檟養其樲棘則爲賤場師矣廣志曰驃國有白桐木其葉有白毳取其毳淹漬緝織以爲布齊地記曰齊城有梧臺即梧

宮也齊書曰豫章王於郡起山列種桐梧武帝幸之置酒爲樂瑞應圖曰王者任用賢良則梧桐生於東廂禮斗威儀曰君乘火而王其正平梧桐長生述異記曰梧桐園在吳夫差舊國一名琴川梧園在句容縣傳曰吳王別館有楸梧成林焉古樂府云梧宮秋吳王愁是也秦記曰初長安謠曰鳳凰鳳凰止阿房苻堅遂於阿房城植桐數萬株以待之其後慕容冲入阿房城而止焉冲小字鳳也晉書武帝時臨平岸崩出一石鼓打之無聲張華曰可以蜀中桐木刻魚

形扣之得鳴如其言果聲聞數十里後漢書蔡邕在吳吳人有燒桐以爨者邕聞火裂之聲知其良木也因請裁爲琴果有美音故詩人名之曰焦尾琴齊書曰王晏爲員外郎父普曜齋前松樹忽成梧桐論者以爲梧桐雖有栖鳳之美而失後彫之節晏後果不終高僧傳曰僧瑜幼入釋門擔薪欲焚身以宋孝建中集薪爲龕請僧設齋禮别而入火中經三日而瑜房内忽生雙桐樹根枝豐茂欝翠非常道輩異之號爲雙桐沙門

記誌第九

西山植桐記云咸聱子陳翥子翔少漸義方訓涉孤哀淪于季孟㦖疾否滞十有餘年蝎蠹木虚根枝不附志願相畔退而治生至慶曆八年戊子冬十有一月於家後西山之南始有地數畆東止陳謝西止柴横凡東西延二十丈有奇南止弟翊北止兄翦凡南北袤十丈有奇自十二月至于皇祐三年辛卯冬澆而植之凡數百株南栽戟榆以累翊北樹槿籬以分翦餘桐皆布於内靡有列也未植前斫其地有圃者至而問曰將胡爲乎余答曰植桐于其中圃者哄曰得利之速植桐不如植桑之博矣余應之曰吾非不知衣食之源爲世所急但足而已夫仲尼豈不能明老圃之業乎下惠豈不能爲盜跖之事乎苟議利而後動誠聖賢之所不取亦吾心之所未能也翌日將植撫而視之曰爾其材森森直而理敷榮朝陽立而不倚梧將激清風將其聲聽之以爲古琴之操焉爾其葉萋萋綠而繁應時開落不爲物頑吾將招君子游其下樂之以待靈鳳之栖焉又曰吾今四十以俟

我數十年當斵爾爲周身之具斯吾植之心也因書爲植桐記西山桐竹志云慶曆八年冬十有一月咸聱子陳翥治地數畆于山之南其下舊有水竹之茁陳子以厥土惟黄壤非桑之宜堪桐與竹耳始其謀而童氏謂曰吾謂植數畆桐竹不如植桑且以桑一年一葉貨之以買桐竹可數倍矣桐竹豈爲生之急務乎陳子默然不對卒皆植桐與竹而已自謂曰農圃之事余豈不能爲哉苟有白圭陶朱之術以致富而亡白圭陶朱之心誠一聚禍之林藪窩宅耳昔齊

豫章王於郡起山列種桐竹號桐山武帝幸之置酒爲樂吾雖布衣孤而乏否亦心有所好焉夫竹歲寒不彫所以堅志性之操也桐識時之變所以順天地之道也俟桐茂竹盛則當列坐石命交友談詩書論古今以招涼乎其下豈有期我桑中之刺哉俾後之好事者觀之知陳子雖無桑子起家之能亦有虛心待鳳之意其豫章子猷之儔乎乃自號桐竹君既爲植桐記又作桐竹誌以盡之云

詩賦第十

植桐詩 并序

書曰嶧陽生桐詩云椅桐梓漆謂其可以爲清廟之雅器含太古之正音也然自非蔡伯喈之奇識張茂先之博物亦竈下之勞薪林中之常木耳慶曆八年冬予手植兩行八十株于西山之南因爲植桐詩云

桐竹君詠 并序

吾年至不惑命乖強仕壙筦不合遂成支離始有數畝之地于西山之南乃植桐與竹伯仲背竊哄之以爲不能爲農圃之事而不知吾無錐刀之心不追於世利但將以游焉而至其中休焉而坐其下可以外塵紛邀清風命詩書之交爲文酒之樂亦人間之逸老壺中之天地也乃自號桐竹君又爲之詠云高桐臨紫霞修篁拂碧雲吾常居其間自號桐竹君不解倣俗利所希脫世紛會友但文學啓談皆典墳爐竈機巧徒反道是胡云

西山桐十詠 并序

吾始植桐于西山之陽議者誚其治生之拙及數年桐茂森然可愛而詆復私羨之始知桐之易成耳因作西山桐十詠識所好也

桐栽曰吾有西山桐楯之未盈握所得從野人移來出喬嶽節凝去聲葉尚祕根凍土自剗匪爲待雛鷃庸將栖鸞鷟

與日成茂林論材誰見擢巨則爲棟梁微亦任楹桷仍堪雅琴器奏之反淳朴大匠如顧怜委軀願雕斵

桐根曰我有西山桐蚤膦桃與李得地自行根受芘踰高壘上濯春雲膏下滋醴泉髓盤結佯循環岐分類肢體乘虛肌體大憤漲土脈起扶疏向山壤蔓衍出林址願借久深固無爲伴生死死議大厦材合抱由滋此

桐花曰我有西山桐桐成茂其花香心自蝶戀縹縹帶無遮華白含秀色粲如凝瑤華紫者吐芳英爛若舒朝霞素柰未足擬紅杏寧相加世但貴丹

藥天艷妾驕奢歌管繞庭檻翫賞成今誇倘或求美
材爲爾長吁嗟梱葉曰吾有西山桐下臨百丈溪布
葉雖遲遲庇本亦萋萋容類張翠握青堪剪封圭滑
澤經日久濡毳隨幹躋迎風帶影動墜雨向身低寧
隱凡鳥巢自蔽儀鳳栖松栢徒爾頑湳柳空思齊但
有知心時應候常弗迷桐乳曰吾有西山桐厥實狀
如乳含房隱綠葉致巢來翠羽外滑自爲穗中犀不
可數輕漸曝秋陽垂卽濡綿雨霜後感氣裂隨風倒
煙塢雖非松栢子受命亦於土誰能好琴瑟種之向

春圃始知非凡材諸核豈余伍桐孤曰高梧巳繁盛
蕭蕭西山隴毳葉竟開展孫枝自森聳擅美惟東南
滋榮藉萋萋不能容燕雀只許栖鸞鳳寧入吳人爨
堪隨伯禹貢雨露時加潤霜雪胡爲凍況有奇特材
足任雅琴用中含太古音可奏清風頌桐風曰分材
植梧桐桐茂成翠林日日來輕風時時自登臨拂拂捈
動微毳吹葉破圓陰虛涼可解慍皷拂如調琴莫傳
獨鵲號願送栖鳳吟豈羞楚襄王蘭臺堪披襟亦陋
陶隱居高閣聽松音無爲摇落意慰我休閒心桐陰

曰枝軟自相交葉榮更分茂所得成清陰仍宜當白
晝陰疑翠帟展翳若繁雲覆日午密影疊風搖碎花
漏冷不蔽空井高堪在庭甃吾本閒野人受樂忘勢
疚亭亭如張蓋翼翼如層構月夕獨徘徊猶思一重
覆桐徑曰時人羨桃李下自成蹊徑而我愛梧桐亦
以成乎性中平端隧道還往非遼夐直入無欹斜横
延亦徑挺月夕照影碎春暮花光映清朝濛露濕落
日隨烟暝不使艸蔓滋任從根裂迸堪詣蔣詡徒惟
任蓬蒿盛桐賦并序始吾植桐與竹于西山南見葥

乎天倫間以謂拙難於生計不如桑柘果實之木有
所利吾决而遂其志乃自號桐竹君以固而拒之又
作西山桐詩十二首復掇其詩之餘次而爲賦所以
伸植之之心也其辭曰伊梧桐之柔木生崇絶之高
岡盜天地之淳氣吐春冬之奇芳借濡潤於夕墜藉
和煖於陰陽緜歲月之久持森欝茂而延昌爾其溪
隙千仞岩空百丈增巘岌以周列重峯業其相向勢
崔嵬而峭且峻形嶇嶮而不可上崖嶮巇以無土壑
嶒崚而弗敞枝上拔而雖榮根下朶而不長迅雷疾

風之所飄擊湧濡飛霤之所滌蕩蒙苦霧而含瞑鍊慭雲於寫望霏霜封條而欲折積雪擁根而致頹枝蠹則中間節傷則液滿同枌棘以凋殺禳樞榆而蒼莽於是哀狖晨吟飢梟夜啼熊狐傍宿麏麚下躁悲號吽嘯回惶慘悽勇夫聞之而心碎山鬼詩之而晝迷寒鵬啄鷹以之游集妖烏怪鵩以之安栖盜人迹罕履故物類來萃材雖具不見用於匠氏根巳固故不可以移陟其或春氣和木向榮飛子結孕其柢抽萌條毿毿以嫩聳葉茸茸而綠成木弄離而自茂氣

猶缺而未英當斯時也吾孤且否人無我諳既支離而不煖始有地于西山之南遂忘刻銚任情意命鏤以雉艸向陽以避地列行行之坑坎有鱗鱗之位次廓以梧桐植而異群類也由是召山叟訪場師披榛棘之叢薄陟峰巒之險危望椅梓以相近求拱把而見移全根本之延蔓撑材幹之珍奇廼築地以森植亦分株而對之俾底道之矢直鄰左右之器欹邁夾道之細柳類通衢之高椅累歲時而茂盛發花葉之繁滋上膏泉液以澤乎根春風夏雨以長其枝晨霞暮雨以蔭其榦清露薄霧以潤其肌陽烏舒煖以條布陰兎飛光而影垂佳庭雪之難積儼若霜之易晞是以其上則鴟鴞鷙鶻之所不敢栖也其下則騰猿飛猵之所不獲息也結藤垂蔓莫得而依也犇泉依瀨亡由而及矣故遠而望之而列戟與排矛郎而懇之若綠幄與翠裯將以集鸞鶯鳴飄鷗翫之以興詠聽之以消憂於是招直諒之賓命端善之友坐萋萋之陰蔭論詩書之盛否逍遥乎志氣宴樂以文酒賞茲桐之森森玩桑柘之黝黝彼槐櫰婆娑樗傷擁腫

一則爲蠹其生意一則嗟無其器用未若葉中藥餌材堪梁棟雲和曾入於周制嶧陽乃隨於禹貢有名實以相副豈虛偽以動衆吾將采東南之孤枝創疏白之雅琴絃以檿桑之絲徽以雙南之金同夔牙以揮皷並鍾期而側聆追淳風於先德寫太古之遺音使紂桀之樂慚靡鄭衛之聲愧淫非鏗鏘也不足以傾鄙夫之耳有幽靜也自可以悅君子之心桐竹君乃神寬清心志和以道自任孰知其它據高梧以釋傺中素臆以長歌歌曰蒿艾茂郁兮芝蘭不馨柞櫟

芬芳兮楩枏不亨苟毀方以趨勢兮雕棫樸而見稱
儻容援之云依兮雖楸梓而弗名且斥遠於匠石兮
終見委於林衡自樂天以知命兮故無慮而自營歌
卒辭曰周翫沉吟自斷復以餘音系而爲亂曰貴遠
賤近時之宜兮衆咸去朴爭華僞兮花葉不能資耳
目兮于實無堪充口腹兮人誰采用到林麓兮雖材
還同不材木兮無顧終身老林泉兮器與不器居其
間兮梓桐放懷事都捐兮優游共得終天年兮

竹譜

晉 戴凱之

植類之中有物曰竹不剛不柔非草非木

山海經爾雅皆言以竹爲草事經聖賢未有改易然則稱草良有難安竹形類既自乖殊且經中文說又自背詭經云其草多族復云其竹多簹又云雲山有桂竹若謂竹是草不應稱竹今既稱竹則非草可知矣竹是一族之總名一形之偏稱也植物之中有草木竹猶動品之中有魚鳥獸也年月

久遠傳寫謬誤今日之疑或非古賢之過也而此之學者謂事經前賢不敢辯正何異匈奴惡郅都之名而畏木偶之質耶

小異空實大同節目

夫竹之大體多空中而時有實十或一耳故曰小異然雖有空實之異而未有竹之無節者故曰大同

或茂沙水或挺巖陸

桃枝篔簹多植水渚篁篠之屬必生高燥

條暢紛敷青翠森肅質雖冬蒨性忌殊寒九河鮮育

五嶺實繁

九河即徒駭太史馬頰覆釜胡蘇簡絜鉤盤鬲津禹所導也在平原郡五嶺之說互有異同余往交州行路所見兼訪舊老考諸古志則今南康始安臨賀爲北嶺臨漳寧浦爲南嶺五部界内各有一嶺以隔南北之水俱通南越之地南康臨賀始安三郡通廣州寧浦臨漳二郡在廣州西南通交州或趙佗所通或馬援所併厥跡在焉故陸機請伐

鼓五嶺表道九眞也徐廣雜記以剡松陽建安康樂爲五嶺其謬遠矣俞益期與韓康伯以晉典所統南移大營九岡爲五嶺之數又其謬也九河鮮育忌隆寒也五嶺實繁好殊温也

萌筍苞籜夏多春鮮根榦將枯花復乃縣

竹生花實其年便枯死復竹實也復音福

箹必六十復亦六年

竹六十年亦易根易根輒結實而枯死其實落土復生六年遂成町竹謂死爲箹箹音紂

籦龍之美爰自崑崙

籦龍竹名黃帝使伶倫伐之於崑崙之墟吹以應律聲譜云籦龍大竹此言非大小之稱笛賦云籦龍非也自一竹之名耳所生若是大竹豈中律管與笛

員丘帝竹一節爲船巨細已聞形名未傳

員丘帝俊竹一節爲船郭注云一節爲船未詳其義俊即舜字假借也

桂實一族同稱異源

桂竹高四五丈大者二尺圍濶節大葉狀如甘竹而皮赤南康以南所饒也山海經云靈原桂竹傷人則死是桂竹有二種名同實異其形未詳

䉶九勁薄博矢之賢

䉶細竹也出蜀志薄肌而勁中三續射博箭䉶音衛見三倉

篁任篙笛體特堅圓

篁竹堅而促節體圓而質堅皮白如霜粉大者宜行船細者爲笛篁音皇見三倉

竦竹騈深一叢爲林根如推輪節若束針亦曰笆竹
城固是任篾筍既食鬚髮則侵
竦竹生交州諸郡叢生有數十莖大者二尺圍肉
至厚實中　人破以爲弓援節皆有刺彼人種以
爲城卒不可攻萬震異物志所稱爲藩落阻過層
墉者也或卒崩根出大如十石物縱横相承如繆
車一名笆竹見三倉筍味落人鬚髮
單體虛長各有所育
單竹大者如腓虛細長爽嶺南之人取其筍未及

竹譜　八　四

竹者灰煮績以爲布其精者如穀焉
苦實稱名其亦無目
苦竹有白有紫而味苦其竹似篁而茂葉下節味
甘合湯用之此處處亦有
弓竹如藤其節郄曲生多附土立則依木長幾百尋
狀若相續質雖含文須膏乃縟
弓竹出東垂諸山中長數十丈每節柧曲既長且
軟不能自立若遇木乃倚質有文章然要須膏塗
火灼然後出之篾附竹上出也

厥族之中蘇麻特奇修榦平節大葉繁枝凌群獨秀
蓊茸紛披
蘇麻竹長數丈大者尺餘圍槪節多枝叢生四枝
葉大如履竹中可愛者也此五嶺左右偏有之
篔簹射筒篻簩桃枝長爽纖葉清肌薄皮千百相亂
洪細有差
數竹皮葉相似篔簹最大大者中甑笋亦中射筒
薄肌而最長節中貯箭因以爲名篻簩葉薄而廣
越女試劒竹是也桃枝是其中最細者並見方志

竹譜　八　五

賦桃枝皮赤編之滑勁可以爲席顧命篇所謂篾
席者也爾雅釋草云四寸一節爲桃枝郭注云竹
四寸一節謂桃枝余之所見桃枝竹節短者不兼
寸長者或踰尺豫章偏有之其驗不遠也恐爾雅
所載草族自别有桃枝不必是竹郭注加竹字取
之謬也山海經云其木有桃枝劒端又廣志層木
篇云桃枝出朱提郡曹爽所用者也詳察其形寧
近於木也但未詳爾雅所云復是何桃枝耳經雅
所說二族決非作席者矣廣志以藻爲竹是誤後

生學者徃徃有爲所誤者耳

相繇既戮厥土維腥三堙斯沮尋竹乃生物尤世遠畧狀傳名

禹殺共工相繇二臣膏流爲水其處腥臊不植五穀禹三堙皆沮尋竹生焉在崑崙之北南嶽之山見大荒北經中

般腸實中與笆相類於用寡宜爲筍殊味

般腸竹生東郡緣海諸山中其筍最美云與笆竹相似出閩中並見沈志其形未詳

筋竹爲矛稱利海表槿仍其幹刃篩其杪生於日南別名爲䈚

筋竹長二丈許圍數寸至堅利南土以爲矛其筍未成竹時堪爲弩絃見徐忠南中奏劉淵林云夷人以史䈚竹爲矛余之所聞即是筋竹豈非一物而二名者也

百葉參差生自南垂傷人則死醫莫能治亦曰篣竹厥毒若斯彼之同異余所未知

百葉竹生南垂界甚有毒傷人必死一枚百葉因以爲名沈志劉淵林云篣竹有毒夷人以刺虎豹中之輒死或有一物二名未詳其同異

簹與由衙厥體俱洪圍或累尺簹實衙空南越之居梁柱是供

簹實厚肥孔小幾於實中二竹皆大竹也土人用爲梁柱簹竹安成以南有之其味苦俗號簹由衙竹交州廣志云亦有生於永昌郡爲物叢生吳郡賦所謂由衙者篔簹音雹性柔弱見三倉

竹之堪杖莫尚於篩䃰硐不凡狀若人功豈必蜀壤

亦產餘邦一曰扶老名實縣同

篩竹高節實中狀若人刻爲杖之極廣志云出南廣邛都縣然則邛是地名猶高梁堇張騫傳云於大夏見之出身毒國始感邛杖終開越巂越巂則古身毒也張孟陽云邛竹出興古盤江縣山海經謂之扶竹生尋伏山去洞庭西北一千一百二十里黄圖云華林園有扶老三株如此則非一處賦者不得專爲蜀地之生也禮記曰五十杖於家六十杖於鄉者扶老之器也此竹實既固杖又名扶

老故曰名實縣同也
䈇篔二族亦甚相似杞髮苦竹促節薄齒東物體柔
殆同麻枲
䈇篔二種至似苦竹而細軟肌薄䈇筍亦無味江
漢間謂之苦䈇見沈志䈇音聊篔音禮齒有文理
也
䈪竹所生大抵江東上密防露下疎來風連畝接町
竦散崗潭
䈪竹亦大薄肌白色生江南深谷山中不聞人家

植之其族類動有頃畝典錄賀齊傳云討建安賊
洪明於䈪竹䈪竹以名地猶酸棗之名邑豫章之
名邦者類是也
雞脛似篁高而笋脆稀葉梢杪類記黃細
雞脛篁竹之類纖細大者不過如指疎葉黃皮彊
肌無所堪施笋美青斑色綠沿江山崗所饒也
狗竹有毛出諸東裔物類衆詭千百不計
狗竹生臨海山中節間有毛見沈志
有竹象蘆因以爲名東甌諸郡緣海所生肌理勻淨

筠色潤貞凡今之篪匪兹不鳴
此竹膚是蘆出揚州東垂諸郡浙江以東爲甌越
故曰東甌蘇成公始作篪似於今篪故曰凡今之
篪
會稽之箭東南之美古人嘉之因以命矢
箭竹高者不過一丈節間三尺堅勁中矢江南諸
山皆有之會稽所生最精好故爾雅云東南之美
者有會稽之竹箭也非總言矣大抵中矢者雖多
此箭爲最古人美之以首其目見方言是以楚俗

伯細箭五十跪加莊王之背明非矢者也
箘簬載籍貢名荆鄙
箘簬二竹亦皆中矢皆出雲夢之澤禹貢篇出荆
州書云厎貢厥名言其有美名故貢之也大較故
是會稽箭類耳皮特黑澁以此爲異呂氏春秋云
駱越之箘然則南越亦產不但荆也
篃亦箘徒概節而短江漢之間謂之䉪竹
山海經云其竹名篃生非一處江南山谷所饒也
故是箭竹類一尺數節葉大如履可以作迷亦中

作矢其筍冬生廣志云魏時漢中太守王圖每冬獻筍俗謂之簌笴簌苦怪反

根深耐寒茂彼淇苑

北土寒氷至冬地凍竹根類淺故不能植唯簌根深故能晚生淇園衛地殷紂竹箭園也見鮑彪志淮南子曰烏號之弓貫淇衛之箭也毛詩所謂瞻彼淇奥綠竹猗猗是也

篁篠蒼蒼接町連篁性不卑植必也崇崗喻矢稱大出尋爲長物各有用稀之最良

篁篠中掃箒細竹也特異他篠見廣志至大者不過如箭長者不出一丈根杪條等下節生惟高陰動有町畝廬山所饒也掃箒之選尋陽人往往取下都貨焉

又有族類爰挺嶧陽懸根百仞竦幹風生簫笙之選有聲四方質清氣亮衆管莫伉

魯郡鄒山有篠形色不殊質特堅潤宜爲笙管諸方莫及也笙賦云所謂鄒山大竹嶧陽孤桐此山特能貞絶也

亦有海篠生於島岑節大盈尺幹不滿尋形枯若筋色黃如金徒爲一異罔知所任

海中之山曰島山有此篠大者如筋內實外堅拔之不曲生既危埆海又多風枝葉稀少狀若枯筋質雖小異無所堪施交州海石林中偏饒是也

赤白二竹還取其色白薄而曲赤厚而直沅澧所豐餘邦頗直

頗少也俗曰白鹿竹亦可作簟潯陽郡人呼爲白木竹燥時皮肉皆赤武陵溪中是所豐足也

肅肅篃簹嬰嬰潛植擢筍於秋冬乃成竹無大無小千萬修直簞幕內蒿綉文外施

篃簹竹大如腳指堅厚修直腹中白幕闌隔狀如濕麵生衣將成竹而笋皮未落輒有細蟲齧之隕籜之後蟲齧處往往成赤文頗似綉畫可愛南康所生見沈志也

箛築誕節內實外澤作貢漢陽以供輅策

箛築竹生於漢陽時獻以爲輅馬策見南郡賦

浮竹亞節虛軟厚肉臨溪覆潦栖雲蔭木洪筍滋肥

可爲旨蓄

浮竹長者六十尺肉厚而虛軟節濶而亞生水次彭蠡以南大嶺以北徧有之其筍未出時掘取以甜糟藏之極甘脆南人所重旨蓄謂草萊甘美者可蓄藏之以候冬詩曰我有旨蓄可以禦冬

厥性異宜各有所育籠植于宛笭生于蜀

籠竹見南郡賦笭竹見蜀都賦

細篠大篛

書云篠簜既敷鄭玄云篠箭簜大竹也

竹之通目玄名統體譬牛與犢人之所知事生軌躅

車迹曰軌馬迹曰躅

赤縣之外焉可詳錄臆之必之匪邁伊矚

鄒子云今四海謂之瀛海瀛海之内謂之赤縣瀛海之外如赤縣者復有八故謂之九州非禹貢所謂九州也天地無邊蒼生無量人所聞見因軌躅所及然後知耳豈何足云若耳目所不知便斷以不然豈非愚近之徒者耶故孔子將聖無意無必莊生達邁以人所知不若所不知豈非苞鑒無窮師表群生之謂乎

續竹譜

元　劉美之

蜀土有狀若垂釣俗名釣絲竹也

毛竹生武夷山李義山詩云安得流霞酒一杯空中簫鼓當時回武夷洞裏毛生竹老盡玄孫不更來

方竹生嶺外大者如巾筒小者如界方

瑞竹合歡發地尺餘分爲兩竿

沙摩竹生桂嶺一人止可擎一竿欲種則鋸其苗截二尺許釘入土不踰月而生根葉期年長芽筍不三

載而爲林

䈽竹葉疎而大一節相去五六尺南人取嫩竹細破捶漚之織而爲布

篤竹皮上有文可爲錯子錯甲利勝於鐵若鈍以漿洗之還復快利

北戶錄云貞元年有鹽戶犯禁逃于羅浮山深入第十三嶺南越志云本即有羅山忽海訛有小浮來相合是曰浮山有五嶺三十峯九百六十瀑泉城中無出其右也見巨竹千萬竿圍皆二丈餘有三十九節節凡二尺許逃者遂伐一竿破以爲筏會赦遂挐以歸有人得一筏奇之獻之太守李復乃圖而記之今海南以竹爲甑者屢見之矣皆羅浮之竹也

斑竹世傳二妃將沉湘水望蒼梧而泣灑淚染竹成斑

黃竹穆天子作詩三章以哀民謂之黃竹之歌

紫竹其莖如染出青城蛾眉山可作笙竽簫管

櫻竹蜀中多有之皮葉皆似櫻亦謂之桃竹

猫兒竹長沙有之下豐上細其笋甚甘美大者重千餘斤

斑竹出峽州宜都州縣飛魚口大者不過寸鮮美可愛

顧凱之竹譜云南嶺實頗有毛竹箬竹青皮竹木竹釣魚竹桃竹越王竹越根生石上細莜高丈餘以其青色者用爲竹籌越王弃余算而生焉

簕竹即節上有刺南人呼刺爲簕邕州舊以爲城蠻蛩來侵意不能入即簕竹也

筍譜卷上

吳僧贊寧

一之名

筍者竹之萌也竹根曰鞭鞭節之間孔贅而生者竹屬兼草而木偕少陽之氣歘故初種根食土而下求乎母也

母水也而潤下得水而生也

及擢筍冒土而上愛乎子也

子火也而炎上鑽竹而生火也

皆自然之性也竹盛高平之地黃白息壤即是所宜也

得山阜艮下田傷水則死矣

凡植竹正月二月引根鞭必西南而行

負陰就陽也

諺曰東家種竹西家理地謂其滋蔓而來生也其居東北隅者老竹也老種不生生亦不滋茂矣宜用稻麥糠糞之不可饒沃植之開坑深二尺許覆上厚五寸除瓦石軟柔之土爲嘉大抵竹八月俗謂之小春暑欲去寒欲來氣至而涼故曰小春往往木有花草有荂竹得是氣也根伸而達亦謂爲鞭行鞭頭爲筍俗謂之傷筍

言傷者音訛也二筍也亦如花再生花也二果二菓亦同也

今吳會間八月鄉人往往掘土採鞭頭爲筍向市而鬻然終傷損春筍而且害竹母凡百穀各以其初生爲春熟爲秋若筍以鞭行時分芽處白月爲春

始生也用夏正

及乎外苞內質冒土而生當二三月爲秋

爲成熟時也然有四時之筍則春秋不定也許愼

說文云竹冬生也

釋草云筍竹萌郭璞注竹初生也孫炎云竹初生曰萌生謂之筍許孫之說始冒土者爲萌萌芽也生長挺挺然爲筍也尚書孔傳筍篛竹也詳孔之說篛竹白篛也白篛之類越多爾雅說芙蕖莖下本蕃郭注曰蔤莖下白亦可食篛在泥中也周禮說蒲葅亦蒲之篛也謂蒲始生取其中心入地篛大如七柄正白

噉之甘脆也凡草木有白蒻嫩而堪食者皆曰白篛也今孔安國云篛竹爲筍已過爲竹未勁故謂爲篛竹也合言竹之篛篛即見白也所言篛者幼弱也加草者篛濫也箈箭萌郭注萌筍也周禮箈菹雁醢箈菹即以箭筍鹽藏爲菹實於籩豆中也虇蘆筍也爾雅炎薍其萌虇郭注江東呼蘆筍爲蘆虇然則萑葦之類其初生者皆名虇也如是者只有多名也

一名筍

生成謂之筍

一名萌

初生謂之萌言絕篛也

一名篛竹

土内皮中謂之篛也

一名箈

箭竹萌即會稽箭筍也

一名虇

蘆葦之初生總名虇萌今沙岸潮濤汨漱蘆葦荻亂根露白皙然濯而食之味甜且脆詳虇名芽也

今江東人言虇牙之事是也

一名竹胎

出說文然筍芽之時卷葉左右重重然旋露節而實終露外際擁苞裹而生堅勁爲竹故謂之竹胎也

一名竹牙

即牙目之牙也

一名茁

謂竹萌初生茁茁然故殊方音訓之名也

一名初篁

初始也篁竹也見梁簡文帝集

一名竹子

張華神異經注子筍也

前之諸名別同異分少長也厥狀可尋而識也字體說文云凡竹屬皆從竹今筍二形下聲或作笋筭悉通叅旬尹聲相濫耳

二之出

周易震主蒼筤竹所生蒼筤筍若然者既得木少陽

之氣而弱亦負陰而就陽爲草則勁而殭耳

周禮揚州之利竹箭亦有篠蕩之別名矣舉成數實物也惟筍竹萌也皆四月生也

此據洛陽土中嵩少之間四月方生及泰隴終南皆四月生也

笆竹筍

八月生盡九月成都蜀地有別受氣類一云笆竹而竹與筍俱有刺芒也

鄖竹筍

長節而深根筍冬夏皆生鄉人掘土取筍廣志作篃竹可作屋椽山海經同也

箭筍

十二月生會稽以來諸山絕多或叢生或蔓延可如筋大長三四寸

篙箭筍

自甌越以南七月生至八月盡

鷲筍

錢塘多生其色紫苞當其鷲至時生故俗謂鷲筍

天目筍

五月生盡六月其筍色黃出天目山端午後方採鷰旱歲則無

竹王林筍

漢武世一女浣於滕水見竹節隨流近女子推去又來聞有音聲持歸破之得小兒男也及長以竹爲姓立以爲王其竹棄之於野化生成林其筍窖窖冒土南地熱其筍多冬生

桃竹筍

涪陵相思崖生此竹昔有童子在崖下吹竹神女見悅之投以桃竹釵童子報之以篾今桃枝與竹皆生崖畔其筍生亦柔弱有異因號崖爲相思也

孤竹筍

襄陽薤山下有孤竹三年方生一筍及筍成竹竹母已死矣代謝如春秋焉又周官曰孤竹之管孫竹之管陰竹之管鄭注曰孤竹特生者孫竹根之末生者陰竹生山北者今詳孤竹特生獨生筍者即子母不相同孫竹根鞭生筍者陰竹山北引鞭

晩生筍者也

旋味筍

一名苦蕭筍福州南一日程多生苦竹春則生筍鄉人煮食甚苦而且澁及停久則味還可食故曰旋味筍

簗竹筍

出交趾其爲竹也實中勁彊有毒彼土人銳以刺虎中之則死筍亦內實

桂竹筍

山海經云桂竹甚毒傷人必死戴凱之竹譜云同山海經今未詳桂竹狀貌筍亦難識今恐簗筍異名實也彝堅不同此例然彝與簗信譜而錄即應今可食者早晩桂筍所以不同也

䈡竹筍

生海畔山而竹與筍悉有毛傷人則死泊船海嶼愼勿取毛筍食又有箻筍同此毒廣志云䈡竹堪作笛既有毒豈可作笛此同名而殊實也

篣竹筍

竹本根長千丈斷節爲大船生海畔山其竹萌可數丈猶爲筍也

簩竹筍

其竹皮薄而空多大者徑不過二寸皮上有麤澁文可爲錯鑢物并爪甲利於鐵作者若用久鈍則漿水洗還復快利其筍無肉今詳微多毛猶或殺人豈況麤可鑢筍皮亦澁理而可食乎一云簩竹一枝百葉有毒

篠簜筍

尚書曰揚州厥貢篠簜孔注云篠竹箭簜大竹禹貢揚州任土或曰今揚州絶少篠簜竹箭中爲矢者臨川會稽爲良非也曾不知夏禹時揚州土疆南極交廣皆一分據近代分撫越也箭筍易識簜筍名詁訓故未詳

荁筍

七月生至十月間縉雲以南多出然味苦而節疎筍可大於箭筍少許山人採劍以灰汁熟煮之都爲金色然後可食苦味減而甘食甚佳也

篌筍

出溫處建以來竹如苦竹長節而薄可作屋椽筍則春生可食

釣絲竹筍

南越多之竹本大如鼓形上節漸小高三四丈者若釣絲然筍下廣上銳味苦可食發病

木竹筍

今靈隱山中亦出中堅亦通小脈節內若通草中也筍堅可食今人採竹作杖可愛或與篛同類耳

邛竹筍

出蜀中臨邛故曰邛竹其筍春生羅浮山記曰邛竹本出邛山張騫西至大宛所得歸而此山左右時有之鄉老多以爲杖今羅浮山有筍生又早時候與蜀不同其竹節横出中間練杵形爲杖如木刻竹筍中實食美山海經云龜山扶竹注筇也節高實中扶也名之扶老行也與扶竹並節者不同

赤竹筍

出閩中大者如椽堪作彈織箔扇筍不壽

衛丘竹筍

山海經云衛於山丘南帝俊借音舜字竹林在焉大可爲舟郭注云舜林中竹一節可以爲船筍可知矣

籚竹筍

其爲竹也葉濶而利可用割物實箬類也筍苦亦可食出廬州

對青竹筍

竹則一邊青一畔紫二色相映可愛筍萌可食出成都近孟昶據蜀作對青竹亭焉

慈母山筍

丹陽記江寧縣南慈母山竹可以爲簫管王褒洞簫賦所稱即此也其筍圓緻異於餘處自伶倫采竹嶰谷其後惟此簳見珍俗呼鼓吹山常禁伐者筍則三月生可食

鍾龍竹筍

戴凱之竹譜云此竹伶倫所伐也其筍生可食

漢竹筍

譜云大者一節受一斛小者受數斗可爲榑榼其

筍一節可受二三斗味雖甘而澁

利竹筍

其竹蔓生若藤蔓屬實中而堅韌筍隨竹蔓而生亦實韌也

簢筍

爾雅云簢筡中郭注其中空今詳竹皆空中或自根至梢空中則無節竹也疑簢竹一名筡中一云其中叓曰筡可以爲席如此者則其竹内隔叓與常竹不同故云筡中爲筍嫩而節叓薄也

鄰竹筍

爾雅郭注堅中謂貞實與平常竹不同筍味同木竹筍

雲母筍

郭義恭廣志云雲母大竹也其筍亦相稱

箘筍簵筍

伊二本竹生荆楚間尚書荆州厥貢箘簵孔注箘簵美竹也出雲夢之澤三國常致貢焉天下稱美菘堪爲矢大者爲箏本毋旣曰美竹厥萌可曰美筍也

篡筍

廣志篡竹皮青肉白如雪軟韌可爲索字或從草從竹不定其筍皮青而筍肉皆白王子年拾遺記有篡竹作簫

少室竹筍

河圖曰少室之山大竹堪爲甑器其筍長偉堪食

渭川筍

史記曰渭川千畝竹其人與千戶侯等今詳史記舉其本而不言筍筍利利人厥富可儕等王侯也

筍晚四月方盛

鄠杜竹筍

漢書曰秦地有鄠杜竹林南山檀柘號陸海也鄠杜多竹而勁小西夏結乾筍豈不是乎

鏞竹筍

出廣州此木竹絶大内空容得三升許米交廣以來人將此作升子量出納其出黃可療風癎疾名天竹黃按竹黃名天竹言此竹大也亦猶天麻天

蔞言天大如云雀麥鼠莧言小也或曰天竺之竺非也詳其竹亦療風筍功可見也一說竹黃是南海邊竹內塵沙加於竹凝結成致竹兼筍皆療風疾

相迷竹筍

生廣州已來竹狀與鏞竹少異其洪長亦同內空生黃堪作丸筍減鏞筍少分

桃枝竹筍

其竹勁直柔弱可爲篾爲席尚書顧命竹席是也

其筍叢生其皮生毛聚蟲蟻而不可食人觀此竹是處有之王彪之閩中賦亦見矣

新婦竹筍

出武林山陰其竹圓直韌可爲篾筍則三月而生可食

筆竹筍

竹譜曰筆竹似桂而概節其筍可食

簞竹筍

沈懷遠南粵志曰博羅縣東蒼州足簞竹既大薄且空中節直二丈其直如松詳其竹直二丈猶爲筍而可食

雞頭竹筍

竹譜曰雞頭竹似篁而細筍亦可食堪茹

斑竹筍

博物志云舜死二妃淚下染竹成斑妃死爲湘水神故曰湘妃竹詳其筍脫其殼乃爲篛竹方生斑筍不可食

篃筍

竹譜云篃竹江漢間謂之竿䉢一赤數葉葉大如履可以作篷今詳葉如履即王彪之閩中賦云湘箬也其筍亦不大止是箬葉異諸竹耳又此竹與鄖竹同也

篔簹筍

曹毘湘中賦云其竹則篔簹今詳其筍亦洪大竹節長四尺

沛竹筍

神異經云南方荒中有沛竹其長百丈圍二丈五

六尺厚八九寸可以爲大船其子美煮而食之

白烏笋

湘中有此竹生是笋見魏曹毗賦又有實中竹即

實中笋麓屬也

魚腸竹笋

梁簡文修竹賦中見魚腸雲母之名曰映花靡等

今詳魚腸爲名必像實而作其竹細而屈笋亦可

以識矣

篁笋

八月生笋止十一月竹闊温已來多節疎鄉人候

抽長成竹梢弱正月時便斷之以火燎之逐重起

之可爲條而弱韌謂之竹麻泉州已去路傍多生

彼土人取逐節可八九尺堅捺之青皮纔爆内白

肉便爲麻即不見火謂之麻竹南中轉高長節疎

其笋皮黑紫色其心實人取細切鹽漬少頃以漿

水漬再宿瀝乾餅藏泥封謂之笋笴

掌摩笋

嶺表錄云桂廣皆殖大若茶椀竹厚而空小一夫

正擎一竿堪爲茆屋椽梁柱其種者欽其竿每截

二尺許打入土不踰月而生根葉明年長芽笋不

數歲成林其笋南人亦藏之爲笋笴

莿竹笋

嶺表錄云其竹枝上刺南人呼爲莿自根横生枝

條展轉如織雖野火焚燒只燎細枝嫩條其笋叢

生轉復牢密邕州舊以爲城蠻蜒來侵竟不能入

羅浮笋

羅浮山貞元中有人遊第十三嶺見巨竹有三十

九節二丈餘圍笋其牖直

雲丘帝笋

竹譜云帝陵上所生竹一節可以爲船笋大如本

匾竹笋

匡廬山中多其笋初出土便匾薄及成竹匾而長

今諸山中是處皆有之

箖箊笋

左思吳都賦曰竹則篔簹箖箊今詳其笋可食

射筒笋

見吳都賦吳越有之筍可食

簡簹竹筍

竹節疎而筍可食也

篻竹筍

其竹實中簩屬見吳都賦中筍堅大可食篻出部州華五六寸中爲弓弩筍堪食自秋生至于冬末春即不生矣

簕竹筍

天台圖經云五縣皆有言其竹韌也日南九眞亦生可作彈弓絃也

服傷筍

竹大者五六寸圍長二丈其中實滿筍至四月巳後方出味甚美

狗竹筍

寧海巳來多三寸圍節閒有毛筍三月生可食諸邑皆有之

篳竹筍

今春二月巳去吳越多生

扶竹筍

今武陵山西舊謂雙竹院中所產脩篁嫩篠皆對抽並脅相傳云茲竹自永泰巳來有之馮翊嚴諸爲其記王子敬竹譜云會稽箭竹錢塘扶竹蓋此雙竹即扶竹也譬猶東之地產桑兩兩並生謂之扶桑矣今詳是竹爲筍便有合歡貌並出愚嘗著扶竹賦

慈竹筍

四月生江南人多以灰煑食之其爲竹也內實而

節疎性弱而可代藤用其形緊而細又斬黃生叢竹一叢數竿筍不外迸只向裏生如多只可刪科內五六月長筍明年方成竹其筍不堪食

玳瑁竹筍

韓翊異物志曰弓竹以勧藤斑駁如玳瑁其筍脆殺而微有斑文也

龍牙竹筍

出永嘉大羅山其竹長四五尺稀節人取必有大風雨雷電人下山則止近故節惠公令取種遇風

而止其筍則春二月生也
棘竹筍
竹譜曰其筍味肥食之落人鬢髮
篩竹筍
齊民要術云筍無味
雞脛竹筍
食之肥美
檳榔竹筍
見杜臺卿淮賦

毛竹筍
出武陵洞口人斫竹隨生土俗云僊人入洞故生
此竹以隔浮生也
篁竹筍
疑其狀貌類字或是篁竹筍皆無味
由梧竹筍
南方草木狀云由梧竹民間種之長百尺徑一尺
八九寸交趾人作屋柱筍澁不可食
方竹筍

出澧州西游川鐵冶辰山之陽其筍莖方二寸已
來彼封人多爲臺卓衣架等其筍硬不堪食其竹
節平其性堅其心實
丹竹筍
出道州瀧中峭壁之上竹每節可一丈或八尺莖
不大梟梟搖空粉節上似有丹色心空肉薄舟人
多劈爲百丈繂
毛斑竹筍
出蘄州初伐竹即無斑以灰汁洗之即斑見彼人

多作簾席或筍管筍絕不堪食與二妃祠者不同
矣
沙麻竹筍
南粵志中此竹人削爲弓弓似弩也或出蘇麻竹
或云麤麻竹此疑與斯摩同耳若斯摩筍一八只
可擔兩莖耳亦堪爲筍笴
白竹筍
連州抱腹山多生此竹莖徑白節心少許綠彼土
人出筍之後落籜撤梢時採此竹以灰煮水浸作

竹布鞋或搥一節作箒謂曰竹拂若貢布一疋只
重數兩也
匾竹筍
出廬山徑扁傳云釋惠遠使鬼神驅辟蛇行者捻
此竹爲匾竹筍出皆廬堪食之
拂雲箒竹筍
出廬山莖大如指竹杪細葉密翠如箒彼人採爲
方物贈人謂之拂雲箒作纖長也
雙梢竹筍

出九疑山第二重麓臺側筍長獨莖及生枝葉即
分爲兩梢葉密而細亦謂爲合歡竹與象扶桑者
少同
䔳竹筍
出襄州臥龍山諸葛亮祠中筍堪食甚美漸長長
百尺只梢上有葉土人作幡竿承落
木竹筍
韶州多生成竹一莖如萬歲藤一節長四尺無花
而實實如草豆蔻土人鹽之爲果實筍初生時磈

然不堪食與今吳會間木竹筍如筍食美而其
味不同
水竹筍
出黔南管内或巖下潭水中生其筍隨水深淺以
成節若深一丈則筍出水面爲一節蠻蜒採取以
爲食
古散竹筍
節似馬鞭葉似桐樹而小皮似栟櫚柔韌筍亦堪
食

秋蘆竹筍
其竹似蘆身如荻蔗冬天不凋挿枝如生筍可食
也
鶴膝竹筍
竹狀節下大小似苦竹而閩中土人呼爲槌竹亦
堪作拄杖詳此同筇竹也筍可食
石篴竹筍
一名簟簩生閩中竹似石而小吳都賦曰簟簩有
叢筍可食也

合歡竹筍

出南嶽下諸州山溪間郴州最多其筍初生合歡

形勢及成竹也或三莖合或兩莖合斷其間有紋

竹皮或斑點文僧斷作針筒用也

紫竹筍

成都府人家庭心多苞叢而生其色沉紫可愛抽

筍且稀心實筍不宜食

月竹筍

竹狀輕短叢生每月抽筍謂之月竹筍如箭竹蓢

人不食也

三稜竹筍

其狀若棕櫚葉莖柄三稜然筍細初抽川中人家

竹林中忽有云吉兆也

筍譜卷下

吳僧贊寧

三之食

李績本草云竹筍味甘無毒主消渴利水道益氣可久食又陳藏器云諸筍皆發冷血及氣不如苦筍不發病今詳諸說皆冷久食亦發風苦筍冷毒尤甚陳說非也以親驗爲證諸筍以豉汁漬之能解酒毒又本草云淡竹葉味辛平大寒主胸中痰熱欬逆上氣又堇竹吹苦竹淡竹甘竹葉又實中竹並以筍爲佳

是知筍食去前病當葉根茹一半明矣若丹石熱渴煮淡竹根汁以療之筍汁亦可除丹砂毒嘔逆氣鬼氣可取筍中酒服之謂糖中筍節中水也最止小兒嘔吐又食蘗桂等筍或中蘗桂之刻毒發唯草犀根能療之草犀解諸毒生嶺南及睦婺洪饒間生苗高二三尺獨莖對葉根如細辛生研服之以功如犀故名草犀陳藏器云也又則麻油薑皆殺筍毒凡食筍之要譬若治藥修煉得門則益人反是則損採筍之法可避露日出後掘深土取之半折取鞭根旋得

投密竹器中以油單覆之勿令見風風吹旋堅以巾
紛拭土又不宜見水含殼沸湯瀹之煮宜久
按煮筍實可一周時巳熟或見生水還重煮一周
時
驗知筍不可生生必損人苦筍最宜久甘筍出湯後
去殼澄煮筍汁爲羹茹味全加美然後始可與語爲
食筍者矣此外不足算也
不然蒸最美味全煻灰中煨後入五味尤佳
採筍一日曰蔫二日曰蔱見風則觸本堅入水則浸

肉硬脫殼煮則失味生著刃則失柔採而停久非鮮
也盛而苦風非藏也揀之脫殼非治也淨之入水非
洗也蒸煮不久非食也筍萌之味或甘或苦甘則脾
藏食苦則肝藏食原其木性實酸益本性也食甘多
則損脾而逆胃何耶竹實少陽之氣終剋於脾土也
食苦多則補肝而助膽何耶與肝同類木也二味都
利大小腸
民間有煮苦筍才入出水自貽伊毒竹肉一周時
臨熟爲水濺食可以皮膚爆裂苦筍與竹實同氣

而降一等也
一說滑利大腸無益於肺也俗或謂之刮腸篦是也
凡物過度而食益少而損多豈止筍耶殺筍之毒吳
蜀薑麻油如竹叢欲敗以油滓沃明年則凋疎矣
菹法周禮云如豆之實筍菹魚醢注葱箭萌筍竹萌
今詳鄭注不言菹法如南人筍苛是也此久藏法鹽
出水後加鹽糯米粥藏可以過暑月到無筍時食暴
藏或鹽酢而已如蒲菹亦爾古加于豆籩中以享賓
客用薦鬼神也

酢法煮用鹽米粥藏之加以椒辛物或炒熟油藏爲
醢食極美矣
藏法食經云淡竹安鹽中一宿煮糠令冷藏之再出
別煮糠加鹽藏之五日可食
生藏法將斷器一口可受一石者選肥筍殺之窖泥
塞之勿令風入到無筍時揭器則宛轉器中取其蒻
處剪之勿令見風入湯便瀹後方脫皮一將筍截其
尖銳用鹽湯煮之停冷入瓶用前冷鹽湯同封瓶口
令窖後沉於井底至九月井水暖早取出如生可五

味治之而食
乾法將大筍生去尖銳頭中折之多鹽漬停久曝乾
用時久浸易水而漬作羹如新筍也
脯法作熟脯搥碎蕈醋漬之火焙燥後㽃中藏無令
風犯
會稽箭筍乾法多將小筍蒸後以鹽醋焙乾凡筍宜
蒸味全今越箭乾爲美啖也
結筍乾法秦隴已來出筍纖長土人用土鹽醃乾結
之市于山東道淩而爲臛菜甚美

取麻法南方作踈作扇作鞋取簟竹麻竹當其正月
新竹上表獨是筍下已成竹逐節斷重重起已入湯
煮柔韌作績織踈作鞋隨意可也

四之事

竹之與筍蓋草木中之殊名親屬一物則其根葉寄
而堅其莖心空而直其枝背戾而裊其葉玲瓏而縈
貞而不剛柔而不屈居天下之大端貫四時而不易
葉蓋得氣之本也是故君子愛之壯者謂之竹弱者
謂之筍厥譬母子焉少幕長焉言其濟人之利博矣

歷代文士名而志之久則滋蔓以廣於後

神農　周成王　周公
尹吉甫　子夏　莊周
列禦寇　漢高祖　東方朔
張平子　馬援　漢樂安相李尤
魏侍中王粲　王子平　晉潘岳
左太冲　王宜　葛洪
陸雲　丘道護　吳孟宗
王彪之　郭璞　劉殷

丁固　木玄虛　江逌
戴凱之　劉虛哲　沈道虔
何隨　齊陳后　明僧紹
王儉　梁簡文帝　劉孝綽
范元琰　梁元帝　宗懍
陳江總　陰鏗　蕭大圜
杜臺卿　北齊蕭慤　唐楊師道
李淳風　道士吳筠　段成式
白居易　陳藏器　釋志徹

陸龜蒙　劉恂　夏侯彪之
沈如琢　梁高祖　林諝
何光遠　程崇雅　范旻

神農本經中竹筍味甘主疾等居李英公本草同而廣今詳神農作本經非也三五之世朴略之風史氏不繁紀錄無見斯實後醫工知草木之性託名炎帝耳

周成王將崩命召畢率諸侯相康王作顧命篇云敷重筍席（玄紛純席仍几）孔注蒻竹云私宴之坐故席機質飾

也說筍席者多或云以蒻竹為席今詳蒻竹筍新成豈堪起而為篾非篾安能織席此恐不然知用筍皮簸破而編簞也故尚書正義云取筍竹之皮以為席是也其正義中不取筍皮皮短故連言筍竹之皮即筍成竹時其皮長而勁可破織席明矣若取蒻竹破以為篾而織者即同前篾席也今尚質取筍皮織也一云如取長節筍新成竹者起皮亦通而織但弱脆耳亦異前篾席此合質素之義也

周公作周禮云加豆之實筍菹魚醢鄭玄注凡菹醢皆以氣味相成其狀未聞箈菹鴈醢注箈箭萌

尹吉甫作韓奕詩以美宣王能錫命諸侯其三章韓侯出祖顯父餞之曰清酒百壺其殽維何炰鼈鮮魚其蔌維何維筍及蒲

子夏作爾雅云筍竹萌蕊箭萌等按張揖諸儒說周公作釋詁以訓成王一云子夏作釋訓叔孫通作釋言今云皆子夏作前三篇後諸篇續加糅罔知也如言昌𢿌豈可新制禮以諱事鬼神自犯父名而能訓子姪耶金縢云惟爾元孫某不言發是也郭璞云與

於中古而注張仲周宣王時賢臣自為爾矢陸羽說茶引釋草而列周公非也今筍列子夏亦未全是不知釋草木何人作且引卜商為是

莊子說萬物皆出於機皆入於機一氣萬形有變化云為死生互質者也故曰羊奚比乎不筍久竹生於青寧

列子云羊奚比生乎不筍久竹生青寧文意同莊子

漢高祖為亭長乃以竹皮為冠令求盜卒往薛縣治冠應劭注以竹始生皮作冠今鵲尾冠是也薛魯國

縣有竹冠師故高祖令往修治舊冠也賤而冠之及貴常冠所謂劉氏冠是也

東方朔著神異經記周巡天下所見山海經所不載者列之雖有而不論者亦列之說笋竹可以爲船其子美煮而食之可以已創厲張茂先注子笋也惡厲創也

張平子作南都賦述南陽光武舊都也云春卵夏笋秋韭冬菁

東漢馬援至荔浦見冬笆筍上言禹貢厥包橘柚疑

謂是也

漢樂安相李尤字伯仁作七疑云橙醯笋菹

魏侍中王粲作釋云越鰡淙拘全笋葅菁

王子年拾遺記云蓬萊山有浮筠之簳葉青莖紫子如大珠有青鸞棲其上下砂礫細如粉暴風至竹條翻起拂細砂如雲霧仙者來觀戲焉風吹竹折如鐘磬之音竹既如彼今詳萌謂仙笋矣

潘岳爲河陽懷令頻宰三邑勤於政績爲尚書郎延尉評免官作閑居賦云青笋紫薑菝笋不過縹絲賦言青笋今是處竹萌多作青絲色非青碧色也

左太冲吳都賦云苞竹抽節往往縈結注苞謂笋苞皮抽節謂長也

王宣居宇堂前有笋兩莖一日並折而亡宣頗而不言

葛洪云吳景帝時戍將廣陵發一塚有人體如生人共舉出死人懷中纇然出笋

陸雲字士龍爲性喜笑笑林云漢人有適吳吳人設笋問是何物語曰竹也歸煮其牀簀而不熟乃謂其

妻曰吳人轣轆欺我如此

丘道護詠一道士曇諦曰梨柚薦甘蒲笋爲菽

孟宗字恭武江夏人爲性至孝從李肅學其母爲作厚褥大被人問其母曰小兒無德致客學者多貪故與爲廣被庶可氣類相接讀書不懈及長爲朱據軍吏將母在營既不得志遇夜雨屋漏因泣以謝母母勉之遷吳縣令在官得物未寄母不先食及母卒母性嗜笋冬節將至宗乃入林哀泣笋爲之生得以供祭

王彪之作閩中賦曰竹則苞甜亦苦䉤箭班弓負當函矢桃枝育蟲緗箬素筍彤竿綠筒

郭璞字景純博物多識世謂無比作爾雅箈箭萌注云筍周禮箈菹鴈醢又作葵蘆其萌蘿注云今江東呼蘆筍爲蘿蘿音繾綣之綣

晉劉殷年甫九歲孝性自然爲曾祖母冬思筍殷泣而獲供饋焉

丁固仕吳性敦孝敬母嘗思筍因遂泣竹生筍母子俱大賢位至封公貴極人望

木玄虛著四明山記云雪竇山北岩生石乳其峰非人可至者毛竹銀筍詳其毛竹自生毛筍若銀筍即銀鑛如筍然如池州山穴曾有懸因人下窺至百餘尋後見洞明煥遂手摹之得三數莖疑是此耶或云毛竹筍白如銀未詳

江逌作竹賦云望春擢筍應秋發堅

戴凱之作竹譜搜括竹類言有六十一焉筍類附在此也又云𥳑䉪竹大如脚指蟲食其筍皮類繡甚可愛

宋劉虛哲性孝謹母疾篤禱祈備徧夢一黄衣翁曰汝可取南山竹筍食之病立瘥驚覺具依夢采南山竹筍饋母食之病愈

宋沈道虔人有拔屋後筍令人止之曰惜此筍欲成林更有佳者相與乃令人買大筍送與之

何隨華陽國志云人有盜其園筍隨見挈屐而歸恐盜者見也

齊孝宣陳皇后性嗜筍鴨卵永明九年詔太廟祭后薦筍鴨卵云

齊王儉贈高士宗測蒲褥筍席

齊明僧紹字承烈隱江東攝山齊太祖謂其弟慶符曰卿兄高尚欵難不相接時通夢中焉遺紹竹根如意筍籜冠太祖聞紹出遊定林寺囑沙門僧遠欲相接竟不諧永明中徵不就而卒

梁簡文帝七勵云澄瓊漿之素色雜金筍之甘菹又春晚賦云望初篁之傷嶺愛新荷之發池

梁劉孝綽謝建安王餉米等啓傳教李孟孫宣教旨垂賜米酒瓜筍菹脯鮓茗至味芳雲杜潭抽節等

范元琰家有竹園每見人盜筍苦於過溝元琰伐樹爲橋與盜者過盜人慼其情而息意不盜

梁元帝賦得竹詩曰作龍還葛水爲馬向并州柯亭臨絕澗桃枝夾細流冠學芙蓉勢花堪威鳳遊略諸何冠學芙蓉勢亦筍皮冠也

梁宗懍作荆楚歲時記云五月民並斷竹筍爲𥶄摶粟揷頭五綵繫臂謂爲長命縷

陳江總歲暮還宅詩曰悒然想泉石驅駕出中臺翫竹春前筍驚花雪後梅

陳陰鏗侍宴賦得竹詩曰夾池一叢竹青翠不驚寒葉醖宜城酒皮裁薛縣冠今詳陰鏗用漢高祖往薛縣治筍皮冠也

隋蕭大圜竹花賦云洛下七賢湘中二女傾翠蓋之踟蹰泛蓮洲之容與倜儻傲人便娟笑語拊嫩筍以含啼顧貞筠而命醑

杜臺卿作淮賦云綠筒縹筍竿節踈目檳榔之筍盛冬所有

北齊蕭愨作春庭晚望詩曰春庭聊縱望春臺自相隱窻梅落晚花池竹開初筍泉鳴知水急雲來覺山近不愁花不飛只畏花飛盡

唐楊師道春朝閑步詩偃沐乘閑豫淸晨步北林池塘藉芳草蘭蕙襲幽衿霧中分曉日花裏𠯁春禽野逕香恒滿山階筍屢侵何須命輕蓋桃李自成陰

唐李淳風撰占夢書云夢折筍得財象也夢竹生筍者欲有子息也或云周公占夢按周禮說六夢外故無委曲而言今言李淳風亦恐非也何則言詞淺近妄說周禮之名此且附李下耳

道士吳筠著竹賦云一筍明其亂嗣三節獲乎嬰兒

段成式者唐相文昌之子著酉陽雜俎云張芬曾爲南康行軍曲藝過人力舉七尺碑趯鞠高過半塔彈力五斗常揀向陽巨筍織以籠之隨長以土培之常留寸許度計高四尺數長久方除籠伐之一尺十節其色如金塗壁方長彈子作天下太平字

唐白樂天作筍歌布在華裔

唐陳藏器明草木性本草拾神農陶弘景李世績之遺事多說筍療治發害之性也

釋志徽會昌年中於上元縣瓦官閣南有雙籠開之忘記歲月及詔折浮圖閣之徹得筍筆（一作笑）千餘頭中藏者則大業拾遺藁也

唐僖宗朝陸龜蒙處士隱蘇臺甫里村亦號甫里先生著筍賦云洪殺靡定方圓不均自注曰南方有方竹今灃州游川鐵冶多方竹竹內實微通心若釵股許筍可食亦實湘川人取竹作床椅有四稜上穿孔入當耳

劉恂唐昭宗朝出爲廣州司馬官滿上京擾攘遂居

南海作嶺表錄云邑溪薪筍交廣筆摩筍

唐夏侯彪之上新繁令問里胥曰竹筍一錢幾莖對曰五莖取十千買五萬莖謂之曰吾未要且寄林中養之至秋竹成一竿十丈遂成五十萬貪猥不道皆此類也

沈如琢成都人有孝行母患渴非時思桑椹苦求不遂家東一樹生摘以奉母母渴愈及亡負土成墳廬於側白鵠二棲于廬冬冬筍抽十莖天寶二年詔旌表

朱梁高祖開平二年冬商州進筍以爲瑞品詔賜太

幣帛

林諝著閩中記述風土所生竹二十許類筍附而云

何光遠作廣政錄記孟氏有蜀時翰林學士徐光溥劉侍郎義度分直忽覩庭中筍迸出徐因題之劉性多譏誚徐託土本是蜀人徐詩曰迸出班犀數十株更添幽景向蓬壺出來似有凌雲勢用作丹梯得也無劉詩曰徐徐出土非人種枝葉難投日月壺爲是因緣生此地從他長養譬如無二學士從茲不睦

程崇雅者遂州蓬山縣人有孝譽母患冬月思筍焚

香入林中哭泣感生大筍數株

范旻著邑管記有鹿頭筍諸色筍名類甚多不能備述其名

五之雜說

光草木受陰陽之氣從元和之主苟無範圍何大鈞鑄形而相肖故云木實從核以求其種（柤爲梨屬枳爲橘屬）草萼從秀以求其醜（蕚醜茗）竹之醜節種（同蘆屬也）厥性弱於木而強於草知非木實草木中之別類故爾雅曰如竹箭曰苞（見釋木也）篠箭（見釋草也）亦言萊（筍爲人之所採取也）民間說

竹有生日即五月十三日也移竹栽取宜此日或於雨土虛鞭行明年筍萌交出偷筍闘闘人隔垣籬必埋猫於家墻下明年筍迸過矣

筍皮扇今江東人取苦竹筍皮厚可三分磔開一尺五寸杉木爲柄漆紙飾緣内書畫適意止不受彩耳

筍皮僧家多取苦筍殼裁爲鞋屐中襯可隔足汗耳

昔王子猷暫寄人家便令種竹或問暫居何煩子猷笑曰何可一日無此君後代人謂竹都爲此君今作譜者可命筍爲此君之子也

吾儕中有利口薄徒喜詆訶賢達曰汝是玉吾見汝作石時汝是竹吾見汝作筍時

俗聞呼筍爲龍孫若然者龍未聞化竹竹化爲龍豈宜言龍孫今詳理實竹爲龍龍且不生筍故嘉言巧論呼爲龍孫耳

或問筍有五色章采否對曰江東黃筌閑居賦有青筍闘中賦有素筍赤筍錢塘多紫桂筍自餘班狸緗縹不可勝言大約不過青綠色

本草木性甲乙氣

愚著物類相感志常寄書問天目舊友問山中所出伊僧喈筍却廻詩云山中人事違天眼中修定天目一名天眼我本無根株只將筍爲命

諺曰臘月煮筍羹大人道便是昔有新婦不得舅姑意凡所須索必昔時而逆意其婦善承須不違所要皆巧圖與夫求變而副舅姑無以取責姑一日歲暮而索筍羹婦答即煮供上妯娌問之曰今臘月中何處求筍婦曰且膺爲貴以順擾逆責耳其實何處求筍姑聞而後悔倍憐新婦故又諺曰恭敬不如從命

受訓莫如從順

荔枝譜

莆陽蔡襄

第一

荔枝之於天下唯閩粵南粵巴蜀有之漢初南粵王尉佗以之備方物於是始通中國司馬相如賦上林云荅遝離支蓋夸言之無有是也東京交阯七郡貢生荔枝十里一置五里一堠晝夜奔騰有毒蟲猛獸之害臨武長唐羌上書言狀和帝詔太官省之魏文帝有西域蒲桃之比世譏其繆論豈當時南北斷隔

所操出於傳聞耶唐天寶中妃子尤愛嗜涪州歲命驛致時之詞人多所稱詠張九齡賦之以託意白居易刺忠州既形於詩又圖而序之雖髣髴顏色而甘滋之勝莫能著也洛陽取於嶺南長安來於巴蜀雖曰鮮獻而傳置之速腐爛之餘色香味之存者亡幾矣是生荔枝中國未始見之也九齡居易雖見新實驗今之廣南州郡與夔梓之間所出大率早熟肌肉薄而味甘酸其精好者僅比東閩之下等是二人者亦未始遇夫眞荔枝者也閩中唯四郡有之福州最多而興化軍最爲奇特泉漳時亦知名列品雖高而寂寥無紀將尤異之物昔所未有乎蓋亦有之而未始遇乎人也予家莆陽再臨泉福二郡十年往還道由鄉國每得其尤者命工寫生粹集既多因而題目以爲倡始夫以一木之實生於海瀕巖險之遠而能名徹上京外被夷狄重於當世是亦有足貴者其於果品卓然第一然性畏高寒不堪移殖而又道理遼絕曾不得班於盧橘江橙之右少發光彩此所以爲之歎惜而不可不述也

第二

興化軍風俗園池勝處唯種荔枝當其熟時雖有他果不復見省尤重陳紫富室大家歲或不嘗雖別品千計不爲滿意陳氏欲採摘必先閉戶隔牆入錢度音鐸錢與之得者自以爲幸不敢較其直之多少也者列陳紫之所長以例衆品其樹晚熟其實廣上而圓下大可徑寸有五分香氣清遠色澤鮮紫殼薄而平瓤厚而瑩膜如桃花紅核如丁香母剝之凝如水精食之消如絳雪其味之至不可得而狀也荔枝以甘

爲味雖百千樹莫有同者過甘與淡失味之中唯陳紫之於色香味自拔其類此所以爲天下第一也凡荔枝皮膜形色一有類陳紫則已爲中品若夫厚皮尖刺肌理黃色附核而赤食之有查食已而澁雖無酢味自亦下等矣

第三

福州種殖最多延貤原野洪塘水西尤其盛處一家之有至於萬株城中越山當州署之北鬱爲林麓暑雨初霽晚日照曜絳囊翠葉鮮明蔽映數里之間焜

如星火非名畫之可得而精思之可述觀攬之勝無與爲比初著花時商人計林斷之以立券若後豐寡商人知之不計美惡悉爲紅鹽（去聲）者水浮陸轉以入京師外至北戎西夏其東南舟行新羅日本流求大食之屬莫不愛好重利以酬之故商人販益廣而鄉人種益多一歲之出不知幾千萬億而鄉人得飫食者蓋鮮以其斷林鬻之也品目至衆唯江家綠爲州之第一

第四

荔枝食之有益於人列仙傳稱有實其華實爲荔枝仙人本草亦列其功葛洪云蠲渴補髓所以唐羌疏曰未必延年益壽蓋云雖有其傳豈果能哉亦諫止之詞也或以其性熱人有日啖千顆未嘗爲疾即少覺熱以蜜漿解之其木堅理難老今有三百歲者枝葉繁茂生結不息此亦其驗也

第五

初種畏寒方五六年深冬覆之以護霜霰福州之西三舍曰水口地少加寒已不可殖大略其花春生蔌

蔌然白色其色多少在風雨時與不時也有間歲生者謂之歇枝有仍歲生者半生半歇也春雨之際旁生新葉其色紅白六七月時色已變綠此明年開花者也今年實者明年歇枝也最忌麝香或遇之花實盡落其熟未更採摘蟲鳥皆不敢近或已取之蝙蝠蜂蟻爭來蠹食園家有名樹旁植四柱小樓夜棲其上以警盜者又破竹五七尺摇之答答然以逼蝙蝠之屬

第六

紅鹽(去聲)之法民間以鹽梅鹵浸佛桑花爲紅漿投荔枝漬之曝乾色紅而甘酸可三四年不蟲(去聲)脩貢與商人皆便之然絕無正味白曬者正爾烈日乾之以核堅爲止畜之甕中密封百日謂之出汗(去聲)汗耐久不然踰歲壞矣福州舊貢紅鹽蜜煎二種慶曆初太官問歲進之狀知州事沈邈以道遠不可致減紅鹽之數而增白曬者兼令漳泉二郡亦均貢焉蜜煎剝生荔枝笮去其漿然後蜜煎之予前知福州用曬及半乾者爲煎色黃白而味美可愛其費荔枝減常

歲十之六七然脩貢者皆取於民後之主吏利其多取之責賂曬煎之法不行矣

第七(陳紫已下十二品有等次　虎皮已下二十品無等次)

陳紫因治居第平窳坎而樹之或云厥土肥沃之致今傳其種子者皆擇善壤終莫能及是亦賦生之異也

江綠大較類陳紫而差大獨香薄而味少淡故以次之其樹已貴葉氏而民間猶以爲江家綠云

方家紅可徑二寸色味俱美言荔枝之大者皆莫敢擬歲生一二百顆人罕得之方氏子名蕃今爲大理寺丞

游家紫出名十年種自陳紫實大過之

小陳紫其樹去陳紫數十步初一家并種之及其成也差小又時有瘦核者因而得名其家別居二紫亦分屬東西陳焉

宋公荔枝樹極高大實如陳紫而小甘美無異或云陳紫種出宋氏世傳其樹已三百歲舊屬王氏黃巢兵過欲斧薪之王氏媼抱樹號泣求與樹偕死賊憐

之不伐宋公名諴公者老人之稱年餘八十子孫皆仕宦

藍家紅泉州爲第一藍氏兄弟圭爲太常博士丞爲尚書都官員外郎

周家紅獨立興化軍三十年後生益奇聲名乃損然亦不失爲上等

何家紅出漳州何氏世爲牙校嘗有郡將全樹買之樹在舍後將熟其子日領卒數十人穿其堂房乃至樹所其來無時舉家伏藏欲卽伐去而不忍今猶存

焉

法石白出泉州法石院色青白其大次於藍家紅

綠核頗類江綠色丹而小荔枝皆紫核此以綠見異出福州

圓丁香丁香荔枝皆旁去聲蔕大而下銳此種體圓與味皆勝

虎皮者紅色絕大繞腹有青紋正類虎斑嘗於福州東山大乘寺見之不知其出處

牛心者以狀言之長二寸餘皮厚肉澁福州唯有一

株每歲貢乾荔枝皆調於民主吏常以牛心為準民倍直購之以輸予嘗黜而不用

玳瑁紅荔枝上有黑點疏密如玳瑁斑福州城東有之

硫黃顏色正黃而刺微紅亦小荔枝以色名之也

朱柿色如柹紅而扁大亦云朴柹出福州

蒲桃荔枝穗生一朶至一二百將熟多破裂凡荔枝每顆一梗長三五寸附於枝此等附枝而生樂天所謂朶如蒲桃者正謂是也其品殊下

蚶殼者殼為深渠如瓦屋焉

龍牙者荔枝之變惟者其殼紅可長三四寸彎曲如爪牙而無瓤核全樹忽變非常有也興化軍轉運司廳事之西嘗見之

水荔枝漿多而淡食之蠲渴荔枝宜依山或平陸有近水田者清泉流溉其味遂爾出興化軍

蜜荔枝純甘如蜜是謂過甘失味之中

丁香荔枝核如小丁香樹病或有之亦謂之穮核皆小實也

大丁香出福州天慶觀厚殼紫色瓤多而味微澁

雙髻小荔枝每朶數十皆並蔕雙頭因以目之

真珠剖之純瓜圓白如珠荔枝之小者止於此

十八娘荔枝色深紅而細長時人以少女比之俚傳閩王王氏有女第十八好噉此品因而得名其冢今在城東報國院冢旁猶有此樹云

將軍荔枝五代間有為此官者種之後人以其官號其樹而失其姓名之傳出福州

釵頭顆紅而小可間婦人女子簪翹之側故特貴之

粉紅者荔枝多深紅而色淺者爲異謂如傳朱粉之飾故曰粉紅

中元紅荔枝將絶纔熟以晩重于時予嘗七月二十四日得之

火山本出廣南四月熟味甘酸而肉薄穗生梗如枇杷閩中近亦有之山在梧州

右三十二品言姓氏尤其著者也言州郡記所出也不言姓氏州郡四郡或皆有也

橘錄

延安韓彥直

按開寳中陳藏器補神農本草書柑類則有朱柑乳柑黄柑石柑沙柑今永嘉所產實具數品且增多其目但名少異耳凡圃之所植柑比之橘纔十之一二大抵柑之植立甚難灌溉鋤治少失時或歲寒霜雪頻作柑之枝頭殆無生意橘則猶故也得非瓊盃玉斝自昔易闕邪永嘉宰勾君濤有詩聲其詩曰只須霜一顆壓盡橘千奴則黄柑位在陸橘上不待辨而知

眞柑

眞柑在品類中最貴可珍其柯木與花實皆異凡木木多婆娑葉則纖長茂密濃陰滿地花時韻特清遠逮結實顆皆圓正膚理如澤蠟始霜之旦園丁採以獻風味照座擘之則香霧噀人北人未之識者一見而知其爲眞柑矣一名乳柑謂其味之似乳酪温四邑之柑推泥山爲最泥山地不彌一里所產柑其大不七寸圍皮薄而味珍脉不黏瓣食不留滓一顆之

核纔一二間有全無者南塘之柑比年尤盛太守燕賞爲秋日盛事前太守參政李公賞柑之詩曰忘機白鳥銜船過堆案黄柑噀手香侍郎曾公之詞曰滿樹葉繁枝重綴青黄千百皆佳句也

生枝柑

生枝柑似真柑色青而膚麄形不圓味似不櫑微酸崔豹古今注曰甘實形如石榴者爲壺柑疑此類是鄉人以其耐久留之枝間俟其味變甘帶葉而折堆之盤俎新美可愛故命名生枝

海紅柑

海紅柑顆極大有及尺以上圍者皮厚而色紅藏之久而味愈甘木高二三尺有生數十顆者枝重委地亦可愛是柑可以致遠今都下堆積道旁者多此種初因近海故以海紅得名

洞庭柑

洞庭柑皮細而味美比之他柑韻稍不及熟最早藏之至來歲之春其色如丹鄉人謂其種自洞庭山來故以得名東坡洞庭春色賦有曰命黄頭之千奴卷震澤而與還翠勺銀罌紫絡青綸物固唯所用醞釀得宜真足以佐騷人之清興耳

朱柑

朱柑類洞庭而大過之色絶嫣紅味多酸以刃破之漬以鹽始可食園丁云他柑必接唯朱柑不用接而成然鄉人不甚珍寵之賓祭斥不用

金柑

金柑在他柑特小其大者如錢小者如龍目色似金肌理細瑩圓丹可翫噉者不削去金衣若用以漬蜜

尤佳歐陽文忠公歸田錄載其香清味美置之樽俎間光彩灼爍如金彈丸誠珍果也都人初不甚貴其後因　溫成皇后好食之由是價重京師

木柑

木柑類洞庭少不慧耳膚理堅頑瓣大而乏膏在外彊中乾故得名以木

甜柑

甜柑類洞庭高大過之每顆必八瓣不待霜而黄比之他柑加甜柑林未熟之日是柑最先摘置之席間

青黃照人長者先嘗之子弟懷以歸爲親庭壽焉然是種不多見治圃者植一株二株焉故以少爲貴

橙子

橙子木有刺似朱欒而小永嘉植之不若古栝之盛比年始競有之經霜早黃膚澤可愛狀微有似眞柑但圓正細實非眞柑北人喜把翫之香氣馥馥可以熏袖可以芼鮓可以漬蜜眞嘉實也若眞柑則無是二三者人自珍之得非喩然在人耳目者益眞柑之細邪

橘錄卷中

牛僧孺幽怪錄有生於橘者擘剖之有四老人焉其一曰橘中之樂不減商山恨不能深根固蔕耳由是有橘隱名楚屈原作離騷其橘頌一章有曰后皇嘉樹橘徠服受命不遷生南國宋謝惠連橘賦亦曰園有嘉樹橘柚煌煌以是知橘實佳物昔人所愛慕若此孔安國曰小曰橘大曰柚郭璞亦云柚似橙而大於橘溫無柚而種橙者少非土所宜也本草載橘柚味辛溫無毒主去胸中瘕熱利水穀止嘔欬久服通神輕身長年陶隱居云此言橘皮之功效若此其實之味甘酸食之多痰無益其說爲是隱居不敢輕注本草蓋此類也陳藏器補本草謂橘之類有朱橘乳橘搨橘山橘黃淡子今類見之

黃橘

黃橘狀比之柑差褊小而香霧多於柑歲雨暘以時則肌充而味甘其圍四寸色方青黃時風味尤勝過是則香氣少減惟遇黃柑則避舍置之海紅生枝柑間未知其孰勝先名之曰千奴眞屈稱也

塌橘

塌橘狀大而褊其南枝之向陽者外綠而心甚紅經春味極甘美瓣大而多液其種不常有特橘之次也

包橘

包橘取其纍纍然若包聚之義是橘外薄内盈隔皮脉瓣可數有一枝而生五六顆者懸之極可愛然土膏而樹壯者多有之不稱奇也

綿橘

綿橘微小極軟美可愛故以名圃中間見一二樹結

子復稀物以罕見爲奇此橘是也

沙橘

沙橘取細而甘美之稱或曰種之沙洲之上地虚而宜於橘故其味特珍然邦人稱物之小而甘美者必曰沙如沙瓜沙蜜沙糖之類特方言耳

荔枝橘

荔枝橘多出於横陽膚理皺密類荔子故以取名横陽與閩接軫荔子稱亓于閩黄橘擅美于温故慕而名之有言橘踰淮爲枳植物豈能變哉疑似之亂名此類

軟條穿橘

軟條穿橘其榦弱而條遠結實頗大皮色光澤滋味有餘其心虚有瓣如蓮子穿其中葢接橘之始以枝之杪者爲之其體性終弱不可以犯霜不可以耐久又名爲女兒橘

油橘

油橘皮似以油飾之中堅而外黑葢橘之若柤若柚者譬之而不聞其香食之而不可於口是又橘之僕

奴也

綠橘

綠橘比他柑微小色紺碧可愛不待霜食之味已珍留之枝間色不盡變隆冬采之生意如新横陽人家時有之不常見也

乳橘

乳橘狀似乳柑且極甘芳得名又名漳橘其種自漳浦來皮堅穰多味絶酸不與常橘齒鄉人以其顛魁梧時置之客間堪與飣座梨相值耳他日有以乳橘

爲眞柑者特碔砆之似玉也

金橘

金橘生山逕間比金柑更小形色頗類木高不及尺許結實繁多取者多至數升肉瓣不可分止一核味不可食惟宜植之欄檻中圃丁種之以鬻於市亦名山金柑周美成詞有露葉煙梢寒色重攢星低映小珠籬爲是橘作

自然橘

自然橘謂以橘子下種待其長歷十年始作花結實

味甚美由其本性自然不雜之人爲故其味全蓋他柑與橘必以柑淡子著土俟其婆娑作樹以枝接之爲柑爲橘爲多種俱非天也故是橘以自然名之然十年之計種之以木今之闢圃者多不年歲間爬其膚以驗其枯榮糞其本以計其久近誰能遲十年之久以收効耶是橘名之曰自然當矣接木之詳見於下篇

早黃橘

早黃橘著花結子比其類獨早秋始半其心已丹千頭方酸而早黃橘之微甘已回齒頰矣王右軍帖有曰奉橘三百枚霜未降未可多得豈是類耶

凍橘

凍橘其顆如常橘之半歲八月人曰爲小春枝頭時作細白花旣而橘已黃千林已盡乃始傲然氷雪中著子甚繁春二三月始採之亦可愛前輩詩有曰梅柳攙先桃李晩東風元是一般春此詩不獨詠桃李物理皆然

朱欒

朱欒顆圓實皮麤瓣堅味酸惡不可食其大有至尺三四寸圍者摘之置几案間久則其臭如蘭是品雖不足珍然作花絶香鄉人拾其英烝香取其核爲種折其皮入藥最有補於時其詳具見下篇

香欒

香欒大於朱欒形圓色紅芳馨可翫

香圓

香圓木似朱欒葉尖長枝間有刺植之近水乃生其長如爪有及一尺四五寸者淸香襲人橫陽多有之

士人置之明窗淨几間頗可賞翫酒闌弃刀破之盖
不減新橙也藥可以藥病（藥疑作療）

枸橘

枸橘色青氣烈小者似枳實大者似枳殼能治逆氣
心胸痺痛中風便血醫家多用之

橘錄卷下

種治

柑橘宜斥鹵之地四邑皆距江海不十里凡圃之近
塗泥者實大而繁味尤珍耐久不損名曰塗柑販而
遠適者遇塗柑則爭售方種時高者畦壟溝以泄水
每株相去七八尺歲四耡之薙盡草冬月以河泥壅
其根夏時更溉以糞壤其葉沃而實繁者斯爲園丁
之良

始栽

始取朱欒核洗淨下肥土中一年而長名曰柑淡其
根荄蔟蔟然明年移而疎之又一年木大如小兒之
拳遇春月乃接取諸柑之佳與橘之美者經年向陽
之枝以爲貼去地尺餘細鋸截之剔其皮兩枝對接
勿動揺其根撥掬土實其中以防水蒻護其外麻束
之緩急高下俱得所以候地氣之應接樹之法載之
四時纂要中是蓋老圃者能之工之良者揮斤之間
氣質隨異無不活者過時而不接則花實復爲朱欒
人力之有參於造化每如此

培植

樹高及二三尺許翦其最下命根以瓦片抵之安於土雜以肥泥實築之始發生命根不斷則根迸於土中枝葉乃不茂盛

去病

木之病有二蘚與蠹是也樹稍久則枝幹之上苔蘚生焉一不去則蔓衍日滋木之膏液蔭蘚而不及木故枝幹老而枯善圃者用鐵器時刮去之刪其繁枝之不能華實者以通風日以長新枝木間時有蛀屑

流出則有蟲蠹之相視其穴以物鉤索之則蟲無所容仍以魚杉木作釘窒其處不然則木心受病日以枝葉自凋異時作實瓣間亦有蟲食柑橘每先時而黃者皆其受病於中治之以早乃可

澆灌

圃中貴雨暘以時旱則堅苦而不長雨則暴長而皮多拆或瓣不實而味淡園丁溝以泄水俾無浸其根方亢陽時抱甕以潤之糞壤以培之則無枯瘁之

採摘

歲當重陽色未黃有採之者名曰摘青舟載之江浙間青柑固人所樂得然採之不待其熟巧於商者間或然爾及經霜之二三夕纔盡翦遇天氣晴霽數十輩爲羣以小翦就枝間平蔕斷之輕置筐筥中護之必甚謹懼其香霧之裂則易壞霧之所漸者亦然尤不便酒香凡採者竟日不敢飲

收藏

採藏之日先淨埽一室密糊之勿使風入布稻藁其間堆柑橘於地上屏遠酒氣旬日一翻揀之遇微損

謂之點柑即揀出否則侵損附近者屢汰去之存而待賈者十之五六人有掘地作坎攀枝條之垂者覆之以土至明年盛夏時開取之色味猶新但傷動枝苗次年不生耳

製治

朱欒作花比柑橘絕大而香就樹采之用箋香細作片以錫爲小甑每入花一重則實香一重使花多於香竅花甑之旁以溜汗液用器盛之炊畢徹甑去花以液浸香明日再蒸凡三換花始暴乾入甆器密盛

之他時焚之如在柑林中柑橘并金柑皆可切瓣勿離之壓去核漬之以蜜金柑著蜜尤勝他品鄉人有用糖煅橘者謂之藥橘入蒻之灰于鼎間色乃黑可以將遠又橘微損則去皮以肉瓣安竈間用火熏之曰熏柑置之糖蜜中味亦佳

入藥

橘皮最有益於藥去盡脉則爲橘紅青橘則爲青皮皆藥之所須者大抵橘皮性温平下氣止蘊熱攻痰瘧服久輕身至橘子尤理腰膝近時難得枳實人多

植枸橘于籬落間收其實剖乾之以之和藥味與商州之枳幾逼真矣枸橘又未易多得取朱欒之小者半破之日暴以爲枳與方醫者不能辨用以治疾亦愈藥貴於愈疾而已孰辨其爲真僞耶

打棗譜

元　柳貫

事

埤雅云棘大者棗小者棘盖若酸棗所謂棘也于文重束爲棗

詩曰八月剝棗十月穫稻剝擊也棗實未熟雖擊不落也

孟子曰養其樲棘樲酸棗也

世云啗棗多令人齒黄

養生論曰齒居晋而黄晋食此故也

爾雅曰今江東棗大而銳上者呼爲壺棗猶瓠也細腰者今鹿盧棗

盧諶祭法春祠用棗油

蘇秦說燕文侯曰北有棗栗之利民雖不由田作棗栗之實足食于民矣

潘岳賦曰周有弱枝之棗

唐本注云棗啗服使人瘦久即嘔吐揩熱痱瘡也

食療云棗和桂心白瓜仁松樹皮爲丸久服之令人

香身

名

鹿盧棗子細腰者　雞冠棗出睢陽宜作脯
扰酸棗樹甚小實酢　醍醐棗出睢陽宜生啖
樍白棗核白也　白棗即鹽官棗也
羊棗實小而圓紫黑色　無實棗不著子者
邊腰棗　楊徹齊棗爾雅未詳
壺填棗爾雅未詳　波斯棗生波斯國長三寸
牛頭棗　上皇棗

赤心棗　崎燕棗
駢白棗　灌棗
細腰棗　西王母棗三月熟
桂棗　雞心棗
弱枝棗　狗牙棗
玉門棗　蹙婆棗
青華棗　穀城紫棗長二寸
棠棗　獼猴棗
棣棗　三心棗

紅棗出山東紅色　紫紋棗
香棗出哈密　圓愛棗
火棗見穆天子傳　三寸棗
金槌棗　御棗出青州
鳳眼棗　凍棗
沙棗出赤斤蒙古衛　嶗螬棗漢嶗螬山獻萬年一實
凡棗出本草圖經　安平棗出何晏九州論
糯棗出北夢瑣言　太棗出河東猗氏
漢海棗李少君食之大如瓜　玉文棗西王母食之大如瓶

細核棗梅遺記此極岐峯有其核細　羊角棗石季龍圃所種十子二尺
仙人棗長四寸其核如針　天蒸棗乾紅于樹上
驪山棗色甚美　膠棗
南棗大惡不堪啖　團棗
美棗　區棗
良棗　卧棗
鹽官棗出海鹽紫色味佳　兗棗高尺許實如棗出丹陽
七尺棗見述異記　賽雲棗出賽雲縣味甚甘
牙棗先熟亦甘美　金城棗形大而虛少脂

青州棗　赤棗子如赤棗味酸

萬歲棗出三佛齊國　山棗狀如棗而圓色青黃而味甘酸出廣州

西王棗出崑崙山

説郛目録

弓第一百六

菌譜

宋　陳仁玉

芝菌皆氣茁也靈華三秀稱瑞尚矣朝菌㸐朔莊生訕之至若壽其食品古則未聞自商山茹芝而五臺天花亦甲群彙仙居界台栝叢山峻拔仙靈所宮爰產異菌林居巖棲者左右芼之固黎莧之至腴尊葵之上瑞比或以羞二公登玉食自有此山即有此菌未有此遇也遇不遇無預菌事槩欲盡菌性而究其用第其品作菌譜淳祐乙巳秋九月山人陳仁玉序

合蕈

邑極西韋羌山高迥秀異寒極雪收林木堅瘦春氣微欲動土鬆芽活此菌候也菌質外褐色肌理玉潔芳䓀韻味發釜鬲聞百步外蓋菌多種例柔美皆無香獨合蕈香與味稱雖靈芝天花無是也非全德郎宜特尊之以冠諸菌合蕈始名舊傳昔嘗上進標以台蕈上遥見誤讀因承誤云數十年既未充苞貢山獠得善賈率曝乾以售罕獲生致邑孟溪山中亦同時產惟蕈柄高無香氣土人以是別於韋羌焉

稠膏蕈

邑西北孟谿山窈窕邃深莫測秋中山氣重霏雨零露浸釀山膏木腴蓓爲菌花戢戢多生山絕頂高樹杪初如蘗珠圓瑩類輕酥滴乳淺黃白色味尤甘勝已乃傘張大幾掌味頓渝矣春時亦間生不能多稠膏得名土人謂稠木膏液所生耳合蕈他邦猶或有之此菌獨此邑此山所產故尤可貴爓法當徐下湯瀋伺涫沸漉起蓮勿七撓撓則涎腥不可食性參和衆味而特全於酒烹齊既調溫厚滑甘雞尾蕈不足道也或欲致遠則復湯蒸熟貯之瓶罌然其味去出

山遠也

栗殼蕈

寒氣至稠膏將盡栗殼色者則其續也尚有典刑焉

松蕈

生松陰採無時凡物松出無不可愛松葉與脂伏靈琥珀皆松裔也昔之遁山服食求長年者寃松焉依人有病溲濁不禁者偶掇松下菌病良已此其效也

竹蕈

生竹根味極甘嘗與筍通譜而菌爲北阮矣

麥蕈

多生溪邊沙壤鬆土中俗名麥丹蕈未詳味殊美絕類北方摩姑蕈品最優

玉蕈

生山中初寒時色潔皙可愛故謚爲玉然作羹微韌俗名寒蒲蕈

黃蕈

叢生山中梔欝黃色俗名黃纘　又有名黃犺者殊峭硬有味

紫蕈

赬紫色亦山中產俗名紫富蕈品爲下

四季蕈

生林木中味甘而肌理麄峭不入品

鵝膏蕈

生高山狀類鵝子久乃繖開味殊甘滑不謝稠膏然與杜蕈相亂杜蕈者生土中俗言毒蜇氣所成食之殺人甚美有惡宜在所黜食肉不食馬肝未爲不知味也凡中其毒者必笑解之宜以苦茗雜白礬勺新水併咽之無不立愈因著之俾山居者享其美而遠其害此譜外意也

蔬食譜

宋　陳達叟

本心翁齋居宴坐玩先天易對博山爐紙帳梅花石鼎茶葉自奉泊如也客從方外來竟日清言各有饑色呼山童供蔬饌客嘗之謂無人間烟火氣問食譜予口授二十品每品贊十六與字味道腴者共之

啜菽　菽豆也今豆腐條切淡煮蘸以五味

禮不云乎啜菽飲水素以絢兮瀏其清矣

羹菜　凡畦蔬根葉花實皆可羹也

先聖齋如菜羹瓜祭移以奉賓乃敬之至

粉餈　粉米蒸成加糖曰飴

天官籩人糗餌粉餈未見君子惄如調饑

薦韭　春薦韭一名鍾乳草

四之日蚤幽風祭韭我思古人如蘭其臭

貽來　來小麥也今水引蝴蝶麵

貽我來思玉屑塵細六出飛花天一生水

玉延　山藥也炊熟片切漬以生蜜

山有靈藥錄于仙方削數片玉漬百花香

瓊珠　圓眼乾荔也劈開取實煮以清泉

汲金井水煮瓊珠羹蚌胎的皪龍目精熒

玉磚　炊餅方切椒鹽糝之

截彼圓璧琢成方磚有馨斯椒薄洒以鹽

銀虀　黃虀白水薑椒和之

泠泠水白剪剪銀黃虀鹽風味牙齒宮商

水團　秫粉包糖香湯浴之

團團秫粉點點蔗霜浴以沉水清甘且香

玉版　筍也可羹可菹

春風抽萌冬雪摧鞭淇澳公族孤竹君孫

雪藕　蓮根也生熟皆可薦籩

中虛七竅不染一塵豈但爽口自可觀心

土酥　蘆菔也作玉糝羹

雪浮玉糝月浸瑶池咬得菜根百事可爲

炊栗　蒸開蜜漬

周人以栗亦可以贊紫殼吹開黃中通理

煨芋　煨香片切

朝三暮四狙公何爲郤彼羊羔啗吾蹲鴟

采杞　枸杞也可餌可羮

丹石纍纍綠苗菁菁餌之羮之心開目明

甘薺　薺菜也東坡有食薺法且曰天生此物爲幽人山居之福

誰謂荼苦其甘如薺天生此物爲山居賜

菉粉　菉豆粉也鋪薑爲羮

碾破綠珠撒成銀縷熱蠲金石清徹肺腑

紫芝　蕈也木蕈爲良

漆園之菌商山之芝濕生者腴卉生者奇

白粲　炊玉粒沃以香湯

釋之叟叟烝之浮浮有一簞食吾復何求

已上二十品不必求備得四之一斯足矣前五品出經典列之前筵尊經也後十五品有則具無則止或樽酒醻酢暢敘幽情但勿醺酣恐俗此會詩詠采蘋禮嚴祭菜澗溪沼沚之毛可羞王公可薦鬼神以之待賓誰曰不宜第未免貽笑於公膳侯鯖之家然不笑不足爲道彼笑吾吾笑彼客辭出門大笑吾歸隱几亦一笑手録畢又自笑目間過輒一笑萬一此譜散在人間世其傳笑將無窮也

野菜譜

高郵王鴻漸

白皷釘

一名蒲公英四時皆有惟極寒天小而可用采之熟食

白皷釘白皷釘豐年賽社皷不停凶年罷社皷絶聲社公惱白皷釘化爲草

剪刀股

春采生食兼可作虀

剪刀股剪何益剪得今年地皮赤東家羅綺西家裰今年不聞剪刀聲

猪殃殃

猪食之則病故名春采熟食

猪殃殃胡坏祥猪不食遺道傍我拾之克餱糧

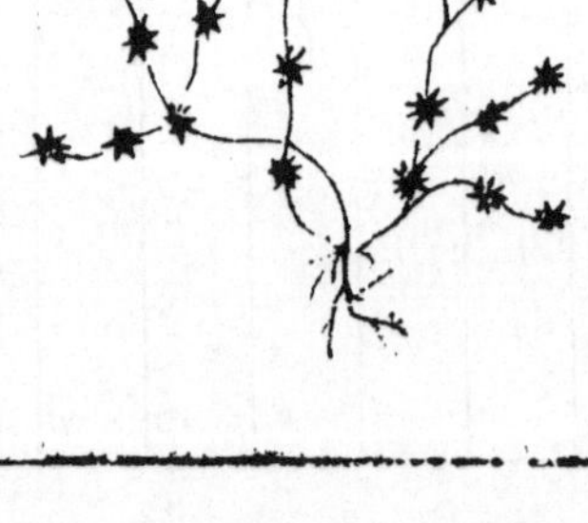

絲蕎蕎

二三月采熟食四月結角不用

絲蕎蕎如絲縷昔爲養蠶人今作挑菜侶養蠶衣整齊挑菜衣襤褸張家姑李家女隴頭相見淚如雨

牛塘利

二三月采熟食亦可作虀

牛塘利牛得濟種草有餘青蓄水有餘味年來水艸枯忽變為荒薺采采療人飢更得牛塘利

浮薔

入夏生水中六七月采生熟皆可食

采采浮薔涉彼滄浪無根可託有莖可嘗野風浩浩野水茫茫飄蕩不返若我流亡

水菜

秋生水田狀類白菜熟食

水菜生水中水深不可得挈筥遶堤行日暮風波息水清忽照人面色如菜色

看麥娘

隨麥生隴上因名春采熟食

看麥娘來何早麥未登人未飽何當與爾還厥家共嚥糟糠暫相保

狗腳跡

生霜降時葉如狗印故名熟食

狗腳跡何處尋彼兎亂走妖狐吟北風揚沙一尺溪狗腳跡何處尋

破破衲

臘月便生正二月采熟食三月老不堪食

破破衲不堪補寒且飢聊作脯飽煖時不忘汝

斜蒿

三四月生小者一科俱可用大者摘嫩頭於湯中略過晒乾臨食再用湯泡油鹽拌食白食亦可

斜蒿復斜蒿采采臨春郊終日不盈把悵望登東皐欲進不能進風日寒蕭蕭

江薺

生臘月生熟皆可用花時不可食但可作虀

江薺青青江水綠江邊挑菜女兒哭爺孃新死兄趂熟止存我與妹看屋

燕子不來香

早春采可熟食燕來時則腥臭不堪食故名

燕子不來香燕子來時便
不香我願今年燕不來常
與吾民充飲糧

猢猻脚跡

形似名三月采之熟食

猢猻脚跡宜爾泉石胡不
自安犯我田宅遭彼侵凌
畎畝蕭瑟獲而烹之償我
稼穡

眼子菜

六七月採生水澤中青葉背紫色莖柔滑而細長可數尺熟食

眼子菜如張目年年盼春
懷布穀猶向秋來望時熟
何事頻年倦不開愁看四
野波漂屋

猫耳朵

正二月採搗爛和粉麪作餅蒸食

猫耳朵聽我歌今年水患
傷田禾倉廩空虛鼠棄窠
猫兮猫兮將奈何

地踏菜

一名地耳狀如木耳春夏生雨中雨後采熟食見日即枯沒

地踏菜生雨中晴日一照郊原空莊前阿婆呼阿翁相携兒女去匆匆須臾采得青滿籠還家飽食忘歲凶東家懶婦睡正濃

窩螺薺

正月二月采之熟食

窩螺薺如螺髻生水邊照蕐麗去年郎家田不收挑菜女兒不上頭出門忽見窩螺羞

烏藍擔

烏大也村人呼大為烏此菜但可熟食

烏藍擔擔不動去時腹中饑歸來肩上重肩上重行路遲日暮還家方早炊

蒲兒根

即蒲草嫩根也生熟皆可食

蒲兒根生水曲年年砍蒲千萬束水鄉人家衣食足今年水潦渰絶蒲食盡蒲根生意無

馬攔頭

二三月叢生熟食又可作虀

馬攔頭攔路生我為拔之容馬行只恐救荒人出城騎馬直到破柴荆

青蒿兒

即茵陳蒿春月采之炊食時俗二月二日和粉麪作餅者是也

青蒿兒纔發頴二月二日春猶冷家家競作茵陳餅茵陳療病還療飢借問采蒿知不知

藩籬頭

臘月采熟食入春不用

藩籬頭延蔓艸傍籬生青梟梟今年薪貴穀不收拆藩籬煮藩籬頭

馬齒莧

入夏采沸湯瀹過曬乾冬用旋食亦可楚俗元旦食之

馬齒莧馬齒莧風俗相傳食元旦何事年來采更頻終朝賴爾供飡飯

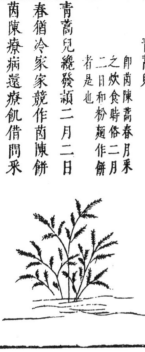

鴈腸子

二月生如豆芽菜熟食之生亦可食

鴈腸子遺溝塹應是今年絶飲啄兩翼低垂去不前苦遭餓鶻相擒搏嗟哉鴈兮有羽翰何況人生行路難

野落籬

正二月采頭湯過可食

野落籬舊遮護昔爲里正家今作逃亡户春來荒薺滿堦生挖菜人穿屋裏行

茭兒菜

入夏生水澤中卽茭芽也生熟可用

茭兒菜生水底若蘆芽勝菰米我欲充飢采不能滿眼風波淚如洗

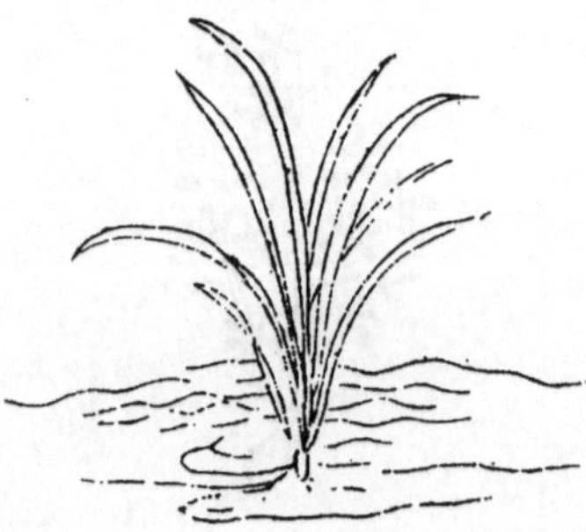

倒灌薺

采之熟食亦可作虀

倒灌薺生旱田上無雨露下有泉抱甕不來還自解造物冥冥解倒懸

灰条

此菜二種一種葉大而赤即藜藿一種葉小而青即今所采者湯過油塩拌食

灰条復灰条采采何辭勞野人當年飽藜藿凶歲得此爲佳殽東家鬥食滋味饒徹却少牢羙太牢

烏英

一名烏英花入夏生澤中生熟皆食六月不可用

烏英花烏英菜菜可茹兮花可愛連朝摘菜不聊生豈有心情摘花戴

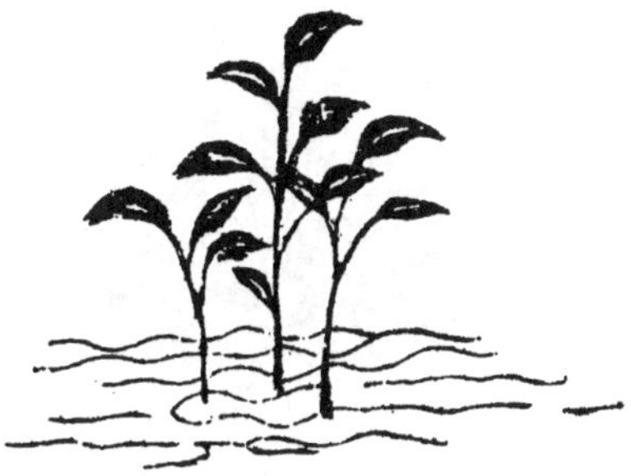

抱孃蒿

叢生故名二三月采熟食

抱孃蒿結根牢解不散如漆膠君不見昨朝兒賣客船上兒抱孃哭不肯放

枸杞頭

村人采爲甜菜頭春夏采嫩頭熟食秋采實冬采根

枸杞頭生高丘實爲藥餌來甘州二載淮南穀不收采春采夏還采秋飢人飽食如珍饈

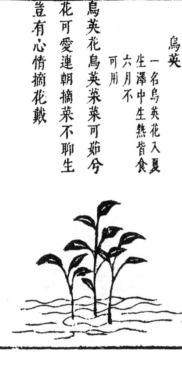

苦麻薹

三月采用葉擣和麵作餅生亦可食

苦麻薹帶苦嘗雖逆口勝空腸但願收租了官府不辭喫盡田家苦

羊耳秃

二三月采熟食

羊耳秃短簇簇穿藩籬如羝觸飢來進退無如何前村後村荆棘多

水馬齒

生水中與旱馬齒莧相類熟食

水馬齒何時落食玉粒啣金嚼我民饑殍盈溝壑惟皇震怒剔厥齶化爲野草充藜藿

野莧菜

類家莧夏采熟食

野莧菜生何少盡日采來充一飽城中赤莧美且肥一錢一束賤如草

黃花兒

正二月采熟食

黃花兒郊外草不愛爾花
愛爾充我飽洛陽姚家深
院深一年一賞費千金

野荸薺

四時采生熟皆食

野荸薺生稻畦苦薅不盡
心力疲造物有意防民饑
年來水患絕五穀爾獨結
實何纍纍

蒿柴薺

正二三月采熟食又可作虀

蒿柴薺我獨憐葉可食稭
可燃連朝風雪攔村路饑
寒不能出門去

野菉豆

莖葉似菉豆而小生野田多藤蔓生熟皆可食

野菉豆匪耕耨不種而生
不耔而秀摘之無窮食之
無臭百穀不登爾何獨茂

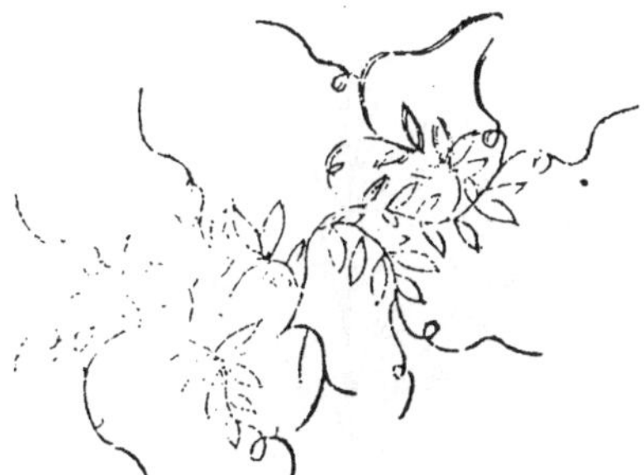

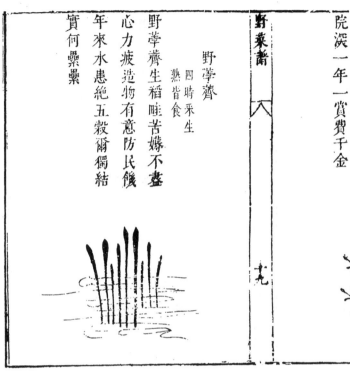

油灼灼

生水邊葉光澤生熟皆食又可作乾菜

油灼灼光錯落生岸邊照溝壑溝壑朝來餓殍塡骨肉未冷攢烏鳶

雷聲菌

夏秋雷雨後生茂草中如蘑菇味亦相似

雷聲菌如卷耳恐是蟄龍兒雷聲呼輒起休誇瑞草生莫嘆靈芝死如此凶年穀不登縱有禎祥安足倚

蔞蒿

春采苗葉熟食夏秋莖可作虀心可入茶

采蔞蒿采枝采葉還采苗我獨采根賣城郭城裏人家半凋落

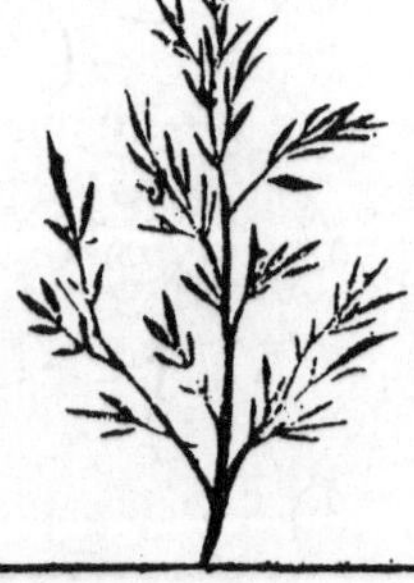

掃箒薺

春采熟食

掃箒薺靑簇簇去年不收空倚屋但願今年收兩熟場頭掃箒掃盡禿

雀兒綿單

三月采可作虀此菜甚延蔓鋪地而生故名

雀兒綿單託彼終宿如菌如衾匪絲匪縠年飢願得充我餐任穿我屋蔽爾寒

菱科

夏秋采熟食

采菱科采菱科小舟日日臨清波菱科采得餘幾何竟無人唱采菱歌風流無復越溪女但采菱科救飢餒

燈蛾兒

二月采熟食

燈蛾兒落滿地化作草青青遭此飢荒歲曾見當年遶絳紗于今燈火幾人家

薺菜兒

春月采之生熟皆可食

薺菜兒年年有采之一二遺八九今年纔出土眼中挑菜人來不停手而今狼藉已不堪安得花開三月二

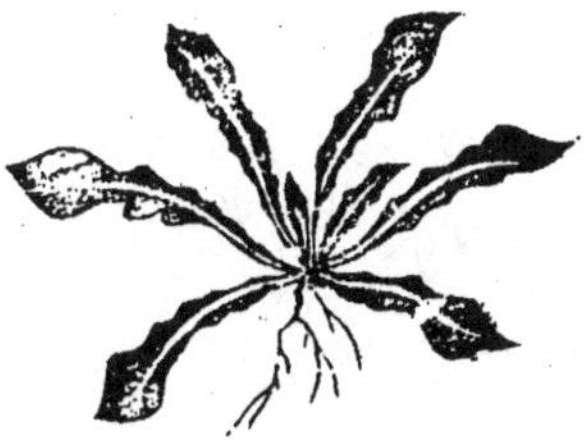

芽兒拳 正二月采熟食

芽兒拳生樹邊白如雪軟似綿煮來不食淚如雨昨朝兒賣他州府

板蕎蕎 正二月和羹采之欲食三四月結角老不堪用

板蕎蕎兮吾不識出無路兮人無室將學道兮歸空山草爲衣兮木爲食

碎米薺 三月采止可作虀

碎米薺如布穀想爲民飢天雨粟官倉一月一開放造物生生無盡藏

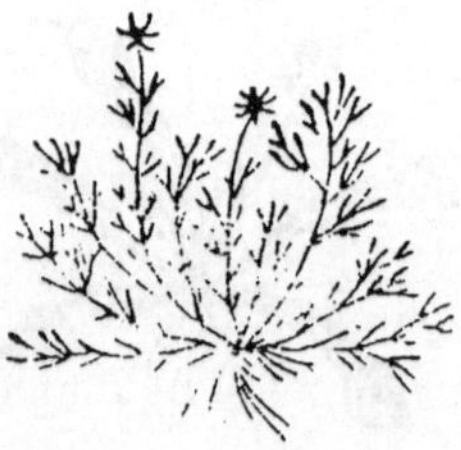

天藕兒 根如藕而小熟食梢葉不可食

天藕兒降平陸活生民如雨粟昨日湖邊聞野哭忽憶當年采蓮曲

老鸛筋

二月采之熟食亦可作虀

老鸛筋老鸛筋去年水涸無纖鱗蟻垤槩槩聲不聞老鸛何在筋獨存

鵞觀艸

正二月妇采青炊食

鵞觀草滿地青青鵞食饉年來赤地不堪觀又況[illegible]人分食了鵞觀草

牛尾瘟

生澱水中葉如髮莖如藻冬月和魚煮食夏秋亦可食

牛尾瘟不敢私疫氣重流達村黄毛牸烏毛㹀十莊九疃無一存摩抄犁耙淚如湧田中無牛更無種

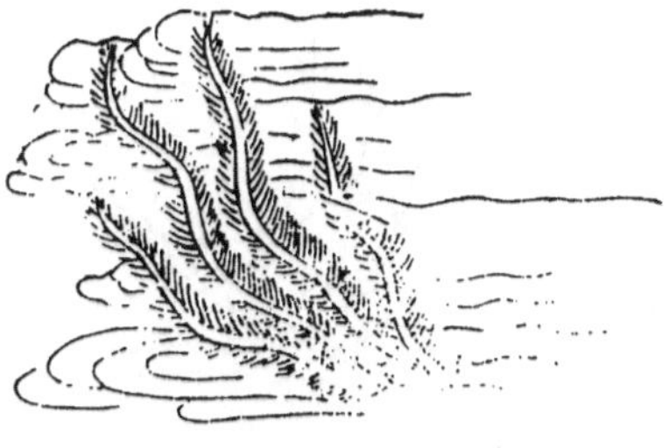

野蘿蔔

葉似蘆菔故名熟食

野蘿蔔生平陸匪蔓菁若蘆菔求之不難烹易熟飢來獲之勝粱肉

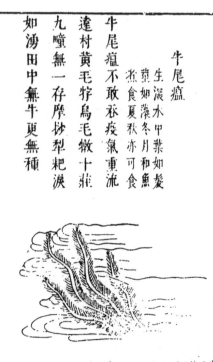

兎絲根

一名兎絲苗春采苗秋冬采根蒸食味苦多食令人眩暈

兎絲根美可嘗千萬結如我腸飢人得食不輟卩腸細食多死八九

野菜譜　二十九

草鞋片

二三月采熟食

草鞋片甘貧賤不踏軟紅塵嘗行芳草茵從教惡且敝恐向泥塗棄一任前途阻且長着來猶能趁熱場

抓抓兒

深秋采之日乾和穀煮食如粉清香可愛

抓抓兒生水湄却似兎松初出時須知可食不可棄不能療痒能療飢

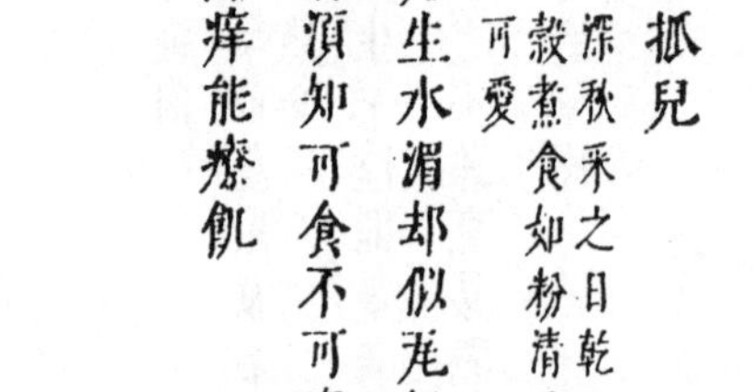

野菜譜　三十

雀舌草

以形似稱初生時采熟食

雀舌草葉似茶采之采之溪之涯途中飢渇不能進遍尋烟火無人家

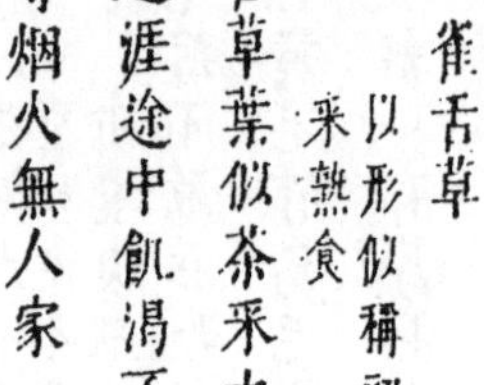

終

茹草紀事

宋　林洪

孟子曰舜之飯糗茹草也若將終身焉

晉書曰昔張季鷹爲齊王從事有蓴菜鱸魚之思遂解官歸

東觀漢記曰王莽末南方枯旱民多餓羣入野澤掘鳬茨食之

荆楚歲時記曰九月九日事稱菰菜地菌之流作羹甚美

又曰宗測字敬微南陽人宋徵士炳之孫自少靜退不樂人間量腹而進松术度形而衣薜蘿澹然已足屢徵不就

北齊書曰王收字子淡少孤獨種葵三畝夜人盜之王收密令人書葵葉下明旦市中看之遂得偷者

吳錄曰陸遜諸葛瑾攻襄陽遜遣親人韓扁抄掠瑾聞之欲急去遜方催人種豆菘與諸將圍棊以示閒暇

齊書曰武陵王曄性清簡尚書令王儉詣曄留儉設食盤中菘菜鮑而已

又曰周顒清貧寡欲終日蔬食雖有妻子獨舍山舍甚機辯文惠太子問顒菜食何味最勝顒曰初春早韭秋末晚菘

晉書曰石崇奴勝白奴常種雜勤蒔萎不親不踈

杜工部秋日阮隱居詩曰致薤三十束

漢書曰秦破趙遷卓氏曰吾聞汶山之沃野下有蹲鴟至死不飢乃求遠遷致以臨邛至僮百人

崔鴻蜀錄曰李雄克成都衆甚飢餓乃將民就穀於

郪掘野芋而食之

崔瑗愛士好賓客盛修肴膳殫極滋味不問餘產居常蔬食菜羹而已

吳書曰趙咨使魏魏人曰江東有嵩蹄菜作若爲食咨曰當得倉鱗以作羹

晉書曰桓温性儉每讌唯下七奠柈菜菓而已

齊書曰周顒隱鍾山王儉謂曰卿在山中何所食答曰赤米青鹽綠葵紫蓼

庾杲之字景行爲世祖征虜功曹清貧食唯韭葅雜

菜之屬戲之曰誰言庾郎貧食蒩常有二十七種蓋
言三九也
列仙傳曰務光服蒲薤根
世說曰蘇峻亂庾公南奔見陶侃雅相重及食庾噉
薤因留白陶問用此何爲庾云故可種食陶尤歎
梁書曰沈顗逢齊末兵荒家人并日而食或有饋其
粱肉者閉門不受唯採蓴荇根供食以樵採自資
左傳曰王使周公閱來聘饗有昌歜
抱朴子曰韓終服菖蒲三十年身生毛日視書萬言

皆誦之冬袒不寒
風俗通曰南陽酈縣有甘谷谷水甘美云其山有大
菊水從山上流下得其滋液谷中有三十餘家不復
穿井悉飲此水上壽百二三十中壽百餘下壽七八
十者
宋玉主人女爲炊彫胡飯
唐盧懷慎爲相召客食曰爛蒸去毛莫拗折項客以
爲非鵝即鴨也已而下粟米飯惟葫蘆一枚而已
三十國春秋曰劉殷字長盛七歲喪其父哀毀踰禮
曾祖母王氏盛冬思堇殷入澤中慟哭有草生焉得
斛餘
青牛先生者字正方客三輔曉知星曆風角鳥情常
食青葙芫花年似五六十者

藥譜

唐　侯寧極

葢蒻清本良於醫藥數百品各以角貼所題名字詭異余大駭究其源底答言天成中進士侯寧極戲造藥譜一卷盡出新意改立別名因時多艱不傳于世余以禮求假錄一通用娛閑暇

假君子 牽牛　昌明童子 川烏頭
淡伯 厚朴　木叔 胡椒
雪眉同氣 白扁豆　金丸使者 椒

醎毒仙 預知子　貴老 陳皮
遠秀卿 沉香　化米先生 神麴
九日三官 吳茱萸　醯叟 硫黃
三閭小玉 白芷　中黃節士 麻黃
時美中 蒔蘿　導河掾 木猪苓
嗽神 五味子　曲方氏 防風
削堅中尉 三稜 中一作都　白天壽 吳术
洞庭奴隸 枳殼　黃英石 檀香
綠劍真人 菖蒲　魏去疾 阿魏
禹孫 澤瀉　橐籥尊師 僊靈脾
風稜御史 史君子　雪如來 白朮
風味團頭 縮砂　郝肺侯 款冬花
骨鯁元君 蓽撥　苦督郵 黃芩
調暱參軍 酸棗仁　黒司命 從容
知微老 白斂　太清尊者 朴硝
既濟公 升麻　冷翠金剛 石南葉
脫桃嬰兒 桃仁　混翁 訶梨勒
抱靈居士 香附子　隨陽給事中 甘遂

斜枝大夫 草龍胆　野文 白頭翁
建陽八座 蛇床子　玄房仲長統 皂莢
蓂生藥王 覆盆子　仁裹 川練子
石仲寧 滑石　命門錄事 安息香
隱上座 郁李仁　水狀元 紫蘇
飛風道者 牙硝　帝膏 蘇合香
鼎和尚 畢澄茄　金山力士 自然銅
麝男 甘松　冰喉尉 薄荷
草東牀 大腹皮　腎曹都尉 葫蘆巴

壽祖威靈仙　玲瓏霍去病藿香
千眼油蘘人　延年卷雪桑白皮
水銀腊輕粉　黄香影子梔子
六亭劑五味子　顯明犯阿膠
出樣珊瑚木通　中央粉蒲黄
瘡帚何首烏　支解香丁香
洗瘴丹賓郎　海腊麒麟竭
水磨橄欖金鈴子　無名印地榆
無憂扇枇杷葉　鬼木串槐角

藥譜　三

黑煞星夜明砂　續命筒乾漆
蠻龍舌血没藥　羽化魁五加皮
清涼種香薷　度厄錢連翹
湯主山茱萸　聖龍鬚瞿麥
翻胃木常山　醒心杖遠志
玉皇爪馬兜鈴　偷蜜珊瑚甘草
德兒杏仁　混沌螟蛉寄生
永嘉聖脯乾薑　紅心石赤石脂
槀本五靈脂　静風尾荆芥

正坐丹砂附子　迎陽子
山屠黄蘗　胖家瑞氣肉荳蔻
甜面淳于蜜陀僧　剔骨香青皮
痰宫劈歷半夏　玉虛飯龍腦
鎖眉根苦參　黑龍衣鱉甲
小帝青青鹽　百辣雲生薑
縷帶米麥蘖　半夏精天南星
夜金雄黄　沙田髓黄精
無聲虎大黄　小昌明草烏頭

藥譜　四

草兵巴豆　巢烟九助烏梅
百子堂草果子　皺面還丹人參
琥珀孫松脂　賊參薺苨
不死麵茯苓　火泉竹汁
比日沉香烏藥　陸續丸蔓荆子
地白瓜蔞根　天豆破故紙
滴膽芝黄連　新羅白肉白附子
瘦香嬌丁黄一作丁香　破關符蓬莪术
王孫皮杜仲一作王孫皮　血櫃牡丹皮

川元蠡川芎一作几元　九女春鹿茸
百藥綿黄耆　英華庫益智
通天柱杖牛膝　赤天佩姜黄
丹田霖雨巴戟　百丈鬚石斛
飛天蓋旋復花　安神隊杖麥門冬
鄆芝天麻　錦繡根芍藥
草魚目薏苡仁　茅君實蒼术
尉陀生桂　鍊形松子柏子仁
蘆頭豹子柴胡　丑實牛黄

藥譜　五

肚裏屏風艾　九蛇菜澤蘭
女二天當歸　天通綠木香
旱水晶鵬歸作棚砂　還元大品地黄
兩平章羌活　死冰白殭蚕
一寸樓臺蜂巢　三尺鎌枸杞
無情手硇砂　拔萃圖麝香
綠鬚姜細辛　笑靨金菊花
走根梅乾葛　八月珠茴香
銀條德星山藥　埋光烏藥良姜

樝聖畢撥　破軍殺大戟
吉祥杵桔梗　金母蛻蟬金
綠子檀茅香　良醫七首葶藶
產家大器秦艽　滴金卵延胡索
鬼丹芦苓一作盧會鬼一作鬼　宜州樣子白荳蔻
尾瓏班貝母　孝梗知母
萬金茸紫菀　秦尖蒺莉
西天蔓前胡　蕨臣卷柏
五福爵白斂　保生蘂藁本

藥譜　六

彼奴徐春　蒜腦藷百合
傳身弩芫花　玉靈片石膏

藥錄

晉　李當之

檳榔一名賓門

菥蓂一名折目一名榮冥一名馬駒

石流黃味酸生谷中治婦人陰蝕疽痔作金銀物生東海

石流青白色主益肝氣明目

石流赤生羌道山谷

陽起石一名白石味酸微溫生山谷治崩中補足肉

攣藏中血結氣寒熱腸痛漏下無子陰陽不合生齊地

陽起石神農扁鵲酸無毒桐君雷公岐伯無毒李氏小寒或生太山或陽起山採無時

薔蘼虋冬也　冬之山草多虋冬

赤須子豈人好食天門冬齒落更生

甘始者太原人服天門冬在人間三百餘年

天門冬莖間有炎而葉滑曰絺體一名顛蕀根以浣縑素白越人名爲浣草似天門冬而非也凡服此見

試浣衣如法者便非天門冬

杜子服天門冬御十八妾有子百四十人日行三百里

石膽一名畢石一名君石出秦州羌道山谷大石間或出句青山其爲石也青色多白文易破狀如空青能化鐵爲銅合名金銀煉餌食之不老

石肺一名石肝黑澤有赤文如肺肝置水中即乾濡生益氣明目生水中

石脾一名胃口一名胃石一名腎石赤文治胃中寒

熱

何首烏錄

唐　李翺

僧文象好養生術元和七年三月十八日朝茅山遇老人於華陽洞口告僧曰汝有仙相吾授汝秘方有何首烏者順州南河縣人祖能嗣本名田兒天生閹嗜酒年五十八因醉夜歸臥野中及醒見田中有藤兩本相遠三尺苗蔓相交久乃解解合三四心異之遂掘根持問村野人無能名曝而乾之有鄉人麥良戲而曰汝閹也汝老無子此藤異而後以合其神藥汝盍餌之田兒乃篩末酒服經七宿忽思人道累旬

力輕健慾不制遂娶寡婦曾氏田兒因嘗餌之加倍兩錢七百餘日舊疾皆愈反有少容遂生男鄉人異之十年生數男俱號爲藥告田兒曰此交藤也服之可壽百六十歲而古方本草不載吾傳於師亦得之於南河吾服之遂有子吾本好靜以此藥害於靜因絕不服女偶餌之乃天幸因爲田兒盡記其功而改田兒名能嗣焉嗣年百六十歲乃卒男女一十九人子庭服亦年百六十歲男女三十八子首烏服之年百三十歲男女二十一人安期叙交藤云交藤味甘温無毒主五痔腰腹中宿疾冷氣長筋益精令人多子能食益氣力長膚延年一名野苗一名交莖一名夜合一名地精一名桃柳藤生順州南河縣田中嶺南諸州往往有之其苗大如木藁光澤形如桃柳其葉皆偏獨單皆生不相對有雌雄雄者苗色黃白雌者黃赤其生相遠夜則苗蔓交或隱化不見春末夏中初秋三時候晴明日兼雌雄採之烈日曝乾散服酒下良採時盡其根勿洗承潤以布帛拭去泥土勿

損皮密器貯之每月再曝凡服偶日二四六八日是服訖以衣服汗出導引尤忌猪羊肉血老人言訖遂別去其行如疾風浙東知院殷中孟侍御識何首烏嘗餌其藥言其功如所傳出賓州牛頭山苗如萆薢蔓生根如杯拳削去黑皮生啖之南人因呼爲何首烏焉元和八年八月錄

彰明附子記

東蜀楊天惠

綿州故漢地廣領縣八惟彰明出附子彰明領鄉二十惟赤廉水會昌昌明宜附子總四鄉之地爲田五百二十頃有奇然稅稻之田五菽粟之田三而附子之田止居其二焉合四鄉之產得附子一十六萬斤已上然赤水爲多廉水次之而會昌昌明所出微甚凡上農夫歲以善田代處前期輒空田一再耕之蒔薺麥若巢縻其中比苗稍壯并根葉耨覆土下後耕如

初乃布種每畝用牛十耦用糞五十斛七寸爲壟五寸爲符終畝爲符二十爲壟千二百壟從無衡深亦如之又以其餘爲溝爲涂春陽濆盈丁壯畢出疏整符壟以需風雨雨過輒振拂而騈持之旣又挽艸爲援以御短日其用工力比它田十倍然其歲獲亦倍稱成之凡四鄉度用種千斛以上出龍安及龍州齊歸木門青堆小平者良其播種以冬盡十一月止采擷以秋冬九月止其莖類野艾而澤其葉類地麻而厚其花紫葉黃甤長苞而圓其蓋其實之美惡視功

之勤窳以故富室之入常羨貧者雖接畛或不盡然又有七月采者謂之早水拳縮而小蓋附子之未成者然此物詞畏惡猥多不能常熟或種美而苗不茂或苗秀而不克或以釀而腐或以暴而攣若有物爲陰爲之故園人將采常禱於神或目爲藥妖云其釀法用醯醅安密室淹覆彌月乃發以時暴凉久乾定方出釀時其大有如拳者已定不盈握故及兩者極難得蓋附子之品有七實本同而末異其種之化爲烏頭附烏頭而傍生者爲附子又左右附而偶生

者爲葥子又附而長者爲天雄又附而尖者爲天隹又附而上者爲葥子又附而散者爲漏藍皆脉絡連貫如子附母而附子以貴故獨專附名自餘不得與焉凡種一而子六七以上則其實皆小種一而子二三則其實稍大種一而子特生則其實特大此其凡也附子之形以蹲坐正節角少爲上有節氣多鼠乳者次之形不正而傷缺風皺者爲下附子之色以花白爲上鐵色次之青綠爲下天雄烏頭天隹以豐實過握爲勝而漏藍側子園人以乞役夫不足數也

大率蜀人人餌附子者少惟陝輔閩浙宜之陝輔之賈纔市其下者閩浙之賈纔市其中者其上品則皆士大夫求之蓋貴人金多喜奇故非得大者不厭然土人有知藥者云小者固難用要之半兩以上皆良不必及兩乃可此言近之按本經及志載附子出犍爲山谷及在山南嵩高齊魯間以今攷之皆無有誤矣又曰春采爲烏頭冬采爲附子大謬又云附子八角者良其角爲側子愈大謬與余所聞絕異豈所謂盡信書不如無書者類耶以上皆揚說古涪既刪取

其略著于篇然又云天雄與附子類同而種殊附子種近類漏藍天雄種如香附子凡種必取土爲槽作傾邪之處勢下廣而上狹寘種其間其先也與附子絕不類雖物性使然亦人力有以使之此又揚說所不及也審如志言則附子與天雄非一本矣揚說失之本草圖經與此小異廣雅云奚素毒附子也一歲爲萴（與側同）子二歲爲烏喙三歲爲附子四歲爲烏頭五歲爲天雄蓋亦不然萴子天雄漏藍三物本草皆不著張華博物志又云烏頭天雄附子一物春秋冬夏味各異也

種樹書

郭橐駝

木

凡木皆有雌雄雄者多不實可鑿作方寸穴取雌木塡之乃實凡木儔麻餅雜糞灰壅之則枝葉茂

冬青樹獨栽以猪糞壅之則茂一說猪溺灌之

凡木早晚以水沃其上以唧筒唧水其上

移樹木用穀調泥漿水於根下日沃之再無有不活者

挿杉枝用驚蟄前後五日斬新枝鋤開根入枝下泥杵緊視天陰則挿挿了遇雨十分無雨即有分數

草木羊食者不長

栽松時去松中大根唯留四傍鬚根則無不偃蓋一年之計種之以竹十年之計種之以木

凡移樹不要傷根鬚須闊埰不可去土恐傷根諺云移樹無時莫教樹知

松必用春後社前帶土栽培百株百活舍此時決無生理也

春分後勿種松秋分後方宜種不獨爲然

種松法大槩與竹同只要根實不令動搖自然活今移樹者以小牌記取南枝不若先鑿窟沃水澆泥方栽築令實不可踏仍多以木扶之恐風搖動其顛則根搖雖尺許之木亦不活根不搖雖大可活更𦾔上無使枝葉繁則不招風

種一切樹大枝向南栽亦向南

凡樹要移當三年一樹得拙而枯然未可一槩論若以桂爲丁在下釘則枯在上礙則茂

順挿爲柳倒挿爲楊

木自南而北多枯寒而不枯只於臘月去根旁土麥穣厚覆之燃火深培如故則不過一二年皆結實若歲用此法則南北不殊猶人炷艾耳

種木無時蟲毛虫於根下皮以甘草末擦之亦佳

種木楊須先用木椿釘穴方入楊庶不損皮易長臘月二十四日種楊樹不生蟲

斫松樹五更初斫倒便削去皮則無白蟻猶須擇血忌日以斧敲之云今日血忌則白蟻自出

黄梔子候其大時摘青者晒收至黄熟則能消化水
矣
元日天未明將火把於園中百樹上從頭用水燎過
可免百蟲食葉之患
貧婆樹冬花夏子
種桑取椹子水淘淨暴乾熟耕地畦種種栁取青嫩
枝條如臂大長六七尺燒下二三寸埋二尺以上
種青桐九月收子二三月作畦種之治畦下水

桑

穀樹上接桑其葉肥大桑上接梨脆美而甘撒子種
桑不若壓條而分根莖
雞脚桑葉花而薄得繭薄而絲少
白桑葉大如掌而厚得繭厚而堅絲每倍常桑葉生
黄衣而皺者號曰金桑非特蠶不食而木亦將稿腐
矣
先椹而後葉者葉必少
浙間植桑斬其葉而植之謂之稼桑却以螺殼覆其
頂恐梅雨侵損其皮故也二年即盛

常以三月三日雨卜桑葉之貴賤諺云雨打石頭徧
桑葉三錢片或曰四日尤甚杭州人云三日尚可四
日殺我言四日雨尤貴
午日不得鋤桑園
有柘蠶食柘而早繭
葉濕不可飼蠶雨中採至必拭令乾恐有傷也

竹

冬至前後各半月不可種植蓋天地閉塞而成冬種
之必死

種時斬去梢仍為架扶之使根不搖易活又法三兩
竿作一本移蓋其根自相持則尤易活也或云不須
斬梢只作兩重架尤妙
種竹處當積土令稍高於傍地二三尺則雨潦不侵
損錢唐人謂之竹脚
竹有花輒槁死結實如稗謂之竹米一竿如此則久
之滿林皆然其治法於初米時擇一竿稍大者截去
近根三尺許通其節以糞之則止
竹林中有樹切勿去之蓋竹為樹枝所礙雖風雪不

復欹斜筆竹根多穿害堦砌惟聚皂莢刺埋土中障之根則不過栽油麻其尤妙

凡種竹正二月劚取西南根於東北角種其鞭自然行西南蓋竹性向西南行也諺云東家種竹西家種地若得死猫埋其下其竹尤盛種竹有醉日卽五月十三日也

種竹若用鋤頭打實土則筍生遲

種竹不去條則林外向陽者三二年間便有大竹諺云栽竹無時雨過便移多留宿土切記南枝如要不

間年不出筍用本命日於正月一日二月二日也

又云種竹須濶掘溝用壟糠和泥抱根然後用淨土傅其上或鋪少大麥於其中令竹根着麥上以土蓋之其根易行

志林云竹有雌雄雌者多筍故種竹半擇雌者物不逃於陰陽可不信歟凡欲識雌雄當自根上第一枝觀之雙枝是雌卽出筍若獨枝者是雄

種竹法擇大竹就根上去三四寸許截斷之去其上不用只以竹根截處打通節實以硫黄末顛倒種之第一年生一竹隨卽去之次年亦去之至第三年生竹其大如所種者

種竹用舊茅茨夾土則竹根尋地脉而生竹有六十年數便生花

竹以三伏內及臘月砍者不蛀

竹留三去四蓋三年留四年者伐去

月菴種竹法先鋤其地深三尺濶一尺五寸將馬糞乾者和細泥并土填一尺高令人於其上踏實或無馬糞以壟糠代之夏月令稀冬月令稠然後種竹須

三四莖作一叢者竣栽爲佳上多用河泥蓋之斫去竹稍裝架地廣宜種筆竹亭檻間宜種筋竹至次年八月方可去篠竹

竹與菊根皆長向上添泥覆之爲佳

又七月間移竹無不活者

果

栗採時要得披殘明年其枝葉益茂

桃樹接李枝則紅而甘

桃實自乾不落者名桃梟

柿樹接桃枝則爲金桃
李樹接桃枝則爲桃李
南方柑橘雖多然亦畏霜不甚收惟洞庭霜雖多無所損橘最佳歲收不耗正謂此焉以死鼠浸溺缸內候鼠浮取埋橘樹根下次年必盛涅槃經云如橘得鼠其果子多
柑樹爲蟲所食取蟻窠於其上則蟲自去
桃李銀杏栽帶子向上者個個生向下者少
葡萄欲其肉實當栽於棗樹之旁於春鑽棗樹上作

竅子引葡萄枝入竅中透出至二三年其枝既長大塞滿樹竅便可斫去葡萄根託棗根以生便得肉實如棗北地皆如此法種
銀杏樹有雌雄雄者有三稜雌者有二稜合二者種之或在池邊能結子而茂蓋臨池照影亦生也
果樹有蠹出者以芫花納孔中即或納百部葉
纍果樹納少鍾乳粉則子多且美又樹老以鍾乳末和泥於根上揭去皮抹之復茂
凡接矮果及花用好黃泥晒乾篩過以小便浸之又晒乾篩過再浸之凡十餘度以泥封樹皮用竹筒破兩半根裹之則根立生次年斷其皮截根栽之
桑上接梅梅則不酸
桑上接梨則脆而甘美
果實異常者根下必有毒蛇切不可食
果木有蟲蠹處以杉木削小丁塞之其蟲立死
生人髮挂樹上烏不敢食其實
接樹須取向南隔下者接之則着子多
凡種樹宜在望前在望後少實

花果樹如曾經孝子及孕婦手折則數年不着花或不甚結子
果子先被人盜喫一枚飛禽便來喫
凡果木未全熟時摘若熟了即抽過筋脉來歲必不盛
果實凡經數次接者核小但其核不可種耳
河陰石榴名三十八者其中只有三十八粒子
橄欖將熟以竹釘釘之或納少許鹽於皮下其實盡落

柹子接及三次則全無核

桃樹過春以刀疎斫之則穰出而不蛀

桃實大繁則多墜以刀横斫其幹數下乃止社日令人搗桃樹下則結實牢

凡果不牢者宜社日搗其根

三月上旬斫取果木好直枝如大拇指大長五寸許納芋魁中種之或大蔓菁根亦可用勝種核者種核三四年乃如此大耳

桃李蛀者以煮猪頭汁冷澆之即不蛀

桃者五行之精制百鬼謂之仙木

凡果實初熟用雙手摘則年年生果見麝香熏則花不結子種韮蔥必用猪毛和土長梅樹接桃則脆桃樹接杏則大

桃熟時墻面暖處宽深爲坑收濕牛糞納坑中收好桃核十數枚尖頭向上坑中糞土蓋厚一尺深春芽生和土移種之

果樹生小青蟲虰蜻聆挂樹自無

凡樹木當元日日未出時以斧斑駁椎接棗李等樹謂之嫁樹

種石榴取直枝如拇指大斬一尺長八九條共爲一科燒二頭二寸作坑深一尺條口徑一尺竪枝坑畔圍布令勻置枯骨姜石於枝間下土令實一重骨石一重土出枝頭一寸水澆即生又以骨石置枝間即茂杏熟時合內納糞中至春既生則移栽實地既移不得便移

凡移大梅樹去其枝梢大其根盤沃以溝泥無不活者

生龍眼沸湯内淖過食之不動脾

柹子尚生煞之即熟

凡果須候肉爛和核種之否則不類其種

柑橘橙等於根棘上接者易活

林擒蛀以鐵線尋竅内鑽刺用百部杉木釘塞之如生毛蟲以魚腥水潑根活埋蚕蛾於地下

穀麥

凡種五穀用成收滿平定日爲佳小豆忌卯稻麻忌辰禾忌丙黍忌丑秫忌寅未小麥忌戌大麥忌子大

豆忌申卯九穀不避忌日種之多傷敗
種諸豆子油麻大麻等若不及時去草必爲草所蠹
耗雖結實亦不多諺云麻耘地豆耘花麻須初生時
耘豆雖開花亦可耘
種菉豆地宜瘦
臘月種麥及豆來年必熟麥麥苗盛時須使人縱牧
於其間令稍實則其收倍多麥屬陽故宜乾原稻屬
陰故宜水澤
小麥不過冬大麥不過年

麥最宜雪諺云冬無雪麥不結
種麥之法土欲細溝欲深耙欲輕撒欲勻曬麥之法
宜烈日之中乘熱而收仍用蒼耳葉或麻葉碎雜其
中則免化蛾

菜

茄子開花時取葉布過路以灰圍之結子加倍謂之
嫁茄
種香菜常以洗魚水澆之則香而茂
種茄子時初見根處擘開納硫一星以泥培之結子
倍多其大如盞味甘而益人
菠薐過月朔乃生今月初一二間種於二十七八間
種者皆過來月初一乃生驗之信然蓋菠薐國菜
生菜種之不拘時纔盡即下種亦便出諺云生菜不
離園以不時而出也
香菜與土龍朏不得用糞澆澆則不香只以溝泥水
米泔汁澆之佳
韭白根逐年移動生者不灰
甜瓜生者以鰲魚骨揷頂上則蒂落而易熟

冬瓜正月晦日傍墻區種之圓三寸深五寸着糞種
之
種韭之畦欲深下水和糞初歲惟一剪每剪即加糞
惟深其畦爲容糞也
茄着五葉因雨栽之
種蘿蔔宜沙壖地五月犁五六遍六月六日種鋤不
厭多稠即少種
種芋根欲深斲其葉以覆其上旱則澆之有草鋤去
之

種枸杞法秋冬間收子於水盆中挼取曝乾春熟地作畦畦中去五寸土勾作壟壟中縛草稕如臂長與壟等即以泥塗草稕上以枸杞子布於泥上以細土蓋令遍又以爛牛糞一重又以上一重令畦平待苗出水澆堪喫便剪

又法枸杞可以揷種

花

凡接牡丹須令人看覷之如一接活者逐歲有花如初接不活削去再接只當年有花牡丹花上穴如針

孔乃蟲所藏處花工謂之氣窻以大針點硫黃末針之蟲乃死或以百部草塞之牡丹千葉者蜀人號爲京花謂洛陽種也單葉者只號爲川花又曰山丹又曰山花

菜園中間種牡丹芍藥最茂

牡丹芍藥不可置木柵中不耐久須要避風處

海棠花欲其鮮而盛於冬至日早以糖水澆根下

立春若是子日於茄根上接牡丹花不出一月即爛熳

初春掘藕節藕頭着泥中種之當年着花

以蓮菂投甕中經年移種發碧花

種蓮須先以羊糞壅地於立夏前兩三日種當年便着花又法用五月二十日移深種蓮柄長者以竹杖挾之無不活者

種藕以酒糟塗之則盛

月桂花葉常苦蟲食者以魚腥水澆之乃止

李贊皇花木記云凡草木以海爲名者悉從海外來如海棠之類是也

瑞香花惡濕日不得頻沃以水宜用小便可殺蚯蚓或從花脚澆之則葉綠又用梳頭垢膩根上有日色即覆之

雞糞壅茉莉則盛壅百合則甚滋生

用燖猪湯澆茉莉素馨花則肥

催花法用馬糞浸水前一日澆之三四日方開者次日盡開

木犀接石榴開花必紅

花木接者移種須令接頭在土外

灌溉花木各自不同木犀當用猪糞瑞香當用焊猪
湯葡萄當用米泔水肉汁尤妙花木有不宜用糞穢
者甚多尤宜審問用之非其宜立槁
園圃中四旁宜種決明草則虵不敢入
凡接花木雖已接活内有脂力未全包生接頭處切
要愛護如梅雨浸其皮必不活
灌洗布衣灰汁澆瑞香必能去蚯蚓且肥花以瑞香
根甜灰汁則蚯蚓不食而衣垢又自肥也
芙蓉未開隔夜以靛水調紙蘸花蘂上以紙裹蘂口

花開成碧色花五色皆可染
黄白二菊各披去一邊皮用麻皮扎合其花半黄白
色
棘能辟霜花果以棘圍中即茂
鸎粟凡用九月及中秋夜種之花必大子必滿
凡種花木須冬至後立春前斫直接有鶴膝如大拇
指者長二尺許扎于芋魁中掘令寬調泥漿細切生
忌一束攪於泥中以細土覆之勿令實當有花次年
結實

牡丹着蘂如彈子大時試捻十朶中必有三兩朶不
實者去之庶不奪他花力
凡種好花木其旁須種葱薤之類庶麝香觸也
種花藥處栽數株蒜遇麝香則不損
種蘭蕙忌洒水
凡種花欲得花多須用肥土秋冬間壅根春來着花
自然盛以猪糞和土令發熱爲肥土木樨葉有齒如
鋸其紋亦麄澀者乃香有一等葉光澤者殊無香也
又有一等花極白者亦無香蘭亦如之

冬間花瓶多凍破以爐灰置瓶中則不凍或用硫黄
置瓶内亦得
芍藥牡丹摘下燒其柄插瓶中後用其柄以蠟封之
尤妙
苦楝樹上接梅花則成墨梅
海棠候花謝結子剪去來年花盛無葉
凡花木有直根一條謂之命根趂小栽時便盤了或
以磚石承之勿令生下則他日易移
凡花皆宜春種惟牡丹宜秋社前後種接

種水仙詩訣云六月不在土七月不在房栽向東籬下花開朵朵香

說郛目録

弓第一百七

解鳥語經　和菟

禽經

晉　張華

子野曰鳥之屬三百六十鳳爲之長故始於此

鳳者羽族之長

鳳雄凰雌

鳳鴻前麟後蛇首魚尾龍文龜身燕頷鷄喙駢翼首戴德頂揭義背負仁心抱忠翼挾信足履正小音鍾大音鼓不啄生草五采備舉飛則羣鳥從出則王政平國有道

亦曰瑞鶠

景純注爾雅云瑞應鳥也鷄頭蛇頸燕頷龜背魚尾五彩色高六尺許出爲王者之嘉瑞孝經援神契曰王者德及鳥獸則鳳鳥翔

亦曰鸑鷟

鳳之小者曰鸑鷟五彩之文三歲始備也

羽族之君長也鸑鷟瑞鳥

鸞者鳳鳥之亞始生類鳳久則五彩變易故字從變省禮斗儀曰天下太平安寧則見其音如鈴鑾

鑾然也周之文物大備法車之上綴以大鈴如鸞
之聲也後改爲鑾
一曰雞趣
顧野王符瑞圖曰雞趣王者有德則見
首翼赤曰丹鳳青曰羽翔白曰化翼玄曰陰翥黃曰
土符
別五采而爲名也
鳳翥鸞舉百羽從之
鸞鳳翔止百鳥皆從也以類化

鳳靡鸞吪百鳥瘞之
鳳死曰靡鸞死曰吪禽鳥啄土以瘞藏之
慈烏反哺
慈烏曰孝烏長則反哺其母大嘴烏否
白脰烏不祥
烏之白脰者西南人謂之鬼雀鳴則凶咎
巨喙烏善警
烏之巨觜者善避矰弋彈射曰善警
哀烏吟夜

烏之失雄雌則夜啼
鷙鳥之善摶者曰鶚
鶚大人見而悚愕也
鷲玄曰鵰
色淺黑而大者其羽蟲鳥毛也
鵃曰鷂
鷹色蒼黃謂之鵃廣雅曰鵃鷹二歲色也鷹生二
歲如繁也
骨曰鶻瞭曰鷂

能遠視也瞭目明白音了
鸇曰鷐
晨風也向風搖翅其回迅疾狀類雞色青摶燕雀
食之左傳云若鷹鸇之逐鳥雀
奪曰鵽
如鸇而小者其脰上下亦取鳥雀如攘奪也
王鴡鴡鳩魚鷹也
毛詩曰王鴡鷙而有別多子江表人呼以爲魚鷹
雎雄相愛不同居處詩之國風始關雎也

亦曰白鷺
鷺之色白者
亦曰白鷺
狀如鷹尾上白也
雉介鳥也
善搏鬬也
亦曰鳩
爾雅曰雉絶有力奮
五采備曰翬

爾雅曰伊洛而南素質五采皆備成章曰翬江淮
而南青質五采皆備成章曰鷂言其毛色光輝也
周禮后六服一曰翬衣取其雉性介而守以比后
德也
亦曰夏翟
書曰羽畎夏翟雉尾至夏則光鮮也
亦曰鷂雉
青質五采解見上註
采黃曰鷩雉
背毛黃腹毛赤項毛緑而鮮明周禮鷩冕取此
白曰翰雉
江南呼曰白雉
玄曰海雉
羽色純黑亦善鬬生海中山島上
首有采毛曰山雞
山雉長尾尤珍護之林木之森欝者不入恐觸其
尾也雨則避於巖石之下恐濡濕也久雨亦不出
而求食死者甚衆

頸有彩囊曰避株
雉鳥出華嶽及廬山中晴暘則頸出彩色作囊遇
樹木則避之故曰避株任昉曰亦名吐綬鳥
背有采羽曰翡翠
狀如鵁鶄而色正碧鮮縟可愛飲啄於澄瀾洄淵
之側尤惜其羽日濯於水中今王公之家以為婦
人首飾其羽直千金
腹有采文曰錦鷄
狀如鳩鴿膺前五色如孔雀羽出南詔越山中歲

採捕之爲王者冠服之飾

鳲鳩戴勝布穀也

楊雄曰鳲鳩戴勝生樹穴中不巢生爾雅曰鵖鴔戴鵀鵀即首上勝也頭上尾起故曰戴勝而農事方起此鳥飛鳴於桑間云五穀可布種也故曰布穀月令曰戴勝降於桑一名桑鳩仲春鷹所化也

亦曰鵖鴔

鳴自呼

亦曰䳕穀

江東呼爲䳕穀見楊雄方言

春耕候也

云此鳥鳴時耕事方作農人以爲候

倉鶊黧黃黃鳥也

今謂之黃鸎黃鸝是也野民曰黃栗留語聲轉耳其色黧黑而黃故名黧黃詩云黃鳥以色呼也

亦曰楚雀

北人呼爲楚雀

亦曰商庚夏鶯候也

云此鳥鳴時蠶事方興蠶婦以爲候對上文也

鶪鷙惡烏路反其類

鶪與山鵲惡其類相值則相搏鷙狀類鵲長尾丹觜

鴛鴦玄鳥愛其類

鴛鴦匹鳥也玄鳥鷰也二鳥朝翔而暮偶愛其類也

鳱以水言自北而南

鳱音鴈隨陽鳥也冬適南方集於江干之上故字從干

鳫以山言自南而北

鳫亦音鴈中春寒盡鴈始北嚮燕代尚寒猶集於山陸岸谷之間故字從厈

鶴以聲交而孕

雄鳴上風雌承下風則孕

鵲以音感而孕

鵲乾鵲也上下飛鳴則孕

白鷁相眂而孕

雄雌相視而孕

鵁鶄睛交而孕

狀類鳧而足高相視而睛不眩轉孕而生雛

鸐嶲周子規也啼必北嚮

爾雅曰嶲周䳏越間曰怨鳥夜啼達旦血漬草木

凡鳴皆北嚮也

江介曰子規

啼苦則倒懸於樹自呼曰謝豹

蜀右曰杜宇

望帝杜宇者蓋天精也李膺蜀志曰望帝稱王於蜀時荆州有一人化從井中出名曰鼈靈於楚身死屍反泝流上至汶山之陽忽復生乃見望帝立以爲相其後巫山龍鬬壅江不流蜀民墊溺鼈靈乃鑿巫山開三峽降丘宅土人得陸居蜀人住江南羌住城北始立木柵周三十里令鼈靈爲刺史號曰西州後數歲望帝以其功高禪位於鼈靈號曰開明氏望帝修道處西山而隱化爲杜鵑鳥或云化爲杜宇鳥亦曰子規鳥至春則啼聞者悽惻

隋楊越雉鷓鴣也飛必南翥

廣志云鷓鴣似雌雉飛但徂南不北也

晉安曰懷南

異物記云鷓鴣白黑成文其鳴自呼象小雉其志懷南不北徂也

江左曰逐隱

古今注曰南方有鳥名鷓鴣向南飛甚霜露早與暮出稀有時夜棲則以樹葉覆其背燕人亦不知有此鳥也

鶡毅鳥也毅不知死

狀類鷄首有冠性敢於鬬死猶不置是不知死也

左傳鶡冠武士戴之象其勇也

鷗信鳥也信不知用

鷗水鳥如鴿鷗而小隨潮而翔迎浪蔽日曰信鷗鷗之别類羣鳴喈喈優優隨大小潮來也食小魚蝦蟆之屬雖潮至則翔水嚮以爲信反爲鷙鳥所擊是知信而不知所以自害也

鷸有文而貪

鵁狀類鶩紺色錯出有文色水際伺蚌出喙啄食之反爲蚌所持死水中不知所食以爲害左傳曰聚鷸爲冠是也

鳶不擊而貪

鳶鴟也不善搏擊貪於攫肉也詩云鳶飛戾天鮑照曰寒鴟嚇雛

鵜志在水

鵜鶘水鳥也似鶚而大喙長尺餘頷下有胡如大囊受數升湖中取水以聚羣魚候其竭涸奄取食

之一名淘河詩曰維鵜在梁志在水也

鴷志在木

爾雅曰鴷斵木鳥巢木中觜如鵝長數寸常斵樹食蠹蟲喙振木蟲皆動也

鳩拙而安

鳩鳲鳩也方言云蜀謂之拙鳥不善營巢取鳥巢居之雖拙而安處也雄呼晴雌鳴陰

鷦巧而危

鷦鷯桃雀也狀類黃雀而小燕人謂之巧婦亦謂之女鴎關東人呼曰巧雀亦謂之巧女喙尖取茅秀爲巢刺以繼麻若紡績爲巢或一房或二房懸於蒲葦之上枝折巢敗巧而不知所託

鳧鶩之雜

鳧鶩鴨屬色不純正故曰雜矣

鷴鷺之潔

鷴白鷴似山鷄而色白行止閒暇

鶗鴂鳴而草衰

爾雅謂之鵙鶪伯勞也狀類鶷鶪而大左傳謂之

伯趙方言曰孤鷄鳴則草衰

澤雉啼而麥齊

澤雉如商庚春季之月始鳴麥乎隴也

風翔則風

風禽鳶類越人謂之風伯飛翔則天大風

雨舞則雨

一足鳥一名商羊字統曰商羊一名雨天將雨則飛鳴孔子辯之於齊庭也

霜蜚則霜

鷫鷞鳥名其羽可爲裘以辟寒鷫鷞飛則隕霜
露翥則露
露禽鶴也古今注鶴千載變蒼又千載變黑所謂玄鶴也子野鼓琴玄鶴來舞露下則鶴鳴也鶴之馴養於家庭者飲露則飛去
林鳥朝嘲
林鳥朝之將翔也聚而嘲啁
水鳥夜唳山鳥巖棲
山巖之鳥多不巢

原鳥地處
鴟鷂鳥之屬是
靈鵲兆喜
鵲噪則喜生
惟鶹塞耳
一名休鶹廣雅曰江東呼爲惟鳥聞之多禍人惡之掩塞耳矣
鴽鶉野則義參則搏
月令曰田鼠化爲鴽關東謂之鴾蜀隴謂之循在田得食鳴相呼夜則羣飛晝則草伏馴養之久見食相搏鬭也
水鶩澤則羣擾則逐
鶩野鴨也飛止大澤之中羣處既參擾之惡其族類而相逼逐也
鸚鵡摩背而瘖
鸚鵡出隴西能言鳥也人以手撫拭其背則瘖瘂矣
鴝鵒剔舌而語

山海經謂之鸜鵒今人育其雛以竹刀剔舌本欲之言語謝尚能作鴝鵒舞之
扶老強力
古今注云扶老禿鶖也狀如鶴大者高七八尺善與人鬭好啗蛇膚羞一作矣食之益人氣力走及奔馬也
鶺鴒友悌
雀屬也爾雅曰鶺鴒雝渠毛詩曰水鳥也大雀高尺尖尾長喙頸黑青灰色腹下正白飛則鳴行則

揺又曰鶺鴒在原兄弟急難鶺鴒共母者飛鳴不相離詩人取以喻兄弟相友之道也

寀寮雝雝鴻儀鷺序

鴻鴈屬大曰鴻小曰鴈飛有行列也鷺白鷺也小不踰大飛有次序百官縉紳之象詩以振鷺比百寮雍容喻朝美易曰鴻漸于干于磐聖人皆以鴻鷺之羣擬官師也

鷃雀啁啁下齊衆庶

鷃雞鷃也雀屬衆人之象言多也

鶵鶉雄鷂牝庳

鶵雀也鶉也二鳥皆雄者足高雌者足短

鳸鴢雌前雄後

鳸鳫鴢也鷚大如鴿生關西爲鳥慜急二鳥雌飛則隨雌止則止雌常在前也

鷇將生子呼母應

鳥伏卵將成子鳴於鷇母應之

雛既生母呼子應

鳥既雛母呼則子應之

班鳩辨鴿

班次序也凡哺子朝從上下暮從下上他鳥皆否

梟鴟害母

梟在巢母哺之羽翼成啄母目翔去也

舒鴈鳴前後和

舒鴈飛成行也雌前呼雄後應也

羣棲獨警

夜棲川澤中千百爲羣有一鴈不瞑以警衆也

覆卵則鸛入水

鸛水鳥也伏卵時數入水冷則不鰕取礜石周卵以助暖氣故方術家以鸛巢中礜石爲真物也

鵞腱月

伏月卵則向月取其氣助卵也

霄鳫司夜行鳫主晝雄翼掩左雌羽掩右

爾雅曰鳥雌雄不可別者以翼右掩左雄左掩右

雌

物食長喙

食物之生者皆長喙水鳥之屬也

轂食短咮

鳥食五穀者喙皆短

搏則利觜

鳥善搏鬬者利觜

鳴則引吭

善啼鳴頸長也

毛協四時

春則毛弱夏則稀少而改易秋則刷理冬則更生細毛自溫

色合五方

倉鷹之屬以象東方木行朱鳥之屬以象南方火行黃鳥之屬應土行以象季夏白鷺之屬以象西方金行玄鳥以象北方水行

羽物變化轉於時令

仲春之節鷹化爲鳩季春之節田鼠化爲鴽仲秋之節鳩復化爲鷹季秋之節雀入大水化爲蛤孟冬之節雉入大水化爲蜃淮南子曰鼈化爲鶉鶉化爲鸇鸇化爲布穀布穀復爲鸇順節令以變形也

乾道始終以成物性

生物者乾之始成物者乾之終隨時變化成就萬物之性也

附宋王楙補禽經說

章茂深嘗得其婦翁石林所書賀新郎詞首曰睡起啼鶯語章疑其誤頗詰之石林曰老夫嘗得之矣流鶯不解語啼鶯解語見禽經余因求之禽經止一卷不載所著人名自漢七畧隋經籍志唐藝

文志本朝崇文書亦皆不載觀其洞究物理殆非常人所爲觀埤雅及諸書述禽經所載而今禽經無之尚數十條如鶴以怨望鴟以貪顧雞以嗔視鴨以怒睨雀以猜懼燕以狂斯鶯以喜嘯烏以悲啼鳶以饑鳴鶴以潔唳梟以凶叫鴞以愁嘯鸞飛則蜮沉鵲鳴則蚓結鸛俯鳴則陰仰鳴則晴陸生之鳥咮多銳而善啄水生之鳥咮多圓而善唼短脚者多伏長脚者多立凡此在今書多所不聞疑禽經非全本此語得之鮑夷白余又觀之如鶯目

成而受胎鶴影接而懷卵鴛鴦交頸野鵲傳枝此見變化論鶴以聲交鵲以意交鵁鶄以睛交而孕此見爾雅疏魚瞰雞睨鳥無肺胃鯑無臓見祟有論此類甚多皆禽經所當收者鮑夷白謂禽經非後人作

肉攫部

唐　段成式

取鷹法

取鷹法七月二十日爲上時內地者多塞外者殊少八月上旬爲次時八月下旬爲下時塞外鷹畢至矣鷹網目方一寸八分縱八十目橫五十目以黃蘗和杼汁染之令與地色相類蠧蟲好食網以蘗防之〇有網竿〇都杙〇吳公〇磔竿二一爲鶉竿一爲鴿竿鴿飛能遠察見鷹常在人前若竦身動盻則隨其所視候之

取木雞木雀鷂

取木雞木雀鷂網目方二寸縱三十目橫十八目

凡鷙鳥鷂生而有惠出殼之後即於窠外放巢大鷙恐其墮墜及爲日所曝熱暍致損乃取帶葉樹枝插其巢畔防其墜墮及作陰凉也欲驗鷂之大小以所插之葉爲候若一日二日其葉雖萎而尚帶青色至六七日其葉微黃十日後枯瘁此時雛漸大可取

凡禽獸必藏匿形影同於物類也是以蛇色逐地茅

兎必赤鷹色隨樹

鷹巢

鷹巢一名菆鷹呼菆子者雛鷹也鷹四月一日停放五月上旬拔毛入籠拔毛先從頭起必於平旦過頂至伏鶉則止從頸下過颺毛至尾則止尾根下毛名颺毛其背毛并兩翅大翎覆翮及尾毛十二根等并拔之兩翅大毛合四十四枝覆翮翎亦四十四枝八月中旬出籠

雕角鷹等三月一日停放四月上旬置籠

鶻比回鷹過盡停放四月上旬入籠不拔毛

鷂五月上旬停放六月上旬拔毛入籠

凡鷙擊等一變爲鶬二變爲鴘轉鶬三變爲正鶬自此巳後至累變皆爲正鶬

白鶬

白鶬背爪白者從一變爲鴘至累變其白色一定更不改易若背爪黑者臆前縱理翎尾斑節微微有黃色者一變爲鴘則兩翅封上及兩胜之毛間似紫白其餘白色不改

齊王高緯武平六年得幽州行臺僕射河東潘子光所送白鶻合身如雪色覗臆前微微有縱白斑之理理色曖昧如纁背本之色微帶青白向末漸烏其爪亦同於背蠟脛並作黃白赤是爲上品黃麻色一變爲鴘其色不甚改易惟臆前縱斑漸闊而短鴘轉出後乃至累變背上微加青色臆前從理轉就短細漸加膝上鮮白此爲次色

青麻色

青麻色其變色一同黃麻之鴘此爲下品又有羅烏

鴇羅麻鴇一鶬曰

白兎鷹

白兎鷹背爪白者從一變爲鴘乃至累變其白色一定更不改易背爪黑而微帶青白色臆前縱理及翎尾斑節微有黃色者一變背上翅尾微爲灰色臆前縱理變爲橫理變色微漠若無陛間仍白至於鴘轉巳後其灰色微褐而漸漸向白其背爪極黑體上黃鵲斑色微深者一變爲青白鴘鴘轉之後乃至累變臆前橫理轉細則漸爲鶬色也

齊王高洋天保三年獲白兎鷹一聯不知所得之處合身毛羽如雪目色紫爪之本白向末爲淺烏之色一曰目赤色觜爪之本色白蠟脛並黃當時號爲金脚

又高帝一曰高齊武平初領軍將軍趙野叉獻白兎鷹一聯頭及頂遥看悉白近邊熟視乃有紫跡在毛心其背上以白地紫跡點其毛心紫外有白赤周繞白色之外以黑爲緣翅毛亦以白爲地紫色節之臆前以白爲地微微有纁赤縱理眼黃如真金觜本之色微白向末漸烏蠟作淺黃色脛指之色亦黃爪色與觜

同

散花白

散花白觜爪黑而微帶青白色者一變爲紫理白鶬鶬轉以後乃至累變横理轉細臆前紫漸減成白其觜爪極黑者一變爲青白鶬鶬轉之後乃至累變横理轉細臆前漸作灰白色

赤色

赤色一變爲鶬其色帶黑鶬轉已後乃至累變横理轉細臆前微微漸白其背色不改此上色也

白唐

白唐一變爲青鶬而微帶灰色鶬轉之後乃至累變横理轉細臆前微微漸白

鵝爛堆黃

鵝爛堆一曰唯一曰雞黃一變之鶬色如鶩鷙鶬轉之後乃至累變横理轉細臆前漸漸微白

黃色

黃色一變之後乃至累變其色似於鶩鷙而色微深大況鵝爛堆黃變色同也

青斑

青斑一變爲青艾鶬鶬轉之後乃至累變横理轉細臆前微微漸白此艾色也

白唐

白唐唐者黑色也謂斑上有黑色一變爲青白鶬襍帶黑色鶬轉之後乃至累變横理轉細臆前漸漸微白

赤斑唐

赤斑唐謂斑上有黑色也一變爲鶬其色多黑鶬轉

之後乃至累變橫理轉細臆前黑雖漸稠世人仍名爲黑鶻

青斑唐

青斑唐謂斑上有黑色也一變爲鶻其色帶青黑鶻轉之後乃至累變橫理雖細臆前之色仍常暗黲此下色也

鴿斑

鷹之雌雄雖以大小爲異其餘形相本無分別雉鷹雖小而是雄鷹羽毛褵色從初及變既同兎鷹更無

別述雉鷹一歲臆前縱理闊者世名爲鴿斑至後變爲鶬鶻之時其臆縱理變作橫理然猶闊大若臆前縱理本細者後變爲鶬鶻之時臆前橫理亦細

荆窠白

荆窠白者短身而大五觔有餘便鳥而快一名沙裡白生代北沙漠裡荆窠上向雁門馬邑飛

代都赤

代都赤者紫背黑鬚白精白毛三觔半巳上四觔巳下便兎生代川赤嶮裡向虖丘中山白㟝飛

漠北白

漠北白者身長且大五觔有餘細斑短脛鷹內之最生沙漠之北不知遠近向代川中山飛一名西道白

房山白

房山白者紫背細斑三觔巳上四觔巳下便兎生代東房山白陽椵樹上向范陽中山飛

漁陽白

漁陽白腹背俱白大者五觔便兎生徐無及東西曲一名大曲小曲白葉樹上生向章武合口博海飛

東道白

東道白腹背俱白大者六觔徐鷹內之最大生盧龍和龍以北不知遠近向漁林巨黑墨一曰章武合口光州一曰川飛雖稍軟若值快者越於前鷹

土黄

土黄所在山谷皆有生柞櫟樹上或大或小

黑皂驪

黑皂驪大者五觔生漁陽山松杉樹上多死時有快者章武飛

白皂驪

白皂驪大者五觔生漁陽白道河陽漢北所在皆有生栢枯樹上便鳥向靈丘中山范陽章武飛

青斑

青斑大者四觔生代北及代川白楊樹上細斑者快向靈丘山范陽飛

鵂鶹茬子

鵂鶹茬子青黑者快蜕淨眼明是未嘗養雛尤快若目多眵蜕不淨者巳養雛矣不任用多死又條頭無

花雛遠而聚或條出句然作聲短命之候口內赤反掌熱隔衣蒸人長命之候變尾振捲打格隻立理面毛藏頭睡長命之候也凡鷙鳥飛尤忌錯喉病入又十無一活以在咽喉骨前皮裡缺盆骨內膆之下一

吸筒

吸筒以銀鍒爲之大如瓜鷹翅管鷹以下筒大小准其翅管

凡夜條不過五條數者短命條如赤小荳汁與白相和者死　凡網損　擺傷　兎踢傷　皆　兵爪皆爲病

鷹鷙鳥之雄以爪牙爲人用者也故善用之則爲鷹揚爲鶻毆不善用之則爲橫擊爲飽飛可不愼歟潘之垣跋

麟書

宋　江若海

太學生臣汪若海誠惶誠懼頓首頓首謹言臣於十一月二十五日從張叔夜幕中爲兵火所逼倉惶走艮嶽匿於神運石之下居一夕忽遇磐固侯謂臣曰吾居太湖鴟夷子去越時遺書一編屬吾秘之語甚異殆弗曉昨晡城中惕號暮夜亟鑽火取讀若爲今日計者幸上皇遇我素厚吾寧石人不有下邳老父之奇子其爲我獻之嗣君臣再拜曰唯唯臣歸而讀

之其引獸合事符應不失如光之與影臣竊論之麟書舉天下之獸而言之也論以一綱則畢其議矣夫綱獸之與見綱於獸不可不察故曰事貴制人不貴見制於人然而用之匪道其道必隱此鴟夷子之所以秘之於磐固侯磐固侯之所以歸之於陛下也臣聞絃斷不可復續而西國有續絃之膠人死不可復起而神醫有起死之藥故黃石變化爲老父能興漢於米萌耐進感槩出麟書欲存宋於已壞天授之意其實一也臣謹昧死再拜以聞

中山之山綿地千里東有茂林是爲東藪南有茂林是爲南藪西藪居旁北藪在後三百六十蹤實而走中山謂王室四藪謂四方三百六十謂州郡麟實君之四獸之首猗哉唯麟元祁之精音中律呂步中規矩遊必擇土詳而後動履仁戴義禮修視明六合同歸天下太平凡此謂祖宗示武不用忽於守成麟有角示武不用謂祟觀以來威靈日降火德大虧凡麟生於火遊於土故修其母致其子白狼鉤隱騶虞化微歲星復合歲星散爲麟機星位迷機星得其所則生斷鰲立極鰲四足之獸謂造良獸獸樽不施晉書施白獸樽於道能獻直言則發此樽虓虓虎子謂張

在側號秃角犀謂不薦士左右前後覆楦蒙皮無德而衣朱紫謂之麟楦楦蒙皮謂犀中之麋蒙以虎皮夫諸橫流天戒罔變夫諸之獸見則其邑必大水謂京師不測大水至城下李綱以起居舍人言災異反見罷去闡競指鹿謂宦者童貫用事相不問牛謂宰相王黼領應奉司狡容是用乃有攸攸攸攸之獸見則其國多狡客謂蔡攸輩以燕伐燕猾褢是遊猾音滑褢音懷猾褢之獸見則天下大徭役謂取燕起免夫錢脣亡齒寒謂遼亡我及蛇不食猴蛇火也猴金也王黼論衡口火勝金一何以不食獼猴豬治燕首鼠兩頭祿山化爲一豬謂郭藥師守燕乃投拜於敵於是北藪之兆崛有異獸射鹿以辟殺人以射女真俗勇悍善射能爲鹿鳴以呼群鹿而殺之食生肉飲糜酒醉或殺人不能辨其父母衆爲斂之

□前合麟滅仇與□□□□□敵與我共取遼殺燕雲其詐如北終雙雙俱來公羊傳曰雙雙而俱至有三青獸爲一體名曰雙雙謂敵與黑水渤海俱來也孟極是豢孟極之獸善伏謂敵川兵尤長於川伏初女真臣屬於契丹天祚歲求海東青於女真女真笙豁男女以供其求不勝其憤遂聚兵背契丹契丹與師詠之女真盡首其部落至千里無人煙契丹深入糧食乏絕女真乃出伏攻之盡走契丹共後女真反深入契丹契丹悉與之師以禦之女真復由間道陷契丹之師爲二大敗契丹海東青契丹甄用以博天鵝也謀我山北左衽是守去聲謂敵謂敵河北我有孽狐素匪粹白謂主和棄地之臣銛刀一割將無我宅挾麏抱薪大河是劃按郭璞贊麟爲靈獸與麏同體則麏謂康王與上同體也抱薪謂割地以求安猶抱薪而救火初王雲副康王奉使其後又使耿南仲聶昌王割河北以畀

敵我有解廌觸邪不懼解廌之獸見邪則觸謂主用兵之臣北敵與匿何爲其與元楞曰然中山率舞謂上不肯割地而國人皆喜天禍中山耕父凌波耕父遊清泠之淵見則其國敗天狗電落天狗所降以戒守禦其光如電吳楚七國反時吠過梁野吳楚攻梁梁堅城守遂敗吳楚之兵是又堅梁之喪門山而我不知恐懼堅于故敗不恐雍和豐山有獸曰雍和見則國大恐其神是爲耕父中山所恃邪界大河介光弗用倉光水中之獸善覆人船尚父帥師渡孟津號其衆曰倉光欲今急渡不急渡倉光害汝守以蒲牢海畔有獸名蒲牢身鯨則畏謂李綱爲河浦使異獸鯨躍魚龞爲橋北東明南渡以弓擊水魚龞浮爲橋於是中山曾無闚候以指昌門之練孔子與顏子俱上魯泰山孔子東南望見吳昌門外有繫

白馬引顏子指以示之曰吳昌門外何有曰有繫練魯去吳千餘里孔顏能知之謂騎入寨直抵城下而大臣尚不覺斥堠不明也而北荒之獸抵垂天之縉蹈亘野之維刮野埽地靡不被夷中山之族曾不能一推其鋒而祟林巳闕矣且夫越閾踰限謂敵越遂而侵我輕肆麟趾遹捷有餘實投奴地兵法最下攻城塹以龍淵絡以虎壘謂王至城圍撓之徒擴雷骨夔鼓張勢流波山有獸其名曰夔擴以雷獸之骨聲聞五百里謂敵於城外抵鼓兩旅不絕胛䏰摩牙未敢輕噬兩者相苦必見蚌捕漁父違來唾手可虜漁父謂援兵云何黔驢睇彼彪虎黔之驢事載柳子厚集謂郭京出兵郭京者老軍負有術見鬼物如兵馬狀丞相何㮚試之晷驗遂

令募兵人間其多怪且曰不戰可致粘罕幹離不之頭於是市人爭赴之不旬日得兵數萬以十一月二十五日出兵陳州門與敵遇大敗敵遂乘城驢既敗露初太宰日又民不卻兵遇敵則走於是何㮚諸公爲背水陳示兵一進不可復還故郭京盡驅其衆出陳州門外乃披鈎揭陳未畢衆爲鐵騎所蹂皆委弓刀於地覺敵闔首往往自投於壕冰彼乃掏怒蠢蠢緣雉如履平地我無驩疏禦彼一燧雕音歡驩疏之獸可以禦火謂敵用火箭燒壞東南敵樓遂登城我走百群負彼一矢國語歡一介負矢百群皆走一矢尚可迺有六幟謂敵先揮六黑旗於城下人競爭之故敵得登固結一解天動地岌或斷尾自免謂兵皆棄甲或碎袪宵遁謂新夜遁關麟居五門開明茂一帝者之墟帝之所都而有五門開明治開明獸守之是爲百神之所在謂禁

(使之日宣德門衍上皆散)毛翦號呼機駭鯗軼鹿蜀不佩子孫是棄(鹿蜀之獸佩之宜子孫謂賊破之人皆棄祿祿於汴河)麟廻惆然舒節留狄(謂上出都)六蚪弗御匹馬警蹕(謂上出匆黃門竜從皆爲所郡)駭不存之地倒手足之義越在草莽自辛至癸(凡三日)咄此獸心厥計甚詭吾居中山沐猴而冠(謂敵自言我不可爲中原)必得如約交頸相歡(謂敵邀上遣使下河北)中山之族踊躍大喜空其珍怪億萬數計(謂國人獻金帛於虜)狒狒聞之大笑不已(狒狒之獸見人則笑)北藪置麏(謂立康王)四方逐鹿(謂割據)雖得中山何異空谷挾麟取麏伐木拔根(謂邀上遣曹輔取康王則趙氏之後無人)挾

麟執鹿天下未逐(謂邀上詔勸王之師爾已講和)麏鹿方疑克而無補麏鹿既定猶之外府釆存麟族是自遺虎(謂敵必不存不存謀異姓)吁嗟我族命乖猦狦(猦狦之獸遇風乃復生謂圍城之人性命甚危)遄噓紘中占麏之風(謂群情康王以爲命)麏而可取吾屬且虜(謂曹輔諭康王門來則中國有新)麏而自滔猩大可世(趙簡子夢上帝賜一翟犬)(趙氏遂昌謂康王當自立則趙氏不絕)安得腊腊之與遊而釋我之憂也哉(腊腊之獸可以已憂)於是中山之族獙猶迫攫杌與謂狒狒曰固知饕餮之心騁嗜奔欲窮山極海貪殘我族我族猳豭可以谷量求直其鉾已逝其轍攸兹不武

蜮伏北荒雖然孽狐壯戈解膺興戎(上既還自青城人皆以講和爲是用兵爲非)是邪非邪孰雌孰雄狒狒笑曰今弓割北藪以彌禍明日割西藪以取容中山之地有限而北荒之割無窮是使中山地非容錐而吾族不得邪徑而託足也割與不割是非安決知和知戰雖雄乃見寘饑既多尾將如何(邊境者因之尾謂不早救太原)蘊手斬手蘊足斬足欲守我林必困我麓滋蔓難圖見柬呼猶(謂徽至城下始募兵何東所募謂之六甲兵)如呼小兒安得狻猊(狻猊獅子百獸畏之謂大將)彼獸之蛇必食以貘彼獸之豹必食以駮(貘能食蛇駮能食豹)

(謂我擇將當勝於括卒斧離不)以攫以拏匪熊匪羆蹷喉夷獒雖猛何爲(猛術不可況郭京欲以小術取勝)是故虎兕出於柙麟可係而獮也中山之族曰然則何如狒狒笑曰麟出而還是豢中山(謂上得還彼給我爾)彼術變不變於外則係羈復生於內(謂被外事略定則必再邀上出)切作由鹿而信其族彼豢之者將食麟肉(由鹿者由鹿姝以誘從得鹿而取鹿必以鹿取人必以人謂上因信何桌之言何桌則信)(李若水之言李若水則信女真之言)麟化白龍羿射爾射(河伯化爲白龍爲羿所射)(訴於上帝上帝反責何伯不自慎謂上不可再出)麟祥則拘孰獻騶虞(周文王朝紂紂拘之羑里散宜生乃以千金求天下之珍怪得騶虞獻於紂紂見而說之乃免謂上再出爲虜指)

賊臣亦無背宂生行騶虞之計麟走則顛孰載駏驉巨方伏獸名蛩驉蛩則顛走蛩
顛得駏驉負之而走謂上遭城破無大臣能斬關日開載上而出者麟放猨狗澆閒廄
首澆與其嫂通少康因獵而殺澆謂虜得我之子女日爲淫亂喪其軍政不如率國中之人背城一戰
是若京師無問匹夫匹婦俱欲死社稷麟復何求狐死首丘謂上得則拘上則顛
列無他策不若死社稷麟或可用兕觸脅縞謂日闉而出孰爲外助
合彼窮奇是時勤王之師遣使持蠟彈約日進兵王時雍皆因之開門府孰爲內助
合我老羆猶蚌鬬虎蜘蛛執豕母言我弱逢彼之貞
吾爲此庾孰用斯謀是時虜已破京城不敢赫赫言故爲庾語麟書之所以作吾
謀甚效母愧謝豹謝豹者人勸之以事不從後化爲獸常掩面自羞因號爲謝豹中

麟書　七

山掩衣左之右之北虜據中原開掩衣之左右世無老馬吾誰與
管仲征山戎問塗於老馬歸謂微管仲吾其左衽乎吾恐楚終斃於秦秦昭王與
懷王會武關因留楚王不還謂上若再之青城必有楚懷之事而大業之後無難易
之臣矣公孫杵臼謂程嬰曰立孤與死孰難程嬰曰死易立孤難爾公孫杵臼曰子姑爲其難者
我爲其易者乃先死後程嬰卒立趙氏孤兕謂上儻爲虜所留必無大臣如二子中山之族
曰然則柰何狒狒笑曰得巴蛇所吐之骨以除心腹
之疾則反縛貳負可使爲相顧之尸巴蛇食象三歲而出其骨君子
服之可除心腹之疾貳負之臣殺窫窳帝乃梏之疏屬之山反縛盜械名爲相顧之尸貳負謂二酋不
然吾將反唇蔽目化爲山狎之哭矣山狎之獸見人則哭中山

之族曰反縛之道柰何狒狒乃屏去左右授以秘計
此時鴟夷子適遊中山目擊中山之事乃潛書之以
爲一笑
鴟夷子曰麟百獸之長也一跌於北荒遂屈節於異
類失麟之爲麟矣貽狒狒之笑宜哉北荒圍中山業
已講解狒狒猶笑而不知止因以得笑疾故其後裔
見人則笑嗚呼屈於百世之上不能伸於百世之下
理固然也人或有負世之累豈惟舉世笑之惟來世
允以爲口實可不圖哉越遭吳難辱甚中山於是鴟

麟書　八

夷子出麟書一編越王勾踐讀之曰嗟乎寡人甚羞
夫狒狒者鴟夷子曰王如甚羞夫狒狒則請授以秘
計勾踐遂欲聞秘計鴟夷子曰事以密成語以泄敗
大王不密則國人與聞國人不密則吳人與聞曾未
足以肥越而適足以重越之禍矣勾踐曰今日之言
出於子口入於子耳而已幸毋過慮於是勾踐卒授
秘計反滅强吳抗衡上國鴟夷子之力也鴟夷子屢
徙立名其於世飄然若不繫之舟其好釋亂解紛廼
出於天性誠有所不忍異時或有所不忍常以麟書

螭之其章以爲魚不可脫於淵神龍失勢則與蚯螾同故持其綱而驅之麟書所以制天下之命也嵩世貴之能用而功亦不能以自見豈鴟夷子計有然否哉時有遇不遇也於是鴟夷子念世無可與共成功者託越之事以敘麟書云爾

南方有黒魚矐物之得已則吐墨以自蔽然漁者視墨之所在則知魚之所潛矣是自蔽者乃所以自媒也靖康丙午冬王地失守太學汪君東叟富以麟書俾一時廢興之迹昭若日星且曰未平定

吾不可以求進也故託名鴟夷子將以自蔽然作如是文書如是事安得以自蔽耶畢畢以求者將不免於予矣雖然予其謹之願予從九閔不願予從敝笥予其謹之丁未春正月十日拼櫚瑯肅書

司馬長卿作大人賦詠詭譎怪不可致喆然意實有在漢武帝蓋未之知也汪子之爲麟書蓋得法於此予固知之矣呂本中書

蠶書

宋　秦觀

予閑居婦善蠶從婦論蠶作蠶書考之禹貢揚梁幽雍不貢繭物兖篚織文徐篚玄纖縞青篚底纖域緝豫篚纖纊青篚檿絲皆繭物也而桑上既蠶獨言於兖然則九州蠶事兖爲最乎予游濟河之間見蠶者豫事時作一婦不蠶比屋詈之故知兖人可爲蠶師今予所書有與吳中蠶家不同者皆得兖人也

種變

春之日聚蠶種沃以牛溲浴于川毋傷其藉廼縣之始審卧之五日色青六日白七日蠶已蠶尚卧而不傷

時食

蠶生明日桑或柘葉風戾以食之寸二十分晝夜五食九日不食一日一夜謂之初眠又七日再眠如初乃食葉寸十分晝夜六食又七日三眠如再又七日或五日不食二日謂之大眠食半葉晝夜八食又三

白不食乃食全葉晝夜十食不三日遂繭凡眠已初食以葉勿擲擲則蠶驚毋食二葉

制居

初止方尺及乎將繭乃方四丈織萑葦箔以蓄蔟竹深五尺廣五尺以爲筐建四木宮梁之以爲槌縣筐于上九寸凡槌十縣以居食蠶時分其居糞其葉餘葉時去之萑葉爲籬勿寄居蘖之長二尺者自後茨之爲蔟以居繭蠶凡繭七日而採之居蠶欲溫居繭欲凉故以萑鋪繭寒之以風以緩蛾變

化治

常令煑繭之鼎湯如蟹眼必以箸其緒附于先引謂之餵頭毋過三系則系麄不及則脃其審舉之凡系自鼎道錢眼升於鏁星星應車動以過添梯乃至於車

錢眼

爲版長過鼎而廣三寸厚七黍中其厚插大錢一出其端橫之鼎耳後鎮以石緒總錢眼而上之謂之錢眼

鏁星

爲三蘆管管長四寸樞以圓木建兩竹夾鼎耳縛樞於竹中管之轉以車下直錢眼謂之鏁星

添梯

車之左端置環繩其前尺有五寸當車牀左足之上建柄長寸有半匼柄爲鼓鼓生其寅以受環繩繩應車運如環無端鼓因以旋鼓上爲魚魚半出鼓其出之中建柄半寸上承添梯添梯者二尺五寸片竹也其上揉竹爲鉤以防系竅左端以應柄對鼓爲耳方其穿以閑添梯故車運以牽環繩繩簇鼓鼓以舞魚

魚振添梯故系不過偏

車

制車如轆轤必活其兩輻以利脫系

禱神

卧種之日升香以禱天駟先蠶也割雞設醴以禱婦人寓氏公主蓋蠶神也毋治堰毋誅草毋沃灰毋室入外人四者神實惡之

戎治

唐史載于闐初無桑蠶丐鄰國不肯出其王即求置婚許之將迎乃告曰國無帛可持蠶自爲衣女聞置蠶帽絮中關守不敢驗自是始有蠶女刻石約無殺蠶蛾飛盡蠶蛾乃得治繭言蠶爲衣則治繭可爲絲矣世傳繭之未蛾而廢者不可爲絲頃見鄰家誤以廢繭雜全繭治之皆成系焉疑蛾蛻之繭也欲以爲絲而其中空不復可治嗚呼世有知于闐治絲法者肯以教人則貧蠶之死可勝計哉予作蠶書哀蠶有功而不免故錄唐史所載以俟博物者

養魚經

越　范蠡

朱公居陶齊威王聘朱公問之曰聞公在湖爲漁父在齊爲鴟夷子皮在西戎爲赤松子在越爲范蠡有諸曰有之曰公居足千萬家累億金何術乎朱公曰夫治生之法有五水畜池一水畜所謂魚池也以六畝地爲池池中有九洲多蓄荇水草蝨折爲之求懷子鯉魚長三尺者二十頭牡鯉魚長三尺者四頭以二月上庚日納通水令水無聲魚必生至四月納一神守六月納二神守八月納三神守神守者鱉也所以納鱉者魚二萬三百六十則蛟龍爲之長而魚將飛去內鱉則魚不復去在池中周繞九洲無窮自謂江湖也至來年二月得鯉魚長一尺者一萬五千枚三尺者四萬五千枚二尺者萬枚約計貨得錢一百二十五萬至明年得長一尺者十萬枚長二尺者五萬枚長三尺五萬枚長四尺者四萬枚留長二尺者二千枚作種所餘皆貨得錢五百一十五萬候至明年不可勝計也王乃于後苑治池一年得錢三千餘

萬池中九洲仍分八谷使大小各爲一類不相錯襍以養鯉者鯉不相食易長不費也

漁具詠

唐　陸龜蒙

天隨子歒於海山之顏有年矣矢漁之具莫不窮極其趣大凡結繩持綱者總謂之網罟網罟之流曰罛曰罾曰罺（側交反）圓而縱捨曰罩挾而昇降曰罠（女減反）緍而竿者總謂之筌筌之流曰筒曰車橫川曰梁承虛曰笱編而沈之曰箄（音卑）矛而卓之曰矠（音冊矛也）棘而中之曰叉鏃而綸之曰射扣而駛之曰根（以薄板置瓦器上繫之以驅魚）置而守之曰神（鯉魚滿三百六十歲蛟龍輒率而飛去年置一神守之則不能去矣神龜也）列竹于海澨曰滬（吳之滬瀆是也）錯薪于水中曰槮（槮）所載之舟曰舴艋所貯之器曰笭箵其他或術以招之或藥而盡之皆出于詩書雜傳及今之聞見可考而驗之不誣也今擇其任詠者作十五題以諷噫矢魚之具也如此余既歌之矣矢民之具也如彼誰其嗣之鹿門子有高灑之才必爲我同作

網

大罟綱目繁空江波浪黑沈沈到波底恰共波同色

牽時萬鬐入已有千鈞力尚悔不橫流恐他人更得

罩

左手揭圓罛輕橈弄舟子不知潛鱗處但去籠烟水時穿紫屏（萍一作）破忽值朱衣起（松江有朱衣鮒）貴得不貴名敢論魴與鯉

罶

有意烹小鮮乘流駐孤棹雖然煩取捨未肯求津要多爲蝦蜆誤已分鵁鶄笑寄語龍伯人荒唐不同調

釣筒

短短截筠光悠悠臥江色蓬差榜相應雨慢烟交織須臾中芳餌迅疾如飛翼彼竭我還浮君看不爭得

釣車

溪上持雙輪溪邊指茅屋閒乘風水便敢議朱丹轂高時倚衡櫂下有折軸迹曷若載逍遙歸來臥雲族

魚梁

能編似雲薄橫絕青川口缺處欲隨波波中先置笱挼身入籠檻自古難飛走盡日水濱吟殷勤謝漁叟

叉魚

春溪正含綠良夜才參半持矛若羽輕列燭如星爛傷鱗跳密藻碎首沉遙岸盡族染東流傍人作佳玩

射魚

彎弓注碧潯掉尾行涼沚青楓下晚照正在澄明裏抨弦斷荷扇濺血殷菱蘂若使禽荒聞移之暴煙水

鳴桹

水淺藻荇澀釣罩無所及鏗如木鐸音勢若金鉦急驅之就深處用以資俯拾搜羅爾甚微遁去將何入

滬（吳人今謂之簖）

萬植禦洪波森然倒林薄千顱咽雲上過半隨潮落其間風信背更值雷聲惡天道亦哀多吾將移海若

糝（吳人今謂之叢）

斬木置水中枝條互相蔽寒魚遂加此自以爲生計春冰忽融冶盡取無遺裔所託成禍機臨川一凝睇

種魚

鑿池收賴鱗疏疏置雲嶼還同汗漫遊遂以江湖處如非一神守潛被蛟龍主蛟龍若無道跛鼈亦可禦

藥魚

香餌綴金鉤目中懸者幾盤川是毒流細大同時死不惟空飼犬便可將貽蟻苟負竭澤心其他盡如此

舴艋

蓬棹兩三事天然相與閑朝隨稚子去暮唱菱歌還倚石遲後侶徐棹供遠山君看萬斛載沉溺須臾間

笭箵

誰謂笭箵小我謂笭箵大盛魚自足飡寘壁能為害時將刷蘋浪又取懸藤帶不及腰上金何勞問著蔡

和添漁具五篇

漁庵

結茅次煙水用以資嘯傲豈謂釣家流忽同禪室號閑憑山叟占晚有溪禽嫪華屋莫相非各隨吾所好

釣磯

揀得白雲根秋潮未曾沒坡陁坐龜背散漫垂龍髮持竿從掩霧置酒復待月卽此放神情何勞適吳越

蓑衣

山前度微雨不廢小澗魚上有青襏襫下有新腒䟽滴瀝珠影泫離披嵐彩虛君看荷製者不得安吾廬

篛笠

朝攜下楓浦晚戴出煙艇冒雪或平簷聽泉時仄頂飈移霅然色波亂危如影不識九衢塵終年居下泂

背篷

斂手試江筠隨身織煙殼沙禽固不知釣伴猶初覺開從翠微拂靜唱滄浪濯見說万山潭漁童盡能學

相鶴經

宋　浮丘公

鶴者陽鳥也而遊於陰因金氣乘火精以自養金數九火數七故七年小變十六年大變百六十年變止千六百年形定體尚潔故其色白聲聞天故頭赤食於水故其喙長軒於前故後指短棲於陸故足高而尾凋翔於雲故毛豐而肉踈大喉以吐故修頸以納新故天壽不可量所以體無青黃二色者木土之氣內養故不表於外是以行必依洲渚止不集林木蓋

羽族之宗長仙人之騏驥也鶴之上相瘦頭朱頂露眼黑睛高鼻短喙鮭（故解反）頰䚡（德宅反）耳長頸竦身鷰膺鳳翼雀老龜背鼈腹軒前垂後高頸麤節洪髀纖指此相之備者也鳴則聞于天飛則一舉千里鶴二年落子毛易黑點三年產伏復七年羽翮具復七年飛薄雲漢復七年舞應節復七年晝夜十二時鳴中律復十年不食生物大毛落茸毛生乃潔白如雪或純黑泥水不能汙復百六十年雌雄相視而孕一千六百年飲而不食胎化產鸞鳳同為群聖人在位則與鳳凰翔于甸

此文李浮丘伯授王子晉崔文子學道於子晉得其文藏嵩山石室淮南公采藥得之遂於代應寧十年正月一日王安石修

相牛經

齊　甯戚

牛岐胡壽(岐牽兩腳下分爲三)去角近行駛眼欲得大眼中有白脈貫瞳子最快頸骨長且大駛壁堂欲得闊(腳股間也)倚欲得如絆馬(聚而正也)膺庭欲得廣(胸前)天關欲得成(脊接骨)馬骨欲得垂(脊中央欲得下)蘭株欲得大(尾株)豐岳欲得大(膝骨)膝種頭欲得高百體欲得緊垂星欲得有怒肉(蹄上有肉覆蹄間名怒肉)力柱欲得大而成(當車骨也)懸蹄欲得如八字陰虹屬頸(陰虹者有雙筋自尾骨屬頸)陽鹽欲得廣(陽鹽者夾尾體前兩膁上)常有聲似鳴者有黃也洞胡無壽珠淵無壽(旋毛當目下也)上池有亂毛妨主(上兩角中央也)身欲得促形欲得如卷大膁疏肋難飼龍頭突目好跳豪筋欲得成就(腳後橫筋也)毛欲得短密若長疏不耐寒氣尾不用至地尾毛少骨多者有力膝上肉欲得堅角欲得細鼻如鏡鼻難牽口方易飼䐔府方易飼水牛肚大尾青最有力

牧牛說

古人有臥牛衣而待旦則知牛之寒蓋有衣矣飯牛而牛肥則知牛之飯蓋啖以菽粟矣衣以褐薦飯以菽粟古人豈重畜如此哉以此爲衣食之本故耳此所謂時其饑飽以識性情者也每遇耕作之月除巳牧放夜復飽飼至五更初乘日未出天氣涼而用之則力倍於常半日可勝一日之功日高熱喘便令休息勿竭其力以致困乏此南方晝耕之法也若夫北方陸地平遠牛皆夜耕以避晝熱夜半仍飼以芻豆以助其力至明耕畢則放去此所謂節其作息以養其血氣也今藁秸不足以充其飲水漿不足以濟其渴凍之曝之瘠之役之勞之又從而鞭笞之則牛之斃者過半矣饑欲得食渴欲得飲物之情也至於役使困乏氣喘汗流耕者急於就食或放之山或逐之水牛困得水動輒移時毛竅空疏因而乏食以致疾病生焉放之高山筋力疲乏顛蹶而僵仆者往往相藉也利其力而傷其生烏識其爲愛養之道哉牛之爲病不一其用藥與人相似但大爲劑以飲之無不愈者便溺有血傷於熱也以致便血之藥治之冷結則鼻乾而不喘以發散藥投之熱結即鼻汗而喘以

解利藥投之其或天行疫癘率多薰烝相染其氣然也愛之則牢離避地所祓除沴音戾氣而救藥或可偷生傳曰養備動時則天下不能使之病畜牛之家誠能節適養護如前所云則自無病然有病而治猶愈於不治若夫醫治之宜則亦有說周禮獸醫掌療獸病凡療獸病灌而行之以發其惡然後藥之其來尚矣今諸處自有獸工相病用藥不必預陳方藥恐多差誤也

祝牛宮辭　陸龜蒙

冬十月耕牛逹寒築宮納而皁之建之前日老農請乞靈于土官以從鄉教余勉之而爲之辭曰四牸三牯中一去乳天霜降寒納此室處老農拘拘度地不敵東西幾何七舉其武南北幾何丈二加五偶楹當間載尺入土太歲在亥餘不足數上締蓬茅下遠官府耕耨以時飲食得所或寢或訛免風免雨宜爾子孫實我倉庾

洪邁跋

莊子載徐無鬼見魏武侯告之以相狗馬荀子論

堅白同異云曾不如好相鷄狗之可以爲名也史記褚先生於日者傳後云黄直丈夫也陳君夫婦人也以相馬立名天下留長孺以相彘立名滎陽褚氏以相牛立名皆有高世絶人之風今時相馬者間有之相牛者殆絶所謂鷄狗彘者不復聞之矣劉向七畧相六畜三十八卷謂骨法之度數今無一存

相馬書

代郡徐咸

良馬三十二相

尾如垂掃　尾欲茸細　尾骨欲遊　後脚欲緪
後蹄欲然　鹿節欲細　掌骨欲細　外腎欲小
曲池欲深　腿似琵琶　接脊骨短　汗溝欲深
肋扇骨密　肚下逆毛　腹欲短促　乘鐙肉厚
前脚欲直　前蹄欲圓　蹄大欲直　掌骨欲高
膝骨欲圓　壓脡骨細　胸堂欲闊　項長彎曲
腳骨欲圓　食槽欲寬　頰骨欲圓　面如剝兔
上唇欲方　下唇欲圓　口叉欲深　鼻欲寬大
耳如劈竹　眼似垂鈴　眼下有肉　垂睛欲高

旋毛圖

旋毛合天地之數五十五白圖皆陽左旋黑圖皆陰右旋上而向下下而向上左而右右而左上下左右黑白順逆一一分明所以成變化此古之龍馬爲靈物也他馬則不然爽他馬亦有旋毛如上下左右向之順者爲善其反背橫逆皆惡也

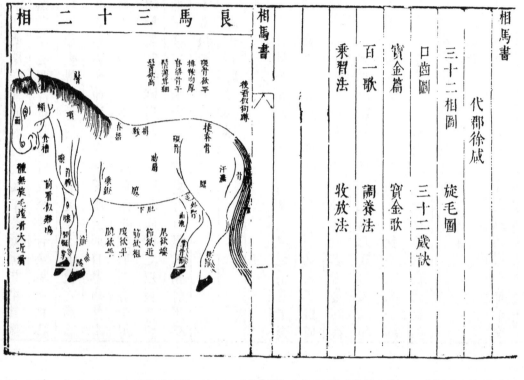

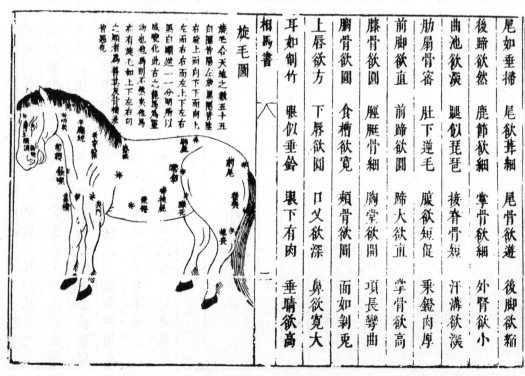

百一歌敘旋毛之害旋毛論敘順逆向背之理乃謂馬初生無毛者良骨角雙生者良體無旋毛遠看大近看小者良旋毛細膩溫鮮者良以此定品凡毛毺軟濕潤有文理者易見故此圖善旋五所謂若藏若沒若亡若失也惡者粗逆易見故此圖惡旋十四所謂毛病最爲害者也凡毛重首次頸次尾次背次腹善旋首壽星齒長德力優頸帶纓俊逸腹葬槽克肥背乘鐙安重近尾滕花矯強皆健行馴善惡旋各所病傷人害物首口銜禍聽哭背騰蛇腹喪門慘激于

前背馱屍尾喪門拖喪挾屍狠厲于後最傷害不可負載口滴淚頸鎖喉背穿鬃盛淚帶劒尾豹尾亦傷害不自保又牛額甚凶不宜養招殃債事市馬者知之飾僞擦揉去難別最宜慎防又善多惡少者猶可惡多善少者次之皆惡者勿用或按勒制之亦能去惡爲善也○旋毛在上者向下在下者向上在左者向右在右者向左凡上左者屬陽向下向右者陽數順也下右者屬陰向上向左者陰數逆也逆者陰順之謂非違逆也

口齒圖

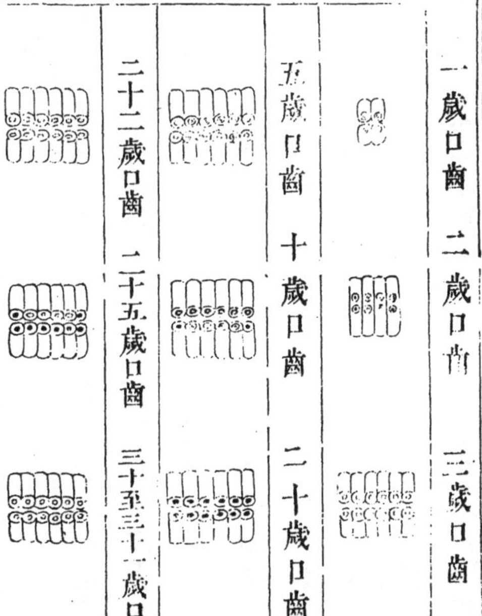

夫獵之齒者血精爲本結秀爲骨骨精爲齒一歲至二十五歲齒之區臼白不三十歲區俱平無鋒刃亦無力矣

夫角者肋力之粹初五年成一節應生數五次年一節十年而終

三十二歲訣

一歲駒齒二二歲駒齒四三歲駒齒六四歲成齒二五歲成齒四六歲肉牙生七歲角區鍬八歲盡區如一九歲咬下中區二齒臼十歲咬下中區四齒臼十

一歲咬下中區六齒白十二歲咬下中區二齒白十二歲咬下中區四齒平十四歲咬下中區六齒平十五歲咬上中區二齒白十六歲咬上中區四齒白十七歲咬上中區六齒白十八歲咬上中區二齒平十九歲咬上中區四齒平二十歲咬上下盡平二十一歲咬下中區二齒黃二十二歲咬下中區四齒黃二十三歲咬下中區六齒黃二十四歲咬上中區二齒黃二十五歲咬上中區四齒黃二十六歲咬上下盡黃二十七歲咬下中區二齒白二十八歲咬下中區

四齒白二十九歲咬下中區六齒白三十歲咬上中區二齒白三十一歲咬上中區四齒白三十二歲咬上下盡白

寶金篇

三十二相眼爲先次觀頭面要方圓相馬不看先代本一似愚人信口傳眼似垂鈴紫色鮮滿廂凸出不驚然白縷貫睛行五百斑如撒豆勿同看面若側塹如鐮背臭如金盞可藏拳口义須深牙齒遠舌如垂劍色如蓮口無黑靨須長命唇似垂廂蓋一般食槽

寬淨頤無肉咽尖平而筋有欄耳如楊葉裁杉竹燕骨高而軟不堅八肉分而彎左右龍會高而上古傳項長如鳳須彎曲鬃毛茸細要如綿薯高膊濶揜風小膺高胸濶脚前寬膝要高而圓似拗骨細筋麄節要攢蹄要圓實須卓立身形光闊要平寬筋骨彎而須堅睿排鞍肉厚穩金鞍三峯穩壓須藏骨臥如猿落垂如山鵝鼻曲直須停穩尾似流星散不連膂筋大小須匀壯下節攢筋緊一錢羊髭有距如雞距能奔解走可行千巳前貴相三十二萬中難選一俱全

寶金歌

三十二相眼爲珍次觀頭面要停匀相馬不看先代本亦似盲人信步行眼似垂鈴紫色浸睛如徹豆要分明白縷貫睛行五百腫生五彩壽多齡鼻紋有字須長壽如火如公四十春壽旋頂門高過眼鬃毛茸細萬絲分面如剝兎腮無肉鼻如金盞食槽橫耳如楊葉根一握項長如鳳似雞鳴口义須深牙齒遠舌如垂劍色蓮形口無黑靨須長命唇似垂箱兩合停四大三高兼二小雙長兩短一濤平瘦見肉而肥見

骨視而不懼聽無驚八肉彎而分耳後龍會高而上
古閙牝騮不欲偏多騣騂駼蹄齧善能奔首鈎項曲
三峯穩筋麄骨細四蹄輕鬐高臆廣平兮手胸寬膊
濶小捻風頭長腰短雙凫大腹垂臁小逆毛生跳停
寸緊蹄堅寔膝高節近骨筋分肋骨彎而須緊客排
鞍肉厚穩鞍輪腎袋小藏如吊斂裏囊垂大若懸鈴
無骨隱微三山小膀似琵琶後犬蹲尾似流星須放
細鵝鼻曲直汗溝深骨筋大小須匀壯身形充闊要
寬平已上毛骨皆是駿還將駑逸細推尋腰凹脊兮

馬致遠麄蹄捻蹤豈能奔白首黑身須可忌銀鬃玉
項不須欽破臉孤蹄眞未吉耳白腰花實是凶流鼻
綉項休呼美沙睛環眼莫高稱面短骨横眞可惡眼
深無肉不堪親槽微口淺多無食腿麄蹄大實無行
毛殊旋廣休誇貴寸長蹤軟莫稱駿背直尾高休言
美耳大頭肥不足欽羊睛象目遲無力猪膀驢腰不
善奔龍顱突目天然快獐頭鹿耳號雖風孔中筋現
非常相目有重瞳勿視輕溺而似犬眞難得耳毫一
尺値千金初産無毛稱龍子骨肉雙生亦號龍耳微

一寸行千里溺過前足半前程牟鬢有距馳三百距
如雞爪日千程已前貴相分明載古典流傳萬世遵
自還將至不善有一十九句皆惡相篇前後皆善相

王良百一歌

畧相曰耳小根一握頭長鼻要寬能行三百里解立
四蹄攢 一 臆前雖濶備眼臁腹須平項長筋骨促尾
骨短爲精 二 鹿耳天然快獐頭第一强蹄輕腰又短
伯樂亦稱良 三 鼻上紋王字月中青靠使雖然有筋
骨更要汗溝深 四 初生無毛者伯樂號龍駒七朝方

始起千匹也應無 五 近看雖似小遠望却成高要知
深有力腹上逆生毛 六 蹄大蹄又軟腹濶更腰長行
時無步驟何必問孫陽 七 口淺不能食眼深多咬人
猪膝難任重馬堪致遠行 八 要知有壽馬唇慢口方
停好是如羊目驛良壽亦長 九 不在如龍狀追風號
古來目前毛骨駿未可比駑駘 十
毛病曰項上如牛旋有之不用誇環緣不利長所以
號螣蛇 一 後有喪門旋前兼有挾屍勸君不用蓄無
事也須疑 二 牛額并銜禍非常害長多古人如是說

此事不虛歌 三 帶劍渾小事喪門不可當滴淚如入
口有福也須防 四 黑色耳全白從來號孝頭假饒千
里走奔勸不須留 五 背上毛生旋驢騾亦有之只惟
鞍貼下此者是馳屍 六 銜禍口邊銜時間禍必逢古
人稱是病馬敢不言凶 七 眼下毛生旋遙看似淚痕
假饒福也病無禍亦妨人 八 毛病深知害妨人在不
占大都如此類無禍也宜嫌 九 擔耳驄騌項雖然毛
病殊更若兼鬃尾有實不如無 十○凡旋毛自上向下下向上左向右右
向左者爲善旋上不向下下不向上左不向右右不
向左又或在右縱而向上向下上下橫而向左向右

參差不一爲惡旋惡旋祖逆易見書旋若滅若沒若亡若失也
雜忌曰騎來未得飲汗解是爲強卸鞍面向北此事
最招殃 一 欲出須知此籠頭莫掛垂雖然無大患驚
懼事防爲 二 面北朝朝餧形軀漸漸傷其中忽有患
有患悔難當 三 遠來亦忌飽出去不妨饑向水莫許
驟偏傷肺與脾 四 濁水休教飲多饒毛色焦時間雖
不覺月內不生膘 五 偏怕腥腹物仍嫌土作槽鼠穿
成大穢更忌帚中毛 六 上山猶許驟下嶺不空騎必
定傷筋骨能令日漸羸 七 近學新醫者還知此事難

將鍼空刺淺方便更須端 八 凡鍼六脈血不在若令
多移時若不止傷損返如何 九 有病何妨療無傷血
莫鍼近來愚學者此意未知深 十
眼病曰一切眼昏瘴皆因熱所傷莫令肝臓冷淚出
轉難當 一 黃風有赤脈白翳忌侵睛須抽眼脈血救
療有功能 二 烏風起肝臓忽患便青盲便是通神妙
除非解換睛 三 有瘴多須淚無令冷藥多細辛并地
骨犀角決明和 四 外瘴須磨點黃連最能點烏魚骨
頗妙輒莫用珍珠 五 欲療先令暖仍須使子肝防風

圓蔚好去淚得睛寬 六 不可全憑藥時聞亦用鍼頻
抽口鼻血腦熱勿令侵 七 肝病眼睛病眼昏肝有風
發來時生暈嚾烙抵神功 八 環睛難爲病侵睛多即
驚月中騎亦懼雲內更同盲 九 辛熱傳肝肺尪羸也
易推奈何雙目暗得較也何時 十
醫候曰欲知看口色春季忌於青若似秋時候醫之
必得寧 一 夏病不食草口中赤色深莫將爲熱療熱
療病難尋 二 秋病口中白時時喘息粗於中帶黑色
肝肺恐應無 三 冬季口中黑醫之必不瘥臥蠶雖有

色而退也無緣四大抵怕青黑兼憂喘息粗神功也
不救遲治氣全無五肺病多方療心傷鶻骨抽目前
雖得効已後發無休六鼻內出膿血如加氣轉抽登
堪連背硬何用更開喉七肺病休疑冷腥膻不可爲
但將涼藥療莫使小猪脂八天門還治肺地骨也醫
肝心熱黃芩妙人參性不寒九前面熱未退腰胯却
行遲是熱須醫熱少將冷藥醫十
起臥曰脾寒令肉顫胃冷吐清涎但鍼脾上穴暖胃
藥爲先一撲尾褰唇痛起臥四蹄攢頻頻覷膁上冷

熱氣相干二起臥無時度將身似狗蹲腸中如糞結
巴豆最爲珍三若作如斯候切在細推尋如逢腎胍
上多應腸入陰四識得尋常病便須用橘皮檳榔爲
第一葱酒最相宜五止痛當歸妙牽牛芍藥和生薑
空剩使滑石勿令多六治脾人間妙鍼脾第一功目
前兼惡急氣胍當時通七尿血還緣熱風虛結澁爲
秦艽能治療通利大黃奇八忽傷糞如水赤黃氣息
腥饒醫能用藥口色怕微青九若還退草料腹中虛
氣鳴大似腸黃候脾家氣不勻十

療風曰有傷即爲急無傷呼爲慢先鍼喉脉血亦須
先出汗一尾揭遍身硬耳腎閃骨生此風從後得暖
處勿吹驚二病見從前得斯須便過關大風烙最妙
入口下應難三四脚難移動一邊汗出微口中時吐
沫見此莫生疑四不獨如斯狀忽然後脚進盡知呼
脾冷卒急也難醫五是藥皆治病唯風邪要蚫防風
并半夏最急是天麻六治療皆憑藥就中風也難七
朝疑似退火烙大無端七歇汗風饒痒爲脊急瘵多
肺風多揩擦疥癩即相和八花蛇及乾蝎亦療腦旋

風烏頭勿畏使麻黃更要芎九有風切忌驚肉耳最
爲精漢椒并附子相合耳中傾十
筋骨曰膊痛緣騎若蹄傷敗血攻痛時鍼且妙蹄損
火能通一膝骨難任痛行時脚失多無端鍼胍血得
効也蹉跎二子骨連蹄痛多應是物傷烙蹄蹄不發
漸漸骨開張三失節莫交頻鹿節黃水成假饒用火
烙滑石鎮長盈四但是筋骨痛皆因傷損爲於中硯
子骨末後不通醫五食槽脹雖烙多緣腑病生胃翻
加吐沫何藥効能成六小胯骨若痛牽連雁翅疼欲

鍼須得穴用藥更狩鋒 七曲池鵰韓骨脹時不在鍼
芸薹并紫蔛巴豆最功深 八附骨使於膝走驟多饒
失火烙意遲麁藥消爲第一 九筋脹用猪脳冷藥要
蛇牀細辛并藁本米醋及生薑 十
療黄曰頭悶忽衝軀此即是心黄先須用火烙時下
得安康 一胸黄忽腫硬未可用鍼鍼須使消黄藥無
令痛所使 二偏次黄雖少還緣積熱成嘗聞連五臟
根向肺中生 三喉内若生黄此病實難當藥鍼但少
効向裏結成囊 四急慢腸黄候患時俱一般慢時一

月多急則當時間 五腎黄腎胍腫積冷致如然還須
㾓腰上以此出頹涎 六水黄連帶脉虚腫在皮膚先
用火鍼治消時膿出餘 七臁黄不用鍼塗藥妙能深
消石并葶藶橘皮使蔚金 八騾馬緣風熱因此作㾓
黄塗藥殺駒匪切恐結成囊 九一切黄虚腫多緣積
熱生穵抽喉脉血諸毒不能成 十
瘡痍曰竹節療膊瘡骨鎖亦難當若塗先用洗欲使
洗鹽湯 一貼瘡須用燕艾炙且令焦乾姜將入内根
出始方消 二瘖瘡生眼眸𤺋血化爲虫即漸侵於腦

和睛變作膿 三口内忽生涎心臟熱如然有瘡須用
藥包藥使綿纏 四肺毒若生瘡醫之要肺凉貼藥雖
穵洗可用甘草湯 五斷蹤緣風血爍蹄亦一般麝香
葶藶子貫衆及黄丹 六冷病緣草結膿多瘡口寒孔
香并附子貼此始應看 七疥癬深秋旺爪瘡盛夏多
都緣風血聚忙療莫蹉跎 八血隳連蹄腫筋風血作
臓蕪荑鵰風妙能殺此般虫 九一切破損瘡勿令口
自傷瘠瘡難治療客風須是防 十
齒歲曰齒有數般者教伊識不妨莫言爲小事識得

大賢良 一黑白一齊全生來始八年中間初似破十
二歲無偏 二齒如十二月騂牙衆四時二十四氣足
伯樂視爲規 三四齒不曾退年巳只似駒但看邊畔
者咬得白還殊 四駒子生驢齒嚼之必不匀直饒齒
歲小區白也多平 五向南馬齒口野放咬山多區白
雖先破莫言齒歲過 六黄區將欲盡黑白以全無上
下齒更展十二歲應餘 七騂牙初出肉俗言五六春
至老或不生須憑區白眞

蟹譜序論

蟹之爲物雖非登爼之貴然見於經引於傳著於子史志於隱逸歌詠於詩人雜出於小說皆有意謂焉故因益以今之所見聞次而譜之自總論而列爲上下二篇又敘其後聊亦以補博覽者所闕也神宋嘉祐四年冬序

總論

蟹水蟲也其字從虫（肝鬼反）亦曰魚屬故古文從魚作蟹以其外骨則曰介蟲取其横行目爲螃蟹焉骨眼

蜩腹蟛蜞鱟足其爪類拳丁其螯類執鉞匡䖴又皆外刺性復多躁或編諸繩纏或投諸笭箵則引聲噀沫必死方巳類皆鮨育生於濟鄆者其色紺紫出於江瀕者其色青白（此舉其所育多者爾凡有水之地不無此味）小者謂之蟚蚏中者謂之蟹匡長而銳者謂之蠘（音截）甚大者謂之蝤蛑雖皆有佳味獨蟹參於藥論耳明越谿澗石穴中亦出小蟹其色赤而堅俗呼爲石蟹與生伊洛者無異㳺濶多腴而螯之膏膩長多癖而與之蝦其於盛生夏者無遺穢以自充俗呼爲蘆根蟹（謂其止食茭蘆）其癖小而味腥至八月則蛻形已蛻而形浸大秋冬之交稻粱巳足各腹芒走江俗呼爲樂蟹最號肥美由江而納其芒於海中之魁過冰雪則自伏於澱不可得矣今人設陷具以䕩酒者此特爲之先置焉江淮間尚推重如此況非所育之地乎（何曾食疏弘君食撽虞悰飲食亦未必不珍此味也虞悰南史有傳但名存而書亡此爲恨者）曰蟚蚏者二月三月之盛出於海塗吳俗猶所嗜尚歲或不至則指目禁烟謂非佳節也今之通泰其類寔繁然有同蟚蜞差大而毛好耕穴田畝中謂之蟚蜞毒不可食晉蔡道

明誤食之幾死尤宜慎辨也又多生於陂塘溝港穢雜之地往往因雨則瀕海之家列陣而上塡砌緣屋𨓜驅掃之不去也噫蟹雖微類至於腹芒以朝其魁其得自然之禮歟嗜欲以足捨陂港而之江海其得自然之智歟雖外剛躁而内無他腸其得自然之正歟豈獨以其滋味饜世人之口腹哉故論其略而冠諸二篇之首

蟹譜上篇

㮶山傅肱

離象

易之離象曰爲鼈爲蟹爲蠃爲蚌爲龜孔穎達云取其剛在外也

有匡

檀弓曰成人有其兄死而不爲衰者聞子皐將爲成宰爲衰成人曰蠶則績而蟹有匡范則冠而蟬有緌兄則死而子皐爲之衰孔穎達云蟹背殼似匡

仄行

周禮梓人爲筍簴別敘小蟲蟹屬以爲雕琢鄭康成注云刻畫祭器博庶物也蟲自外骨至胷鳴內有仄行者釋云蟹屬賈公彥疏曰今人謂之螃蟹以其側行者也內郤行者螾衍之屬卽由延也胷鳴者卽蝦蟇也紆行者卽蛇也按屬禮祭器未有以由延螃蟹蝦蟇以蛇爲飾者不知起何法制且經文但云以雕琢耳康成專取爲祭器之飾義誠未安

蜎蠌

爾雅釋魚篇云蜎蠌小者蟧勞螺屬見埤雅或曰卽蟳也似蟹而小

走遲

大司樂樂六變注蛤蟹走則遲

蟲孽

越王勾踐召范蠡曰吾與子謀吳子曰未可也今其稻蟹不遺種其可乎注蟹食稻對曰天應至矣人事未盡也王姑待之

性躁

荀子勸學篇云蟹六跪而二螯非蛇蟺之穴無所寄託者用心躁也注跪足也螯蟹首上如鉞者序與蟹背八足此云六者謬文然今觀蟹行

後兩小足不着地以其無用所略而不言

左持

晉春秋畢吏部卓字茂世嘗謂人曰左手持蟹螯右手執酒杯拍浮酒池中足樂一生哉

捕鼠

淮南子曰使蟹捕鼠必不得

不咬

虞預會稽典錄云吞舟之魚不咬蝦蟹玉篇作鰕長鬚蟲也熊

虎之爪不剝狸鼠

郭索

太玄鋭前一蟹之郭索後蚓黄泉范明叔云一水也所稱泉亦爲水所稱蟹五爲裸所稱蚓言蟹之與蚓者用心之不一雖有郭索多足之蟹不如無足之蚓者以其用心之一也

蟚蜞

晉書蔡謨字明道初渡江見蟚蜞大喜曰蟹有八足加以二螯令烹之既食吐下委頓方知非蟹後詣謝尚而說之尚曰卿讀爾雅不熟幾爲勤學死

誅解系

晉解系字少連與趙王倫同討叛羌時倫信用佞人孫秀與系爭軍事更相表奏朝廷知系守正不撓而召倫還系表殺秀以謝氐羌不從後倫秀以宿憾收系兄弟梁王肜救系等倫曰我於水中見蟹且惡之況此人兄弟輕我邪遂害之

蛙矜

莊子秋水篇公子牟曰子獨不聞夫埳井之鼃乎謂東海之鼈曰吾樂與吾跳梁乎井幹之上入休乎闕甃之崖赴水則接掖持頤蹶泥則沒足滅跗還虷孫案義云井中赤蟲一名蜎蟹與科斗莫吾能若也

龜長

大戴禮云甲蟲三百六十四神龜爲之長蟹亦蟲之一也

傒味

南史何胤字子季出繼叔父曠所更字胤叔初胤侈於食味前必方丈後稍欲去甚者猶食白魚䱇市演反脯糖蟹以爲非見生物擬食蚶蠣使門人議之學生鍾岏曰䱇魚就脯驟見屈伸蟹之將糖躁擾彌甚仁人用意深懷此怛至於車螯蚶蠣眉目內闕慚渾沌之奇獷殼外緘非金人之愼不粹不榮曾草木之不若無馨無臭與瓦礫其何殊故宜長充庖廚永爲口實

瑣蛣

郭景純江賦云瑣蛣腹蟹水母目蝦又松陵集注云瑣蛣似蚌常有一小蟹在腹中爲蛣出求食蟹或不至蛣餒死所以淮海人呼爲蟹奴

介蟲之孽

月令章句曰介者甲也謂龜蟹之屬（後漢五行志）

無腸公子

抱朴子云山中無腸公子者蟹也

天文

釋典云十二星宮有巨蟹焉

食證

孟詵食療本草云蟹雖消食治胃氣理經絡然腹中有毒中之或致死急取大黄紫蘇冬瓜汁解之即差

又云蟹目相向者不可食又云以鹽漬之甚有佳味沃以苦酒通利支節去五臟煩悶（予謂亦不可與柿子同食發霍瀉）

異名

中華古今注云蟚蜞小蟹也生海塗中食土一名長卿其一螯偏大者爲擁劍一名執火

誡嗜

混俗頤生論曰凡人常膳之間猪無筋魚無氣鷄無髓蟹無腹皆物之稟氣不足者不可多食

兵異

軍略災篇云地忽生蟹當急遷砦柵不遷將士亡

集鼠

陶隱居云俚方以黒犬血灌蟹三日燒之諸鼠畢集

鱟類

郭景純傳山海經云鱟形如車文青黒色十二足長五六尺似蟹雌常負雄而行漁者取之必雙得即吳都賦所謂乘鱟者也呂延濟亦注云似蟹

浦名

南齊建武四年崔慧景作亂到都下（今之金陵）不克單馬

至蟹浦投漁人太叔榮之榮之故爲慧景門人時爲蟹浦戍因斬慧景頭納鰌籃中送都下焉

畫

唐韓晉公滉善畫以張僧繇爲之師善狀人物異獸水牛等外後妙於螃蟹

輪芒

孟詵食療本草云蟹至八月即啗芒兩莖長寸許東嚮至海輸送蟹王之所陶隱居亦云今開蟹腹中猶有海水乃是其證予謂即陸魯望云執穗以朝其魁

者也與夫羔羊跪乳蜂房會衙俱得自然之禮

蛉腹

唐顧況字逋翁混胎丈人攝魔還精符曰螟蛉之子蝦目蟹腹卽卽周周兩不相掩此之謂體異而氣同

同鼠孽

唐陸龜蒙字魯望作稻鼠記引國語曰今吾稻蟹不遺種豈吳人之土鼠與蟹更俟其便而劾其力殲其民歟

爲葅

晉隱逸傳夏統字仲御會稽永興人也幼孤貧養親以孝睦聞初兄弟每採梠求食星行夜歸或至海邊拘蟛蚏以自資養

玉篇

八足蟹二螯八足蚽普流反似蟹二足亦見郭璞江賦蜅䗚上方武下布莫反皆蟹也

月令

季冬行秋令介蟲爲妖丑爲鼈蟹

圖經

羅處約新修蘇州圖鳥獸蟲魚篇蟹居其末

琴聲

琴譜履霜操有蟹行聲

唐韻

蟚蜞戶八反似蟹而小予謂卽几五忽反蛤令之蟚蚏也一名蟚蜞耳蟲屬似蟹蟹水蟲也

蝤蛑上自秋下莫浮似蟹而大生蔣邊蠘似蟹生海中予謂於食品中與茝勝胡麻相宜螯蟹屬蟄蟹大時也予謂古今用螯跪字通作螯螃螃蟹釋云木蟹云俗加蟹字予按周禮疏推作旁取其橫行今字蓋蟲乃是俗加陸德明所謂蟲屬要作蟲旁草類皆從兩中是也然則旁蟹之呼名古矣但不當加蟲字耳予謂今秀州華亭縣齊村所出甚多小者謂之黃甲越人云和鹽泥養之可踰月

蟛魟似蟹可食又音𤈦鯹下音工江蟲也形䲓鱧雄蟹也下音孩虷一名蚱蟲胡安反虷蟹

擁劍劍蟲形似蟹崔豹古今注折劍一名執火其螯赤謂之執火鮹蟹子也以小反又他果切蟨蟹腹下於琰反臁蝑鹽藏蟹事夜切江蜥寺絕反似蝤蟀出海中蟗蟲似蟹四足音北

說文

六足許慎說文云蟹六足二螯者也蛫九毀切唐韻曰獸似龜白身赤首胥相居切蟹醢也

唐韻從蟲鹽藏之

長生

陶隱居云僊方投蟹於漆中化爲水飲之長生

食良

陶隱居云蟹未被霜者甚有毒以其食水莨音建也人或中之不卽療則多死至八月腹内有稻芒食之無毒

斬王攄

晉書劉聰字玄明卽僞位左都水使者襄陵王攄坐魚蟹不供斬於東市

藥證

本草云蟹蝑味鹹性寒有毒主胸中邪氣熱結痛喎僻面腫解結散血愈漆瘡養筋益氣取黃以塗久疽

瘡無不差者又殺莨菪毒其爪大主破胞墮胎陳藏器本草云人或斷絶筋骨者取脛中髓及腦與黃微熬納瘡中卽自然連續海藥本草云石蟹按廣州記云出南海秖是尋常蟹年深歲久日被水沫相把因兹化成石蟹每遇海潮卽飄出又有一般者入洞穴年深亦成石蟹味鹹寒有毒主消靑盲眼浮翳又主眼澁皆細研水飛入藥相佐用以點耳

蟹譜下篇

怪山傅肱

孝報

初杭俗嗜螯蟹而鄙食蟹時有農夫田彥升者家於半道幼性至孝其母嗜蟹彥升慮其鄰比嘲笑常遠市於蘇湖間熟之以布囊貯歸俄而楊行密將田頵於倫反兵暴至鄉人皆竄避於山谷糧道不接或多餓死獨彥升挈囊負母竟以解免時人以爲純孝之報焉

殊類

震澤漁者陸氏子舉網得蟹其大如斗以螯剪其網皆斷陸氏子怒欲烹之其侶老於漁者遽進曰不可吾嘗聞龜蟹之殊類甚者必江湖之使也烹之不祥乃從而釋之蟹至水而横行里許方没

貪化

神宗朝有大臣趙氏者名某雖於國功高然其性貪墨私門子弟苞苴上特優容之一日因錫宴上召伶官使諭已意伶者乃變易爲十五郎姓旁因命釣者俄

一人持竿而至遂於盤中引一蟹十五郎見而驚曰好手脚長我欲烹汝又念汝是同姓且釋汝翌日趙果出鎮近輔

採捕

今之採捕者於大江浦間承峻流環緯簾而障之其名曰斷（音鍛）於陂塘小溝港處則皆穴沮洳而居居人盤黑金作鈎狀置之竿首自探之夜則然火以照咸附明而至焉（若魚以餌而鈎之）

泉比

煎茶之法視其泉若蟹目然魚鱗然第一法

兵證

吳俗有蝦荒蟹亂之語蓋取其被堅執銳歲或暴至則鄉人用以爲兵證也

貢評

國家貢口實於遠方者蛤蜊亦貢焉獨蟹不貢議者以爲貢不貢固有差品予謂非也蛤蜊止生於海塗還京州郡無有也故須上供螃蠏盛育於濟鄆商人輦負軌跡相繼所聚之多不減於江淮奚煩遠貢哉予嘗見監御厨王槳院云御食經中亦有煮蟹法但不常御錫命則進耳非謂無錄而不在貢品

風蟲

蟹之腹有風蟲狀如木鱉子而小色白大發風毒（食者宜去之）

鬱洲

江浙諸郡皆出蟹而蘇尤多蘇之五邑婁縣爲美（即崑山）婁縣之中生鬱洲吳塘者又特肥大（鬱洲即孫恩所保之地也）

食品

北人以蟹生析之酤以鹽梅芼以椒橙盥手畢即可食目爲洗手蟹

怖狀

吳沈氏子食蟹得背殼若鬼狀者眉目口鼻分布明白常寶翫之

斷弊

蟹至秋冬之交即自江順流而歸諸海蘇之人擇其江浦峻流處編簾以障之若犬牙焉致水不疾歸而歲常苦其患者有由然也雖州符遣卒俾令棄毀而

吏民萬端終不可禁羅江東云蛟蜃之爲害也則絶流不顧漁人之鈎網噫水之病吳久矣又非蛟蜃之比絶流顧網其才識固自有小大哉長民者能推而不疑亦豐歲一助也

蟹杯

其斗之大者（匡一名斗）漁人或用以酌酒謂之蟹杯亦訶陵雲螺之流也（阿陵酒樽用鸎魚殻謂之逨鋒鸎角內玄外黃松陵集海甬人目螺之有文者曰雲螺亦用以酌酒）

令旨

藝祖時嘗遣使至江表宋齊丘送于郊夾酒行語熟使者啓令曰須啗二物各取南北所尚復以二物仍互用南北俚語使者曰先喫鱸魚又喫茐蝌一似拈蚍弄蝎齊丘繼聲曰先吃乳酪後喫喬團一似噇膿灌血時朝廷方草創用度不給倚江表爲外府故齊丘及之左右以令逼使之太甚相顧失色使者雅嘆焉故歸朝而間行

蟹戶

錢氏間置魚戶蟹戶專掌捕魚蟹若今台之槳戶畦戶睦之滌戶比也

兵權

出師丁岩之際忽見蟹則當呼爲横行介士權以安衆

蟹征

按周禮㪉人職掌漁征入于玉府者貴其鬚骨之用以飾器物也今魚雖鯤鮞以至蝦蟹悉立征稅之目非若古人取鬚骨之意也二浙運使沈公立以歲征權奏罷之議者謂其識體

螺化

海中有小螺以其味辛謂之辣螺可食至二三月間多化爲蟚蜞令人有得螯跪半成而尚留殻中者此其證也（近青龍鎮居民於江塗中得蟹螯跪俱脫其白若初彼爲怪及熟煮去殻則將化爲蟬矣噫物之變化萬狀固不可究詰今觀蟬之首腹頗與蟹相類誠亦有是故慮驚俗又非予之所親見故附錄之）

食珍

凡潛蟹用茱萸一粒置靨中經歲不沙

蟹浪

濟運居人夜則執火於水濵紛然而集謂之蟹浪

酒蟹

酒蟹須十二月間作於酒甕間撇清酒不得近糟和鹽浸蟹一宿却取出於曆中去其糞穢重實椒鹽訖疊淨器中取前所浸鹽酒更入少新撇者同煎一沸以別器盛之隔宿候冷傾蟹中須令滿蟚螖亦可依此法二三月間止用生乾煮酒

白蟹

秀州華亭縣出於三泖者最佳生於通陂塘者特大

蟹譜下篇　六

故鄉人呼為泖蟹又亭林湖（近顧野王宅鄉人亦號為顧亭林）人於天聖末呼生白蟹（即海中所生蟹是也但蟹不生於淡水今忽有因號白蟹）瀕江之人以價倍常靡有子遺止一年而種絕

滬浦搖江

吳人於港浦間用篙引小舟沉鐵腳網以取之謂之滬浦於江側相對引兩舟中間施網搖小舟徐行謂之搖江（上接斷下接於陂塘）

紀賦詠

蟹志（見陸龜蒙集）

中躁外撓分冠帶之俱（陸龜蒙賦）

蟹奴晴上臨湘檻燕婢秋隨過海船（皮日休）

蟹因霜重金膏溢橘為風多玉腦圓

二螯或把持（杜子美）

亥日饒蝦蟹（白樂天）

病中有人惠海蟹轉寄魯望（皮日休）

紺甲青筐染落衣島中初寄北人時離居定有石帆覺失伴唯應海月知族類分明連瑣珪（瑣珪似小蚌有一小蟹在腹中出求食故淮海之人呼為蟹奴）形容好個似蟛蜞病中無用雙

蟹譜下篇　七

螯處寄與夫君左手持

酬襲美見寄海蟹（陸龜蒙）

藥盃應阻蟹螯香却乞江邊採捕郎自是楊雄知郭索（太玄經云蟹之郭索）且非何胤敢餦餭（何胤侈於食味稍欲去其甚者猶有䱉腊糟蟹）骨清猶似含春靄沫白還疑帶海霜強作南朝風雅客夜來偷醉早梅傍

蟫史

闕名

禽經曰鳥鳴啞啞鸞鳴噰噰鳳鳴喈喈皇鳴啾啾雉鳴鷕鷕鷄鳴咿咿鸞鳴嚶嚶鵲鳴唶唶鶴鳴嗃嗃鵙鳴嗖嗖

天老對黃帝曰鳳象鴻前麟後蛇頸而魚尾龍文而龜身燕頷而鷄喙戴德負仁抱忠挾義小音金大音鼓延頸奮翼五彩備明舉動八風氣應時雨食有質飲有儀往即文始來即嘉成維鳳爲能通天祉應地

靈律五音覽九德天下有道得鳳象之得一則鳳過之得二則鳳翔之得三則集之得四則春秋下之得五則没身居之黃帝曰於戲允哉朕何敢與焉乃黃衣黃紳黃冕致齋于宮中鳳乃蔽日而至帝乃降東階西向再拜稽首曰皇天降祉敢不承命鳳乃止東園集梧桐食竹實没身不去

易曰離爲雉離火也其體文明性復炎悍故爲雉禮記曰雉性剛而守節周禮云大夫執雁士執雉雉取其有文采而守介也陸佃曰雉死耿介妒龔護疆善鬬雖飛不越分界一界之内以一雉爲長餘者雖衆莫敢鳴鴝

孔雀雄者毛尾金翠性故妬雖馴久見童男女着錦綺必趂啄之山棲時先擇處貯尾然後置身天雨尾濕羅者且至猶珍顧不復騫舉卒爲所擒又山鷄亦愛重其尾終日映水目眩輒溺

商汝山中多麝遺糞常在一處不移人以是獲之其性絶愛其臍爲人逐急即投巖舉爪剔裂其香就縶而死猶拱四足保其臍

項似蛇腹似蜃鱗似魚爪似鷹掌似虎耳似牛頭上有物如博山名尺水龍無尺水不能升天其性畏鐵又畏楝葉及五綵線其聲如戞銅盤涎能發衆香天火與人火相反得濕而焰遇水而燔以火逐之則焰滅矣

禽獸决錄

齊 卞彬

羊性淫而狠猪性卑而率狗性險而出皆指斥當時貴執羊淫狠謂呂文顯猪卑率謂朱隆之狗險出謂呂文度也

懸門艾虎鼻門上宜官子孫帶印綬懸虎鼻門中周一年取燒作屑與婦飲之二月中便有兒生貴子勿令人知之泄則不驗也亦勿令婦見之

韋善俊携一犬號烏龍後化爲龍乘之飛昇而去

雉善聽狠善視狐善疑駱駝善知泉象善知地虛實

澣布以灰濯錦以魚洗金以鹽

穆王賜文山之民豪牛豪馬

羅含之雞能言西周之犬能語

古人藏書辟蠹用芸葉類豌豆作小叢生南人採置席下能去蚤虱

楊雄吐白鳳凰集於玄上

禽獸巢居知風穴居知雨

李信純家養一狗字曰黑龍

鶴左右脚裏第一指名兵

解鳥語經

和菟

魏尚字文仲高皇帝時爲太史曉鳥語

謝承後漢書楊宣爲河内太守行縣有群雀鳴桑樹上宣謂吏曰前有覆車此雀相隨欲往食行數里果有覆車

益州耆舊傳秦仲知百鳥之音與之語皆應聞之者莫辨

史記管輅聞有鳴鵲來在屋閣上聲甚急輅曰東北一婦昨殺夫牽引西家父離婁候不過日在虞泉之際告者至矣至時果有東北五人來告隣婦手殺其夫詐説西家人與夫有嫌來殺我夫鞫之皆分毫不爽

廣漢陽翁偉嘗乘蹇馬之野而田間有眇馬者相去數里鳴聲相聞翁偉謂其御曰彼放馬目眇其御曰何以知之曰彼田間馬罵此轅中馬曰蹇馬蹇馬亦罵之曰眇馬御者不之信行至其處往視馬目果眇始信服以下解獸語

李南乘赤馬行道上逢人白馬先鳴而赤馬應之南謂從者曰此馬言汝今見當一黃馬左目盲者是吾子也可告之快行相及從者不信行二里許果逢黃馬而左目盲南之馬先嘶而盲者隨應之其言果白馬子

介葛盧來朝過一舍聞牛鳴曰是生三犧今皆用之矣

廷尉沈僧照較獵中道而還左右問其故答曰國有邊士當選人丁曰何以知之答曰南山彪嘯所以知之耳

説郛目録

弓第一百八

風后握奇經

漢　公孫弘解

宋高似孫曰馬隆本作握機敘云風后軒轅臣也握者帳也大將所居言其事不可妄示人故云握機八稱諸子總有三本共一本二百六十字一本三百八十字蓋呂尚增字以發明之共一行簡有公孫弘等語武云武帝令霍光等習之於平樂館以輔少主備天下之不虞今本衍四字

經曰八陣四爲正四爲奇舊注奇讀如字後人說天地風雲爲四正龍虎鳥蛇爲四奇公孫弘曰世有八卦陣法其説不用奇正似非風后所傳未可參用餘奇爲握奇舊注奇讀如奇耦之奇解云說奇正者多矣而握奇云者四爲正四爲奇餘奇爲握奇陣數有九中心零者大將握之以應赴八陣之急處

武總稱之先出遊軍定兩端天有衡地有軸前後有衝風雲一作有風附於天雲附於地衝有重列各四隊前後之衝各三隊風居四維故以圓軸單列各三隊前後之衝各三隊風居四角故以方天居兩端地居中間總爲八陣陣訖遊軍從後躡敵武驚其左武驚其右驚一作警聽音望麾以出四奇天地之前衝爲虎翼風爲蛇蟠圍繞之義也虎居於中張翼以進蛇居兩端向敵而蟠以應之天地之後衝爲飛龍雲爲鳥翔突擊之義也龍居其中張翼以

進鳥掖兩端向敵而翔以應之虛實二壘（一作三軍）皆逐
天文氣候向背山川利害隨時而行以正合以奇勝
天地以下八重以列或曰握機望敵仰引其後以掎
角前列不動而前列先進以次之（公孫弘曰傳項氏陣法依此今按而前列等八字舊文在依此注下誤也故遷次以成之）或合而爲一因離而爲八
各隨師之多少觸類而長
天或圓而不動（一作天或圓而不布）前爲左後爲右天地四望
之屬是也（一本下有風象二字）天居兩端其次風其次雲（一作其次天衝其次地衝其次風衝其次雲衝）左右相向是也地方布風雲各在

後衝之前天居兩端其次地居中間（一作其次地其次天中間）兩
地爲比是也（公孫弘曰北爲地爲從天陣變爲地陣或即張勉布擊破敵攻圍不定其形故爲動也一本自公孫弘曰動靜二義皆雜出經文中）縱布天一（一作兩天一無兩字而縱字上有雲象龍一句一作龍者象龍）天二次之（天二一作兩天）縱布地四次於天
後（一作縱布四地四地次之一無下四地字）縱布四風挾天地之左右（一無地字）天地前衝居其右後衝居其左（一無二句一無天地字一無居其右後衝五字）雲居兩端虛實二壘則此是也（一本下有比爲動也四字一無）
虛實已下公孫弘曰人多傳韓信注釋天或圓布已下與此微有差異而范蠡樂毅之說相雜今亦錯綜於其中其部隊或三五或三十或五十變通之理寄之明哲不復備載近古以來其文不滿尺多憑口訣以相傳校予今於難解之處增字發明之耳一本其部隊下上五十云陣闊如此變通由人以爲經文誤也按公孫氏稱與其異者天或圓布次遊軍定兩端下以爲正經而以天有衝止觸類而長列于續圖雲爲翔鳥之下今馬本尚如此

握奇經續圖

角音二　初警衆　末收衆

革音五

一持兵　二結陣　三行　四趨走

五急鬭

金音五

一緩鬭　二止鬭　三退　四背

五急背（一本背作趨）

麾法五

一玄　二黄　三白　四青（一作赤）

五赤（一作青）

旗法八

一天玄　二地黄　三風赤　四雲白

五天前上玄下赤　六天後上玄下白

七地前上玄下青（一作赤）　八地後上黄下赤（一作青）

陣勢八　天　地　風　雲

飛龍　翔鳥　虎翼　蛇蟠

二華二金爲天　三華三金爲地

二華三金爲風　三華二金爲雲

四華三金爲龍　三華四金爲虎

四華五金爲鳥　五華四金爲蛇

舊注此八陣名用金鼓之制

其金華之間加一角音者在天爲兼風在地爲兼雲在龍爲兼鳥在虎爲兼蛇加二角音者全師進東加三角音者全師進南一作西加四角音者全師進西一作南加五角音者全師進北鞉音不止者行伍不整金華既息而角音不止者師並旋

三十二隊天衝　十六隊風

八隊天前衝　十二隊地前衝

十二隊地軸合作二十四隊　八隊天後衝

十二軸地後衝　十六隊雲

以天地前衝爲虎翼天地後衝爲飛龍風爲蛇蟠雲爲翔鳥

八陣總述

晉平　護軍西平太守封奉高侯加授東羌校尉

馬　隆　述

治兵以信求聖以奇信不可易戰無常規可握則握可施則施千變萬化敵莫能知

四陳讚

動則爲奇靜則爲陳陳者陳列戰則不盡分苦均勞佚輪軌定有兵前守後隊勿進

天陳讚

天陳十六內方外圓四面風衝其形象天爲陳之主爲兵之先潛用三軍其形不偏

地陳讚

地陳十二其形正方雲生四角衝軸相當其體莫測動用無窮獨立不可配之於陽

風陳讚

風無正形附之於天變而爲蛇其意漸玄風能鼓動萬物驚焉蛇能圍繞三軍懼焉

雲陳讚自太公范蠡以來風雲無正形所以附天地下

雲附於地則知無形變爲翔鳥其狀乃成鳥能突擊
雲能晦冥千變萬化金革之聲

飛龍

天地後衝龍變其中有手有足有背有胸潛則不測
動則無窮陳形亦然象名其龍

翔鳥

鷙鳥擊搏必先翱翔勢凌霄漢飛禽伏藏審而下之
下必有傷一夫突擊三軍莫當

蛇蟠

風爲蛇蟠蛇吞天真勢欲圍繞性能屈伸四季之中
與虎爲鄰後變常山首尾相因

虎翼

天地前衝變爲虎翼伏虎將搏盛其威力淮陰用之
變化無極垓下之會魯公莫測

奇兵讚

古之奇兵兵在陳內今人奇兵兵在陳外兵體無形
形露必潰審而爲之百戰不昧

合而爲一離而爲八

合而爲一平川如城散而爲八逐地之形混混沌沌
如環無窮紛紛紜紜莫知所終合則天居兩端地居
其中散則一陰一陽兩兩相衝勿爲事先動而輒從

遊軍

遊軍之形乍動乍靜避實擊虛視羸撓盛結陳趨地
斷繞四徑後賢審之勢無常定

金革

金有五華有五退則聽金進則聽鼓鼓以增氣金以
抑怒握其機關戰不失度

鞞鼓

紅塵戰深白刃相臨勝負未決人懷懼心乍奔乍背
或縱或擒行伍交錯整在鞞音

麾角

麾法有五光目條流角音有五初驚末收麾者指揮
角者驚覺臨機變化愼勿交錯（光目一作光自）

兵體

上兵伐謀其下用師棄本逐末聖人不爲利物禁暴
隨時禁衰蓋不得已聖人用之英雄爲將夕惕乾乾

（舊闕四字）其形不偏樂與身後勞與身先小人偏勝君子兩全爭者逆德不有破軍必有亡國握機爲陳動則爲賊後賢審之勿以爲惑夫樂殺人者不得志於天下聖人之言以戒來者（一作天下）

似孫曰風后握奇經三百八十四字其妙本乎奇正相生變化不測蓋潜乎伏羲氏之畫所謂天地風雲龍鳥蛇虎則其爲八卦之象明矣蓋注奇讀如奇耦之奇則尤可與易準諸儒多稱諸葛武侯八陣唐李衛公六花皆出乎此唐裴緒之論又以爲六十四卦

之變其出也無窮若此則所謂八陣者特八卦之統爾焦氏易學卦變至乎四千七十有六奇正相錯變化無窮是可以名數該之乎然觀太公武韜且言牧野之師有天陣有地陣此固出於握奇而又有人陣焉此又出於天地陣之外者非八陣六花所能盡也獨孤及作風后八陣圖記有曰黃帝順煞氣以作兵法文昌以命將風后握機制勝作爲陣圖故八其陣所以定位衡抗於外軸布於內風雲負其四維所以備物也虎張翼以進蛇向敵而蟠飛龍翔鳥上下其勢所以致用也至若疑兵以固其餘地遊軍以案其後列門具將發然後合戰弛張則二廣迭舉犄角則四奇皆出圖成鐏狙帝用經畧北逐獯鬻南平蚩尤遺風冥冥神機未昧項籍得之覇西楚黥布得之奄九江孝武得之攘匈奴唐天寶中客有得其遺制於黃帝書之外篇裂素而圖之按魚復之圖全本於握機得其妙窮其神者武侯而已獨孤乃以爲項黥武帝得之未之思歟

筭經

宋　謝察微

大數

一大數之始也　十十箇一爲十　百十箇十爲百　千十箇百爲千

萬十千爲萬數之成也　十萬　百萬　千萬

億萬萬曰億　十億　百億　千億

萬億　十萬億　百萬億　千萬億

兆萬萬億　京萬萬兆　垓萬萬京　秭萬萬垓

小數

分十釐爲分　釐十毫　毫十絲　絲十忽

忽十微　微十纖　纖十沙　沙十塵

塵埃渺

度

丈十尺　尺十寸　寸十分　分十釐

釐　毫　絲　忽已上同前

疋四丈今無定制　端五丈今亦不

量

石十斗　斗十升　升十合　合十勺

勺十抄　抄十撮　撮十圭　圭六粟

粟即一粒之粟也　斛古一石今五斗或二斗五升　釜六斗四升

庾十六斗　秉十六斛

衡

斤十六兩　兩二十四銖　銖十絫　絫十黍

黍禾方得而有准　秤原十五斤今二十斤或三十斤　鈞二秤

石四鈞　引二百斤　○今兩之下惟用錢分釐毫絲忽也

畝

畝橫一步直二百四十步○若以自方五尺計即濶十丈長六十丈也○之積六千尺也

步方五尺也　分五寸　釐半寸　毫

絲　忽　里三百六十步○計一百八十丈約人行一千步

頃令以百畝爲頃○頃畝者乃積稅之總也○廿四步爲一分十分爲

畝畝之以下一畝分爲四角日釐毫絲忽角每角六十步也

九章名義

一曰方田以御田疇界域　二曰粟布以御交質變易

三曰衰分以御貴賤廩稅　四曰少廣以御積冪方圓

五曰商功以御功程積實　六曰均輸以御遠近勞費

七曰盈朒以御隱雜互見　八曰方程以御雜操正負

九曰勾股以御高深廣遠

用字例義

法樣數也　實本數也　因法之單位者又由也　歸入已之數也

加增添也　減除少也　乘法之多位者　歸先歸後除合名也

除減少也　積乘成之數也　乘法實令變數也　如九數用此下一位也

身本位也　則法也　左上邊大位也　右下邊小位也

縱直長也　橫廣濶也　廣橫濶也　濶橫廣也

直長也　面方面也　高立起也　深陷下也

倍加上本數也　併二數相合　截割斷也　分擘開也

原初數也　差多少不同數也　通會同其數　變改換其數

約量度也　中算盤之中　進一移上前一位　逆遇有數而言逆

上脊梁之上又位之左　下脊梁之下又位之右　挨隨身變數也　退一移下後一位

勾濶也　股長也　斜兩隅相去又不正也　弦勾股斜曰弦弧矢亦有弦

隅曲角也　長直也　周外圍也　較相減餘也

廉方直也　方四面同數　徑周中之弦　脊盤中橫梁隔木

列位各置位次　折半減去一半　還原復舊數也　商除心與意商量而除之

相乘長濶或銀價等　自乘法實數同相乘　再乘自乘之而又乘　遍乘先以一法遍乘諸數

開方法合用商開之于盤中　開方即自乘還原也　開立即自乘再乘之還原

中實即商總也　併率如一二三四五併得十五數也　得令斤兩貫篇石等類也

得術乃法首位無下該得之名　互乘如四處數目上下斜角相乘

相減如二數以少減多餘曰較　合得算數定奪　維乘四處顛倒相乘

若干一爲數始十爲數終未算難定　幾何與若干相同

望氣經

唐　邵諤

凡望氣占候皆在子午卯酉之時太乙初移宮皆有氣見可以測之夕則日入時朝則日出時夜則夜半時中則午時

天無言以七曜垂文地無言以五雲騰氣四時無言以寒暑變節六甲無言以孤虛定位

晉氣之雲白潤精明楚雲如日渤海碣岱之間雲氣正黑色魏雲如鼠越雲如龍荊雲如犬秦雲如行人

周雲如車輪華山河南氣色下黑上赤韓雲似布幽薊之氣如長蛇形宋雲如車魯雲如馬蜀雲如囷華乍高乍下濟水之雲如黑豬東齊之雲如青龍淮水之間氣如瀑布渭水之象如白狼尾東海之氣如龜燈烟附漢亦如圖畫江漢之氣如搖杆東齊與鄭之間氣如絳衣趙冀氣如黑牛尾燕趙之間上青下黑北夷氣如穹廬狀也北狄之氣如牛羊之羣來而不斷也南蠻之氣如舩如閣亦如旌旗搖動東夷氣如樹西戎氣如屋宅之狀海傍蜃氣如樓閣廣野之氣如宮闕千歲靈龜上有白雲常聚雲氣多黑潤者其下有潛龍

二分二至必占雲氣黃雲如覆車五穀（元作粲）大熟青雲致蟲白雲致盜烏黑雲多水赤雲有火鬱鬱葱葱隱隱隆隆佳氣也綿綿絞絞條條片片兵氣也澤浮倓倓女子氣也如藤蔓掛樹者寶氣也紫氛如樓者玉氣也絕氣有銅紅氣有瓊為璘碣色為銕赭色雲氣下垂不可以掘

山雲草莽水雲魚鱗旱雲烟火涔雲波水陣雲如立

垣杼雲類軸杓雲如絏蜺（史記作鼈者）雲類闘旗勝兵雲氣如織敗兵雲氣如枯

若煙非煙若雲非雲郁郁紛紛蕭索輪囷是曰（史記作謂）卿雲卿雲者（史記作見）喜氣也若霧非霧若蒙非蒙著（史記無此六字）衣冠而不濡見則其國（史記作域）被甲而趨

凡望雲氣仰而望之三四百里平望在桑榆上餘二千里登高而望之下屬地者三千里雲氣有獸居上者勝

墨子呂不韋陳平范增皆有其書今不可見其書

引易通卦驗春秋感精符云

星經卷上

漢　甘公石申著

原缺文一張

四輔

四輔四星抱北極樞星主君臣禮儀主政萬機輔弼佐理萬邦之象輔佐北辰而出入授政也

六甲

六甲六星在華蓋之下扛星之旁主分陰陽而配於節候出入故在帝座旁所布政教而授農時也

鉤陳

鉤陳六星在五帝下爲後宮大帝正妃又主天子六軍將軍又主三公若星暗人主凶惡之象矣

天星

天星大帝一星在鉤陳中央也不記數皆是一星在五帝前坐萬神輔錄圖也其神曰耀魄寶主御羣靈也

柾下

柱下史在北辰東主左右史記過事也

尚書

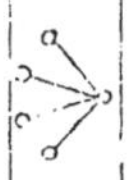

五尚書在東南維主納言夙夜諮謀事也

內廚

內廚二星在西北角主六宮飲食后妃第宴飲廚府也

天床

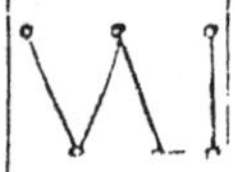

天床六星在宮門外聽政之前亦主寢宴會讌息床

星傾天子不安失位也訣曰火入紫微宮中天下大亂帝王失位

北斗

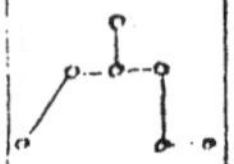

北斗星謂之七政天之諸侯亦爲帝車魁四星爲璇璣杓三星爲玉衡齊七政斗爲人君號令之主出號施令布政天中臨制四方第一名天樞爲土星主陽德亦曰政星也是太子像星暗亦經七日則大災第二名璇主金刑陰女主之位主月及法若星暗經六日則月蝕第三名璣主木及禍亦名金星若天子不愛百姓則暗也第四名權主火爲伐爲天理伐也無道天子施令不依四時則暗第五名衡主水爲煞助四時旁煞有罪天子樂淫則暗第六名闓陽主木及天下倉庫五穀第七名瑤光主金亦爲應星訣曰王有德至天則斗齊明國昌總暗則國有災起也右斗中子星少則人多婬亂法令不行木星守貴人繫天下亂也火星守兵起人主災人不聊生棄宅走奔諸邑守斗西大饑人相食守斗南五果不成五星入斗

中國易政又易主大亂也彗孛入斗中天下改主有大戮先舉兵者咎後舉兵者昌其國主大災甚於彗之禍右旁守之咎重細審之所守樞入張一度去北辰十八度也衡去極十五度去辰十一度

華蓋

華蓋十六星星在五帝座上正吉帝道昌星傾邪大內杠九星爲華蓋之柄也上七星爲庶子之官若星明匡主天下不明主亂期八年國無主也

五帝座

五帝內座在華蓋下覆帝座也五帝同座也上色正吉色變爲災凶也

御女

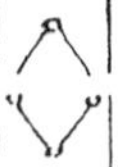

御女四星在鉤陳北主天子八十一御女妃也后之官明吉暗凶也

天柱

天柱五星在紫微宮內近東垣主建教等二十四氣也

女史

女史一星在天柱下史北掌記禁中傳漏動靜主時要事也

陰德

陰德二星以太陰在尚書西主天下綱紀陰德遺周給惠賑財之事

大理

大理二星在宮門內主刑獄事也自北極巳下五十星並在紫微宮內外占曰彗孛入中宮有異姓王火星入守北極臣下煞君木星入守北極國有大衰若分守久有逆臣反亂土星犯乘之大人當之太子有罪五星聚在中宮改立帝王五星及客犯守鉤陳者大臣內所守犯之座皆受其殃咎也

輔星

輔星像親近大臣輔佐興而相明若明大如斗者則相奪政兵起若暗小則死免官若近斗一二寸爲臣迫脅主若五六寸四遠客及彗孛入斗中諸侯爭權逼天子月暈斗大水入城兵起主有赦北斗第六七

損角第四五六指南第一二指背二十有九星

內階

內階六星在文昌北階爲明堂頭

文昌

文昌七星如半月形在北斗魁前天府主營計天下事其六星各有名六司法大理色黃光潤則天下安萬物成青黑及細微多所殘害搖動移處三公被誅

不然皇后崩文昌與三公攝提軒轅共爲一體通占
木土星守之天下安火星守國亂兵起金星守兵大
起若慧孛流星入之大將返叛亂也

三公
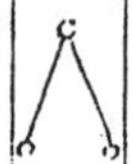

三公三星在斗柄東和陰陽齊七政以教天下人一
星亾天下危二星亡天下亂三星亡天下不治也

天棓
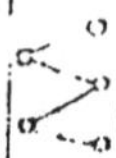

天棓五星不用明明則天下兵起斧鉞用鎗棓八星
皆非常也入氐一度去北辰二十八度

天槍

天槍三星在北斗柄東主天鋒武備在紫微宮右以
御也

傳舍
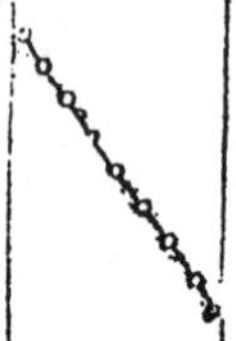

傳舍九星在華蓋奚仲北近天河主賓客之館客星
守之兵起令四方館也

天厨
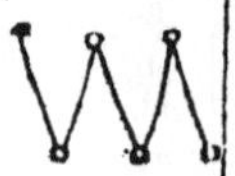

天厨六星在紫微宮東北維近傳舍北百官厨今光
祿厨像之星亡君子賣衣民人賣妻子大饑客守之
大饑荒

天一

天一星在紫微宮門外右曰南爲天帝之神主戰鬬
知吉凶星明吉暗凶若離本位而乗斗後九十日必
兵大起也光明陰陽和也萬物盛天子吉星亡天下
亂大凶也

太一

太一星在天一南半度天帝神主十六神知風雨水
旱兵馬饑饉疾病災害若在其國也星明吉暗凶離
本位而乗斗者九十日必兵大起也太一星入軫十
度去北辰十五度半太一星去北辰十一度

天牢
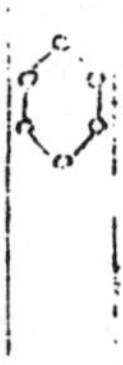

天牢六星在北斗魁下貴人牢占爲貫索同主禁愚
慕姦志火星守入之人民相食之應有赦也

東方七宿二十三星七十五度并中外宮輔座等

角宿

角二星爲天門壽星金星春夏爲火秋冬爲水蒼龍角也東方首宿南左角名天津蒼色爲列宿之長北右角爲天門黄色中間名天關左主天田右主天祇十三度八月日在北南去北辰九十一度凡日月五星皆從天關行此爲黄道入黄道爲旱其角南二度爲太陽道入陰道爲水角宿北二度爲陰道角宿直指辰卯是耕種次爲農官若明大王道太平若暗及亡角揺動王者失政星微小國弱失政王道不行春日月入角暈者王失政日月角中蝕者其邦不寧木

星守七日有赦忠臣用火星守忠臣賢相受誅縉帛貴有鬬戰萬人兵起期以日宫中盜賊内亂火守角宫道不通大環遶鈎巳者國大饑火犯之必戰火守左角太尉死國危守右角五穀不熟大水災犯左右角羣臣謀戰不成伏誅土守内主喜六十日國有忿爭金守天下兵大盛國有爭事金火合守太白居後被軍將殺水守王者刑罰急有水災疾疫客彗孛入角色白者國有兵起及大喪亦軍敗城陷客守四十五日旱五穀焦風雨不時蝗蟲起星流出角門天子發使出外從他宿入角門外國使入中京或爲近臣殺主戰死月蝕熒惑有亂臣在宫非賊而盜月入天市及河而暈三重兵起天下道斷軍將失利

天理

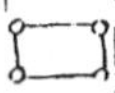

天理四星在北斗杓中主貴人牢爲執法官星不欲明明則貴人被罪

執法

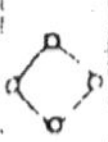

執法四星在太陽首西北主刑獄之人又爲刑政之官助宣王命内常侍官也

太陽

太陽守在西北主大臣將備天下不虞事星明吉暗凶星移天下兵起中國不安之應也入張十三度北極四十五度

相

相星在北極斗南總領百司掌邦教以佐帝王安撫國家集衆事冢宰之佐星明吉暗凶亡相死不然流出太陽入張十三度去北辰四十五度相入翼一度去北辰三十一度

平道

平道二星在角間主路道之官

進賢

進賢一星在平道西坦卿相薦舉逸士學官等之職也星明賢士用進暗小人用

天門

天門二星在左角南主天門侍晏應對之所

天田

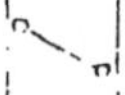

天田二星在角北主天子畿内地左對壃界城邑邊塞

周鼎

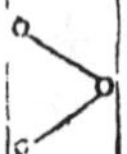

周鼎三星足狀云鼎足星在攝提大角西主神鼎

庫樓

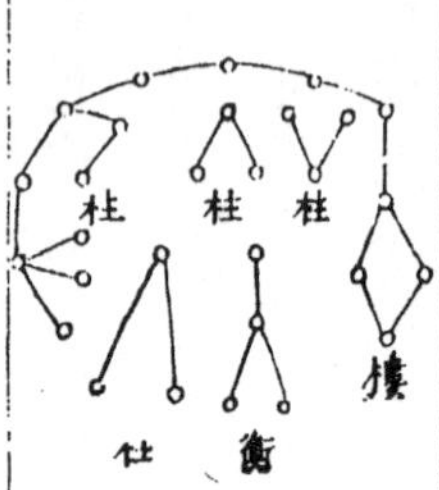

庫樓星二十九星庫樓十五柱十五星衡四星在角南軫東南次器府東一曰文庫兵車之府中繁衆則大兵起庫中無星下臣逆謀兵盡出天下無災居者庫中柱動出兵戈四夷狄柱半不具天子自將半兵出木星守人饑米貴西入軫一度去北辰四十九度昏中西去北辰八十九度

左攝提

右攝提

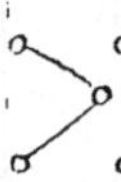

攝提六星在角亢東北主九卿爲甲兵攜紀綱建時節祥火星守天下更主金星守兵起

大角

大角一星天棟在攝提中主帝座金星守兵大起月蝕王者惡忌之入亢三度半去北辰五十九度也

帝席

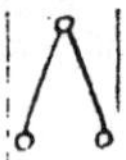

帝席三星在大角北星暗天下安星不欲明明則王公囚

亢池

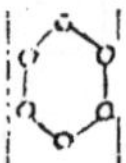

亢池六星在亢北主度送迎之事

折威

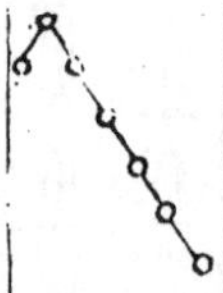

折威七星在亢南主詔獄斬殺邊將死事

陽門

陽門二星在庫樓東北臨塞外寇盜之事

陣車

陣車三星在氐南主革車兵車

亢宿

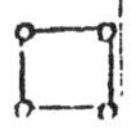

亢四星名天府一名天庭總領四海名火星春夏水秋冬金暗國內亂弱大明天下安寧日月蝕亢中國有事五星犯亢逆行君憂失國大臣不用木星守留

三十日已上有赦年豐久守其國米貴人多疾病水災木與火星同穀不成人死如草木水災火星守多雨天下兵盡逐大起水星守其分米貴久守多病大水災也土星守萬物不成多病金星守天下道不通兵起盜賊水災傷人金星行入南上道五穀傷赤色旱人流走彗孛犯之其國兵起大臣作亂一年月暈圍光士卒自將百里不遂士卒死

梗河

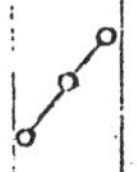

梗河三星梗在大角帝座北主天子鋒又主胡兵及

喪訣曰梗河去也相去吉和向兵起客守世亂矣

騎官

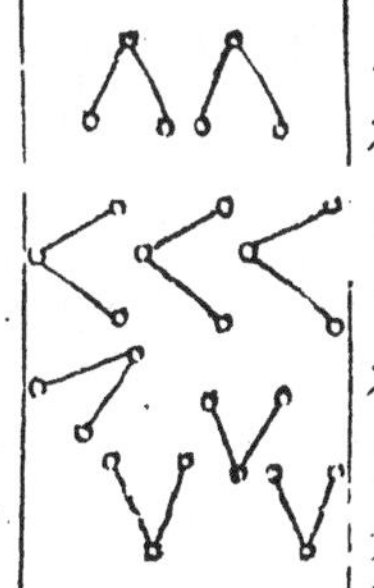

騎官二十七星在氐南主天子騎虎賁貴諸侯之族子弟宿衛天子令三衛之像星衆天下安星少兵起五星守之兵起西北入北辰一百十五度

車騎將軍

車騎將軍星在騎官東南主車騎將軍之官

車騎

車騎三星在騎官南總領車騎行軍之事

西咸

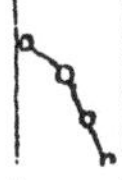

西咸四星在氐東主治淫佚南星入氐五度去北辰九十三度

七公

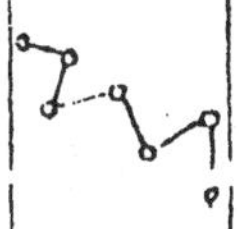

七公七星在招搖東氐北爲天相主三公七政善惡星明則衆議詳審星入河中米貴人相食金星守天

下兵起亂西星入氐四度去北辰四十九度

積卒

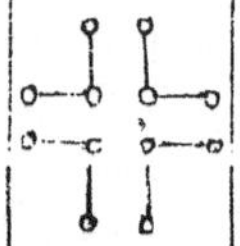

前下積卒星十二在氐東南星微小吉如大明及揺動主朝廷有兵微小吉一星亡兵半出二星亡兵大半出三星亡兵盡出五星守兵起星西入氐十三度去北辰一百二十四度

房宿

房四星名天府管四方一名天旗二名天駟三名天

龍四名天馬五名天衡六爲明堂是火星春夏水秋冬火房爲四表表三道日月五星常道也上第一星名爲右服次將其名陽環上道二星名右驂上相其名中道三名左服次將其名下道四名左驂上相總四輔左驂左服云東方及南方可用兵右驂右服云西方北方不可用兵

玄戈 。

玄戈一星在招揺北一名臣戈五星守兵起星明動胡兵起入氐一度去北辰四十二度

招揺 。

招揺星在梗河北主胡兵芒角動兵革起行入氐二度去北辰四十一度

顓頊

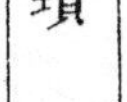

顓頊二星在折威東南主治獄官拷囚憎杖察眞僞也

氐宿

氐四星爲天宿宮一名天根二名天符木星春夏木秋冬水主皇后妃嬪前二大星正妃後二左右大明

爲臣奉事君寧暗失臣勢動臣出國日月氐中君犯惡之木星守之后喜守二十日有王者之所行不利疾則治遲行臣職主守必有諸侯並王火守大臣相諸逆行而赤色大臣亡久守六十日有大赦火星入之有賊臣爲亂近期一年遠二年金星守者有兵起將軍有封爵者火之位水守有大水漂浸宮館萬物不成水入貴臣憂有獄事客守布帛貴土星守有立太子久守八十日已上國有兵起彗孛行入氐中後宮有異兵動不出一百八日内遭水東平月暈圍氐

大將軍殃人多疾病

鉤鈐

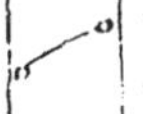

鉤鈐二星主法去房宿七寸第一名天健二名天官籥開藏若近夫妻同心遠者夫妻不和大明則羣臣奉職天下道洽暗則羣臣亂政王道不行日月蝕房中王者亂昏大臣專權木星守天下和平留四十日五穀豐人安吉無疾病天子有令德期在四月火星守有兵起七月有大喪及赦十日守大夫災二十日不去必臣反及君子天子憂亂王者惡之天子兵旱

守止一日大臣亂土星守有妾王亦亂旱及地動久守其有兵金守陪脇君大有土功事國亂布帛貴久守人饑易主火守姦臣謀王大臣相譖暴誅臣佐天下乖離若出房心中間地動客守米貴十倍日月五星犯之色青國憂兵喪色白大兵相殺積尸如丘彗孛入房國危人亂相殘流星入房西行爲枉矢王殺忠臣臣殺主輔臣亡遠期三年常以三月候房日月出表南大旱喪出表北災及萬里兵亂陰雨若出中道太平許徐潁州月暈圍房心災疫凶五度九月日

此上去北辰一百四度半

罰

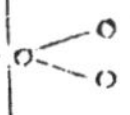

罰三星在東咸西下西北而列主受金罰贖市布租也

東咸

東咸四星在房東北主防淫佚木在北守而搖動天子淫佚過度星南入心二度去北辰一百三度也後則不過百八十日遠則不過三年起於宋汴等州

天乳

天乳星在氐北主甘露十五度十二中西南星去北辰九十六度北件屬前項天乳別

貫索

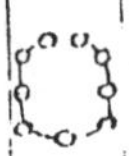

貫索九星在七公前爲賤人牢牢口一星爲門門欲開開則有赦若赦主人憂若牢門閉及口星入牢中有自絞死者以五子日夜候之一星亡有喜事二星亡有爵事三星亡有赦甲庚期八十日丙辛期七十日戊壬期六十日星入河中人相食若九星總見獄事煩水星守水災火星守米貴有大星出牢人赦小

星即小曲恩降慮口舌右星入尾一度去北辰五十五度也

巫官

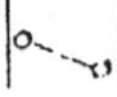

巫官二星在房西南主醫巫之職事也

天福

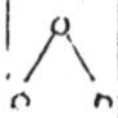

天福三星在房西主鑾駕乘輿之官也

鍵閉

鍵閉星在房東北主管籥星不欲明明則內亂門扉不禁姦淫至行於女也

心宿

心三星中天王前爲太子後爲庶子火星也春夏木秋冬水一名大火二名大辰三名鶉火中星明大赤爲照天子德行暗小火常色爲主微弱不能自斷星不欲直直則主失計動搖天子憂木星守天下安久守而絶犯者臣謀主大兵起火星守地動守二十日臣謀主色黑主崩之像土守聖帝出謀臣天下太平有云國有赦久守不去憂賊天下大旱有金星守山崩四方兵起久守二十日巳上去心三寸兵起鬬戰上殿期八十日亦有大蟲災人饑災也水星犯有水災及旱兵起布帛貴客守犯大旱赤地千里日月五星經心失積赤暈虹蜺背向蝕人饑兵起臣反國易主喪大臣使客月貫心內亂彗孛人心主憂有喪大臣廢黜心變期急不過七日之應也

天市

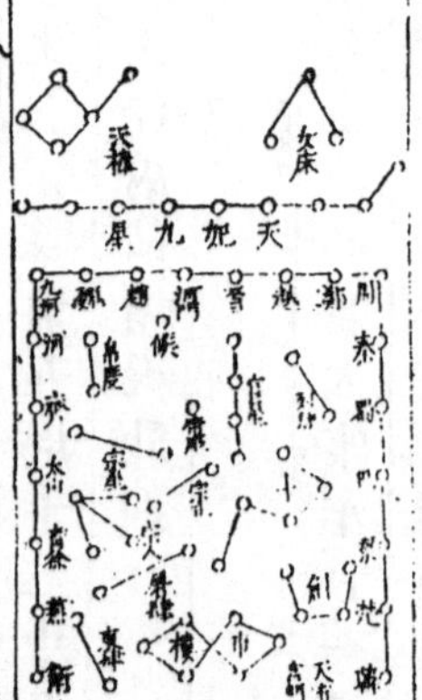

天市垣五十六星在房心北主權衡一名天旗大明則米貴市中星衆則歲實五星入市門則兵起芒角色赤赤氣入大災火守米貴所守坐犯皆當之門左星入尾一度去北辰九十四度也

候

候星在市東主輔臣陰陽法官明則輔臣强小暗輔微弱入箕三度去北辰七十二度

宦官

宦官四星在帝座西南侍帝之傍入尾十二度

斗

斗五星在宦星西南主稱量度明斗西後則豐若斗上仰不熟入尾十度

宗人

宗人四星在宗政東主司享先人星動帝親致憂

宗正

宗正二星在帝座東南主宗正卿大夫晴室位室族有事

星經卷下

屠肆

屠肆二星在帛度北主屠煞之位也

市樓

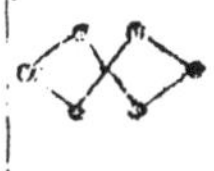

市樓六星在市門中主闤闠之司今市曹官之職

斛

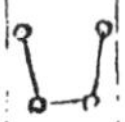

斛四星在北斗南主斛食之事已上諸星並在市中也

女床

女床三星在天紀北主後宮生女事侍帝及皇后明則宮人自恣入箕一度去北辰五十三度

帝座

帝座一星在市中神農所貴色明潤天子威令行微小凶亾大惡之入尾十五度去北辰七十一度

宗星

宗二星在候東主宗室爲帝血脉之臣錄星家親族等級星明則族人有序晴則族有憂

列肆

列肆二星在斛西北主貨珍寶金玉等也

東肆

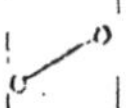

東肆二星在宮門門垣左星之西主市易價直之官

帛度

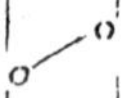

帛度二星在宗星東北主平量也

天紀

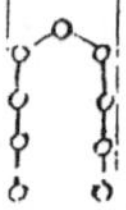

天紀九星在貫索東主九卿萬事綱紀掌理怨訟與貫相連有索即地動期二年星不欲明即天下有怨

恨生亡則國政壞西入尾五度去北辰五十一度

天棒

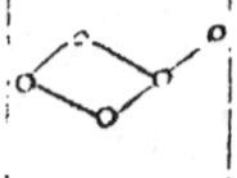

天棒五星在女床東北主忿爭刑罰以禦王難備非常明大有憂微小吉不用明火星守兵起入箕八度去北辰十二度春夏火秋冬水主八風之始一名析木

天維

天維三星在尾北斗杓後若星散則天下不徵名也

天江

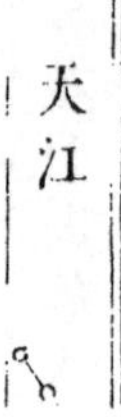

天江四星在尾北主太陰明動大水不禁兵起不具天下津梁不通南星入尾六度去北辰一百十一度

天龜

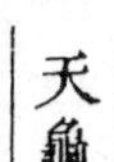

天龜六星在尾南漢中主卜吉凶明君臣若火星守旱澇災入尾十二度去北辰一百四十一度

天魚

天魚一星在尾河中主雲雨理陰陽明河海出天魚搖暴水災火星守南旱北水

神宮

尾宿

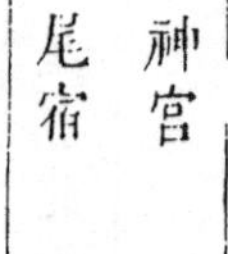

龍尾九星爲後宮第一星后次三夫人次九嬪次嬪妾一名后族水星也二風后三天鷄四天狗五太廟皆欲明大小相承則宮多子孫傳說曰一星在第二東二寸小者是長其星明則輔臣忠政暗則陪臣亂邦木星守立太子三十日必后族逆兵妾賣權臣亂國火星守兵相向大臣憂火與水合守箕尾間名九江口必有赦若勝踊折絕者天下亂及旱災土星守

多盜賊旱宮有廢黜土入魚鹽貴兵起大將出征土
火星金守准上合星入守人亂大臣變易失政水守
入天下水災江河決魚米貴客守賊暴貴客入天下
大饑荒亂人相食疾疫死竄他方不耕織君子貨衣
小人賣妻子日月蝕於尾貴臣中相刑反暈虹蜺背
向尾將相憂亂后有喪彗孛行犯貴臣誅内寵亂政
幽州定冀遼東等之應也

箕宿

箕四星主後別府二十七世婦八十一御女爲相天

星經　卷下　四

子府也亦爲天漢九江口主梁在漢邊金星春夏金
秋冬土箕后動有風期三日也前二星爲后也箕入
河中大饑人相食箕前亦名糠星大明歲豐小微天
下饑荒天下無米木守宮有口舌火星守天下饑久
守環遶成鉤已大臣被誅火守大水災平溢澤若十
月守之大水米倍饑土水二星守萬物不成饑久守
兵起或米貴或赦金星入守兵起有赦更主久守風
旱防内亂兵起攻政水星守穀不豐入大人憂客守
天下大饑米貴十倍人相食流亡他邑不耕織色赤
大風雨亂客在南旱計日月五星入之中天下兵起
滄洲洛陽玄兎廣陵等應之也

建星

建六星在南斗北天之都關三光道也主司七耀行
得失十一月甲子冬至大應治政之宿所起也水星
守水災米貴多病金星守萬物不成久惡等守惡水
星守入饑栖星入斗七度去北辰一百十三度

天弁

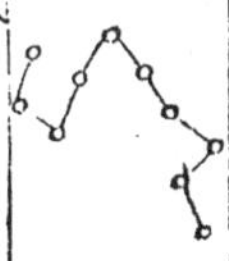

星經　卷下　五

天弁九星在建近河爲市宮之長暗凶無萬物明大
萬物與衆主市易也

狗

狗二星在斗魁前主卿臣移處卿臣爲亂

狗國

狗國四星在建東南主鮮卑烏丸明邊兵起也

天籥

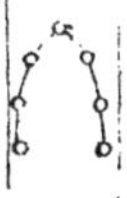

天籥七星在斗杓第二星西主關籥開閉明吉暗凶

鼈

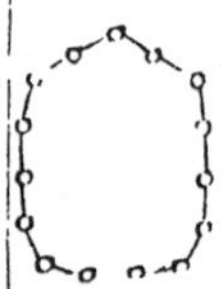

天鼈十五星在斗南主太陰水蟲不在漢中有水火災白衣會星大人喪火守旱水星卽水災右入斗一度去北辰一百二十七度

漸臺

漸臺四星屬織女東足主晷漏律吕陰陽事

輦道

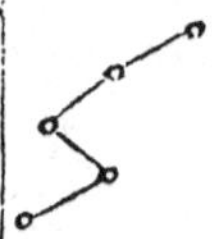

輦道五星屬織女西足主天子遊宫嬉樂之道也

杵

杵三星在箕南主杵臼舂米事星動人失釜甑修田横大饑荒守之天下饑北星入箕一度去北辰一百四十三度

農

農丈人一星在斗南主農官正政司農卿等之職

北方七宿三十五星九十八度七十五分五十杪

斗宿

南斗六星主天子壽命亦云宰相爵祿之位巫咸氏云木星春夏木秋冬水一名天斧二名天關三名天機大明王道和平將相同心帝命壽天下安暗大臣失位天下驚芒角動搖國失忠臣天下愁木守六十日大臣增壽爵祿木逆行入魁中大臣逆久守兵起水災大饑人相食火守國有内變相輔不安兵起火逆行順守者及遶城鉤已將相崩死國災火久守國絶嗣土星守入斗中有王者不用兵昇大位守之九十日兵起水災金星守執法大臣作逆國亂兵起有

赦火星金俱入斗中名曰鑠必有臣子逆久留遲火經過速出者禍難速平水星守水災火入斗兵起於吳越人大饑守客有兵絶道卒有大水賊盜多亂喪弟攻兄子殺父或主崩米貴久守國絶嗣客守第二星大水人相食客赤色入斗中兵起軍將死日月入斗大臣失位或被戮若斗中蝕者日帝惡月后惡暈圍斗之人流千里江池丹楊越廬洪地等應也

天泉

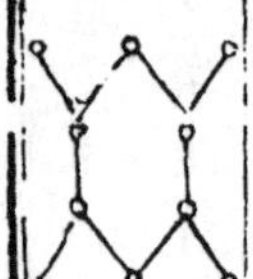

天泉十星在黿東一曰大海主灌溉溝渠之事也

織女

織女三星在天市東端天女生苽果絲帛收藏珍寶及女變明大天下平和常以七月一月六七日見東方色赤精明女功善一星主兵起女人爲役常向扶匡即善不向則絲帛倍貴火星守布帛貴兵起十年乃息公主憂客守絲帛等貴入二十七去北辰五十二度也

牽牛

牽牛六星主關梁工興主大路中主牛木星春夏木秋冬火中央火星爲政始日月五星行起於此皆擕星遠漢天下牛貴明亦貴暗小賊入漢中并役死直米穀價平曲米貴失常色牛多死穀不成木星守天下和平久守水災人凍死米貴賣子虎害人臣謀主木逆久守有水道不通火星守老臣逆牛貴十倍人相食兵起將軍死大水災津梁不通土星守臣謀主君有失位臣金星守地氣泄兵起至城天下人多死水守辰星常以冬朝牽牛若不朝來年五穀不熟大水損害客守二十日兵起彗孛行牛中吳越有自王者彗出牛中七十日有政更像虹蜺出牛必有壞城臨淮月暈圍牛損小兒災變也八度八月昬中氐中去北辰一百十度

扶匡

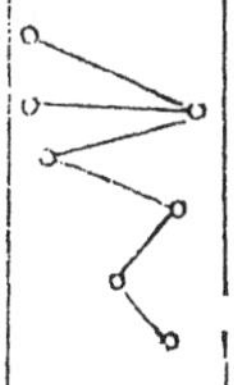

扶匡七星在天柱東主桑蠶之事

天雞

天雞二星在狗國北主異鳥火星守兵起土守人饑

相食流亡

河鼓

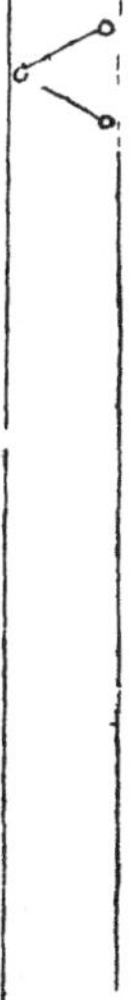

河鼓三星中大星爲大將軍左星爲左將軍右爲右將軍星直吉爲羽軍幹能曲即凶爲失計奪勢左右旗各九星並在牛北枕河主軍鼓達者聲音設守險以旗表亡動兵起左旗黑色主陰幽之處備警急之事河鼓有芒角爲將軍雄强百盛也

天浮

天浮四星在左旗南北列主漏刻天鼓若暗漏刻失

時明則得所吉

九坎

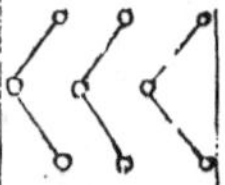

九坎九星在牛南主溝渠水泉流通明災起暗吉五星守及犯之水泛溢西入斗四度去北辰一百二十六度

天田

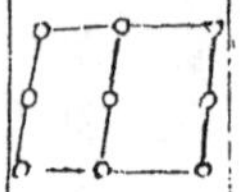

天田九星在牛東南主畿内田畝之職

羅堰

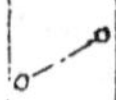

羅堰二星在牛東星不明暗吉大明馬被水淹浸

女宿

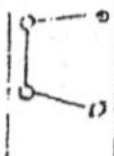

須女四星主布帛爲珍寶藏一名婺女天女水星春夏水秋冬火大明女功有就天下甚熟小暗天下不足庫藏空虛日月蝕女中天下女功不爲邪憂患木星守歲多水有喜女主人多凍死火星守產婦多死布帛貴裳土星守人相嫉惡有錢人暴貴存女喪金星守臣下謀主兵起人多死女多寡府藏出珍帛水星守有水災萬物不成布帛貴客守諸侯進妓女布絹貴有女暴貴彗孛行犯國兵起女亂常海西郡婺州台州等月軍國主女死也十二月日在此二月旦中西星去北辰一百六度

離珠

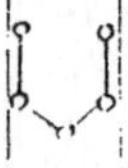

離珠五星在女北主藏府以御後宮移則亂西入女一度去北辰九十四度也

瓜瓠

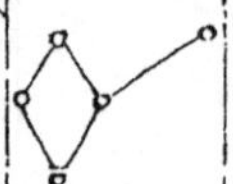

瓜瓠五星在離珠北敗瓜五瓜南星明大熟主陰謀後宮天子果園星不具搖動有賊害人木水客星等守魚鹽貴瓜瓠入女一度去北辰七十一度

璃瑜

璃瑜三星在秦代東南列北主王餱衣服

虛宿

虛二星主廟堂哭泣金星春夏水秋冬金一名玄枵二名顓頊三名大卿亦臨官星歉枕斜上下不比則饗祀失禮木星守昭穆失序人饑多病木星與上合

守名陰陽盡爲大水災魚行人道民流亡不居其處期三年當大旱赤地千里火星守赤地千里女子多死萬物不成有土功役天子之兵久守人饑米貴十倍土守風雨不時大旱多風米貴金星守臣謀王國政急兵起殺人流血水星守旱萬物不成其客守其分有災疫若凌犯環遶鉤巳國亂彗孛行犯久有兵入相殺流血如川屍如丘大星如半月守名天賊爲帝主者奉郊廟以銷災齊州日闥虛兵動人饑

越

越一星在婺女之南

鄭

鄭一星在越星南

趙

趙二星在鄭之南

齊

齊二星在越星南

周

周二星在越星東

楚

楚二星在魏星南

燕

燕一星在楚星南

秦

秦二星在周星東南

魏

魏二星在韓星北

韓

韓一星在正星北

晉

晉一星在代星北

代

代二星在秦星南

右件星色黑變動流亡五星淩犯則其國各當咎也

司非　司危　司祿　司命

司命司祿司危司非各二星巳上在虛北司祿次司

命北司危次司祿北司非次司危北

右各主天下壽命爵祿安泰危敗是非之事

天津

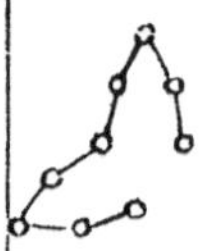

天津九星在虛北河中主津瀆津梁知窮危通濟度之官星明動兵起參差米貴星大津不通三河水爲害星移河溢霞赤氣入之旱災黃白氣入天子有令德火星守天下大亂及旱西入牛二度去北辰四十九度也

危宿

危三星主宮室祭祀土星春夏水秋冬火動而暗天子宮室土功事與

墳

墳墓四星在危下主山陵悲慘事暗失本位小不見則山陵毀梓宮剝剜事也日月蝕危中主宮殿崩陷大臣殺逆天下作木星守祀不敬天子別造宮室土火守人多役死不葬歲儉南方有兵久守東大兵逆國敗政人饑旱米貴十倍土星守土功起旱損急兵

金星守罷兵將軍喜慶水星守臣下亂謀敗破被刑法官有憂國有水災日月五星入天下亂來年大饑客守國政主王侯事米貴彗孛行犯國返兵起流星入天下不安近半年遠三年蔡州太原郡月暈圍色人多病

室宿

營室二星主軍糧離宮上六星主隱藏木星春夏火秋冬水一名宮二名室明國昌動搖兵出起日蝕室

中王自將出征不伏月蝕歲饑百姓絕種上六星名離宮主六宮妃后位爲掖求卷若危乘守入城鉤巳環遶左右逆行往來於宮者爲妃后廢黜或主崩后黨被誅或宮女外通以時占之木星守在南東有善事北卽憂西米貴火星守將軍凶久守成鉤巳者主失官位大臣陰謀憂旱米貴十倍大臣作逆守經二十日巳上至久九十日臣亂殺君篡位天子惡之土星守主陰造宮室起土功將軍益封金星守兵革散久守軍兵滿野水星守水災民爲主欲敗亡侯之不

出四十客守有軍出失兵法主民得地人米貴人散
彗孛星出天下亂國易政卒爲績廣政彗孛犯之前
起兵者爲弱亦不守關戰必敗淫衛甘泰州月暈圍
室壁下人謀成起謀不成婦兒多病死者應之將取
占之應也

奚仲

奚仲四星在天津北帝王東宮之官也

鉤

鉤九星在造父西河中星移主地動之應也

車府

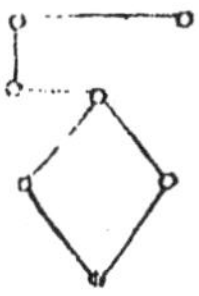

車府七星在天津東近河主官車之府也

哭

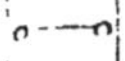

哭二星在虛南主死哭之事

泣

泣二星在哭星東已上並主死悲泣之事

造父

造父五星在傳舍南主御女之官則馬貴

蓋屋

蓋屋二星在危宿之南主宮室之事也

虛梁

虛梁四星在危南主國陵寢廟非人居處

天壘

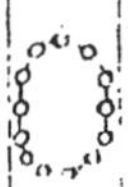

天壘十三星如貫索狀在哭泣之南主北夷丁零匈
奴之事也

敗臼

敗臼四星在虛危南主政治如哭泣亡人賣釜甑出
鄉宅客守人亂西南入女十三度去北辰一百三十
一度

人星

人五星在危北主天下百姓亡官有詐僞作詔勑之
人爲婦人凶亂者也

杵臼

杵臼星在人傍主舂軍糧臼四星在杵下若杵臼不
相當軍事饑臼仰歲熟豐傾覆大饑也

土吏

土吏三星在室西南主備設司過農事

天錢
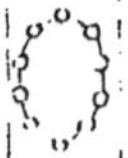
天錢十星在虛梁南主錢財庫聚天下財物庸調之輩司令左右庫藏是也

螣蛇

螣蛇二十三星在室北枕河主水蟲暗國安移南大旱移北大水客守水災頭入室一度去北辰五十度也

天海
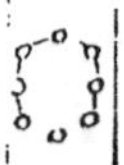
天海十星在壁西南五星及客守之水涌溢浸溺人邑

雷電
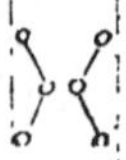
雷電六星在室西南主與雷電也

雲雨
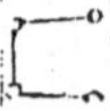
雲雨四星在雷電東主雨澤萬物成之

霹靂

霹靂五星在雲雨北主天威擊擘萬物

北落

北落師門一星在羽林軍西主候兵星明大而角軍兵安小暗天下兵五星犯兵起金水木星守尤甚木土犯吉火星守人兵羽不可固國殘朝亡人危九度去北辰一百二十度

天剛

天剛二星在北落西南主天繩張漫野術所用也

八魁
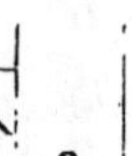

八魁九星在北落東南主獸之官五星及客守之兵起金火星守尤凶甚

鈇鑕

鈇鑕三星在八魁西北一名斧鉞主斬刈亂行誅誑詐僞人暗吉移處兵起

壁宿
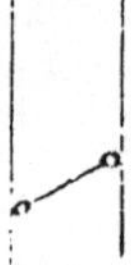
東壁二星主文章圖書也土星春夏金秋冬土一名天衎失色大小不同天子將封鄙土而失天下過日蝕壁中國不用賢士失文字月蝕中大臣憂文者死

木星守五經仕人被用朝廷與火星守大臣謀君歲旱不熟米貴不顯内外勝政兵起土星守久賢臣國用文章道術與行國君延壽天下豐熟太平火星入中衛君崩五日則相薨若不死則流散土星守逆行入壁萬物不成守經九十日已上大兵起百姓有立王者金星守天下不通王者急刑罰有兵大臣憂水守水災道不通客守多風雨及水災臣下賊王者政刑事内明通明有政事内清月暈壁其久國亂彗孛行犯兵起火守火災太廟門天下有兼并者壁明王

道興有君子在位星暗王道衰人得用武蘭凉衛州等分也

羽林

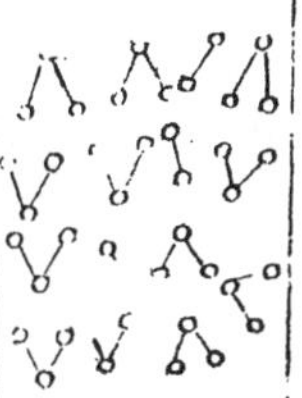

羽林軍星四十五星壘壁十二星並在室南主翊衛天子之軍入安飛將星欲威明天下安星暗兵盡失西入室五度去北辰一百二十三度也

王良

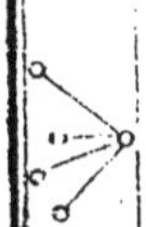

王良五星在奎北河中爲御馬官漢中四星天駟旁一星名王良主疾及路爲天橋主急兵也星不具津河不通移向四方隨方有兵起也

策

策一星在王良前爲天子僕策御馬云王良策馬軍騎滿野大兵起火守良兵起明則馬賤暗則馬貴西入壁半度去北辰四十二度

土公

土公二星在壁南主營造宫室起土之官等類也

天廐

天廐十星在壁北主天子馬坊廐苑之官也

星經卷下終

相雨書

黄子發

常以戊申日候日欲入時日上有冠雲不問大小視四方黑者大雨青者小雨

候日始出日正中有雲覆日而四方有雲黑者大雨青者小雨

四方有雲如羊猪雨立至

四方北斗中有雲後五日大雨

四方斗中無雲唯河中有雲三枚相連狀如洛猪三日大雨

以丙丁辰之日四方無雲唯漢中有者六十日風雨如常

以六甲之日平旦清明東向望日始出時如日上有直雲大小貫日中青者以甲乙日雨赤者以丙丁日雨白者以庚辛日雨黑者以壬癸日雨黄者以戊巳日雨

六甲日四方雲皆合者即雨

天方雨時視雲有五色黑赤並見者即雹

者風多雨少青黑雜者雨臨之必滂沛流潦

四方有躍魚雲遊疾者即日雨遊遲者雨少難至

水衡記

闕名

凌解水

黃河正月水名

桃花水

二月三月水名

麥黃水

四月水名

苽蔓水

五月苽延蔓故以名

礬山水

六月水名

荻苗水

七月八月葵花故以名

登高水

九月水名

復槽水

十月水落復故道

蹙凌水

十一月十二月水斷復結

峽船誌

唐　王周

峽山之船與下之船大抵觀浮葉而爲之其狀一難執而爲用者或狀殊而用一或狀同而名異皆有謂也下之船有檣有五兩有帆所以使風也尾有柁㑅有棚上者以其山曲水急下有石皆不可用也狀直如艣前後各一者謂之稍船之斜正欹側爲船之司命者稍類柁其狀殊而船之便於事者悉不如梢作稍詩艣槳橈棹拔使其進而無退利涉川澤爲船之

陳力者艣幾槳類其狀同而異名也在船有力悉不如艣作艣詩峽水湍浚激石忽發者謂之漬流狀而流者謂之腦岸石壁立漬之忽作篙力難制以其木之堅韌竿直戟其首以竹納護之者謂之戙竹爲総而勾其戙者謂之納爲船之良輔者戙與篙狀殊而用一也在船獨出悉不如戙作戙詩巖石如齒非麻枲紉繩之爲前牽取竹之節者破而用枲爲紉以續之以備其牽者謂之百丈繫其船首者謂之暘紐牽之者擊鼓以號令之人聲灘聲亂無以相接所以節動止進退牽之防擬者謂之下繂濟其不通爲船之先進者枲與竹狀殊而用一也在船先容悉不如百丈作百丈詩噫古人觀物因事爲誌者甚多也予祗命憲局泝沂巴賨抵瞿唐耳目熟於長年三老輩矣船具之於船有力者作詩以稱之庶幾魯望茶經者也俾系其末

水經卷上

漢　桑欽撰

河水

崑崙墟在西北去嵩高五萬里地之中也其高萬一千里河水出其東北陬屈從其東南流入于渤海又出海外南至積石山下有石門河水冒以西南流河水又南入葱嶺山河水又西逕罽賓國北河水又西逕月氏國南又西逕安息南河水與蜺羅跂禘水同注雷翥海又西逕四大塔北又西逕陀衛國北河水

又東逕皮山國北其一源出于闐國南山北流與葱嶺河合東注蒲昌海河水又東與于闐河合又西北流注于河南河又東逕于闐北南河又東北逕扜彌國北南河又東逕且末國北北河又東北流分爲二水枝流出焉北河自踈勒逕流南河之北北河又東逕莎車國南北河之東南逕溫宿國北河又東逕姑墨國南河水又東逕注賓城南又東逕樓蘭城南而東注河水又東注于泑澤又東入塞過敦煌酒泉張掖郡南河水又自東河曲逕西海郡南河水又東逕

允川而歷大榆小榆谷北又東過隴西河關縣北洮水從東南來流注之河水又東北流入西平郡界左合二川南流入河又東北濟川水注之河水東又逕澆河故城北河水又東北逕黃川城河水又東逕石城南左合北谷水河水又東北逕黃河城南河水又東北逕廣違城北又合烏頭川水河水又東逕邯川城南河水又東臨津谿水注之河水又東逕[illegible]北白土城南河水又東左會白土川水河[illegible]會兩川右合二水河水又東得[illegible]

鳳林北河水又東與灕水合河水又逕左南城[illegible]河又東逕赤岸北河水又東洮水注之又東過[illegible]允吾縣北河水又東逕石城南又東過榆中縣[illegible]東過天水北界又北過武威媼圍縣東北又東北[illegible]天水勇士縣北又東北過安定北界麥田山河水[illegible]北流逕安定祖厲縣故城西北河水又東北逕[illegible]城西又北與麥田泉水合河水又東北逕麥田山[illegible]河水又東北逕于黑城北又東北高平川水注之河水又東北逕眴卷縣故城西河水又北過北地富平

縣西河水又北逕富平縣故城西河水又北薄骨律
鎮城河水又逕典農城東河水又北逕典農城東河
水又東北逕廉縣故城東河水又與北枝津河水又
東北逕渾懷鄣西河水又東北歷石崖山西又北過
朔方臨戎縣西河水又北逕臨戎縣故城西河水又
北有枝渠東出謂之銅口東逕沃野故城南河水又
北屈而爲南河出焉河水又北迆西溢於窳渾縣故
城東河水又屈而東流爲北河東逕高闕南河水自
臨河縣東逕陽山南河水又南逕馬陰山西河水又

東南逕朔方縣故城東北河水自朔方東轉逕渠搜
縣故城北河水又東逕成宜縣故城南河水又東逕
原亭城南河水又東逕宜梁縣之故城南河水又東
逕稒陽城南又東過臨沃縣南河水又東枝津出焉
河水又東流石門水南注之河水又東逕稒陽縣故
城南河水又東逕塞泉城南而東注又東過雲中楨
陵縣南又東過沙南縣北從縣東屈南過沙陵縣西
河水屈而流白渠水注之河水南入楨陵縣西北又
南過赤城東又南過定襄桐過縣西河水於二縣之

間濟有君子之名河水又東南左合一水河水又南
樹頹水注之河水又南太羅水注之河水又左得湳
水口又南過西河圁（音銀）陽縣東河水又東端水入焉
河水又南諸次之水入焉河水又南湯水注之又南
離石縣西奢延水注之河水又南陵水注之河水又
南得離石水口又南過中陽縣西又南過土軍縣西
河水又南合契水河水又南得大蛇水河水又南又
納蓐水又南過上郡高奴縣東河水又南蒲川石樓
山南逕蒲城東河水又南過河東北屈縣西河水又

南得鯉魚河水又南羊求水入焉河水又南爲採桑
津又南過皮氏縣西河水又南合蒲水河水又南逕
丹水西南河水又南黑水注之河水又南至崿谷傍
河水又南洛水自獵山枝分東派東南注于河又南
出龍門口汾水從東來注之河水又南右合暢谷水
河水又南逕梁山原東河水又南崌谷水注之河水
又南右合陶渠水河水又西徐水注之河水又南逕
子夏石室又南過汾陰縣西河水又逕郃陽城東河
水又南逕陶城西又南過蒲坂縣西河水又南逕雷

首山西又南涑水注之又南至華陰潼關渭水從西來注之河水歷船司空與渭水會河水又東北玉澗水注之河水又東逕閿鄉侯河東與全鳩澗水合又東過河北縣南河水又東永樂澗水注之河水自河北城南東逕茵城河水又會槃澗河水又東逕湖縣故城北河水又東合柏谷水河水又東右合門水又東過陝縣北又西逕陝縣故城南又東過大陽縣南河水又東逕大陽縣故城南河水又東沙澗水注之又東過砥柱間河之右則蝽水注之河水又東千崤

之水注焉又東過平陰縣北又東至鄧清水從西北來注之河水又東與敎水合河水又與畛水合河水又東合庸庸之水河水又東逕平陰縣北河水西會瀍水一作右會河水又東過平陰縣北湛水從北來注之河水又東逕河陽縣故城南河水又逕臨平亭北河水又東逕洛陽縣北河水又東逕平縣故城北河水又東湨水入焉又東沛水注焉又東過鞏縣北洛水從縣西北流注之又東過成皋縣北濟水從北來注之河水又逕黃馬坂北河水又東逕旋門坂北河水

東逕成皋大伾山下河水南對玉門河水又東合汜水河水又東逕板城北河水又東逕五龍塢北又東過滎陽縣蒗蕩渠出焉河水又東北逕卷之扈亭北河水又東逕八激堤北河水又東逕卷縣北河水又東北逕赤岸固北而東北注之又東北過武德縣東沁水從之東至酸棗縣西濮水東出焉河水又東北通謂之延津河水又逕東燕縣故城北則有濟水自北來注之河水又東淇水入焉又東逕遮害亭南河水又東右逕滑臺城又東北過黎陽縣南河水自津

東北逕凉城縣河水又東北逕伍子胥廟南河水又東北爲長壽津故瀆東北逕戚城西故瀆又逕繁陽縣故城東北逕陰安縣故城西故瀆又東北逕昌樂縣故城東故瀆又東北逕平邑郭西又東北逕元城縣故城西北而至沙丘堰至于大陸北播于九河河之故瀆自沙丘堰南分屯氏河出焉河水故瀆東北逕發干縣北城西又屈逕其北大河故瀆又東逕貝丘縣故城南大河故瀆又東逕甘陵縣故城南大河故瀆又東逕平原縣故城西而北絶屯氏三瀆北逕

繹幕縣故城東北西流逕平原鬲縣故城西大河故瀆又北逕修縣故城東又北逕安陵縣西大河故瀆北出爲屯氏河逕館陶縣東東北出左瀆又北逕經城東繚城西又逕南宮縣西北注絳瀆右瀆又東北逕廣宗縣故城南又東北逕界城亭北又東北逕長樂郡武彊縣故城東又東北逕廣川縣與水故道合又東北逕廣川縣故城西又東逕棘津亭南張甲故瀆又東北至修縣東會清河屯氏別河東枝津出焉東逕信成城南又東逕清陽縣故城南清河郡北又

東北逕陵鄉南又東北逕東武城縣故城南又東北逕東陽縣故城南屯氏別瀆又東北逕清河郡南又東北逕清河故城西屯氏別河北瀆東逕繹幕縣故城南東邑大河故瀆又東北逕平原縣枝津北出至安陵縣遂絕屯氏別河北瀆又東北逕重平縣故城南屯氏別河北瀆又東入陽信縣今無水又東爲咸河東北流逕陽信縣故城北屯氏別河南瀆自平原東絕大河故瀆又逕平原縣故城北東北枝津又出東北至安德縣界東會商河屯氏別河南瀆又東北

於平原界又有枝渠右出至安德縣遂絕屯氏別河南瀆自平原城北首受大河故瀆東出亦通謂之篤馬河東北逕安德縣故城西又東北逕臨齊城南始又屈逕其城東故瀆廣四十步又東北逕重丘縣故城西又東北逕西平昌縣故城北又逕般縣故城北東逕樂陵縣故城北又東北逕陽信縣故城南東北入海屯氏河故瀆自別河東逕甘陵之信鄉縣故城南屯氏故瀆又東逕甘陵縣故城北逕靈縣北又東北逕鄃縣與鳴犢河故瀆合上承大河故瀆於靈縣

南東北逕靈縣東東入鄃縣而北合屯氏瀆又東北右過衛國縣南又東北過濮陽縣北瓠子河出焉河水東逕鐵丘南河水東北流而逕濮陽縣北爲濮陽津河水又東北逕衛國縣南東爲郭口津河水又東逕鄄城縣北一作國名河水又東北逕范縣之秦亭西河水又東北逕委粟津左會浮水故瀆故瀆東絕大河故瀆東逕五鹿之野浮水故瀆又東南逕國邑又東逕衛國縣故城南古斟觀浮水故瀆又東逕河牧城而東北出又東北入東武陽縣東河又有漯水出

焉河水又東逕武陽縣東范縣西而東北流也又東北過東阿縣北河水於范縣東北流爲倉亭津河水又歷柯澤逕東阿縣故城西而東北出流注又東北過茌平縣西河自鄧里渠東北逕昌鄉亭北逕碻磝城西河水又與鄧里渠水上承大河於東阿縣西東逕東阿縣故城北又東北逕臨邑縣與將渠合又北逕茌平縣東臨邑縣故城西北流入於河河水又東北流逕四瀆津又東北過高唐縣界

漯水

漯水又東北逕清河縣故城北漯水又東北逕文鄉城東南又東北逕博平縣右與黃溝同注川澤又東逕文鄉城又東南逕王城北黃溝又東北逕左與漯水隱覆勢鎮河陸東出於高唐縣大河右邇東注漯水矣漯水又東北逕援縣故城西漯水又逕高唐縣故城東漯水又東北逕漯陰縣故城北漯水又東北逕著縣故城南又東北逕崔氏城北漯水東南逕東朝陽縣故城南漯水又東逕漢徵君伏生墓南漯水又東逕鄒平縣故城北又東北逕界東鄒城北漯水又東北逕建信縣故城北漯水又東北逕千乘縣二城間又東北爲馬常坈又東北過楊墟縣東商河出焉商河又北逕平原縣東又逕安德縣故城南又東北逕昌平縣故城南又東逕般縣故城南又東逕樂陵縣故城南商河又東逕初鄉縣故城南沙溝水注之商河又東北流逕馬嶺城西北而流屈而東注南轉逕城東商河又東北逕富平縣故城北商河又分爲二水南水謂之長聚溝北水世又謂之白薄瀆大河又東北逕高唐縣故城西大河又北逕張公城臨

側河湄河水又北逕平原縣故城東大河右溢世謂之甘棗溝故瀆又東北歷長隄逕溫陰縣北河水又東北逕陽阿縣故城西又東北過漯陽縣北河水自平原左逕安德城東而北爲鹿角津東北逕般縣樂陵初鄉厭次縣故南厭次河河水又逕漯陽縣故城北（一作右逕）河水又東北爲漯沃津河水又東逕千乘城北又東北過黎城縣北又東北過甲下邑濟水從西來注之又東北入于海河水又東分爲二水枝津東逕甲下城南東南歷常沈注濟

汾水

汾水出太原汾陽縣北管涔山東南過晉陽縣東晉水從縣東南流注之又南洞渦水從東來注之又南過大陵縣東又南過平陶縣東文水從西來流注之又南過冠爵津（一作冠）又南入河東界又南過永安縣西又南過楊縣東西南過高梁邑西又南過平陽縣東又南過臨汾縣東又屈從縣南西流又西過長修縣南又西過皮氏縣南又西至汾陰縣北西注于河

澮水

澮水出河東絳縣東澮交東高山西過其縣南又西南過虒祁宮南又西至王橋注于汾水

涑水

涑水出河東聞喜縣東山黍葭谷又西過周陽邑南又西南過其縣南又西南過安邑縣西又南過解縣東又西南注于張陽池

文水

文水出大陵縣西山文谷東到其縣屈南到平陶縣東北東入于汾

原公水

原公水出兹氏縣西羊頭山東過其縣北又東入于汾

洞渦水

洞渦水出沾縣北山西過榆次縣南又西到晉陽縣南西入于汾出晉水下口者也

晉水

晉水出晉陽縣西縣甕山又東過其縣南又東入于汾水

湛水

湛水出河內軹縣西北山東過其縣北又東過皮縣之北又東過毋辟邑南又東南當平陰縣之東北南入于河

濟水

濟水出河東垣縣東王屋山爲沇水又東至温縣西北爲濟水又東過其縣北屈從縣東南流過墳城西又南當鞏縣北南入于河與河合流又東過成皋縣北又東過滎陽縣北又東至北礫磎南東出過滎陽

北濟水又東逕西廣武城北濟水又東逕東廣武城
北濟水又東逕敖山北濟水又東合滎瀆濟水又東
逕滎陽縣北濟水又東南礫石溪水注之濟水又東
索水注之又東過陽武縣北濟水又東北流南濟也
逕陽武縣故城南濟水又東逕封丘縣南濟水又東
逕東昏縣故城北濟水又東逕濟陽縣故城南又東
過封丘縣北北濟也濟水又東逕原武縣故城南濟
瀆又東逕酸棗縣之烏巢澤北又東過平丘縣南北
濟也濟水者又東過濟陽縣北濟也又東過冤朐縣

南又東過定陶縣南南濟也濟水又東北荷水東出
焉濟水又東逕秦相魏冉冢濟水又東北逕定陶恭
王陵南濟水又東北逕定陶縣故城南又屈從縣東
北流南濟也濟水又東至乘氏縣西分為二南為荷
水北為濟瀆北濟又東北逕冤朐縣故城北又東北
與濮水濟水故瀆又北右合洪水又東北過壽張縣
西界安民亭南汶水從東北來注之濟水又北逕須
朐城西濟水又逕徵鄉東又北過須昌縣西濟水又
北逕漁山東左合馬頰水濟水自魚山北逕清亭東

又北過穀城縣西濟水又北逕周首亭西又北過臨
邑縣東濟水又北逕平陰城西濟水又東北至垣苗
城西又東北過盧縣北濟水又逕盧縣故城北濟水
又東北與中川水合濟水又東北右會玉水濟水又
東北濼水出焉濟水又東北華不注山又東北過臺
縣北濟水又東北合芹溝水又東北過菅縣南又東
過梁鄒縣北又東北過臨濟縣南濟水又東北過為
淵渚謂之平州濟水又東北逕樂安縣故城南又東
北過利縣西又東北過甲下邑入于河又東北入海

其一水東流者過乘氏縣南又東過昌邑縣北又東
過金鄉縣南又東過東緡縣北濟水又東逕漢平狄
將軍扶溝侯淮陽朱鮪冢又東過方與縣北為菏水
濟水東逕重鄉城南菏水又東過湖陸縣南東入於
泗水又東南過沛縣東北又東南過留縣北又東過
彭城縣北睢水從西來注之濟水又南逕彭城縣故
城東又東南過徐縣北又東至下邳睢陵縣南入于
淮

清水

清水出河内修武縣之北黑山東北過獲嘉縣北又東過汲縣北又東入于河

沁水

沁水出上黨涅縣謁戾山南過穀遠縣東又南過猗氏縣東又南過陽阿縣東又南出山過沁水縣北又東過野王縣北又東過周縣北又東過邢丘一曰懷縣之北又東過武德縣南又東南至滎陽縣北東入于河

洪水

洪水出河内隆慮縣西大號山又東過内黄縣南爲

白溝屈從縣東北與洹水合又東北過館陶縣北又東北過清淵縣西又東北過廣宗縣東爲清河又東北過東武城縣西又北過廣川縣東又東過修縣南又東北過東光縣西又東北過南皮縣西又東北過浮陽縣西又東北過濊邑北又東北過鄉邑南又東北過窮河邑南又東北過漂榆邑入于海

蕩水

蕩水出河内蕩陰縣西山東又東北至内黄縣入于黄澤

洹水

洹水出上黨泫氏縣東過隆慮縣北又東北出山過鄴縣南又東過内黄縣北東入于白溝

濁漳水

濁漳水出上黨長子縣西發鳩山之漳水焉東過其縣南屈從縣東北流注又東過壺關縣北又東北過屯留縣潞縣北又東過武安縣又東出山過鄴縣西又東過列人縣南又東北過斥漳縣南又東北過曲周縣東又東北過鉅鹿縣東又北過堂陽縣西又東

北過扶柳縣北又東北過信都縣西又東北過下博縣之西又東北過阜城縣北又東北至昌亭與虖池河會又東北至樂成陵縣別出北又東北過成平縣南合清河又東北過章武縣西又東北過平舒縣南東入海

清漳水

清漳水出上黨沾縣西北少山大黽谷南過縣西又從縣南屈東過涉縣西屈從縣南東至武安縣南黍窖邑入于濁漳

易水

易水出涿郡故安縣閻鄉西山東過范陽縣南又東過容城縣南又東過安次縣南又東過東州縣南東入于海

滱水

滱水出代郡靈丘縣高氏山南過廣昌縣南又東南過中山上曲陽縣北恒水從西來注之又東過唐縣南又東逕安喜縣南又東過安國縣北又東過博陵縣南又東北入于易

聖水

聖水出上谷東過良鄉縣南又東過長鄉縣北又東過安次縣南東入于海

巨馬水

巨馬河出代郡廣昌縣淶山東過迺縣北又東南過容城縣北又東南至泉州縣西南東入八丈溝又南又東過勃海東平舒縣北東入于海

濕水

濕水出鴈門陰館縣東北過代郡桑乾縣南又東過涿鹿縣北又東南出山過廣陽薊縣北又東至漁陽雍奴縣西入笥溝

濕餘水

濕餘水出上谷居庸關東又東流過軍都縣南又東流過薊縣北又北屈東南至狐奴縣西入于沽河

沽水

沽河從塞外來南過漁陽狐奴縣北西南與濕餘水合為沽河又東南至雍奴縣西笥溝又東南至泉州縣與清河合東入于海清河者泒河尾也

鮑丘水

鮑丘水從塞外來南過漁陽縣東又南過潞縣西又南至雍奴縣北屈東入于海

濡水

濡水從塞外來東南過遼西令支縣北又東南過海陽縣西南入于海

大遼水

大遼水出塞外衛白平山東南入塞過遼東襄平縣又東南過房縣西又東過安市縣西南入于海又玄

菟高句麗縣有遼山

小遼水

小遼水所出西南至遼隧縣入于大遼水也

浿水

浿水出樂浪鏤方縣東南過於臨浿縣東入于海

洛水

洛水出京兆上洛縣讙舉山洛水又東戶水注之洛水又東得乳水洛水又東會于龍餘之水洛水又東門水出焉洛水又東逕熊耳山北東北過盧氏縣南

洛水逕陽渠關北洛水又東逕盧氏縣故城南洛水東與高門水合洛水又東松楊谿水注之洛水又東庫谷水注之又東北過蠡城邑之南又東過陽市邑南又東北過于父邑之南洛水又東渠谷又東北過宜陽縣南洛水又東逕宜陽縣故城南又東北出散關南洛水又東枝瀆左出焉又東北過河南縣南又東過洛陽縣南伊水從西來注之又東過偃師縣南洛水又北陽渠水注之洛水又東逕訾城北又東羅水注之又東北過鞏縣東又北入于河洛水又東北流入于河

伊水

伊水出南陽縣西蔓渠山東北過郭落山又東北過陸渾縣南又東北過新城縣南又東北過伊闕中又東北至洛陽縣南北入于洛

瀍水

瀍水出河南穀城縣北山東與千金渠合又東過洛陽縣南又東過偃師縣又東入于洛

澗水

澗水出新安縣南白石山東南入於洛

穀水

穀水出弘農黽池縣南墦塚林穀陽谷東北過穀城縣北又東過河南縣北東南入于洛

甘水

甘水出弘農宜陽縣鹿蹄山東北至河南縣南北入洛

漆水

漆水出扶風杜陽縣俞山東北入于渭

滻水

滻水出京兆藍田谷北入于灞

沮水

沮水出北地直路縣東過馮翊祋祤縣北東入于洛

渭水

渭水出隴西首陽縣渭谷亭南鳥鼠山又北過襄武縣北又東過源道縣南又東過冀縣北又東過上邽縣又東過陳倉縣西又東逕武功縣北又東芒水從南來流注之渭水又東過槐里縣南又東澇水從南

來注之渭水又東北逕黃山宮南就水注之渭水又東合田谿水渭水又東逕槐里縣故城南渭水又東合甘水又東豐水從南來注之渭水又東北與鎬水合渭水又東北逕渭城南而沈水注之又東過長安縣北渭水又東與沈水枝津合渭水又逕長安城北又東過華陰縣北又東過鄭縣北又東過霸陵縣北霸水從縣西北流注之東入于河

漾水

漾水出隴西氐道縣嶓冢山東至武都沮縣爲漢水又東南至廣魏白水縣西又東南至葭萌縣東北與羌水合又東南過巴郡閬中縣又東南入漢州江津縣東南入于江

丹水

丹水出京兆上洛縣西北冢嶺山東南過其縣南又東南過商縣南又東南至于丹水縣入于汮

汝水

汝水出河南梁縣勉鄉西天息山東南過其縣北又東南潁川郟縣南又東南過定陵縣北又東南過郾

縣北又東南過汝南上蔡縣西又東南過平輿縣南（一作平輿）又東至原鹿縣南入于淮

水經卷下

潁水

潁水出潁川陽城縣西北少室山又東南過其縣南又東南過陽翟縣北又東南過潁陽縣西又東南過潁陰縣西南又東南至慎縣東南入于淮又東南過臨潁縣南又東南汝南㶏彊縣北洧水從河南密縣東流注之又東過西華縣北又南過汝陽縣北又東南過南頓縣北㶏水從西來流注之又東南至新陽縣北蒗蕩渠水從西北來注之

洧水

洧水出河南密縣西南馬領山又東南過其縣南又東過鄭縣南鄶水從西北來注之又東南過長社縣北又東南過新汲縣東北又東南過茅城邑之東北又東過習陽城西折入于潁

㶏水

㶏水出河南密縣大騩山東南入于潁

潧水

潧水出鄭縣西北平地東過其縣北又東南過其縣東又南入于洧水渠出滎陽北河東南過中牟縣之北又東至浚儀縣又屈南至扶溝縣北其一者東南過陳縣北又東南至汝南新陽縣北又東南過山桑縣北又東南過龍亢縣南又東南過義城縣西南入于淮

陰溝水

陰溝水出河南陽武縣蒗蕩渠東南至沛爲過水又東南至下邳淮陵縣入于淮

汳水

汳水出陰溝于浚儀縣北又東至梁郡蒙縣爲濉水餘波南入淮陽城中穫水出汳水於梁郡蒙縣北又東過蕭縣南又東至彭城縣北東入于泗

睢水

睢水出梁郡鄢縣又東過睢陽縣南又東過相縣南屈從城北東流當蕭縣南入于睢

瓠子水

瓠子河出東郡濮陽縣北河東至濟陰句縣爲新溝又東北過廩丘縣爲濮水又北過東郡范縣東北爲

濟渠與將渠合又東北過東阿縣東又東北過臨邑縣西又東北過茌平縣東爲鄧里渠又東北過祝阿縣爲濟渠又東北至梁鄒縣西分爲二其東北者爲濟河其東者爲時水又東北至濟西濟河東北入于海時水東至臨淄縣西屈南過太山華縣東又南至費縣東入于沂

汶水

汶水出太山萊蕪縣原山西南過嬴縣南又東南過奉高縣北屈從縣西南流過博縣西北又西南過蛇

丘縣南又西南過剛縣北又西南過平章縣南又西南過無鹽縣南又西南過壽張縣北又西南至安民亭入于濟

泗水

泗水出魯卞縣北山西南過魯縣北又西過瑕丘縣東屈從縣東南流漷水從東來注之又南過平陽縣西又南過高平縣西洸水從北西來流注之又南過方與縣東荷水從西來注之又屈東南過湖陸縣南洧涓水從東北來流注之又南過沛縣東又東過山陽郡又東南過彭城縣東北又東南過呂縣南又東南過下邳縣西又東南入于淮

沂水

沂水出泰山蓋縣艾山南過琅邪臨沂縣東又南過開陽縣東又東過襄賁縣東屈從縣南西流又屈南過剡縣西又南過良城縣西又南過下邳縣西南入于泗

洙水

洙水出泰山蓋縣臨樂山西南至卞縣入于泗

沭水

沭水出琅邪東莞縣西北山東南過其縣東又東南過莒縣東又南過陽都縣東入于沂

巨洋水

巨洋水出朱虛縣泰山北過其縣西又北過臨朐縣東又北過劇縣西又東北過壽光縣西又東北入于海

淄水

淄水出泰山萊蕪縣原山又東北過臨淄縣東又東

過利縣東又東北入于海

汶水

汶水出朱虛縣泰山北過其縣東又北過淳于縣西又東北入于縣

濰水

濰水出琅邪箕縣東北過東武城縣西又北過平昌縣東又北過高密縣西又北過淳于縣東又東北逕都昌縣東又東北入于海

膠水

膠水出黔陬縣膠山北過其縣西又北過夷安縣東又北過當利縣西北入于海

沔水

沔水出武都沮縣東狼谷中沔水又東南逕沮水戍而東南流注漢曰沮口沔水又東逕白馬戍南濜水入焉沔水又東逕武侯壘南又東逕沔陽故城南沔水又東逕西樂城北漢水又左得度口水漢水又東黃沙水左注之漢水又東合褒水漢水又東逕漢廟堆下又東過南鄭縣南漢水又東得長柳渡漢水又左會文水漢水又東黑水注之又東過城固縣南又東過魏興安陽縣南漈水出自旱山北注之漢水又東至灙城南與洛谷水合漢水又東逕小城固南漢水又東逕石門灘漢水又東逕嫣墟爲灘漢水又東逕猴經灘漢水又東逕小大黃金南漢水又東合蓧漢口漢水又東右會洋水漢水又東歷敖頭漢水又東合直水漢水又東逕直城南漢水又東逕晉昌郡之寧都縣南漢水又東逕魚脯谿口又東過西城縣南漢水又東右得大勢漢水右對月谷口漢水又

東逕西城縣故城南漢水又東爲鱣湍漢水又東合旬水漢水又東逕木蘭塞南漢水又東左得育漢漢水又東逕魏興郡之錫縣故城北漢水又東歷姚方沔水又東過襄陽縣北沔水又東合檀谿水沔水又逕平魯城南又從縣東屈西南淯水從北來注之沔水中有魚梁洲沔水又逕桃林亭東沔水又東南逕蔡洲沔水又東南邑城北沔水又東合洞口又東過中廬縣東淮水自房陵縣淮山東流注之沔水又東南流逕黎丘故城西又南過邔縣東北一作印沔水又

南得木里水會又南過宜城縣東夸水出自房陵縣
東流注之沔水又逕鄀縣故城南沔水又東敖水注
之沔水又東南與白水合沔水自荆城東南流逕當
陽縣之章山東沔水又東右會權口沔水又東南與
陽口合又東南逕江夏雲杜縣東夏水從西來注之
沔水又東逕左桑沔水又東合區亮水口沔水又東
得合驛口沔水又東謂之横桑沔水又東謂之鄭潭
沔水又東得死沔沔水又東與力口合沔水又東南
涓入水焉沔水又東逕沌陽縣北又南至江夏沙羨

縣北南入于江沔水與江合流又東過彭蠡澤又東
北出居巢縣南又東過牛渚縣南又東至石城縣分
爲二其一東北流其一又過毗陵縣北爲北江南江
又東與貴長池水合南江又南東逕宜城之臨城縣
南南江又東與桐水合南江又東逕寧國縣南南江
又東北爲長瀆歷河口東則松江出焉江水奇分謂
之三江口又東至會稽餘姚縣東入于海江水又東
逕黄橋下江水又東逕餘姚縣故城南江水又東注
于海又東過堵陽縣堵水出焉自上粉縣北流注之

又東過鄖鄉縣南漢水又東逕鄖鄉縣故城南漢水
又東逕琵琶谷口又東北流又屈東南過武當縣東
北漢水又東爲伥子潭漢水又東南逕武當縣故城
北漢水又東平陽川水注之沔水又東南逕縣城東
沔水又東逕龍巢山下又東南逕涉都縣東北又東
南過鄾縣之西南又南逕穀城東又南過陰縣之西
沔水又東南得洛谿口又南過筑陽東筑水出自房
陵縣東過其縣南流注之又東逕學城南沔水又南
逕筑陽縣東沔水又東爲漆灘又東過山都縣東北

沔水又東逕樂山北沔水又東逕隆中

潛水

潛水出巴郡宕渠縣又南入于江

湍水

湍水出酈縣北芬山南流過其縣東又南過冠軍縣
東又東過白牛邑南又東南至新野縣東入于淯

均水

均水出淅縣北山南流過其縣之東又南當涉都邑
縣北南入于沔

粉水

粉水出房陵縣東流過郢邑南又東過穀邑南東入于沔

白水

白水出朝陽縣西東流過其縣南又東至新野縣西東入于淯

泚水

泚水出泚陽東北太胡山東南流逕其縣南泄水從南來注之又西至新野縣南入于淯

淮水

淮水出南陽平氏縣胎簪山東北過桐栢山淮水又東逕義陽縣淮水又逕義陽縣故城南淮水又東得瀰口水東過江夏平春縣北淮水又東油水注之淮水又東北與大木水合淮水又東北流左會湖水淮水又東逕安陽縣故城南又東逕新息縣南淮水又東逕浮光山北淮水又東右壑水淮水又東北申陂枝水注之淮水又東逕淮陰亭北又東逕白城南淮水又東逕長陵戍南又東青陂水注之淮水又東北合黃水又東過期思縣北淮水又東北渒水注之一作渾東過原鹿縣南汝水從西北來注之又東過廬江安豐縣東北決水從北來注之淮水又東谷水入焉淮水又東北左會潤水淮水又東北窮水入焉又東北至九江壽春縣西泚水洪水合北注之又東穎水從西北來流注之淮水又東流與穎口會東南逕倉陵北又東北流逕壽春縣故城西淮水又北左合椒水又東過壽春縣北肥水從縣東北流注之淮水又北逕山硤中謂之硤石淮水又北逕莫耶山西又東

過當塗縣北過水從西北來注之淮水又東北濠水注之淮水又北沙水注之又東過鍾離縣北淮水又東逕夏丘縣南淮水又東逕浮山淮水又東逕徐縣南歷澗水注之淮水又東池水注之淮水又東蘄水注之淮水又東歷客山逕盱眙縣故城西又東北至下邳淮陰縣西泗水從西北來流注之又東過淮陰縣北中瀆水出白馬湖東北注之又東兩小水流注之又東至廣陵淮浦縣入于海

浊水

滍水出南陽魯陽縣西之堯山東北過潁川定陵縣西北又東過堰縣南東入于汝

淯水

淯水出弘農盧氏縣攻離山東南過南陽西鄂縣西北又東過宛縣南又屈南過淯陽縣東又南過新野縣西西過鄧縣東南入于沔

濦水

濦水出濦強縣南澤中東入潁

灈水

灈水出汝南吳房縣西北奧山東過其縣北入于汝

瀙水

瀙水出潕陰縣東上界山東過吳房縣南又東過灈陽縣南又東過上蔡縣南東入汝

潕水

潕水出潕陰縣西北扶予山東過其縣南又東過西平縣北又東過郾縣南又東過定潁縣北東入于汝

溳水

溳水出蔡陽縣東南逕隋縣西又南過江夏安陸縣西又東南入于夏

漻水

漻水出江夏平春縣西南過安陸入于溳

蘄水

蘄水出江夏蘄春縣北山南過其縣西又南至蘄口南入于江

決水

決水出廬江雩婁縣南大別山北過其縣東又北過安豐縣東又北入于淮

沘水

沘水出廬江灊縣西南霍山東北東北過六縣東北入于淮

泄水

泄水出博安縣北過芍陂西與沘水合西北入于淮

肥水

肥水出九江成德縣廣陽鄉西肥水別北過其縣西北入芍陂又北過壽春縣東北入于淮

施水

施水亦從廣陽鄉東南入于湖

沮水

沮水出漢中房陵縣淮水東南過臨沮縣界又東南過枝江縣東南入于江

漳水

漳水出臨沮縣東荊山東南過蓼亭又東過章鄉南又南至枝江縣北烏扶邑入于沮

夏水

夏水出江流于江陵縣東南又東過華容縣南又東

至江夏雲杜縣入于沔

羌水

羌水出羌中參狼又東南至廣魏白水縣與漢水合又東南過巴郡閬中縣又南至墊江縣東南入于江

涪水

涪水出廣魏涪縣西北南至小廣魏與梓潼合

梓潼水

梓潼水出其縣北界西南入于涪又西南至小廣魏縣南入于墊江

涔水

涔水出漢中南縣東南早山北至沔陽縣南入于沔

江水

岷山在蜀郡氐道縣大江所出東南過其縣北江水自天彭闕東逕汶關而歷氐道縣北又有湔水入焉江水又東別為沱江水又歷都安縣又東南過犍為武陽縣青衣水沫水從西南來合而注之又東南過僰道縣北若水淹水合從西來注之又東注水北流注江水又與符里水合又東過江陽縣南洛水從三

危山東過廣魏洛陽南東南注之江水逕漢安縣北江水東逕樊石灘又逕大附灘又東過符縣北邪東南鰼部水從符關東北注之又東北至巴郡江州縣東強水涪水漢水白水宕渠水水合南流注之又江水東至枳縣西延江從牂牁郡北流西屈注之又逕東望峽東歷平都江水又逕虎鬚灘江水又東逕臨江縣南江水又東得黃華水口左逕石城南又東至平洲又東逕壤塗而歷和灘又東逕界壇江水又東右得將[illegible][illegible]口江水又東南會北集渠江水又右逕

池谿口江水又東逕右龍又東逕羊腸虎脅灘江水又東彭水注之江水又東右逕朐忍縣故城南江水又東逕瞿巫灘江水又逕東陽灘江水又逕魚復縣之故陵江水又東爲落牛灘逕故陵北江水又右逕夜清而東歷朝陽道口江水又東左逕新市里南江水又東右合陽元水口江水又東逕南鄉峽東逕永安宮南江水又東逕諸葛亮圖壘南江水又東南逕赤岬西江水又東逕魚復縣故城南江水又東逕廣谿峽西過鄧縣東江水自關東逕弱關捍關南入于

沔江水入東烏飛水注之江水又東逕巫縣故城南江水又東巫溪水注之江水又東逕巫峽江水歷峽東逕新崩灘江水又東逕石門灘又東過秭歸縣之南江水又東逕城北江水又東南逕夔城南江水又東逕歸鄉縣故城北江水又東逕信陵縣南江水又東過夷陵縣南江水歷峽東逕宜昌縣之埵竈下江水又東流頭灘江水又東逕宜昌縣北江水又東逕狼尾灘而歷人灘江水又東逕黃牛山江水又東逕西陵峽江水歷禹斷江江水山峽東南流逕城故州

江水又東逕故城北江水又東逕白鹿巖江水又東歷荊門虎牙之門又東南過夸道縣北夸水從狼山縣南東北注之江水又東逕土明城北江水又東會沮口又南過江陵縣南江水又東逕鸞尾洲江水東得馬牧口江水又東逕江陵縣故城南江水又東逕郢城南江水又東得豫章口又東至華容縣西夏水出焉又東南當華容縣南湧水出焉江水又東涌水注之江水又逕南平郡孱陵縣之樂鄉城北又東南油水從西南來注之又東右合油口又東逕公安縣

北江水左會高口江水又東得故市口江水又右逕楊岐北山大江又東左合子夏口大江又東左得侯臺水口大江右得龍穴水口江水自龍巢而東俞口又東得清揚士塢二口大江右逕石首山北又東逕赭要江水左得飯筐上口江水又右得上檀浦江水又東逕竹町南又東至長沙下雋縣北澧水沅水資水合東流注之湘水從南來注之江水又東左得二夏浦又東逕彭城口江水自彭城磯東逕如山北江水又左逕白螺山南江水左逕止烏林南江水又東

左得孑練口江水左得中陽水口又東得白沙口江水東右得聶口江水左逕百人山南江水東逕大軍山南江水又東逕小軍山南江水又東逕雞翅山北又東北至江夏沙羨縣西北沔水從北來注之江水又東逕歎父山南對歎州江水又東逕魯山南江水左得湖口水通太湖又東合灄口水上承沔水於安陸縣而東逕灄陽縣北東南注于江江水又東湖水自北南注謂之嘉吳江右岸頻得二夏浦北對東城洲西浦側有雍伏戍江之左岸東會龍驤水口出北

山巒中江之有武口水上通安陸之延頭江水東逕若城南又東過邾縣南江水右得黎磯北江水又東逕邾縣故城南鄂縣北江水右得樊口江水又左逕赤鼻山南又東逕西陽郡南郡治郎西陽縣也江之右岸有鄂縣故城江水左則巴水注之又東逕軑縣故城南東會希水口出灊縣霍山西麓山北有灊縣故城大江右岸有厭里口安樂浦江水左得赤水浦江水又東逕南陽山南江水又東逕西陵縣故城南江水東歷孟家溠江之右岸有黃石山水逕其北又

東過蘄春縣南蘄水從北東注之又東過下雉縣北利水從東陵西南注之又東左得青林口

青衣水

青衣水出青衣縣西蒙山東與沫水合也至犍爲南安縣入于江

桓水

桓水出蜀郡岷山西南行羌中入于南海

若水

若水出蜀郡旄牛徼外東南至故關爲若水也南過

越嶲邛都縣西直南至會無縣淹水東南流注又東北至犍爲朱提縣西瀘江水又東北至僰道縣入于江

沫水

沫水出廣柔徼外東南過旄牛縣北又東至越嶲靈道縣出蒙山南東北與青衣水合東入于江

延江水

延江水出犍爲南廣縣又東至牂牁鄨縣東屈北流至巴郡涪陵縣注更始水又東南至武陵西陽縣入

于酉水

沅酉水

酉水東南至玩陸縣入于沅

存水

存水出犍爲郁鄢縣東南至鬱林定周縣爲周水又東北至潭中縣注于潭

温水

温水出牂牁夜郎縣又東至鬱林廣鬱縣爲鬱水又東至領方縣東與斤南水合東北入于鬱

淹水

淹水出越巂遂久縣徼外東南至蜻蛉縣又東過姑復縣南東入于若水

葉榆水

益州葉榆河出其縣北界屈從縣東北流過不韋縣東南出益州界入牂牁郡西隨縣北爲西隨水又東出進桑關過交阯麊泠縣北分爲五水絡交阯郡中至東界復合爲三水東入海

夸水

夸水出巴郡魚復縣江東南過狼山縣南又東過夸道縣北東入于江

油水

油水出武陵孱陵縣西界又東北入于江

澧水

澧水出武陵充縣西歷山東過其縣南又東過零陽縣之北又東過作唐縣北又東至長沙下巂縣西北東入于江

沅水

沅水出牂牁且蘭縣爲旁溝水又東至鐔城縣爲沅又東北過臨沅縣南又東至長沙下雋縣西北入于江

泿水

泿水出武陵鐔城縣北界沅水谷南至鬱林潭中縣與鄰水合又東至蒼梧陵縣爲鬱溪又東至高要縣爲大水又東至南海番禺縣西分爲二其一南入于海其一又東過縣東南入于海員水又東南一千五百里入南海

資水

資水出零陵都梁縣路山東北過夫夷縣東北過邵陵縣之北又東北過益陽縣北又東與沅水合於湖中東北入于江也

漣水

漣水出連道縣西資水之别東北過湘南縣南又東北至臨湘縣西南東入于湘

湘水

湘水出零陵始安縣陽海山東北過零陵縣東又東

北過洮陽縣東又東北過泉陵縣西又東北過重安縣東又東北過酃縣西泰水從東南來注之又東北過陰山縣西洣水從東南來注之又北過澧陵縣西漉水從東注之又北過臨湘縣西瀏水從縣西北流注又北潙水從西南來注之又北過羅縣西溳水從東來流注之又北過下雋縣西微水從東來流注之又北至巴丘山入于江

灕水

灕水亦出陽海山南過蒼梧荔浦縣又南至廣信縣入于鬱水

溱水

溱水出桂陽臨武縣南繞城西北屈東流東至曲江縣安蒹邑東屈西南流過湞陽縣出洭浦關與桂水合南入于海

匯水

匯水出桂陽縣盧聚東南過含洭縣南出洭浦關爲桂水

深水

深水出桂陽盧聚西北過零陵營道縣南又西北過營浦縣南又西北過泉陵縣西北七里至燕室邪入于湘

鍾水

鍾水出桂陽南平縣都山北過其縣東又東北過宋渚亭又北過鍾亭與雞水合又北過魏寧縣之東又東北入于湘

耒水

耒水出桂陽郴縣南山又北過其縣之西又北過便

縣之西又西北過耒陽縣之東又北過鄗縣東北入于湘

洣水

洣水出茶陵縣上鄉西北過其縣西又西北過攸縣南又西北過陰山縣南又西北入于湘

漉水

漉水出醴陵縣東漉山西過其縣南屈從縣西西北流至漉浦注入于湘

瀏水

瀏水出臨湘縣東南劉陽縣西北過其縣東北與涝溪水合西入于湘

溳水

溳水出豫章艾縣西過長沙羅縣西又西累石山入于湘水

贛水

贛水出豫章南野縣西北過贛縣東又西北過廬陵縣西又東北過石陽縣西又東北過漢平縣南又東北過新淦縣西又北過南昌縣西又北過彭澤縣西北入于江

廬水

廬江水出三天子都北過彭澤縣西北入于江

漸江水

漸江水出三天子都北過餘杭東入于海

斤江水

斤江水出交阯龍編縣東北至鬱林領方縣東注于鬱容容夜緉湛乘牛渚須無無濡營進皐無地零侵黎無會重瀨夫省無變由蒲王都鄙勇外北皆出日南郡西東東入于海

山澤

嵩高爲中嶽在穎川陽城縣西北

泰山爲東嶽在泰山博縣西北

霍山爲南嶽在廬江灊縣西南

華山爲西嶽在弘農華陰縣西南

雷首山在河東蒲坂縣東南

砥柱在河東大陽縣東河中

王屋山在河東垣曲縣東北也

太行山在河内野王縣西北
恒山爲北嶽在中山上曲陽縣西北
碣石山在遼西臨渝縣南水中也
析城山在河東濩澤縣西南
太嶽山在河東永安縣
壺中山在河東北屈縣東
南龍門山在河東皮氏縣西
梁山在馮翊夏陽縣西北河上
荊山在馮翊懷德縣南

岐山在扶風美陽縣西北
關山在扶風汧縣之西也
隴山終南山惇物山在扶風武功縣西南也
須山在隴西臨洮縣西南
嶓冢山在隴西氐道縣之南
鳥鼠同穴山在隴西首陽縣西南
積石在隴西河關縣西南
都野澤在武威縣東北
合離山在酒泉會水縣東北

流沙地在張掖居延縣東北
三危山在燉煌縣南
朱圉山在天水北冀縣南
岷山在蜀郡湔氐道西
嶓冢山在弘農盧氏縣南
荊山在南郡臨沮縣東北
内方山在江夏竟陵縣東北
大別山在廬江安豐縣西南
外方山崧高是也

桐柏山在南陽平氏縣東南
陪尾山在江夏安陸縣東北
衡山在長沙湘南縣南
九江地在長沙下雋縣西北雲夢澤在南郡華容縣之東東陵地在廬江金蘭縣西北敷淺原地在豫章歷陵縣西南彭蠡澤在豫章彭澤縣北中江在丹陽蕪湖縣南東至會稽陽羡縣入于海震澤在吳縣南五十里北江在毗陵北界東入于江
嶧陽山在下邳縣之西

羽山在東海祝其縣南也
陶丘在濟陰定陶縣之西南
菏澤在定陶縣東雷澤在濟陰成陽縣西北菏水在山陽湖陸縣南蒙山在太山蒙陰縣西南大野澤在山陽鉅野縣東北大邳地在河南成皋縣北明都澤在梁郡睢陽縣東北益州沲水在蜀郡汶江縣西南其一在鄭縣西南皆還入江荆州沲水在南郡枝江縣三澨池之南在邛縣之北右禹貢山水澤地所在凡六十

說郛目錄

弓第一百九

太乙經

玄女授

天一所在甲戌庚丑大吉夕小吉乙巳青神后夜傳送丙丁丑登明暮從魁六辛晝勝光夜功曹壬癸晝太一夜太衝占與人期會天罡臨日辰者會在日辰前爲已過在日辰後爲未至又神在門會行人未主人近行在外已至主人遠行在內未至罡加孟神在內加仲在門加季在外天罡大吉加午未者喚人必來非此者凶時上見王相必來相剋無氣不來

求物天罡加孟不得臨仲得半加季盡得占行人行人至時甲乙行丙丁至不至還以甲乙日至他倣此

諸欲娶婦嫁女必記初許嫁之日以爲本其娶婦時愼無令剋其許嫁日辰也剋日害舅剋辰害姑姑與舅是夫之父母也盡剋日辰爲不利一家

假令甲子日許嫁庚辛日納財皆爲剋日戊巳納之爲剋辰也

假令辛未日納皆爲剋日辰戊申巳酉日亦然也又欲令日辰陰陽中及用傳中有天后無螣蛇白獸相

魁吉謂內婦時如此者即吉又無令夫家之門傷婦
年即婦有咎
假令二月乙未日巳時天罡加巳婦年立辰從魁加
之夫家門在子地太一加之夫家門在丑勝光加之
此並爲夫家門傷婦年也謂夫家門上火神剋妻家
門上金神也若夫門立酉功曹加酉婦在東方卯來
氏西酉入功曹即婦有咎他做此又無令婦年上神
傷夫家之門即夫家有咎也
假令婦年立辰從魁加之夫門在酉功曹臨之夫門

在戌太衝臨之此爲婦年上神傷夫家之門即夫家
有咎門者所出之辰凡娶婦爲入頭嫁女爲出頭從
方入圓爲入頭從方出圓爲出頭也又不欲所出入
之神傷日辰爲女因有敗傷又不欲令傷日爲害翁
謂神將共傷日也
假令二月庚子日魁罡加丑之時也太一臨庚上其
將得朱雀此爲神將并傷日傷日害舅若日并傷神
將爲害矣
假令二月癸丑日巳時勝光加癸將得螣蛇此爲日

并傷神將害夫又辰中有微氣往助之者爲夫死
假令二月甲戌日辰時而傳送加甲甲木也傳送金
也金傷木又戌中之金復往助之者爲夫死傷辰爲
婦謂神將共傷辰也
假令二月庚申日魁加丑丑時也太一臨申將得朱
雀此爲神將并傷辰也
假令二月壬子日魁加辰勝光臨子爲用將得螣蛇
此爲日辰并傷神將也但辰傷婦謂辰傷其陽神神
將者又曰內有微氣往助之者爲婦死也

假令二月丁巳日魁加卯神后加巳巳火也神后水
也水傷火又丁巳復往助之爲婦死以其上將爲所
坐形狀
假令二月甲戌日魁加辰傳送爲青龍而加甲爲夫
婦死死坐送行酒食故也
在昔玄女著述卷帙頗繁論兵法如黃帝問如孤
虛法論六壬如遁甲訣如青囊歌論地理如相冢
經如青囊訣五臟論諸目畧具夾漈志中今所授
經亦占家緒餘也漢制曰辟諸死忌以五行爲主

是也

起世經

闕名

東方有電名曰無厚南方有電名曰順流西方有電名墮光明北方有電名百生樹無厚與墮光明相觸相對順流與百生相觸相對故虛空雲聚之中出生大明名曰電光

月天宮殿正方如宅看遥似圓一面兩分皆天金成一面一分天頗梨成有五種風吹轉而行一持二住三隨順轉四波羅呵迦五將行

月天宮殿純以天銀天青琉璃而相間錯二分天銀一分天青琉璃亦爲五風攝持而行

瑞星曰景星亦曰德星妖星曰孛星彗星長星亦曰攙搶絕跡而去曰飛星光跡相連曰流星亦曰奔星星光曰芒

八節之風謂之八風立春條風至春分明庶風至立夏清明風至夏至景風至立秋涼風至秋分閶闔風至立冬不周風至冬至廣莫風至

蒼帝起青雲扶日赤帝起赤雲扶日黃帝起黃雲扶

日

宅經

黃帝撰

二十四路者隨宅大小中院分四面作二十四路十干十二支乾艮坤巽共爲二十四路是也乾將三男震坎艮悉屬於陽位坤將三女巽離兌悉屬陰之位是以陽不獨王以陰爲得（陽宅爲宜修陰方）陰不獨王以陽爲得（如上說）亦如冬以溫暖爲德夏以涼冷爲德男以女爲德女以男爲德之義易訣云陰得陽如暑得涼五姓咸和百事俱昌所以德位高壯藹密即吉重陰

重陽則凶陽宅更招東方北方陰宅更招西方南方爲重也（是東西爲辰南西靣爲戌北之位斜分一條爲陰陽之界）凡之陽宅即有陽氣抱陰陰宅即有陰氣抱陽陰陽之宅者即龍也陽宅龍頭在亥尾在巳陰宅龍頭在巳尾在亥（各有命坐切忌犯也）凡從巽向乾從午向子從坤向艮從酉向卯從戌向辰移（已上移轉及上官所任不計遠近悉入陽也）從乾向巽從子向午從艮向坤從卯向酉從辰向戌移（已上移轉及上官悉名入陰）故福德之方勤依天道天德月德生氣到其位即修令清潔闊厚即一家獲安榮華富貴再入陰入陽是

移無氣三度重入陰陽謂之無魂四入謂之無魄魂魄既無即家破逃散子孫絕後也若一陰陽往來即合天道自然吉昌之象也設要重往即須逐道住四十五日七十五日往之無咎仍宜生氣福德之方始吉更犯五鬼絕命刑禍者尤不利缺六行不得度不如復故斯之謂也又云其宅乃窮急翻故宮宜折刑禍方舍却益福德方也又云翻宅平墻可爲銷殃夫辨宅者皆取移來方位不以街北街東爲陽街南街西爲陰凡移來不勤遠近一里百里千里十步與百

步同又此二宅修造唯看天道天德月德生氣到即修之不避將軍太歲豹尾黄幡黒方及音姓宜忌顯陰陽二氣爲正此諸神殺及五姓六十甲子皆從二氣而生列在方隅直一年公事故不爲災又云刑禍之方缺復荒福德之方連接長吉也又云刑禍之方縮復縮猶恐災殃枉相逐福德之方拓復拓子子孫孫受榮樂又云宅有五虚令人貧耗五實令人富貴宅大人少一虚宅門大内小二虚墻院不完三虚井竈不處四虚宅地多屋少庭院廣五虚宅小、、實宅大門小二實墻院完全三實宅小六畜多四實宅水溝東南流五實又云宅乃漸昌勿棄宮堂不衰耳移故爲受殃舍居就廚未必有歡計日半造必得壽考又云其田雖良薅鋤乃芳其宅雖善修移乃昌宅統之宅墓以象榮華之源得利者所作遂心失利者妄生反心墓凶宅吉子孫官祿墓吉宅凶子孫衣食不足墓宅俱吉子孫榮華墓宅俱凶子孫移鄉絕種先靈譴責地禍常并七世亡魂悲憂受苦子孫不立零落他鄉流轉如蓬客死河岸青烏子云其宅得

墓二神漸護子孫祿位乃固得地得墓龍驤虎步物業滋川財集倉庫子孫忠孝天神祐助子夏云墓有四訣商角二姓丙壬乙辛宮羽徵三姓甲庚丁癸得地得宮刺史王公朱衣紫綬世貴名雖得地失宮有始無終先人受苦子孫當凶失地得宮子孫不窮雖無基業衣食過充失地失宮絕嗣無蹤行求衣食客死高蓬子夏云人因宅而立宅因人得存人宅相扶感通天地故不可獨信命也

凡修宅次第法

先修刑禍後修福德即吉先修福德後修刑禍即凶
陰宅從巳起功順轉陽宅從亥起功順轉刑禍方用
一百工福德方用二百工壓之即吉陽宅多修於外
陰宅多修於內或者取子午分陰陽之界悮將甚也
此是二氣潛通運迴之數不同八卦九宮分形列象
配男女之位也其有長才深智憋物愛生敬曉斯門
其利莫測且大犯即家破逃散小犯則失爵亡官其
餘雜犯火光口舌跛蹇偏枯衰殃疾病等萬般皆有
豈得輕之哉犯處遠而慢即半年一年二年三年始

發犯處近而緊即七十五日四十五日或不出月即
發若見此圖者自然悟會不問愚智福德自修災殃
不犯官榮進達財食豐盈六畜獲安又歸天壽金玉
之獻未足爲珍利濟之徒莫大於此可以家藏一本
用誡子孫祕而寶之可名宅鏡又宅書云拆故營新
更卜相伏移南徙北陰陽交分是和陰陽者氣也逐
入得變吉凶者化也隨事能與故天地運轉無窮人
竒鬼神變化何準搜神記云精靈鬼魅皆化爲人或
有人自相感變爲妖怪亦如異性之木接續而生根

苗雖殊異味相雜形礙之物尚隨變通陰陽虛無豈
爲常定是知宅非宅氣由移來以變之又云宅以形
勢爲身體以泉水爲血脉以土地爲皮肉以艸木爲
毛髮以舍屋爲衣服以門戶爲冠帶若得如斯是事
儼雅乃爲上吉三元經云地善即苗茂宅吉即人榮
又云人之福者喻如美貌之人宅之吉者如醜陋之
子得好衣裳神彩尤添一半若命薄宅惡即如醜人
更又衣弊如何堪也故人之居宅大須愼擇又云修
來路即無不吉犯抵路未嘗安假如近從東來入此

宅住後更修拓西方名抵路却修拓東方名來路餘
方移轉及上官往來不計遠近准此爲例凡人婚嫁
買莊田六畜致塋域上官求利等悉宜向宅福德方
往來久久吉慶若爲刑禍方往來久久不利又忌龜
頭廳在午地向北衙堂各日凶亭有稍高聳屋亦不
利訣云龜頭午必易主亦云妨主諸院有之亦不吉
凡宅午巳東巽巳來有高樓大樹皆不利宜去之吉
又云凡欲修造動治須避四王神亦名帝車帝輅帝
舍假如春三月東方爲青帝木王寅爲車卯爲輅辰

爲舍卽是正月二月三月不得東戸經曰犯帝車殺父犯帝輅殺母犯帝舍殺子孫夏及秋冬三箇月倣此爲忌又云每年有十二月每月有生氣死氣之位但修月生氣之位者福來集月生氣與天道月德合其吉路犯月死氣之位爲有凶災

正月生氣在子癸死氣在午丁二月生氣在丑艮死氣在未坤三月生氣在寅甲死氣在申庚四月生氣在卯乙死氣在酉辛五月生氣在辰巽死氣在戌乾六月生氣在巳丙死氣在亥壬七月生氣在午丁死氣在子癸八月生氣在未坤死氣在丑艮九月生氣在申庚死氣在寅甲十月生氣在酉辛死氣在卯乙十一月生氣在戌乾死氣在辰巽十二月生氣在亥壬死氣在巳丙

凡修築垣墻建造宅宇土氣所衝之方人家卽有災殃宜依法禳之

正月土氣衝丁未方二月坤三月壬亥四月辛戌五月乾六月寅甲七月癸丑八月艮九月丙巳十月辰乙十一月巽十二月申庚

已上無不精詳但細看之必有災咎

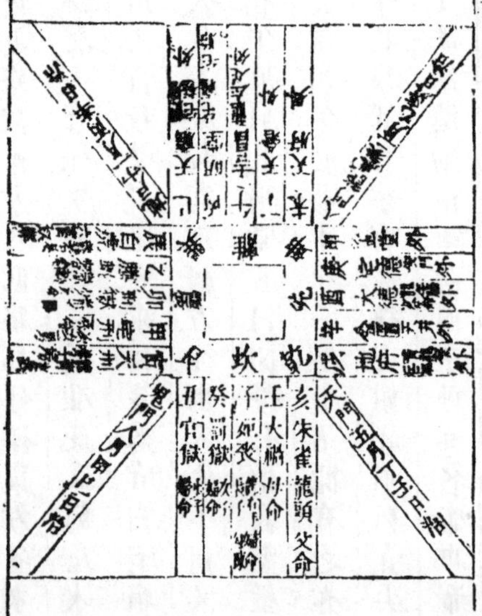

天門首陽宜平穩實不宜絶高壯犯之損家長大病頭項等災（五月丁壬日修吉此方不用壬子丁巳日）亥爲朱雀龍頭父命座犯者害命坐人（三月丁壬日修）壬爲大禍母命犯之害命坐人有飛災口舌（修巳亥同）子爲死喪龍右手長子婦命座犯之害命坐人尖瘊傷目水災口舌（修巳壬同）癸爲罰獄勾陳次子婦命座犯之害命坐人口舌鬬訟（七月丁壬日修三月亦通宮羽姓不宜三月七月卽吉日）丑爲縣獄少子婦命座犯之鬼魅盜賊火光海異等災（修巳癸同）鬼門宅壅氣缺薄空荒吉犯之錢財淋腫等災（八月甲巳日修吉東方不用甲子巳巳日）寅爲

天刑龍背玄武㕓養子婦長女命座犯之傷胎繫獄被盜亡敗等災六月甲巳日修兩姓六月丙十一月吉甲爲宅形次女孫男等命座犯之害命坐人家長病頭項著傷折等災修與寅同卯龍右脇刑獄少女孫命座犯之害命坐人大光氣滿刑傷失魂修與寅同乙騰蛇訟獄客座命犯之害命坐人妖惟死喪口舌十月巳日修吉唯宜辰爲白虎龍右是主訟獄奴婢六畜命座犯之驚傷跛蹇筋急等災亦主驚恐修與乙同風門宜平鈌亦名福首背向禁二宅五姓八宅並不宜高壯壅塞亦名賜極陰十一月酉辛日修吉

黃帝宅經　八　八

南方不用丙子至辛巳日巳天福宅屋亦名宅極經曰欲得藏治宅極宜壯實修改吉九月丙辛修丙明堂宅福安門牛倉等舍經云治明堂加官益祿大吉祥合家快活不可當修巳巳同午吉昌之地龍右足經云治吉昌奴婢成行六畜長宜平實忌高及龜頭廳修與巳同丁天倉經曰財耗亡治天倉宜倉庫六畜壯厚高拓吉正月丙辛日修未天府高樓大舍牛羊奴婢居之大孳息倉廁利修與下同人門龍腸宜置牛馬廄其位欲開拓壅厚亦名福囊重[illegible]實大吉二月乙庚日修申玉堂置牛馬屋主寶貝金玉之事壯實開拓吉經曰治玉堂財錢橫來六畜肥盛庚宅德安門宜置車屋雞栖碓磑吉宜開拓連接壯闊淨潔吉修與申同酉大德龍左脇客舍吉經曰治大德富貴資財成萬億亦名宅德宜宅主修與申同辛金匱天井宜置門及高樓大屋經曰治金匱大富貴宜財帛事吉四月乙庚日修大吉地府青龍左手主三元宜子孫恒令清潔吉經曰青龍壯高富貴雄豪外巽之位宜作園池竹簟設有舍屋宜平而薄外天德及玉堂之位宜開拓侵脩令壯實大吉經曰福德之方拓復拓子子

黃帝宅經　八　九

孫孫受榮樂唯不得高樓重舍外天倉與天府之位不欲高壯倉舍安門倉庫牛舍及奴婢車屋並大吉外龍腹之位與內院並同安牛馬牛廄亦名福囊宜廣厚實吉外坤宜置馬廄吉安重滯之物及高樓等並大吉外玉堂之院宜作崇堂及郎君孫幼等院吉客廳即有公客來若高壯使拓及有大樹重屋等招金玉寶帛主印綬喜外大德宅位宜開拓勤修泥令新淨吉及作音樂飲會之事吉宜子孫婦女等院出貴人增財富貴德望遐振外金匱青龍兩位宜作庫

藏倉窖吉高樓大舍宜財帛又宜子孫出衆貴婿連
帝戚常令清淨連接藂林花木蔚薈

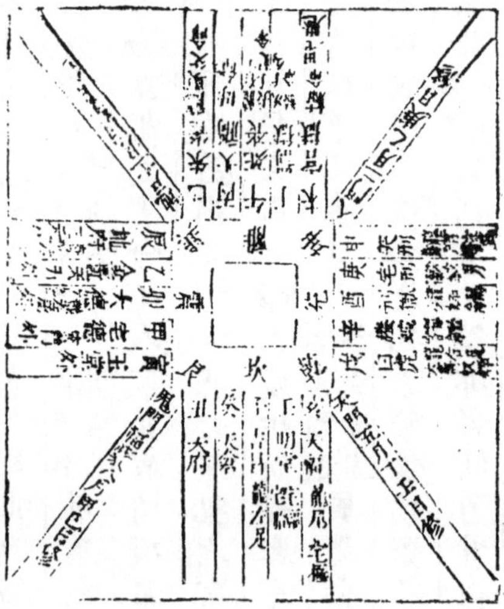

乾天門陰極陽首亦名背枯向榮其位舍屋連棟長
遠高壯闊實吉五月丁壬日修吉北方不用壬子丁巳日亥爲大福龍尾
宜置豬欄亦名宅極經云欲得職治宅極宜開拓吉
亥東三月丁壬日修吉宮羽姓即七月吉壬宅福明堂宜置高樓大舍常
令清淨及集學經史亦名印綬宮宜財帛修與亥同子吉
昌龍右足宜置牛屋經曰奴婢成行六畜良平實吉
修與亥同癸天倉宜門戶客舍籠廁吉經云財耗亡治哭
倉安六畜開拓高厚七月丁壬修日吉丑天府高樓大舍牛
羊奴婢居之大孳息倉廁並吉修與癸同艮鬼門龍腹德

囊宜厚實重吉缺薄即貧窮八月甲己日修日東方不用甲子日寅面
堂宜置車牛舍主寶貝金玉之事宜開拓經曰治玉
堂錢財橫至六畜肥强大吉六月甲己日修吉甲宅德安門
宜置碓磑開拓連接壯觀吉清淨災殃自消修巳寅同卯
大德龍脇客舍經曰治大德富貴資財成萬億亦名
宅主主有德望修與寅同乙金匱天井宜置高樓大舍常
令清淨勤修泥光增喜慶卯巳南十月修辰地府青龍左手
三元宜子孫當宜清淨經曰青龍壯高富貴雄豪修巳
乙同巽風門宜平穩不宜壅塞亦名陽極陰前背榮向枯

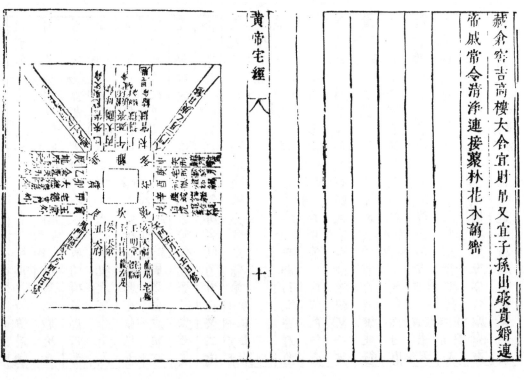

宜空缺逈跡大吉十一月丙辛日修吉南方不用丙子吉巳朱雀龍頭
父命座不宜置井犯害命坐人口舌飛禍吐血顛狂
蚍畜作恠巳酉九月丙辛日修吉丙大禍母命不宜置門犯之
害命坐人飛禍口舌修與巳同午爲死喪長子婦命座犯
之害命坐人失魂傷目心痛火光口舌龍右手筋急
修與巳同丁罰獄勾陳女子婦命犯之坐人口舌鬭訟瘡
病等災午日酉用不丙辛日修吉刀未爲賊獄少子婦命座犯之
害命坐人鬼魅火燎霹靂盜賊刀兵流血六畜傷死
家破逃散修與丁同坤人門女命座不宜置馬廐犯之傷

黃帝宅經　八　十二

枯淋腫等此地宜荒缺低薄吉二月乙庚日修申天刑龍背
庶子婦長女命座犯之失魂病脇刑傷牢獄氣痛大
恠申北十二月乙庚修至酉吉庚宅刑次女長孫命座不宜置門
犯之害命坐人病右脇口舌傷殘損墜修與申同酉刑獄
龍右脇少女孫命座犯者害命坐人失魂刑獄氣痛
火恠修與申同辛爲螣蛇訟獄客命犯之害命坐人口舌
妖恠死喪災起西北至戌四月乙庚日修戌白虎獄訟龍右足奴
婢六畜命座犯之足跛蹇偏枯筋急修與辛同外乾院
與同院修造開拓令壯實高岡陵大樹並吉宜家長

延壽子孫榮祿不絕光映門族乾地廣闊外亥天福
與宅極之鄉宜置大舍位次重疊深遠濃厚吉與宅
福明堂相連接壯實子孫聰明昌盛科名印綬大富
貴外天倉宜高樓重舍倉廩庫藏奴婢六畜等舍大
孳息宜財帛五穀其位高潔開拓吉外天府宜闊壯
子孫婦女居之大吉亦名富貴飽滿之地遷職喜萬
般悉有矣絕上外龍腹福之位宜雍實如山吉遠近
連接大樹長岡不厭開拓吉若低缺無屋舍即貧薄
不安外玉堂宜子婦即富貴榮華子孫興達其位雄

黃帝宅經　八　十三

壯飾宜職升騰位至臺省寶帛金玉不少若損缺荒
殘即受貧薄流移他地外宅德宜作學習道藝功巧
立成亦得名聞千里四方來慕亦爲師範子孫居之
有信懷才抱義壯勇無雙外天德金匱青龍此三神
並宜濃厚實大舍高樓或有客廳卿相遊宴過往一
家富貴豪盛須賴三神尤宜開拓若冷薄荒缺敗損
即貧窮也外青龍不厭清潔焚香設座延迓賓朋高
道奇人自然而至安井及水瀆甚吉

宋 李誡

取正

取正之制先于基址中央日内置圜版徑一尺三寸六分當心立表高四寸徑一分畫表景之端記日中最短之景次施望筒于其上望日星以正四方

望筒長一尺八寸方三寸（用版合造）兩罨頭開圜眼徑五分筒身當中兩壁用軸安於兩立頰之内其立頰自軸至地高三尺廣三寸厚二寸晝望以筒指南令日

景透北夜望以筒指北于筒南望令前後兩竅内正見北辰極星然後各垂繩墜下記望筒兩竅心於地以爲南則四方正

若地勢偏衺既以景表望筒取正四方或有可疑處則更以水池景表較之其立表高八尺廣八寸厚四寸上齊（後斜向下三寸）安于池版之上其池版長一丈三尺中廣一尺于一尺之内隨表之廣刻線兩道一尺之外開水道環四周廣深各八分用水定平令日景兩邊不出則線以池版所指及立表心爲南則四方正（安[?]令立表在南池版在北其景夏至順線長三尺冬至長一丈三尺其立表内向池版處用曲尺較令方正）

定平

定平之制既正四方據其位置於四角各立一表當心安水平其水平長二尺四寸廣二寸五分高二寸下施立椿長四尺（安鑲在内）上面横坐水平兩頭各開池方一寸七分深一寸三分（或中心更開池者方深同）身内開槽子廣深各五分令水通過於兩頭池子内各用水浮子一枚（用三池者水浮子或亦用三枚）方一寸五分高一寸二分刻上

頭令側薄其厚一分浮於池内望兩頭水浮子之首遥對立表處於表身内畫記即知地之高下（若槽内如有不可用水處即於椿子當心施墨線一道上垂繩墜下令繩對墨線心則上槽自平與用水同其槽底與墨線兩邊用曲尺較令方正）

凡定柱礎取平須更用貞尺較之其貞尺長一丈八尺廣四寸厚二寸五分當心上立表高四尺（廣厚同上）於立表當心自上至下施墨線一道垂繩墜下令繩對墨線心則其下地面自平（其真尺身上平處與立表上墨線兩邊亦用曲尺校令方）

舉折

舉折之制先以尺爲丈以寸爲尺以分爲寸以氂爲分以毫爲毳側畫所建之屋於平正壁上定其舉之峻慢折之圜和然後可見屋內梁柱之高下卯眼之遠近今俗謂之定側樣亦曰點草架舉屋之法如殿閣樓臺先量前後撩檐方心相去遠近分爲三分若余屋柱頭作或不出跳者則用前後檐柱心從撩檐方背至脊槫背舉起一分如屋深三丈即舉起一丈之類如甋瓦廳堂即四分中舉起一分又通以四分所得丈尺每一尺加八分若甋瓦廊屋及瓪瓦廳堂每

一尺加五分或瓪瓦廊屋之數每一尺加三分若瓪瓦樣屋不加其副階或纏腰並二分中舉一分

折屋之法以舉高尺丈每尺折一寸每架自上遞減半爲法如舉高二丈即先從脊槫背上取平下屋橑檐方背其上第一縫折二尺又從上第一縫槫背取平下至撩檐方背於第二縫折一尺若椽數多即逐縫取平皆下至橑檐方背每縫並減上縫之半如第一縫二尺第二縫一尺第三縫五寸第四縫二寸五分之類

簇角梁之法用三折先從大角背自橑檐方心[illegible]上至棖桿卯心取大角梁背一半並上折簇梁斜向棖桿舉分盡處其簇角梁上下並出卯中下折簇梁同次從上折簇梁盡處量至橑檐方心取大角梁背一半立中折簇梁斜向上折簇梁當心之下又次從橑檐方心立下折簇梁斜向中折簇梁當心近下令中折簇角梁上一半與上折簇梁一半之長同其折分並同折屋之制唯量折以曲尺於絃上取方量之用瓪瓦者同

定功

唐六典凡役有輕重功有短長注云以四月五月六月七月爲長功以二月三月八月九月爲中功以十

月十一月十二月正月爲短功

看詳夏至日長有至六十刻者冬至日短有止於四十刻者若一等定功則在棄日刻甚多今謹按唐六典修立下條

諸稱功者謂中功以十分爲率長功加一分短功減一分

沈括販

營舍之法謂之木經或云喻皓所撰凡屋有三分自梁以上爲上分地以上爲中分階爲下分凡梁長幾

何則配極幾何以爲榱等如梁長八尺配極三尺五寸則廳法堂也此謂之上分楹若干尺則配堂基若干尺以爲榱等若楹一丈一尺則階基四尺五寸之類以至承拱榱桷皆有定法謂之中分階級有峻平慢三等宮中則以御輦爲法凡自下而登前竿垂盡臂後竿展盡臂爲峻道荷輦十二人前三人曰前竿次二人曰前條又次曰前會後三人曰後脇又後曰後條末後曰後竿輦前隊長一人曰傳唱後一人曰報賽前竿平肘後竿平肩爲慢道前竿垂手後竿平肩爲平道此之爲下分其書三卷近歲土木之工益爲嚴善舊木經多不用未有人重爲之亦良工之一業也

耒耜經

唐　陸龜蒙

耒耜者古聖人之作也自乃粒以來至于今生民賴之有天下國家者去此無有也飽食安坐曾不求命稱之義非楊子所謂如禽者耶余在田野間一日呼耕甿就而數其目恍若登農皇之庭受播種之法淳風泠泠聳竪毛髮然後知聖人之旨趣朴乎其深哉孔子謂吾不如老農信也因書爲耒耜經以備遺忘且無愧于食

經曰耒耜農之言也民之習通謂之犂冶金而爲之者曰犂鑱曰犂壁斵木而爲之者曰犂底曰壓鑱曰策額曰犂箭曰犂轅曰犂梢曰犂評曰犂建曰犂槃木與金凡十有一事耕之土曰墢墢猶塊也起其墢者鑱也覆其墢者壁也草之生必布于墢不覆之則無以絕其本根故鑱引而居下壁偃而居上鑱表上利壁形下圓負鑱者曰底底初實于鑱中工謂之鼈肉底之次曰壓鑱背有二孔係于壓鑱之兩旁鑱之次曰策額言其可以扞其壁也皆貤然相戴自策額

銜十字以縱而貫之曰箭前如桯而樛者曰轅後如柄而喬者曰梢轅有越加箭可弛張焉轅之上又有如槽形亦如箭焉刻為級前高而後庳所以進退曰評進之則箭下入土也淺以其上下類激射故曰箭以其淺深類可否故曰評評之上曲而衡之者曰建建捷也所以柅其轅與評無是則二物躍而出箭不能止橫於轅之前末曰槃言可轉也左右繫以樫乎軛也轅之後末曰梢中在手所以執耕者也轅車之胸梢取舟之尾止乎此平鑱長一尺四寸廣六寸壁

廣長皆尺微橢底長四尺廣四寸評底過壓鑱二尺策減壓鑱四寸廣狹與底同箭高三尺評尺有三寸槃增評尺七焉建惟稱絕轅修九尺梢得其半轅至梢中間掩四尺犁之終始丈有二耕而後有爬渠疏之義也散撥去芟者焉爬而後有礰礋焉有磟碡焉自爬至礰礋皆有齒磟碡觚稜而已咸以木為之堅而重者良江東之田器盡於是耒耜經終焉

褚氏遺書

齊陽翟褚澄

受形

男女之合二情交暢陰血先至陽精後衝血開裹精精入為骨而男形成矣陽精先入陰血後參精開裹血血入居本而女形成矣陽氣聚面故男子面重溺死者必伏陰氣聚背故女子背重溺死者必仰走獸溺死者伏仰皆然陰陽均至非男非女之身精血散分駢胎品胎之兆父少母老產女必羸母壯父衰生

男必弱古之良工首察乎此補羸女先養血壯脾補弱男則壯脾節色羸女宜及時而嫁弱男宜待壯而婚此疾外所務之本不可不察也

本氣

天地之氣周于一年人身之氣周于一日人身陽氣以子中自左足而上循左股左手指左肩左腦橫過右腦右肩右臂手指脇足則又子中矣陰氣以午中自右手心通右臂右肩橫過左肩左臂左脇左足外腎右足右脇則又午中矣陽氣所歷充滿周流陰氣

上不過腦下遺指趾二氣之行晝夜不息中外必徧一爲痰積壅塞則痰疾生焉疾証醫候紛紀浩繁詳其本源痰積虛耳或痰聚上或積留中遏氣之流艱于流轉則上氣逆上下氣鬱下臟府失常形骸受害甚乎氣本虛弱運轉艱遲或有不周血亦偏滯風濕寒暑乘間襲之所生痰疾與痰積同凡人之生勢而汗產而易二便順利則氣之通也陽虛不能運陰氣無陰氣以清其陽則陽獨治而爲熱陰虛不能運陽氣無陽氣以和其陰則陰獨治而爲厥脾以養氣肺

以通氣腎以泄氣心以役氣凡臟有五肝獨不與在時爲春在常爲仁不養不通不泄不役而氣常生心虛則氣入而爲蕩肺虛則氣入而爲喘肝虛則氣入而目昏腎虛則氣入而腰疼四虛氣入脾獨不與受食不化氣將日微安能有餘以入其虛嗚呼玆謂氣之名理與

平脉

脉分兩手手分三部隔寸尺者命之曰關去肘度人曰尺門前一寸爲寸左手之寸極上右手之尺極下男子陽順自下生上故極下之地右手之尺爲受命之根本如天地未分元氣渾沌也既受命矣萬物從土而出惟脾爲先故尺上之關爲脾脾土生金故關上之寸爲肺肺金生水故自右手之寸越左手之尺爲腎腎水生木故左手尺上之關爲肝肝木生火故關上之寸爲心女子陰逆自上生下故極上之地左手之寸爲受命之根本既受命矣萬物從土而出惟脾爲先故左手寸下之關爲脾脾土生金故關下之尺爲肺肺金生水故左手之尺越右手之寸爲腎腎

水生木故右手寸下之關爲肝肝木生火故關下之尺爲心男子右手尺脉常弱初生微眇之氣也女子尺脉常强心火之位也非男非女之身感以婦人則男脉應診動以男子則女脉順指不察乎此難與言醫同化五穀故胃爲脾府而脉從脾同氣通泄故大腸爲肺府而脉從肺同主精血故旁光爲腎府而脉從腎同感交合故小腸爲心府而脉從心同以脉爲竅故膽爲肝府而脉從肝潑生當後世傳其言而已爾初决其秘發悟後人者非至神乎體修長者脉疏

矮侏儒者脉處肥人如沉而正沉者愈沉瘦人如浮而正浮者愈浮未燭斯理曷愈衆疾表裏多名呼吸定至抑皆末也世俗並傳茲得畧云爾

津潤

天地定位而水位乎中天地通氣而水氣蒸達上潤膏滋雲典雨降而百物生化人肖天地亦有水焉在上爲痰伏皮爲血在下爲精從毛竅出爲汗從腹腸出爲瀉從瘡口出爲水痰盡死精竭死汗枯死瀉極死水從瘡口出不止乾即死至于血充目則視明充

耳則聽聰充四肢則舉動强充肌膚則身色白漬則黑去則黄外熱則赤內熱則上蒸喉或下蒸大腸爲小竅喉有竅則咳血殺人腸有竅則便血殺人便血猶可止咳血不易醫喉不停物毫髮必咳血滲入喉愈滲愈咳愈咳愈滲飲溲溺則百不一死服寒凉則百不一生血雖陰類運之者其和陽乎

分體

耳目口鼻陰尻竅也臂股指趾肢也雙乳外腎關也齒髮爪甲餘也枝指旁趾附也養耳力者常飽養目力者常瞑養臂指者常屈伸養股趾者常步履夏臓宜凉冬臓宜温背陰肢末雖夏宜温胸包心火雖冬難熱熱作腫而竅寒血不行而肢廢餘有消長無疾痛附有疾痛無生死關有生死疾痛無消長有消長疾痛生死者疣瘤而已

精血

飲食五味養髓骨肉血肌膚毛髮男子爲陽陽中必有陰陰之中數八故一八而陽精升二八而陽精溢女子爲陰陰中必有陽陽之中數七故一七而陰血

升二七而陰血溢陽精陰血皆飲食五穀之實秀也方其升也智慮開明齒牙更始髮黄者黑筋弱者强暨其溢也凡充身肢體手足耳目之餘雖針芥之瀝無有不下凡子肖形父母者以其精血嘗于父母之身無所不歷也是以父一肢廢則子一肢不肖其父母一目虧則子一目不肖其母然雌鳥牝獸無天癸而成胎者何也鳥獸精血往來尾間也精未通而御女以通其精則五體有不滿之處異日有難狀之疾陰已痿而思色以降其精則精不出內敗小便道澁

而爲淋精已耗而復竭之則大小便道牽疼愈疼則愈欲大小便愈便則愈疼女人天癸既至踰十年無男子合則不調未踰十年思男子合亦不調不調則舊血不出新血誤行或漬而入骨或變而之腫或雖合而難子合男子多則瀝枯虛人產乳衆則血枯殺人觀其精血思過半矣

除疾

除疾之道極其候証詢其嗜好察致疾之由來觀時人之所患則窮其病之始終矣窮其病矣外病療內

上病救下辨病藏之虛實通病藏之母子相其老壯酌其淺深以制其劑而十全上功至焉制劑獨味爲上二味次之多品爲下酸通骨甘解毒苦去熱鹹導下辛發滯當驗之藥未驗切戒急投大勢既去餘勢不宜再藥修而肥者飲劑豐羸而弱者受藥減用藥如用兵用醫如用將善用兵者徒有車之功善用藥者薑有桂之效知其才智以軍付之用將之道也知其方伎以生付之用醫之道也世無難治之疾有不善治之醫藥無難代之品有不善代之人民中絕命斷可識矣

審微

疾有誤涼而得冷證有似是而實非差之毫釐損其壽命滑渠經二氣篇曰諸瀉皆爲熱諸冷皆爲節熱則先涼臟冷則先溫血腹疾篇曰乾痛有時當爲蟲產餘剩痛皆變癰傷寒篇曰傷風時疫濕暑宿痰作瘧作疹俱類傷寒時人多瘧宜防爲瘧時人多疹宜防作疹春瘟夏疫內證先出中濕中暑試之苓术投之發散劑吐汗下俱至此證號宿痰失導必肢廢嗟

乎病有微而殺人勢有重而易治精微區別天下之良工哉

辨書

尹彥成問曰五運六氣是邪非邪曰大撓作甲子隸首作數志歲月日時遠近耳故以當年爲甲子歲冬至爲甲子月朔爲甲子日夜半爲甲子時使歲月日時積一十百千萬亦有條而不紊也配以五行位以五方皆人所爲也歲月日時甲子乙丑次第而及天地五行寒暑風雨倉卒而變人嬰所氣疾作于身氣

難預期故疾難預定氣非人爲故疾難入測推驗多舛拯救易誤俞扁弗議淳華未稽吾未見其是也曰素問之書成於黃岐運氣之宗起于素問將古聖喆妄邪曰尼父刪經三墳猶廢扁鵲盧出盧醫遂多尚有黃岐之醫籍乎後書之託名於聖喆也曰然則諸書不足信邪曰由漢而上有說無方由漢而下有方無說說不乖理方不違義雖出後學亦是良師固知君子之言不求貧朽然於武成之策亦取二三曰居今之世爲古之工亦有道乎曰師友良醫因言而識

變觀省舊典假筌以求魚博涉知病多診識脉屢用達藥則何愧于古人

問子

建平王妃姬等皆麗而無子擇良家未笄女入御又無子問曰求男有道乎澄對之曰合男女必當其年男雖十六而精通必三十而娶女雖十四而天癸至必二十而嫁皆欲陰陽氣完實而後交合則交而孕孕而育育而爲子堅壯强壽今未笄之女天癸始至已近男色陰氣蚤洩未完而傷未實而動是以交而不孕孕而不育育而子脆不壽此王之所以無子也然婦人有所產皆女者有所產皆男者大王誠能訪求多男婦人謀置宫府有男之道也王曰善未再朞生六男夫老陽遇少陰老陰遇少陽亦有子之道也

脉經

晉 甄權

滑爲實爲下數爲虚爲熱浮爲風爲虚動爲痛爲驚

沈爲水爲實弱爲虚爲悸

遲則爲寒濇則少血緩則爲虚洪則爲氣緊則爲寒

弦數爲瘧

瘧脉自弦弦數多熱弦遲多寒微則爲虚代散則死

位爲痛痺偏弦爲飲雙弦則脅下拘急而痛其人濇

濇惡寒

脉大寒熱在中

伏者霍亂

安臥脉盛謂之脱血

凡亡汗肺中寒飲冷水欬嗽下痢胃中虚冷此等其

脉並緊

浮而大者風

浮而大者中風頭重鼻塞

浮而緩皮膚不仁風寒入肌肉

滑而浮散者攤緩風

滑者鬼疰

濇而緊痺散

浮洪大長者風眩癲疾

大堅疾者癲病

弦而鉤脇下如刀刺狀如蜚尸至困不死

緊而急者遁尸

洪大者傷寒熱病

浮洪大者傷寒秋吉春成病

浮而滑者宿食

浮滑而疾者食不消脾不磨

短疾而滑酒病

浮而細滑傷飲

遲而濇中寒有癥結

駛而緊積聚有擊痛

弦急疝瘕小腹痛又爲癖病

遲而滑者脹

盛而緊曰脹

弦小者寒癖

沈而弦者懸飲內痛
弦數有寒飲冬夏難治
緊而滑者吐逆
小弱而濇胃反
遲而緩者有寒
微而緊者有寒
沈而遲腹藏有冷病
微弱者有寒少氣
實緊胃中有寒苦不能食時時利者難治一云時時

嘔稽留難治
滑數心下結熱盛
滑疾胃中有熱
緩而滑曰熱中
沈而急病傷寒暴發虛熱
浮而絶者氣
辟大而滑中有短氣
浮短者其人肺傷諸氣微少不過一年死法當嗽也
沈而數中水冬冬不治自愈

短而數心痛心煩
弦而緊脇痛藏傷有瘀血
沈而滑爲下重亦爲背膂痛
脉來細而滑按之能虛因急持直者僵仆從高墮下
病在內
微浮秋吉冬成病
微數雖甚不成病不可勞
浮滑疾緊者以合百病久易愈
陽邪來見浮洪

陰邪來見沈細
水穀來見堅實
脉來乍大乍小乍長乍短者爲祟
脉來洪大嫋嫋者社祟
脉來沈沈澤澤四肢不仁而重土祟
脉與肌肉相得久持之至者可下之
弦小緊者可下之
緊而數寒熱俱發必下乃愈
弦遲者宜溫藥

緊數者可發其汗

子午經

扁鵲

主司

東方甲乙木主人肝膽筋膜魂

南方丙丁火主人心小腸血脉神

西方庚辛金主人肺大腸皮毛魄

北方壬癸水主人腎膀胱骨髓精志

中央戊巳土主人脾胃肌肉意智

主命

木命人行年在木則不宜針及服青藥

火命人行年在火則不宜汗及服赤藥

土命人行年在土則不宜吐及服黃藥

金命人行年在金則不宜灸及服白藥

水命人行年在水則不宜下及服黑藥

行年人神

臍　項　肋　咽　口　頭　脊　膝　足

一　二　三　四　五

六　七　八　九　十

十一　十二　十三　十四　十五
十六　十七　十八　十九　二十
二十一　二十二　二十三　二十四　二十五
二十六　二十七　二十八　二十九　三十
三十一　三十二　三十三　三十四　三十五
三十六　三十七　三十八　三十九　四十
四十一　四十二　四十三　四十四　四十五
四十六　四十七　四十八　四十九　五十
五十一　五十二　五十三　五十四　五十五

五十六　五十七　五十八　五十九　六十
六十一　六十二　六十三　六十四　六十五
六十六　六十七　六十八　六十九　七十
七十一　七十二　七十三　七十四　七十五
七十六　七十七　七十八　七十九　八十
八十一　八十二　八十三　八十四　八十五
八十六　八十七　八十八　八十九　九十

右九部行神歲移一部周而復始

十二部人神所在

心辰　喉卯　頭寅　眉丑　背子　腰亥　腹戌
項酉　足申　膝未　陰午　股巳

日辰忌

一日足大趾　二日外踝
三日股內　四日腰
五日口舌咽懸癰　六日足小趾
七日內踝　八日足腕
九日尻　十日背腰
十一日鼻柱　十二日髮際

十三日牙齒　十四日胃脘
十五日偏身　十六日胸乳
十七日氣衝　十八日腹內
十九日足趺　二十日膝下
二十一日手小指　二十二日伏兎
二十三日肝腧　二十四日手陽明兩脇
二十五日足陽明　二十六日手足
二十七日膝　二十八日陰
二十九日膝脛顳顬　三十日關元下至足心

干支人神忌日
甲乙日忌寅時頭　丙丁日忌辰時耳
戊己日忌午時髮　庚辛日忌申時文闕
壬癸日忌酉時足
子日目　丑日耳
寅日口　卯日鼻
辰日腰　巳日手
午日心　未日足
申日頭　酉日背

戌日項　亥日頂
建日申時頭　除日酉時膝
滿日戌時腹　平日亥時腰背
定日子時心　執日丑時手
破日寅時口　危日卯時鼻
成日辰時眉　收日巳時足
開日午時耳　閉日未時目

十二時忌
子時踝　丑時頭
寅時目　卯時面耳
辰時項口　巳時
午時胷脇　未時腹
申時心　酉時背胛
戌時腰陰　亥時股

又
立春春分脾　立夏夏至肺
立秋秋分肝　立冬冬至心
四季十八日腎

又
正月丑　二月戌　三月未
四月辰　五月丑　六月戌
七月未　八月辰　九月丑
十月戌　十一月未　十二月辰

又
春左脇　秋右脇
夏在臍　冬在腰

又

男避除　女避破

男忌戊　女忌己

玄女房中經

唐　孫思邈

王相日

春甲乙　夏丙丁　秋庚辛　冬壬癸

月宿日

正月　一日　六日　九日　十日　十一日　十二日　十四日　二十一日　二十四日　二十九日

二月　四日　七日　八日　九日　十二日　十四日　十九日　二十二日　二十七日

三月　一日　二日　五日　六日　七日　八日　十日　十七日　二十日　二十五日

四月　二日　五日　六日　八日　十日　十二日　十五日　十八日　二十二日　二十八日

五月　一日　二日　三日　四日　五日　六日　十二日　十五日　二十日　二十五日　二十八日　二十九日　三十日

六月　一日　二日　十日　十三日　十八日　二十三日　二十六日　二十七日　二十八日　二十九日

七月　一日　八日　十一日　十六日　二十一日　二十四日　二十五日

二十六日　二十七日
二十九日

八月　五日　八日　十日　十三日
十八日　二十一日　二十二日
二十三日　二十四日
二十五日　二十六日

九月　二日　六日　十一日　十六日
十九日　二十日　二十一日
二十三日
二十四日

十月　一日　四日　九日　十日
十四日　十七日　十八日　十九日
二十日　二十二日
二十三日　二十九日

十一月　一日　六日　十一日　十四日
十五日　十六日　十七日　十九日
二十六日
二十九日

十二月　一日　六日　十一日　十四日
十五日　十六日　十七日　十九日
二十六日
二十九日

相地骨經

漢青烏子授

盤古渾淪氣萌大朴分陰分陽爲清爲濁生老病死誰實主之無其始也無其議焉不能無也吉凶形焉曷如其無何惡於有藏於杳冥實關休咎以言論之似若非是其於末也若無外此其若可忽何假於予辭之痝矣理無越斯山川融結峙流不絕雙眸若無爲烏乎其別福厚之地雍容不迫四合週顧辨其主客山欲其凝水欲其澄山來水廻逼貴豐財山止水

流虜王囚侯山頓水曲子孫千億山走水直從人寄食水過東西財寶無窮三橫四直官職彌崇九曲委蛇準擬沙堤重重交鎖極品官資氣乘風散脈遇水止藏隱蜿蜒富貴之地不畜之穴是謂腐骨不及之穴主人絕滅騰漏之穴翻棺敗槨背囚之穴寒泉滴瀝其爲可畏可不慎乎百年幻化離形歸眞精神入門骨骸反根吉氣感應鬼神及人東山起焰西山起雲穴吉而溫富貴綿延其或反是子孫孤貧童斷與石過獨偪側能生新凶能消已福貴氣相資本源不

臆前後區衛有主有客水流不行外狹內闊大地平
洋杳茫莫測沼沚池湖眞龍憩息情當內求愼勿外
覓形勢彎趨生享用福勢止形昂前澗後岡位至侯
王形止勢縮前案回曲金穀碧玉山隨水著迢迢來
路挹而注之穴須回顧天光下臨百川同歸眞龍所
泊孰辨玄微蝡蝦老蚌市井人煙隱隱隆隆孰探其
源若乃斷而復續去而復留奇形異相千金難求折
藕貫絲眞機莫落臨穴坦然形難捫度障空補缺天
造地設留與至人前賢難說草木鬱茂吉氣相隨內

外表裏或然或為三岡全氣八方會勢前遮後擁諸
祥畢至地貴平夷土貴有支穴取安止水取迢遞向
定陰陽切莫乖戾差之毫釐謬以千里擇術之善建
都立縣一或非宜立主貧賤公侯之地龍馬騰起面
對玉圭小而首銳更過水方不學而至宰相之地繡
殼伊邇大水洋朝無極之貴空闊平夷生氣秀麗外
臺之地捍門高峙屯軍排迎周圍數里筆大橫椽足
判生死官貴之地文章插耳魚袋雙連庚金之　翰
莫[illegible]地有佳氣隨土所生山有吉氣因
方而止文士之地筆尖而細諸水不隨虛馳名舉大
富之地圓峯金櫃貝寶沓來如川之至小秀清貴圓
重富厚貧賤之地亂如散錢達人大觀如示諸掌幽
陰之宮神靈所主葬不斬艸名曰盜葬葬及祖墳殃
及子孫一墳榮盛十墳孤貧穴吉葬凶與棄屍同陰
陽合符天地交通內氣萌生外氣成形內外相乘風
水自成察以眼界會以情性若能悟此天下橫行

近世相家家必稱郭氏大氏多宗青烏子青烏子
有相地骨一卷恐即是編耳但其詞不類漢人豈
託於青烏子為之

相兒經

晉　嚴助

兒初生叫聲連延相屬者壽

聲絶而復揚急者不壽

啼聲散者不成人

啼聲深者不成人

臍中無血者好

臍小者不壽

通身軟弱如無骨者不壽

鮮白長大者壽

自開目者不成人

目視不正數動者大非佳

汗血者多厄不壽

汗不流不成人

小便凝如脂膏不成人

頭四破不成人

常搖手足者不成人

早坐早行早齒早語皆惡性非佳人

頭毛不周匝者不成人

髮稀少者不聽人

額上有旋毛者早貴妨父母

兒生枕骨不成者能言語而死

尻骨不成者能倨而死

掌骨不成者能匍匐而死

踵骨不成者能行而死

臏骨不成者能立而死

身不收者死

魚口者死

股間無生肉者死

頤下破者死

陰不起者死

陰囊下白者死赤者死

卵縫通達黑者壽

兒小時識悟通敏過人者多夭

小兒骨法成就威儀迴轉遲舒稍費精神雕琢者壽

小兒預知人意廻旋敏速者夭

龜經

闕名

甲乙（金兆）正形云甲乙象一頭高身肚足皆是爲正當依鄉之兆否則拗鄉其拗處是動詳其爻占斷以吉凶

丙丁（火兆）正形云丙丁象丁頭足齊平是爲正當依鄉之兆否則拗鄉其拗處是動詳以爻占斷以吉凶

腰金甲乙（木兆）正形云頭平身直肚足皆如鵞眉覆月之狀是爲正當依鄉之兆否則拗鄉其拗處是動詳以斷之

腰金丙丁（木兆）正形亦如腰金甲乙同

上鄉木兆（一名坐腰）正形云宜如木形而浮根柱竪牢而篦是爲正當依鄉或頭野或頭回或頭就或身靠或身空看所占事情如何禱祝否則爲拗鄉其拗處動也

下鄉倒龍（木兆一名懸針）正形云如上木兆同倒龍者如倒掛龍也其形要活又名懸針者如倒掛針也其形要直二名總言直而活也有云下木兆者蓋二兆者俱

屬木其形無二也否因相鄉其利處便是動作其動

而斷之

兆才（三邊俱是火兆）正形云此卦乃水鄉發火故要頭起身

亚足發如仰月形又如船載物形故名兆才也詳其

爻占斷以吉凶

春灼後左夏灼前左秋灼前右冬灼後右其後左者

乃下丙丁也是寅卯之位故爲木兆前左者乃上丙

丁也是巳午之位故爲火兆前右者乃上甲乙也是

甲酉之位故爲金兆後右者乃下甲乙也是亥子之

位故爲水兆

輕清者細身靜秀麗也（輕清宜占脫事求睛不宜求雨）

平者頭足無高下也

直者不曲也不斜也（平直事須逢吉平安無咎）

伏者頭足垂下也（伏凡事見遲難脫作難成病難瘥）

高者頭易起也（高頭小見成宜進身無咎是高宜貼價高）

低者頭之垂也（低頭無氣身上遲滯是無氣價賤）

野者頭向外不回顧也（野難成好脫宜出占吉不吉凶不凶）

訢者向内不背也（訢易成難贖宜入）

同者頭高而再轉也（回易成難脫宜進）

臨者頭低也（低同占）

戴白頭之白也（戴白主體泰主孝服）

垂者伏也低也（低同占）

纖活反是而回换也（纖活凡事皆吉）

有情回顧和順也（有情凡事吉）

昂者起仰也高也

淒如水滴下也溟濛也（淒雖遲滯宜占財田占病鬼重）

休囚者蒙昧也（休囚凡事不利）

生我者吉克我者凶（賠作事賠損）

旺相者洪潤明靜也（洪謀事有氣明作事皆稱）

拗者不依鄉也（拗用事皆不利）

乖違者拗鄉也（乖違上事皆不利也）

靜者六爻不動也（靜不宜求動宜求靜只守舊）

摺者四疊也（摺凡事轉摺進退迂迴）

折者斷也（折凡事不利死中有損）

顛狂者起伏大也

枯朽者休囚也（枯朽凡事最凶）

弱者無力細微也

震者大動也震有吉有凶不能靜

驛者微動也驛與健同不宜守舊

谿者壽也召也谿宜脫事不宜成事防走不宜止

發者大起也谿同月

落者是齊齊也齊同用

滯者是下垂也滯凡事遲滯不宜脫事

蕃者如繁蕃也綿續也蕃下凶上吉

駐者如亞生又歸者欲上也駐凡事不利

促者摺折也促與折同凡事不長

縱橫者枝利也縱橫駭雜不順阻礙

窈窕者進退之形也窈窕進退凡事未有一定

枝者生枝也枝有吉有凶

浮者微起也發同占

脫者發不管也與落稍同

鈴者平伏清歡而管也鈴雖脫宜成也

管者鈴也鈴同占

漏者落也枝下垂也落同占

剛者堅也齊者平也剛齊無咎有吉

夾絲者中破也夾絲也事不利

拖者枝生外也

墜者枝生內也拖墜能凶能吉

推六神行法配入五鄉飛換例

凡此法陽月從甲乙數至壬癸陰月從下壬癸至甲乙爲例

陽月　寅辰午申戌子　陰月　卯巳未酉亥丑

陽月　六神橫看　陰月　六神橫看

乙卯木　丙火　戊辰土　辛酉金　癸亥水

甲乙青龍用事　雀勾蛇虎武

丙丁朱雀用事　勾蛇虎武龍

戊日勾陳用事　蛇虎武龍雀

己日螣蛇用事　虎武龍雀勾

庚辛日白虎用事　武龍雀勾蛇

壬癸日玄武用事　龍雀勾蛇虎

乙卯木　戊辰土　辛酉金　癸亥水

甲乙青龍用事　武虎蛇勾雀

丙丁日朱雀用事　龍武虎蛇勾
戊日勾陳用事　雀龍玄虎蛇
己日螣蛇用事　勾雀龍玄虎
庚辛日白虎用事　蛇勾雀龍玄
壬癸日玄武用事　虎蛇勾雀龍

卜記

宋　王宏

蠡卜者春秋後語曰蘇秦事鬼谷子學終辭歸道之困衍以燕人蠡卜自說自給

麁卜者博物志曰麁知術破又能畫地卜令人有畫物上下者推其奇偶謂之麁卜

鷄卜者史記曰越巫立越祀而以鷄卜

鳥卜者隋書曰女國在葱嶺之南其國俗事阿修羅神及樹神歲初以人祭或用獼猴祭畢入山祝之有一鳥如雌雉來集掌上破其腹而視之有粟則年豐沙石則有災謂之鳥卜開皇六年遣使朝貢其後遂絕

樗蒲卜者博物志曰老子入西戎造樗蒲樗蒲者五木也或云胡人亦爲樗蒲卜

十二棋卜者異苑曰十二棋卜出自張文成受法于黄石公行師用兵萬不失一逮至東方朔密以占衆事自此以後祕而不傳晉寧康初襄成寺法味道人忽見一老翁着黄皮衣竹筒盛此書以授法味[illegible]術

失所在遂復流于世

竹卜者荊楚歲時記曰秋分以牲祠社具供帳盛于仲春之月社之餘胙悉貢饋鄉里周于族社餘之會其在茲乎此其會也擲茭于社神以占來歲豐歉或折竹以卜楚詞曰索瓊茅以筳篿人折竹結草以卜謂爲壽也

牛蹄卜者晉書曰夫餘國若有軍事殺牛祭天神以其蹄占吉凶蹄解者爲凶合者爲吉楊方五經鉤沉曰[illegible]之人以牛骨占事呈吉示凶

貢龜論

宋　陳師道

夫龜者水產而成形故八百年反大如錢夏則游於荷冬則藏藕節爲人所驚則隨波流蕩在於荷中審而察之有黑氣如煤烟於荷心其狀甚分明遊人往往見之此謂之息氣也故非有太清法者則莫能取之矣或見其氣象輒莫驚動其荷當潛含水以油膏噀之則其龜弗能遁形矣處澤產水術云油可以見水族靈物若獲之可以其色以占於未萌凡卜當以

心揣其龜若卜其生事龜之甲文乃變爲桃花之色其紅可愛若卜其死事甲文乃變爲黷黯之色其污可惡若卜其善事是龜也蹣跚跳躍而弗能止矣若卜其惡事則泊然不復變其色伏息竟日而復興其論曰夫甲黃足赤腹白尾青般黑者蓋禀受乎五行之粹也然而性畏刀鐵之器聞其聲則不能動矣其論本在鴻毛溪之南九岩石室之前石可半畝許大其色狀如黃羅故謂之黃羅石覆其岩之上刻以金玉皆周書小篆體故鍾山太嶽主玄真之所秘錄也

李淳風采藥於鍾山鴻毛溪紫菰石室中遇嶽主誥之遂潔誠精心仰覘點記錄進唐太宗皇帝故世得聞焉

百怪斷經

宋　俞𧬈

嚏噴占

子時

主酒食

丑時

主女思

寅時

主女相和

卯時

主財喜

辰時

主酒食

巳時

主人來財

午時

主有客來

未時

主酒食

申時

主驚不利

酉時

主文人來求

戌時

主和合

亥時

主吉利

百怪斷經　二

眼跳占

子時

左主貴　右主酒食

丑時

左主憂　右主人思

寅時

左主行人　右主吉

卯時

左主貴人　右主平安

辰時

左主客來　右主害

巳時

左主酒食　右主凶

午時

左主得意　右主凶

未時

左主吉　右主喜

申時

百怪斷經　三

左主財　右主文思

酉時

左主音信　右主客至

戌時

左主他喜　右主酒食

亥時

左主貴人　右主官事

心驚占

子時

有女人思
丑時
惡事不利
寅時
有客來
卯時
有酒食
辰時
有喜事

巳時
有大獲
午時
主有酒食
未時
有女人思
申時
主喜事
酉時

主喜信
戌時
有官客至
亥時
主惡服夢怪大凶

耳鳴占

子時
左主女思　右主失財
丑時

左主他喜　右主口舌
寅時
左主失物　右主心憂
卯時
左主坎柯　右主客至
辰時
左主得意　右主行人至
巳時
左主凶　右主大吉

午時
左主信　右主親人至
未時
左主他役　右主遠人來
申時
左主行人　右主吉
酉時
左主失財　右主吉
戌時

左主遠行　右主康
亥時
左主吉　右主凶
耳熱占
子時
主有僧道來議事
丑時
主有喜事大吉
寅時

主有酒食吃
卯時
主有遠人來
辰時
主有喜事大吉
巳時
主失財物不利
午時
主有喜事來

未時
主有奇獲
申時
主有客來酒食
酉時
主女子至婚事
戌時
主有爭訟口舌
亥時

主有詞訟口舌

鴉鳴占

寅卯時

正東送物　東南爭　正南吉　西南吉

正西外人思　西北酒食　正北口舌　東北病

辰巳時

正東風雨　東南女客　正南相命　西南爭

正西官訟　西北貴人至　正北相命　東北親至

午時

正東爭　東南親客　正南爭　西南不寧

正西送物　西北酒食　正北六畜至　東北送物

未申時

正東凶　東南凶信　正南遠信　西南大雨

正西吉　西北親客　正北六畜在　東北客至

酉時

正東公事　東南外服　正南故人　西南相召

正西客至　西北失物　正北病　東北客至

凡鴉鵲之鳴有呼群喚子者有競食爭巢者其音相似難以一槩占但其鳴向我異于常鳴者是鴉之報也是以占之甚驗經曰鴉鵲不爲世俗鳴則占于無益乃爲大德者所報凡占先要所在何方飛鳴而來却看鳴時是何時辰若在百步之外不必聽也

宋　向孟

釋春牛顏色第一

常以歲干爲頭色○從甲乙丙丁戊巳庚辛壬癸爲十干甲乙木其色青丙丁火其色赤戊巳土其色黄庚辛金其色白壬癸水其色黑餘倣此

支爲身色○從子丑寅卯辰巳午未申酉戌亥爲十二支寅卯木其色青巳午火其色赤申酉金其色白子水其色黑辰戌丑未土其色黄餘皆倣此

納音爲復○從金木水火土爲納音金白木青水黑火赤土黄以此五色言之

立春日干色爲角耳尾支色爲脛蹏納音色爲蹄假令甲子歲立春甲爲干其色青用青爲牛頭子爲支其色黑黑爲身納音金其色白白爲腹丙寅日至春丙爲干其色赤用赤爲角耳尾寅爲支其色青用青爲脛蹏納音是火其色赤用赤爲蹄

釋策牛人衣服第二

以立春日干爲衣色支爲勒帛色納音爲襯服色鐙令戊子日立春戊爲干當用黄衣子爲支當用黑爲勒帛納音是火當用赤爲襯服其策牛人頭履鞭策各隨時候之宜是也用紅紫頭鬚之類

釋策牛人前後第三

凡春在歲前則人在牛後若春在歲後則人在牛前春與歲齊則人牛並立假令立春在十二月內則是春在歲前即人在牛後立春在正月內則是春在歲後即人在牛前若立春在歲日同即是春與歲齊人牛並立

陽歲人居左陰歲人居右寅辰午申戌子爲陽歲卯巳未酉亥丑爲陰歲

釋籠頭韁索第四

孟年以麻爲之寅申巳亥爲孟年○仲年以草爲之子午卯酉爲仲年○季年以絲爲之辰戌丑未爲季年

凡韁索長七尺二寸像七十二候凡索者乃牛鼻中環木也亦名曰拘

拘索者牛鼻中木也以桑柘木爲之卽以歲年正月

中宮色爲之假令寅申巳亥年正月中宮二黑用黑色拘秦子午卯酉年正月中宮八白用白色拘秦辰戌丑未年正月中宮五黃用黃色拘秦

漏刻經

闕名

嘗觀天文皆按宣洞陽城晷漏且自今年冬至起筭至來年冬至日止所謂周天之正數也一日一夜通計一百刻每八刻二十分爲一時惟寅申巳亥有九刻皆以子午定其晝夜今者所在壺漏與常不遵古法務在機巧各肆臂術工匠一時胷臆之見制度既無軌則時刻宜乎差謬有過與不及之失今輙撰成滴漏循環之法積年而成不勞人力不費工財妙通

玄微至簡且捷雖出五里之外篋笥皆可附行于几案之隅所謂天運璇璣盡在目中矣切見好事君子或用表標或用煙篆然香燥則易爇香潤則爇緩天晴日表可驗陰晦又不可考二者俱非悠久之法但依此造似乎簡易而精通玄微妙中之妙也

造盂法

其法以銅盂二隻大一小一大者貯水初無定制但寬大過于小者足矣如無以磁盂代之小者重五一高三寸四分面底並闊四寸七分上下四直造之

毫差殊當以太平錢五十文準其輕重造畢于盂底微鑽一竅如針眼大浮于水盆上令水顛倒自穴外逆通上入于盂中用籌探之水至子則子時至午則午時至一更則一更矣他皆倣此

下漏法

毎日天曉日將出時將小盂浮于大盆水面上至日入時自然水漏小盂沉于水底爲度却取出小盂去其水再浮水面上至來日天曉仍舊沉于水底昏曉二時俱以水滿爲度定其晝夜其日停水之時切須漉出極淨毋使塵滓隘其水穴庶幾永無纖追之失

造籌法

用薄木竹片皆可爲如籤篦樣隨尺寸高下書寫時刻用探水定驗時辰更點尤是簡捷凡籌三十四分均布十二段毎段該二分五厘惟寅申巳亥上分外加添四分謂維偏添之數也閏餘成歲折璇之數也今皆捷取小盂內分刻爲驗甚徑更捷小盂分刻處相對先刻取二路以浮魚指點處是也凡一年十二月止用太平錢二十文隨月加減鎮壓小盂

加減法

十一月節晝用二十文太平錢勻鋪小盂底夜用空盂十二月節晝用太平錢十九文夜用一文自十二月節爲始晝減一文夜添一文七日一次加減正月節晝用十一文夜用九文二月節晝用十文夜用十文三月節晝用九文夜用十一文自三月節爲始毎七日一次晝減一文夜增一文四月節晝用一文夜十九文五月節晝用空盂夜二十文六月節晝用一文夜十九文自六月節爲始毎七日一次晝增一文

夜減一文七月節晝九文夜十一文八月節晝夜各十文九月節晝用十一文夜用九文自九月節爲始毎七日一次晝添一文夜減一文十月節晝用十一文夜用九文

推二十四氣

正月立春雨水節二月驚蟄及春分三月清明并穀雨四月立夏小滿全五月芒種及夏至六月大暑小暑勻七月立秋并處暑八月白露及秋分九月寒露與霜降十月立冬小雪均十一月大雪與冬至十二

從小寒及大寒

定太陽出沒法

正月出乙入庚方二八出兎入鷄場三七發甲入辛地四六生寅入犬藏五月生艮歸乾上仲冬出巽入坤方惟有十與十二月出辰入申子細詳

約十二時

半夜子鷄鳴丑平旦寅日出卯食時辰禺中巳日中午日昃未晡時申日入酉黄昏戌人定亥

漏刻經　〔八〕　四

感應經

宋　陳櫟

積穀生蟲腐草爲螢

搜神記曰龍易骨麞易角蛇類解皮蟹類易殼又折其螯足墮復更生穀之化爲虫也妖氣之所生

禮記月令季夏腐草化爲螢

虎知衝破燕識戊巳

博物志云虎知衝破又能畫地卜今人有畫地上下推其奇偶謂之虎卜說文燕玄鳥也齊魯之間謂之乙謂之鳦作巢避戊巳玄中記千歳之燕戶北向

梟避星名鵲避太歲

周禮哲蔟氏掌覆妖鳥之巢以方書十日之號十有二辰之號十有二月之號十有二歳之號二十有八星之號縣其巢上則去之庭氏掌射國中之妖鳥若不見其鳥獸則以救日之弓與救月之矢夜射之若神也則以太陰之弓與枉矢射之晏子春秋及說苑搜神並言柏氏常爲齊景公禳梟乃

感應經　〔八〕　一

令劉嘗伏地死蓋用此術也又曰鵲知太歲之所在博物志云鵲巢避太歲此非才智任自然也淮南子曰鵲識歲多風去高木巢傍枝也

河有怪魚乃名為鰐其身若豹其齒三作

博物志云海南有魚如鼉斬其首乾之椓去齒而更復生南州亦云然淳風又聞廣州鰐魚能陸追牛馬殺之水中覆舟殺人值網則不敢觸如此畏慎其一孕生卵類百於陸地及其成形則有蛇有龜有鼈有魚有鼉有蛟者凡數十類及其被人捕取宰殺之其靈能為雷電風雨殆神物龍類也

風生之獸出於大林刀劒不入鍛以鐵砧既如韋囊雖復甓死張口向風欻然還起

十洲記曰炎洲在南海中有地方二千里去岸九萬里上有風生獸狀如豹青色如大狸張網取之積薪數車以燒之薪盡而此獸在火不然以鎚其頭十數萬下乃死而以其口向風須臾便活而起以石上菖蒲塞鼻而死抱朴子云生火林中萬劒斫不入鐵鎚打頭骨破皮如韋囊而不死餘亦同上所說

違天犯狀伯趙鴟梟害親逆道破鏡黃腰何不殄滅而逍遙

春秋傳曰伯趙司至即百勞也曹植惡鳥論云夏至陰氣動為殘殺蓋賊害之候鳴於人家則有死亡之徵又云鴟梟食母眼睛乃能飛郭璞云伏土為梟漢書志云古者天子常以春鮮祀之黃帝用破鏡孟康云破鏡獸名食父形如貙而虎眼獨地志黃腰獸鼬身狸首生子長大能自活則群逐其母令不得歸形雖小能殺牛鹿及虎

炭何為重鐵何為輕

漢書曰先冬至夏至懸炭鐵如衡各一端令相停冬至陽氣至炭仰而鐵低夏至陰氣至鐵仰而炭低以此候二至淮南子曰權土炭候氣也

象而後數卜筮之術朽骨枯草安知吉凶

六韜曰文王使散宜生卜伐殷告乎不吉鑽龜不兆數蓍著交而折散宜生因曰不祥何以舉也太公進曰非子所及聖人天地之道承衰亂而起

龜者枯骨蓍者朽草不足以辨吉凶左氏傳吉凶
由人也

感應類從志

吳僧賛寧

蘆灰投地蒼雲自滅

史記有蒼雲闌軫軫楚之分野是不善之徵楚大史唐勒乃夜以葭灰遺於地乃更滅拂之其蒼雲爲之半滅

積灰知風懸炭識雨

以榆化灰聚置幽室中天若將風則灰皆飛揚也秤土炭二物使輕重等懸室中天將雨則炭重天

晴則炭輕又云以此驗二至不雨之時夏至一陰生即炭重冬至一陽生即炭輕二氣變也

僵蠶拭唇馬不咬人狼皮在槽馬不食穀

以僵蠶拭馬唇内外即不咬人亦不喫草取桑作末塗口即不喫草也以鼠狼皮挂馬上或云置穀上馬不咬穀也

胡桃之券令鷄夜鳴鵂鶹之契投梟自止

以胡桃樹東南枝劈之書券字訖送之於鷄栖下則夜鳴不止以故鵂鶹書契字置於墻上忽聞梟鳴

取以投之卽不敢更鳴也

口誦儀方登山不見虎心念儀方入澤不逢蛇

此二句月驗也

藉草三垂鬼魅收跡金乗一振遊光歛色

夜臥以所眠上抽草一莖出長三寸許鬼魅不敢來魘人田野中見遊光者火也其名曰燐鬼火也或人死血久積地爲野火遊光不常或出或沒來逼人奪人精氣以鞍兩轡相叩作聲火卽滅也

貨宅之財不買生口佔乗之物不以聘婦

賣宅之財不買生口奴婢及生物並不利於人賣驢馬之財不聘婦

牛馬度關出手卽售衣服運井入市爭酬

欲買牛馬驢畜宿以木關障之明乃度過令寡婦繫其尾作卜字則其物易售也欲出賣衣服運遶繞井三匝將入市爭酬也

月布在戸婦人留連守宮塗臂自有文章

取婦人月水布燒作灰婦人來卽取少許置門閫門限婦人卽留連不能去五月五日取蝇虎虫以研血用硃砂和牛羊脂食之令其腹赤乃取爲末少許塗人臂卽有文章揩拭不去男女合歸卽滅

此東方朔法漢武帝以驗宮人故曰守宮也

高懸大鏡坐見四隣廻風之草自覩四戸

以大鏡長竿上懸之向下便照耀四隣當鏡下以盆水坐見四隣出入也取廻風草插頭上令人顧見四戸之事回風卽旋風也

群毛止風孤槌息滂

取黑犬皮毛并白鷄左翼剪燒之揚鷄卽風生揚

犬卽風止也三寡婦七孤兒各令持研米槌孤兒仰天號寡婦向地哭卽雨止有大驗也

井衣獨運逃亡自歸離縷縫裳豎奴無去

取逃人衣服井中垂運之則逃人自思歸也以離帶麻作線縫奴婢衣裕縫一尺六寸卽無逃走之心也

木瓜翻魚荼椒伏雀

以木瓜灰和麥飯糠及米投水中魚乃食之魚皆翻目矣秦椒爲末和稻飯雀食之而休伏地也

榴見屍而實繁榴得骸而葉茂

榴見死屍即多子以骸骨埋榴樹根下繞之其樹滋

龜骸環裳子孫聰明狗肝泥竈婦妾孝順

取龜左骸骨環而帶之子孫聰明智慧以狗肝和淨土泥竈令婦妾柔順也

沃穴難盈虛損門戶勾芒在竈家常耗耄

有穴容指以水沃之不可滿者此名虛耗之宅有此令人虛損不滋息竈前或左右有濕如水澆處

不乾者若不去之令人家多耗耄也

蛙布在厠婦不妬草髮在竈婦安夫

以婦月水布喂蝦蟆於厠前入地一尺五寸許即令婦人不妬忌又埋婦人髮於竈前令婦人安夫家又取他人髮埋竈前令人不怒恒喜

屋三徙鬼逐人隣三穴家必破

家三移徙耗鬼逐人三穴爲空亡故家破

夢書

闕名

印鈎爲人子所祿也夢見印鈎人得子含吞印鈎懷姙婦也鈎從腹出爲其乳失印子傷墮而懷之妻有子以口含之子爲宅中

凡夢侏儒事不成舉事中止後無名百姓所笑人所輕

亭爲積功民所成也夢築亭者功積成也夢亭壞敗恩澤傷也

桃爲守禦辟不祥夢見桃者守禦官

李爲獄官夢見李者憂獄官

夢得香物歸女歸也

竹爲處士夢者當歸隱也

夢梳篦爲憂解也其髮滑澤心泰也蟣虱盡去百病愈也蟣虱爲憂嚙人身也夢見蟣虱而有憂至也

蠟爲婦女有儀也夢見蠟者憂姙也

松爲人君夢見松者見人君之徵也

榆火爲德至也夢採榆葉受賜恩也夢居樹得貴官

也夢其葉滋茂福祿存也

柳爲使者夢當出游也

鶉鴝爲鬬相見怒也夢見鶉鴝憂鬬也

夢見鴛鴦居不雙也婦見之此獨居也婿見之恐失妻也雄雌俱行淫佚遊也

丈尺爲人正長短夢得丈欲正人也

銓衡爲人正也夢得衡爲平端也以銓秤平財錢也重者價貴輕者賤也銓衡折敗無平人也

夢横繳欲舉薦

夢見新箄婦女憙

夢見得新銚當取好婦也

夢圍棋者欲鬬也

婦人夢粉脩爲懷姙

麤屐爲使令卑賤類也夢得麤屐得僮使之也

夢持彈者得朋友

夢簾屏風蔽匿一身也

夢見帷帳憂陰事

夢床所壞者爲憂妻也

夢得鐶者憂相負也

數術記遺

漢 徐岳

余以天門金虎呼吸精泉

按星經云昴者西方白虎之宿太白者金之精也太白入昴金虎相薄法有兵亂屬官王時有人採薪於郊間歌曰金虎入門呼長精吸玄泉時人莫能知其義老君曰太白入昴兵其亂徐氏名岳東萊人蓋以漢室版蕩又謫詭見於天將訪名山自求多福也

羽檄星馳郊多走馬

按漢微天下兵必露檄插羽也老君曰天下有道却走馬以糞天下無道 馬生于郊也

遂負帙游山躡跡志道

躡跡者兩足共躡一足跡也漢文帝河上公躡跡爲士

備歷丘嶽林壑必過乃於太山見劉會稽博識多聞徧於數術余因受業頗染所由余時問曰數有窮乎會稽曰吾曾游天目山中

會稽官號漢中人也按曆志稱靈帝光和中穀城守門候太山劉洪造乾象曆又制月行遲疾陰陽曆自洪始也方於太初四分轉精密矣洪後爲會稽太守劉洪付乾象於東萊徐岳又授吳中書令闞澤澤甚重焉爲注解今案地記天目山在吳興之界

見有隱者世莫知其名號曰天目先生余亦以此意問之先生曰世人言三不能比兩乃云捐悶與四維

藝經云捐悶者周公作也先本位以十二時相從

其文曰周有文章虎不如龍豕者何爲來入兔宫王孫出戶乃造黄鍾犬就馬廄非類相從羊奔虵穴牛入雞籠徐援稱捐悶乃是奇兩之術發首即奇一後乃奇兩者仰爲疑更謂曰大豬東行遇虎坑兔子欲宿入馬廄羊來入村狗所也犬牛仰知乘龍上虵往西家入猴鄉雞鳥不止夜 其言三不能比兩者孔子所造也布十干於其方戊己在西南維其文曰火爲木生甲呼丁夫婦義重巳遂壬貴遺則統領辛參南丙妻則須守乙後火虎

予天癸就與四維東萊子所造也布十二時四維
之一其文曰天行星紀石隨龍淵風吹羊聞天門
地連兔居兆穴馬到猴遊雞飛豬鄉鼠入虎變犨
亦有四維之戲與此異焉
數不識三妄談知十
三者上中下也十數鼎一數也於先之意非止十
等之名將關大衍之旨乖一也
猶川人車迷其指歸乃恨司方之手爽
司方者指南車也狐疑論稱黃帝將見大隗於具

茨之山至襄城之野川谷之山率多斜曲川人曰
積數之常乃同以之非指南車之爲爽乃皆謂
擺司方所指者乃爲我等之西也然則指南豈其
謬也乃行數里川人又曰司方所指我等之東也
衆共論之爲疑笑於時容成子怪而問之川人以
其狀自對容成曰在此望之具茨之山於汝住所
復在何方川人又曰在我之東容成曰汝向言在
西今更在東何言不常也此非山川之移川曲之
斜人心之惑耳川人乃請於斜曲之以定東西遶
北之術容成曰當竪一木爲表以索繫之表引索
繞表畫地爲規日初出影長則出圓規之外向中
影漸短入規之中候西北隅影初入規之處則記
之乃過中影漸長出規之外候東北隅影初出規
之處又記之取二記之所即正東西也折半以指
表則正南北也川人志之以爲知方之術
未識剎那之賒促安知麻姑之桑田
按楞伽經云稱量長短者積剎那數以成日夜剎
那量者壯夫一彈指過頃逕六十四剎那二百

四剎那名一怛剎那三十怛剎那名一婆羅三十
婆羅名一摩睺羅多三十摩睺羅多予爲一日一
夜其一日一夜有六百四十八萬剎那神仙傳稱
麻姑謂王方平曰自接待以來見東海爲桑田向
到蓬萊水乃淺於往者略半也豈復將爲陵陸乎
方平乃曰東海行復揚塵耳
不辨積微之爲量詎曉百億與大千
按楞伽經云積微成一阿耨七阿耨爲一銅上塵
七銅上塵爲一水上塵七水上塵爲兎毫上塵七

兎毫上塵爲一羊毛上塵七羊毛上塵爲一牛毛上塵七牛毛上塵爲一隙中由塵七隙中由塵成一蟣七蟣成一蝨七蝨成一麥橫七麥成一指節二十四指節爲一肘四肘爲一弓共肘五百弓爲阿蘭惹據若摩竭國人一拘盧舍爲五里八拘盧舍爲一由旬一由旬計之爲四十里也及以算校之正得一十七里何者計二尺爲一肘四肘爲一弓弓長八尺也計五百弓有四千尺也八拘盧舍則有三萬二千尺除之得五千三百二十三步

以里法三百步除之得一十七里餘二百三十三步華嚴經云四天下共一日月爲一世界有千世界有一小鐵圍山遶之名曰小千世界有一千小世界有中鐵圍山遶之名曰中千世界有中千世界有大鐵圍山遶之名曰大千世界此三千大千世界之中有百億須彌山乃今校之世有十億日月十億須彌山何者還小千世界之中有　千日月以一千乘之得一百萬卽中千世界中日月數也還中千乘界日月之數以一千乘之得卽大千世界日月之數也又云四天下者須彌山南曰贍浮提山北曰鬱丹越山東曰　提山西曰俱瞿耶尼山其日月一日一夜照四天下山南日中山北夜半山東日中山西夜半及以成事驗之則有疑矣何者按閻浮提人在須彌山南及至二月八月春秋分晝夜停以漏刻度之則晝夜各五十刻也然則日初出時東向視日之當我之東卽漏刻及其日沒當我之西五十刻其一日一夜之中適之天下而來所以至曉亦得五十刻也胡以十萬爲

億有百倍日月四[illegible]下等事有所未詳也

黄帝爲法數有十等及其用也乃有三焉十等者億兆京垓秭壤溝澗正載三等者謂上中下也其下數者十十變之若言十萬曰億十億曰兆十兆曰京也中數者萬萬變之若言萬萬曰億萬萬億曰兆萬萬兆曰京也上數者數窮則變若言萬萬曰億億億曰兆兆兆曰京也

按詩云胡取禾三百億兮毛注曰萬萬曰億此卽中數也鄭注云十萬曰億此卽下數也徐援受記

云億億曰兆兆兆曰京也此即上數也鄭注以數
爲多故入而言之
從億至秭終於大衍
按易繫大衍之數五十其用四十有九又云天一地二天三地四天五地六天七地八天九地十天數五地數五天數二十有五地數三十凡天地之數五十有五也
下數淺短計事則不盡上數宏廓世不可用故其傳業惟以中數耳余時問曰先生之言上數者數窮則

變既云終於大衍大衍有限此何得窮先生笑曰藎未之思耳數之爲用言重則變以小兼大又加循環循環之理豈有窮乎
小兼大者備加董氏三等術數加更載爲頻故焉
余又問曰爲算之體皆以積爲名爲復更有他法乎先生曰隸首注術乃有多種及余遺忘記憶數事而已
其一積算　其一太乙　其一兩儀　其一三才
其一五行　其一八卦　其一九宮　其一運籌
其一了知　其一成數　其一把頭　其一龜算
其一珠算　其一計算
此等諸法隨須更位唯有九宮守一不移位依行色並應無窮
從積以來至珠算從一至於百千已上位更不變改位依行色者位依五行之色北方水色黑數一東方木色青數三南方火色赤數二西方金色白數四中央土色黃數五言位依行色各一位第一

用玄珠十位第二用赤珠百位第三用青珠千位第四用白珠萬位第五用黃珠千萬位以白縱繫黃珠萬萬位曰億以黃縱繫黃珠自餘諸位唯並之故曰並應無窮也
余慕其術慮恐遺忘故與好事後生記之云耳積算今之常算者也以竹爲之長四寸以效四時方三分以象三才言算法是包括天地以燭人情數始四時終於大衍猶如循環故曰今之常算是也
太一算太一之行去來九道

刻板横爲九道竪以爲柱柱上一珠數從下始故
曰去來九道也
兩儀算天氣下通地禀四時
刻板横爲五道竪爲位一位兩珠色青下珠色黄
上珠其青珠自上而下第一刻主五第二刻主六
第三刻主七第四刻主八第五刻主九其黄珠自
下而上第一刻主一第二刻主二第三刻主三第
四刻主四而已故曰天氣下通地禀四時也
三才算天地和同隨物變通

數術記遺　九

刻板横爲三道上刻爲天中刻爲地下刻爲人竪
爲算位有之珠青珠屬天黄珠屬地白珠屬人又
其三珠通行三道若天珠在天爲九在地主六在
人主三其地珠在天主八在地主五在人主二人
珠在天主七在地主四在人主一故曰天地和同
隨物變通亦况　三元上元甲子一七四中元甲
子二八五下元甲子三六九隨物變通也
五行算以生兼生生變無窮
五行之法水玄生數一火赤生數二木青生數三
金白生數四土黄生數五今爲五行算色别九枚
以五行色數相配爲算之位假令九億八千七百
六十五萬四千三百二十一者則以白算配黄爲
九億以青算配黄爲八千以赤算配黄爲七百以
玄算配黄算爲六十以一黄算爲五萬以一白算
爲四千以一青算爲三百以一赤算爲二十以玄
算爲一也故曰以生兼生生變無窮
八卦算針刺八方位闕從天
算爲之法位用一針鋒所指以定算位數一從離

數術記遺　十

起指正南離爲一西南坤爲二正西兌爲王西北
乾爲四正北坎爲五東北艮爲六正東震爲七東
南巽爲八至九位闕即在中央竪而指天故曰位
闕從天也
九宮算五行參數猶如循環
九宮者即二四爲肩六八爲足左三右七戴九履
一五居中央五行參數者設位之法依五行已注
於上是也
運籌算小往大來運於指掌

此法位別須算籌一枚各長五寸至一籌上各爲五刻上頭一刻近一頭刻之其下四刻迭相去一寸令去下頭亦一寸入手取四指三間間有三節初食指上節間爲一位第二節間爲十位第三節間爲百位至中指上節間爲千位中節間爲萬位下節間爲十萬位無名指上節間爲百萬位中爲千萬位下爲億也它皆倣此至算刻近頭者一刻主五其遠頭者一刻之別從下而起主一主二主三主四若一二三四頭則向下於掌中中若具五

則迴取上頭向掌中故曰小往大來也迴游於手掌之間故曰運於指掌也

了知算首唯秉五腹背兩兼

了算之法一位爲一了字其了有三曲其下股之末內主一外主九下次第一曲內主二外主八當第二曲內主三外主七其第三曲內主四外主六當了字之首則主五故曰首唯秉五腹背兩兼也

成數算春夏生養秋收冬成

算之法位別須五色算一枚其一算之象頭各皆黃色爲本以生數也餘色爲首其五行各配七爲成數也水玄生數一成數六火赤生數二成數七木青生數三成數八金白生數四成數九若以首向東及南爲生數向西及北爲成數假令有九億八千七百六十五萬四千三百二十一者則以白算首向北爲九億以青算首向西爲八千以赤算首向北爲七百以玄算首向西爲六十以黃算一枚豎爲五萬以白算首向東爲四千以青算首向南爲三百以赤算首向東爲二十以玄算首向南

爲一也故首向東向南爲生數向西向北爲成數故云春夏生養秋收冬成也

把頭算以身當五目視四方

把頭之法別須算二枚一漫一齒者一面刻爲一其一面爲二一面爲三其一面爲四也漫者爲把爲猶即當五算生齒者爲把頭一目當一算故曰以身當五目視四方也

龜算春夏秋成遇冬則停

爲算之法位別一龜龜之四面爲十二時以龜首

指寅爲一指卯爲二指辰爲三指巳爲四指午爲五指未爲六指申爲七指酉爲八指戌爲九指亥爲十龜頭指不以爲數故云過冬則停也

珠算控帶四時經緯三才

刻板爲三分其上下二分以停游珠中間一分以定算位位各五珠上一珠與下四珠色別其上別色之珠當其下四珠珠各當一至下四珠所領故云控帶四時其珠游於三方之中故七經緯三才也

計數既捨數術宜從心計

言捨數術者謂不用算籌宜以心計之或問曰今有大水不知廣狹欲不用算籌度而知之假令於水北度之者在水北置三表令南北相直各相去一丈人在中表之北平直相望北水岸令三相直卽記南表相望相直之處其中表人目望處亦記之又從中相望處直望水南岸三相直看南表相直之處亦記之取南表二記之處高下以等北表點記之還從中表前望之所北望之[illegible]表下記三相直之北卽河北岸也又望上記三相直之處卽河北岸中間則水廣狹也或問曰今有長竿一枚不知高下既不用籌算云何計而知之答云取竿之影任其長短畫地記之假令手中有三尺之物亦豎之取杖下之影長短以量竿影得矣或問曰今有深坑在上看之可知尺數已否答曰以一丈極意長短假令以一丈之杖擲著坑中人在岸上手提之一杖舒手望坑中之杖遥量知其寸數卽令一人於平地提一丈之杖漸令却行以前者遥望

坑中寸數之與望坑中數等者卽得或問曰今甲乙各驅羊一羣人各問多少而甲曰更得乙一口卽加五多於甲問各幾何答曰甲九口乙十一口或問曰甲乙各驅羊行人問其多少甲曰我得乙一口卽與乙等乙曰我得甲乙口則倍多於甲問各幾何答曰甲二乙四或問曰今有雞翁一隻直五文雞母一隻直四文雞兒一文得四隻合有錢一百文買雞大小一百隻問各幾何答曰雞翁十五隻雞母一隻雞兒八十四隻合大小一百隻訖

數多少略舉其例或問曰今有雞翁一隻直四文雞母一隻直三文雞兒三隻直一文今有錢一百文還買雞大小一百隻問各幾何答曰雞翁八隻雞母十四隻雞兒七十八隻合一百隻

或問鸞曰世人乃云算位者算了則竪信有之乎鸞答之曰依如針算則以針鋒指八卦之位一從離起左行周帀至巽八位既合及其至九無位可指是以在中竪而指天故曰有位合算子竪之名也又問鸞曰昔有吳人趙達用一等之法頭乘尾除其有此術乎鸞答之曰此乃傳之失實猶公獲夔一足丁氏穿井而獲丁人也何者按乘之法重獲其位以上呼一置得於中置所除之數於下又置得於上亦三重張位然則乘之與除法用不同欲以一算上下常六重之身增損為衆位之實若其神也則藉一算之功如其凡也理不可爾問者又曰若如來指為妄矣此言何從而至鸞答之曰此亦傳之過實也何者積一算者益一位用一算也頭乘尾除者欲使乘別位乘時以針鋒指之除時則用針尾撝之故有頭乘尾除之

名也

說郛目錄

漢雜事秘辛

漢 無名氏

建和元年四月丁亥保林吳姰以丙戌詔書下中常侍超曰朕聞河洲窈窕明辟思服擇賢作儷隆代所先故大將軍乘氏忠侯商所遺少女有貞靜之德流聞禁掖其與姰並詣商第周視動止審悉幽隱其毋諱匿朕將採焉姰即與超以詔書趨詣商第第內讙謙食時商女女瑩從中閣細步到寢姰與超如詔書周視動止俱合法相超留外舍姰以詔書如瑩燕處屏斥接侍閉中閤子時日晷薄辰穿照蜃窗光送著瑩面上如朝霞和雪豔射不能正視目波澄鮮眉嫵連卷朱口皓齒脩耳懸鼻輔靨頤頷位置均適姰尋脫瑩步搖伸髻度髮如黝髹可鑒圍手八盤墜地加半握已乞緩私小結束瑩面發赬抵攔姰告瑩曰官家重禮借見朽落緩此結束當加鞠翟耳瑩流數行下閉目轉面內向姰為手緩捧著日光芳氣噴襲肌理膩潔拊不留手規前方後築脂刻玉胸乳菽發臍容半寸許珠私處墳起為展兩股陰溝渥丹火齊欲

吐此守禮謹嚴處女也約略瑩體血足榮膚膚足飾肉肉足冒骨長短合度自顛至底長七尺一寸肩廣一尺六寸臀視肩廣減三寸自肩至指長各二尺七寸指去掌四寸肖十竹萌削也髀至足長三尺二寸足長八寸脛跗豐妍底平指斂約縑迫襪收束微如禁中久之不得音響姁令推謝皇帝萬年瑩乃徐拜稱皇帝萬年若微風振簫幽鳴可聽不痔不瘍無黑子創陷及口鼻腋私足諸過臣妾姁女賤愚憨言不宣心書不符見謹秘緘昧死以聞時夜漏三下太后

猶御壽安殿發緘歡喜顧語帝曰吾入宮後知有幼妹然中外隔闊目所未見不謂爭逹如爾明日詔下有司議禮有司奏曰謹按春秋迎王后于紀在途則稱后故大將軍乘氏忠侯商女今大將軍參錄尚書事乘氏侯冀女弟膺紹聖善儔協潛邸結婚之際有命便集宜備禮章時進徵幣請下三公太常案禮儀奏可一準孝惠皇帝納后故事於六月癸未皇帝制詔大將軍參錄尚書事乘氏侯冀乾施坤受實始人[illegible]不有配儷得奉天地宗廟爰謀公卿咸謂宜率前典今使使持節太常弘宗正千秋以禮納采主人曰皇帝嘉命訪婚陋族備數采擇臣女故大將軍乘氏忠侯商之遺女未閑訓誡衣履若而人欽承前典盡奉儀制大將軍參錄尚書事乘氏冀上臣冀頓首再拜承制乙酉皇帝制詔大將軍參錄尚書事乘氏侯冀兩儀配儷承天統物正位于內必俟令族重申舊典今使使持節太常弘宗正千秋以禮問名主人曰皇帝嘉命使者弘到重宣中詔問臣名族臣女弟女瑩父母所生先臣故九江太守定陵鄉侯統之遺玄

孫先臣故褒親愍侯竦之曾孫先臣故少府特進乘氏侯雍之孫先臣故大將軍乘氏忠侯商之遺女外出自先臣故侍中鯛陽侯萬全之外曾孫先臣故大鴻臚鯛陽侯桂之外孫年十六欽承前典肅奉儀制戊子皇帝制詔大將軍參錄尚書事乘氏侯冀人謀龜從僉曰貞吉敬從典禮今使使持節太常弘宗正千秋以禮納吉主人曰皇帝嘉命使者弘重宣中詔太卜兆吉臣陋族卑鄙憂懼不勝欽承前典肅奉儀制辛卯皇帝制詔大將軍參錄尚書事乘氏侯冀之

女弟有母儀之德窈窕之姿如山如河宜奉宗廟承承天祚以黃金二萬斤馬十二匹玄纁穀璧以章典禮令使使持節司徒戒太常弘以禮納徵王人曰皇帝嘉命降婚卑陋崇以上公寵以典禮備物典策欽承前典肅奉儀制甲午皇帝制詔大將軍參錄尚書事乘氏侯冀謀于公卿大筮元龜罔有不臧率遵典禮令使使持節大常弘宗正千秋以禮請期王人曰皇帝嘉命使弘重宣中詔吉日惟今月庚子可迎臣欽承前典肅奉儀制庚子皇帝制詔大將軍參錄尚

書事乘氏侯冀歲吉月令吉日惟庚子率禮以迎今使使持節太尉喬司徒戒以迎王人曰皇帝嘉命使者喬重宣中詔今月吉辰備禮以迎上公宗卿兼至副介近臣百兩臣蝝蟻之族猥承大禮憂懼惶悸欽承前典肅奉儀制后服紺上玄下假髻步搖八雀九華十二鏌加以翡翠朱曷襪乘法駕重翟羽蓋金根車駕青交路青帷裳樴畫輈黃金塗五末蓋蚤施金華駕駟馬龍旂九斿大將軍妻參乘太僕妻御車府令設鹵簿屬車四十六乘前鸞旗車皮軒闒皇闕戟

九斿雲罕金鉦黃鉞洛陽令奉引公卿五官校尉司隸校尉河南尹妻皆乘其官車帶夫本官綬以從置虎賁羽林騎戎頭黃門鼓吹五時副車女騎夾轂執法御史在前五將導騎千乘萬騎引至闕下自皇漢迎后未有若斯之盛也至八月乙未詔曰維建和元年八月乙未制詔故大將軍乘氏忠侯商女女瑩族聞任姒佐周綿運八百良以德重黃床足奉宗廟也朕以寡昧承嗣歷服爰求英淑共臨海內惟爾夙閑內戒德冠後庭有天桃之宜協和鳴之祥宜升尊位

母儀天下今使太尉喬使持節奉璽綬宗正千秋爲副介爾爲皇后其敬慎中饋以踐乃位無替朕命永奠坤維后即位于章德殿太尉使持節奉璽綬天子臨軒階設虎賁旄頭五牛旗百官陪位皇后北面太尉在階下東向宗正大長秋西向宗正讀策文畢皇后稱臣妾皇帝萬年畢住位太尉喬授璽綬中常侍持兵跪受璽綬奏于殿前女史授婕妤婕妤長跪受以授昭儀昭儀長跪受以帶皇后皇后伏起拜稱臣妾皇帝萬年就黃門鼓吹三通鳴鼓畢羣臣以次出

后即位大赦天下

漢雜事一卷得于安寧州土知州董氏前有義烏王子充印蓋子充使雲南時篋中書也然御覽諸書亦有漢雜事而畧不見收此特載漢桓帝懿獻梁皇后被選及六禮冊立事而吳姁入后燕處審視一段最爲奇艶但太穢褻耳不謂冀威赫震人猶得覆選如此卷首有秘辛二字不可解要是卷帙甲乙名目余嘗捜考弓足原始不得及見約縑迫袜收束微如禁中語則纏足後漢已自有之言説于口追駟不及聊志于此用塞疎漏之誚成都楊慎識

大業雜記

南宋劉義慶

大業　年勅有司於洛陽故王城東營建東京以越國公楊素爲營東京大監安德公宇文愷爲副廢三崤舊道令開菆栅道時有術人章仇太翼表奏云陛下是木命人雍州是破木之衝不可久住開皇之初有童謠云修治洛陽還晉家陛下曾封晉王此其驗也帝覽表愴然有遷都之意即日車駕往洛陽改洛州爲豫州自豫州至京師八百餘里置一十四頓別

有宮有正殿發河南道諸州郡兵夫五十餘萬開通津渠自河起滎澤入淮千餘里又發淮南諸州郡兵夫十餘萬開邗溝自山陽淮至于揚子入江三百餘里水面濶四十步通龍舟兩岸爲大道種榆柳自東都至江都二千餘里樹陰相交毎兩驛置一宮爲停頓之所自京師至江都離宮四十餘所

東都大城周迴七十三里一百五十歩西拒王城東越瀍澗南跨洛川北踰谷水宮城東西五里二百歩南北七里城南東西各兩重北三重南臨洛水開大

道對端門街一名天津街闊一百步道傍植櫻桃石榴南行至端門自建國門南北九里四望成行人由其下中爲御道通泉流渠映帶其間端門即宮南正門重樓上重名大微觀臨大街直南二十里正當龍門出端門百步有黄道渠闊二十步上有黄道橋三道過渠二百步至洛水有天津浮橋跨水長一百三十步橋南北有重樓四所各高百餘丈過洛二百步又流洛水爲重津渠闊四十步上有浮橋津有時開闔以通樓船入苑重津南百餘步有大堤南有民坊

各周四里開四門臨大街門並爲重樓飾以丹粉洛南有九十六坊洛北有三十坊大街小陌縱横相對自重津南行盡方坊有建國門即羅城南正門也門南二里有甘泉渠疏洛入伊渠上有通仙橋五道時人亦謂之五橋橋南北有華表長四丈各高百餘尺建國門西二里有白虎門西三里至苑城傍城行三里有天經宮南二里有仙都宮並置先帝廟堂建國門東五里有長夏門南二里至丹水渠南五里至伊水東北流十餘里入洛端門西一里有右掖門門南

過黄道渠橋南道西有右候衛府出崇右門門傍渠西二里有龍天道場南臨石瀉日即煬帝門師濟闍梨所居石瀉東西二百餘步闊五十餘步深八尺並用青大石長七八尺厚一尺自上至下積三重並用大鐵爲細腰互相鉤牽亦非常之牢固正當瀉口三十步初造瀉之時鑿地得大瓮容千斛許於是塡塞瀉成不過一年即破碎上令濟闍黎呪之後更修補得立二年闍黎亡還復毁破前後計用四十萬工以瀉三城池水下黄道渠入洛端門東有左掖門南道

左有左候衛府左掖門東二里有承福門即東城南門南洛水有翊津橋通翻經道場新翻經本從外國來用貝多樹葉形似枇杷葉而厚大横作行書約經多少綴其一邊牒然今呼爲梵夾道場北府道術坊並是陰陽梵呪有道術人居之向有百餘家東城東有宣仁門臨大道大小與天津街相似東行盡六坊有上春門外夾道南北有東西道諸都邸百餘所每年朝集使停止之處并新戶坊東至雙槐樹三里宫城正門曰則天門南去端門五百步則天門東行二

宮中有興教門教門一里有[illegible]門會[illegible]光正門門東二百步有泰和門並重觀門內即左右藏左藏有庫門六重重二十五間間一十七架總一百五十間右藏屋兩重總四十間屋大小如左藏出則天門內橫街直東七百步有東太陽門東即東城門東街北行三里有含嘉門門北即含嘉城城北德猷門出含嘉西有闕壁門西有圓壁城城正南有曜儀門南即曜儀城城南玄武門門內即宮出則天門南橫街直西七百步有西太陽門出門道西南行第一院齊王

宮第二院燕王宅第三院陳王宅第四院代王宅第五院越王宅宅西拒周王古城城西即入苑則天門南八十步過橫街道東有東朝堂道西有西朝堂西連內史省省西連謁者臺臺連右翊衞府府西抵右掖門街街西有麩庫庫西即西馬坊坊西抵西城西朝堂第二街北壁第即右驍衞府府西連右禦衞府府西抵右掖門街街西有子羅倉倉有鹽二十萬石子羅倉西有粳米六十餘窖窖別受八千石窖西至西城西朝堂南第三街第一御史臺臺西連秘書省

省西連尚食庫庫西[illegible]西抵右掖門街街西[illegible]西至粳米窖坊東朝堂東連門下省省東[illegible]東連左掖衞府府東即抵左掖門街街東即西錢坊坊東連東錢坊東朝堂南第二街第一左驍衞府府東連左備身府府東左武衞府府東連左屯衞府府東連左禦衞府府東抵左掖門街街東即少府監監東即城東朝堂南第三街第一司隸臺臺東連光祿寺寺東連左監門府府東連太府寺寺東抵左掖門街

街東即少府監連南監監東至城出東太陽門街北道東第一街有鴻臚寺寺東有司農寺寺東連太常寺寺東抵城第二街即宣仁門大道大道北即尚書省第三街將作監監東連太僕寺寺東至城第四街有衞尉寺寺東連都水監監東宗正寺寺東連大理寺寺東抵城則天門兩重觀觀上曰紫微觀左右連闕闕高二十尺門內四十步有永泰門門東二百步至會昌門永泰西二百步至景運門並步廊連市坐宿衞兵永泰門內四十步有乾陽門並重樓乾陽門

東西亦有廊周中門內一百二十步有乾陽殿殿基高九尺從地至鴟尾高一百七十尺又十三間二十九架三階（一作陛）軒文欞鏤檻欒櫨百重楶拱千構雲楣繡柱華榱璧璫窮軒甍之壯麗其柱大二十四圍倚井垂蓮仰之者眩曜南軒垂以珠絲網絡下不至地七尺以防飛鳥四面周以軒廊坐宿衛兵殿庭左右各有大井井面濶二十尺庭東南西南各有重樓一懸鐘一懸鼓刻漏即在樓下隨刻漏則鳴鐘鼓大殿北三十步有大業門門內四十步有大業殿規模

小於乾陽殿而雕綺過之乾陽殿東有東上閤閤東二十步又南行六十步有東華門門東四十步道北有文成門門內有文成殿周以軒廊東華門南四十步左延福門出東行一百步至章善門街乾陽殿西有西上閤入內宮閤內一十步又行六十步有西華門出門西三十步道有武安門門內有武安殿周以軒廊西華門南四十步有延福門出門西行一百步至明福門皆大業文成武安三殿御坐見朝臣則宿衛隨入于其內宮人殿庭前種枇杷海棠石榴青桐及諸名藥奇卉東有大井二面闊十餘尺深百餘尺其三殿之內內宮諸殿甚多不能盡知則天門東二百步有興教門門北三十步有會昌門門北二百步有章善門入內尚食進食尚藥進藥內尚進物皆由此門會昌門內道左有內殿內省少府內監內尚光祿內廚道右門下內省左六衛內府左監門內府入章善門橫街東百二十步有重潤門東有東宮則天門西二百步有光政門門北三十步有景運門門北二百步有明福門入內宮命婦入朝學士進書

皆由此門入景運門入道左有內史內省秘書內省學士館右監門內府右六衛內府鷹坊內甲庫道右命婦朝堂惠日法雲二道場通眞玉淸二玄壇接西馬坊入明福門北行三十步有玄靖門門內有玄靖殿周以軒廊即宮內別供養經像之處出玄靖門橫街東行四十步有修文殿西行百步有閶闔東門門南北並有仰觀臺高百尺門西即入寶城城內有儀鸞殿殿南有烏桲林栗林有蒲萄架四行行長百餘步架南射堂對閶闔門並西二百二十步有寶城門

出址傍城三里有方諸門門卽其處城出宜興門西行七里至青城宮卽西施之內也

元年夏五月築西苑周二百里其內造十六院屈曲周繞龍鱗渠其第一延光院第二明彩院第三合香院第四承華院第五凝暉院第六麗景院第七飛英院第八流芳院第九耀儀院第十結綺院第十一百福院第十二　善院第十三長春院第十四永樂院第十五清暑院第十六明德院置四品夫人十六人各主一院庭植名花秋冬卽剪雜綵爲之色渝則改

著新者其池沼之內冬月亦剪綵爲芰荷每院開西東南三門門並臨龍鱗渠渠面闊二十步上跨飛橋過橋百步卽楊柳修竹四面鬱茂名花美草隱映軒陛其中有逍遙亭四面合成結構之麗冠絕今古其十六院例相倣效每院各置一屯屯卽用院名名之屯別置正一人副二人並用宮人爲之其屯內備養芻豢穿池養魚爲園種蔬植瓜果肴饌水陸之產靡所不有其外遊觀之處復有數十或泛輕舟畫舸習采菱之歌或升飛橋閣道奏春遊之曲苑內造山爲海周十餘里水深數丈其中有方丈蓬萊瀛洲諸島相去各三百步山高出水百餘尺上有通眞觀習靈臺總仙宮分在諸山風亭月觀皆以機成或起或滅若有神變海北有龍鱗渠屈曲周繞十六院入海東有曲水池其間有曲水殿上巳禊飲之所每秋八月月明之夜帝引宮人三五十騎人定之後開閶闔門入西苑歌管達曙詔府事乃罷清夜遊之曲數十首

初尉衛卿列權秘書丞韋萬頃總監築宮城一時布兵丁周匝四面有七十萬人城周匝兩重延袤三十

餘里高四十七尺其內諸殿基及諸墻院又役十餘萬人河南郡在宣範里西北去宮城七里河南縣在政化里去宮城八里在天津街西洛陽縣在德茂里宣仁門道北西去宮城六里大同市周四里在河南縣西十里出上春門傍羅城南行四百步至漕渠傍渠西行三里至通遠橋橋跨漕渠橋南卽入通遠市二十門分路入市市東合漕渠市周六里其內郡國舟船舳艫萬計市南臨洛水跨水有臨寰橋橋南三里有豐都市周八里通門十二其內一百二十行三

千餘肆甍宇齊平遙望如一榆柳交陰通渠相注市
四壁有四百餘店重樓延閣互相臨映招致商旅珍
奇山積出上春門東十二里有亭子宮宮南臨漕渠
東臨積潤池池東二十里有上林園備池塘臨甃之
處建國門西南十二里有景華宮宮內有含景殿及
射堂樓觀池隍十餘里有甘泉宮一名芳潤宮周十
餘里宮北通西苑其內多山阜崇峯曲澗秀麗標奇
其中有闔風亭及棲霞觀行雨臺清暑殿殿南有通
仙飛橋百尺澗青蓮峯峯上有翠微亭遊賞之美於

斯為最大業元年春遷都未成敕內史舍人封德彝
於此置宮又勑揚州總管府長史王弘大修江都宮
又於揚子造臨江宮內有凝暉殿及諸堂隍十餘所
又勑王弘於揚州造舟及樓船水殿一作朱航板𦨴板
坊黃篾舫平乘艨艟輕舸等五千餘艘八月方得成
就九月車駕幸江都宮發藻澗月葉宿平樂園頓自
漕渠口下乘小朱航行次洛口御龍舟皇后御翔螭
舟其龍舟高四十五尺闊五十尺長二百尺四重上
一重有正殿內殿東西朝堂周以軒廊中二重有一
百六十房皆飾以丹粉裝以金碧珠翠雕以奇麗綴
以流蘇羽葆朱絲網絡下一重長秋內侍及乘舟水
手以素絲大條繩六條兩岸引進其引船人並名殿
脚一千八十人並着雜錦綵粧襖子行纏鞋韈等每
繩一條百八十人分為三番每一番引舟有三百六
十人其人並取江淮以南少壯者為之皇后御次水
殿名翔螭舟其殿角有九百人又有小水殿九名浮
景舟並三重珠絲網絡已下殿脚為兩番一艘一番
一百人諸妃嬪所乘又有大朱航三十六名漾綵船

艘並二重網絡貴人美人及所乘夫人所乘每一艘
殿脚百人又有朱鳥航二十四艘蒼螭航二十
艘白虎航二十四艘玄武航二十四艘並兩重其
架船人名為船脚為兩番一艘一番六十人又有飛
羽舫六十艘一重一艘一番四十人又有青鳧舸十
艘凌波舸十艘宮人習水者乘之往來供脚一作奉及
船脚四方餘人有五樓船五十二艘諸王公主及三
品以下坐給黃衣夫艘別四十人三樓船一百二十
艘四品官人及四道場玄壇僧尼道士坐給黃衣夫

三千人又有二樓船二百五十艘五品已上及
[illegible]十[illegible]官乘黃衣夫角[illegible]一十五人[illegible]二百艘載
羽儀服飾百官供奉之物黃衣夫[illegible]州二十人黃篾
舫二千艘六品已下九品已上從官並[illegible]五品已上
家口坐並縴引給黃衣夫十五人已上黃衣夫四萬
餘人又有平乘五百艘青龍五百艘艨艟五百艘八
櫂舸二百艘艀艋舸二百艘並十二衛兵所乘并載
兵器帳幙兵士自乘不給夫發洛口部五十日乃盡
舳艫相繼二百餘里騎兵翊兩岸二十餘萬匏行次

諸部界五百里之內競造食獻多者一州百舁于時
天下豐樂雖此差科未足爲苦文武百司並從別有
步騎十餘萬夾兩岸翊舟而行冬十月車駕至江都
十二月至城阜關於武牢城西邊黃河氾水之上
二年正月帝御成象殿大會設庭燎於江都門朝諸
侯成象殿卽江都正殿[illegible]有成象門門南卽江都
門二月大駕出揚子[illegible]宮大會賜百僚赤錢於
[illegible]殿前蕭蕭爲樂四月勑[illegible]上監[illegible]任洪[illegible]開東都
[illegible]泉自宮城南承福門分[illegible][illegible]京至偃師入洛五月

轉江南諸州科上戶分房入東都住名爲部京[illegible]
千餘家七月自江南還洛陽勑於汾州西北四十里
臨汾水起汾陽宮卽管涔山河源所出之處當盛暑
月臨河盥漱卽涼風凜然如八九月
三年帝御崇德殿不怡曰先朝不嘗御北殿宜於此
館之西別爲一殿因乃造承乾殿後改爲毓德殿在京
師　行次金地群黨項羌首朝見帝問曰古有先零燒
當等種落爾是何者之後對曰相傳獼猴之後帝笑
之至浩澷川橋成乃行先是造觀風行殿三間兩厦

[illegible]任素壁雕梁綺棟一日之內巍然峙立人見此
莫不驚駭以爲神異六月勑開永濟渠引汾一作沁水
入河又自汾一作沁水東北開渠合渠水至于涿郡二
千餘里通龍舟
四年二月自京師還東都造天經仙都二宮九月自
幕北還至東都改胡牀爲交牀胡瓜爲白路黃瓜改
茄子爲崑崙紫瓜粟都有清冷泉水周潤二里許卽
衛平所得火龜之處清冷水南有横瀆東南至碭山
縣西北入通濟渠忽有大魚似鯉有角從清冷水入

渠亦唐興之北

五年吳郡送扶芳二百樹其樹蔓生纏繞它樹葉圓而厚凌冬不凋夏月取其葉微火炙使香煮以飲色深色香甚美令人不渴先有籌禪師仁壽間常在内供養造五色飲以扶芳葉爲青飲楥梖根爲赤飲酪漿爲白飲烏梅漿爲玄飲江笙一作桂爲黃飲又作五香飲第一沉香飲次檀香飲次澤蘭香飲次丹松香飲皆有別法以香爲主尚食直長謝諷造淮南王食經有四時飲

大業雜記　八　十四

十四月帝幸瀧川宮避暑十二月勅開江南河自京口至餘杭郡八百餘里水面濶十餘丈又擬通龍舟驛宮草頓並足欲東巡會稽

十年總公東進幸北平榆林宮四月車駕幸汾陽宮避暑宮地即汾河之源上有名山管涔高可千仞帝於江山造亭子十二所其最上名翠微亭次閬風彩霞臨月飛芳積翠合璧含暉凝碧紫岩澄景最下名尚陽亭亭子內皆縱廣二丈四邊安劍閣每亭鋪六尺榻子一合山下又有臨汾殿勅從官縱觀

二年春正月又勅毗陵郡通守路道德集十郡兵丁數萬人於郡東南置宮苑周十二里其中有離宮十六所其流觴曲水別有涼殿四所環以清流其四殿一曰圓基二曰結綺三曰飛宇一作宇四曰漏景其十六宮亦以殿名名宮芳夏池之左一曰驪光宮二曰流英宮三曰紫芝宮四曰凝華宮五曰騰景宮六曰浮綠宮七曰舒芳宮八曰懿樂宮左第一曰采璧宮二曰椒房宮一曰鳳宮三曰朝霞宮一作清暑四曰珠明宮五曰翼仙宮六曰翠微宮七曰層成宮八曰千金宮

大業雜記　八　十五

及江左叛帰燒遂盡又欲於禹穴造宮未就而天下大亂十二月修丹陽宮欲東巡會稽等郡群臣皆不欲

大業拾遺記

唐　顔師古

大業十二年煬帝將幸江都命越王侗留守東都宮女半不隨駕爭泣留帝言遼東小國不足以煩大駕願擇將征之攀車留惜指血染鞅帝意不回因戲飛白題二十字賜守宮女云我夢江都好征遼亦偶然但存顔色在離別只今年車駕既行師徒百萬前驅大橋未就則命雲屯將軍麻叔謀濬黄河入汴堤使勝巨艦叔謀御命甚酷以鐵脚木鵞試彼淺深鵞止

謂濬河之夫不忠隊伍死水下至今兒啼聞人言麻胡來即止其訛言畏人皆若是帝離都旬日幸宋何安所進車車前隻輪高廣疏釘爲刄後隻輪庳下以柔榆爲之使滑勁不滯使牛御馬車名自都抵汴郡日進御女車車驂垂鮫綃網雜綴片玉鳴鈴行摇玲瓏以混車中笑語冀左右不聞也長安貢御車女袁寶兒年十五腰肢纖墮騃憨多態帝寵愛之特厚時洛陽進合蔕迎輦花云得之嵩山塢中人不知名採者異而貢之會帝駕適至因以迎輦名之花外殷紫内素膩菲芬粉蘂心深紅跗爭兩花枝榦烘翠類通草無刺葉圓長薄其香氣穠芬馥或惹襟袖移日不散嗅之令人不多睡帝令寶兒持之號曰司花女時詔虞世南草征遼指揮德音敕於帝側寶兒注視久之帝謂世南曰昔傳飛燕可掌上舞朕常謂儒生飾於文字豈人能若是乎及今得寶兒方昭前事然多憨態今注目於卿卿才人可便嘲之世南應詔爲絶句曰學畫鵶黄半未成垂肩嚲袖太憨生緣憨却得君王惜長把花枝傍輦行上大悦至汴帝御龍舟蕭妃乘鳳舸錦帆綵纜窮極侈靡舟前爲舞臺臺上垂蔽

日簾簾即蒲澤國所進以負山蛟睫幼蓮根絲貫小珠間睫編成雖曉日激射而光不能透每舟擇妙麗長白女子千人執雕板鏤金楫號爲殿脚女一日帝將登鳳舸凭殿脚女吳絳仙肩喜其柔麗不與羣輩齒愛之甚久不移歩絳仙善畫長蛾眉帝色不自禁回輦召絳仙將拜婕妤適值絳仙下嫁爲玉工萬羣妻故不克諧帝寢興罷擢爲龍舟首楫號曰崆峒夫人由是殿脚女爭效爲長蛾眉司宮吏日給螺子黛

五斛號爲蛾綠螺子黛出波斯國每顆值十金後徵賦不足雜以銅黛給之獨絳仙得賜螺黛不絶帝每倚簾視絳仙移時不去顧内謁者云古人言秀色若可餐如絳仙眞可療飢矣因吟持檝篇賜之曰舊曲歌桃葉新粧艶落梅將身傍輕檝知是渡江來詔殿脚女千輩唱之昔越溪進耀光綾綾紋突起有光彩越人乘樵風舟泛於石帆山下收野繭繅之繅絲女夜夢神人告之禹穴三千年一開汝所得野繭即江淹文集中壁魚所化也絲織爲裳必有奇文織成果

符所夢故進之帝獨賜司花女洎絳仙它姬莫預蕭妃恚妬不懌由是二姬稍稍不得親幸帝常醉遊諸宮偶戲宮婢羅羅者羅羅畏蕭妃不敢迎帝且辭以有程姬之疾不可薦寢帝乃嘲之曰箇人無賴是横波黛染隆顱簇小蛾幸得留儂伴成夢不留儂住意如何帝自達廣陵宮中多效吳言因有儂語也帝昏湎滋深往往爲妖祟所惑嘗遊吳公宅雞臺恍惚間與陳後主相遇尚喚帝爲殿下後主戴輕紗皂幘青綽袖長裾綠錦純緣紫紋方平履舞女數十許羅侍

左右中一女迥美帝屢目之後主云殿下不識此人耶即麗華也每憶桃葉山前乘戰艦與此子北渡爾時麗華最恨方倚臨春閣試東郭㕙紫毫筆書小砑紅綃作答江令璧月句未終見韓擒虎躍青驄車擁萬甲直來衝人都不存去就至今日俄以綠文測海蠡酌紅粱新醸勸帝帝飲之甚歡因請麗華舞玉樹後庭花麗華白後主辭以抛擲歲久自井中出來腰肢依巨無復往時姿態帝再三索之乃徐起終一曲後主問帝蕭妃何如此人帝曰春蘭秋菊各一時之

秀也後主復誦詩十數篇帝不記之獨愛小窗詩及寄侍兒碧玉詩小窗云午醉醒來晚無人夢自驚夕陽如有意偏傍小窗明寄碧玉云離别腸應斷相思骨合銷愁魂若飛散憑仗一相招麗華拜求帝一章辭以不能麗華笑曰嘗聞此處不留儂會有留儂處安可言不能帝強爲之操觚曰見面無多事聞名爾許時坐來生百媚實箇好相知麗華捧詩赧然不懌後主問帝龍舟之遊樂乎始謂殿下致治在堯舜之上今日復此逸遊大抵人生各圖快樂曩時何見罪

之孫邪三十六封書至今使人怏怏不悦帝忽悵之
之云何今日尚目我為殿下復以往事訊我邪隨此
聲恍然不見
帝幸月觀烟景清朗中夜獨與蕭妃起臨前軒簾櫳
不開左右方寢帝凭妃肩說東宮時事適有小黃門
映薔薇叢調宮婢衣帶為薔薇罥結笑聲吃吃不止
帝望見腰肢纖弱意為寶兒有私帝披單衣亟行擒
之乃宮婢雅孃也迴入寢殿蕭妃誚笑不知止帝因
曰往年私幸妥孃時情態正如此此時雖有性命不

復惜矣後得月賓被伊作意態不徹是時儂伶心不
減今復對蕭娘情態曾効劉孝綽為雜憶詩常念與
妃妃記之否蕭妃承問即念云憶睡時待來剛不來
卸粧仍索伴解佩更相催博山思結夢沉水未成灰
又云憶起時投籤初報曉被惹香黛殘枕隱金釵裊
笑動上林中除却司晨鳥聽之咨嗟云日月遄逝今
來已是幾年事矣妃因言鬬說方外羣盜不少幸帝
詗之帝曰儂家事一切已託楊素了人生能幾何縱
有他變儂終不失作長城公汝無言外事也帝嘗幸

勞文選樓車駕未至先命宮娥數千人昇樓迎侍
微風東來宮娥衣被風綽直泊肩項帝睹之色荒愈
熾因此乃建迷樓擇下俚稚女居之使衣輕羅單裳
倚檻望之勢若飛舉又爇名香於四隅烟氣霏霏常
若朝霧未散謂為神仙境不我多也樓上張四寶帳
帳各異名一名散春愁二名醉忘歸三名夜酣香四
名延秋月妝奩寢衣帳各異製帝自達廣陵沉湎失
度每睡須搖頓四體或歌吹齊鼓方就一夢侍兒韓
俊娥尤得帝意每寢必召令振聳支節然後成寢別

賜名為來夢兒蕭妃常密訊俊娥曰帝體不舒汝能
安之豈有他媚俊娥畏威進言妾從帝自都城來見
帝常在何妥車車行高下不等女態自搖帝就搖怡
悅妾今幸承皇后恩德侍寢帳下私效車中之態以
安帝耳非他媚也他日蕭后誣罪去之帝不能止暇
日登迷樓憶之題東南柱二篇云黯黯愁侵骨綿綿
病欲成須知潘岳鬢強半為多情又云不信長相憶
絲從鬢裡生閒來倚樓立相望幾含情殿腳女自至
廣陵悉命備月觀行宮由是絳仙等亦不得親侍寢

殿有郎將自瓜州宣事廻進合歡水果一器帝命小黃門以一雙馳騎賜絳仙遇馬急摇解絳仙拜賜不然因附紅箋小簡上進曰驛騎傳雙果君王寵念深寧知辭帝里無復合歡心帝省章不悅顧黃門曰絳仙如何來辭怨之深也黃門懼拜而言曰適走馬摇動及月觀果已離解不復連理帝意不解因言曰絳仙不獨貌可觀詩意深切乃女相如亦何謝左貴嬪乎帝於宮中嘗小會爲拆字令取左右離合之意時杳孃侍側帝曰我取杳字爲十八日杳孃復解羅字

爲四維帝顧蕭妃曰爾能拆朕字乎不能當醉一盃妃徐曰移左畫居右豈非淵字乎時人望多歸唐公帝聞之不懌乃言吾不知此事豈爲非聖人邪於是姧蠹起於內盜賊攻於外直閤裴虔通虎賁郎將司馬德勘等引左右屯衛將軍宇文化及將謀亂因請放官奴分直上下帝可奏郎宣詔云門下寒暑迭用所以成歲功也日月代明所以均勞逸也故士子有遊息之談農夫有休勞之節咨爾髦衆服役甚勤執勞無怠埃垢溢於爪髮蟣虱結於兜鍪朕甚憫之俾爾休番從便噫戲無煩方朔滑稽之請而從衛士遞上之文朕於侍從之間可謂恩矣可依前件事是有焚草之變

右大業拾遺記者上元縣南朝故都梁建尾棺寺閣閣南隅有雙閣閉之忘記歲月會昌中詔拆浮圖因開之得筍筆千餘頭中藏書一帙雖皆隨手靡書而文字可紀者乃隋書遺稿也中有生白藤紙數幅題爲南部烟花錄僧志徹得之及焚釋氏羣經僧人惜其香軸爭取紙尾拆去視軸皆有魯

郡文忠顏公名題云手寫是錄即前之筍筆可不舉而知也志徹得録前事及取隋書校之多隱文特有符會而事頗簡脫豈不以國初將相爭以王道輔政顏公不欲華靡前迹因而削乎今堯風已還得車斯篤獨惜斯文淪没不得爲詞人才子談柄故編云大業拾遺記本文缺落凡十七八悉而補之矣

元氏掖庭記

天台陶宗儀

元祖肇建內殿制度精巧題頭刻螭形以檀香爲之螭頭向外口中銜珠下垂珠皆五色用綵金絲貫串負柱䶢滾霞沙爲猊怒目張牙有欲動之狀尾滑琉璃與天一色朱砂塗壁紅重胭脂彤撩蘿嵌金樆雕鏤務窮一時之麗殿上設水精簾皆琢瓴文繞以曲檻檻與堦皆白玉石爲之太陽東升殿中燦爛堦更飛輝古謂天子有金殿玉墀名不虛也又有紫檀殿

以紫檀香木爲之光天玉德七寶瑤光通雲凝翠廣寒等殿其餘不可一一數也

元妃靜懿皇后旦日（一作誕日）受賀六宮嬪妃以次獻慶禮時南朝宮人亦有選入後庭者亦以所珍進獻一人獻寒光水玉魚一人獻青芝雙虯如意一人獻椰金簡翠碗鬭（似今之鬭類但彼偏而用脩者耶）魚是太真潤肺物如意是六朝宮人所遺鬭又建業景陽宮臙脂井物（疑是麗華所墜）后不悅

宮中以玉板笋及白兎胎作羹極佳名換舌羹（玉板笋[illegible]州守產）衛載尤艮名饌錄及高廸詩叙

大內有德壽宮興聖宮翠華宮擇勝宮連天樓紅鸞殿入霄殿五花殿（亦名五華）殿東設吐霓餅曰玉華西設七星雲板曰金蕤南設火齊屏風曰珠華北設百蘂龍脉白木華井中央木蓮花紫香珙坐千鈞案九朶雲蓋爲五雜

大內又有迎凉之所曰清林閣四面植喬松脩竹南風徐來林葉自鳴遠勝絲竹旁立二亭東名松聲西名竹風又有溫室曰春熙堂以椒塗壁被之文繡香

桂爲柱設鳥骨屏風鴻羽帳規地以罽寶氍毹

九引堂（臺）七夕乞巧之所至夕宮女登臺以五采絲穿九尾鍼先完者爲得巧遲完者謂之輸巧各出資以贈得巧者焉

至大中洪妃寵于後宮七夕諸嬪妃不得登臺臺上結綵爲橋妃獨與宮官數人升焉剪綵散臺下令宮嬪拾之以色艷淡爲勝負次日設宴大會謂之鬭巧宴負巧者罰一席

刺繡亭冬至則候日于此亭邊有一（[illegible]爲綢）

繡堂至日命宫人把刺以驗一線之功

九龍堺龍形九曲金屏玉鱗繞羅亭植紅梅百株延香亭春時宫人各折花傳杯于此拱壁亭亭六角六壁旋拱中置夜光珠一顆瓣夜燦若白晝光燭數十步外又名夜光亭探芳徑旁爲逍遥市集賢堂臺徑除御道外植垂梅海棠指甲花徑中十步起一亭皆松栢竹樹爲之死中無一花開携置亭下以備觀玩市上鋪陳九州四方珍異揭錦爲招又立庖人烹鮮飦香以供倦遊之飲集寶臺凡遠夷貢獻上古所遺

器物一皆貯之又有眺遠閣留連館萬年宫並在禁苑又有龍泉井碼碯石爲井牀雨花臺石爲井湫香櫝爲蓋離朱錦爲索雲母石爲汲缾

宫中飲宴不常名色亦異碧桃盛開舉杯相賞名門愛嬌之宴紅梅初發携尊對酌名曰澆紅之宴海棠謂之煖妝瑞香謂之撥寒牡丹謂之惜香至于落花之飲名爲戀春催花之設名爲奪秀其或繒樓幔閣清暑回陽佩蘭採蓮則隨其所事而名之也

□有翠濤飲碾□飲瓊華汁玉團春石□……□子腦薔薇露綠膏漿諸有杏花酸脆棗酸潤腸酸苦蘇漿鹽有水晶鹽脊霜鹽五色鹽醬有蟻子醬鶴頂醬提蘇醬油有蘇合油片腦油腽肭臍油猛火油得米愈饑

后妃侍從各有定制后二百八十人冠步光泥金帽衣翻鴻獸錦袍妃二百人冠懸梁七曜巾衣雲肩絳繒袍嬪八十人冠文穀巾衣青絲縷金袍甄謂之控鸞昭儀

熊嬪性耐寒嘗于月夜遊梨花亭露袒坐紫斑石元

帝見其身與梨花一色因名其亭曰聯縞亭

宫中制五雲車車有五衛以火樹爲檻式鳥稜爲輪轅頂懸明珠左張翠羽蓋曳金鈴結青錦爲重一作層雲覆頂旁建青龍旗列磨鍔雕鋟戟五右張白鴆絹羲蓋曳玉鈴左宜玉右爲金結素錦爲層雲覆頂旁建白虎旗列豹絨連珠檜左前張紅猴毛氈蓋曳木鈴結赤錦爲重雲覆頂前建朱雀旗列線鋒火金戈五後張黑兎闌毫蓋曳竹鈴結墨錦爲層雲覆頂後建玄武□□□書于五中張雕羽曲柄蓋曳石鈴結黄錦爲層

雲罽頂建勾陳旗中宿爲帝座外四宿爲妃嬪坐每
晦夜遊幸苑中御此以行不用燈燭

附

陳剛中雲車夜遊詩云金根雲蓋輅移玉露花
不墜瑤草綠明珠照乘秋月懸天風吹下簫韶曲
萬年枝上旌光滿八鸞導引雙龍銜夜深如畫翠
華來三十六宮碧雲煖

己酉仲秋之夜武宗與諸嬪妃泛月于禁苑太液池
中月色射波池光映天綠荷含香芳藻吐秀游魚浮
鳥競戲群集於是畫鷁中流蓮舟夾持舟上各設女

軍居左者冠赤羽冠服斑文甲建鳳尾旗執泥金畫
戟號曰鳳隊居右者冠漆朱帽衣雪氅裘建鶴翼旗
執瀝粉雕戈號曰鶴團又綵帛結成采菱採蓮之舟
輕快便捷往來如飛當其月麗中天彩雲四合帝乃
開宴張樂薦蛸翅之脯進秋風之鱠酌玄霜之酒唱
華月之辭令宮女披羅曳縠前爲八展舞歌賀新涼
一曲帝喜謂妃嬪曰昔西王母宴穆天子于瑤池人
以爲古今莫有此樂也以今與卿等際此月圓共此
佳會液池之樂不減瑤池也惜無上元夫人在坐不
得聞步玄之聲耳有駱妃者素號能歌趨出爲帝舞
月照臨而歌曰五華兮如織照臨兮一色麗正兮中
域同樂兮萬國歌畢帝悅其以月喻已賜八寶盤玳
瑁盞諸妃各起賀酒半酣菱舟進鮮紫角玉心之奇
山聳而至進艇奉實絳房金的之異陵疊而來由是
下令兩軍水擊爲戲風旋雲轉戟刺戈横戰既畢軍
中樂作唱龍歸洞之歌而還

癸巳秋順帝乘龍船泛月池上池起浮橋三處每處
分三洞洞上結綵爲飛樓樓上置女樂橋以木爲質

飾以錦繡九洞不相直達

附

陳剛中太液秋風詩云一鏡拭開秋萬頃碧天
倒浸琉璃影寒飈夜捲雪波去貝闕珠宮黛光冷
三千歌棹搖綠烟濕鬟吹墮黃金蟬琪樹飈飈紅
鯉躍袞龍正宴瑤池仙

順帝宮嬪進御無紀佩夫人貴妃印者不下百數如
淑妃龍瑞嬌程一寧戈小娥麗嬪張阿玄支祁氏才
人英英凝香兒尤見寵愛所好成之所惡除之位在
皇后之下而權則重于禁闈宮中稱爲七貴云

每過上巳日令諸嬪妃祓于内園迎祥亭漾碧池用紋石爲質以寶石鏤成奇花繁葉雜砌其間上紫雲九龍華蓋四面施幃幃皆蜀錦爲之跨池三橋上結錦爲亭中扁集鸞左扁凝霞右扁承霄三亭鴈行相望又設一横橋接乎三亭之上以通往來畢則宴飲于中謂之爽心宴池之旁一潭曰香泉潭至此日則積香水以注于池池中又置温玉狻猊白晶鹿紅石馬等物嬪妃浴澡之餘則騎以爲戲或執蘭蕙或擊球筑謂之水上迎祥之樂唯小娥體白而

紅著水如桃花含露愈爭妍美帝曰此夭桃女也因呼爲賽桃夫人寵愛有加焉

麗嬪張阿玄性號機敏帝或視朝而退即與諸嬪嬉遊後宫常曰百歲光陰等于馳電能幾何哉日夜爲樂猶不滿十萬况其間疾病相侵年壽難必如白雲有期富貴非我有矣何爲自苦以虚度一生乎於是長歌大舞自暮達旦號曰遣光諸嬪貴妃百媚其前以求容悦阿玄乃私製一崑崙巾上起三層中有樞轉玉質金枝紉綵爲花團綴于四面又製爲蜂蝶雜處其中行則三層磨運百花自摇蜂蝶欲飛皆作攢蕊之狀又置爲飛瓊流翠之佩趨步之際飄緲若月宫仙子帝見之指謂衆嬪曰張嬪氣宇清越服帝予雲霓之服玄爲帝製綃絲紋布之裳雲疊三山之履以進御帝服其裳穿其履冠春陽一線巾巾乃方士所進云是東海長生公所服帝珍重之作寶光樓以藏焉至是始出服之顧謂宫人曰使朕服此不食不饑傲遊臺島間得與金仙羽客爲侣視弃天下如土塊耳内竪衆行進曰陛下冠服不異神仙海池瓊

島亦壺島之匹也即今逍遥百歲猶足爲樂何必遠有所慕哉帝于是自稱玉宸館佩瓊花第一洞烟霞小仙以玄爲太素仙妃一寧爲太真仙妃就于萬歲山築垣狀如天台赤城亦號紫霓城建玉宸館疊石爲瓊花洞以居焉

淑妃龍瑞嬌貪而且妬宫人少有不如意笞撻至死有不欲置之死地者則百計千方致其苦楚以醋沃鼻謂之酸刑以穢塞口謂之臭刑夏則火閣謂之蒸骨冬則卧冰謂之煉肋不能酒者强令之飲多至十

柱是名醉兕削木埋地相去二尺高三尺令女立上又以一木拄其腰兩手各持重物不得失墜名曰懸心之刑凡此類者甚多帝嘗賞賜金帛比他妃有加麒麟鸞鳳白兎靈芝雙角五爪龍萬壽福壽字賴黄等段以巨萬數嬌乃闢市于左掖門内發賣諸色錦段如有買者仍給一帖令不相禁宦官牛大輔掌之由是京師宦族富民及四方商賈爭相來買其價增倍歲得銀數萬將呼爲繡市又號麗色多春之市

凝香兒本部下官妓也以才藝選入宮遂充才人善

鼓瑟曉音律能爲翻冠飛履之舞舞間冠履皆翻覆飛空尋如故少頃復飛一舞中屢飛屢復雖百試不差帝嘗中秋夜泛舟禁池香兒看瑣里緣蒙之衫瑣里夷名産撒哈剌蒙茸如氈毼但輕薄耳宜于秋時着之有紅綠二色至元間進貢帝又命工以金龍之繡出鸞鳳之形製爲十大衫香兒得一焉至此服之又服玉河花蘂之裳于闐國烏玉河生花蘂草採其蘂織之爲錦香兒以小艇蕩漾于波中舞婆娑之隊歌弄月之曲其詞云蒙衫兮蘂裳瑶環兮瓊璫泛予舟兮芳渚擊予楫兮徜徉明皎皎兮水如鏡弄蟾光兮捉娥影露團團兮氣清風颼颼兮力勁月一輪兮高且圓華綵發兮鮮復妍願萬古兮每如此予同樂兮終年帝復置酒于天香亭爲賞月飲香兒復易服趨亭前衣綵纈方袖之衣帶雲肩迎風之組流千帛鸞綃鶴羽乃歌曰天風吹兮桂子香來閶闔兮下廣寒塵不揚兮玉宇淨萬籟泯兮金階凉玄漿兮進酒兎霜兮爲侑舞亂兮歌狂君飲兮一斗雞鳴沈兮夜水央樂有餘兮過霓裳吾君吾王兮壽萬歲得與

秋香月色兮酬酹予樽觴歌畢帝笑曰昔唐明皇遊月宮見女娥數十着素衣歌舞于樹下朕今酌醁靈酒對才人歌香桂長秋曲可謂絳綃娥唱小搖金調者矣邀香風于屏圍呼華月以入座衆嘩俱寂綠竹交奏人間之樂當不減天上京城北三十里有玉泉山山半爲呂公巖帝于夏月嘗避暑于北山之下曰西湖者其中多荷蕖菱芡帝以文梓爲舟伽南爲楫刻飛鸞翔鷁旆于船首隨風輕漾又作採菱小船縛綵爲棚木蘭爲槳命宮娥乘之以採菱爲水[illegible]香

見亦在焉帝命製採菱曲使篙人歌之遂歌水面剪青之調曰伽南楫兮文梓舟泛波光兮遠夷猶波搖搖兮舟不定揚予袂兮金風競棹歌起兮纖手揮青角脫兮水潔涸歸去來兮樂更誰篙人歌之聲滿湖上天色微曛山銜落日帝乃周遊荷間取荷之葉或以爲衣或以爲蓋四顧自得畢竟忘歸又命作採蓮之曲于是渦折新荷而歌曰放漁舟兮湖之濱剪荷柄兮折荷英鶯鶯飛兮翡翠驚張蓮葉以爲蓋兮緝藕絲以爲衿雲光淡微烟生對芳華兮樂難極返于

棹兮山月明

程一寧未得幸時嘗于春夜登翠鸞樓倚闌弄玉龍之笛吹一詞云蘭徑香銷玉輦蹤梨花不忍負春風綠窗深鎖無人見自碾朱砂養守宮帝忽于月下聞之問宮人曰此人何吹也有知者對曰程才人所吹帝雖知之未召也及後夜帝復遊此又聞歌一詞曰牙牀錦被繡芙蓉金鴨香銷寶帳重竹葉羊車來別院何人空聽景陽鐘又繼一詞曰淡月輕寒透碧紗窗屏睡夢聽啼鴉春風不管愁深淺日日開門掃落花又吹惜春詞一曲曰春光欲去疾如梭冷落長門苔蘚多懶上粧臺脂粉蓋承恩難比雪兒歌歌中音語咽塞情極悲愴帝因謂宮人曰聞之使人能不悽愴深宮中有人愁恨如此誰得而知蓋不遇者亦衆矣遂乘金根車至其所寧見龍炬簇擁遂趨出叩頭俯伏帝親以手扶之曰卿非玉笛中自道其意朕安得至此憂懷中道况無地是以來接其思耳携手至栢香堂命寶光天祿廚設開顏宴進兔絲之膳翠濤之酒雲仙樂部坊奏鴻韶樂列朱戚之舞鳴雎之曲

笑謂寧曰今夕之夕情圓氣聚然玉笛卿之三青也可封爲圓聚侯自是寵愛日隆改樓爲奉御樓堂爲天怡堂

帝爲英英起采芳館于瓊華島内設唐人滿花之席重樓金線之衾浮香細鱗之帳六角雕羽之屏唐人高麗島各產滿花草性耆折屈不損光澤可佳土人編之爲席重樓金線花名也出長白山花心抽絲如金長至四五尺每尺寸縛結如樓形山中人取以織成幅大德間尾濯夷于清源洞得一物如龍皮薄

可相照鮮鮮攢簇玉色可愛又間成花卉之形或
或綠若月對之凉生自生遺人進貢時無識者有一
胡僧言曰此斑花玉虬殼也

帝在位久怠于政事荒于游宴以宮女一十六人按舞名爲天魔舞首垂髮數辮戴象牙冠身披纓絡大紅綃金長短裙襖各執加巴剌般之器又宮女十一人練槌髻勒帕常服或用唐巾窄衫所奏樂用龍笛頭管小鼓箏蓁琵琶笙胡琴響板每宮中讚佛則按舞奏樂帝又于內院造龍船首尾長一百二十尺廣二

十尺上有五殿龍身并殿宇俱五采金裝日于後宮海子内游戲船行則龍首尾眼爪皆動又自製宮漏約高六七尺爲木櫃藏壺其中運水上下櫃上設西方三聖殿櫃腰設玉女捧時刻籌時至輒浮水而上左右列二金甲神人一懸鐘一懸鉦夜則神人自能按更而擊

焚椒錄序

鼎于咸太之際方侍禁近會有懿德皇后之變一時南北面官悉以異說赴權互爲證足遂使懿德蒙被淫醜不可湔滌嗟嗟大黑蔽天白日不照其能戶說以相白乎雖婦乳媼之女蒙哥爲律耶乙辛寵婢知其奸搆最詳而蕭司徒復爲鼎道其始末更有加于嫗者因相與執手歎其冤誣至爲涕淫淫下也觀變已來忽復數載頃以待罪可敦城去鄉數千里視日如歲觸景興懷舊感來集乃直書其事用俟後之良

史者夫少海翻波變爲險陸則有司徒公之實錄在

大安五年春三月前觀書殿學士臣王鼎謹序

遼　王鼎

懿德皇后蕭氏爲北面官南院樞密使惠之少女母耶律氏夢月墜懷已復東升光輝照爛不可仰視漸升中天忽爲天狗所食驚寤而后生時重熙九年五月已未也母以語惠惠曰此女必大貴而不得令終且五日生女古人所忌命已定矣將復奈何后幼能誦詩旁及經子及長姿容端麗爲蕭氏稱首皆以觀音目之因小字觀音二十二年今上在青宮進封燕趙國王慕后賢淑聘納爲妃后婉順善承上意復能歌詩而彈箏琵琶尤爲當時第一由是愛幸遂傾後宮及上即位以清寧元年十二月戊子册爲皇后后方出閤升坐扇開簾捲忽有白練一段自空吹至后褥位前上有三十六三字后問此何也左右曰此天青命可敦領三十六宮也后大喜宮中爲語曰孤穩壓帕女古鞾菩薩喚作耨斡麼蓋言以玉飾首以金飾足以觀音作皇后也二年八月上獵秋山后率妃嬪從行在所至伏虎林上命后賦詩后應聲曰威風萬里壓南邦東去能翻鴨綠江靈怪大千都破膽那教猛虎不投降上大喜出示羣臣曰皇后可謂女中才子矣日上親御弓矢射獵有虎突林而出上曰朕射得此虎可謂不愧后詩一發而殪羣臣皆呼萬歲是歲十一月羣臣上皇帝尊號曰天祐皇帝后曰懿德皇后三年后上作君臣同志華　同風詩后應制屬和曰虞廷開盛軌王會合奇琛到處承天意皆同捧日心文章通鹿蠡聲教薄雞林大寓看交泰應知無古今明年后生皇子濬皇太叔重元妃入賀每顧影自矜流目送媚后語之曰貴家婦宜以莊臨下何必如此妃銜之歸罵重元曰汝是聖宗兒豈虎斯不若使教坊奴得以可敦加吾汝若有志當除此悵笤撻此婢子于是重元父子合定叛謀于九年七月駕幸灤水聚兵作逆須臾軍潰父子伏誅而討平此亂則知北樞密院事趙王耶律乙辛與有功焉尋進南院樞密使威權震灼傾動一時惟后家不肯相下乙辛每爲怏怏及咸雍初皇子濬册爲皇太子益復著聲乙辛后計矣后常慕唐徐賢妃行事每于當御之夕

[illegible]失國俗君臣尚獵故有四時捺鉢上既擐[illegible]澣茵尤長弓馬往往以國服先驅所乘馬號飛電瞬息百里常馳入深林邃谷扈從求之不得后患之乃上疏諫曰妾聞穆王遠駕周德用衰太康佚豫夏社幾危此游佃之往戒帝王之龜鑑也項見駕幸秋山不閑六御特以單騎從禽深入不測此雖威神所屆萬靈自爲擁護倘有絕羣之獸果如東方所言則溝中之豕必敗簡子之駕矣妾雖愚闇竊爲社稷憂之惟陛下尊老氏馳騁之戒用漢文吉行之旨不以其

言爲牝雞之晨而納之上雖嘉納心頗厭遠故咸雍之末遂稀幸御后因作詞曰同心院被之管絃以寓望幸之意也埽深殿閉久金鋪暗游絲絡網塵作堆積歲青苔厚階面埽深殿待君宴拂象牀憑夢借高唐敲壞半邊知妾卧恰當天處少輝光拂象牀待君王換香枕一半無雲錦爲是秋來轉展多更有雙雙淚痕滲換香枕待君寢鋪翠被羞殺鴛鴦對猶憶當時叫合歡而今獨覆相思塊鋪翠被待君睡裝繡帳金鉤未敢上解却四角夜光珠不教照見愁模樣裝

繡帳待君睨疊錦茵重重空自陳只願身當白玉體不願伊當薄命人疊錦茵待君臨展瑶席花笑三韓碧笑妾新鋪玉一牀從來婦懽不終夕展瑶席待君息剔銀燈須知一樣明偏是君來生彩暈對妾故作青熒熒剔銀燈待君行爇熏爐能將孤悶蘇若道妾身多穢賤自沾御香香徹膚爇熏爐待君娛張鳴箏恰恰語嬌鶯一從彈作房中曲常和窗前風雨聲張鳴箏待君聽時諸伶無能奏演此曲者獨伶官趙惟一能之而宮婢單登故重元家婢亦善箏及琵琶每

與惟一爭能怨后不知已后乃召登與對彈四旦二十八調皆不及后彈嬌聰拜服于時上常召登彈箏后諫曰此叛家婢女中獨無豫讓乎安得輕近御前因遣直外別院登深怨嫉之而登妹清子嫁爲教坊朱頂鶴妻方爲耶律乙辛所暱登每向清子誣后與惟一淫通乙辛具知之欲乘此害后以爲不足證實更命他人作十香婬詞用爲誣案云青絲七尺長挽出内家裝不知眠枕上倍覺綠雲香紅綃一幅強輕[illegible]白玉光試開胸探取尤比顫酥香芙蓉失新艷蓮

花落故妝兩般總甚比可似粉腮香嬌嬈那足逈長須學鳳凰昨宵歡臂上應惹領邊香和羹好滋味送語出宮商定知郎口內含有煖甘香非關兼酒氣不是口脂芳却疑花解語風送過來香既摘上林蕊還親御苑桑歸來便携手纖纖春筍香鳳靴拋合縫羅襪卸輕霜誰將煖白玉雕出軟鉤香解帶色已戰觸手心愈忙那識羅裙內消魂別有香咳唾千花釀肌膚百和裝元非噉沉水生得滿身香乙辛陰屬清子使登乞后手書登時雖外直常得見后后善書登紿

后曰此宋國忒里蹇所作更得御書便稱二絕后讀而喜之卽爲手書一紙紙尾復書已所作懷古詩一絕云宮中只數趙家妝敗雨殘雲悞漢王惟有知情一片月曾窺飛鳥入昭陽登得后手書持出與清子云老婢姪案已得況可汗性忌早晚見其白練挂粉脰也乙辛已得書遂搆詞命登與朱頂鶴赴北院陳首伶官趙惟一私侍懿德皇后有十香婬詞爲證乙辛乃密奏上曰太康元年十月二十三日據外直別院宮婢單登及教坊朱頂鶴陳首本坊伶官趙惟一

向要結本坊入內承直高長命以彈箏琵琶得召入內沐上恩寵乃輒于月禁典謀侍懿德皇后御前忽于咸雍六年九月駕幸木葉山惟一公稱有懿德皇后旨召入彈箏于時皇后以御製回心院曲十首付惟一入調自辰至酉調成皇后向簾下目之遂隔簾與惟一對彈及昏命燭傳命惟一去官服着綠巾金抹額窄袖紫羅衫珠帶烏鞾皇后亦着紫金百鳳衫杏黃金縷裙上戴百寶花髻下穿紅鳳花鞾召惟一更入內帳對彈琵琶命酒對飲或飲或彈至院鼓三

下敕內侍出帳登時當直帳不復聞帳內彈飲但聞笑聲登亦心動密從帳外聽之聞后言曰可封有用郎君惟一低聲言曰奴具雖健小蛇耳自不敵可汗眞龍后曰小猛蛇却賽眞懶龍此後但聞惺惺若小兒夢中啼而已院鼓四下后喚登揭帳曰惟一醉不起可爲我喚醒登叫惟一百通始爲醒狀乃起拜辭后賜金帛一篋謝恩而出其後駕還雖時召見不敢入帳后深懷思因作十香詞賜惟一惟一持出誇示同官朱頂鶴朱頂鶴遂手奪其詞使婦清子問登曁

惟事發逮坐乘暇泣諫后怒痛答遂斥外宜但朱頂鶴與登共悉此事使含忍不言一朝敗壞安免株坐故敢首陳乞爲轉奏以正刑誅臣惟皇帝以至德統天化及無外寡妻匹婦莫不測于今宮帳深密忽有異言其有關治化良非渺小故不忍隱諱輒據詞并手書十香詞一紙密奏以聞上覽奏大怒即召后對詰后痛哭轉辦曰妾托體國家已造婦人之極况誕育儲貳近且生孫兒女滿前何忍更作淫奔失行之人乎上出十香詞曰此非汝作手書更復何辭后曰

此宋國忒里蹇所作妾即從單登得而書賜之耳且國家無親蠶事妾作那得有親桑語上曰詩正不妨以無爲有如詞中合縫鞾亦非汝所着爲宋國服那上怒甚因以鐵骨朶擊后后幾至殞即下其事使參知政事張孝傑與乙辛窮治之乙辛乃繫械惟一長命等訊鞫加以釘灼盪錯等刑皆爲誣服獄成將奏樞密副使蕭惟信馳語乙辛孝傑曰懿德賢明端重化行宮帳且誕育儲君爲國大本此天下母也而可以叛家仇婢一語動揺之乎公等身爲大臣方當燭

照姦究洗雪冤誣烹滅此輩以報國家以正國體柰何欣然以爲得其情也公等幸更爲思之不聽遂具獄上之上猶未決指後懷古一詩曰此是皇后罵飛燕也如何更作十詞孝傑進曰此正皇后懷趙惟一耳上曰何以見之孝傑曰宮中只數趙家粧惟有知情一片月是以二句中包含趙惟一三字也上意遂决即日族誅惟一併斬長命敕后自盡時皇太子及齊國諸宮主咸被髮流涕乞代母死上曰朕親臨天下臣妾億兆而不能防閑一婦更何施眉目靦然南

面乎后乞更面可汗一言而死不許后乃望帝所而拜作絕命詞曰嗟薄祐兮多幸羌作儷兮皇家承昊穹兮下覆近日月兮分華托後鉤兮凝位忽前星兮啓耀雖釁纍兮黃牀庶無罪兮宗廟欲貫魚兮上進乘陽德兮天飛豈禍生兮無朕蒙穢惡兮宮闈將剖心兮自陳冀迴照兮白日寧庶女兮多漸遏飛霜兮下擊顧子女兮哀頓對左右兮摧傷共西曜兮將墜忽吾去兮椒房呼天地兮慘悴恨今古兮安極知吾生兮必死又焉愛兮旦夕遂閉宮以白練自經上怒

甞未解命裸后屍以葦席裹還其家春秋三十有六正符白練之語聞者莫不寃之皇太子投地大叫曰殺吾母者耶律乙辛也他日不門誅此賊不爲人子乙辛遂謀害太子無虛日矣嗟嗟自古國家之禍未嘗不起于纖纖也觀懿德之變固皆成于乙辛然其始也由于伶官得入宮帳其次則叛家之婢使得近左右此禍之所由生也第乙辛凶慘無匹固無論而孝傑以儒業起家必明于大義者使如惟信直言毅然諍之后必不死后不死則太子可保無恙而上

亦何慚于少恩骨肉哉乃亦昧心同聲自保祿位卒使母后儲君與諸老成一旦皆死于非辜此史冊所書未有之禍也二人者可謂罪通于天者乎然懿德所以取禍者有三曰好音樂與能詩善書耳假令不作回心院則十香詞安得誣出后手乎至于懷古一詩則天實爲之而月食飛練先命之矣

余讀焚椒錄乃知元人修史之謬也即如宣懿皇后諫道宗畋騎馳獵僅百二十餘言其辭意並列有宋人所不及者其他若陰屬單登索后書及證懷古詩于帝前此乙辛孝傑罪案也可削而不載乎一書去取如此其他挂漏可知矣惟此錄言皇后生于五月五日而道宗本紀稱坤寧節在十二月又云重元父子伏誅則重元走出大漠自殺耳豈別有所據邪至于錄中所載詩詞雖淫靡不足道如解却四角夜光珠不教照見愁模樣只願身當白玉體不願伊當薄命人偏是君來生彩暈對妾故作青熒熒若道妾身多穢賤自沾御香香徹膚此等皆有唐人遺意恐有宋英神之際諸大家無此四對也併識于此以俟博

雅君子西園歸老題

予得焚椒錄讀之何讒人罔極戕害天倫一至于此亦千古一大變也然與漢武前後一轍惟道宗因妻以及其子漢武因子以及其妻而兩孫亦皆嗣位第天祚不敢崇孝宣耳荀卿氏曰雖有親父安知其不爲虎予于此錄而益信矣吳寬記

此錄有西園歸老跋不知爲誰當是國初儒者其品

亦當但謂坤寧節在十二月則彼不詳考清寧八

二月行道宗母仁懿皇太后再生禮耳且曆象

朔日考淳熙九年五月乙卯朔則五日正己未也至
蓋后號以絕羣之獸爲東方朔所言此乃后誤以相
如爲東方也不可不一正之更按王鼎傳云清寧五
年擢進士第乃八年放進士王鼎等則五年爲誤矣
不然豈有兩王鼎邪又按鼎作此錄在謫居鎮州時
時乙辛巳囚萊州孝傑亦死故敢實錄其事但天祚
時鼎尚在如懿德皇后第二女趙國公主以匡救天
祚竟誅乙辛及乙辛孝傑剖棺戮屍以家屬分賜羣
臣事並不補錄一快觀者亦此錄一不了公案也海
鹽姚士粦叔祥跋

國語解附

南北面官遼制北面治宮帳南面治漢人耶律遼姓
與地曰世里譯曰耶律因爲國姓　蕭氏述律皇后
兄子名蕭翰后族因以爲姓可敦突厥皇后之稱
孤穩玉也　女古金也　耨斡后土也麼母也　虎
斯有力也　四時捺鉢謂四時畋漁行在所也　四敞
日二十八調遼大樂也　忒里蹇皇后也　有用郎
君遼有著帳郎君皇太后等帳皆有盞官官也　[illegible]
[illegible]遼宮中亦有帳房　各縫鞢遼后服有雙同心帕
絡合縫鞢　鐵骨朶遼刑法有鐵骨朶之數擊之或
五或七也秀水殷仲春方叔識

開河記

唐　闕名

睢陽有王氣出占天耿純臣奏後五百年當有天子興煬帝已昇淮不以爲信時遊木蘭庭命袁寶兒歌柳枝詞因觀殿壁上有廣陵圖帝瞪目視之移時不能舉步時蕭后在側謂帝曰知他是甚圖畫何消皇帝如此掛意帝曰朕不愛此畫只爲思舊遊之處於是帝以左手凭后肩右手指圖上山水及人煙村落寺宇歷歷皆如目前謂后曰朕昔征陳主時遊此豈

期久有臨軒萬機在躬便不得豁於懷抱也言訖聖容慘然后曰帝意在廣陵何如一幸帝聞心中豁然翌日與大臣言欲至廣陵且夕游賞當此之時以雲煙爲靈景視榮貴若嗽腐議欲泛巨舟自洛入河自河達海入淮至廣陵羣臣皆言似此程途不啻萬里又孟津水緊滄海波深若泛巨舟事恐不測時有諫議大夫蕭懷靜（乃蕭后弟）奏曰臣聞秦始皇時金陵有王氣始皇使人鑿斷砥柱王氣遂絕今睢陽有王氣又陛下喜在東南欲泛孟津又慮危險況大梁西北有故河道乃是秦時王離畎水灌大梁之處欲乞陛下廣集兵夫於大梁起首開掘西自河陰引孟津水入東至淮放孟津水出此間地不過千里況於睢陽境內過一則路達廣陵二則鑿穿王氣帝聞奏大喜群臣皆默帝乃出勑朝堂有諫開河者斬之詔以征北大總管麻叔謀爲開河都護以蕩寇將軍李淵爲副使淵稱疾不赴卽以左屯衛將軍令狐達代李淵爲開渠副使都督自大梁起首於樂臺之北建修渠所署命之爲卞渠（古秖有此卞字開封城乃卞邑）因名其府署爲卞渠

上源傳舍也詔發天下丁夫男年十五以上五十以下者皆至如有隱匿者斬三族帝以河水經於卞乃賜卞字加水丁夫計三百六十萬人乃更五家出一人或老或幼或婦人等供饋飲食又令少年驍卒五萬人各執杖爲吏如節級隊長之類共五百四十三萬餘人叔謀乃令三分中取一分人自上源而西至河陰通連古河道（乃王離浸城處）迤邐趨愁思臺而至北去又令二分丁夫自上源驛而東去乃隋大業五年八月上旬建功畚鍤既集東西橫布數千里纔開斷未

乃丈餘得古堂室可數間熒然既靜漆燈晶煌照耀如晝四壁皆有彩畫花竹龍鬼之像中有棺柩帳幄穿之若其役功吏聞於叔謀命啟棺一人容貌如生肌膚潔白如玉而肥其髮自頭出而覆其面過身下覆其足倒生而上及其背下而方止搜得一石銘上有字如蒼頡鳥跡之篆乃召夫中有識者免其役有一下邳民讀曰我是大金仙死來一千年數滿一千年背下有流泉得逢麻叔謀葬我在高原髮長至泥丸更候一千年方發覺率天叔謀乃自備棺槨葬

于城西隅之地（今大佛寺是也）又開掘陳畱帝遣使馳御署玉祝并白璧一雙具少牢之奠祭于畱侯廟以假道祭訖忽有大風出於殿內窸窣開吹鏢人面使者退自陳畱開掘東去往來負擔擁鍬者風馳電激遠近之人如蜂屯聚既達雍丘時有一夫乃中年人偶患傴僂之疾不能前進墮於隊後伶仃而行是夜月色澄靜聞呵殿聲甚嚴夫觸躬候道左良久見清道綴至儀衛周旋一貴人戴侯冠衣王者衣乘白馬至左右呼夫至前謂曰與我言雍丘十二郎還白璧一雙因嘗獲于天（煬帝有天下十二年）言畢取璧以授夫夫跪受訖欲再拜貴人躍馬西去夫雍丘以獻於叔謀熟視乃帝獻畱侯物也詰其夫夫具道叔謀性貪乃匿璧又不聽其言慮夫洩于外乃斬以滅口然後於雍丘至大林林中有小祠廟叔謀訪問村叟曰古老相傳呼為隱士墓其神甚靈叔謀不以為信將兵掘發數尺忽鑿一竅嵌空黎夫下視有燈火熒熒無人敢入者乃指使將官武平郎將狄去邪者請入探之叔謀喜曰真荊軻之輩也命繫去邪腰下約約數十丈方及

地去邪解其索行約百步入一石室東北各有四石柱鐵索二條繫一獸大如牛熟視之一巨鼠也須臾石室之西有一石門洞開一童子出曰子非狄去邪乎門然也童子曰皇甫君望子已久乃引入見一人服朱衣頂雲冠居高堂之上去邪再拜其人不言亦不答拜綠衣吏引去邪立于廊之西階下良久堂上人呼力士牽取阿麼來（阿麼煬帝小字）武夫數人形貌醜異魁偉控所見大鼠至去邪亦乃廷臣知帝小字莫究其事但屏氣而立堂上人責鼠曰吾遣爾暫脫皮毛

為汁鬪竟何虐民害物不避天道爪但點頭搖尾而
已堂上人益怒令武士以大棒撾其腦一擊而碎有
深如墻崩其鼠大叫若雷吼然方欲舉杖再擊俄一
童子捧天符而下堂上驚躍降階俯伏聽命童子乃
宣言曰阿麼數本一紀今已七年更候五年當以練
巾繫頸而死童子去堂上人復令繫鼠於舊室中堂
上人謂去邪曰與吾語麻叔謀謝爾代吾塋域來歲
奉爾二金刀勿謂輕酬也言訖綠衣吏引去邪於他
門出約行十數里入一林躡石攀藤而行回顧已失

使者又行三里餘見草舍一老父坐土榻上去邪訪
其處老父曰此乃嵩陽少室山下也老父問去邪所
至之處去邪一一言老父遂細解去邪去邪知煬帝
不永之事且曰子能免官即脫身于虎口也去邪東
行回視茆屋已失所在時麻叔謀已至寧陽縣去邪
見叔謀具白其事初去邪入墓後其墓自崩將謂去
邪已死今日卻來叔謀不信將謂狂人去邪乃託狂
疾隱終南山時煬帝以患腦疼月餘不朝朝訪其因
皆言帝夢中為人撾其腦遂發痛數日乃是去邪見

之日也叔謀既至寧陵縣患風逆起坐不得帝令
太醫令巢元方往視之曰風入腠理病在胸臆須用
嫩羊肥者蒸熟糝藥食之則瘥叔謀取半年羊羔殺
而取腔以和藥藥未盡而病已痊自後每令殺羊羔
日數枚同杏酪五味蒸之置其腔盤中自以手臠擘
而食之謂曰含酥臠鄉村獻羊羔者數千人皆厚酬
其直寧陵下馬村陶榔兒家中巨富兄弟皆兇悖以
祖父塋域傍河道二丈餘慮其發掘乃盜他人孩兒
年三四歲者殺之去頭足蒸熟獻叔謀咀嚼香美迥

異於羊羔愛慕不已召詰榔兒榔兒乘醉泄其事及
醒叔謀乃以金十兩與榔兒又令役夫置一河曲以
護其塋域榔兒兄弟自後每盜以獻所獲甚厚貧民
有知者競竊人家子以獻求賜襄邑寧陵睢陽界所
失孩兒數百冤痛哀聲旦夕不輟虎賁郎將段達為
中門使掌四方表奏事叔謀令家奴黃金窟將金一
埒贈與凡有上表及訟食子者不訊其詞理並令笞
背四十押出洛陽道中死者十有七八時令狐達知
之潛令人收兒骨未及數日已盈車於是城市村坊

之民有孩兒者家首李栖盜與其黨伺夜竊子于里中獻之全家乘暗閉守至明開櫃見子即長幼皆喜既達睢陽界有豪霸使陳伯恭言此河道若取直路徑穿透睢陽城如要回護即取令旨叔謀怒其言回護令推出腰斬令狐達救之時睢陽坊市豪民一百八十戶皆恐掘穿其宅并塋域乃以醵金三千兩將獻于叔謀未有梯媒可達忽穿至一大林中有墓古老相傳云宋司馬華元墓掘透一石室室中漆燈棺柩帳幕之類遇風皆化爲灰燼得一石銘云睢陽土

地高竹木可爲壕若也不廻避奉贈二金刀叔謀曰此乃詐也不足信是日叔謀夢使者召至一宮殿上一人衣絳綃戴進賢冠叔謀再拜王亦答拜畢曰寡人宋襄公也上帝命鎮此方二千年矣儻將軍借其方便回護此城即一城老幼皆荷恩德也叔謀不允又曰適來護城之事蓋非寡人之意從奉上帝之命言此地後五百年間當有王者建萬世之業豈可爲違逆致使掘穿王氣叔謀亦不允良久有人入奏云大司馬華元至矣左右引一人紫衣戴進賢冠拜覲

□王前王乃言護城之事其人勃然大怒曰上帝有命臣護叔謀愚昧之夫不曉天意乃大呼左右令置拷訊之物王曰拷訊之事何法故答紫衣人曰鎔銅灌之口爛其腸胃此爲第一王許之乃有數武夫拽叔謀脫去衣惟留犢鼻縛鐵柱上欲以銅汁灌之叔謀魂膽俱喪殿上人連止之曰護城之事如何叔謀連聲言謹依上命遂令解縛與本衣冠王令引去將行紫衣人曰上帝賜叔謀金三千兩取於民間叔謀性貪謂使者曰上帝賜金此何言也使者曰有睢陽

百姓獻與將軍此陰注陽受也忽如夢覺既覺神不住體睢陽民果賂黃金三千兩因叔謀家奴黃金窟而獻叔謀思夢中事乃收之立召陳伯恭令自睢陽西穿渠南去回屈東行過劉趙村連延而失令狐達知之累上表爲段達抑而不獻至彭城路經大林中有偃王墓掘數尺不可掘乃銅鐵也四面掘去其土惟見鐵墓旁安石門扃鎖甚嚴用鄉人楊民計撞開墓門叔謀自入墓中行百步二童子當前曰偃王欲□見大夫□□而入見宮殿一人戴通天冠衣絳綃坐

殿上叔謀拜王亦拜曰寡人塋域當河道今奉與將
軍玉寶遺君當有天下儻然護之丘山之幸也叔謀
許之王乃令使者持一玉印與叔謀叔謀視之印文
乃古帝王受命寶也叔謀大喜王又曰再三保惜此
刀刀之兆也（刀刀者隋字也二金刀之意亂）叔謀出令兵夫曰護其
墓時煬帝在洛陽忽失國寶搜訪宮闈莫知所在隱
而不宣煬帝督功甚急叔謀乃自徐州晚夕無暇所
役之夫已少一百五十萬下塞之處死屍滿野帝在
觀文殿讀書因覽史記見秦始皇築長城之事謂學

相宇文達曰始皇時至此已及千年料長城已應摧
毀宇文達順帝意奏曰陛下偶然讀秦皇之事建萬
世之業莫若修其城堅其壁帝大喜乃詔以舒國公
賀若弼爲修城都護以諫議大夫高熲爲副使以江
淮吳楚襄鄧陳蔡并開拓諸州丁夫一百二十萬修
長城詔下若弼諫曰臣聞秦始皇築長城於絕塞連
延一萬里男死女曠婦寡子孤其城未就父子俱死
陛下欲聽狂夫之言學亡秦之事但恐社稷崩離有
□泰世帝大怒未及發言宇文達在側乃叱曰爾武
夫狂卒有何知而亂其大謀若弼怒以象笏擊宇文
達帝怒令囚若弼於家是夜飲酖死高熲亦不從宇
文達乃奏司農卿宇文弼爲修城都護以民部侍郎
宇文愷爲副使時叔謀開汴渠盈灌口點檢丁夫約
折二百五十萬人其部役兵士舊五萬太折二萬三
千人功既畢上言於帝決下口注水入汴渠帝自洛
陽遷駕大渠詔江淮諸州造大船五百隻使命至急
如星火民間有配著造船一隻者家產破用皆盡猶
有不足枷項笞背然後鬻貨男女以供官用龍舟既

成泛江沿淮而下至大梁又別加修飾砌以七寶金
玉之類於是吳越取民間女年十五六歲者五百人
謂之殿脚女至於龍舟御楫即每船用綵纜十條每
條用殿脚女十人嫩羊十口令殿脚女與羊相間而
行牽之時恐盛暑翰林學士虞世基獻計請用垂柳
栽於汴渠兩隄上一則樹根四散鞠護河隄二乃牽
舟之人護其陰三則牽舟之羊食其葉上大喜詔民
間有柳一株賞一縑百姓競獻之又令親種帝自種
一株群臣次第種方及百姓時有謠言曰天子先栽

從百姓栽栽畢帝御筆寫賜垂楊柳姓楊曰楊柳也時舳艫相繼連接千里自大梁至淮口聯綿不絕錦帆過處香聞百里既過雍丘漸達寧陵界水勢緊急龍舟阻礙牽駕之人費功轉甚時有虎賁郎將解于供為護纜使上言水淺河窄行舟甚難上以問虞世基曰請為鐵脚木鵝長一丈二尺上流放下如木鵝住即是淺帝依其言乃令右翊將軍劉岑驗其水淺之處自雍丘至灌口得一百二十九處帝大怒令根究本處人吏姓名應是木鵝住處兩岸地分之人

皆縛之倒埋於岸下曰令教生作開河夫死為抱沙鬼又埋却五萬人既達睢陽帝問叔謀曰坊市人煙所掘幾何叔謀曰睢陽地靈不可干犯若掘之必有不祥臣已回護其城帝怒令劉岑乘小舟根訪屈曲之處比直路較二十里帝益怒乃令擒出叔謀囚於後獄急宣令狐達詢問其由達奏自寧陵便為不決初食羊後啖嬰兒養賊陶榔兒盜人之子受金三千兩於睢陽擅易河道乃取小兒骨進呈帝曰何不奏狐達曰表章數上為段達扼定而不進帝令人按叔謀囊橐中得睢陽民所獻金又得留侯所遺白璧為受命寶玉印上驚異謂宇文達曰金與璧皆微物寶人之寶何自而得乎宇文達曰必是遣賊竊取之帝瞋目而言曰叔謀今日竊寶明日盜吾首矣達在側奏曰叔謀常遣陶榔兒盜人之子恐陶榔兒所盜也上益怒遣榮國公來護兒內使李百藥太僕卿楊義臣推鞫叔謀置臺署於睢陽并收陶榔兒全家令榔兒具招入內盜寶事榔兒不勝其苦乃具事招款又責段達所收令狐達奏章即不奏之罪獄成進

上帝問丞相宇文達曰叔謀有大罪四條食人之子受人之金遣賊盜寶擅易河道請用峻法誅之其子孫取聖旨帝曰叔謀有大罪為開河有功免其子孫只令腰斬叔謀于河側時來護兒受勅未至叔謀夢一童子自天而降謂曰宋襄公與大司馬華元遣我來感將軍護城之惠去年所許二金刀今日奉還叔謀覺曰據此先兆不祥我腰領難存矣言未畢護兒至縛于河之北岸斬為三段榔兒兄弟五人并家奴黨金窖並賜死中門外段達免死降官為洛陽監門

迷樓記

唐　闕名

煬帝晚年尤沉迷女色他日顧詔近侍曰人主享天下之富亦欲極當年之樂自快其意今天下安富外内無事此吾得以遂其樂也今宫殿雖壯麗顯敞苦無曲房小室幽軒短檻若得此則吾期老于其中也近侍高昌奏曰臣有友項昇浙人也自言能構宫室翌日詔而問之昇曰臣乞先進圖本後數日進圖帝覽大悦即日詔有司供具材木凡役夫數萬經歲而

成樓閣高下軒窻掩映幽房曲室玉欄朱楯互相連屬回環四合曲屋自通千門萬牖上下金碧金虬伏於棟下玉獸蹲于戶傍壁砌生光瑣窻射日工巧之極自古無有也費用金玉帑庫爲之一虚人誤入者雖終日不能出帝幸之大喜顧左右曰使眞仙遊其中亦當自迷也可目之曰迷樓詔以五品官賜昇仍給内庫帛千疋賞之詔選後宫良家女數千以居樓中每一幸有經月而不出是月大夫何稠進御童女車車之制度絶小祇容一人有機處于其中以機礙

礙之手足女纖毫不能動帝以處女試之極喜召何
稠謂之曰卿之巧思一何神妙如此以千金贈之旌
其巧也何稠出為人言車之機巧有識者曰此非盛
德之器也稠又進轉關車車周挽之可以升樓閣如
行平地車中御女則自搖動帝尤喜悅帝謂稠曰此
車何名也稠曰臣任意造成未有名也願賜佳名帝
曰卿任其巧意以成車朕得之任其意以自樂可名
任意車也何稠再拜而去帝令畫工繪士女會合之
圖數十幅懸于閣中其年上官時自江外得替回鑄

烏銅屏數十面其高五尺而闊三尺磨以成鑑為屏
可環於寢所詣闕投進帝以屏內迷樓而御女於其
中纖毫皆入於鑑中帝大喜曰繪畫得其象耳此得
人之真容也勝繪圖萬倍矣又以千金賜上官時帝
日夕沉荒於迷樓罄竭其力亦多倦怠顧謂近侍曰
朕憶初登極日多辛苦無睡得婦人枕而藉之方能
合目纔似夢則又覺今睡則冥冥不知返近女色則
憊何也他日矮民王義上奏曰臣田野廢民作事皆
不勝人生於遠嶠絕遠之域幸因入貢得備後庭掃

除之役陛下特加愛遇臣常自宮以侍陛下自茲出
入臥內周旋宮室方今親信無如臣者臣由是竊覽
書殿中簡編反覆玩味微有所得臣聞精氣為人之
聰明陛下當龍潛日先帝勤儉陛下鮮親聲色日近
善人陛下精實於內神清於外故日夕無寢陛下自
數年聲色無數盈滿後宮日夕游宴自非歲節大辰
何常臨御前殿其餘多不受朝設或引見遠人非時
慶賀亦日晏坐朝曾未移刻則聖躬起入後宮夫以
有限之體而投無盡之慾臣固知其竭也臣聞古者

野叟獨歌舞於磐石之上人詢之曰子何獨樂之多
也叟曰吾有三樂子知之乎何也人生難遇太平世
吾今不見兵革此一樂也人生難得支體完備吾身
不殘疾此二樂也人生難得壽吾今年八十矣此三
樂也問者歎賞而去陛下享天下之富貴聖貌軒逸
龍顏鳳姿而不自愛重其思慮固出於野叟之外臣
蟲爾微軀難圖報効罔知忌諱上逆天顏因俯伏泣
諫帝乃命引起翌日召義詔之曰朕昨夜思汝言極
有理汝真愛我者也乃命義後宮擇一靜室而帝

君其中女皆不得入居之日帝忿然而出曰能悒悒居此乎若此雖壽千萬歲亦安用乎乃復入宮宮女無數不得進御者亦極衆後宮侯夫人有美色一日自經於棟下臂懸錦囊中有文左右取以進帝乃詩也自感三首云庭絕玉輦迹芳草漸成窠隱隱聞簫鼓君恩何處多欲泣不成淚悲來翻強歌庭花方爛熳無計奈春何春陰正無際獨步意何如不及閒花草翻承雨露多看梅二首云砌雪無消日捲簾時自顰庭梅對我有憐意先露枝頭一點春香清寒艷好

誰惜是天真玉梅謝後陽和至散與羣芳自在春妝成云妝成多自惜夢好却成悲不及楊花意春來到處飛遺意云秘洞扃仙卉雕窗鎖玉人毛君真可戮不肯寫昭君自傷云初入承明日深深報未央長門七八載無復見君王春寒侵入骨獨臥愁空房颯履步庭下幽懷空感傷平日新愛惜自待聊非常色美反成棄命薄何可量君恩實疏遠妾意徒彷徨家豈無骨肉偏親老北堂此方無羽翼何計出高墻性命誠所重棄割良可傷懸帛朱棟上肝腸如沸湯引頸又自惜有若縈牽腸毅然就死地從此歸冥鄉帝覽其詩反覆傷感帝往視其尸曰此已死顏色猶美如桃花乃急召中使許廷輔曰朕向遣汝擇後宮女入迷樓汝何獨故棄此人也乃令廷輔就獄賜自盡厚禮葬侯夫人帝日誦詩酷好其文乃令樂府歌之帝又於後宮親擇女百人入迷樓大業八年方士進大丹帝服之蕩思愈不可制日夕御女數十人入夏帝煩躁日引飲幾百杯而渴不止醫丞莫君錫上奏曰帝心脈煩盛真元太虛多飲即大疾生焉因進劉治

之仍乞置冰盤於前俾帝日夕朝望之亦治煩躁之一術也自茲諸院美人各市冰爲盤以望行幸京師冰爲之踴貴藏冰之家皆獲千金大業九年帝將再幸江都有迷樓宮人抗聲夜歌云河南楊柳謝河北李花榮楊花飛去落何處李花結果自然成帝聞其歌披衣起聽召宮女問之云孰使汝歌也汝自爲之耶宮女曰臣有弟在民間因得此歌曰道途兒童多唱此歌帝默然久之曰天啓之也天啓之也帝因索酒自歌云宮木陰濃燕子飛興衰自古漫成悲他日

迷樓更好景宮中吐豔變紅輝歌竟不勝其悲近侍莫測故而悲又歌臣皆不曉帝曰休問他日自知也後帝幸江都唐帝提兵號令入京見迷樓太宗曰此皆民膏血所爲乃命焚之經月火不滅前謠前詩皆見矣方知世代興亡非偶然也

海山記

唐　闕名

煬帝生時有紅光燭天里中牛馬皆鳴先是獨孤后夢龍出身中飛高十餘里龍墮地尾輒斷以告文帝帝沉吟默塞不答帝三歲戲於文帝前文帝抱之玩弄甚久曰是兒極貴恐破吾家自兹雖愛帝而亦不快於帝帝十歲好觀古今書傳至於方藥天文地理伎藝術數無不通曉然而性褊急陰賊刻忌好鉤索人情深淺時楊素有戰功方貴用事帝傾意結之

文帝得疾内外莫有知者帝坐便室召素謀曰君國之元老能了吾家事者君也乃私執素手曰使我得志我亦終身報公素曰待之當自有計素入問疾文帝見素起坐謂素曰吾常親鋒刃冒矢石出入生死與子同之方享今日之貴吾自惟不免此疾不能臨天下汝立吾族中人倘不諱汝立吾兒勇爲帝汝倍吾言吾去世亦殺汝此事吾不語人素曰國本不可屢易臣不敢奉詔文帝忿懣乃大呼左右曰召吾兒勇來乃氣哽塞回面向之不言素乃出語帝曰事未

可更待之有頃左右出報素曰帝呼不應喉中呦呦有聲帝拜素曰以終身累公素急入帝已崩矣乃不發喪明日素袖遺詔立帝時百官猶未知素執圭謂百官曰大行遺詔立帝有不從者戮於此左右扶帝上殿帝足弱欲倒者數四不能上素下去左右以手扶接帝帝援之乃上百官莫不嗟嘆素歸謂家人輩曰小兒子吾已提起教作大家郎不知了當得否素恃有功見帝多呼爲郎君時宴内宫宫人偶覆酒汚素衣素怒叱左右引下加撻焉帝頗惡之隱忍不發

一日帝與素釣魚於池並坐左右張傘以遮日帝起如側回見素坐赭傘下風骨秀異堂堂然帝大忌之帝多欲有所爲素輒請而抑之由是愈有害素意會素死帝曰使素不死夷其九族先素欲入朝出見文帝執金鉞逐之曰此賊吾欲立勇汝竟不從吾言今必殺汝素驚呼入室召子弟二人而語曰吾必死矣出見文帝語不移時素死帝自素死益無憚乃闢地周二百里爲西苑役民力常百萬内爲十六院聚巧石爲山鑿地爲五湖四海詔天下境内所有鳥獸草木驛至京師天下共進花木鳥獸魚蟲莫知其數此不具載詔定西苑十六院名景明一迎暉二棲鸞三晨光四明霞五翠華六文安七積珍八影紋九儀鳳十仁智十一清修十二寶林十三和明十四綺陰十五降陽十六皆帝自製名院有二十人皆擇宫中佳麗謹厚有容色美人實之每一院選帝常幸御者爲之首每院有宦者主出入易市又鑿五湖每湖四方十里東曰翠光湖南曰迎陽湖西曰金光湖北曰潔水湖中曰廣明湖湖中積土石爲山構亭殿屈曲環

遶澄碧皆窮極人間華麗又鑿北海周環四十里中有三山效蓬萊方丈瀛洲上皆臺榭迴廊水深數丈開溝通五湖北海溝盡通行龍鳳舸帝多泛東湖因製湖上曲望江南八闋云　湖上月偏照列仙家水浸寒光鋪枕簟浪搖晴影走金蛇偏稱泛靈槎光景好輕彩望中斜清露冷侵銀兔影西風吹落桂枝花開宴思無涯　湖上柳煙裏不勝摧宿霧洗開明媚眼東風搖弄好腰枝煙雨更相宜環曲岸陰覆畫橋低線拂行人春晚後絮飛晴雪暖風時幽意更依依

湖上雪風急墮還多輕片有時敲竹戶素華無韻
入澄波望外玉相磨湖水遠天地色相和仰面莫思
梁苑賦朝來且聽玉人歌不醉擬如何　湖上草碧
翠浪通津修帶不爲歌舞緩濃鋪堪作醉人茵無意
襯香衾晴霽後顏色一般新遊子不歸生滿地佳人
遠意寄青春留詠卒難伸　湖上花天水浸靈芽淺
蕊水邊勻玉粉濃苞天外剪明霞只在列仙家開爛
熳插鬢若相遮氷殿春寒幽冷艷玉軒晴照暖添華
清賞思何賒　湖上女精選正輕盈猶恨乍離金殿

海山記　四

侶相將盡是采蓮人清唱謾頻頻軒內好嬉戲下龍
津玉管朱絃聞盡夜踏青鬬草事青春玉輦從羣眞
湖上酒終日助清歡檀板輕聲銀甲緩醅浮香米
玉蛆寒醉眼暗相看春殿晚仙艷奉盃盤湖上風光
眞可愛醉鄉天地就中寬帝主正清安　湖上水流
遶禁園中斜日暖搖青翠動落花香暖衆紋紅蘋末
起清風閑縱目魚躍小蓮東泛泛輕搖蘭棹穩沉沉
寒影上仙宮遠意更重重帝常遊湖上多令宮中美
人歌唱此曲大業六年後主死草木鳥獸繁息茂盛桃

蹊李徑翠陰交合金猿青鹿動輒成羣自大內開爲
御道直通西苑夾道植長松高柳帝多幸苑中去來
無時侍御多夾道而宿帝往往中夜幸焉一夕帝
泛舟遊北海與宮人十數輩升海山是時月色朦朧
晚風輕軟浮浪無聲萬籟俱寂恍惚聞水上有一小
舟祗容兩人帝謂爲十六院中美人泊至首一人先
登贊唱陳後主謁帝帝亦忘其死帝幼年與後主甚
善乃起迎之後主再拜帝亦鞠躬勞謝既坐後主曰
憶昔與帝同隊遊戲情愛甚於同氣今陛下富有四

海山記　五

海令人欽服始者謂帝將致理於三王之上今乃甚
取當時之樂以快平生無甚美事聞陛下已開隋渠
引洪河之水東遊維揚因作詩來奏乃探懷出詩上
帝詩曰隋室開茲水初心謀太賒一千里力役百萬
民吁嗟水殿不復返龍舟成小瑕溢流隨陡岸濁浪
噴黃沙兩人迎客至三月柳飛花日脚沉雲外榆梢
噪暝鴉如今遊子俗異日便天家且樂人間景休尋
海上楂人喧舟艤岸風細錦帆斜莫言無後利千古
壯京華帝覽詩拂衣怒曰死生命也興亡數也爾安

知吾開河爲後人之利帝怒叱之後主曰子之非氣能得幾日其終始更不若吾帝乃恐懼之後主忽曰且去且去後一年見公臺下相見乃沒於水際帝方悟其死亦然不自知驚悸移時一日明霞院美人楊夫人喜報帝曰酸棗邑所進玉李一夕忽長淸陰數畝帝沈默甚久曰何故而忽茂夫人云是夕院中人聞空中若有千百人語言云李木當茂洎曉看之已茂盛如此帝欲伐去左右或奏曰木德來助之應也又一夕晨光院周夫人來奏云院中楊梅一夕忽爾

繁盛帝喜問曰楊梅之茂能如玉李乎或曰楊梅雖茂終不敵玉李之盛帝往兩院觀之亦自見玉李繁盛後梅李同時結實院妃來獻帝問二果孰勝院妃曰楊梅雖好味頗清酸終不若玉李之甘苑中人多好玉李帝歎曰惡梅好李豈人情哉天意乎後帝將崩揚州一日院妃報楊梅已枯死帝果崩於揚州異乎一日洛水漁者獲生鯉一尾金鱗赤尾鮮明可愛帝問漁者之姓姓解未有名帝以朱筆於魚額上題解生字以記之乃放之北海中後帝幸北海其鯉已長丈餘浮水見帝其魚不沒帝與蕭后及諸院妃嬪同看魚之額朱字尚存惟解字無半尚隱隱角字存焉蕭后曰鯉有角龍也帝曰朕爲人主豈不知此意遂引弓射之魚乃沈大業四年道州貢矮民王義眉目濃秀應對甚敏帝尤愛之常從帝遊終不得入宮曰爾非宮中物也義乃自宮帝由是愈加憐愛得出入内寢義多臥御榻下帝遊湖海回多宿十六院一夕帝中夜潛入棲鸞院時夏氣暄煩院妃慶兒臥於簾下初月照軒頗明朗慶兒睡中驚魘若不救者帝

使義呼慶兒帝自扶起久方清醒帝曰汝夢中何故而如此慶兒曰妾夢中如常時帝握妾臂遊十六院至第十院帝入院坐殿上俄時火發妾乃奔走回視帝坐烈焰中驚呼人救帝久方睡覺帝自强解曰夢死得生火有威烈之勢吾居其中得成者也大業十年幸江都被弑帝入第十院居火中此其應也龍舟爲楊玄感所燒後敕揚州刺史再造制度又華麗仍長廣於前舟江都來進帝東幸維揚後宮十六院皆隨行西苑令馬守忠別帝曰願陛下早還都輦臣整

[illegible]西苑以待乘輿之來西苑風景[illegible][illegible]思舊含之而遠遊也又泣下帝亦悵然[illegible]為君好看西苑無令後人笑吾不解裝景也左右其辭詞帝御龍舟中道夜半聞歌者甚悲其辭曰我兒征遼東餓死青山下今我挽龍舟又困隋隄道方今天下饑路糧無些小前去三千程此身安可保寒骨枕荒沙幽魂泣烟草悲損門內妻望斷吾家老安得義男兒焚此無主屍引其孤魂回負其白骨歸帝聞其歌遽遣人求其歌者至曉不得其人帝頗徬徨

海山記　八　八

通夕不寐揚州朝百官天下朝貢使無一人至者有來者在途遭兵奪其貢物帝猶與羣臣議詔十三道起兵誅不朝貢者帝知世祚已去意欲遂幸永嘉羣臣皆不願從帝未遇害前數日帝亦微識玄象多夜起觀天乃召太史令袁充問曰天象如何充伏地泣涕曰星文大惡賊星逼帝座甚急恐禍起旦夕願陛下遽修德滅之帝不樂乃起入便殿挼膝俛首不語顧王義曰汝知天下將亂乎汝何故省言而不告我也義泣對曰臣遠方廢民得蒙上貢自入深宮久膺

聖澤又嘗自宮以近陛下天下大亂固非今日[illegible]堅氷其來久矣臣料大禍事在不救帝曰子何不早告我也義曰臣不早言言即臣死久矣帝乃泣下曰卿為我陳成敗之理朕貴知也義曰義上書云臣本南楚卑薄之地逢聖明為治之時不愛此身願從入貢臣本侏儒性尤蒙滯出入左右積有歲華濃被聖私皆喻素望侍從乘輿周旋臺閣臣雖至鄙酷好窮經頗知善惡之本源少識興亡之所以還往民間周知利害深蒙顧問方敢敷陳自陛下嗣守元符體臨

海山記　八　九

大器聖神獨斷諫諍莫從獨發睿謀不容人獻大興西苑兩至遼東龍舟踰於萬艘宮闕遍于天下兵甲常役百萬士民窮乎山谷征遼者百不存十歿葬者十未有一帑藏全虛穀粟湧貴乘輿竟往行幸無時兵人侍從常踰萬人遂令四方失業天下為墟方今有家之村存者可數子弟死于兵役老弱困乎蓬蒿兵屍如嶽餓莩盈郊狗彘厭人之肉鳶鳥食人之餘臭聞千里骨積高原血膏草野狐犬盡肥陰風無人之墟鬼哭寒草之下目斷平野千里無煙萬民剝落

冀倚朝昏又遺幼子妻號故夫孤苦何多饑荒大[illegible]亂離方始生死孰知人主愛人一何如此陛下恒性毅然孰敢上諫或有鯁言又令賜死臣下相顧箝結自全龍逢復生安敢議奏左右近臣阿諛順旨迎合帝意造作拒諫皆出此途乃逢富貴陛下惡過從何得聞方今又敗遼師再幸東土社稷危於春雪干戈遍於四方生民已入塗炭官吏猶未敢言陛下自惟若何爲計陛下欲幸永嘉坐延歲月神武威嚴一何銷鑠陛下欲興師則兵吏不順欲行幸則侍衛莫從

海山記　八　十

適當此時如何自處陛下雖欲發憤修德特加愛民聖慈雖切救時天下不可復得大勢已去時不再來巨廈之崩一木不能支洪河已決匊壤不能救臣本遠人不知忌諱事急至此安敢不言臣今不死後必死兵敢獻此書延頸待盡帝省義奏曰自古安有不亡之國不死之主乎義曰陛下尚猶蔽飾已過陛下常言吾當跨三皇超五帝下視商周使萬世不可及今日其勢如何能自復回都[illegible]乎帝乃泣下再三嘉歎義曰臣昔不言誠愛生也今既具奏願以死謝也

天下方亂陛下自愛少選報云義自刎矣帝不[illegible]傷命厚葬焉不數日帝遇害時中夜聞外切切有聲帝急起衣冠御內殿坐未久左右伏兵俱起司馬戡攜刃向帝帝叱之曰吾終年重祿養汝吾無負汝汝何負吾帝常所幸朱貴兒在帝傍謂戡曰三日前帝慮侍衛秋寒詔宮人悉絮袍袴帝自臨視造數千袍兩日畢工前日賜公等豈不知也爾等何敢逼脅乘輿乃大罵戡戡曰臣實負陛下但今天下俱叛二京已爲賊據陛下歸亦無路臣生亦無門臣已虧臣節

海山記　八　十一

雖欲復已不可得也願得陛下首以謝天下乃攜劍上殿帝復叱曰汝豈不知諸侯之血入地尚大旱況天子乎戡進帛帝入內閣自經貴兒猶大罵不息爲亂兵所殺

說郛目録

弓第一百十一

東方朔傳

漢　郭憲

東方朔小名曼倩父張氏名夷字少平母田氏夷年二百歲顏若童子朔生三日而田氏死死時漢景帝三年也鄰母拾朔養之時東方始明因以姓焉年三歲天下秘識一覽暗誦於口恒指揮天上空中獨語鄰母忽失朔累月暫歸母笞之後復去一年乃歸母見之大驚曰汝行經年一歸何以慰吾朔曰兒暫之紫泥之海有紫水汚衣仍過虞泉湔浣朝發中還何言經年乎母又問曰汝悉經何國朔曰兒湔衣竟暫

息冥都崇臺一寤眠王公啖兒以丹栗霞漿兒食之既多飽悶幾死乃飲玄天黃露半合即醒還遇一蒼虎息於路初兒騎虎而還打捶過痛虎嚙兒脚傷母便悲嗟乃裂青布裳裹之朔復去家萬里見一枯樹脫布掛樹布化爲龍因名其地爲布龍澤朔以元封中遊鴻濛之澤忽遇母採桑於白海之濱俄而有黃眉翁指母以語朔曰昔爲我妻託形爲太白之精今汝亦此星之精也吾却食吞氣已九十餘年目中童

子皆有青光能見幽隱之物三千年一返骨洗髓二千年一剝皮伐毛吾生來已三洗髓五代毛矣朔既長仕漢武帝爲大中大夫武帝暮年好仙術與朔狎暱一日謂朔曰朕欲使愛幸者不老可乎朔曰臣能之帝曰服何藥曰東北地有芝草西南有春生之魚帝曰何知之曰三足烏欲下地食此草羲和以手掩烏目不許下畏其食此草也鳥獸食此即美悶不能動帝曰子何知之朔曰小兒時掘井陷落井下數十年無所託有人引臣往取此草乃隔紅泉不得渡其

人與臣一隻履臣乃乘履泛泉得而食之其國人皆織珠玉爲簟要臣入雲韍之幕設玄珉雕枕刻鏤爲日月雲雷之狀亦曰鏤空枕亦曰玄雕枕又薦珉毫之珍褥以百珉之毫織爲褥此毫褥而冷常以夏日舒之因名柔毫水藻之褥臣舉手拭之恐水濕席定視乃光也其後武帝寢於靈光殿召朔於青綺窗綈紈幕下問朔曰漢年運火德統以何精何瑞爲祥朔對曰臣嘗游昊然之墟在長安之東過扶桑七萬里有雲山山頂有井雲從井中出若土德則黃雲火德

則赤雲金德則白雲水德則黑雲帝深信之太初二年朔從西那邪國還得聲風木十枝以獻帝長九尺大如指此木出因洹之水則禹貢所謂因桓是來即其源也出甜波上有紫燕黃鵠集其間實如細珠風吹珠如玉聲因以爲名帝以枝遍賜群臣年百歲者頒賜此人有疾枝則有汗將死者枝則折昔老聃有周七千七百年此枝未汗洪崖先生堯時年已三千歲此枝亦未一折帝乃賜朔朔曰臣見此木三過枯死死而復生何翅汗折而已語曰年復年枝忽汗此

木五千歲一溼萬歲一枯也帝以爲然又天漢二年帝升蒼龍館思仙術召諸方士言遠國遐鄉之事唯朔下席操筆疏曰臣游北極至鏡火山日月初不照有龍銜火以照山四極亦有園圃池苑皆植異草木有明莖草如金燈折爲燭照見鬼物形仙人寗封嘗以此草然爲夜朝見腹內外有光亦名洞腹草帝剉此草爲蘇以塗明雲之觀夜坐此觀即不加燭亦名照魅草採以藉足則入水不沉朔又嘗東遊吉雲之地得神馬一匹高九尺帝問朔何獸曰王母乘雲光

輦以適東王公之舍稅此馬於芝由東王公怒棄此馬於清津天岸臣至王公壇因騎而返遶日三匝此馬入漢關縣門猶未掩臣於馬上睡不覺還至帝曰其名云何朔曰因事為名名步景駒朔曰自馭之如駑馬蹇驢耳朔曰臣有吉雲草千頃種於九景山東二千年一花明年應生臣走往耑之以秣馬馬立不饑朔曰臣至東極過吉雲之澤帝曰何為吉雲曰其國常以雲氣占凶吉若有喜慶之事則滿室雲起五色照人着於草樹皆成五色露露味皆甘帝曰吉雲

草露可得否曰臣負吉雲草以備馬此立可得日可三二斛乃東走至夕而還得玄白青黃露盛以青琉璃各受五合授帝帝徧賜羣臣其得之者老者皆少疾者皆除也又武帝常見彗星朔折指星木以授帝帝指彗星應時星沒時人莫之測也朔又善嘯每曼聲長嘯輒塵落漫飛朔未死時謂同舍郎曰天下人無能知朔知朔者唯大王公耳朔卒後武帝得此語即召大王公問之曰爾知東方朔乎公對曰不知公何所能曰頗善星曆帝問諸星皆具在否曰諸星具

在御不見歲星十八年今復見耳帝仰天嘆曰東方朔生在朕傍十八年而不知是歲星哉慘然不樂其餘事跡多散在別卷此不備載

漢武帝内傳

漢　扶風班固著　章斐然删

漢孝武皇帝景帝子也未生之時景帝夢一赤彘從雲中下直入崇芳閣景帝覺而坐閣下果有赤龍如霧來蔽戶牖宮内嬪御望閣上有丹霞蓊蔚而起霞滅見赤龍盤廻棟間景帝召占者姚翁以問之翁曰吉祥也此閣必生命世之人攘　　而獲嘉瑞爲劉宗盛主也然亦大妖景帝使王夫人移居崇芳閣欲以順姚翁之言也乃改崇芳閣爲猗蘭殿旬餘景帝

夢神女捧日以授王夫人夫人吞之十四月而生武帝景帝曰吾夢赤氣化爲赤龍占者以爲吉可名之吉至三歲景帝抱於膝上撫念之知其心藏洞徹試問兒樂爲天子否對曰由天不由兒願每日居宮垣在陛下前戲弄亦不敢逸豫以失子道景帝聞而愕然加敬而訓之他日復抱之几前試問兒悅習何書爲朕言之乃誦伏羲以來羣聖所錄陰陽診候及龍圖龜策數萬言無一字遺落至七歲聖徹過人景帝令改名徹及即位好神仙之道常禱祈名山大川五嶽以求神仙元封元年正月甲子登嵩山起道宮帝齋七日祠訖乃還至四月戊辰帝閒居承華殿東方朔董仲舒在側忽見一女子著青衣美麗非常帝愕然問之女對曰我墉宮玉女王子登也乃爲王母所使從崑崙山來語帝曰聞子輕四海之祿尋道求生降帝王之位而屢禱山嶽勤哉有似可教者也從今日清齋不閑人事至七月七日王母暫來也帝下席跪諾言訖玉女忽然不知所在帝問東方朔此何人朔曰是西王母紫蘭宮玉女常傳使命往來扶桑出

入靈州交關常陽傳言玄都阿母昔出配北燭僊人近又召還使領命祿眞靈官也帝於是登延靈之臺盛齋存道其四方之事權委於冢宰焉到七月七日乃修除宮掖設坐大殿以紫羅薦地燔百和之香張雲錦之幃然九光之燈列玉門之棗酌蒲萄之醴宮監香果爲天宮之饌帝乃盛服立於堦下勑端門之内不得有妄窺者内外寂謐以候雲駕到夜二更之後忽見西南如白雲起鬱然直來逕趨宮庭須臾轉近聞雲中簫鼓之聲人馬之響半食頃王母至也縣

投殿前有似鳥集或駕龍虎或乘白麟或乘白鶴或乘軒車或乘天馬羣僊數千光耀庭宇既至從官不復知所在唯見王母乘紫雲之輦駕九色斑龍別有五十天僊側近鸞輿皆長丈餘同執綵旄之節佩金剛靈璽戴天眞之冠咸住殿下王母唯扶二侍女上殿侍女年可十六七服青綾之袿容眸流眄神姿清發眞美人也王母上殿東向坐著黃金褡襹文采鮮明光儀淑穆帶靈飛大綬腰佩分景之劍頭上太華髻戴太眞晨嬰之冠履玄璚鳳文之舄視之可年三

十許脩短得中天姿掩藹容顏絕世眞靈人也下車登牀帝跪拜問寒暄畢立因呼帝共坐帝面南王母自設天廚眞妙非常豐珍上果芳華百味紫芝萎蕤芬芳塡樏清香之酒非地上所有香氣殊絕帝不能名也又命侍女更索桃果須臾以玉盤盛僊桃七顆大如鴨卵形圓青色以呈王母母以四顆與帝三顆自食桃味甘美口有盈味帝食輒收其核王母問帝帝曰欲種之母曰此桃三千年一生實中夏地薄種之不生帝乃止於坐上酒觴數遍王母乃命諸侍女

王子登彈八琅之璈又命侍女董雙成吹雲和之笙石公子擊昆庭之金許飛瓊鼓震靈之簧婉淩華拊五靈之石范成君擊湘陰之磬段安香作九天之鈞於是衆聲澈朗靈音駭空又命法嬰歌玄靈之曲歌畢王母曰夫欲脩身當營其氣太僊眞經所謂行益易之道益者益精易者易形能益能易名上僊籍不益不易不離死厄行益易者謂常思靈寶也靈者神也寶者精也子但愛精握固閉氣吞液氣化爲血血化爲精精化爲神神化爲液液化爲骨行之不倦神

精充溢爲之一年易氣二年易血三年易精四年易脈五年易髓六年易骨七年易筋八年易髮九年易形形易則變化變化則成道成道則爲僊人吐納六氣口中甘香欲食靈芝存得其味微息揖吞從心所適氣者水也無所不成至柔之物通致神精矣此元始天王在丹房之中所說微言今勑侍笈玉女李慶孫書錄之以相付子善錄而修焉於是王母言語既畢嘯命靈官使駕龍嚴車欲去帝下席叩頭請留殷勤王母乃止王母乃遣侍女郭密香與上元夫人相

問云王九光之母敬謝但不相見四千餘年矣天事勞我致以愆面劉徹好道適來觀之見徹了了似可成進然形慢神穢腦血淫漏五臟不淳關胃彭孛骨無津液脈浮反升肉多精少瞳子不夷三尸狡亂玄白失時雖當語之以至道殆恐非僊才也吾久在人間實爲臭濁然時復可遊望以寫細念庸上對坐悒悒不樂夫人可暫來否若能屈駕當停相須帝見侍女下殿俄失所在須臾郭侍女返上元夫人又遣一侍女答問云阿環再拜上問起居遠隔絳河擾以官

事遂替顔色近五千年仰戀光潤情係無違密香至奉信承降尊於劉徹處聞命之際登當命駕先被太帝君勑使詣玄洲校定天元正爾暫住如是當還還便束帶顧暫少留帝因問王母不審上元何真也王母曰是三天上元之官統領十萬玉女名籙者也俄而夫人至亦聞雲中簫鼓之聲既至從官文武千餘人並是女子年皆十八九許形容明逸多服青衣光彩耀目真靈官也夫人年可二十餘天姿精耀靈眸絕朗服青霜之袍雲彩亂色非錦非繡不可名字頭作三角髻餘髮散垂至腰戴九雲夜光之冠曳六出火玉之珮垂鳳文林華之綬腰流黃揮精之劍上殿向王母拜王母坐而止之呼同坐北向夫人設厨厨亦精珍與王母所設者相似王母勑帝曰此真元之母尊貴之神女當起拜帝拜問寒溫還坐夫人笑曰五濁之人耽酒榮利嗜味淫色固其常也且徹以天子之貴其亂目者倍於凡焉而復於華麗之墟拔嗜慾之根願無爲之事良有志矣王母曰所謂有心哉夫人謂帝曰汝好道乎聞數招方術祭山嶽祠靈神

禱河川亦爲勤矣勤而不獲實有由也汝胎性暴胎性淫胎性奢胎性酷胎性賊五者恒舍於榮衛之中五藏之内雖獲良鍼固難愈也暴則使氣奔而攻神是故神擾而氣竭淫則使精漏而魂疲是故精竭而魂消奢則使真離而魄穢是故命逝而靈失酷則使喪仁而自攻是故失仁而眼亂賊則使心鬬而口乾是故内戰而外絕此五事者皆是截身之刀鋸剗命之斧斤矣雖復志好長生不能遣茲五難亦何爲損性而自勞乎然由是得此小益以自知性爾若從今

已捨爾五性反諸柔善明務察下慈務矜冤惠務濟貧賑務施勞念務存孤惜務及愛身恒爲陰德救濟死厄旦夕孜孜不泄精液於是閉諸淫養汝神放諸奢從至儉勤齋戒節飲食絕五穀去羶腥鳴天鼓飲玉漿蕩華池叩金梁按而行之當有異耳今阿母迂天尊之重下降於蟪蛄之窟虧虛之靈而詣狐鳥之狙且阿母至誠妙唱玄音驗其敬勤節度明修所奉比及百年阿母必能致汝於玄都之墟迎汝於昆閬之中位以僊官遊於十方信吾言矣子勵之哉若不

能爾無所言矣帝下席跪謝曰臣受性凶頑生長亂濁固滯不務無由開達然貪生畏死奉靈敬神今日受教此乃天也徹戢聖命以爲身範是小醜之臣當獲生活唯垂哀護願賜上元夫人使帝還坐王母謂夫人曰卿之爲戒言甚急切更使未解之人畏於至意夫人曰若其志道將以身投餓虎忘軀破滅蹈火履水固於一志必無憂也若其志道則心凝真性嫌惑之徒不畏急言急言之發欲成其志耳阿母既有念必當賜以尸解之方耳王母曰此子勤心已久而不遇良師遂欲毀其正志當疑天下必無仙人是故我發閬宮暫舍塵濁既欲堅其仙志又欲令向化不惑也今日相見令人念之至於尸解下方吾甚不惜後三年吾必欲賜以成丹半劑石象散一具與之則徹不得復停當今匈奴未彌邊陲有事何必令其倉卒舍天下之尊而便入林岫但當問篤向之志必卒何如其恐敗吾方數來王母因撫帝背曰汝用上元夫人至言必得長生可不勗勉耶帝跪曰徹書之金簡以身模之焉帝又見王母巾笈中有一卷書盛以

紫錦之囊帝問此書是仙靈方耶不審其目可得瞻盻否王母出以示之曰此五嶽真形圖也昨青城諸僊就吾請求今當過以付之乃三天太上所出文秘禁重豈汝穢質所宜佩乎今且與汝靈光生經可以通神勸心也帝下地叩頭固請不已王母曰昔上皇清虛元年三天太上道君下觀六合瞻河海之長短察丘山之高卑立天柱而安於地理植五嶽而擬諸鎮輔貴昆陵以舍靈僊尊蓬丘以館真人安水神於極陰之源棲太帝于扶桑之墟於是方丈之阜爲理

命之室滄浪海島養九老之堂祖瀛玄炎長元流光
生鳳麟聚窟各為洲名並在滄流大海玄津之中水
則碧黑俱流波則震蕩群精諸僊玉女聚居滄濱其
名難測其實分明乃因山源之規矩覩河嶽之盤曲
陵廻阜轉山高隴長周旋逶迤形似書字是故因象
制名定實之號書形秘於玄臺而出為靈真之信諸
僊佩之皆如傳章道士執之經行山川百神群靈尊
奉親近汝雖不正然數訪僊澤却求不忘於道欣子
有心今以相與當深奉慎如事君父泄示凡夫必禍

及也上元夫人語帝曰阿母今以瓊笈妙韞發紫臺
之文賜汝八會之書五嶽真形可謂至珍且貴上帝
之玄觀矣子自非受命合神弗見此文矣今雖得其
真形觀其妙理而無五帝六甲左右靈飛之符太陰
六丁通真逐靈玉女之籙太陽六戊招神天光策精
之書左乙混沌東蒙之文右庚素收攝殺之律壬癸
六遯隱地八術丙丁入火赤班符六辛入金致黃水
月華之法六巳石精金光藏景化形之方子午卯酉
八稟十訣六靈威儀丑辰未戌地真素訣長生紫

三五順行寅申巳亥紫度炎光內視中方凡缺此十
二事者當何以召山靈朝地神攝總萬精驅策百鬼
束虎豹役蛟龍乎子所謂適知其一未見其他也帝
下席叩頭曰徹下土濁民不識清真今日聞道是生
命會遇聖母今當賜以真形修以度世夫人云今告
徹應須五帝六甲六丁六符致靈之術既蒙啓發弘
益無量唯願告誨濟臣饑渴使已枯之木蒙靈陽之
潤焦炎之草幸甘雨之溉不敢多陳帝故叩不已王
母又告夫人曰夫真形寶文靈宮所貴此子守求不

已誓以必得故虧科禁特以與之然五帝六甲通真
招神此術靈邈必須清潔至誠殆非流濁所宜施行
吾今既賜徹以真形夫人當授之以致靈之途矣吾
嘗憶與夫人共登玄隴朔野及曜真之山視王子童
王子童就吾求請太上隱書吾以三元祕言不可傳
泄於中僊夫人時亦有言見助於子童之言志矣吾
既難違來意不獨執惜至於今日之事有以相似後
造朱火丹陵食靈瓜味甚好憶此未久而已七千
矣夫人既以告徹篇目十二事畢必當匠而成之

何令人主稽首請乞叩頭流血耶上元夫人曰阿環不苟惜向不持來耳此是太虛羣文眞人赤童所出傳之既自有男女之限禁又宜授得道者恐徹下才未應得此耳王母色不平乃曰天禁漏泄犯違明科傳必其人授必知眞者夫人何向下才而說其靈飛之篇目乎妄說則泄泄而不傳是衒天道此禁豈輕於傳耶別勑三官司直推夫人之輕泄也吾之五嶽眞形太寶乃太上天皇所出其文寶妙而爲天僊之信豈復應下授於劉徹耶直以徹孜孜之心數請川

嶽勤修齋戒以求神僊之應志在度世不遭明師故吾等有以下眄之耳至於教僊之術不復限惜而弗傳夫人且有致靈之方能獨執之乎吾今所以授徹眞形文者非謂其必能得道欲使其精誠有驗求僊之不惑可以誘進向化之徒又欲令悠悠者知天地閒有此靈眞之事足以却不信之狂夫耳吾意在此也此子性氣淫暴服精不純何能得成眞仙浮空參差十方乎勤而行之適可度於不死耳明科所云非長生難聞道難也行之難非行之難也終之難良匠

能與人規矩不能使人必巧也何足隱之耶夫人謝曰謹受命矣但環疇昔蒙倒景君無常先生二君傳靈飛之約以四千年一傳女授女不授男太上科禁已表於昭生之符矣環授書以來并賢大女郎抱蘭凡傳六十八女子固不可授男也伏見扶廣山青眞小童受六甲靈飛於太甲中元凡十二事與環授者同青眞是環入火弟子所受六甲未聞是別授於人彼男官也今止敕取之將以授徹也先所以告篇目者意是愍其有心將欲堅其專氣令且廣求他日與

之亦欲以男授男承科而行使勤而方獲令知天眞之珍貴耳非徒苟執衒泄天道阿環主臣願不罪焉阿母眞形之貴愍於勤志亦已授之可謂大不宜矣王母笑曰亦可恕乎上元夫人即命侍女紀離容徑到扶廣山敕青眞小童出六甲左右靈飛致神之方十二事當以授劉徹也須臾侍女還捧五色玉笈鳳文之蕴以出六甲之文曰弟子何昌言向使奉絳河攝南眞七元君檢按羣龍猛獸之數事畢授敕承河毋相詣劉徹家不意天靈至尊乃復下降於臭濁中

也不審起居比來何如侍女紀離容至云尊母欲授
金書祕字六甲靈飛左右策精之文十二事欲授劉
徹輒封一通付信曰徹雖有心寔非仙才詎宜以此
傳泄於行尸乎昌近在帝處見有上言者甚衆云山
鬼哭於叢林孤魂號於絕域興師旅而族有功忘賞
勞而刑士卒縱横白骨煩擾黔首淫酷自恣罪已彰
於太上怨已見於天氣𤍠言互聞必不得度世也奉
尊見敕不敢違耳王母歎曰言此子者誠多然帝亦
不必推也夫好道慕仙者精誠志念齋戒思愆輒除

過一月克己反善奉敬真神存真守一行此一月輒
除過一年徹念道累年齋亦勤矣累禱名山願求度
脫校計功過殆已相掩但今以去勤修至誠奉上元
夫人之言不宜復劣淫暴虐使萬兆勞殘寃魂窮鬼
有被掘之訴流血之尸忘功賞之辭耳夫人乃下席
起立手執八色玉笈鳳文之蘊仰帝而祝曰九天浩
洞太上耀靈神照玄寂清虛朗明登虛者妙守氣者
生至念道臻寂感真誠役神形辱安精年棨授徹靈
飛及此六丁左右招神天光策精可以步虛可以隱

形長生久視還白留青我傳有四萬之紀授徹傳在
四十之齡違犯泄漏禍必族傾反是天真必沉幽寞
爾其慎禍敢告劉生爾師主是真青童小君太上中
黃道君之師真元始十天王入室弟子也姓延陵名
陽字庇華形有嬰孩之貌故仙官以青真小童爲號
其爲器也玉朗洞照聖周萬變玄鏡幽覽才爲真俊
游於扶廣權此始運館玄圃治仙職分了在師居從
爾所願不存所授命必傾淪言畢夫人一一手指所
施用節度以示帝焉凡十二事都畢又告帝曰夫五

帝者方面之天精六甲六位之通靈佩而尊之可致
長生此書上帝藏於玄景之臺子其寶祕焉王母曰
此三天太上之所撰藏於紫陵之臺隱以靈壇之房
封以華琳之函韞以蘭蔚之帛約以紫羅之素印以
太帝之璽受之者四十年傳一人無其人八十年可
頓授二人得道者四百年一傳得仙者四千年一傳
得真者四萬年一傳昇太上者四十萬年一傳非其
人謂之泄天道得其人不傳是謂蔽天寶非限妄傳
是謂輕天老受而不敬是謂慢天藻泄蔽輕慢四者

取死之刀斧延禍之車乘也泄者身死於道路受上刑而骸裂蔽者盲聾於來世命凋枉而卒歿輕則鍾禍於父母詣玄都而考罰慢則暴終而墮惡道棄疾於後世此皆道之科禁故以相戒不可不慎也王母因授以五嶽眞形圖帝拜受俱畢夫人自彈雲林之璈歌步玄之曲王母命侍女田四非答哥哥畢乃告帝從者姓名及冠帶執佩物名所以得知而紀焉至明旦王母與上元夫人同乘而去人馬龍虎道從音樂如初而時雲彩鬱勃盡爲香氣極望西南良久乃

絕帝既見王母及上元夫人乃信天下有神仙之事其後帝以王母所授五眞圖靈光經及上元夫人所授六甲靈飛十二事自撰集爲一卷及諸經圖皆奉以黄金之箱封以白玉之函以珊瑚爲軸紫錦爲囊安著栢梁臺上數自齋潔朝拜燒香灑掃然後乃執省焉帝自受法出入六年音旨淸暢高韻自許爲神眞見降必當度世恃此不修至德更興起臺館勞弊萬民坑降殺服遠征夷狄路盈怨歎流血膏城每事不從至太初元年十一月乙酉天火燒栢梁臺眞形圖靈飛經錄十二事靈光經及自撰所受凡十四卷幷函並失王母當知武帝既不從訓故火災耳其後東方朔一旦乘龍飛去同時衆人見從西北上冉冉仰望良久大霧覆之不知所適至元狩二年二月帝病行盩厔西憩五柞宫丁卯帝崩入殯未央宫前殿三月葬茂陵是夕帝棺自動而有聲聞宫外如此數遍又有芳香異常陵畢墳埏閒大霧門材壞霧經一月許日帝塚中先有一玉箱一玉杖此是西胡康渠王所獻帝甚愛之故入梓宫中其後四年有人於扶

風市中買得此二物帝時左右侍人有識此物是先帝所珍玩者因認以告有司詰之買者乃商人也從關外來宿鄠市其日見一人於此車巷中賣此二物靑布三十疋錢九萬即售之度實不知賣箱杖主姓名事實如此有司以聞商人放還詔以二物付太廟又帝崩時遺詔以雜經三十餘卷常讀玩之使隨身斂到建康二年河東功曹李友入上黨抱犢山採藥爲巖室中得此經盛以金箱卷後題東觀臣姓名記月日武帝時也河東太守張純以經箱奏進帝問諸

帝時左右侍臣有典書中郎冉登見經及箱流涕對曰此孝武皇帝殯斂時物也臣當時以著梓宮中不知何緣得出宣帝大愴然驚愕以經付孝武帝廟中按九都龍眞經云得仙之下者皆先死過太陰中鍊尸骸度地戸然後乃得尸解去耳目先歛經杖乃忽顯出貨於市中經見山室自非神變幽妙孰能如此者乎

趙飛燕外傳

漢 伶玄

趙后飛燕父馮萬金祖大力工理樂器事江都王協律舍人萬金不肯傳家業編習樂聲亡章曲任爲繁手哀聲自號凡靡之樂聞者心動焉江都王孫女姑蘇主嫁江都中尉趙曼曼幸萬金食不同器不飽萬金得通趙主主有娠曼性暴妒且早有私病不近婦人主恐稱疾居王宫一産二女歸之萬金長曰宜主次曰合德然皆冒姓趙宜主幼聰悟家有彭祖分脈之書善行氣術長而纖便輕細舉止翩然人謂之飛燕合德膏滑出浴不濡善音辭輕緩可聽二人皆出世色萬金死馮氏家敗飛燕妹弟流轉至長安於時人稱趙主子或云曼之他子與陽阿主家令趙臨共里巷託附臨屢爲組文刺繡獻臨臨愧受之居臨家稱臨女臨常有女事宫省被病歸死飛燕或稱死者飛燕妹弟事陽阿主家爲舍直常竊效歌舞積思精切聽至終日不得食待直貲服儉苦財且闕事膏沐澡漱其費亡所愛共直者指爲愚人飛燕通鄰羽林

射鳥者飛燕貧與合德共被夜雪期射鳥者於舍旁飛燕露立閉息順氣體溫舒亡疹粟射鳥者異之以為神仙飛燕緣主家大人得入宮召幸其姑妹樊嫕為丞光司帝者故識飛燕與射鳥兒事為之寒心及幸飛燕瞑目牢握涕交頤下戰栗不迎帝帝擁飛燕三夕不能接略無譴意宮中素幸者從容問帝帝曰豐若有餘柔若無骨遷延謙畏若遠若近禮義人也寧與女曹婢脅肩者比耶既幸流丹浹藉嫕私語飛燕曰射鳥者不近女邪飛燕曰吾內視三日肉肌盈

實矣帝體洪壯創毒為飛燕自此特幸後宮號趙皇后帝居鴛鴦殿便房省帝簿嫕上簿嫕因進言飛燕有女弟合德美容體性醇粹可信不與飛燕比帝即令舍人呂延福以百寶鳳毛步輦迎合德合德謝曰非貴人姊召不敢行願斬首以報宮中延福還奏嫕為帝取后五采組文手藉為符以召合德合德新沐膏九曲沉水香為卷髮號新髻為薄眉號遠山黛施小朱號慵來粧衣故短繡裙小袖李文襪帝御雲光殿帳使樊嫕進合德合德謝曰貴人姊虐妒不難

滅恩愛恥不愛死非姊教願以身易恥不望旋踵音詞舒閑清切左右嗟賞之嘖嘖帝乃歸合德宣帝時披香博士淖方成白髮教授宮中號淖夫人在帝后唾曰此禍水也滅火必矣帝用樊嫕計為后別開遠條館賜紫茸雲氣帳文玉几赤金九層博山緣合嫕諷后曰上久亡子宮中不思千萬歲計邪何不時進上求有子后德嫕計是夜進合德帝大悅以輔屬體無所不靡謂為溫柔鄉謂嫕曰吾老是鄉矣不能效武皇帝求白雲鄉也嫕呼萬歲賀曰陛下真得仙者

上立賜嫕鮫文萬金錦二十四疋合德尤幸號為趙婕妤婕妤事后常為兒拜后與婕妤坐后誤唾婕妤袖婕妤曰姊唾染人紺袖正似石上華假令尚方為之未必能若此衣之華以為石華廣袖後在遠條館多通侍郎宮奴多子者婕妤傾心翊護常謂帝曰姊性剛或為人構陷則趙氏無種矣每泣下悽惻以故白后姦狀者帝輒殺之侍郎宮奴鮮絝蘊香恣縱棲息遠條館無敢言者后終無子后浴五蘊七香湯踞通香沉水坐燎降神百蘊香婕妤浴荳蔻[illegible]

白英粉帝常私語樊嫕曰后雖有異香不若婕妤體
自香也江都易王故姬李陽華其姑爲馮大力妻陽
華老歸馮氏后姊弟毋事陽華陽華善貴飾常教后
九廻沉水香澤雄麝脐内息肌丸婕妤亦内息肌丸
常試若爲婦者月事益薄他日后言於承光司劑者
上官嫵嫵膺曰若如是安能有子乎教后煮美花瀡
之終不能驗眞臒　獻萬年蛤不夜光珠彩皆若月
照人亡妍醜皆美艶帝以蛤賜后以珠賜婕妤后以
蛤粧玉成金霞帳帳中常若滿月久之帝謂婕妤曰

吾晝視后不若夜視之美每旦令人忽忽如失婕妤
聞之即以珠號爲枕前不夜珠爲后壽終不爲后道
帝言始加大號婕妤奏書於后曰天地交暢貴人姊
及此令吉光登正位爲先人休不堪喜豫謹奏上二
十六物以賀金屑組文茵一鋪沉水香蓮心椀一面
五色同心大結一盤鴛鴦萬金錦一疋琉璃屏風一
張枕前不夜珠一枚含香綠毛狸藉一鋪通香虎皮
藉象一座龍香握魚二首獨搖寶蓮一鋪七出菱花
鏡一奩精金驅環四指若亾絳綃單衣一襲香文羅

手藉三幅七回光雄肪髮澤一盎紫金被褥香爐三
枚文犀辟毒箸二雙碧玉膏奩一合使侍兒郭語瓊
拜上后報以雲錦五色帳沉水香玉壺婕妤泣怨帝
曰非姊賜我死不知此器帝謝之詔益州留三年輸
爲婕妤作七成錦帳以沉水香飾婕妤接帝於太液
池作千人舟號合宮之舟池中起爲瀛洲榭高四十
尺帝御流波文縠無縫衫后衣南越所貢雲英紫裙
碧瓊輕綃廣榭上后歌舞歸風送遠之曲帝以文犀
簪擊玉甌令后所愛侍郎馮無方吹笙以倚后歌中

流歌酣風大起后順風揚音無方長噏細嫋與相屬
后裙髀曰顧我顧我后揚袖曰仙乎仙乎去故而就
新寧忘懷乎帝曰無方爲我持后無方捨吹持后履
久之風霽后泣曰帝恩我使我仙去不得悵然曼嘯
泣數行下帝益愧愛后賜無方千萬入后房闥他日
宮姝幸者或襞裙爲縐號曰留仙裙婕妤益貴幸號
昭儀求近遠條館帝作少嬪館爲露華殿含風殿博
昌殿求安殿皆爲前殿後殿又爲溫室凝缸室浴蘭
室曲房連檻飾黃金白玉以璧爲表裏千變萬狀連

遠條館號通仙門后貴寵益思放蕩使人博求術士
求匪安邦者之方時西南北波　致貢其使者舉茹
一飯晝夜不臥偃輿屬國上其狀屢有光怪后聞之
問何如術人曰吾術天地平生死齊出入有無變
化萬象而卒不化后令樊嫕弟子不周遺千金　人
曰學吾術者要不淫與謾言后遂不報他日樊嫕侍
后浴語甚讙后爲樊嫕道　后嫕抵掌笑曰憶在江
都時陽華李姑畜鬬鴨水池上若獺齧鴨時下朱里
芮姥者求捕獺狸獻姥謂姑曰是狸不他食當飯以

鴨姑怒絞其狸令　術眞似此也后大笑曰臭八何
足汙吾絞乎后所通宮奴燕赤鳳者雄捷能超觀閣
兼通昭儀赤鳳始出少嬪館后適來幸時十月五日
宮中故事上靈安廟是日吹塤擊鼓歌連臂踏地歌
赤鳳來曲后謂昭儀曰赤鳳爲誰來昭儀曰赤鳳自
爲姊來寧爲他人乎后怒以杯抵昭儀裙曰鼠子能
齧人乎昭儀曰穿其衣見其私足矣安在齧人乎昭
儀素卑事后不虞見答之暴熟視不復言樊嫕脫簪
叩頭出血扶昭儀爲拜后昭儀拜乃泣曰姊寧忘共

被夜長苦寒不成寐使合德擁姊背邪今日垂得貴
皆勝人且無外搏我姊弟其忍內相搏乎后亦泣持
昭儀手抽紫玉九鶵釵爲昭儀簪髻乃罷帝微聞其
事畏后不敢問以問昭儀昭儀曰后妒我爾以漢家
火德故以帝爲赤龍鳳帝信之大悅帝嘗蒸獵觸雪
得疾陰緩弱不能壯發每持昭儀足不勝至欲輒暴
起昭儀常轉側帝不能長持其足樊嫕謂昭儀曰上
餌方士大丹求盛大不能得得貴人足一持暢動比
天與貴妃大福寧轉側俾帝就邪昭儀曰幸轉側不

就尙能留帝欲亦如姊教帝持則厭去矣安能復動
乎后驕逸體微病輒不自飲食須帝持匕箸藥有苦
口者非帝爲含吐不下咽昭儀夜入浴蘭室膚體光
發占燈燭帝從幃中竊望之侍兒以白昭儀昭儀覽
巾使徹燭他日帝約賜侍兒黃金使無得言私婢不
豫約中出幃值帝卽入白昭儀昭儀遽隱辟自是帝
從蘭室幃中窺昭儀多袖金逢侍兒私婢輒牽止賜
之侍兒貪帝金一出一入不絕帝使夜從帑益至百
餘金帝病緩弱大醫萬方不能救求奇藥嘗得昚卹

膠遺昭儀昭儀輒進帝一丸一幸一夕昭儀醉進七丸帝昏夜擁昭儀居九成帳笑吃吃不絕抵明帝起御衣陰精流輸不禁有頃絕倒裛衣視帝餘精出涌沸汙被內須臾帝崩宮人以白太后太后使理昭儀昭儀曰吾持人主如嬰兒寵傾天下安能斂手掖庭令爭帷帳之事乎乃拊膺呼曰帝何往乎遂歐血而死

飛燕遺事

闕名

趙飛燕女弟居昭陽殿中庭彤朱而殿上丹漆砌皆銅沓黃金塗白玉階壁帶往往爲黃金釭含藍田璧明珠翠羽飾之上設九金龍皆銜九子金鈴五色流蘇帶以綠文紫綬金銀花鑷每好風日幡旄光影照耀一殿鈴鑷之聲驚動左右中設木畫屏風文如蜘蛛絲縷玉几玉牀白象牙簟綠熊席席毛長二尺餘人眠而擁毛自蔽望之不能見坐則沒膝其中雜熏

諸香一坐此席餘香百日不歇有四玉鎮皆達照無瑕缺窗扉多是綠琉璃亦皆達照毛髮不得藏焉椽桷皆刻作龍蛇縈繞其間鱗甲分明見者莫不兢慄匠人丁緩李菊巧爲天下第一締構既成尚其姊子樊延

其二

趙后體輕腰弱善行步進退女弟昭儀不能及也但昭儀弱骨豐肌尤工笑語二人並色如紅玉爲當時第一皆擅寵後宮

其三

趙飛燕爲皇后其女弟在昭陽殿遺飛燕書曰今日嘉辰貴姊懋膺洪冊謹上襚三十五條以陳踊躍之心

金華紫輪帽　金華紫羅面衣　織成上襦　織成下裳　五色文綬　鴛鴦襦　鴛鴦被　鴛鴦褥　金錯繡襠　七寶綦履　五色文玉環　同心七寶釵　黃金步搖　合歡圓璫　琥珀枕　龜文枕　珊瑚玦　瑪瑙彄　雲母扇　孔雀扇　翠羽扇

九華扇　五明扇　雲母屏風　琉璃屏風　五層金博山香爐　迴風扇　椰葉席　同心梅　合枝李　青木香　沉水香　香螺卮　九真雄麝香　七枝鐙

其四

慶安世年十五爲成帝侍郎善鼓琴能爲雙鳳離鸞之曲趙后悅之白上得出入御內絕見愛幸嘗着輕絲履招風扇紫綈裘與后同居處欲有子而終無胤嗣趙后自以無子常託以禱祈別開一室自左右侍婢以外莫得至者上亦不得至焉以輧車載輕薄少年爲女子服入後宮者日以十數與之淫通無時休息有疲怠者輒差代之而卒無子

其五

趙后有寶琴曰鳳凰皆以金玉隱起爲龍鳳螭鸞古賢列女之象亦善爲歸風送遠之操

其六

帝常以三秋閒日與飛燕戲於太液池以沙棠木爲舟貴其不沉沒也以雲母飾於鷁首一名雲舟又刻

大桐木爲虯龍雕飾如真以夾雲舟而行以紫桂爲柂枻及觀雲棹水玩擷菱蕖帝每憂輕蕩以驚飛燕命佽飛之士以金鎖纜雲舟於波上每輕風時至飛燕殆欲隨風入水帝以翠纓結飛燕之裾常怨曰妾微賤何復得預纓裾之遊今太液池尚有避風臺即飛燕結裾之處

其七

成帝好微行於太液池傍起宵遊宮以漆爲柱鋪黑綈之幕器服乘輿皆尚黑色既悅於暗行憎燈燭之

照宮中美御皆服皂衣自班婕妤已下咸帶玄綬簪珮雖如錦綉更以木蘭紗綃罩之至宵遊宮乃秉燭宴幸既罷静鼓自舞而步不揚塵

趙后遺事

宋　秦醇

余里中有李生世習儒術而業甚貧余嘗過其家墻角一破筐藏古抄書數十冊中有趙氏瑣事雖紙墨脱落尚可觀覽余就李生乞之以歸補正編次成篇傳諸好事者

趙后腰骨尤纖細善踽步行若人手執花枝顫顫然他人莫能學也在主家時號爲飛燕入宮後復引援其妹得幸爲昭儀昭儀尤善笑語肌骨秀滑二人皆

天下第一色色傾後宮自昭儀入宮帝益希幸東宮昭儀居西宮后日夜欲求子爲自固久遠計多用小犢車載年少子與通帝一日惟從三四人往后宮后方與人亂不知也左右急報后驚遽出迎帝冠髮散亂言語失度帝因亦疑焉帝坐未久復聞壁衣中有人嗽聲帝乃去由是帝有害后意以昭儀故隱忍未發一日帝與昭儀方飲帝忽攘袖瞋目直視昭儀怒氣怫然不可犯遽起避席伏地謝曰臣妾族孤寒下無强近之親一旦得備後庭驅使之列不意獨承幸

御濃被聖私立於衆人之上恃寵邀愛衆謗來集加以不識忌諱冒觸威怒臣妾願賜速死以寬聖抱因涕淚交下帝自引昭儀曰汝復坐吾語汝汝無罪汝之姊吾欲梟其首斷其手足置溷中乃快吾意昭儀曰何緣而得罪帝言壁衣中事昭儀曰臣妾緣后得備後宮后死則妾安能獨生況陛下無故而殺一后天下有以窺陛下也願得身實鼎鑊體膏斧鉞因大慟以身投地帝驚遂起持昭儀曰吾以汝之故不害后第言之耳汝何自恨若是久之昭儀方就坐問壁

衣中人帝陰窮其迹乃宿衛陳崇子也帝使人就其家殺之而廢陳崇昭儀往見后言帝所言且曰姊曾憶家貧寒饑無聊姊使我共鄰家女爲草履入市貨履市米一日得米歸遇風雨無火可炊饑寒甚不能成寐使我擁姊背同泣此事姊豈不憶也今日幸富貴無他人戕我而自毀敗或再有過帝復怒事不可救身首異地爲天下笑今日妾能拯救也存殁無定或爾妾死尚誰攀乎乃泣涕不已后亦泣焉自是帝不復往后宮承幸御者昭儀一人而已昭儀方

私覘之侍者報昭儀昭儀急趨燭後避帝瞥見之心愈眩惑他日昭儀浴帝默賜侍者特令不言帝自屏罅覘蘭湯灩灩昭儀坐其中若三尺寒泉浸明玉帝意思飛揚若無所主帝常語近侍自古人主無二后若有則吾立昭儀爲矣后知昭儀以浴益寵幸乃具湯浴請帝以觀既往后入浴裸體而立以水沃之后愈親近而帝愈不樂不幸而去后泣曰愛在一身無可奈何后生日昭儀爲賀帝亦同往酒半酣后欲感動帝意乃泣數行下帝曰他人對酒而樂子獨悲豈

有所不足耶后曰妾昔在主宮時帝幸其第妾立主後帝視妾不移目甚久主知帝意遣妾侍帝竟承更衣之幸下體常汚御服童欲爲帝澣去帝曰留以爲憶不數日備後宮時帝齒痕猶在妾頸今日思之不覺感泣帝惻然懷舊有愛后意傾視嗟歎帝欲留昭儀先辭去帝遇暮方離后宮后因帝幸心爲姦利經三月乃詐托有孕上牋奏云臣妾久備掖庭先承幸御遣賜大號積有歲時近因始生之日復加善視之私特屈乘輿俯臨東掖久侍宴私再承幸御臣妾數

月來內宮盈實月脈不流飲食美甘不異常日知聖躬之在體夢天日之入懷虹初貫日總是珍符龍據妾胸茲爲嘉瑞更約蕃育神嗣抱日趨庭瞻望聖明踴躍臨賀謹此以聞帝時在西宮得奏喜動顏色答云因閒來奏喜慶交集夫妻之私義均一體社稷之重嗣續其先任體方初保綏宜厚藥有性者勿舉食無毒者可親有求上宇勿煩箋奏口授宮使可矣兩宮候問使交至后慮帝幸見其詐乃與宮使王盛謀自爲之計盛謂后曰莫若辭以有娠者不可近人近

人則有所觸焉觸則孕敗后乃遣王盛奏帝帝不復見后第遣問安否而已俯及誕月帝具浴子之儀后召王盛入宮中謂曰汝自黃衣郎出入禁掖吾引汝父子俱富貴無憾吾爲自利長久計托孕乃吾之私意實非也已及期子能爲我謀焉事成子萬世有後利盛曰臣爲后取民間才生子攜入宮爲后子但事密不泄亦無害后曰可盛訪郭外有生子者纔數月以百金取之以物囊囊之入宮見后既發器則子死后驚曰子死安用也盛曰臣今知矣載子之器氣不泄此所以死也臣當穴其上使氣可出入則子不死盛得子趨宮門欲入　子驚啼尤甚盛不敢入少選復攜之趨門子復如是盛終不敢攜入宮盛來見后言子驚啼事后泣曰爲之奈何時已踰十二月矣帝頗疑訝或奏帝云堯之母十四月而生堯后所娠當是聖人后終無計乃遣人奏帝云臣妾昨夢龍臥不幸聖嗣不育帝但歎惋而已昭儀知其詐乃遣人謝后曰聖嗣不育豈日月不滿也三尺童子尚不可欺況人主乎一日手足俱見妾不知姊之死所也時後

庭掌茶宮女朱氏生子昭儀曰從何而得也乃以身投地大慟帝自持昭儀起坐昭儀聲呼宮吏蔡規曰急爲吾取子來規取子上昭儀語規曰爲吾殺之規修慮未行昭儀怒罵曰吾重祿養汝將安用也不然吾併戮汝規以子擊殿礎死投之井後宮宮人孕子者皆殺之後帝行步遲澀氣憊不能御女有方士闕而獻丹其丹養於火者百日乃成先以大甕貯水滿而下丹水中水即沸又易去復貯新水如是十日不沸方可服帝日服一粒頗能行幸一夕在大慶殿昭

儀醉連進十粒初夜絳帳中擁昭儀帝笑吃吃不止
及中夜昏昏不能起坐向屏臥昭儀急起秉燭視帝
精出如泉溢有頃帝崩太后遣人理昭儀且急窮帝
得疾之端昭儀乃自絕后居東宮忽寐中驚啼甚久
侍者呼問方覺乃言曰適吾夢中見帝帝自雲中賜
吾坐帝命進茶左右奏帝云向日侍帝不謹不合啜
此茶吾意既不足吾又問帝昭儀安在帝曰以數殺
吾子今罰爲巨黿居北海之陰水穴間受千歲水寒
之苦乃大慟後梁時北鄙大月支王獵如海上見巨

黿出於穴其首猶貫玉釵顒望波間惓惓有戀人之
意大月支王遣使問梁武帝帝以昭儀事報之

楊太真外傳卷上

唐　史官樂史

楊貴妃小字玉環弘農華陰人也後徙居蒲州永樂
之獨頭村高祖令本金州刺史父玄琰蜀州司戶貴
妃生於蜀嘗誤墜池中後人呼爲落妃池池在導江
縣前

亦如王昭君生於峽州今有昭君村綠珠生於白
州今有綠珠江

妃早孤養於叔父河南府士曹玄璬家開元二十二

年十一月歸于壽邸二十八年十月玄宗幸溫泉宮

自天寶六載十月復改爲華清宮

使高力士取楊氏女於壽邸度爲女道士號太真住
內太真宮天寶四載七月冊左衛中郎將韋昭訓女
配壽邸是月於鳳凰園冊太真宮女道士楊氏爲貴
妃半后服用進見之日奏霓裳羽衣曲

霓裳羽衣曲者是玄宗登三鄉驛望女几山所作
也故劉禹錫有詩云伏覩玄宗皇帝望女几山詩
小臣斐然有感開元天子萬事足惟惜當時光景

從三鄉驛上望仙山歸作霓裳羽衣曲仙心從此在瑤池三清八景相追隨天上忽乘白雲去世間空有秋風詞又逸史云羅公遠天寶初侍玄宗八月十五日夜宮中翫月曰陛下能從臣月中游乎乃取一枝桂向空擲之化爲一橋其色如銀請上同登約行數十里遂至大城闕公遠曰此月宮也有仙女數百素練寬衣舞於廣庭上前問曰此何曲也曰霓裳羽衣也上密記其聲調遂回橋却顧隨步而滅旦諭伶官象其聲調作霓裳羽衣曲以二說不同乃備錄於此

是夕授金釵鈿合上又自執麗水鎮庫紫磨金琢成步搖至粧閣親與插鬢上喜甚謂後宮人曰朕得楊貴妃如得至寶也乃製曲子曰得寶子又曰得鞋方孔反子先是開元初玄宗有武惠妃王皇后后無子妃生子又美麗寵傾後宮至十三年皇后廢妃嬪無得與惠妃比二十一年十一月惠妃即世後庭雖有良家子無悅上目者上心凄然至是得貴妃又寵甚於惠妃有姊三人皆豐碩修整工於諧浪巧會旨趣每入宮中移晷方出宮中呼貴妃爲娘子禮數同於皇后冊妃日贈其父玄琰濟陰太守母李氏隴西郡夫人又贈玄琰兵部尚書李氏涼國夫人叔玄珪爲光祿卿銀青光祿大夫再從兄釗拜爲侍郎兼數使兄銛又居朝列堂弟錡尚太華公主是武惠妃生以母見遇過於諸女賜第連於宮禁自此楊氏權傾天下每有囑請臺省府縣若奉詔勅四方奇貨僮僕駝馬日輸其門時安祿山爲范陽節度恩遇最深上呼之爲兒常於便殿與貴妃同宴樂祿山每就坐不拜上而拜貴妃上顧而問之　不拜我而拜妃子意者何

也祿山奏云　冢不知其父只知其母上笑而赦之又命楊銛已下約祿山爲兄弟姊妹往來必相宴餞初雖結義頗深後亦權敵不叶五載七月妃子以妬悍忤旨乘單車令高力士送還楊銛宅及亭午上思之不食舉動發怒力士探旨奏請載還送院中宮人衣物及司農米麵酒饌百餘車諸姊及銛初則懼禍聚哭及恩賜浸廣御饌兼至乃稍寬慰妃初出上無聊中官趨過者或笞撻之至有驚怖而亡者力士因

請就召既夜遂開安興坊從太華宅以入及曉玄宗見之內殿大悅貴妃拜泣謝過因召兩市雜戲以娛貴妃貴妃諸姊進食作樂自玆恩遇日深後宮無得進幸矣七載加釗御史大夫權京兆尹賜名國忠封大姨爲韓國夫人三姨爲虢國夫人八姨爲秦國夫人同日拜命皆月給錢十萬爲脂粉之資然虢國不施粧粉自衒美艷常素面朝天當時杜甫有詩云虢國夫人承主恩平明上馬入宮門却嫌脂粉涴顏色淡掃蛾眉朝至尊又賜虢國照夜璣秦國七葉冠國

忠鏁子帳蓋希代之珍其恩寵如此銛授銀青光祿大夫鴻臚卿將列棨戟特授上柱國一日三詔與國忠五家於宣陽里甲第洞開僭擬宮掖車馬僕從照耀京邑遞相誇尚每造一堂費逾千萬計見制度宏壯於已者則毀之復造土木之工不捨晝夜上賜御食及外方進獻皆頒賜五宅開元已來豪貴榮盛未之比也上起動必與貴妃同行將乘馬則力士執轡授鞭宮中掌貴妃刺繡織錦七百人雕鏤器物又數百人供生日及時節慶續命楊益往嶺南長吏日求新奇以進奉嶺南節度張九章廣陵長史王翼以端午進貴妃珍玩衣服異於他郡九章加銀青光祿大夫翼擢爲戶部侍郎九載二月上舊置五王帳長枕大被與兄弟共處其間妃子無何竊寧王紫玉笛吹故詩人張祜詩云梨花靜院無人見閑把寧王玉笛吹因此又忤旨放出時吉溫多與中貴人善國忠懼請計於溫遂入奏曰妃婦人無智識有忤聖顏罪當死既嘗蒙恩寵只合死於宮中陛下何惜一席之地使其就戮安忍取辱於外乎上曰朕用卿蓋不緣妃

也初令中使張韜光送妃至宅妃泣謂韜光曰請奏妾罪合萬死衣服之外皆聖恩所賜唯髮膚是父母所生今當即死無以謝上乃引刀剪其髮一繚附韜光以獻妃既出上憮然至是韜光以髮搭於肩上以奏上大驚惋遽使力士就召以歸自後益嬖焉又加國忠遙領劍南節度使十載上元節楊氏五宅夜遊遂與廣寧公主騎從爭西市門楊氏奴揮鞭誤及公主衣公主墮馬駙馬程昌裔扶公主因及數撾公主泣奏之上令決殺楊家奴一人昌裔停官不許朝謁

於是楊家轉橫出入禁門不問京師長吏爲之側目故當時謠曰生女勿悲酸生男勿喜歡又曰男不封侯女作妃君看女卻是門楣其天下人心羨慕如此上一旦御勤政樓大張聲樂時教坊有王大娘善戴百尺竿上施木山狀瀛洲方丈令小兒持絳節出入其間而舞不輟時劉晏以神童爲秘書省正字十歲惠悟過人上召於樓中貴妃坐於膝上爲施粉黛與之巾櫛貴妃令諸王大娘戴竿晏應聲曰樓前百戲競爭新唯有長竿妙入神誰謂綺羅翻有力猶自嫌輕更著人上與妃及嬪御皆歡笑移時聲聞于外因命牙笏黃紋袍賜之上又宴諸王于木蘭殿時木蘭花發皇情不悅妃醉中舞霓裳羽衣一曲天顏大悅方知廻雪流風可以廻天轉地上嘗夢十仙子乃製紫雲廻

玄宗嘗夢仙子十餘輩御卿雲而下各執樂器懸奏之曲度淸越眞仙府之音有一仙人曰此神仙紫雲廻今傳受陛下爲正始之音上喜而傳受寤後餘響猶在旦命玉笛習之盡得其節奏也

并夢龍女又製凌波曲

玄宗在東都晝夢一女容貌艶異梳交心髻大袖寬衣拜於牀前上問汝何人曰妾是陛下凌波池中龍女衛宮護駕妾實有功今陛下洞曉鈞天之音乞賜一曲以光族類上於夢中爲鼓胡琴拾新舊之曲聲爲凌波曲龍女再拜而去及覺盡記之會禁樂自御琵琶習而翻之與文武臣僚於凌波宮臨池奏新曲池中波濤湧起復有神女出池心乃所夢之女也上大悅語於宰相因於池上置廟每歲命祀之

二曲既成遂賜宜春院及梨園弟子并諸王時新豐初進女伶謝阿蠻善舞上與妃子鍾念因而受焉就按於淸元小殿寧王吹玉笛上羯鼓妃琵琶馬仙期方響李龜年觱篥張野狐箜篌賀懷智拍自旦至午歡洽異常時唯妃女弟秦國夫人端坐觀之曲罷上戲曰阿瞞

上在禁中多自稱也

樂籍今日幸得供養夫人請一纏頭秦國曰豈有大

唐天子阿姨無錢用耶遂出三百萬爲一局焉樂器
皆非世有者才奏而清風習習聲出天表妃子琵琶
邏逤檀寺人白季貞使蜀還獻其木溫潤如玉光耀
可鑒有金縷紅文蹙成雙鳳絃乃末訶彌羅國永泰
元年所貢者淥水蠶絲也光瑩如貫珠琴瑟紫玉笛
乃姮娥所得也磬山進三百事管色俱用媚玉爲之
諸王郡主妃之姊妹皆師妃爲琵琶弟子每一曲徹
廣有獻遺妃子是日問阿蠻曰爾貧無可獻師長待
我與爾爲命侍兒紅桃娘取紅粟玉臂支賜阿蠻妃

善擊磬拊搏之音泠泠然多新聲雖太常梨園之妓
莫能及之上命採藍田綠玉琢成磬上方造簴流蘇
之屬以金鈿珠翠飾之鑄金爲二獅子以爲趺綵繪
縟麗一時無比先開元中禁中重木芍藥卽今牡丹
也
　開元天寶花木記云禁中呼木芍藥爲牡丹也
得數本紅紫淺紅通白者上因移植於興慶池東沉
香亭前會花方繁開上乘照夜白妃以步輦從詔選
梨園弟子中尤者得樂十六色李龜年以歌擅一時
之名手捧檀板押衆樂前將欲歌之上曰賞名花對
妃子焉用舊樂詞爲遽命龜年持金花牋宣賜翰林
學士李白立進清平樂詞三篇承旨猶苦宿酲因援
筆賦之第一首雲想衣裳花想容春風拂檻露華濃
若非群玉山頭見會向瑤臺月下逢第二首一枝紅
艷露凝香雲雨巫山枉斷腸借問漢宮誰得似可憐
飛燕倚新粧第三首名花傾國兩相歡長得君王帶
笑看解釋春風無限恨沉香亭北倚欄干龜年捧詞
進上命梨園弟子略約詞調撫絲竹遂促龜年以歌

妃持玻璃七寶杯酌西涼州蒲萄酒笑領歌意甚厚
上因調玉笛以倚曲每曲遍將換則遲其聲以媚之
妃飲罷斂繡巾再拜上自是顧李翰林尤異於他學
士會力士終以脫靴爲恥異日妃重吟前詞力士戲
曰始爲妃子怨李白深入骨髓何翻拳拳如是耶妃
子驚曰何學士能辱人如斯力士曰以飛燕指妃子
賤之甚矣妃深然之上嘗三欲命李白官卒爲宮中
所捍而止上在百花院便殿因覽漢成帝內傳時妃
子後至以手整上衣領曰看何文書上笑曰莫問知

則又歸人覓去乃是漢成帝獲飛鷰身輕欲不勝風恐其飄翥帝爲造水晶盤令宮人掌之而歌舞又製七寶避風臺閒以諸香安於上恐其四肢不禁也上又曰爾則任吹多少蓋妃微有肌也故上有此語戲妃妃曰霓裳羽衣一曲可掩前古上曰我纔弄爾便欲嗔乎憶有一屏風合在待訪得以賜爾屏風乃虹霓爲名雕刻前代美人之形可長三寸許其閒服玩之器衣服皆用衆寶雜廁而成水精爲地外以玳瑁水犀爲押絡以珍珠琴瑟閒綴精妙迨非人力所製

此乃隋文帝所造賜義成公主隨在北胡貞觀初滅胡與蕭后同歸中國上因而賜焉

妃歸衛公家遂持去安於高樓上未及將歸國忠日午偃息樓上至牀覩屏風在焉纔就枕而屏風諸女悉皆下牀前各通所號曰裂繒人也定陶人也穹廬人也當壚人也亡吳人也步蓮人也桃源人也班竹人也奉五官人也溫肌人也曹氏投波人也吳宮無雙返香人也拾翠人也竊香人也金屋人也解佩人也爲雲人也董雙成也爲煙人也畫眉人也吹簫人也笑躄人也垓中人也許飛瓊也趙飛鷰也金谷人也小鬟人也光髮人也薛夜來也結綺人也臨春閣人也扶風女也國忠雖開目歷歷見之而身體不能動口不能發聲諸女各以物列坐俄有纖腰妓人近十餘輩曰楚章華踏謠娘也迺連臂而歌之曰三朶芙蓉是我流大楊造得小楊收復有二三妓又曰楚宮弓腰也何不見楚辭別序云綽約花態弓身玉肌俄而遞爲本藝將呈訖一一復歸屏上國忠方醒惶懼甚遽走

下樓急令封鏁之貴妃知之亦不欲見焉祿山亂後其物猶存在宰相元載家自後不知所在

楊太眞外傳卷下

初開元末江陵進乳柑橘上以十枚種於蓬萊宮至天寶十載九月秋結實宣賜宰臣曰朕近於宮內種甘子樹數株今秋結實一百五十餘顆乃與江南及蜀道所進無別亦可謂稍異者宰臣表賀曰伏以自天所育者不能改有常之性曠古所無者乃可謂非常之感是知聖人御物以元氣布和大道乘時則殊方叶致且橘柚所植南北異名實造化之有初匪陰陽之有革陛下玄風眞紀六合一家雨露所均混天

區而齊被草木有性憑地氣以潛通故兹江外之珍果爲禁中之佳實綠蔕含霜芳流綺殿金衣爛日色麗彤庭云云　乃頒賜大臣外有一合歡實上與妃子互相持翫上曰此果似知人意朕與卿固同一體所以合歡於是促坐同食焉因令畫圖傳之於後妃子旣生於蜀嗜荔枝南海荔枝勝於蜀者故每歲馳驛以進然方暑熱而熟經宿則無味後人不能知也上與妃采戲將北唯重四轉敗爲勝連叱之骰子宛轉而成重四遂命高力士賜緋風俗因而不易廣南進

白鸚鵡洞曉言詞呼爲雪衣女一朝飛上妃鏡臺上自語雪衣女昨夜夢爲鷙鳥所搏上令妃授以多心經記誦精熟後上與妃遊別殿置雪衣女於步輦竿上同去瞥有鷹至搏之而斃上與妃歎息久之遂瘞於苑中呼爲鸚鵡塚交趾貢龍腦香有蟬蠶之狀五十枚波斯言老龍腦樹節方有禁中呼爲瑞龍腦上賜妃十枚妃私發明駝使

明駝使腹下有毛夜能明日馳五百里

持三枚遺祿山妃又常遺祿山金平脫裝具玉合金

平脫鐵面椀十一載李林甫死又以國忠爲相帶四十餘使十二載加國忠司空長男暄先尚延和郡主又拜銀青光祿大夫太常卿兼戶部侍郎小男朏尚萬春公主貴妃堂弟祕書少監鑑尚承榮郡主一門一貴妃二公主三郡主三夫人十三載重贈玄琰太尉齊國公母重封梁國夫人官爲造廟御製碑及書叔玄珪又拜工部尚書韓國婿祕書少監崔珣女爲代宗妃虢國男裴徽尚代宗女延光公主女爲讓帝男妻秦國婿柳澄男鈞尚長清縣主澄弟潭尚肅宗

女和政公主上每年冬十月幸華清宮常經冬還宮
闕去即與妃同輦華清有端正樓即貴妃梳洗之所
有蓮花湯即貴妃澡沐之室國忠賜第在宮東門之
南虢國相對韓國秦國甍棟相接天子幸其第必過
五家賞賜燕樂扈從之時每家爲一隊隊著一色衣
五家合隊相映如百花之煥發遺鈿墜舄瑟瑟珠翠
燦於路岐可掬曾有人俯身一窺其車香氣數日不
絕駝馬千餘頭疋以劍南旌節器仗前驅出有餞飲
還有軟脚遠近餽遺珍玩狗馬閹侍歌兒相望于道

及秦國先死獨虢國韓國國忠轉盛虢國又與國忠
亂焉略無儀檢每入朝謁國忠與韓虢連轡揮鞭驟
馬以爲諧謔從官嫗嫗百餘騎秉燭如晝鮮裝袨服
而行亦無蒙蔽衢路觀者如堵無不駭嘆十宅諸王
男女婚嫁皆資韓虢紹介每一人納一千貫上乃許
之十四載六月一日上幸華清宮乃貴妃生日上命
小部音聲小部者梨園法部所置凡三十人皆十五
已下於長生殿奏新曲未有名會南海進荔枝因以
曲名荔枝香左右歡呼聲動山谷其年十一月祿山

反幽陵
祿山本名軋犖山雜種胡人也母本巫師祿山晚
年益肥垂肚過膝自秤得三百五十斤於上前胡
旋舞疾如風焉上嘗於勤政樓東間設大金雞障
施一大榻卷去簾令祿山坐其下設百戲與祿山
看焉肅宗諫曰歷觀今古未聞臣下與君上同坐
閱戲上私曰渠有異相我禳之故耳又嘗與夜燕
祿山醉臥化爲一猪而龍首左右遽告帝帝曰此
猪龍無能爲終不殺卒亂中國

以誅國忠爲名咸言國忠虢國貴妃三罪莫敢上聞
上欲以皇太子監國蓋欲傳位自親征謀於國忠國
忠大懼歸謂姊妹曰我等死在旦夕今東宮監國當
與娘子等併命矣姊妹哭訴於貴妃妃銜土請命事
乃寢十五載六月潼關失守上幸巴蜀貴妃從至馬
嵬右龍武將軍陳玄禮懼兵亂乃謂軍士曰今天下
崩離萬乘震蕩豈不由楊國忠割剝甿庶以至於此
若不誅之何以謝天下衆曰念之久矣會吐蕃和好
使在驛門遮國忠訴事軍士呼曰楊國忠與蕃人謀

扳諸軍乃圍驛四合殺國忠并男暄等
國忠舊名釗本張易之子也天授中易之恩幸莫
比每歸私第詔令居樓仍去其梯圍以束棘無復
女奴侍立母恐張氏絕嗣乃置女奴蠙姝于樓複
壁中遂有娠而生國忠後嫁于楊氏
上乃出驛門勞六軍六軍不解圍上顧左右責其故
高力士對曰國忠負罪諸將討之貴妃即國忠之妹
猶在陛下左右羣臣能無憂怖伏乞聖慮裁斷
一本云賊根猶在何敢散乎蓋斥貴妃也

上廻入驛驛門內傍有小巷此不忍歸行宮於巷中
倚杖欹首而立聖情昏默久而不進京兆司錄韋鍔
見素男也
進曰乞陛下割恩忍斷以寧國家逡巡上入行宮撫
妃子出於廳門至馬道北墻口而別之使力士賜死
妃泣涕嗚咽語不勝情乃曰願大家好住妾誠負國
恩死無恨矣乞容禮佛帝曰願妃子善地受生力可
之縊于佛堂前之梨樹下纔絕而南方進荔枝至上
觀之長號歎息使力士曰與我祭之祭後六軍尚未
解圍以繡衾覆牀置驛庭中勑玄禮等入驛視之玄
禮擡其首知其死曰是矣而圍解瘞于西郭之外一
里許道北坎下妃時年三十八上持荔枝於馬上謂
張野狐曰此去劍門鳥啼花落水綠山青無非助朕
悲悼妃子之由也初上在華清宮日乘馬出宮門欲
幸虢國夫人之宅玄禮曰未宣勑報臣天子不可輕
去就上爲之廻轡他年在華清宮遇上元欲夜遊玄
禮奏曰宮外即是曠野須有預備若欲夜遊願歸城
闕上又不能違諫及此馬嵬之誅皆是敢言之有便

也先是術士李遐周有詩曰燕市人皆去函關馬不
歸若逢山下鬼環上繫羅衣燕市人皆去祿山即薊
門之士而來函關馬不歸哥舒翰之敗潼關也若逢
山下鬼嵬字即馬嵬驛也環上繫羅衣貴妃小字玉
環服其死也力士以羅巾縊焉又妃常以假髻爲首
飾而好服黃裙天寶末京師童謡曰義髻拋河裏黃
裙逐水流至此應矣初祿山嘗於上前應對雜以諧
謔妃常在座祿山心動及聞馬嵬之死數日歎惋雖
林甫養育之國忠激怒之然其有所自也是時虢國

夫人先至陳倉之官店國忠誅問至縣令薛景仙率吏人追之走入竹林下以爲賊軍至虢國先殺其男徽次殺其女國忠妻裴柔曰娘子何不借我方便乎遂并其女刺殺之已而自刎不死載于獄中猶問人曰國家乎賊乎獄吏曰互有之血凝其喉而死遂併坎于東郭十餘步道北楊樹下上發馬嵬行至扶風道道傍有花寺畔見石楠樹團圓愛玩之因呼爲端正樹蓋有所思也又至斜谷口屬霖雨涉旬於棧道雨中聞鈴聲隔山相應上旣悼念貴妃因採其聲爲

雨霖鈴曲以寄恨焉至德二年旣收復西京十一月上自成都還使祭之後欲改葬李輔國等皆不從時禮部侍郎李揆奏曰龍武將士以楊國忠反故誅之今改葬故妃恐龍武將士疑懼肅宗遂止之上皇密令中官潛移葬之于他所妃之初瘞以紫褥裹之及移葬肌膚已消釋矣胷前猶有錦香囊在焉中官葬畢以獻上皇置之懷袖又令畫工寫妃形於別殿朝夕視之而歔欷焉上皇旣居南內夜闌登勤政樓凭欄南望煙月滿目上因自歌曰庭前琪樹已堪攀塞

外徵人外未還歌歇聞里中隱隱如有歌聲者顧力士曰得非梨園舊人乎遲明爲我訪來翌日力士潛求於里中因召與同去果梨園弟子也其後上復與妃侍者紅桃在焉歌涼州之詞貴妃所製也上親御玉笛爲之倚曲曲罷相視無不掩泣上因廣其曲今涼州留傳者益加焉至德中復幸華清宮從官嬪御多非舊人上於望京樓下命張野狐奏雨霖鈴曲曲半上四顧淒涼不覺流涕左右亦爲感傷新豐有女伶謝阿蠻善舞凌波曲舊出入宮禁貴妃厚焉是日

詔令舞舞罷阿蠻因進金粟裝臂環曰此貴妃所賜上持之淒然垂涕曰此我祖大帝破高麗獲二寶一紫金帶一紅玉支朕以岐王所進龍池篇賜之金帶紅玉支賜妃子後高麗知此寶歸我乃上言本國因失此寶風雨愆時民離兵弱朕尋以爲得此不足爲貴乃命還其紫金帶唯此不還汝旣得之於妃子朕今再覩之但興悲念矣言訖又涕零至乾元元年賀懷智又上言曰昔上夏日與親王棊令臣獨彈琵琶其琵琶以石爲槽鵾雞筋爲絃用鐵撥彈之

貴妃立於局前觀之上數枰子將輸貴妃放康國猧
子上局亂之上大悅時風吹貴妃領巾於臣巾上良
久回身方落及歸覺滿身香氣乃卸頭幘貯於錦囊
中今輒進所貯幞頭上皇發囊且曰此瑞龍腦香也
吾曾施於暖池玉蓮朵再幸尚有香氣宛然況乎絲
縷潤膩之物哉遂悽愴不已自是聖懷耿耿但吟刻
木牽絲作老翁雞皮鶴髮與真同須臾舞罷寂無事
還似人生一世中有道士楊通幽自蜀來知上皇念
楊貴妃自云有李少君之術上皇大喜命致其神方

士乃竭其術以索之不至又能遊神馭氣出天界入
地府求之竟不見又旁求四虛上下東極絕大海跨
蓬壺忽見最高山上多樓闕洎至西廂下有洞戶東
向闔其門額署曰玉妃太真院方士抽簪叩扉有雙
鬟童女出應問方士造次未及言雙鬟復入俄有碧
衣侍女至詰其所從來方士因稱天子使者且致其
命碧衣云玉妃方寢請少待之逾時碧衣延入且引
曰玉妃出冠金蓮帔紫綃佩紅玉拽鳳舄左右侍女
七八人揖方士問皇帝安否次問天寶十四載已還
言訖憫然指碧衣女取金釵鈿合折其半授使者曰
爲我謝太上皇謹獻是物尋舊好也方士將行色有
不足玉妃因徵其意乃復前跪致詞請當時一事不
聞于他人者驗於太上皇不然恐金釵鈿合負新垣
平之詐也玉妃茫然退立若有所思徐而言曰昔天
寶十載侍輦避暑驪山宮秋七月牽牛織女相見之
夕上憑肩而望因仰天感牛女事密相誓心願世世
爲夫婦言畢執手各嗚咽此獨君王知之耳因悲曰
由此一念又不得居此復墮下界且結後緣或爲天

或爲人決再相見好合如舊因言太上皇亦不久人
間幸惟自愛無自苦耳使者還具奏太上皇皇心震
悼及至移入大內甘露殿悲悼妃子無日無之遂辟
穀服氣張皇后進櫻桃蔗漿聖皇並不食常玩一紫
玉笛因吹數聲有雙鶴下於庭徘徊而去聖皇語侍
兒宮愛曰吾奉上帝所命爲元始孔昇真人此期可
再會妃子耳笛非爾所寶可送大收
大收代宗小字
即令具湯沐我若就枕慎勿驚我宮愛聞睡中有聲

[illegible]藥殺之已崩矣妃之死日馬嵬媼得錦袎襪一隻相傳過客一玩百錢前後獲錢無數悲夫玄宗在位久倦於萬機常以大臣接對拘檢難徇私欲自得李林甫一以委成故絕逆耳之言恣行燕樂衽席無別不以爲恥由林甫之贊成矣乘輿遷播朝廷陷沒百僚繫頸妃王被戮兵滿天下毒流四海皆國忠之召禍也

史臣曰夫禮者定尊卑理家國君不君何以享國父不父何以正家有一于此未或不亡唐明皇之一誤

貽天下之羞所以祿山叛亂指罪三人今爲外傳非徒拾楊妃之故事且懲禍階而已

梅妃傳

唐　曹鄴

梅妃姓江氏莆田人父仲遜世爲醫妃年九歲能誦二南語父曰我雖女子期以此爲志父奇之名曰采蘋開元中高力士使閩粵妃笄矣見其少麗選歸侍明皇大見寵幸長安大內大明興慶三宮東都大內上陽兩宮幾四萬人自得妃視如塵土宮中亦自以爲不及妃善屬文自比謝女淡妝雅服而姿態明秀筆不可描畫性喜梅所居闌檻悉植數株上榜曰梅

亭梅開賦賞至夜分尚顧戀花下不能去上以其所好戲名曰梅妃妃有蕭蘭梨園梅花鳳笛玻盃剪刀綺窗八賦是時承平歲久海內無事上於兄弟間極友愛日從燕間必妃侍側上命破橙往賜諸王至漢邸潛以足躡妃履登時退閣上命連宣報言適履珠脫綴綴竟當來久之上親往命妃妃拽衣迓上言胸腹疾作不果前也卒不至其恃寵如此後上與妃鬬茶顧諸王戲曰此梅精也吹白玉笛作驚鴻舞一座光輝鬬茶今又勝我矣妃應聲曰草木之戲誤勝陛

下設使調和四海烹飪鼎鼐萬乘自有憲法賤妾何能較勝負也上大悅會太真楊氏入侍寵愛日奪上無疏意而二人相疾避路而行上嘗方之英皇議者謂廣狹不類竊笑之太真忌而智妃性柔緩亡以勝後竟爲楊氏遷於上陽東宮後上憶妃夜遣小黃門滅燭密以戲馬召妃至翠華西閣敘舊愛悲不自勝繼而上失寤侍御驚報曰妃子已屆閣前當奈何上披衣抱妃藏夾幕間太真既至問梅精安在上曰在東宮太真曰乞宣至今日同浴溫泉上曰此女已放

屏無並往也太真語益堅上顧左右不答太真大怒曰肴核狼藉御榻下有婦人遺舄夜來何人侍陛下寢歡醉至於日出不視朝陛下可出見群臣妾止此閣以俟駕回上愧甚拽衾向屏復寢曰今日有疾不可臨朝太真怒甚徑歸私第上頃覓妃所在已爲小黃門送令步歸東宮上怒斬之遺舄并翠鈿命封賜妃妃謂使者曰上棄我之深乎使曰上非棄妃誠恐太真惡情耳妃笑曰恐憐我則動肥婢情豈非棄也妃以千金壽高力士求詞人擬司馬相如爲長門賦欲邀上意力士方奉太真且畏其勢報曰無人解賦妃乃自作樓東賦略曰

玉鑑塵生鳳奩香殄懶蟬鬢之巧梳閒縷衣之輕練苦寂寞於蕙宮但凝思乎蘭殿信摽落之梅花隔長門而不見況乃花心颺恨柳眼弄愁煖風習習春鳥啾啾樓上黃昏兮聽鳳吹而回首碧雲日暮兮對素月而凝眸溫泉不到憶拾翠之舊遊長門深閉嗟青鸞之信脩憶太液清波水光蕩浮笙歌賞燕陪從宸旒奏舞鸞之妙曲乘畫鷁之仙舟

君情繾綣深敘綢繆誓山海而常在似日月而無休奈何嫉色庸庸妬氣沖沖奪我之愛幸斥我乎幽宮思舊歡之莫得想夢著乎朦朧度花朝與月夕羞懶對乎春風欲相如之奏賦奈世才之不工屬愁吟之未盡已響動乎疏鐘空長嘆而掩袂躊躇步于樓東

太真聞之訴明皇曰江妃庸賤以廋詞宣言怨望願賜死上默然會嶺表使歸妃問左右何處驛使來非梅使耶對曰庶邦貢楊妃果實使來妃悲咽泣下上

在花萼樓會　使至命封珍珠一斛密賜妃妃不受以詩付使者曰爲我進御前也曰

柳葉雙眉久不描殘妝和淚汚紅綃長門自是無梳洗何必珍珠慰寂寥

上覽詩悵然不樂令樂府以新聲度之號一斛珠曲名始此也後祿山犯闕上西幸太眞死及東歸尋妃所在不可得上悲謂兵火之後流落他處詔有得之官二秩錢百萬搜訪不知所在上又命力士飛神御氣潛經天地亦不可得有宦者進其畫眞上言似甚

但不活耳詩題於上曰

憶昔嬌妃在紫宸鉛華不御得天眞霜綃雖似當時態爭奈嬌波不顧人

讀之泣下命模像刊石後上暑月晝寢髣髴見妃隔竹間泣含涕障袂如花朦霧露狀妃曰昔陛下蒙塵妾死亂兵之手哀妾者埋骨池東梅株傍上駭然流汗而寤登時令往太液池發視不獲上益不樂忽悟溫泉湯池側有梅十餘株豈在是乎上自命駕令發觀纔數株得屍裹以錦裀盛以酒槽附土三尺許上大慟左右莫能仰視視其所傷脅下有刀痕上自製文誄之以妃禮易葬焉

贊曰明皇自爲潞州別駕以豪偉聞馳騁犬馬鄠杜之間與俠少游用此起支庶踐尊位五十餘年享天下之奉窮奢極侈子孫百數其閱萬方美色衆矣晚得楊氏變易三綱濁亂四海身廢國辱思之不少悔是固有以中其心滿其欲矣江妃者後先其間以色爲所深嫉則其當人主者又可知矣議者謂或覆宗或非命均其媢忌自取殃不知明

皇耄而忮忍至一日殺三子如輕斷螻蟻之命奔竄而歸受制昏逆四顧嬪嬙斬亡俱盡窮獨苟活天下哀之傳曰以其所不愛及其所愛蓋天所以酬之也報復之理毫忽不差是豈特兩女子之罪哉

漢興尊春秋諸儒持公穀角勝負左傳獨隱而不宣最後迺出蓋古書歷久始傳者極衆今世圖畫美人把梅者號梅妃泛言唐明皇時人而莫詳所自也蓋明皇失邦咎歸楊氏故詞人喜傳之梅妃

特嬪御擯美顯晦不同理應爾也此傳得自萬卷
朱遵度家太中戊辰年七月所書字亦端好其言時
有涉俗者惜乎史逸其說畧加修潤而曲循舊語
懼沒其實也惟葉少蘊與予得之後世之傳或在
此本又記其所從來如此

長恨歌傳

唐　陳鴻

唐開元中泰階平四海無事玄宗在位歲久勌于旰
食宵衣政無小大始委于丞相稍深居游宴以聲色
自娛先是元獻皇后武淑妃皆有寵相次即世宮中
雖良家子千數無可悅目者上心忽忽不樂時每歲
十月駕幸華清宮內外命婦熠燿景從浴日餘波賜
以湯沐春風靈液澹蕩其間上心油然恍若有遇顧
左右前後粉色如土詔高力士潛搜外宮得弘農楊

玄琰女于壽邸既笄矣鬢髮膩理纖穠中度舉止閑
冶如漢武帝李夫人別疏湯泉詔賜澡瑩既出水體
弱力微若不任羅綺光彩煥發轉動照人上甚悅進
見之日奏霓裳羽衣以導之定情之夕授金釵鈿合
以固之又命戴步搖垂金璫明年册爲貴妃着后服
用繇是冶其容敏其詞婉孌萬態以中上意上益嬖
焉時省風九州泥金五嶽驪山雪夜上陽春朝與上
行同輦止同室宴專席寢專房雖有三夫人九嬪二
十七世婦八十一御妻暨後宮才人樂府妓女使天

子無顧盼意自意六宮無復進幸者非徒殊豔尤態獨能致是蓋才智明慧善巧便佞先意希旨有不可形容者焉叔父昆弟皆列在清貴爵爲通侯姊妹封國夫人富埒王室車服邸第與大長公主侔而恩澤勢力則又過之出入禁門不問京師長吏爲之側目故當時謡詠有云生女勿悲酸生男勿喜歡又曰男不封侯女作妃君看女却爲門楣其爲人心羨慕如此天寶末兄國忠盜丞相位愚弄國柄及安祿山引兵向闕以討楊氏爲辭潼關不守翠華南幸出咸陽

道次馬嵬亭六軍徘徊持戟不進從官郎吏伏上馬前請誅錯以謝天下國忠奉氂纓盤水死於道周左右之意未快上問之當時敢言者請以貴妃塞天下之怒上知不免而不忍見其死反袂掩面使牽而去之倉皇展轉竟就絶於尺組之下既而玄宗狩成都肅宗禪靈武明年大凶歸元大駕還都尊玄宗爲太上皇就養南宮自南宮遷於西内時移事去樂盡悲來每至春之日冬之夜池蓮夏開宮槐秋落梨園弟子玉管發音聞霓裳羽衣一聲則天顔不怡左右歔欷三載一意其念不衰求之夢魂杳杳而不能得適有道士自蜀來知皇心念妃如是自言有李少君之術玄宗大喜命致其神方士乃竭其術以索之不至又能遊神馭氣出天界沒地府以求之又不見又旁求四虛上下東極絶天涯跨蓬壺見最高仙山上多樓闕西廂下有洞戶東向闔其門署曰玉妃太真院方士抽簪扣扉有雙鬟童出應門方士造次未及言而雙鬟復入俄有碧衣侍女至詰其所從來方士因稱唐天子使者且致其命碧衣云玉妃方寢請少待

之于時雲海沉沉洞天日晚瓊戶重闔悄然無聲方士屏息斂足拱手門下久之碧衣延入且曰玉妃出見一人冠金蓮披紫綃佩紅玉曳鳳舄左右侍者七八人揖方士問皇帝安否次問天寶十四載已還事言訖憫然指碧衣女取金釵鈿合各折其半授使者曰爲謝太上皇謹獻是物尋舊好也方士受辭與信將行色有不足玉妃因徵其意復前跪致詞乞當時一事不聞于他人者驗于太上皇不然恐鈿合金釵負新垣平之詐也玉妃茫然退立若有所思徐而言

曰昔天寶十年侍輦避暑驪山宮秋七月牽牛織女
相見之夕秦人風俗夜張錦繡陳飲食樹花燔香於
庭號爲乞巧宮掖間尤尚之時夜始半休侍衛於東
西廂獨侍上上憑肩而立因仰天感牛女事密相誓
心願世世爲夫婦言畢執手各嗚咽此獨君王知之
耳因自悲曰由此一念又不得居此復墮下界且結
後緣或爲天或爲人決再相見好合如舊因言太上
皇亦不久人間幸惟自安無自苦耳使者還奏太上
皇皇心震悼久之餘具奏更至憲宗元和元年盩厔

尉白居易爲歌以言其事并前秀才陳鴻作傳冠
于歌之前目爲長恨歌傳居易歌曰
漢皇重色思傾國御宇多年求不得楊家有女初長
成養在深閨人未識天生麗質難自棄一朝選在君
王側迴眸一笑百媚生六宮粉黛無顏色春寒賜浴
華清池溫泉水滑洗凝脂侍兒扶起嬌無力始是新
承恩澤時雲鬢花顏金步搖芙蓉帳煖度春宵春宵
苦短日高起從此君王不早朝承歡侍宴無閒暇春
從春遊夜專夜漢宮佳麗三千人三千寵愛在一身
金屋粧成嬌侍夜玉樓宴罷醉和春姊妹弟兄皆列
土可憐光彩生門戶遂令天下父母心不重生男重
生女驪宮高處入青雲仙樂風飄處處聞緩歌慢舞
凝絲竹盡日君王看不足漁陽鼙鼓動地來驚破霓
裳羽衣曲九重城闕煙塵生千乘萬騎西南行翠華
搖搖行復止西出都門百餘里六軍不發無奈何宛
轉蛾眉馬前死花鈿委地無人收翠翹金雀玉搔頭
君王掩面救不得迴看血淚相和流黃埃散漫風蕭
索雲棧縈迴登劍閣峨嵋山下少行人旌旗無光日

色薄蜀江水碧蜀山青聖主朝朝暮暮情行宮見月
傷心色夜雨聞鈴腸斷聲天旋日轉迴龍馭到此躊
躇不能去馬嵬坡下泥土中不見玉顏空死處君臣
相顧盡霑衣東望都門信馬歸歸來池苑皆依舊太
液芙蓉未央柳芙蓉如面柳如眉對此如何不淚垂
春風桃李花開日秋雨梧桐葉落時西宮南苑多秋
草落葉滿階紅不掃梨園子弟白髮新椒房阿監青
娥老夕殿螢飛思悄然孤燈挑盡未成眠遲遲鐘漏
初長夜耿耿星河欲曙天鴛鴦瓦冷霜華重翡翠衾

寒誰與共悠悠生死別經年魂魄不曾來入夢臨邛道士鴻都客能以精神致魂魄爲感君王展轉思遂教方士殷勤覓排空馭氣奔如電昇天入地求之遍上窮碧落下黄泉兩處茫茫皆不見忽聞海上有仙山山在虚無縹緲間樓殿玲瓏五雲起其中綽約多仙子中有一人字太真雪膚花貌參差是金闕西廂叩玉扃轉教小玉報雙成聞道漢家天子使九華帳裡夢魂驚攬衣推枕起徘徊珠箔銀屏邐迤開雲鬟半偏新睡覺花冠不整下堂來風吹仙袂飄飄舉猶

是霓裳羽衣舞玉容寂寞淚闌干梨花一枝春帶雨含情凝睇謝君王一别音容兩渺茫昭陽殿裡恩愛歇蓬萊宫中日月長迴頭下望人寰處不見長安見塵霧惟將舊物表深情鈿合金釵寄將去釵留一股合一扇釵擘黄金合分鈿但令心似金鈿堅天上人間會相見臨别殷勤重寄詞詞中有誓兩心知七月七日長生殿夜半無人私語時在天願作比翼鳥在地願爲連理枝天長地久有時盡此恨綿綿無絕期

揚太真生而有玉環在其左臂環上有墳起太真二小字故小名玉環焉魄變後明皇朝夕思惟形神憔悴有道士以少君術求見上極其禮待曾得復見即死不憾道士出袖中筆墨索細黄絹誦咒阿筆畫一女人像若天師所畫將符僅類人形而已使上齋戒潔之凝神定意想其平日三日夜不懈道士曰得之矣上出像觀之乃真貴妃面貌也上喜甚道士咲曰未也請具五色帳結壇壁而供之索十五六驍慧端正之女二十四人齊聲歌子建步虚詞道士復焚符誦咒嘬煙噀像上次命諸

女一一如方呵之至定昏時請上自秉燭入帳中先是道士以五色石示上謂之斷通以少許研細細和以諸藥令作燭外畫五色花謂之還形燭上既入道士命侍者出反閉金扉以歲錢鎖鎖之于是太真在帳中見上泣曰以天下之主不能庇一弱女何面顏復見妾乎沉香亭下月中之誓何在也上亦涙下言馬嵬之變出于不意其言甚多太真意少釋與上曲盡綢繆勝于平日脫臂上玉環内上臂天未明道士啓扉曰宜别矣上出帳回視

不復更見惟玉環宛然在臂耳道士具言太真所以尸解今見爲其洞仙甚悉多所秘道士姓王名舟不知何許人嬰其術過于李夫人是邪非邪遠矣此說又與長恨歌異存之備考玄虛子志

高力士傳

唐　太原郭湜

高力士於太宗陵寢宮見小梳箱一作木梳一黑角篦一草根刷子一歎曰先帝首建義旗新正皇極十有餘載方致昇平睹身服用惟留此物將欲傳示孝孫永存節儉具以奏聞上至陵日山川雷隱草木風生陳千官朝見之儀具九賓宗祀之禮禮畢俯伏流涕若不自勝須臾聞鼓聲四振雲霧朗清萬歲之聲豈惟於遠近一人之孝固通於神明不可得而稱也

至寢宮問曰所留示朕者何在力士遽入捧跪上上跪奉肅敬如不可勝曰夜光之珍垂棘之璧將以喻此曾何足言即命史官書之典冊二十三年後上忽言曰朕觀主六合二十餘年兩都往來甚覺勞弊欲久住關內其可致焉三問羣臣卿士皆云江淮漕運轉輸極難臣等愚蒙未知爲計上甚不悅後李林甫用紫罹之謀爰興變造牛仙客取彭果之計首建和糴數年之中甚覺寬貸上因大同殿思神念道左右無人謂高公曰勝自住關內向欲十年俗阜人安中

外無事高力士黃屋吐故納新軍國之謀委以林甫卿謂如何高公頓首曰臣自二十年已後陛下頻賜臣酒往往過度便染風疾言辭倒錯進退無恒十年已來不敢言事陛下不遺鄙賤言訪芻蕘縱欲上陳無裨聖造然所聞所見敢不竭誠且林甫用變造之謀仙客建和糴之策足堪救弊未可長行恐變正倉盡即義倉盡正義俱盡國無旬月之蓄人懷饑饉之憂和糴不停即四方之利不出公門天下之人盡無私蓄棄本逐末其遠乎哉但順動以時不逾古制征稅

有典自合恒規則人不告勞物無虛費軍國之柄未可假人威權之聲振於中外得失之議誰敢興言伏惟陛下圖之上乃言曰卿十年已來不多言事今所敷奏未會朕心乃頓首曰臣生於　之國長自昇平之代一承恩渥三十餘年嘗願粉骨碎身以裨玄化竭誠盡節上答皇慈頃緣風疾所侵遂使言辭外謬今所陳獻不稱天心合當萬死頓首頓首上曰朕與卿休戚共同何須憂慮命左右口即置酒爲樂無使懷憂左右皆稱萬歲從此便住內宅不接人事及

開元之末天寶之初陳希烈　上玄元之尊而同秀獻寶符之瑞貴妃受寵外戚承　恩羅吉張命興黨錮之獄楊裴韋秀李受無狀之誅五六年間道路以目祿山之禍自此興焉至十年上又言曰朕年事漸高心力有限朝廷細務委以宰臣藩戎不讐付之邊將自然無事日益寬閑卿謂如何高公曰比在內宅不知時議近於閤門外見諸道奏事人說雲南頻有喪律陛下何以禦之北兵近甚精強陛下何以制之但以皇威遠震聖澤傍流足以吞食鯨鯢翦滅封豕諸餘

纖介曾何足云臣恐久無備於不虞卒有成於滋蔓然後禁止不亦難乎上曰卿之所疾漸亦痊除今日奏陳雅符朕意近小有疑慮所以問卿卿慎勿言杜復泄露應須方便然可改張高公頓首謝曰以陛下至聖微臣至愚幸契天心不勝欣慶其後楊李爭權競相傾奪王邪不軌咸就誅夷十二年冬林甫云亡國忠作相先翻宿憾林甫被琢棺之刑寧俟後圖國忠播宣淫之恥十三年秋大雨晝夜六十日陳希烈罷相韋見素持衡上因左右無人謂高公曰自天寶

十年之後朕數有疑果致天寶[illegible]雖韋陳改轍楊李殊塗終未通朕懷卿總無言何以爲意高公伏奏曰開元二十年已前宰臣授職不敢失墜邊將承恩更相戮力自陛下威權假於宰相法令不行災眚備於歲時陰陽失度縱爲輪慮難以獲安臣不敢言良有以也上久而不答十四年冬安祿山作逆起自范陽私聚甲兵假稱朝貢因李逆於眞定劫光翽於太原長驅兩河將吞九鼎蔑謝戎羯乘我不虞國家久致昇平不修兵甲卒徵烏合之衆以禦必死之

軍遂使張介然喪律於陳留封常清棄甲於汜水東京已陷西土猶寧有詔斬封高於驛前鎭哥舒於關上交鋒縱鏑向歷半年斬將搴旗不逾信宿兵疲師老衆潰親離國忠促哥舒之軍務令速進火拔冀祿山之黨更却先拔烽火遍照於川原羽書交馳於道路西京於焉失守萬姓及此騷然十五載六月十二日有詔移仗未央宮十三日有詔幸巴蜀至延秋門外上駐馬謂高公曰卿往日之言是今日之事朕之曆數尚亦有餘不須憂懼虜從至馬嵬山百姓驚惶

六軍奮怒國忠方進虜帥詠哀[illegible]國太眞一時連坐肅宗減隨駕兵馬復至咸陽長臨軍容師徒小却長驅卒乘北至朔方七月萬人勸進讓不獲已乃即皇帝位於靈武八月尊太上皇於成都改元爲至德元年成都宣赦上皇謂高公曰我兒嗣位應天順人改元至德孝乎惟孝卿之與朕亦有何憂高公伏奏曰陛下躬親庶務子育黔黎四十餘年天下無事一朝兩京失守萬姓流亡西蜀朔方皆爲警蹕之地河南漢北盡爲征戰之場天下之臣莫不增痛陛下謂臣

曰卿之與朕復何憂哉臣未敢奉詔臣聞主憂臣辱主辱臣死死辱之義職臣之由臣不孝不忠尚存餘喘親蒙臨諭戰懼伏深初上過利州西臨蜀郡往來表疏道路相望知兩京有剋復之期兆人佇來蘇之慶仍皇情未暢臣下多虞及出劍門到巴蜀井邑氣候風雲與中國而頗殊對偏方而增悵應需扈從皆同此心賴節度使崔圓以忠懇至誠恐皇恩軫慮凡所進奉不踰時宜應修殿宇不勞人力上爲之悅左右皆稱萬歲上曰崔圓可謂大臣數即日拜相西南

之俗無不欣然後崔相欲赴行在未測聖情上覽其憂懼謂高公曰朕覩崔圓器宇冲遠理識弘通比諸宰臣無出其右若得對見必倍承恩後果如上言且蜀中風土有異中原秋熱冬溫晝晴夜雨事之常也及駕出劍門到巴蜀氣候都變不異兩京九月十九日霜風振厲朝見之時皆有寒色詔郎令着袍至二十一日百官盡衣袍立朝不依舊式每奏事人來往兩京動静無不盡知二年正月祿山爲子慶緒所殺慶緒僞立兇謀逆計主以嚴莊僞敕僞書出於高尚

但置酒爲樂餘無所圖上謂高公曰皇帝久在鳳翔兵威大震兇徒逆黨即應殄滅高公伏奏曰逆賊背天地之恩恣豺狼之性更相魚肉其可久乎九月皇帝在鳳翔元帥廣平王中書令郭子儀驅百萬之熊羆吞二京之蚊蚋不逾旬月收復兩都慶緒北走於鄴中王師續圍於城下至乾元元年慶緒爲逆賊史思明所殺王師失利再陷洛陽李光弼作鎮於河陽郭英乂次安於虢路上元元年爲子朝義所殺至寶應元年下收洛陽朝義奔逐不知所在上皇謂高公

曰安史二逆賊父子相次伏誅豈非天地神明之所殛罰也高公曰皇帝聖化變及無窮陛下仁德福流萬葉凡是兇醜自合誅夷不勝慶快之至初至德二年十一月詔迎太上皇於西蜀十二月至鳳翔被賊臣李輔國詔外隨駕甲仗上皇曰臨至王城何用此物悉令收付所由欲至城皇帝具儀仗出城迎候二聖相見泣涕久之傾城道俗一時忭舞便於興慶宮安置乾元元年冬上皇幸溫泉宮二十日却歸因此被賊臣李輔國陰謀不軌欲令猜阻更樹勳庸移仗

之端莫不由此輔國趨馳末品小了纖人一承攀附之恩致位雲霄之上聖上屬殘孽未殄蒼生不安貪總軍戎冀清海內不暇揀擇左右屏棄回邪遂使輔國熒惑兩宮至傷萬姓恣行威福不懼典刑上元元年七月太上皇移仗西内安置高公竄謫巫州昔輔國之計也上皇在興慶宮先留廐馬三百疋欲移仗前一日輔國矯詔索所留馬惟留十疋有司奏陳上皇謂高公曰常用輔國之謀我兒不得終孝道明皇向北内及曉至北内皇帝使人起拜云兩日來疹病

不復親起拜伏伏願且留喫飲飯畢又曰伏願且歸南內行欲至夾城忽聞戛戛聲上驚廻顧見輔國領鐵騎數百人便逼近御馬輔國便持御馬高公驚下爭持曰縱有他變須存禮義何得驚御輔國叱曰老翁大不解事且去即斬高公從者一人高公即攏御馬直至西內安置自辰及酉然後老宮娋十數人將隨身衣物至一時號泣上皇止之皆輔國矯詔之所爲也聖上寧得知之乎上皇謂高公曰興慶是吾王地吾頻讓與皇帝皇帝仁孝不受今雖爲輔國所制

正愜我本懷進御人令撤肉便處分尚食明日已後不須進肉食每日上皇與高公親看掃除庭院芟薙草木或講經論議轉變說話雖不近文律終冀悅聖情經十餘日高公患瘧救於功臣閣下避瘧日晚閣門外有人問稱是咲庭瑶云聖人與阿翁問皆見太上皇未曰見了高公亦不敢辭即隨庭瑶至閣門外日晚見內養將一卷文書狀云使看畧見少多皆是罷職却被案將附奏云臣合死已久聖恩含忍容至今日所希事狀並不曾聞伏願得親辭聖顏然後受戮死亦無恨明日有制力士潛通逆黨曲附兇徒既懷梟獍之心合就鯨鯢之戮以其久侍帷幄頗效勤勞且捨殊死可除名長流巫州九月三十日至巫州隨身手力不越十人所餘衣糧纔至數月殷憂待罪首尾三年經一年忽見本道觀察第五國珍謫至夷州與第五相飲賦詩曰煙熏眼落膜瘴染面朱虞謂同病曰宰相猶如此餘可以堪左右問之皆爲揮涕又於園中見薺菜土人不解喫便賦詩曰兩京秤斤買五溪無人採　夏雖有殊氣味應不改使拾之爲

羹甚美或登山臨水以永終日至元年建辰月有制流人一切放還至建巳月二聖昇遐今上即位改元爲寶應元年六月巫州二聖遺詔到號天叩地悲不自勝制服持喪禮過常度每一號慟數廻氣絕晝夜無時傷感行路恨不得親奉陵寢而使永隔幽明哀毀既深哽咽成疾七月發巫山至朗州八月病漸亟謂左右曰吾年已七十九可謂壽矣官至開府儀同可謂貴矣既貴且壽死何恨焉所恨者二聖昇遐攀號不逮孤魂旅櫬飄泊何依泣下霑襟視之盡血言

畢以寶應元年八月十八日終於朗州開元寺之西
院遠近聞之莫不傷歎九月靈櫬發朗州十一月至
襄州有詔令復舊官爵追贈廣州都督發事行李一
切官給陪葬玄宗陵高公所生母麥氏即隋將鐵杖
曾孫始與母別時年十歲母撫其首泣曰與汝分別
再見無時然汝胸上七黑子他人云必貴吾若不死
得重見記取此言汝常弄吾臂上雙金環吾亦留着
待見汝伺之愼忽忘却即與決別向三十年後知母
在瀧州雖使人迎候終不敢望見及到子母遂不相

識母問曰與汝別時記語否胸前有黑子母曰在否
即解衣視之母亦出金環示之一時號泣累日不止
上聞登時召見封越國夫人便於養父母家安置十
餘年後卒葬東京原燕公誌墓曰驗七黑於子心辨
雙環於母臂即此事也其妻東平呂氏故岐州刺史
玄悟之女躬行婦道有逾常禮大理司直太原郭湜
曰李輔國謬承恩寵竊弄威權蒙蔽聖聰恣行兇醜
所持刑憲皆涉回邪即有敬毛裴畢之流起周代索
丘之獄陷無所措辭以圖存使天下之心自然搖矣

但經誰柰先沒家貲不死則流動逾千計黔中道此
一色尤多則三故相裴冕張鎬第五琦是也一大夫
賀蘭進明是也六中丞鄭叔清楊濬韋利見皇甫銑
張萬頃毛若虛是也七御史李峴崔無詖孫昌胤孫
瑩宋璿嚴銑畢曜是也三員外張渭張之緒李宣是
也一左丞皇甫兟是也一郡王璘是也一開府力士
是也遺許補博卿監司舍將軍列卿州牧縣宰已下
散在諸郡不可盡紀從至德至寶應向二千人及承
恩放還十二三矣嗟乎淫刑以逞誰得無罪滉同病

者報以誌之況與高公俱嬰譴累每接言論敢不書
紳豈謂懷轅爾之元勳當休明之聖代卒爲讒佞所
惡生死銜冤悲夫

說郛目錄

弓第一百十二

綠珠傳

唐　樂史

綠珠者姓梁白州博白縣人也州則南昌郡古越地秦象郡漢合浦郡地唐武德初削平蕭銑於此置南州尋改爲白州取白江爲名州境有博白山博白江盤龍洞房山雙角山大華山山上有池池中有婢妾魚綠珠生雙角山下美而艷越俗以珠爲上寶生女爲珠娘生男爲珠兒綠珠之字由此而稱晉石崇爲交趾採訪使以眞珠三斛致之崇有別廬在河南金谷澗中有金水自太白源來崇即川阜製園館綠珠能吹笛又善舞崇以明妃曲教之而自致新詩曰我本良家子將適單于庭辭別未及終前驅已抗旌僕御涕流漓轅馬悲且鳴哀鬱傷五內涕泣沾珠纓行行日已遠遂造　　城延佇於穹廬加我閼於迎切氏音支名殊類所非安雖貴非所榮父子見淩辱對之慚且驚殺身良不易默默以苟生苟生亦何聊積思常憤盈願假飛鳥翼乘之以遐征飛鴻不我顧佇立以屏營昔爲匣中玉今爲糞上英朝華不足歡甘與秋

草併傳語後世人遠嫁難爲情崇又製懊惱曲以贈綠珠崇之美豔者千余人擇數十人妝飾一等使同侍之不相分別刻玉爲倒龍珮鏤金爲鳳凰釵結袖繞楹而舞欲有所召者不呼姓名悉聽佩聲視釵色珮色輕者居前釵色艷者居後以爲行次而進趙王倫亂常賊類乃孫秀使人求綠珠崇方登京觀臨清水婦人侍側使者以告崇出侍婢數百人以示之皆藴蘭麝而披羅綺曰在所擇使者曰君侯服御麗則麗矣然受命指索綠珠不知孰是崇勃然曰吾所愛

不可得也秀因是譖倫族之收兵忽至崇謂綠珠曰我今爲爾獲罪綠珠泣曰願效死於君前崇因止於是墜樓而崇弃東市時人名其樓曰綠珠樓樓在步廣里近狄泉在王城之東綠珠有弟子朱褘有國色善吹笛後入晉明帝宮中今白州有一派水自雙角山出合容州江呼爲綠珠江亦猶歸州有昭君灘昭君村昭君塲吳有西施谷脂粉塘盖取美人出處爲名又有綠珠井在雙角山下耆老傳云汲此井者誕女必多美麗里閭有識者以美色無益於國以巨石

塡之爾後雖有產女端妍者而七竅四肢多不完具異哉山水之使然昭君村生女皆灸破其面故白居易詩曰不取往者戒恐貽來者冤至今村女面燒灼成瘢痕又以不完具而惜焉牛僧孺周秦行紀云夜宿薄太后廟見戚夫人王嬙太眞妃潘淑妃各賦詩言志別有善笛女子短鬟窄衫貝帶貌甚美與潘氏偕來太后接坐居之令吹笛往往亦吸酒太后顧而謂曰識此否石家之綠珠也潘妃養作妹太后曰綠珠豈能無詩乎綠珠相謝作曰此日人非昔日人笛

聲空怨趙王倫紅殘鈿碎花樓下金谷千年更不春太后曰牛秀才遠來今日誰人與伴綠珠曰石尉衛性嚴忌今有死不可及亂然事雖詭怪聊以解頤噫石崇之敗雖自綠珠始亦其來有漸矣崇常刺荆州刼奪遠使臣殺客商以致巨富又遺王愷鴆鳥共爲鴆毒之事有此陰謀加以美燕邀集令美人行酒客飲不盡者使黃門斬美人王丞相與大將軍常共訪崇丞相素不能飲輒自強至於沉醉至大將軍故不飲以觀其色氣已斬三人君子曰福禍無門唯人所

石崇心不義舉劾殺人爲得無報也非綠珠無以速石崇之誅非石崇無以顯綠珠之名綠珠之墜樓侍兒之有貞節者也比之於古則有田六出六出者王進賢侍兒也進賢晉愍太子妃洛陽亂石勒掠進賢渡孟津欲妻之進賢罵曰我皇太子婦司徒公女汝胡羗小子敢干我乎言畢投河六出曰大旣有之小亦宜然復投河中又有窈娘者武周朝喬知之寵婢也盛有姿色特善歌舞知之教讀書善屬文深所愛幸時武承嗣驕貴內宴酒酣迫知之將金玉賭窈娘

知之不肯便使人就家强載以歸知之怨悔作綠珠篇以敘其怨詞曰石家金谷重新聲明珠十斛買娉婷此日可憐無復比此時可愛得人情君家閨閣欲窺難嘗矜歌舞使人看富貴雄豪非分理驕矜勢力橫相干辭君去君終不忍徒勞掩面傷紅粉百年離別在高樓一旦紅顏爲君盡知之私賂承嗣家閽奴傳詩於窈娘窈娘得詩悲泣投井而死承嗣令汲出於衣中得詩鞭殺閽奴諷吏羅織之以至殺焉悲夫二子以愛姬示人掇喪身之禍所謂倒持太阿授人以柄易曰慢藏誨盜冶容誨淫其此之謂乎後詩人題歌舞妓者皆以綠珠爲名庾肩吾曰蘭堂上客至綺席清絃撫自作明君辭還數綠珠舞李元操云絳樹搖歌扇金谷舞筵開羅袖拂歸客留歡醉玉杯江總詩云綠珠含淚舞孫秀强相邀綠珠之沒已數百年矣詩人尚咏之不已其故何哉蓋一婢子不知書而能感主恩憤不顧身其志烈懍懍誠足使後人仰慕歌詠也至有享厚祿盜高位亡仁義之行懷反復之情暮四朝三唯利是視節操反不若一婦人豈不

愧哉今爲此傳非徒衒美麗張禍源且欲懲戒辜恩背義之類也季倫死後十日趙王倫敗左衛將軍趙泉斬孫秀于中書軍士趙駿剖秀心食之倫囚金墉城賜金屑酒倫慙以巾覆面曰孫秀悞我也飲金屑而卒皆夷家族南陽生曰此乃天之報怨不然何以梟夷之立見乎

非煙傳

唐皇甫枚

臨淮武公業咸通中任河南府功曹參軍愛妾曰非煙姓步氏容止纖麗若不勝綺羅善秦聲好文筆尤工擊甌其韻與絲竹合公業甚嬖之其比隣天水趙氏第也亦衣纓之族不能斥言其子曰象秀端有文纔弱冠矣時方居喪禮忽一日於南垣隙中窺見非煙神氣俱喪廢食忘寐乃厚賂公業之閽以情告之閽有難色復爲厚利所動乃令其妻伺非煙閒處具

以象意言焉非煙聞之但含笑凝睇而不答門媼盡以語象象發狂心蕩不知所持乃取薛濤牋題絕句曰一覩傾城貌塵心只自猜不隨蕭史去擬學阿蘭來以所題密緘之祈門媼達非煙煙讀畢吁嗟良久謂媼曰我亦曾窺見趙郎大好才貌此生薄福不得當之蓋鄙武生麤悍非良配耳乃復酬篇寫於金鳳牋曰綠慘雙蛾不自持只緣幽恨在新詩郎心應似琴心怨脉脉春情更擬誰封付門媼令遺象象啟緘吟諷數四拊掌喜曰吾事諧矣又以剡溪玉葉紙賦詩以謝曰珍重佳人贈好音綵牋芳翰兩情深薄於蟬翼難供恨密似蠅頭未寫心疑是落花迷碧洞只思輕雨灑幽襟百回消息千回夢裁作長謠寄綠琴詩去旬日門媼不復來象憂恐事泄或非煙追悔春夕於前庭獨坐賦詩曰綠暗紅藏起暝煙獨將幽恨小庭前沉沉良夜與誰語星隔銀河月半天明日晨起吟際而門媼來傳非煙語曰勿訝旬日無信蓋以微有不安因授象以連蟬錦香囊并碧苔牋詩曰無力嚴妝倚繡櫳暗題蟬錦思難窮近來羸得傷春病

柳弱花欹怯曉風象結錦囊於懷細讀小簡又恐煙幽思增疾乃剪烏絲闌爲回簡曰春日遲遲人心悄悄自因窺覯長役夢魂雖羽駕塵襟難於會合而丹誠皎日誓以周旋況又聞乘春多感芳履違和耗冰雪之妍姿鬱蕙蘭之佳氣憂抑之極恨不翻飛企望寬情無至憔悴莫孤短韻寧爽后期恍惚寸心書豈能盡兼持菲什聊繼華篇詩曰見說傷情爲見春想封蟬錦綠蛾顰叩頭爲報煙卿道第一風流最損人門媼既得回簡徑齎詣煙閣中武生爲府掾屬公務

繁黙或數夜一直或竟日不歸是時適値生入府曹
煙折書得以欵曲尋繹既而長太息曰丈夫之志女
子之心情契寃交視遠如近也於是闔戶垂幌爲書
曰下妾不幸乖鬢而孤中間爲媒妁所欺遂匹合於
瑣類每至清風朗月移玉柱以增懷秋帳冬缸汎金
徽而寄恨豈期公子忽貽好音發華緘而思飛諷麗
句而目斷所恨洛川波隔賈午墻高聯雲不及於秦
臺薦夢尚遙於楚岫猶望天從素懇神假微機一拜
清光九殞無恨兼題短什用寄幽懷詩曰畫簷春燕

須同宿洛浦雙鴛肯獨飛長恨桃源諸女伴等閑花
裏送郎歸封訖召門媪令達于象象覽書及詩以煙
意稍切喜不自持但靜室焚香虔禱以俟忽一日將
夕門媪促步而至笑且拜曰趙郎願見神仙否象驚
連問之傳煙語曰今夜功曹直府可謂良時妾家後
庭郎君之前垣也若不踰惠好專望來儀方寸萬重
悉俟晤語既曛黑象乃躋梯而登煙已令重榻於下
既下見煙靚粧盛服立於花下拜訖俱以喜極不能
言乃相携自後門入堂中遂背缸解幌盡繾綣之意

焉及曉鐘初動復送象於垣下煙執象泣曰今日相
遇乃前生因緣耳勿謂妾無玉潔松貞之志放蕩如
斯直以郎之風調不能自顧願深鑒之象曰挹希世
之貌見出人之心已誓幽庸永奉歡狎言訖象踰垣
而歸明日託門媪贈煙詩曰十洞三清雖路阻有心
還得傍瑤臺瑞香風引思深夜知是蘂宮仙馭來煙
覽詩微笑因復贈象詩曰相思只怕不相識相見還
愁却別君願得化爲松下鶴一雙飛去入行雲封付
門媪仍令語象曰賴妾有小小篇詠不然君作幾許

大才面目茲不盈旬常得一期於後庭展微密之思
罄宿昔之心以爲鬼神不知天人相助或景物寓目
謌詠寄情來往頻繁不能悉載如是者周歲無何煙
數以細過撻其女奴奴陰啣之乘間盡以告公業公
業曰汝愼言我當伺察之後至直日乃僞陳狀請假
迨夕如常入直遂潛於里門街鼓既作匍伏而歸循
墻至後庭見煙方倚戶微吟象則據垣斜睇公業不
勝其忿挺前欲擒象覺跳去業搏之得其半襦乃入
室呼煙詰之煙色動聲戰而不以實告公業愈怒縛

之大杖鞭楚血流但云生得相親死亦何恨𣿰夜公業怠而假寐煙呼其所愛女僕曰與我一盃水水至飲盡而絶公業起將復笞之已死矣乃解縛舉置閣中連呼之無言煙暴疾致殞後數日窆於北邙而里巷間皆知其强死矣象因變服易名遠竄江浙間洛陽才士有崔李二生常與武掾游處崔賦詩末句云恰似傳花人飲散空牀拋下最繁枝其夕夢煙謝曰妾貌雖不迨桃李而零落過之捧君佳什媿仰無已李生詩末句云艷魄香魂如有在還應羞見墜樓人

其夕夢煙戟手而言曰士有百行君得全乎何至矜片言苦相詆斥當屈君於地下面証之數日李生卒時人異焉

謝小娥傳

唐　李公佐

小娥姓謝氏豫章人估客女也生八歲喪母嫁歷陽俠士段居貞居貞負氣重義交遊豪俊小娥父畜巨產隱名商賈間常與段婿同舟貨往來江湖時小娥年十四始及笄父及夫俱爲盜所殺盡掠金帛段之弟兄謝之從姪與童僕輩數十悉沉於江小娥亦傷胷折足漂流水中爲他船所獲經夕而活因流轉乞食至上元縣依妙果寺尼淨悟之室初父之死也小

娥夢父謂曰殺我者車中猴門東草又數日復夢其夫謂曰殺我者禾中走一日夫小娥不自解悟常書此語廣求智者辨之歷年不能得至元和八年春余罷江西從事扁舟東下淹泊建業登瓦官寺閣有僧齊物者重賢好學與余善因告余曰有孀婦名小娥者每來寺中示我十二字謎語某不能辨余遂請齊公書於紙乃憑檻書空凝思默慮坐客未倦了悟其文令寺童疾召小娥前至詢訪其由小娥嗚咽良久乃曰我父及夫皆爲賊所殺邇後嘗夢父告曰殺我

者車中猴門東草又蔓夫告曰殺我者禾中走一日夫歲久無人悟之余曰若然者吾審詳矣殺汝父是申蘭殺汝夫是申春且車中猴車字去上下各一畫是申字又申屬猴故曰車中猴草下有門門中有東乃蘭字也又禾中走是穿田過亦是申字也一日夫者夫上更一畫下有日是春字也殺汝父是申蘭殺汝夫是申春足可明矣小娥慟哭再拜書申蘭申春四字於衣中誓將訪殺二賊以復其冤娥因問余姓氏官族垂涕而去爾後小娥便爲男子服傭保於江

湖間歲餘至潯陽郡見竹戶上有紙牓子云召傭者小娥乃應召詣門問其主乃申蘭也蘭引歸娥心憤貌順在蘭左右甚見親愛金帛出入之數無不委娥已二歲餘竟不知娥之女人也先是謝氏之金寶錦繡衣物器具悉掠在蘭家小娥每執舊物未嘗不暗泣移時蘭與春宗昆弟也時春一家住大江北獨樹浦與蘭往來密洽蘭與春同去經月多獲財帛而歸每留娥與蘭妻蘭氏同守家室酒肉衣服給娥甚豐或一日春攜文鯉兼酒詣蘭娥私歎曰李君精悟玄

鑒皆符夢言此乃天啓其心志將就矣是夕蘭與春會羣賊畢至酣飲暨諸兇既去春沉醉臥於內室蘭亦露寢于庭小娥潛鏁春於內抽佩刀先斷蘭首呼號鄰人並至春擒於內蘭死於外獲贓收貨數至千萬初蘭春有黨數十暗記其名悉擒就戮時潯陽太守張公善其志行　旌表乃得免死時元和十二年夏歲也復父夫之讐畢歸本里見親屬里中豪族爭求聘娥誓心不嫁遂剪髮披褐訪道於牛頭山師事大士尼將律師娥志堅行苦霜舂雨薪不倦筋力十

三年四月始受具戒於泗州開元寺竟以小娥爲法號不忘本也其年夏月余始歸長安途經泗濱過善義寺謁大德尼令操戒新見者數十淨髮鮮帔威儀雍容列侍師之左右中有一尼問師曰此官豈非洪州李判官二十三郎者乎師曰然曰使我獲報家仇得雪冤耻是判官恩德也顧余悲泣余不之識詢訪其由娥對曰某名小娥頃乞食孀婦也判官時爲辨申蘭申春二賊名字豈不憶念乎余曰初不相記今郎悟也娥因泣具寫記申蘭申春復父夫之仇志願

相畢經營終始艱苦之狀小娥又謂余曰報判官恩當有日矣豈徒然哉嗟乎余能辨二盜之姓名小娥又能竟復父夫之讐冤神道不昧昭然可知小娥厚貌深辭聰敏端特鍊指跛足誓求真如爰自入道衣無絮帛齋無鹽酪非律儀禪理口無所言後數日告我歸牛頭山扁舟汎淮雲游南國不復再遇君子曰誓志不捨復父夫之仇節也傭保雜處不知女人貞也女子之行唯貞與節能終始全之而已如小娥足以儆天下逆道亂常之心足以觀天下貞夫孝婦之

行余備詳前事發明隱文暗與冥會符於人心知善不錄非春秋之義故作傳以旌美之

霍小玉傳

唐　蔣防

大曆中隴西李生名益年二十以進士擢第其明年拔萃俟試於天官夏六月至長安舍於新昌里生門族清華少有才思麗詞佳句時謂無雙先達丈人翕然推伏每自矜風調思得佳偶博求名妓久而未諧長安有媒鮑十一娘者故薛駙馬家青衣也折券從良十餘年矣性便辟巧言語豪家戚里無不經過追風挾策推為渠帥常受生誠託厚賂意頗德之經數

月生方閒居舍之南亭申未間忽聞扣門甚急云是鮑十一娘至攝衣從之迎問曰鮑卿今日何故忽然而來鮑笑曰蘇姑子作好夢也適有一仙人謫在下界不邀財貨但慕風流如此色目共十郎相當矣生聞之驚躍神飛體輕引鮑手且拜且謝曰一生作奴死亦不憚因問其名居鮑具說曰故霍王小女字小玉王甚愛之母曰淨持淨持即王之寵婢也王之初薨諸弟兄以其出自賤庶不甚收錄因分與資財遣居於外易姓為鄭氏人亦不知其王女姿質穠艷一

生未見高情逸態事事過人音樂詩書無不通解昨遣某求一好兒郎格調相稱者某具說十郎他亦知有李十郎名字非常歡愜住在勝業坊古寺曲甫上車門宅是也已與他作期約明日午時但至曲頭覓桂子即得矣鮑既去生便備行計遂令家僮秋鴻於從兄京兆參軍尚公處假青驪駒黃金勒其夕生澣衣沐浴修飾容儀喜躍交并通夕不寐遲明巾幘引鏡自照懼不諧也徘徊之間至於亭午遂命駕疾驅直抵勝業至約之所果見青衣立候迎問曰莫是李

十郎否即下馬令牽入屋底急急鏁門見鮑果從內出來遙笑曰何等兒郎造次入此生調誚未畢引入中門庭間有四櫻桃樹西北懸一鸚鵡籠見生入來爲語曰李郎入來急下簾者生本性雅淡心猶疑懼忽見鳥語愕然不敢進逡巡鮑引淨持下堦相迎延入對坐年可四十餘綽約多姿談笑甚媚因謂生曰素聞十郎才調風流今又見容儀雅秀名下固無虛士某有一女子雖拙教訓顏色不至醜陋得配君子頗爲相宜頻見鮑十一娘說意旨今亦便令永奉箕

箒生謝曰鄙拙庸愚不意顧盼倘垂採錄生死爲榮遂命酒饌即令小玉自堂東閤子中出來生即拜迎但覺一室之中若瓊林玉樹互相照曜轉盼精彩射人既而遂坐母側母謂曰汝嘗愛念開簾風動竹疑是故人來即此十郎詩也爾終日吟想何如一見玉乃低鬟微笑細語曰見面不如聞名才子豈能無貌生遽起連拜曰小娘子愛才鄙夫重貌兩好相映才貌相兼母女相顧而笑遂舉酒數巡生起請玉唱歌初不肯母固強之發聲清亮曲度精奇酒闌及暝鮑

引生就西院憩息閑庭邃宇簾幕甚華鮑令侍兒桂子浣沙與生脫靴解帶須臾玉至言敘溫和辭氣宛媚解羅衣之際態有餘妍低幃暱枕極其歡愛生自以爲巫山洛浦不過也中宵之夜玉忽流涕顧生曰妾本倡家自知非匹今以色愛託其仁賢但慮一旦色衰恩移情替使女蘿無託秋扇見捐極歡之際不覺悲至生聞之不勝感歎乃引臂替枕徐謂玉曰平生志願今日獲從粉骨碎身誓不相捨夫人何發此言請以素縑著之盟約玉因收淚命侍兒櫻桃褰幄

執燭授生筆硯玉管絃之暇雅好詩書筐箱筆硯皆王家之舊物遂取綉囊出越姬烏絲欄素段三尺以授生生素多才思援筆成章引諭山河指誠日月句句懇切聞之動人誓畢命藏於寶篋之内自爾婉孌相得若翡翠之在雲路也如此三歲日夜相從其後年春生以書判拔萃登科授鄭縣主簿至四月將之官便拜慶於東洛長安親戚多就筵餞時春物尚餘夏景初麗酒闌賓散離思縈懷玉謂生曰以君才地名聲人多景慕願結婚媾固亦衆矣況堂有嚴親室

無冢婦君之此去必就佳姻盟約之言徒虛語耳然妾有短願欲輒指陳永委君心復能聽否生驚怪曰有何罪過忽發此辭試說所言必當敬奉玉曰妾年始十八君才二十有二逮君壯室之秋猶有八歲一生歡愛願畢此期然後妙選高門以求秦晉亦未爲晚妾便捨棄人事翦髮披緇夙昔之願於此足矣生且愧且感不覺涕流因謂玉曰皎日之誓死生以之與卿偕老猶恐未愜素志豈敢輒有二三固請不疑但端居相待至八月必當却到華州尋使奉迎相見

非遠更數日生遂訣別東去到任旬日求假往東都覲親至家旬日太夫人已與商量表妹盧氏言約已定太夫人素嚴毅生逡巡不敢辭讓遂就禮謝便有近期盧亦甲族也嫁女於他門聘財必以百萬爲約不滿此數義在不行生家素貧事須求貸便托假故遠投親知涉歷江淮自秋及夏生自以孤負盟約大愆廻期寂不知聞欲斷其望遥託親故不遣漏言玉自生逾期數訪音信虛詞詭說日日不同博求師巫遍詢卜筮懷憂抱恨周歲有餘羸卧空閨遂成沈疾

雖生之書題竟絶而玉之相望不移賂遺親知使通消息尋求既切資用屢空往往私令侍婢潛賣篋中服玩之物多托於西市寄附鋪侯景先家貨賣曾令侍婢浣沙將紫玉釵一隻詣景先家貨之路逢内作老玉工見浣沙所執前來認之曰此釵吾所作也昔歲霍王小女將欲上鬟令我作此酬我萬錢我嘗不忘汝是何人從何而得浣沙曰我小娘子即霍王女也家事破散失身於人夫壻昨向東都更無消息悒怏成疾今欲二年令我賣此賂遺於人使求音信玉

工悽然下泣曰貴人男女失機落節一至於此我殘年向盡見此盛衰不勝傷感遂引至延先公主宅具言前事公主亦爲之悲歎良久給錢十二萬焉時生所定盧氏女在長安生既畢於聘財還鄭縣其年臘月又請假入城就親潛卜靜居不令人通有明經崔允明者生之重表弟也性甚長厚等歲常與生同飲於鄭氏之室杯盤笑語曾不相間每得生信必誠告於玉玉常以薪芻衣服資給於崔崔頗感之生既至崔且以誠告玉玉恨歎曰天下豈有是事乎遍託親

朋多方召致生自以愆期負約又知玉疾候沈綿慙恥忍割終不肯往晨出暮歸欲以迴避玉日夜涕泣都忘寢食期一相見竟無因由寃憤益深委頓牀枕自是長安中稍有知者風流之士共感玉之多情豪俠之倫皆怒生之薄行時已三月人多春遊生與同輩五六人詣崇敬寺翫牡丹花步於西廊遞吟詩句有京兆韋夏卿者生之密友時亦同行謂生曰風光甚麗草木榮華傷哉鄭君銜寃空室足下終能弃致實是忍人丈夫之心不宜如此足下宜爲思之歎讓

之際忽有一豪士衣輕黃紵衫挾朱彈風神俊美衣服輕華唯見一翦頭　胡從後潛行而聽之俄而前揖生曰公非李十郎者乎某族本山東姻連外戚雖乏文藻心嘗樂賢仰公聲華常思覯止今日幸會得覩清揚某之敝居去此不遠亦有聲樂足以娛情妖姬八九人駿馬十數匹惟公所要但願一過生之儕輩共聆斯述更相歎美因與豪士策馬同行疾轉數坊遂至勝業生以近鄭之所止意不欲過便託事故欲迴馬首豪士曰敝居咫尺忍相弃乎乃挽挾其馬

牽引而行遷延之間已及鄭曲生神情恍惚勒馬欲迴豪士遽命奴僕數人抱持而進急走推入車門便令鎖却報云李十郎至也一家驚喜聲聞於外先此一夕玉夢黃衫丈夫抱生來至席使玉脫鞋驚寤而告母因自悟曰鞋者諧也夫婦再合脫者解也既合而解亦當永訣由此徵之必遂相見相見之後當死矣凌晨請母粧梳母以其久病心意惑亂不甚信之僶勉之間彊爲粧梳粧梳才畢而生果至玉沈綿日久轉側須人忽聞生來欻然自起更衣而出恍若有

神遂與生相見含怨凝視不復有言羸質嬌姿如不勝致時復掩袂返顧李生感物傷人坐皆歔欷頃之有酒殽數十盤自外而來一坐驚視遽問其故悉是豪士之所致也因遂陳設相就而坐玉乃側身轉面斜視生良久遂舉杯酒酬地曰我爲女子薄命如斯君是丈夫負心若此韶顔稚齒飲恨而終慈母在堂不能供養綺羅絃管從此永休徵痛黄泉皆君所致李君李君今當永訣我死之後必爲厲鬼使君妻妾終日不安乃引左手握生臂擲杯於地長慟號哭數

聲而絶母乃舉屍寘於生懷令喚之遂不復蘇矣生爲之縞素旦夕哭泣甚哀將葬之夕生忽見玉繐帷之中容貌妍麗宛若平生著舊石榴裙紫褴襠紅綠帔子斜身倚帷手引繡帶顧謂生曰媿君相送尚有餘情幽冥之中能不感歎言畢遂不復見明日葬於長安御宿原生至墓所盡哀而返後月餘就禮於盧氏傷情感物鬱鬱不樂夏五月與盧氏偕行歸於鄭縣至縣旬日生方與盧氏寢忽帳外叱叱之聲生驚[illegible]藏身映幔

連招盧氏生惶遽走起遶幔數匝倏然不見生自此心懷疑惡猜忌萬端夫婦之間無聊生矣或有親情曲相勸喻生意稍解後旬日生復自外歸盧氏方鼓琴於牀忽見自門拋一斑犀鈿花合子方圓一寸餘中有輕絹作同心結墜於盧氏懷中生開而視之見相思子二叩頭蟲一發殺觜一驢駒媚少許生當時憤怒叫吼聲如豺虎引琴撞擊其妻詰令實告盧氏亦終不自明爾後往往暴加捶楚備諸毒虐竟訟於公庭而遣之盧氏既出生或侍婢媵妾之屬暫同枕

席便加妒忌或有因而殺之者生嘗遊廣陵得名姬曰營十一娘者容態潤媚生甚悦之每相對坐嘗謂營曰我嘗於某處得某姬犯某事我以某法殺之日日陳説欲令懼己以肅清閨門出則以所解覆營於牀周迴封署歸必詳視然後乃開又畜一短劍甚利顧謂侍婢曰此信州葛溪鐵唯斷作罪過頭大凡生所見婦人輒加猜忌至於三娶率皆如初焉

劉無雙傳

唐　薛調

唐王仙客者建中中朝臣劉震之甥也初仙客父亡與母同歸外氏震有女曰無雙小仙客數歲皆幼稚戲弄相狎震之妻常戲呼仙客為王郎子如是者凡數歲而震奉孀姊及撫仙客尤至一旦王氏姊疾且重召震約曰我一子之念可知也恨不見娶宦無雙端麗慧聰我深念之異日無令歸他族我以仙客為託爾誠許我瞑目無所恨也震曰姊宜安靜自頤養

無以他事自撓其姊竟不痊仙客護喪歸葬襄鄧服闋思念身世孤子如此宜求婚娶以廣後嗣無雙長成矣我舅氏豈以位尊官顯而廢舊約耶於是飾裝抵京師時震為尚書租庸使門館赫奕冠蓋填塞仙客既覲致於學舍弟子為伍舅甥之分依然如故但寂然不聞選取之議又於窗隙間窺見無雙姿質明豔若神仙中人仙客發狂唯恐姻親之事不諧矣遂鬻囊橐得錢數百萬舅氏舅母左右給使達於廝養皆厚遺之又因復設酒饌中門之內皆得入之矣諸表同處悉敬事之遇舅母生日市新奇以獻雕鏤犀玉以為首飾舅母大喜又旬日仙客遣老嫗以求親之事聞於舅母舅母曰是我所願也即當議其事又數夕有青衣告仙客曰娘子適以親情事言於阿郎阿郎云向前亦未許之模様云云恐是參差也仙客聞之心氣俱喪達旦不寐恐舅氏之見棄也然奉事不敢懈怠一日震趨朝至日初出忽然走馬入宅汗流氣促唯言鏁却大門鏁却大門一家惶駭不測其由良久乃言涇原兵士反姚令言領兵入含元殿天

子出苑北門百官奔赴行在我以妻女為念畧歸部署疾召仙客與我勾當家事我嫁與爾無雙仙客聞命驚喜拜謝乃裝金銀羅錦二十馱謂仙客曰汝易衣服押領此物出開遠門覓一深隙店安下我以汝舅母及無雙出啓夏門遶城續至仙客依所教至日落城外店中待久不至城門自午後扃鏁南望目斷遂乘驄秉燭遶城至啓夏門門亦鏁守門者不一持白棓或坐或立仙客下馬徐問曰城中有何事如此又問今日有何人出此門者曰朱太尉已作天子午

後有一人重戴領婦人四五輩欲出此門街中人皆識云是租庸使劉尚書門司不敢放出近夜追騎至一時驅向北去也仙客失聲慟哭却歸店三更向盡城門忽開見火炬如晝兵士皆持兵挺刃傳呼斬斫使出城搜城外朝官仙客捨輜騎驚走歸襄陽村居三年後知尅復京闕重經海内無事乃入京訪舅氏消息至新昌南街立馬彷徨之際忽有一人馬前拜熟視之乃舊使蒼頭塞鴻也鴻本王家生其舅常使得力遂留之握手垂涕仙客謂鴻曰阿舅阿母安否

鴻云並在興化宅仙客喜極云我便過街去鴻云某已得從良客戶有一小宅子販繒爲業今日已夜郎君且就客戶一宿來早同去未晚遂引至所居飲饌甚備至昏黑乃聞報曰尚書授僞命官與夫人皆處極刑無雙已入掖庭矣仙客哀寃號絶感動隣里謂鴻曰四海至廣舉目無親戚未知託身之所又問曰舊家人誰在鴻曰唯無雙所使婢采蘋者今在金吾將軍王遂中宅仙客曰無雙固無見期得見采蘋死亦足矣由是乃刺謁以從姪禮見遂中具道本末願納厚價以贖采蘋遂中深見相知感其事而許之仙客稅屋與鴻蘋居塞鴻每言郎君年漸長合求官職悒悒不樂何以遣時仙客感其言以情懇告遂中遂中薦見仙客於京兆尹李齊運齊運以仙客前銜爲富平縣尹知長樂驛累月忽報有使押領内家三十人往園陵以備洒掃宿長樂驛氈車子十乘下訖仙客謂塞鴻曰我聞宮嬪選在掖庭多是衣冠子女我恐無雙在焉汝爲我一窺可乎鴻曰宮嬪數千豈便及無雙仙客曰汝但去人事亦未可定因令塞鴻假

爲驛吏烹茗於簾外仍給錢三千約曰堅守茗具無暫捨去忽有所覩即疾報來塞鴻唯唯而去宮人悉在簾下不可得見之但夜語諠譁而已至夜深羣動皆息塞鴻滌器構火不敢輒寐忽聞簾下語曰塞鴻塞鴻汝爭得知我在此也郎健否言訖嗚咽塞鴻曰郎君見知此驛今日疑娘子在此令塞鴻問候又曰我不久語明日我去後汝於東北舍閣子中紫褥下取書送郎君言訖便去忽聞簾下極鬧云内家中惡中使索湯藥甚急乃無雙也塞鴻疾告仙客仙客驚

曰我何得一見塞鴻曰今方修渭橋郎君可假作理橋官車子過橋時近車子立無雙若認得必開簾子窺得將見耳仙客如其言至第三車子果開簾子窺見真無雙也仙客悲感怨慕不勝其情塞鴻於閤子中褥下得書送仙客花牋五幅皆無雙真跡詞理哀切叙述周盡仙客覽之茹恨涕下自此永訣矣其書後云常見敕使說富平縣古押衙人間有心人今能求之否仙客遂申府請解驛務歸本官遂尋訪古押衙則居於村墅仙客造謁見古生生所願必力致之

繒綵寶玉之贈不可勝紀一年未開口秩滿閒居於縣古生忽來謂仙客曰洪一武夫年且老何所用郎君於某竭分察郎君之意將有求於老夫老夫乃一片有心人也感郎君之深恩願粉身以答效仙客泣拜以實告古生古生仰天以手拍腦數四曰此事大不易然與郎君試求不可朝夕便望仙客拜曰但生前得見豈敢以遲晚爲恨耶半歲無消息一日扣門乃古生送書書云茅山使者迴且來此仙客奔馬去見古生生乃無一言又啓使者復云殺却也且喫茶

夜深謂仙客曰宅中有女家人識無雙否仙客以採蘋對仙客立取而至古生端相且笑且喜云借留三五日郎君且歸後累日忽傳說曰有高品過處置園陵宮人仙客心甚異之令塞鴻探所殺者乃無雙也仙客號哭乃歎曰本望古生今死矣爲之奈何流涕歔欷不能自已是夕更深聞扣門甚急及開門乃古生也領一兜子入謂仙客曰此無雙也今死矣心頭微暖後日當活微灌湯藥切須靜密言訖仙客抱入閤子中獨守之至明遍體有煖氣見仙客哭一聲遂

絶救療至夜方愈古生又曰暫借塞鴻於生後掘一坑坑稍深抽刀斷塞鴻頭於坑中仙客驚怕古生曰郎君莫怕今日報郎君恩足矣比聞茅山道士有藥術其藥服之者立死三日却活某使人專求得一丸昨令採蘋假作中使以無雙逆黨賜此藥令自盡至陵下託以親故百縑贖其屍凡道路郵傳皆厚賂矣必免漏泄茅山使者及舁兜人在野外處置訖老夫爲郎亦自刎郎君不得更居此門外有檐子一十人馬五匹絹三百疋五更挈無雙便發變姓名浪跡以

避禍言訖舉刃仙客救之頭已落矣遂并屍埋瘞訖未明發歷西蜀下峽寓居于渚宮悄不聞京兆之耗乃挈家歸襄鄧別業與無雙偕老矣男女成羣

贊曰人生之契濶會合多矣若罕有斯之比常謂古今所無無雙遭亂世籍沒而仙客之志死而不奪卒遇古生之奇法取之寃死者十餘人艱難走竄其後歸故鄉爲夫婦五十年何其異哉

虬髯客傳

唐　張說

隋煬帝之幸江都命司空楊素守西京素驕貴又以時亂天下之權重望崇者莫我若也奢貴自奉禮異人臣每公卿入言賓客上謁未嘗不踞牀而見令美人捧出侍婢羅列頗僭於上末年愈甚無復知所負荷有扶危持顛之心一日衛公李靖以布衣上謁獻奇策素亦踞見公前揖曰天下方亂英雄競起公爲帝室重臣須以收羅豪傑爲心不宜踞見賓客素斂

容而起謝公與語大悅收其策而退當公之騁辨也一妓有殊色執紅拂立於前獨目公公既去而執拂者臨軒指吏曰問去者處士第幾住何處公具以對妓誦而去公歸逆旅其夜五更初忽聞叩門而聲低者公起問焉乃紫衣帶帽人杖一囊公問誰曰妾楊家之紅拂妓也公遽延入脫衣去帽乃十八九佳麗人也素面畫衣而拜公驚荅拜曰妾侍楊司空久閱天下之人多矣無如公者絲蘿非獨生願託喬木故來奔耳公曰楊司空權重京師如何曰彼屍居餘氣

不足畏也諸妓知其無成去者甚衆矣彼亦不甚逐也計之詳矣幸無疑焉問其姓曰張問其伯仲之次曰最長觀其肌膚儀狀言辭氣語眞天人也公不自意獲之愈喜愈懼瞬息萬慮不安而窺戶者無停履數日亦聞追討之聲意亦非峻乃雄服乘馬排闥而去將歸太原行次靈石旅舍既設牀爐中烹肉且熟張氏以髮長委地立梳牀前公方刷馬忽有一人中形赤髯如虬乘蹇驢而來投革囊於爐前取枕欹臥看張梳頭公怒甚未決猶親刷馬張熟視其面一手

映身搖示公令勿怒急急梳頭畢斂衽前問其姓臥客答曰姓張對曰妾亦姓張合是妹遽拜之問第幾曰第三因問妹第幾曰最長遂喜曰今夕幸逢一妹張氏遥呼李郎且來見三兄公驟拜之遂環坐曰煮者何肉曰羊肉計已熟矣客曰饑公出市胡餅客抽腰間匕首切肉共食食竟餘肉亂切送驢前食之甚速客曰觀李郎之行貧士也何以致斯異人曰靖雖貧亦有心者焉他人見問故不言兄之問則不隱耳具言其由曰然則將何之曰將避地太原曰然故非

君所致也曰有酒乎曰主人西則酒肆也公取酒一斗飲遞客曰吾有少下酒物李郎能同之乎曰不敢於是開革囊取一人頭并心肝却頭囊中以匕首切心肝共食之曰此人天下負心者銜之十年今始獲之吾憾釋矣又曰觀李郎儀形器宇眞丈夫也亦聞太原有異人乎曰嘗識一人愚謂之眞人也其餘將帥而已曰何姓曰靖之同姓曰年幾曰僅二十曰今何爲曰州將之子曰似矣亦須見之李郎能致吾一見乎曰靖之友劉文靖者與之狎因文靜見之可也

然兄何爲曰望氣者言太原有奇氣使訪之李郎何日到太原靖計之日曰達之明日日方曙候我於汾陽橋言訖乘驢而去其行若飛迴顧已失公與張氏且驚且喜久之曰烈士不欺人固無畏促鞭而行及期入太原果復相見大喜偕詣劉氏詐謂文靜曰有善相者思見郎君請迎之文靜素奇其人一旦聞有客善相遽致使迎之使迴而至不衫不履裼裘而來神氣揚揚貌與常異虬髯默然居末坐見之心死飲數杯招靖曰眞天子也公以告劉劉益喜自負既出

虬髯曰吾得八九矣然須道兄見李郎宜與一妹復入京某日午時訪我於馬行東酒樓下有此驢及瘦驢即我與道兄俱在其上矣到即登焉又別而去公與張氏復應之及期訪焉宛見二乘攬衣登樓虬髯與一道士方對飲見公驚喜召坐圍飲十數巡曰樓下櫃中有錢十萬擇一深穩處駐一妹某日復會於汾陽橋如期至即道士與虬髯已到矣俱謁文靜時方奕棋起揖而語少焉文靜飛書迎文皇看棊道士對奕虬髯與公旁侍焉俄而文皇到來精采驚人長揖就坐神氣清朗滿坐風生顧盼煒如也道士一見慘然歛棋子曰此局全輸矣於此失却局哉救無路矣罷奕請去既出謂虬髯曰此世界非公世界他方可也勉之勿以爲念因共入京虬髯曰計李郎之程某日方到到之明日可以一妹同詣某坊曲小宅相訪李郎相從一妹懸然如磬欲令新婦祇謁從容無令前却言畢吁嗟而去公策馬而歸即到京遂與張氏同往一小版門子叩之有應者拜曰三郎令候李郎一娘子久矣延入重門門愈壯婢四十人羅列庭

前奴二十人引公入東廳廳之陳設窮極珍異巾箱粧奩冠鏡首飾之盛非人間之物巾櫛粧飾畢請更衣衣又珍異既畢傳云三郎來乃虬髯紗帽裼裘而來亦有龍虎之狀歡然相見催其妻出拜蓋亦天人也四人對饌訖陳女樂列奏其前飲食妓樂若從天降非人間之曲食畢行酒家人自堂東舁出二十牀以錦繡帕覆之既陳盡去其帕乃文簿鑰匙耳虬髯曰此盡寶貨泉貝之數吾之所有悉以充贈何者欲以此世界求事當或龍戰二三載建少功業今既有主住亦何爲太原李氏眞英主也三五年内即當太平李郎以奇特之才輔清平之主竭心盡善必極人臣一妹以天人之姿蘊不世之藝從夫之貴以盛軒裳非一妹不能識李郎非李郎不能遇一妹起陸之漸際會如期虎嘯風生龍吟雲萃固非偶然也持予之贈以佐眞主贊功業也勉之哉此後十年當東南數千里外有異事是吾得事之秋也一妹與李郎可瀝酒東南相賀因命家僮列拜曰李郎一妹是汝主也言訖與其妻從一奴乘馬而去數步遂不復見公

據其宅乃為豪家得以助文皇帝締構之資遂匡天下貞觀十年公以左僕射平章事適南蠻入奏曰有海船千艘甲兵十萬入扶餘國殺其主自立國已定矣公心知虬髯得事也歸告張氏具衣拜賀瀝酒東南祝拜之乃知真人之興也由英雄所冀況非英雄者乎人臣之謬思亂者乃螳臂之拒走輪耳我皇家垂福萬葉豈虛然哉或曰衛公之兵法半乃虬髯所傳也

韓仙傳

唐　韓若雲

予大周之韓原人始氏以國秦楚逆滅後有叔通子者奔武城遂姓韓氏因契鳳器遊於海東足成仙聖枝蔓蘿蔕奕迪不已漢之東西晉之前後史譜已載高宗永徽四年癸丑先祖曰仲卿者刺史江南人受德濟遂家於鄧州之南陽松水焉玄宗天寶壬午九日先父生有異質既長以孝著名諱曰愍諱改曰會應代宗廣德元年癸卯鄉舉大曆二年丁未秋仲卿

祖甍先父盡大禮襯掩於匡廬之五老峰下十耆曰得此者位極人臣二十年後有仙者出先父與姑子蕭存築舍於西林寺守墓焉蕭存歷官至郎中惡裴延齡不仕歸養於茲明年戊申上元繼祖母賀氏生叔愈五年庚戌叔三歲而賀母死先父撫之先父歷官起居舍人十二年丁巳五月先父坐元載貶嶺表既歸南陽叔日記數百言通六經百學建中四年癸亥朱泚亂先父攜叔奔遷韶嶺先父為人善清言有文章高世江南宣城有別業先父亦就居八月有詔

徵先父以衰頹不可就因二辭遂爲訕謗不用及韶嶺兵麹復歸苦勵叔以讀興元元年甲子登薦時叔年十八也貞元元年乙丑謂叔曰吾逢失怙恃吾母清河崔氏亦卒汝母生汝即捐而幸成大人矣我年邁半所不盡恨者汝嫂呂氏之不嗣也天欲何爲言已淚下叔曰弟所得生兄之育也弟之成人兄之教也弟立身過望兄德勝天矣德必厚福兄乖世乎兄其毋憂先父稍解七月爲叔娶扶風之竇女焉先父禱於嶽神之西夢曰虎榜中鄉闈庭分桂一枝最憐

雙遂後宿鴈各于飛明年丙寅三月七日甲寅之辰而吾嬸竇氏忽見丹鶴飛入中庭先父亦見隨入方舍絕無影迹六月乙未七日庚申之酉而予生特也夫乖吾巽地應有祥鄉里有見老鶴翔空者先父以鶴爲名謂叔曰昔卜吾父五老葬地者關府子儀郭公也謂我有仙者出丁未迄今二十載今其識矣叔曰異教也神仙杳茫兄何獨取乎吾闡周孔正世餘不復知矣未聞以黃老之無君父者可以定天下也弟雖不深恨此輩他日有望必入其人矣其書明道

以導盡去其教而後已先父喟然初蒼梧之野實龍峰西北有洞曰皇老東華李公西城王公相傳道經合極神丹予以太素稟質太易賦性太極會形沖沖寘寘莫可先悟遂托形於胎仙氏時東漢之明帝永平庚申中秋也西晉惠帝元康九年己未予生二百有四噓吸踵固輕翮虛靜故獲遠考龍沙起運有仙者迭出予於皇老洞遇李王二翁在焉予翱翔空際倏忽漢落穿雲漠舞松風上下於紫霄之間是夕七夕也月影乘鉤織星半渡電光羅動於銀津開人籟

家家寒光拂拂露含山草猿抱枯藤二翁對酌童子捧符一童進朱橘嚼酒談及妙旨界曰人稟先天溺於後天雖一草一木莫不皆然但能回神於外明定神於內宦馳神於空宿知神之舍逐神之遊則天地之精華可收吾神之妙用亦能沉游以和對谷以應明而靈靈而神神而至神而又至於身外飛神則得仙矣西城曰所以謂其能明能靈者何翁曰人物最關性命者神也生處則爲氣生濕則爲精生愛則爲魂生形則爲魄生想則爲意至於肌膚四大莫不曰

神而感也於此上安身天地之自然聖神之造化自得矣談至東方欲白天景漸收微明高可丈許予開之心竅洞明長嘯數聲翁不覺失聲曰是兒悟矣悟矣予得領微青仰以神神之道洽於洞口仙翁去矣香風閒閒瀑布乍響洞烱梟梟梅魂如恍予饑飲渴吸白擔清賞時有蒼猿公玄元丈人寓焉遂爲誓好然山巖峰峽雲深樹合雖老樵熟獵無能見者唐貞元之元乙丑又四百八十六年矣

上帝若曰延康立極赤明開圖仙嘗用鵬厥神神都

用敕汝無量大通神霄仙卿呂嵒遍訪塵寰超凌上品以佐

太上無爲元元至化惟卿勿怠如勅佫行

純陽翁遂飛歷八都無地不涉忽一日憩於蒼梧之陽予已洞識矣予更名氷壑老人與玄元丈人共謁焉翁固知之僞問曰子何人耶予曰致詞曰山林老隱端惜性宗幸值三生何逢仙聖雖飲松流啖雲實獨甘恬苦願剖氷壺開玉藏發我盲聾是爲野人之至望翁笑曰子野則野矣人或[illegible][illegible]識子遂示詩曰兩口談玄乃是盧山高下品亦非居洞前縱有千年計濱海蓬萊總不如其意諭以蒼梧雖美塊中耳不若蓬萊之能久居而其中微示以呂嵒洞賓字意猿初不悟也遂輕之予跪進曰公非純陽呂翁耶翁曰子言是也可教遂以鉄九三枚命曰二子服之可立死而化於人道予將度汝爲仙猿畏拒之予欣授而次第吞之但覺神凌至盧翁乘之而起猿哀號不已予再賫之翁曰子仙緣猶隔一世耳托質於人吾當再度汝矣飄飄而上越東海入方丈之顛見東華

翁曰美則美矣恨毛團耳可更其身當躋上域遂命翁送之翁領予神遷抵唐國之松水投予於呂母之懷囑予曰汝勿言吾來視汝遂降生焉蓋吾母乃翁之從孫也未幾先父與叔棲扶風寶鷄次年丁卯苦疫先父卒於八月十二死經時復甦索書囑叔曰賀母生伊亦此時我於此上獨堅持今朝長歎歸乎數維汝憐孤立我兒叔門分內事也兒何憂耶視弟爲不義耶遂嚙指爲誓先父揮淚而逝時人有議叔傷遺體者叔曰不然兒何職安耶剛者皆歎服叔慟毀

將絕親隣百計慰問遂上山陽野雲之焉葢以匡廬之遠故也叔侍先母以母道晨夕問寢先母頗識字句亦肯勸學貞元五年已巳先母亦殁時予年四歲淑儀慈色尚可記十之二予抱負宿與皆委於叔也八年予七歲矣然猶記翁不言之囑終不呼一字叔不悅曰是兒痴物也寧馨耶瘖聾耶何日得清爽耶強笑而負之遂奕爲小字十年甲戌叔舉進士歸予喜失聲曰叔歸矣予叔母邂覩果然與叔大以爲樂是夜恍惚胄瞭次辰遂瘖不能出一聲但哭咷而已

叔求之百計莫可瘳午陰正庭忽有道人黄裳紫冠來謁謂能發我聲蓋呂翁也叔喜禱予與覩翁笑曰而忘予勿言之訓耶予不覺律管發輝答曰有罪有罪遂爲予名曰可名湘可字清夫他日當爲我方外弟子叔人誕之叱之出予遂能言次年乙亥叔讖陽城作爭臣論拜御史大夫十四年戊寅大夫孟東野張籍叔友也媒於東閣學士林圭國甫之女於予而娶之女善談詠小字蘆芳予年少不喜女容近之則自赧終不一與予十三歲矣叔日以經史爲訓予頗斂擇穎上先生師焉先生死予合於家叔親教之四月十四壬申呂翁變名宮無上謁叔談及導書百家無不熟獵叔延三宿大以爲奇遂命館側予師之既居晝則訓予修身治國之道夜則授予内鍊童真之道予深信之翁曰修身可人爵而老死迷真修真可登仙而長生不朽二者不可並學予欲何擇予曰貴不可久仙願學焉翁喜而教之然蒼梧之事予皆忘矣未幾爲叔宴集時堦下有匠者用銅錢汁補鐵甑者時翰林虞公命予對曰銅鏰補鐵甑予對曰鉛汞

合金丹座上皆詫叔曰汝何以知之予曰師教之也言未已侍兒進曰宮先生夜夜教公子以神仙之事叔愈怒撻予索翁責之曰吾兒儒外之習吾不之講始吾以汝爲高士也體之汝敢以惑世誣民之事以搖其心耶速去勿致辱耳翁笑而去囑予曰子能憶昔蒼梧之苦當來終南之碧雲峯求我去此三百里予不惜則一大失矣予日夜慕之甚於父母中宵予亦遁叔嚎泣大索三月不能得予道經鄜南峯老嫗一宿嫗惑予以美女予力卻之彼憤杖之逼予終不

伏天曉則茅屋婦女皆不見予始去藍翁一試也又
過太白嶺下是時聞有虛言叔竟官追者不敢晝行
是夜月明當空忽見前林寄處燈火交遞予趨進則
白骨叢雜有一厲鬼執予曰子非韓爽乎予跪曰是
也鬼曰子父母得汝而亡子叔俯汝而生恨不汝撐
天破浪以光世代子欲逃何地耶汝不肖子也予得
而食之予曰我所以逃者宮仙人之教也鬼曰宮僊
人妖士也汝聽其惑汝父令我先食之矣予曰宮仙
人教我以善既死我已捨心事彼我亦當死以求見

耳請食之鬼曰汝歸去吾或可恕予曰有死不歸言
已鬼曰吾去與同輩來當分食汝言已不見予奔藍
翁二試也入長樂坡道見一布裹予開視之烹羊蹄
一具酒一壺時予甚饑思必有主坐守之少焉一婢
遠哭而來予還之拜謝而去即不見藍翁三試也轉
沙溝界予餒甚坐石下有二夫逐豕見予曰子爲我
守此豕片時我有遺豕往尋之復遺予以熟食予飼
而飽二夫去中餉不至有一虎自叢莽中出欲搏豕
予曰受人之托而爲汝搏是不忠也願自代因納豕
於蓁刺中而身當之虎回首大孔遂入嵓穴莫知所
之少焉二夫長笑而來牽豕而去藍翁四試也予前
不十里路岐甚岔有農夫罔以逆路不覺迷至扶風
柳林有丐者深酗酒極醉當於要路詈罵千百以至
萬計予不敢答索予錢予罄囊與之又索米予止二
升一合並與之方稍解而去藍翁五試也既達終南
界問碧雲峰於樵人時一羸樵甚醜答予曰子欲訪
誰耶予曰宮先生耳曰宮先生吾故識也始以美名
重世人皆畏之既而久居大戚不爲也因淫盜無常

人不與食今將死矣子訪何益彼不死吾輩欲執於
官以誅耳子勿貽池魚之禍速去之予曰予此來欲
見後可雖有禍願爲之死彼曰子非智士也去去去
彼可於紅樹下蓁中求之言已而去數步復回顧予
曰惜哉此子送命九泉也予雖信之心終不退進山
登極險攀緣而上藍翁六試也已而撓烟蘿步躡石
廻紛若草涉歷蒲蘆雖狼窮虎止之地無不經涉果
見盤陰之下有紅樹焉蓋老楓也下得一破茅舍遠
眺烟火微出予手分刺棘而入則破壁敗爐藤榻石

桃先生弱瘦不可目視雙眸不開釜有殘豆羹藥有破書半卷視之命書也先生狂呼大哭不省人故予再三喚之先生曰汝鬼耶取我耶予拜泣曰弟子湘也自先生教我而來如忘父母今日帶月披霜未避險夷求見先生以復昔約先生何外我耶先生曰我記之矣我先以文學有罪於世而遯既而衣食不給復肆張於汝叔而復以妄言誘汝以至今日老天使我受此苦者正此報也子可回勿候青芳光景也我頭下有金二餅可供歸費子歸可薦我於九泉下況

此地虎狼交雜蛇虺出入雖一薪一汲必逢百度子不可久予曰弟子此遇心方得已雖虎蛇飡啖甘苦不辭先生昔爲我師今日既見先生困憊而離禽獸不爲也願以死同先生泣曰子今日好心矣我死何以報之予曰先生但安心以自保耳三日後先生謂予曰我思泉水子往求之予遂去山磐之下群草交翠密封湍流予方就汲忽一蛇長計丈許盤旋張口如箕欲相啖狀予跪祝曰人世萬物必有靈識我師得罪天地以致疾疢思飲甘泉命之於我我以委身

師事敢不忠盡予既我傷將與我水以周師急我必返身任汝啖也言已蛇蜿蜒數折草頭皆伏威聲如風灌耳而去蓋翁七試也得水而歸先生飲之遽起而大笑曰予非下品人也吾非宮無上也宮字無上呂也吾初唐之洞賓也七度試子皆合天格子可教矣遂引予出舍不二里山景異常指一峰巒曰此碧雲峰也一喝而白壁開見予視即如王宮帝闕金紫交映彤碧混合如白晝焉少焉二童曰翁待師久矣攜入大殿下一翁居上環目方面高冠坐首先生曰

此東華李公也吾昔年事汝知否予都不悟先生命再拜東華翁口可取飲飲之少頃童進醴予飲之肌骨皆寒先二世事無不記憶方再拜曰一迷不覺十四載矣翁笑而納之時貞元十五年八月中秋也予年十有四翁復引予謁雲房鍾離翁西城王翁火龍鄭翁而授予以道越一百二十有四日而成道予謁上帝帝曰予來授汝闡元演法大闡教化普濟仙卿予謝而退遊蓬島但見琳宮貝闕天影彩霞自然吟咏仙侶徘徊誠所謂試向崑崙巔上望十二樓臺無

處壽也三十日復召謂曰卿叔韓愈乃吾仙南冲和後身也徵過謫世予何不往度乎予遂領旨而下則山川變態人物流移恍然腥塵中耳永貞元年乙酉因叔先十四年言旱譏罪於德宗黜爲山陽令次年取歸經湖南遊衡山宿二日雲房純陽翁更爲二道士勸叔曰人世轉光命數飛燕光陰不可得美官不可久公胡不相將猿鶴久世以長生耶叔叱之曰何物妖士敢興蠱語二翁遁之元和五年進官河南方西令轉國子博士十年乙未叔爲考功郎中知制誥

十二年丁酉憲宗正旦朝賀留宰相裴度妻父林圭及叔宴之問曰今歲豐儉若何叔失對曰儉上曰何以知之叔曰去冬無雪故知儉上曰可禱乎叔曰人主至誠熒惑失度尚從之况雪乎時諷諫耳不意憲宗出旨遂的限於叔三日精禱致雪叔大惶措予喜曰叔可度矣時高第百餘丹肆雖黄老氏之教言必深惡予遂出榜擔頭曰賣風雲雨雪市夫詢予妄報於叔叔收予予巳異形叔不能識詰之曰上以年歉預禱雪以示豐汝何人耶敢言慢乎敢曰賣乎予被

掌胡盧而笑曰人以爲難吾身中先天坎離太極混合乾坤尚可顛倒况後天之雨雪乎叔曰汝可祈則爲我試予曰諾索酒大醉遂登壇半日靉雲漫野寒氣侵骨天光一合六出立降深可尺許裴張諸公大以爲異叔謬曰人君至誠人臣至專所爲耳豈一道士之力耶衆皆不服其論予大笑而退是日拜刑部侍郎宴賀予謁之始也善待既而接待中微語勸以急流之說叔果大怒而斥之予曰神仙有變化之妙公不可爲泛叔曰汝能盡一杯之酒能眞諸公醉耶

予曰甚易耳公當隨我叔曰汝爲之予遂取所佩葫蘆徑可一寸高可寸許盛酒半杯即滿因而遍席勸之凡三十人各記三十巡中宵不竭衆皆駭叔曰此民間添酒法也叔復曰汝可召二妓飲舞乎予曰亦易予面空召之仙妓立降衆又異叔曰幻術也叔曰可召鶴乎予即召鶴下舞壽化爲羊口出歌賦其中無過勸叔之修省也叔皆以爲幻予大言曰公欲爲天子耶貴極人臣尚不知遺禍而早退一旦誅貶風塵千里凍餒而死妻子榮祿可復得耶叔大怒叱予

出火日復謁則已重門鎖鑰不可人矣予從空而入至中窗而下衆皆驚叔曰何來予曰上壽耳叔曰何覘予曰金蓮耳遂索火一缶予投以丹少頃蓮花大發高可三尺碧盤寶華靡不一具中一葉自然成聯云雲横秦嶺家何在雪擁藍關馬不前叔視之曰此何語也予曰公遭誅竄可當驗之叔大忌之執予供予立書曰供狀列仙年甲不具生於松水長入蓬萊三台護生五炁全體身朝元始出入雲衢恭東華爲主歸鍾呂爲師丹藥度羣黎跨鶴遊海島因愈叔遭

險命入刑囚暫假下瑶池援救來鄉貫一報鞠育二親祖宗今承供審大羅天甫開元演法大闡教化普濟仙卿松水昌黎郡仲卿嫡孫清夫謹狀叔再三視之不覺淚下子遂示以原形叔大哭曰子何風顛如是耶吾慕汝念汝如亦碎中心子何恐心耶子曰姪上朝天帝今爲仙宰思叔之德慮叔之難特相援耳叔曰汝勿妄言既而見寶母則蒼顔矣而予妻尚在予不之顧諸公爲之大慶一日叔誕時上元也予捧蟠桃一枚爲壽衆爲奇遇叔曰此冬桃耳善藏者能

留之何異予知不可度呈以詩曰青山雲水窟此地是吾家寶鼎藏金虎元田養白鴉一瓢藏世界三尺斬妖邪解造逡巡酒能開頃刻花有人如效此同往訛仙葩叔曰子去家二十年尚荒凉貧窶如是而更復誘我耶百計諭之終不就予留詩於壁曰我欲隨公去予言固不從藍關雪深處來歲更相逢叔覧之揮泣而罷十三年戊戌叔進吏部侍郎時鳳翔寺塔有佛指骨放光上遣中使迎之叔面諍之上不聽罷朝次年骨至上留禁中二月遂諸寺人皆大惑叔表

諫數百言陳梁武故事上怒收欲誅之宰相裴度崔群林圭爲言乃貶潮之刺史叔別家往官經藍關秦嶺正值大雪馬僵於道從者二人皆遁去叔獨無倚待死而已予冒雪見之叔號呼百狀悲喜交集始曰子先言誠有驗矣予迯耳遂成完詩曰一封朝奏九重天夕貶潮陽路八千本爲聖朝除弊政豈知衰朽喪殘年雲横秦嶺家何在雪擁藍關馬不前知汝遠來應有意好收吾骨瘴江邊予勸曰叔今上不得於君王中致離於祖禰下不及於妻子近有願於千金

軀正此可隨姪以效長生耳叔曰君命謫潮予當匍
匐事命力不足死亦理順而欲我隨逝是逐君怒逐
君怒是不忠縱仙可學安可成乎予有死而已汝勿
言況君限有罪於家汝嬸母措何地耶予囊有猴可
旬日待雪霽乞諸郵驛耳予感其忠請命於　帝帝
曰卿當隨事可緩化之予得旨遂謂叔曰可携姪徃
乎叔曰此過望也越七日過嶺予為之買蹇僕而行
逾月入潮訟政之閒予有神識叔得振威二廣溪有
鱷魚食人及畜叔作文以祭予勑神殺之懸首以示

民大奇叔方知敬於予也予日以勇退為勸叔曰吾
但得歸見宗祖郎當隨侍任所之耳予曰不然姪之
來者報叔舊德也方今吾叔窮極叔尚不知從他日
歸有妻子之私何言及此叔曰予負今日語天當殛
誅雖今日之潮陽亦不可得予信之不更瑣常教之
導引禦疾復教之守神叔從之穆宗立長慶元年辛
丑徙叔於袁州予隨去時袁有盜群百嘯於山林害
占二縣民奔之予議叔收叔失策予曰易也予雪夜
獨騎仗劍入巢際賊遥見大懼予命神吏縛之首者

三人餘皆縱其散逝救民萬計叔得功觀察王公表
之二年召歸叔過匡廬之五老峰謁祖墓經蕭存舊
址存初與先父共廬於茲字伯誠隱此而死叔少為
所俯存有子蚤死移女蕭小貞由家為尼於西林菴
叔訪之號泗終日勸其復俗終不就因遺金貳拾兩
於家立其孫菱漢為叔見小貞之操題其壁曰中郎
有女能傳業伯道無兒可保家今日匡山過舊隱空
將衰淚洒烟霞予進曰此女可度之叔曰能乎予遂
贈藥一粒曰汝孝敬可重吾叔吾父汝父所愛吾固

報汝以此也女再拜而退是夕服之神思精爽見寺
神謂曰韓相公姪非人也見位天仙也汝可師之次
辰女羅地而告曰妾父之死妾獨捐生欲報至恩故
假於釋今者吾師大仙也願度頑形願補陋濁予愍
之遂以丹餌之是夕化叔泣而瘞之予因送於龜臺
金母易名瓊瓊侍衛以長生焉朝見拜國子祭酒叔
已皓首矣始見家族予妻已卒於元和十五庚子矣
叔二子源滚滚死明年勸之叔曰神僊可嘒乎於功
名乎予曰何難叔曰子欲我從遊但能取進士下第

服之予曰諸叔遂薦予於太學明年甲辰予以天馬長門泰階三賦登楯者榜列名十二予不仕詭以風症上疏辭曰臣以猥木得薦天匠危棟既倖疲癃忽作思輔神綏承膺台化天命止在容苦微軀臣松水有尺壑可保劳頓乞恩歸隸以藏筋骨無任感躍上宣旨曰卿以雋英作朕高耗艾年微因何致重辭命諸方藥以瘳肺腑卿其尚忠勉進針石是爲朕快醫工來治予示以死脉果復命上遂允歸叔始誠信五月拜吏部侍郎得復舊爵時蒼梧之玄元丈人已生

於霸陵西村朱氏年三十呂翁遊五臺來爲貧道者乞食於家朱氏名拾得敬之飲餘翁命之飲遂啜之翁復以劍囊寄之出舍遺金二餅彼遂封之翁至而還翁領之過灃水惧墜劍於深波命取之彼即捨生以趁不及中流而劍自浮隨新豐翁醉甚遂之晚而不去既而引劍欲殺之亦不去并無逆色翁方解翁過深水道見一乞兒索食翁撻之即死肆又一丐者來見之即曳翁以償翁不辭謂拾得曰子可歸吾就死矣彼嚎哭曰撻之者我也汝何以誣我師耶遂拔

劍自刎翁大喝一聲二乞兒俱不見謂曰子可教遂相持而來京師之長安門見予曰子何久於風塵耶予曰盡在三日翁曰是兒汝友也當於藍關可並度之予諾翁夫留拾得於藍關之九曲溪洞曰予待七日予師至矣予歸是夜下元寒飆穿牖燈清籟靜紙帳梅花櫬風竹戛濤入兩耳時有孤鶴倚苔斷琴在壁與叔寢於書屋再諭之曰上帝以叔仙根道骨昔者命姪往度叔堅不從故有大患今叔大事已矣潮陽汊之親誓又完矣何不去之叔曰仙人不常見吾

老死於鄉黨足矣吾恐朽骨不可長修衰氣不可壽世弃於山野死無名也姪有至諒幸爲我思予曰姪隨叔有年叔猶不知耶姪之大道可以窮桑田朽山嶽竭海源雖日月更變不致敗此身也叔如不學恐貽譏於天天必加誅又豈憲宗之法耶叔曰易則易矣何物色可隱去耶予遂以竹杖化叔之形了無一缺死臥於席叔遂隨遁予佩以飛舉之藥風騰於藍關之巔安之仙景相與拾得爲友而復命於帝帝曰卿可度之予歸詭號雙日爲叔之師予問曰汝思家

耶叔曰已脫業舍委身大道複何思耶予又曰忠汝
姪耶叔曰聰命在師思復何益予遂授以至道百日
而神識洞達始有冲和之悟時長慶四年甲辰冬十
一月也叔年五十有七予年三十有九其家見其死
源弟尚幼門人李淡隴西人也幾叔屍假於鄉士懸
其忠蘇其子源追贈禮部尚書昌黎伯謚曰文予方
蛻其舍於終南飛其神於衡嶽之妙上部之始入太
清而拾得道亦就隨去　帝曰子功成矣向何逃耶
不贊叔於上仙剋遣予送於崑崙爲使焉叔方大悔

予復淼衆祖考皆允取予之父母前七代予後一代
皆附以太陰鍊形之妙皆入崑崙予相繼送之而去
拾得命爲神符仙伯焉

神僧傳

晉　法顯

佛圖澄西域人也本姓帛氏少出家誦經數百萬言
以晉永嘉四年來洛陽志弘大法善念神呪能役使
鬼物以麻油雜煙灰塗掌千里外事皆徹見掌中如
對面焉亦能令潔齋者見又聽鈴音以言事無不効
驗欲于洛陽立寺值劉曜亂不果乃潛身草野以觀
世變時石勒屯兵葛陂專以殺戮爲威沙門遇害者
甚衆澄欲以道化勒于是杖策到軍門勒大將郭黑

略素奉法澄卽投止略家略從受五戒崇弟子之禮
後從勒征伐輒預尅勝負勒疑而問之略曰將軍天
挺神武幽靈所助有一沙門術智非常前後所白皆
其言也勒喜曰天賜也召澄問曰佛道有何靈驗澄
知勒不達深理正可以道術爲敎因言曰至道雖遠
亦可以近事爲證卽取器盛水燒香呪之須臾生青
蓮華光色曜目勒由此信伏澄因進諫勒甚悅之凡
應被誅殘蒙其益者十有八九于是中州之胡皆願
奉佛勒欲試澄夜冠冑衣甲執刃而坐遣人告澄云

夜來不知大將軍所在使人始至未及有言澄逆問曰平居無寇何故夜嚴勒益敬之勒後因忿欲害諸道士并欲苦澄澄乃避至黑略舍語弟子曰若將軍使至問吾所在者報云不知所之使人尋至覓澄不得使還報勒勒驚曰吾有惡意向聖人聖人捨我去矣通夜不寢思欲見澄澄知勒意悔明旦造勒勒曰昨夜何行澄曰公有怒心昨故權避公今改意是以敢來勒大笑曰道人謬耳鮮卑段末波攻勒其衆甚盛勒懼問澄澄曰昨日寺鈴鳴云明旦食時當擒段

末波與勒登城望波軍不見前後失色曰豈可獲是公安我辭耳澄曰已獲波矣時城北伏兵出遇波執之澄勸勒宥波遣還本國勒從之卒獲其用劉曜攻洛陽勒欲自往拒曜內外僚佐無諫勒以訪澄澄曰相輪鈴音云秀支替戾岡僕谷劬禿當此羯語也秀支軍也替戾岡出也僕谷劉曜胡位劬禿當捉也此言軍出捉得曜也勒乃留長子石弘共澄鎮襄國自率中軍步騎直指洛城兩陣纔交曜軍大潰曜馬沒水中石堪生擒之送勒澄時以物塗掌觀之見有大衆中縛一人朱絲約其肘因以告弘當爾之時正生擒曜也勒乃僭稱趙天王行皇帝事改元建平事澄益篤時石葱叛其年澄戒勒曰今年葱中有蟲食必害人勒須告境內慎無食葱到八月石葱果走勒益加尊重有事必諮而後行號大和尚石虎有子名斌勒以為子愛之甚重忽暴病亡已涉二日勒曰朕聞號太子死扁鵲能生大和尚國之神人可急往告必能致福澄乃取楊枝呪之須臾能起有頃平復由是勒諸稚子多在佛寺中養之建平四年四月無風而塔上

一鈴獨鳴澄謂衆曰鈴音云國有大喪不出今年矣是歲七月勒死太子弘襲位少時虎廢弘自立遷都于鄴改元建武傾心事澄又重于勒乃下書曰和尚國之大寶榮爵不加高祿不受榮祿匪顧何以旌德從此已往宜衣以綾錦乘以雕輦朝會之日和尚升殿常侍已下悉助舉昇太子諸公扶翼而上主者唱大和尚衆坐皆起以彰其尊又勅司空李農旦夕親問太子諸公五日一朝表朕敬焉澄弟子法常北至襄國弟子法佐從襄國還相遇在梁基城下共宿對

車夜談言及和尚比丘各去法佐至始入觀澄澄違
笑曰昨夜爾與法常交車共說汝師耶先民有言不
曰敬乎幽而不改不曰慎乎獨而不怠佐愕然愧懺
于是國人每共相語曰莫起惡心和尚知汝及澄之
所在無敢向其方而涕唾便利者郭黑略將兵征長
安北山羌墮羌伏中時澄在堂上坐弟子法常在側
澄忽慘然改容曰郭公厄狀令衆生呪願澄又自呪
願須臾更曰若東南出者活餘向則困復更呪願有
頃曰脫矣後月餘日黑略還說羌圍中東南走馬乏

正遇帳下人推馬與之獲免推驗日時正澄呪願時
也後晉軍出淮泗隴北凡城皆被侵逼三方告急人
情危擾虎乃瞋曰奉佛而致寇佛無神矣澄明旦讓
虎曰王過世經為大商主至罽賓寺嘗供大會中有
六十羅漢吾此身亦預斯會今王為王豈非福耶疆
場軍寇國之常耳何為怨謗三寶夜興毒念乎虎乃
信悟跪而謝焉虎嘗問澄佛法不殺朕為天下之主
非刑殺無以肅清海內既違戒殺生雖復事佛詎獲
福耶澄曰帝王事佛當在體恭心順顯揚三寶至于

有罪不得不殺有惡不得不刑但當殺可殺刑可刑
耳若暴虐恣意殺害非罪雖復事法無解殃禍虎雖
不能盡從而為益不少虎于臨漳修治舊塔少承露
盤澄曰臨淄城內有古阿育王塔地中有承露盤及
佛像其上林木茂盛可掘取之即畫圖與使依言掘
取果得盤像黃河中舊不生黿忽得一以獻虎澄見
而歎曰桓溫其入河不久溫字元子後果如言也虎
嘗晝寢夢見羣羊負魚從東北來寤以訪澄澄曰不
祥也鮮卑其有中原乎慕容氏後果都之建武十四

年七月石宣石韜將圖相殺宣時到寺與澄同坐浮
圖一鈴獨鳴澄謂宣曰解鈴音乎鈴云胡子洛度宣
變色曰是何言歟澄謬曰老胡為道不能山居無言
重茵美服豈非洛度乎石韜後至澄熟視良久韜懼
而問澄澄曰怪公血臭故相視耳至八月澄使弟子
十人齋于別室澄時暫入東閣虎與后杜氏問訊澄
曰脅下有賊不出十日自佛圖以西此殿以東當有
流血慎勿東行也杜后曰和尚耄耶何處有賊澄即
易語云六情所受皆悉是賊後二日宣果遣人害韜

于佛寺中欲因虎臨喪仍行大逆虎以澄先戒故獲免及宣事發被收澄諫虎曰旣是陛下之子何爲重禍耶陛下若恐怒加慈者倘可六十餘歲如必誅之宣當爲彗星下掃鄴宮也虎不從以鐵鏁穿宣頷積薪焚之收其官屬三百餘人皆車裂支解投之漳河後月餘日有一妖馬毛尾皆有燒狀入中陽門出顯陽門東向東北俄爾不見澄聞而歎曰災期及矣至十一月虎大饗羣臣于太武前殿澄吟曰殿乎殿乎棘子成林將壞人衣虎令發殿石下視之有棘生焉

澄還寺視佛像曰悵恨不得莊嚴獨語曰得三年乎自荅不得不得又曰得二年一年百日一月乎自答不得乃無復言還房謂弟子法祚曰戊申歲禍亂漸萌己酉石氏當滅吾及其未亂先從化矣卽遣人與虎辭虎愕然卽自出至寺而慰諭焉澄謂虎曰夫道重行不德貴無怠苟業操無虧雖亡若在違而獲延非其所願今意未盡者以國家心存佛理奉法無吝稱斯德也宜享休祉而布政猛烈終無佛佑若降心易慮惠此下民則國祚延長沒無遺恨虎悲慟嗚咽知其必逝卽爲鑿壙營墳至十二月八日卒于鄴宮寺春秋一百一十七年矣俄而梁犢作亂明年虎死冉閔篡弒石種都盡閔小字棘奴澄先所謂棘子成林者也澄左乳旁先有一孔圍四五寸通徹腹內有時光從中出或以絮塞孔夜欲讀書輒拔絮則一室洞明又齋日輒至水邊引腸洗之還復內中澄身長八尺風姿甚美妙解深經旁通世論講說之日正標宗旨使始末文言昭然可了加復慈洽蒼生拯救危苦二石兇强虐害非道若不以與澄而日孰可言哉

但百姓蒙益日用而不知耳澄死之日有人見澄于流沙虎疑其不死因發墓開棺視之唯見一石虎曰石者朕也師葬我而去矣未幾虎死

唐

老人化猿

越王問范蠡手戰之術蠡曰臣聞趙有處女國人稱之願王問之於是王乃請女女將見王道逢老人自稱袁公問女曰聞女善爲劍願得一觀之女曰妾不敢有所隱也惟公所試公即挺林杪之竹似枯槁末折墮女接取其末公操其本而刺女女因舉杖擊之公即飛上樹化爲白猿

車中女子

唐開元中吳郡士人入京應明經至京閒步曲坊逢二少年著大麻布衫揖士人而過色甚恭然非舊識士人謂誤識也後數日又逢二人謂曰公道此境未得主矣今日方欲奉迓邂逅相遇實獲我心揖請便行士人雖甚疑怪然强隨之抵數坊于東市一小曲內有臨路店數間相與直入舍宇極整二人引士升堂列筵甚盛二人與客據繩床對坐更有數少年禮亦謹數數出門若伺貴客及午後方云至矣聞一車直門來數少年擁後直至當筵乃一鈿車捲簾見一女子從車中出年可十七八容色甚佳花滿髻衣紈素二人羅拜女不荅士人拜之女乃拜遂揖客入宴升牀當席而坐諸少年皆列坐兩旁陳以品味饌至精潔酒數巡女子捧盃問曰久聞君有妙技今煩二君奉屈喜得展見可肯賜觀乎士人遜謝曰自幼唯習儒經絃管歌聲實未曾學女曰所習非是也君熟思之先所能者何事客又沉思良久曰某爲學堂中著靴於壁上行得數步女曰然亦請君試之士乃起

行於壁上不數步而下女曰亦大難事乃回顧坐中諸少年各令呈技俱起設拜然後有行於壁上者有手撮椽子行者輕捷之戲各呈數般狀如飛鳥此人拱手驚懼不知所措少頃女子起辭士人出驚恍不安又數日途中復見二人曰欲假駿騎可乎士人許之至明日聞宮苑中失物擒捕其賊唯收得馬是將馱物者驗問馬主遂收士人入內勘問驅入小門吏自後推之倒落深坑仰望屋頂唯見一孔自旦至食時見繩垂一器食下因餧甚急取食之食畢繩乃引

去深夜悲惋之極忽見一物如鳥飛下覺至身乃人也以手撫士曰計甚驚怕然共在無慮也聽其聲則向女子也云若君出矣以絹重縛士人胸膊訖以絹頭繫女身聳然飛出宮城去門數十里乃下云君且歸江淮求仕之計璧伺他日士人幸脱大獄乞食而歸後竟不敢求名西上矣

僧俠

唐建中初士人韋氏移家汝州中路逢一僧因與連鑣言論頗洽日將夕僧指路謂曰此數里是貧道蘭若郎君能顧乎士人許之因令家口先行僧卽處分

從者供帳具食行十餘里不至韋生問之卽指一處林煙曰此是矣及至又前進時已昏夜韋生疑之素善彈乃密於靴中取弓卸彈懷銅丸十餘方責僧曰弟子有程期適偶貪上人淸論勉副相邀今已行二十里不至何也乃彈之僧正中其腦僧初若不覺凡五發必中僧始捫中處徐曰郎君莫惡作劇韋駭之無可奈何亦不復彈良久至一莊墅數十人列火炬出迎僧延韋生一廳中笑曰郎君勿憂因問左右夫人下處如法無復曰郎君且自慰安之卽就此也韋生見妻女別在一處供帳甚盛相顧涕泣卽就僧僧前執韋生手曰貧道盜也本無好意不知郎君藝若此非貧道亦不支也今日固已無他幸不疑耳適來貧道所中郎君彈悉在乃舉手搦腦後五丸墜焉有頃布筵具蒸犢犢上劄刀子十餘以齏餅環之揖韋生就坐復曰貧道有義弟數人欲令謁見言已朱衣巨帶者五六輩列於階下僧叱曰拜郎君汝等向遇郎君則成虀粉也食畢僧曰貧道爲此等向今遲暮

欲改前非不幸有一子技過老僧幸爲我斷之乃呼飛飛出參郎君飛飛年纔十六七碧衣長袖皮肉如腊僧曰向後堂待郎君僧仍授韋一劍及五丸且曰乞郎君盡藝殺之無爲老僧累也引韋入一堂中乃反鎖之堂中四隅明燈而侯飛飛當堂執一短鞭韋引彈意必中丸已敲落不覺躍在梁上循壁虛躡捷若猱玃彈丸盡不復中韋乃運劍逐之飛飛倏忽逗閃去韋身不尺韋斷鞭數節竟不能傷僧久乃開門問韋與老僧除得害乎韋具言之僧悵然顧飛飛曰

郎君證成汝爲賊也知復如何僧終夜與韋論劒及弧矢之事天將曉僧送韋路口贈絹百疋垂泣而别

京西店老人

唐韋行規自言少時遊京西暮止店中更欲前進店有老人方工作謂曰客勿夜行此中多盜韋曰某留心弧矢無所患也因行數十里天黑有人起草中尾之韋叱不應連發矢中之復不退矢盡韋懼奔馬有頃風雷總至韋下馬負一大樹見空中有電光相逐如鞠杖勢漸逼樹杪規乃投弓矢仰空乞命拜數十

電光漸高而滅風雷亦息韋顧大樹枝榦盡矣鞍馱已失遂返前店見老人方箍桶韋意其異人也拜而且謝老人笑曰客勿恃弓矢須知劒術引韋入後院指鞍馱言却須取卿相試耳又出桶板一片昨夜之箭悉中其上韋請役力承事不許微露擊劒事韋亦得一二焉

蘭陵老人

唐黎幹爲京兆尹時曲江塗龍祈雨觀者數千黎至獨有老人植杖不避幹怒杖之如擊鞔革掉臂而去黎疑其非常人命坊老卒尋之至蘭陵里之南入小門大言曰我困辱甚可具湯也坊卒遽返白黎黎大懼因衣壞服與坊卒至其處時已昏黑坊卒直入通黎之官閥黎唯而趨入拜伏曰向迷丈人物色罪當十死老人驚曰誰引尹來此即牽上階黎知可以理奪徐曰某爲京尹尹威稍損則失官政丈人埋形雜迹非證惠眼不能知也若以此罪人是釣人以名則非義士之心也老人笑曰老夫過也乃具酒設席於地招坊卒令坐夜深語及養生言約理辨黎轉敬懼

因曰老夫有一技請爲尹設遂入良久紫衣朱囊盛長劒七口舞於中庭迭躍揮霍攙光電激或横若掣帛旋若熱火有短劒二尺餘時時及黎之襟黎叩頭不已食頃擲劒於地如北斗狀顧黎曰向試尹膽氣黎拜曰今日已後性命丈人所賜乞供役左右老人曰尹骨相無道氣非可遽授别日更相顧也揖黎而入黎歸氣色如病臨鏡方覺鬚剃落寸餘翌日復往室已空矣

盧生

唐元和中江淮有唐山人者涉獵史傳好道居名山自言善縮錫頗有師之者後于楚州逆旅遇一盧生氣相合盧亦善爐火稱唐外氏遂呼唐爲舅因與同之南嶽中途止一蘭若夜半矣語方酣盧曰知舅善縮錫幸論梗槩唐笑曰某數十年重跡從師祇得此術豈可輕道耶盧堅祈不已唐辭以師授有期日祕不肯言盧因作色曰舅今須傳勿等閑也唐責之曰某與公風馬牛耳邂逅相值實慕君子何至驟卒不若也盧攘臂瞋目盼之盼之良久曰我俠客也如不

得術舅死於此因探懷出匕首形如偃月執火前熨斗削之如泥唐懼竝乃言其術盧笑曰幾誤殺舅此術十得六七方謝曰某師仙也令某等十人索天下妄傳黃白者殺之至添金縮錫傳者亦死某久得乘蹻之道者因與唐自後遇道流常陳此事以戒之

聶隱娘

聶隱娘者唐貞元中魏博大將聶鋒之女也年十歲有尼乞食於鋒舍見隱娘悦之乃云問押衙乞取此女鋒大怒叱尼尼曰任押衙鐵櫃中盛亦須偷去矣及夜果失隱娘所在鋒大驚駭令人搜尋曾無影響父母每思之相對涕泣而已後五年尼送隱娘歸告鋒曰教已成矣可自領取尼欻亦不見一家悲喜問其所學曰初但讀經念咒餘無他也鋒不信懇詰隱娘曰真說又恐不信如何鋒曰但真說之乃曰隱娘初被尼挈去不知行幾里及明至大石穴中嵌空數十步寂無居人猿狖極多尼先已有二女亦各十歲皆聰明婉麗不食能於峭壁上飛走若捷猱登木無有蹶失尼與我藥一粒兼令執寶劍一口長一二尺

許鋒利吹毛可斷遂令二女教某攀緣漸覺身輕如風一年後刺猿狖百無一失後刺虎豹皆決其首而歸三年後能使刺鷹隼無不中劍之刃漸減五寸飛走遇之不知其來也至四年留二女守穴挈我於都市不知何處也指其人者一一數其過曰爲我刺其首來無使知覺定其膽若飛鳥之容易也受以羊角匕首刃廣三寸遂白日刺其人於都市中人莫能見以首入囊返命則以藥化之爲水五年又曰某大僚有罪無故害人若干夜可入其室決其首來又攜匕

首入室度其門隙無有障礙伏之梁上至暝時得其首而歸尼大怒曰何太晚如是某云見前人戲弄一兒可愛未忍便下手尼叱曰已後遇此輩必先斷其所愛然後決之某拜謝尼曰吾為汝開腦後藏匕首而無所傷用即抽之曰汝術已成可歸家遂送還云後二十年方可一見鋒聞語甚懼後遇夜即失蹤及明而返鋒已不敢詰之因茲亦不甚憐愛忽值磨鏡少年及門女曰此人可與我為夫白父父不敢不從遂嫁之其夫但能淬鏡餘無他能父乃給衣食甚豐

其數年後父卒魏帥知其異遂以金帛召署為左右吏如此又數年至元和間魏帥與陳許節度使劉昌裔不協使隱娘賊其首隱娘辭帥之許許帥能神算已知其來召牙將令曰早至城北候一丈夫一女子各跨白黑衛至門遇有鵲來噪丈夫以弓彈之不中妻奪夫彈一丸而斃鵲者揖之云吾欲相見故遠相祗迎也衙將受約束遇之隱娘夫妻曰劉僕射真神人不然者何以動吾也乃見劉公劉勞之隱娘夫妻拜曰得罪僕射合萬死劉曰不然各親其主人之常事魏今與許何異請當留此勿相疑也隱娘謝曰僕射左右無人願舍彼而就此服公神明也知魏帥之不及劉也劉問其所須曰每日只要錢一百文足矣乃依所請忽不見二衛所在劉使人尋之不知所向後潛於布囊中見二紙衛一黑一白後月餘白劉曰彼未知信必使人繼至今宵請剪髮繫之以紅綃送于魏帥枕前以表不回劉聽之至四更却返曰送其信矣是夜必使精精兒來殺某及賊僕射之首此時亦萬計殺之乞不憂耳劉豁達大度亦無畏

色是夜明燭半宵之後果有二幡子一紅一白飄飄然如相擊於床四隅良久見一人自空而踣身首異處隱娘亦出曰精精兒已斃拽出于堂之下以藥化為水毛髮不存矣隱娘曰後夜當使妙手空空兒繼至空空兒之神術人莫能窺其用鬼莫得躡其蹤能從空虛入冥善無形而滅影隱娘之藝故不能造其境此即繫僕射之福耳但以于闐玉周其頸擁以衾隱娘當化為蠛蠓潛入僕射腸中聽伺其餘無逃避處劉如言至三更瞑目未熟果聞項上鏗然聲甚厲

隱娘自劉口中躍出賀曰僕射無患矣此人如俊鶻一搏不中即翩然遠逝恥其不中耳纔未逾一更已千里矣後視其玉果有匕首劃處痕逾數分自此劉轉厚禮之自元和八年劉自許入覲隱娘不願從焉云自此尋山水訪至人但一一請給與其夫劉如約後漸不知所之及劉薨于統軍隱娘亦鞭驢而一至京師柩前慟哭而去開成中昌裔子縱除陵州刺史至蜀棧道遇隱娘貌若當時甚喜相見依前跨白衛如故謂縱曰郎君大災不合適此出藥一粒令縱吞之

云來年火急抛官歸洛方脫此禍吾藥力只保一年患耳縱亦不甚信遺其繒綵隱娘一無所受但沉醉而去後一年縱不休官果卒于陵州自此無復有人見隱娘矣

荊十三娘

唐進士趙中立家於溫州以豪俠爲事至蘇州旅舍支山禪院僧房有一女商荊十三娘爲夫亾設大祥齋因慕趙同載歸揚州趙以氣義耗荊娘之財殊不介意其友人李正郎第三十九有愛妓妓之父母奪以與諸葛殷李悵悵不已時諸葛與呂用之幻惑太尉高駢恣行威福李懼禍飲泣而已偶話於荊娘荊娘亦爲之憤惋謂李郎曰此小事我能爲郎取之但請過江於潤州北固山六月六日正午時待我李並依之至期荊娘以囊盛妓與妓之父母首級授李復與妓同入浙中不知所終

紅線

唐潞州節度使薛嵩家青衣紅線者善彈阮咸又通經史嵩召俾掌牋表號曰內記室時軍中大宴紅線

謂嵩曰　鼓之聲甚悲切其擊者必有事也嵩素曉音律曰如汝所言乃召而問焉云某妻昨夜身亾不敢求假嵩郎遣歸是時至德之後兩河未寧以滏陽爲鎮命嵩固守控壓山東殺傷之餘軍府草創朝廷命嵩女嫁魏博節度使田承嗣男又遣嵩男娶滑臺節度使胡章女三鎮交締爲姻婭使蓄相接田承嗣常患肺氣遇暑益增每曰我若移鎮山東納其涼冷可以延數年之命乃募軍中勇武十倍者得三千人號外宅男而厚其廩給常令三百人夜直宅中卜良

日欲併潞州嵩聞之日夕憂悶咄咄自語計無所出
時夜漏方深轅門已閉策杖庭除唯紅線從焉紅線
曰主公一月不遑寢食意有所屬豈非鄰境乎嵩曰
事繫安危非汝能料紅線曰某誠賤品亦能解主公
之憂嵩以其言異乃曰我不知汝是異人誠暗昧也
遂告其事曰我承祖父遺業受國厚恩一旦失其疆
土則數百年功勳盡矣紅線曰此易與耳不足勞主
公憂某暫到魏境觀其形勢覘其有無今一更首途
二更可復命請先定一走馬使具寒暄書其他則待

某却回也嵩曰倘事或不濟反禍之速又如之何紅
線曰某之此行無不濟也乃入闈房飾其行具梳烏
蠻髻插金鳳釵衣紫繡短袍著青絲輕履胸前掛龍
紋匕首額上書太乙神名再拜而行倏忽不見嵩乃
返身閉戶背燭危坐時常飲酒不過數合是夕舉觴
十餘不醉忽聞曉角吟風一葉墜露驚而起問紅線
回矣嵩喜而慰勞詢事諧否紅線對曰幸不辱命又
問曰無殺傷否曰不至是但取床頭金合爲信耳又
曰某子夜前三刻即達魏城凡歷數門遂及寢所聞

外宅兒止於房廊睡聲雷動見中軍士卒步於庭下
傳叫風生乃發其左扉抵其寢帳田親家翁止於帳
內鼓跌酣眠頭枕文犀枕前露七星劍劍前仰開一
金合內書生身甲子與北斗神名復以名香美珠壓
鎮其上然則揚威玉帳坦其心腑於生前熟寢蘭堂
不覺命懸於手下寧勞擒縱只益傷嗟時則蠟炬烟
微爐香燼委侍人四布兵仗森羅或頭觸屏風鼾而
嚲者或手持巾拂寢而伸者某乃拔其簪珥褰其裳
衣如病如醒皆不能寤遂持金合以歸出魏城西門

將行二百里見銅臺高揭漳水東流晨鐘動野斜月
在林忿往喜還頓忘於行役感知酬德聊副於咨謀
夜漏三時往返七百里入危邦一道經五六城冀減
主憂敢言勞苦嵩乃發使入魏遺承嗣書曰昨來暮
夜有客自魏中來云從元帥床頭獲一金合不敢留
駐謹卻封納專使星馳夜半方達正見搜捕金合一
軍憂疑使者以馬撾撾門非時請見承嗣遽出使者
以金合授之捧承之時驚怛絕倒遂留使者止於宅
中狎以私宴多其賜賚明日遣使齎帛三萬疋名馬

二百疋及珍異等以獻千嵩曰某之首領繫在恩私便宜知過自新不復更貽伊戚專膺指使敢議姻往當捧轂後車來在麾鞭前馬所置紀綱外宅兒者本防他盜亦非異圖今並脫其甲裳放歸田畝矣由是兩月之內河北河南信使交至忽一日紅線辭去嵩曰汝生我家今將焉往又方賴汝力豈可議行紅線曰某生前本男子游學江湖間讀神農藥書而救世人災患時里有孕婦忽患蠱證某誤以芫花酒下之婦與腹中二子俱斃是某一舉而殺三人陰力見

誅罰爲女子使身居賤隸氣稟凡俚幸生於公家今十九年矣身厭綺羅口窮甘軟寵待有加榮亦甚矣况國家建治慶且無疆此即違天理當盡弭昨至魏邦以是報恩今兩地保其城池萬人保其性命使亂臣知懼烈士謀安在某一婦人功亦不小固可贖其前罪還其本形便當遁跡塵中棲心物外澄清一氣生死長存嵩曰不然以千金爲居山之所紅線曰事關來世安可預謀嵩知不可留乃廣爲餞別悉集賓僚夜宴中堂嵩以詞送紅線酒請座客冷朝陽爲詞詞曰採菱歌怨木蘭舟送客魂消百尺樓還是洛妃乘霧去碧天無際水空流詞竟嵩不勝其悲紅線拜且泣因僞醉離席遂亡所在

田膨郎

唐文宗皇帝嘗寶白玉枕德宗朝于闐國所貢雕琢奇巧蓋希代之寶置寢殿帳中一旦忽失所在禁衛清密然非恩澤嬪御莫有至者珍玩羅列他無所失上驚駭移時下詔於都城索賊上密謂樞近及左右廣中尉曰此非外寇所入盜當在禁掖苟求之不獲

且虞他變一枕固不足惜卿等衛我皇宮必期罪人斯得不然天子環衛自茲無用矣內官惶懼伏罪請以浹旬求捕大懸金帛購之略無尋究之迹聖旨嚴切枝繫者漸多坊曲閭里靡不搜捕有龍武二蕃將王敬弘常蓄小僕年甫十八九神彩俊利使之無往不屆敬弘與流輩於威遠軍會宴有侍妓善鼓胡琴四座酒酣因請度曲辭以樂器非妙須常御者彈之中漏已傳求之不及因起解小僕曰若要琵琶頃刻可至敬弘曰禁鼓纔動軍門已鎖尋常汝豈不見何

言之謬也既而就飲數巡小僕以繡囊將琵琶而至
坐客歡笑南北去左廣往復三十餘里入夜且無行
旅既而倏忽往來敬弘驚異於將失枕搜捕嚴急意
以盜竊疑之宴罷及府遂歸其第引而問之曰使汝
累年不知蹻捷如此我聞世有俠士汝莫是否小僕
謝曰非有此但能行耳因言父母皆在蜀川頃偶至
京國今欲却歸鄉里有一事欲報恩偷枕者早知姓
名三數日當令伏罪敬弘曰如此事即非等閑遂令
全活者不少未知賊在何許可報司存擒護否小僕

曰偷枕者田膨郎也市廛軍伍行止不怕勇力過人
且意超越苟非便折其足雖千兵萬騎亦將奔走自
茲再宿候之於望仙門伺便擒之必矣將軍隨某觀
之此事仍須祕密是時涉旬無雨向晚埃塵頗甚還
車馬騰踐跬步間人不相覩膨郎與少年數輩連
臂將入軍門小僕執毬杖擊之欻然已折左足仰而
窺曰我偷枕來不怕他人唯懼於爾既此相値豈復
多言於是舁至左右軍一款而伏上喜得賊又知獲
在禁旅引膨郎臨軒詰問具陳常在宮內往來上曰

此乃任俠之流盜非常之竊盜內外因繫數百人於
是悉令原之小僕初得膨郎已告敬弘歸蜀尋之不
可但賞敬弘而已

崑崙奴

唐大曆中有崔生者其父爲顯僚與蓋天之勳臣一
品者熟生是時爲千牛其父使往省一品疾生少年
容貌如玉性稟孤介舉止安詳發言清雅一品命妓
軸簾召生入室生拜傳父命一品忻然愛慕命坐與
語時三妓人豔皆絕代居前以金甌貯緋桃而擘之

沃以甘酪而進一品遂命衣紅綃妓者擎一甌與生
食生少年赧妓輩終不食一品命紅綃妓以匙而進
之生不得已而食妓哂之遂告辭而去一品曰郎君
閒暇必須一相訪無間老夫也命紅綃送出院時生
回顧妓立三指又反掌者三然後指胸前小鏡子云
記取餘更無言生歸達一品意返學院神迷意奪語
減容沮恍然凝思日不暇食但吟詩曰悞到蓬山頂
上遊明璫玉女動星眸朱扉半掩深宮月應照瓊芝
雪豔愁左右莫能究其意時家中有崑崙磨勒顧瞻

郎君曰心中有何事如此抱恨不已何不報老奴生曰汝輩何知而問我襟懷間事磨勒曰但言當爲郎君釋解遠近必能成之生駭其言異遂具告知磨勒曰此小事耳何不早言之而自苦耶生又白其隱語勒曰有何難會立三指者一品宅中有十院歌姬此乃第三院耳反掌三者數十五指以應十五日之數胸前小鏡子十五夜月圓如鏡令郎君來耳生大喜不自勝謂勒曰何計而能達我鬱結耶磨勒笑曰後夜乃十五夜請深青絹兩疋爲郎君製束身之衣一

品宅有猛犬守歌妓院門外常人不得輒入入必噬殺之其警如神其猛如虎即曹孟海州之犬也世間非老奴不能斃此犬耳今夕當爲郎君撾殺之遂宴犒以酒肉至三更攜鍊錐而往食頃而回曰犬已斃訖固無障塞耳是夜三更與生衣青衣遂負而逾十重垣乃入歌妓院内止第三門繡戶不扃金缸微明惟聞妓長嘆而坐若有所伺翠環初墜紅臉纔舒幽恨方深殊愁轉結但吟詩曰深谷鶯啼恨阮香偷來花下解珠璫碧雲飄斷音書絕空倚玉簫愁鳳凰侍衛皆寢憐近闃然生遂掀簾而入姬默然良久躍下榻執生手曰知郎君穎悟必能默識所以手語耳又不知郎君有何神術而至此生具告磨勒之謀負荷而至姬曰磨勒何在曰簾外耳遂召入以金甌酌酒而飲之姬白生曰某家本居朔方主人擁旄逼爲姬僕不能自死尚且偷生臉雖鉛華心頗鬱結縱玉筯舉饌金鑪泛香雲屏而每近綺羅繡被而常眠珠翠皆非所願如在桎梏賢爪牙既有神術何妨爲脫狴牢所願既伸雖死不悔請爲僕隸願侍光容又不知

郎君高意如何生愀然不語磨勒曰娘子既堅確如是此亦小事耳姬甚喜磨勒請先爲姬負其囊橐粧奩如此三復焉然後曰恐遲明遂負生與姬而飛出峻垣十餘重一品家之守禦無有警者遂歸學院而匿之及旦一品家方覺又見犬已斃一品大駭曰我家門垣從來邃密扃鐍甚嚴勢似飛騰寂無形跡此必是一大俠矣無更聲聞徒爲患禍耳姬隱崔生家二歲因花時駕小車而遊曲江爲一品家人潛誌認遂白一品一品異之召崔生而詰之事懼而不敢隱

遂細言端由皆因奴磨勒負荷而去一品曰是姬大罪過但郎君驅使踰年即不能問是非某須為天下人除害命甲士五十人嚴持兵仗圍崔生院使擒磨勒磨勒遂持匕首飛出高垣瞥若翅翎疾同鷹隼攢矢如雨莫能中之頃刻之間不知所向然崔家大驚愕後一品悔懼每夕多以家童持劍戟自衛如此周歲方止後十餘年崔家有人見磨勒賣藥於洛陽市容髮如舊耳

說郛目錄

弓第一百十三

穆天子傳

古本

飲天子蠲山之上戊寅天子北征乃絕漳水庚辰至于□觴天子于盤石之上天子乃奏廣樂載立不舍至于鈃山之下癸未雨雪天子獵于鈃山之西阿于是得絕鈃山之隊北循虖沱之陽乙酉天子北升于□天子北征于犬戎犬戎□　觴天子于當水之陽天子乃樂□賜七萃之士戰庚寅北風雨雪天子以寒之故命王屬休甲午天子西征乃絕隃之關隥已

亥至于焉居禺知之平辛丑天子西征至于鄘人河宗之子孫鄘柏絮且逆天子于智之□先豹皮十良馬二六天子使井利受之癸酉天子舍于漆澤乃西釣于河以觀□智之□甲辰天子獵于滲澤于是得白狐玄狢焉以祭于河宗丙午天子飲于河水之阿天子屬六師之人于鄘邦之南滲澤之上戊寅天子西征騖行至于陽紆之山河伯無　之所都居是惟河宗氏河宗伯夭逆天子燕然之上勞用束帛加璧先白□天子使鄒父受之癸丑天子大朝于燕□之

止河水之阿乃命井利梁固聿將六師天子命吉日戊午天子大服冕褘帔帶搢智夾佩奉璧南面立于寒下曾祝佐之官人陳牲全五□具天子授河宗璧河宗伯夭受璧西向沈璧于河再拜稽首祝沈牛馬豕羊河宗□命于皇天子河伯號之帝曰穆滿女當永致用旹事南向再拜河宗又號之帝曰穆滿示女舂山之瑤詔女昆侖□舍四平泉七十乃至于昆侖之丘以觀舂山之瑤賜語晦天子受命南向再拜已未天子大朝于黃之山乃披圖視典用觀天子之珤

器曰天子之珤玉果璿珠燭銀黃金之□天子之珤萬金□珤百金士之珤五十金鹿人之珤十金天子之弓射人步劍牛馬犀□器千金天子之馬走千里勝人猛獸天子之狗走百里執虎豹伯夭曰征鳥使翡曰□烏鳶鸛雞飛八百里名獸使足□走千里狻猊□野馬走五百里邛邛距虛走百里麋□二十里曰伯夭皆致河典乃乘渠黃之乘爲天子先以極西土乙丑天子西濟于河□爰有溫谷樂都河宗氏之所遊居丙寅天子屬官效器乃命正公郊父受敕憲

用伸曰八駿之乘以飲于枝洔之中積石之南河天子之駿赤驥盜驪白義踰輪山子渠黃華騮狗重工徹止藿猳口黃南口來白天子之御造父三百耿脩芍及曰天子是與出口入藪田佩釣弋天子曰於乎予一人不盈于德而辨于樂後世亦追數吾過乎七萃之士口天子曰後世所望無失天常農工既得男女衣食百姓珤富官人執事故天有耆民口氏響口何謀于樂何意之忘與民共利世以爲常也天子嘉之賜以左佩華也乃再拜稽首

鄴侯外傳

唐　李蘩

李泌字長源趙郡中山人也六代祖弼唐太師父承休唐吳房令休娶汝南周氏初周氏尚幼有異僧伽從泗上來見而奇之且曰此女後當歸李氏而生三子其最小者慎勿以紫衣衣之當起家金紫爲帝王師及周氏既娠凡二年方寢而生泌生而髮至於眉先是周氏產必累日困憊惟娠泌獨無恙由是小字爲順泌幼而聰敏書一覽能誦六七歲學屬文開

元十六年玄宗御樓大酺夜於樓下置高座召三教講論泌姑子員俶年九歲潛求姑備儒服夜昇高座詞辯鋒起譚者皆屈玄宗奇之召入樓中問姓名乃曰半千之孫宜其若是因問外更有奇童如兒者乎對曰舅子順年七歲能賦敏捷問其宅居所在命中人潛伺於門抱之以入戒勿令其家知玄宗方與張說觀棊中人抱泌至俶與劉晏皆在帝側及玄宗見泌謂說曰後來者與前兒逈殊儀狀眞國器耳說曰誠然遂命說試爲詩仰令詠方圓動靜曰願聞其狀

說應曰方如棊盤圓如棊子動如棊生靜如棊死說以其幼仍教之曰但可以意虛作不得更實道棊子泌曰隨意即甚易耳玄宗笑曰精神全大於身泌乃言曰方如行義圓如用智動如逞才靜如遂意說因賀曰聖代嘉瑞也玄宗大悅抱於懷撫其頭命果餌啗之遂送申王院兩月方歸仍賜衣物及綵數十且諭其家曰年少恐於兒有損未能與官當善視之乃國器也由是張九齡邀至宅令其子均垍相若師友情義甚狎張九齡賀知章張廷珪韋虛心見皆傾心

愛重賀知章嘗曰此稚子目如秋水必一拜卿相張說曰昨者上欲官之某言不可蓋惜之待其成器耳嘗其爲兒童時身輕能於屏風上立薰籠上行道者云十五歲必白日昇天父母保惜親族憐愛聞之皆若有甚厄也一旦空中有異香之氣及音樂之聲李氏之血屬必迎罵之至其年八月十五日笙歌在室時有彩雲掛於庭樹李氏之親愛乃多貯蒜韲至數斛伺其異音奇香之至潛令人登屋以巨杓颺濃蒜潑之香樂遂散自此更不復至後二年賦長歌行曰

天覆吾地載吾天地生吾有意無不然絕粒昇天衢不然鳴珂遊帝都焉能不貴復不去空作昂藏一丈夫一丈夫兮一丈夫平生志氣遂良圖請君看取百年事業就扁舟泛五湖詩成傳寫之者莫不稱賞張九齡見獨誡之曰早得美名必有所折宜自韜晦斯盡善矣藏器於身古人所重況童子耶但當爲詩以賞風景詠古賢勿自揚己爲妙泌流涕謝之爾後爲文不復自言九齡尤喜其有心言前途不可量也又嘗以直言規諷九齡感之遂呼爲小友九齡出荊州邀

至郡經年與游東都別業遂遊衡山嵩山因遇神仙相眞人羨門子安期先生降之羽車幢節流雲神光照灼山谷將暇乃去仍授以長生羽化服餌之道且戒之曰太上有命以國祚中危朝廷多難宜以文武之道佐佑人主功及生靈然可登眞脫屣耳自是多絕粒咽氣修黃光谷神之要及歸京師寧王延於第玉眞公主以弟呼之特加優異常賦詩必播於王公樂章及丁父憂絕食哀毀服闋復遊嵩華終南不顧名祿天寶十載玄宗訪召入內獻明堂九鼎議應

制作皇唐聖祚文多諷道德經肅宗爲太子勅與太子諸王爲布衣之交尋爲楊國忠所忌以其所作感遇詩諷及時政構而陷之詔於蘄春安置天寶十二載母周亡歸家太子諸王皆使弔祭尋隸山陷潼關玄宗肅宗分道巡狩泌常竊賦詩有興復志號王巨爲河洛節度使從人求泌于嵩山間會肅宗手札至虢王備車馬送至靈武肅宗延於卧内動靜顧問規畫大計遂復兩都泌與上寢則對榻出則聯鑣代宗時爲廣平王領天下兵馬元帥詔授侍謀軍國天下

兵馬元帥府行軍長史判行軍事仍於禁中安置崔圓房琯自蜀至册肅宗爲皇帝并賜泌手詔衣馬枕被等既立大功而幸臣李輔國害其能將不利之因表乞遊衡岳優詔許之給以三品祿俸山居累年夜爲寇所害投之深谷中及明亦攀緣他徑而出爲稿葉所籍略無所損初肅宗之在靈武也常憂諸將李郭等皆已爲三公宰相崇重既極慮收復後無以復爲賞也泌對曰前代爵以報功官以任能自堯舜以至三代皆所不易今收復後若賞功茅土不過二三百戶一小州豈難制乎肅宗曰甚善因曰若臣之所願則特與他人異肅宗曰何也泌曰臣絕粒無家祿位與茅土皆非所願爲陛下帷幄運籌收京師後但枕天子膝睡一覺使有司奏客星犯帝座一動天文足矣肅宗大笑及南幸扶風每頓必令泌領元帥兵先發淸行宮收管鑰奏報然後肅宗至至保定郡泌稍懈先於本院寐肅宗來入院不令人驚之登床捧泌首置於膝良久方覺上曰天子膝已枕矣剋復之功當在何時可促償之泌遽起謝恩肅宗持之不許

因對曰是行也以臣觀之假九廟之靈乘一人之威當如郡名必保定矣旣達扶風旬日而西域河隴之師皆會江淮庸調亦相繼而至肅宗大悅又肅宗嘗夜坐召穎王等三弟同於地爐罽毯上以泌多絕粒肅宗每爲自燒二梨以賜泌時穎王恃恩固求肅宗不與曰汝飽食肉先生絕粒何乃爭耶穎王曰臣等試大家心何乃偏耶不然三弟共乞一顆肅宗亦不許別命他果以賜之王等又曰臣等以大家自燒故乞他果何用因曰先生恩渥如此臣等請聯句以爲

他年故事頻王曰先生年幾許顏色似童兒其次信王曰夜抱九仙骨朝披一品衣其次汴王曰不食千鍾粟惟餐兩顆梨既而三王請成之肅宗因曰天生此間氣助我化無爲泌起謝肅宗又不許曰汝之居山也棲神幽林不交人事居内也寄謀籌運動合玄機社稷之鎮也泌恩渥隆異故元載輔國之輩嫉之若仇代宗即位累有頒賜中使旁午於道號天柱峯中嶽先生賜朝天玉簡無已徵入翰林元載奏以朝散大夫檢校秘書少監爲江西觀察判官元載伏誅

追入京師又爲常衮所嫉除楚州刺史未行改豐朗二州團練使兼御史中丞又改授杭州所至稱理興元初徵赴行在遷左散騎常侍尋除陝府長史先陝號防禦使陳許戍卒三千自京師逃歸至陝州界泌潛師險隘盡破之又開三門陸運一十八里漕米無砥柱之患大濟京師二年六月就拜中書侍郎平章侍制崇文館大學士修國史封鄴侯時順宗在春宮妃蕭氏母郜國長公主交通於外上疑其有他志連坐貶黜春宮數人皇儲危懼泌周旋陳奏德宗意乃

釋朋頗有讜正之風五年春德宗以二月一日爲中和節因泌奏令有司上農書獻穜稑之種王公戚里上春服士庶徃來相問村落作中和酒祭勾芒神以祈年穀至今行之泌聰達敏辯好大言自出入中禁累爲權臣所擠恒由名對以言論縱横上悟聖主以蹤相位是歲三月薨贈太子太傅是月中使林遠於藍關逆旅遇泌單騎常服言輙往衡山詔三朝之舊惨然久之而別遠到長安方聞其薨德宗聞之尤加愴異曰先生自言當歷佐四聖而復脱屣也斯言驗矣泌

自丁家艱無復名宦之意服氣修道周遊名山詣南嶽張先生受籙德宗追謚張爲玄和先生又與明瓚禪師遊著明心論嘗於衡嶽寺讀書余嬾殘所驚曰非凡人也聽其中宵梵唱響徹山林泌頗知音能辯休戚謂嬾殘經音先悽惋而後喜悦必謫墮之人時將去矣候中夜潛徃謁焉嬾殘命坐發火出芋以啗之謂泌曰愼勿多言領取十年宰相泌拜而退天寶八載在表兄鄭叔則家已絶粒多歲身輕能行屏風上引指使氣吹燭可滅每導引骨節皆珊然有聲時

人謂之鏁子骨在鄭家時忽兩目冥然不如人既歸見身自頂踊出三二寸傍有靈仙揮手動目如相勉功者如是足將及頂乃念烟火事未畢復有庭闈之戀顧中家事於是在傍者皆散走一人儀狀甚巨衣冠如帝王者前有婦人禮服而跪如帝王者責曰情之未得因欲令來使勞靈仙之重跪者對曰不然且敎伊迎天子於是遂寤後二歲爲玄宗所召後常有隱者八人容服甚異來過鄭家數日言仙洞嚴備事無不至臨去歎曰俗緣意未盡可惜志與骨耳泌求

隨去曰不可妨與他爲邦宰相耳出門不復見因作八公詩叙之後有隱者携一男六七歲來過云有故須南行何月當回緣此男有痼疾既同是道者願且寄之丈留一兩日若疾不起望乞以瘞之既許乃問男曰不驕留此得乎曰可遂去泌求藥療之終不愈八九日而死即以函盛瘞庭中薔薇架下累月其人竟不回試發函視之有一黑石天然中方上有字如篆書云神眞鍊形年未足化爲吾子功相續丞相瘞之無玄玉仙路何長死何促泌每訪隱選異採怪木

蟠枝持以隱居號曰養和人至今效而爲之乃作養和篇以獻肅宗泌到三四載二聖登遐代宗踐祚乃詔追至闕舍於蓬萊延喜閣由給事以上及方鎭除降代宗必令商量軍國大事亦皆泌參決因話及建寧王靈武之功請加贈太子代宗泫悼久之云吾弟之功非先生則世人不知豈止贈太子也即敕於彭原迎喪贈承天皇帝葬齊陵引至城門奏以龍輴不動代宗自蓬萊院謂曰吾弟是欲見先生宜速往酹祝兼宣朕意且吾弟定策大功追此大號時人未知

可作一文以傳不朽用慰玄寃泌曰已發引矣他文不及作挽二詞可乎代宗曰可即於御前製之詞甚悽惋代宗覽之而泣命中人馳授挽者泌至道代宗命祝酹歌此二章於是龍輴行疾如飛都人觀之莫不感泌先是建寧王倓有艱難定策之功於代宗爲弟人或譖於肅宗云有圖嗣害兄之心遂遇害及肅宗追思倓無罪泌慮彼及諸王因事言曰昔高宗有子八人皇祖睿宗最幼武后生者自爲行第故皇祖第四長曰孝敬皇帝監國而仁明爲武后所忌而鴆

之次曰雍王賢爲太子中宗睿宗常恐不安朝夕憂懼雖父母之前無由敢言乃作黄臺瓜詞令樂人歌之欲微悟父母之意冀天皇天后聞歌之曰種瓜黄臺下瓜熟子離離一摘使瓜好再摘令瓜稀三摘猶尚可四摘抱蔓歸然太子竟亦流廢終於黔州延寧之事已一摘矣愼無再摘肅宗曰先生忠於社稷憂朕家事言皆爲國龜鑑豈可暫離朕邪時玄宗有詔只要劒南一道自奉未議北廻泌請肅宗奉表請歸東宮次作功臣表述馬嵬靈武之事請上皇還京初

肅宗表至玄宗徘徊未決及功臣表至乃大喜曰吾方得爲天子父下詔定行日且曰必李泌也肅宗召泌且泣且喜曰上皇自下詔還京皆卿力也又天寶末貝外郎竇庭芝分司洛邑常敬事道者葫蘆生每言吉凶無不中者一旦侵晨生至竇門頗甚嗟嘆庭芝請問良久乃言君家大禍將成舉家啼泣皆問求生之路生曰若非遇黄中君但見鬼谷子亦可無患矣生乃具述形貌服飾仍戒以浹旬求之於是與兒弟群從奴僕群行求訪過於洛下時泌有居於河清

因省覲友銜寃入洛至中橋遇京尹避所乘騾忽驚軼而走徑入尹之所若與僕者共造其門車馬雜列將出忽見泌皆驚愕而退俄有人云分司竇員外宅所失騾收在馬廐請客入座主人當願修謁泌不得已就其廳庭芝既出降階再拜延接愨懇遂至信宿至于妻子咸備家人之禮數日告去贈遺殊厚但云遭遇之辰願以一家奉託時泌居于河清信使旁午于道庭芝矜與泌相值葫蘆生適在其家云既遇斯人無復憂矣及朱泚構逆庭芝方蒞察陝西車駕出

幸奉天遂于賊庭歸款鑾輿反正德宗首令誅之時泌自南岳徵還行在便爲宰相因第臣僚罪狀遂請庭芝減死德宗意不解云卿以爲寧王姻懿邪以此論之尤爲不可然莫有他事俾其全否卿但言之于是具以前事開出是特原其罪泌始奏上密遣中使乘傳于陝問之實錄奏其事德宗曰言黄中君盖指于朕邪未知呼卿爲鬼谷子何也泌曰先塋在河清谷前鬼谷泌以此言之也興元四年二月德宗謂泌曰朕即位以來宰相皆須姑息不得與其較量道理

自用卿以來方豁朕意是乃天授卿于朕耳雖夷吾
仲父傳說霖雨何以及茲其軍謀相業載于國史事
跡終始具鄴侯傳泌有集二十卷行于世

同昌公主傳

唐　蘇鶚

咸通九年同昌公主出降宅于廣化里錫錢五百萬
貫仍罄內庫寶貨以實其宅而房櫳戶牖無不以衆
寶飾之更以金銀爲井闌藥臼食櫃水槽鐺釜盆甕
之屬仍縷金爲笊籬箕筐製水精火齊琉璃玳瑁等
牀悉支以金龜銀鼈更琢五色玉爲器什合百寶爲
圓案更賜金麥銀粟共數斛此皆太宗朝條支國所
獻也堂中設連珠之帳續眞珠以成也却寒簾類玳

瑁斑有紫色云却寒之鳥骨所爲也則未知出在何
國更有鷓鴣枕翡翠匣神絲繡被其枕以七寶合爲
鷓鴣匣爲翡翠毛羽神絲綉被三千鴛鴦仍間以奇
花異葉則精巧瑰麗可得而知矣其上綴以靈粟之
珠如粟粒五色輝煥更帶蠲忿犀如意玉其犀圓如
彈丸入土不朽爛帶之令人蠲忿怒如意玉類桃實
上有七孔云通明之象更有琴瑟幕紋布巾火蠶綿
九玉釵其幕色如琴瑟闊三丈長一百尺輕明虛薄
無以爲比向空張之則疎朗之紋如碧絲之貫其珠

雖大雨暴降不能濕漏云以蛟人瑞香膏所傅故也
紋布即手巾也潔白如雪光軟拭水不濡用之彌年
亦未嘗生垢膩二物稱得鬼谷國火蠶綿云出火洲
絮衣一襲用之一兩稍過度則熇蒸之氣不可近云
九玉釵上刻九鸞皆九色其上有字曰玉兒工巧妙
麗殆非人製有得于金陵者因以獻公主酬之甚厚
一日晝寢夢絳衣奴致語云南齊潘淑妃取九鸞釵
及覺具以夢中之言言于左右公主薨其釵亦亡其
處韋氏異其事遂以實語于門人或曰玉兒即潘妃

小字逮諸珍異不可具載漢至唐公主出降之盛未
之有也公主乘七寶步輦四面綴五色玉香囊囊中
貯辟邪香瑞麟香金鳳香此皆異國獻也仍雜以龍
腦金屑則鏤水晶馬腦辟塵犀爲龍鳳花其上仍絡
真珠玳瑁更以金絲爲流蘇雕輕玉爲浮動每一出
遊則所過芬香街巷晶照看者眩惑其目是時某中
貴人買酒于廣化旗亭忽相謂曰坐來香氣何太異
也同席曰豈非龍腦耶曰非也余幼給事于嬪妃宫
故常聞此未知今日自何而致因顧問當壚者云公
主步輦夫以錦衣換酒于此中貴人共請視之益歎
其異上每賜御饌湯藥則道路之使相屬其饌有消
靈炙紅虬脯其酒則有凝露漿桂花醞其茶則綠花
紫英之號消靈炙一羊之肉取之四兩雖經暑毒終
不臭敗紅虬脯非虬也但呼于盤中虬健如紅絲高
一丈以筯抑之無三數分撤即復其故迨諸品味人
莫能識而公主家人饜飫如里中糠粃一日大會韋
氏之族于廣化里玉饌俱陳暑氣將甚公主命取澄
水帛以蘸之掛于南軒滿座則皆思挾纊澄水帛長

八九尺似布輕細明薄可鑑云其中有龍涎故能消
暑也韋氏諸宗好爲葉子戲夜則公主以紅琉璃盤
盛夜光珠令僧祁捧立堂中而光明如晝焉公主始
有疾召術士米賓爲燈法乃以香蠟燭遺之米氏之
鄰人覺香氣異常或詣門詰其故賓則具以事對其
燭方二寸其上被五彩文卷而爇之竟夕不盡郁烈
之氣可聞于百步餘烟出其上即成樓閣臺殿之狀
或云燭中有蜃脂也公主疾既甚醫者欲難藥餌奏
云得紅蜜白猿膏食之可愈上令訪內庫得紅蜜數

石本兜離國所貢白猿膏數瓮本南海所獻也雖日加餌終無其驗公主薨上哀痛甚遂自製挽歌詞令百官繼和及庭祭日百司與內官皆用金玉飾車輿服玩以焚于韋氏庭韋家爭取灰以擇金珪及焚于東郊上與淑妃御延興門出內庫金玉駝馬鳳凰麒麟各高數尺以爲儀其衣服玩具與人無異一物以上皆至一百二十舁刻木爲樓殿龍鳳花木人畜之衆者不可勝計以絳羅褶綉絡金銀瑟瑟爲帳幕者千隊結爲幢節傘蓋彌街翳日旌旗舁佩鹵簿率多

加等以賜紫尼及女道士爲侍從引翼則焚昇霄靈芝香而擊歸天紫金之碧磬繁華輝煥殆餘二十里上賜酒一斗斛餅啗三十駱駝各徑闊二尺飼役夫也京城士庶罷業來觀者流汗相屬惟恐居後及靈鹵過延興門上與淑妃慟哭中外聞者無不傷痛同日葬乳母上更作祭乳母文詞質而意切人多傳寫是後上日夕惴心揖意李可及歎追百年曲聲辭怨切聽之莫不淚下更教數千人作歎百年隊取內庫珍寶雕成手飾書八百匹官綾作魚龍波浪紋以爲地衣而舞一舞珠翠蒲地可及官歷大將軍賞賜盈萬盛無狀左軍容使西門季玄素梗直乃謂可及曰爾恣巧媚以惑天子族無日矣可及恃寵未嘗改作可及善囀喉舌于天子前弄眼作頭腦連聲著詞唱雜聲曲須臾則百數不休是時京城不調少年相效謂之拍彈一日可及乞假爲子娶婦上曰即令送酒麪以助汝嘉禮可及歸至舍見一中貴人監二銀壺各高二尺餘宣賜可及始謂之酒及封啓皆實中也上賜可及銀麒麟高數尺可及取官庫車載歸私第

西門季玄曰今日受賜更用官車它日破家亦須輦還內府不道受賞徒勞牛足後果流可及于嶺表舊賜珍玩悉皆進納君子謂季玄有先見

梁四公記

唐　張說

梁天監中有蜀闖䫻杰䳄䴊仉脊四公謁武帝帝見之甚悅因命沈隱侯約作覆將與百僚共射之時太史適獲一鼠約匣而緘之以獻帝筮之遇蹇之噬嗑帝占成羣臣受命獻卦者八人有命待成俱出帝占寘諸青蒲申命闖公揲蓍對曰聖人布卦依象辨物何取異之請從帝命卦時八月庚子日巳時闖公舉帝卦撰占置于青蒲而退讀帝占曰先蹇後噬嗑是

其時内艮外坎是其象坎爲盜其鼠也居蹇之時動而見噬其拘繫矣噬嗑六爻四无咎一利艱貞非盜之事上九荷校滅耳凶是因盜獲戾必死鼠也羣臣蹈舞呼萬歲帝自矜其中頗有喜色次讀八臣占詞皆無中者末啟闖公占曰時日王相必生鼠矣且陰陽晦而人文明從靜止而之震動失其性必就擒矣金盛之月制之必金子爲鼠辰與艮合體坎爲盜又爲隱伏隱伏爲盜是必生鼠也金數于四其鼠必四離爲文明南方之卦日中則昃況陰類乎晉之繇曰死如棄如實其事也日歛必死既見生鼠百僚失色而尤闖公曰占辭有四今者唯一何也公曰請剖之帝性不好殺自恨不中至日昃鼠且死矣因令剖之果姙三子杰公嘗與諸儒語及方域云東至扶桑扶桑之蠶長七尺圍七寸色如金四時不死五月八日嘔黃絲布于條枝而不爲繭脆如綖燒扶桑木灰汁煮之其絲堅韌四絲爲係足勝一鈞蠶卵大如鷰雀卵產于扶桑下齎卵至句驪國蠶變小如中國蠶耳其王宮内有水精城可方一里天未曉而明如晝城

忽不見其月便蝕西至西海海中有島方二百里島上有大林林皆寶樹中有萬餘家其人皆巧能造寶器所謂拂林國也島西北有坑盤坳深千餘尺以肉投之鳥銜寶出大者重五斤彼云是色界天王之寶藏西北無慮萬里有女國以蛇爲夫男則爲蛇不螫人而穴處女爲臣妾官長而居宮室俗無書契而信呪咀直者無他曲者立死神道設教人莫敢犯南至火洲之南炎崑山之上其土人食蟾蠩蜂蛇以辟熱毒洲中有火木其皮可以爲布炎丘有火鼠其毛可

以爲禍皆焚之不灼污以火浣兆至黑谷之北有山極峻遊天四時積雪意燭龍所居晝無日西有酒泉其水味如酒飲之醉人北有漆海毛羽染之皆黑西有乳海其水白滑如乳三海間方七百里水土肥沃犬鴨生駿馬大鳥生人鬼死女活鳥自銜其女飛行哺之銜不勝則負之女能跬步則爲酋豪所養女皆殊麗美而少壽爲人姬媵未三十而死有兎大如馬毛潔白長尺餘有貂大如狼毛純黑亦長尺餘服之禦寒朝廷聞其言拊掌笑謔以爲誑妄曰鄒衍九州

王嘉拾遺之談耳司徒左長史王筠難之曰書傳所載女國之東蠶崖之西狗國之南羌　之别種一女爲君無夫虵之理與公說不同何也公曰以今所知女國有六何者北海之東有女國天女下降爲其君國中有男女如他恒俗西南　板楯之西有女國其女悍而男恭女爲人君以貴男爲夫置男爲妾媵多者百人少者匹夫昆明東南絶徼之外有女國以猿爲夫生男類父而入山谷晝伏夜遊生女則巢居穴處南海東南有女國舉國惟以鬼爲夫夫致飲食禽

以養之勃律山之西有女國方百里山出台虺之水女子浴之而有孕其女舉國無夫并虵六矣俄而扶桑國使使貢方物有黄絲三百斤即扶桑蠶所吐扶桑灰汁所煮之絲也帝有金爐重五十斤係六絲以懸爐絲有餘力又貢觀日玉大如鏡方圓尺餘明徹如琉璃映日以觀見日中宫殿皎然分明帝令杰公與使者論其風俗土地物產城邑山川并訪往昔存亡又識使者祖父伯叔兄弟使者流涕拜伏間歲南海商人齎火浣布三端帝以雜布積之令杰公以

他事召至于市所杰公遥識曰此火浣布也二是緝木皮所作一是績鼠毛所作以詰商人具如所說

林靈素傳

宋　趙與時

林靈素初名靈噩字歲昌家世寒微慕遠遊至蜀從趙昇道人數載趙卒得其書秘藏之由是善妖術輔以五雷法往來宿亳淮泗間乞食諸寺僧多厭之政和三年至京師寓東太乙宮徽宗夢赴東華帝君召遊神霄宮覺而異之勑道錄徐知常訪神霄事迹知常素不曉告假或告曰道堂有溫州林道士累言神霄亦作神霄詩題壁間知常得之大驚以聞召見上

問有何術對曰臣上知天宮中識人間下知地府上視靈素風貌如舊識賜名靈素號金門羽客通眞達靈玄妙先生賜金牌無時入内五年築通眞宮以居之時宮禁多怪命靈素治之埋鐵簡長九尺於地是怪遂絶因建寶籙宮太乙西宮建仁濟亭施符水開神霄寶籙壇詔天下宮觀改爲神霄玉清萬壽宮無觀者以寺充仍設長生大帝君青華大帝君像上自稱教主道君皇帝皆靈素所建也靈素被旨修道書改正諸經醮儀校讎丹經靈篇刪修注解每遇初七升座講聽講皆宰執百官三衙親王中貴士庶觀者如堵講說三洞道經京師士民始化奉道矣靈素爲國不一上每以聰明神仙呼之御筆賜玉眞教主神霄凝神殿侍宸立兩府班上上思明達后欲見之靈素復爲葉靜張致太香之術上尤異之謂靈素曰朕昔到青華帝君處獲言改除魔髠何謂也靈素遂縱言釋教害道今雖不可滅合與改正將佛刹改爲宮觀釋伽改爲天尊菩薩改爲大士羅漢改尊者和尚改德士皆留髮頂冠執簡有旨依奏皇太子上殿爭之

令胡僧立藏十二人并五臺僧二人道堅等與靈素鬭法僧不勝情願戴冠執簡太子乞贖僧罪有旨胡僧放道堅係中國人送開封府刺面決配于開寶寺前令衆明年京師大旱命靈素祈雨未應蔡京奏其妄上密召靈素曰朕諸事一聽卿且與祈三日大雨以塞大臣之謗靈素請急召建昌軍南豐道士王文卿乃神霄甲子之臣兼雨部與之同告上帝文卿既至執簡勑水果得雨三日上大喜賜文卿神霄凝神殿侍宸靈素眷寵益隆忽京城傳呂洞賓訪靈素遂

於土燒□香氣直至禁中上遣人探問香氣自通眞宮來上亟乘小車到宮見壁間有詩云捻土焚香事有因世間宜假不宜眞太平無事張天覺四海閒遊呂洞賓京城印行繞街叫賣太子亦買數本進上上大震怒捐賞錢千緡開封府捕之有太學齋僕王青告首是福州士人黃待聘令青賣送大理勘招待聘兄弟及外族爲僧行不喜改道故云有旨斬馬行街靈素知蔡京鄉人所爲上表乞歸本貫詔不允通眞有一室靈素入靜之所常封鎖雖駕來亦不入京遣

人廉得有黃羅大帳金龍朱紅椅桌金龍香爐京具奏請上親往臣當從駕上幸通眞宮引京至開鎖同入無一物粉壁明窻而已京皇恐待罪宣和元年三月京師大水臨城上令中貴同靈素登城治水敕之水勢不退回奏臣非不能治水一者是乃天道二者水自太子而得但令太子拜之可信也遂遣太子登城煬御香設四拜水退四丈是夜水退盡京城之民皆仰太子聖德靈素遂上表乞骸骨不允秋九月全臺上言靈素妄議遷都妖惑聖聽改除釋教毀謗大臣靈素即時擕衣被行出宮十一月與宮祠溫州居住二年靈素一日擕所上表見太守閭丘顓乞與繳進及與州官親黨訣別而卒生前自下墳于城南山命其隨行弟子皇城使張如晦可掘穴深五丈見龜蛇便下棺既掘不見龜蛇而深不可視乃葬焉靖康初遣使監溫州伐墓不知所跡但見亂石縱橫強進多死遂已此耿延禧所作靈素傳也靈素本末世不知其全故著之今溫州天慶宮有御題云太中大夫沖和殿侍宸金門羽客通眞達靈元妙先生在京神

霄玉清萬壽宮管轄提舉通眞宮林靈素

希夷先生傳

南燕龐覺

先生姓陳名摶字圖南西洛人生於唐德宗時自束髮不爲兒戲年十五詩禮書數及方藥之書莫不通究及親喪先生曰吾向所學足以記姓名耳吾將棄此遊太山之巔長松之下與安期黃石論出世法合不死藥安能與世俗輩汩沒出入生死輪廻間乎乃盡以家資遺人惟携一石鐺而去唐士大夫挹其清風欲識先生面如景星慶雲之出爭先覩之爲快先

生皆不與之友由是謝絶人事野冠草服行歌無止日遊市肆若入無人之境或上酒樓或宿野店多遊京索間僖宗待之愈謹封先生爲清虛處士仍以宮女三人賜先生先生爲奏謝書云趙國名姬後庭淑女行尤妙美身本良家一入深宮各安富貴昔居天上今落人間臣不敢納於私家謹用貯之別館臣性如麋鹿迹若萍蓬飄然從風之雲泛若無纜之舸臣遣女復歸清禁及有詩上浼聽覽詩云雪爲肌體玉爲腮深謝君王送到來處士不生巫峽夢虛勞雲雨下陽臺以奏付宮使卽時遣云五代時先生遊華山多不出或游民家或游寺觀睡動經歲月本朝眞宗皇帝聞之特遣使就山中宣召先生先生曰極荷聖恩臣且乞居華山先生意甚堅使回具奏其事眞宗再遣使賫手詔茶藥等仍仰所屬太守縣令禮以遣之安車蒲輪之異寵迎先生先生乃回奏上曰丁寧温詔盡一札之細書曲軫天資賜鄭金之良藥仰佩聖慈俯躬增感謝云臣明時閒客唐室書生堯道昌而優容許由漢世盛而任從四皓嘉遁之士何代無

之再念臣性同猿鶴心若土灰不能仁義之淺深究識禮儀之去就敗荷作服脫籜爲冠體有青毛足無草履苟臨軒陛貽笑聖明願違天聽得隱此山聖世優賢不讓前古數行紫詔徒煩彩鳳啣來一片閒心却被白雲留住渴飲溪頭之水飽吟松下之風咏嘲風月之淸笑傲雲霞之表遂性所樂得意何言精神高於物外肌體浮乎雲烟雖潛至道之根第盡陶成之域臣敢仰期睿聽俯順愚衷謹此以聞當時有一學士以先生累詔不起因爲詩譏先生云祇是先生

訪不出若還山也没舡人先生復答云萬頃白雲獨自有一枝仙桂阿誰無後先生亦稀到人間先生或遊華陰華陰尉王睦知先生來倒屣迎之既坐先生曰久不飲酒思得少酒睦曰適有美酒已知先生之來命滌器具饌既飲睦謂先生曰先生居處巖穴寢止何室出使何人守之先生微笑乃索筆爲詩曰華陰高處是吾宫出即凌空跨曉風臺殿不將金鎖閉來時自有白雲封睦得詩愧謝先生曰子更一年有大災吾之來有意救子守官當如是雖有神理亦助

焉睦爲官廉潔清慎視民如子不忍鞭扑心性又明故也先生乃出藥一粒曰服之可以禦來歲之過睦起再拜受藥服之俟至中夜先生如厠久不回遂不見睦歸沂忽馬驚墮汴水善沒者急救之得不死先生亦將來山下民家至今尚有見者今西嶽華山有先生宫觀至今存焉

梁清傳

宋　劉敬叔

安定梁清字道脩居揚州右尚方間桓徐州故宅元嘉十四年二月數有異光仍聞竿雜聲令婢子松羅往看見一人問云姓華名芙蓉爲六甲至尊所使從太微紫宫下來過舊居乃留不去或鳥頭人身舉面是毛擲酒甕蹴引弓射之應弦而滅并有絳汁染箭又覩一物形如猴懸在樹標令人刺中其髀墮地淹没經日反從屋上跛行就婢乞食團飰授之頓造二

升經日衆鬼群至醜惡不可稱論松羅牀帳塵石飛揚累晨不息婢採菊路逢一鬼著衣幘乘馬衛從數十謂採菊曰我是天上仙人勿名作鬼問何以恒擲穢汚答曰糞汚者錢財之衆也投擲者速遷之徵也頃之清果爲揚武將軍北魯郡太守清厭毒既久乃呼外國道人波羅甦誦咒文見諸鬼怖懼踰垣穴壁而走皆作鳥聲於此都絶在郡少時夜中松羅復見威儀器械人衆數十一人戴幘送書粗紙有七十許字筆跡婉媚遠擬羲獻又歌云生儂孔雀樓遥聞鳳

風鼓下我鄒山頭彷彿見梁磬鬼有叔無喪哭泣荅弔不與世人鬼傳教曾乞松羅一兩青題云故孔脩之死罪白箋以弔其叔喪叙致哀情甚有銓次復云近往西方見一沙門自名大摩刹問君消息寄五九香以相與之清先奉使燉煌憶見此僧清有娠產於此遂絶

西王母傳

漢 桓驎

西王母者九靈太妙龜山金母也一號太虛九光龜臺金母元君乃西華之至妙洞陰之極尊在昔道氣凝寂湛體無爲將欲啓廸玄功化生萬物先以東華至真之氣化而生木公木公生於碧海之上芬靈之墟以主陽和之氣理於東方亦號曰東王公焉又以西華至妙之氣化而生金母金母生於神州伊川厥姓侯氏生而飛翔以主元毓神玄奧於眇莽之中分

大道醇精之氣結氣成形與東王公共理二氣而育養天地陶鈞萬物矣柔順之本爲極陰之元位配西方母養群品天上天下三界十方女子之登仙者得道者咸所隸焉所居宮闕在龜山春山西那之都崑崙之圃閬風之苑有城千里玉樓十二瓊華之闕光碧之堂九層玄室紫翠丹房左帶瑶池右環翠水其山之下弱水九重洪濤萬丈非飆車羽輪不可到也所謂玉闕暨天綠臺承霄青琳之宇朱紫之房連琳綵帳明月四朗戴華勝佩虎章左侍仙女右侍羽童

寶蓋沓映羽儛麾庭軒砌之下植以白環之樹丹剛之林空青萬條瑶幹千尋無風而神籟自韻琅琅然皆九奏八會之音也神州在崑崙之東南故爾雅云西王母日下是矣又云王母蓬髮戴華勝虎齒善嘯者此乃王母之使金方白虎之神非王母之真形也元始天王授以方天元統龜山九光之籙使制召萬靈統括真聖監盟證信總諸天之羽儀天尊上聖朝晏之會考校之所王母皆臨訣焉上清寶經三洞玉書凡有授度咸所關預也黄帝討蚩尤之暴威所未

禁而蚩尤幻變多方徵風召雨吹烟噴霧師衆大迷帝歸息太山之阿昏然憂寢王母遣使者被玄狐之裘以符授帝曰太一在前天一在後得之者勝戰則克矣符廣三寸長一尺青瑩如玉丹血爲文佩符既畢王母乃命一婦人人首鳥身謂帝曰我九天玄女也授帝以三宫五意陰陽之畧太一遁甲六壬步斗之術陰符之機靈寶五符五勝之文遂克蚩尤於中冀剪神農之後誅榆罔於阪泉天下大定都于上谷之涿鹿又數年王母遣使白虎之神乘白鹿集于帝

庭授以地圖其後虞舜攝位王母遣使授舜白玉琯舜即位又授地圖遂廣黄帝之九州爲十有二州王母又遣使獻舜白玉琯吹之以和八風尚書帝驗期曰王母之國在西荒也昔茅盈字叔申王褒字子登張道陵字輔漢泊九聖七真凡得道授書者皆朝王母於崑陵之闕焉時叔申道陵侍太上道君乘九蓋之車控飛虬之軌越積石之峯濟弱流之津浮白水凌黒波顧盻倏忽詣王母於闕下子登清齋三月王母授以瓊華寶曜七晨素經茅君從西城王君詣白

玉龜臺朝謁王母求長生之道曰盈以不肖之軀慕龍鳳之年欲以朝菌之脆求積朔之期王母愍其勤志告之曰吾昔師元始天王及皇天扶桑帝君授我以玉佩金璫二景纒煉之道上行太極下造十方瀓月咀日入天門名曰玄真之經今以授爾宜勤修焉因敕西城王君一一解釋以授焉又周穆王時命八駿與七華之士使造父爲御西登崑崙而賓於王母穆王持白珪重錦以爲王母壽事具周穆王傳至漢武帝元封元年七月七日夜降於漢宫語在漢武帝

傳內此不復載焉

魏夫人傳

唐　蔡偉

魏夫人者任城人也晉司徒劇陽文康公舒之女名華存字賢安幼而好道靜默恭謹讀莊老三傳五經百氏無不該覽志慕神仙味真耽玄欲求冲舉常服胡麻散茯苓丸吐納氣液攝生夷靜親戚往來一無關見常欲别居閑處父母不許年二十四彊適太保掾南陽劉文字幼彦生二子長曰璞次曰瑕幼彦後爲修武令夫人心期幽靈精誠彌篤二子粗立乃離

隔宇室齋于别寢將逾三月忽有太極真人安度明東華天神方諸青童扶桑碧阿暘谷神王景林真人小有仙女清虛真人王褒來降褒謂夫人曰聞子密緯真氣注心三清勤苦至矣扶桑大帝君敕我授子神真之道青童君曰清虛天王即汝之師也度明曰子苦心求道道今來矣景林真人曰虛皇鑒爾勤感太極已注子之仙名於玉札矣子其勗哉青童君又曰子不更聞上道內晨景玉經者仙道無緣得成後日常會陽滌山中爾諦密之王君乃命侍女華散條

李明㫣等便披雲蘊開玉笈出太上寶文八素隱書大洞真經靈書八道紫度炎光石精金馬神真虎文高仙羽玄等經凡三十一卷即手授夫人焉王君因告曰我昔於此學道遇南極夫人西城王君授我寶經三十一卷行之以成真人位爲小有洞天仙王今所授者即南極元君西城王君之本文也此山洞臺乃清虛之別宮耳於是王君起立北向執書而祝曰太上三元九星高真虛微入道上清玉晨褒爲太帝所敕使教于魏華存是月丹良吉日戊申謹按寶書

神金虎文太洞真經八素玉篇合三十一卷是褒昔精思於陽明西山受真人太師紫元夫人書也華存當謹按明法以成至真誦修虛道長爲飛仙有泄我書族及一門身爲下鬼塞諸河源九天有命敢告華存祝畢王君又曰我受秘訣於紫元君言聽教於師云此篇當傳諸真人不但我得而已了今獲之太帝命焉此書自我當七人得之以白玉爲簡青玉爲字至華存則爲四矣於是景林又授夫人黃庭內景經令晝夜存念讀之萬遍後乃能洞觀鬼神安適大府

調和三魂五臟生華色反嬰孩乃不死之道也於是四真吟唱各命玉女彈琴擊鐘吹簫合節而發歌歌畢王君乃解摘經中所修之節度及寶經之指歸行事之口訣諸要備訖徐乃別去是時太極真人命北寒玉女宋聯娟彈九氣之璈青童命東華玉女烟景珠擊西盈之鐘暘谷神王命神林玉女賈屈廷吹鳳唳之簫青虛真人命飛玄玉女鮮於虛拊九合玉節太極真人發排空之歌青童吟太霞之曲神王諷晨啓之章清虛詠駕飆之詞既散後諸真元君日夕來

降雖幼彥隔壁寂然莫知其後幼彥物故值天下荒亂夫人撫養內外旁救窮乏亦爲真仙默示其兆知中原將亂携二子渡江璞爲庾亮司馬又爲溫太真司馬後至安成太守遐爲陶太尉侃從事中郎將夫人自洛邑達江南盜寇之中凡所過處神明保佑常果元吉二子位既成立夫人因得冥心齋靜累感真靈修真之益與日俱進凡住世八十三年以晉成帝咸和九年歲在甲午王君復與青童東華君來降授夫人成藥二劑一曰遷神白騎神散一日石精金光

化形靈丸使頓服之稱疾不行凡七日太一玄仙遣
飈車來迎夫人乃託劍化形而去徑入陽洛山中明
日青童君太極四真人清虛王君令夫人清齋五百
日讀太洞真經併分別真經要秘道陵天師又授明
威章奏存祝吏兵符籙之訣衆真各摽至訓三日而
去道陵所以偏教委曲者以夫人在世當爲女官祭
酒領職理民故也夫人誦經萬遍積十六年顏如少
女於是龜山九虛太真金母金闕聖君南極元君共
迎夫人白日昇天北詣上清宮玉闕之下太微帝君

中央黃老君三素高元君太上玉晨太道君太素三
元君扶桑太帝君金闕後聖君各令使者致命授夫
人玉札金文位爲紫虛元君領上真司命南岳夫人
比秩仙公使治天台大霍山洞臺中主下訓奉道教
授當爲仙者男曰真人女曰元君夫人受錫事畢王
母及金闕聖君南極元君各去使夫人於王屋小有
天中更齋戒二月畢九微元君龜山王母三元夫人
衆詣真仙並降於小有清虛上四奏各命侍女陳鈞
成之曲九靈合節八音靈際王母擊節而歌三元夫
人彈雲璈而答歌餘真各歌須臾司命神仙諸隸屬
及南岳迎官並至虎旂龍輦激耀百里中里母諸真
乃共與夫人東南而行俱詣天台霍山臺又便道過
句曲金壇茅叔申宴會二日二夕共適于霍山夫人
安駕玉宇然後各別初王君告夫人曰學者當去疾
除病因授甘草穀仙方夫人服之夫人能隸書小有
王君並傳事甚詳悉又述黃庭內景注叙青精健飯
方後屢降茅山子璞後至侍中大人令璞傳法于司
徒瑯琊王舍人楊羲護軍長史許穆穆子玉斧並皆

昇仙陶真白真誥所呼南真即夫人也以晉興寧三
年乙丑降楊家謂楊君曰修道之士不欲見血肉見
雖避之不如不見又云向過東海中波聲如雷又云
裴清靈真人錦囊中有寶神經昔從紫微夫人所受
吾亦有是西宮定本即是玄圃北壇西瑤之上臺天
真珍文盡藏其中也因授書云得道去世或顯或隱
託體遺跡者道之隱也昔有再酬瓊液而叩棺一服
刀圭而尸爛鹿皮公吞玉華而流虫出戶賈季子咽
金液而臭聞百里黃帝火九鼎於荊山尚有喬嶺之

茎李玉服雲散以潛昇猶頭足異處墨狄飲虹丹以没水甯生服石腦而赴火務光剪薤以入清冷之泉柏成納氣而腸胃三腐如此之比不可勝紀微乎得道趣捨之迹固無常矣保命君曰所謂尸解者假形而示死非真死也南真曰人死必視其形如生人者尸解也足不青皮不皺者亦尸解也目落不光無異生人者尸解也髮盡落而失形骨者尸解也白日尸解自是仙矣若非尸解之例死經太陰暫過三官者肉脫脈散血沉灰爛而五臟自主骨如玉七魄營侍

三魂守宅者或三十年二十年十年三年當血肉再生復質成形必勝於昔日未死之容者此名鍊形太陰易貌三官之仙也天帝云太陰鍊身形勝服九轉丹形容端且嚴而色似靈雲上登太極闕受書爲真人是也若暫遊太陰者太一守尸三魂營骨七魄侍肉胎靈錄氣皆數滿再生而飛天其用他藥尸解非是靈丸者即不得返故鄉三官執之也其死而更生者未殮而失其尸有形皮存而無者有衣結不解衣存而形去者有髮脫而形飛者有頭斷已死乃從一

旁出者皆尸解也白日解者爲上夜半解者爲下向曉向暮去者爲地下主者此得道之差降也夫人之修道或災逼禍生形壞氣亡者似由多言而守一多端而期苟免也是以層巢穎枝而墜落百勝失於一敗恤乎通仙之才安可爲二豎子而致斃耶智以無涯傷性心以欲惡蕩真豈若守根靜中棲研三神歸貫爲物而洞玄鏡寂混然與泥丸爲一而內外均福也真人歸心於一任於永信心歸則正神和信順利真之兆自然之感無假兩際也若外見察觀之氣內

有慍結之晒有如此者我見其敗未見其立地下主者乃下道之文官地下鬼師乃下道之武官文解一百四年一進武解倍之世人勤心于嗜慾兼味於清正華目以隨世畏死而希仙者皆多武解尸之最下也夫人與衆真吟詩曰玄感妙象外和聲自相招靈霞鬱紫晨蘭風扇綠幃上真宴瓊臺邈爲地仙標所期貴遠邁故能秀穎翹翫彼八素翰道成初不遼人事胡可預使介形氣消夫人既遊江南遂於撫州并山立靜室又於臨汝水西置壇宇歲久蕪梗蹤跡殆

平有女道士黄靈徵年邁八十貌若嬰孺號爲花姑特加修飾累有靈應夫人亦寓夢以示之後亦昇天玄宗敕道士蔡偉編入後仙傳大曆三年戊申魯國公顔眞卿重加修葺立碑以紀其事焉

杜蘭香傳

曹毗

杜蘭香自稱南陽人以建興四年春數詣張傳傳年十七望見車在門外婢通言阿母所生遣授配君君不可不敬從傳先改名碩碩呼女前視可十七八說事邈然久遠有好子二人大者萱枝小者松枝鈿車青牛上飲食皆備作詩曰阿母處靈岳時遊雲霄際衆女侍羽儀不出宫墉外飄輪送我來豈復耻塵穢從我與福俱嫌我與禍會至其年八月旦來復作詩曰遨遊雲霧間吁嗟發九嶷游女不稽路弱水何不之出薯蕷子三枚大如鷄子云食此令君不畏風波辟寒温碩食二欲留一不肯令碩盡食言爲君作妻情無曠遠以君命未合太歲東方卯去當還求君蘭香降張碩碩問禱祀何如香曰消摩自可愈疾淫祀何益蘭香以藥爲消摩

麻姑傳

晉　葛洪

漢孝桓帝時神仙王遠字方平降於蔡經家將至一時頃聞金鼓簫管人馬之聲及舉家皆見王方平戴遠遊冠着朱衣虎頭鞶囊五色之綬帶劍少鬚黃色中形人也乘羽車駕五龍龍各異色麾節幡旗前後導從威儀奕奕如大將軍鼓吹皆乘麟從天而下懸集於庭從官皆長丈餘不從道行既至從官皆隱不知所在唯見方平與經父母兄弟相見獨坐久之即

令人相訪經家亦不知麻姑何人也言曰王方平敬報姑余久不在人間今集在此想姑能暫來語乎有頃使者還不見其使但聞其語云麻姑再拜不見忽已五百餘年尊卑有叙修敬無階煩信來承在彼登山顛倒而先受命當按行蓬萊今便暫往如是當還還便親覲願來即去如此兩時間麻姑至矣來時亦先聞人馬簫鼓聲既至從官半於方平麻姑至蔡經亦舉家見之是好女子年十八九許於頂中作髻餘髮垂至腰其衣有文章而非錦綺光彩耀目不可名狀入拜方平方平為之起立坐定召進行廚皆金盤玉杯餚膳多是諸花果而香氣達於內外擘脯行之如柏靈云是麟脯也麻姑自說云接侍以來已見東海三為桑田向到蓬萊水又淺于往者會時略半也豈將復還為陵陸乎方平笑曰聖人皆言海中復揚塵也姑欲見蔡經母及婦姪時弟婦新產數十日麻姑望見乃知之曰噫且止勿前即求少許米得米便撒之擲地視其米皆成真珠矣方平笑曰姑故年少吾老矣了不喜復作此狡獪變化也方平語經家人

曰吾欲賜汝輩酒此酒乃出天廚其味醇醲非世人所宜飲飲之或能爛腸今當以水和之汝輩勿怪也乃以一升酒合水一斗攪之賜經家飲一升許良久酒盡方平語左右曰不足遠取也以千錢與餘杭姥相聞求其沽酒須臾信還得一油囊酒五斗許信傳餘杭姥答言恐地上酒不中尊飲耳又麻姑鳥爪蔡經見之心中念言背大癢時得此爪以爬背當佳方平已知經心中所念即使人牽經鞭之謂曰麻姑神人也汝何思謂爪可以爬背耶但見鞭着經背亦不

見有人持鞭者方平告經曰吾鞭不可妄得也是日又以一符傳授蔡經鄰人陳尉能檄召鬼魔救人治疾蔡經亦得解蛻之道如蛻蟬耳經常從王君遊山海或暫歸家王君亦有書與陳尉多是篆文或眞書字廓落而大陳尉世世寶之晏畢方平麻姑命駕昇天而去簫鼓道從如初焉

白猿傳

唐　闕名

梁大同末遣平南將軍藺欽南征至桂林破李師古陳徹別將歐陽紇略地至長樂悉平諸洞深入險阻紇妻纖白甚美其部人曰將軍何爲挈麗人經此地有神善竊少女而美者尤所難免宜謹護之紇甚疑懼夜勒兵環其廬匿婦密室中謹閉甚固而以女奴十餘伺守之爾夕陰風晦黑至五更寂然無聞守者怠而假寐忽若有物驚悟者即已失妻矣關扃如故

莫知所出出門山險咫尺迷悶不可尋逐迨明絕無其跡紇大憤痛誓不徒還因辭疾駐其軍日往四遐即深凌險以索之既逾月忽於百里之外叢篠上得其妻繡履一隻雖侵雨濡猶可辨識紇尤悽悼求之益堅選壯士三十人持兵負糧巖棲野食又旬餘遠所舍約二百里南望一山葱秀迥出至其下有深溪環之乃編木以度絕巖翠竹之間時見紅綵聞笑語音捫蘿引絙而陟其上則嘉樹列植間以名花其下綠蕪豐軟如毯清迥岑寂杳然殊境東向石門有婦

人數十悉服鮮澤嬉遊歌笑出入其中見人皆慢視遲立至則問曰何因來此紇具以對相視歎曰賢妻至此月餘矣今病在牀宜遣視之入其門以木爲扉中寬闢若堂者三四壁設牀悉施錦薦其妻卧石榻上重茵累席珍食盈前紇就視之迴眸一睇即疾揮手令去諸婦人曰我等與公之妻比來久者十年此神物所居力能殺人雖百夫操兵不能制也幸其未返宜速避之但求美酒兩斛食犬十頭麻數十斤當相與謀殺之其來必以正午後愼勿太早以十日爲

期因促之去紇亦遽退遂求醇醪與麻犬如期而往婦人曰彼好酒往往致醉醉必騁力俾吾等以綵練縛手足於牀一踊皆斷常紉三幅則力盡不解今麻隱帛中束之度不能矣遍體皆如鐵唯臍下數寸常護蔽之此必不能禦兵亦指其傍一巖曰此其食廩當隱於是靜而伺之酒置花下犬散林中待吾計成招之即出如其言屏氣以俟日餔有物如匹練自他山下透至若飛徑入洞中少選有美髯丈夫長六尺餘白衣曳杖擁諸婦人而出見犬驚視騰身執之披

裂吮咀食之致飽婦人競以玉杯進酒諧笑甚歡既飲數斗則扶之而去又聞嬉笑之音良久婦人出招之乃持兵而入見大白猿縛四足於牀頭顧人蹙縮求脫不得目光如電競兵之如中鐵石刺其臍下即飲刃血射如注乃大歎咤曰此天殺我豈爾之能然爾婦已孕勿殺其子將逢聖帝必大其宗言絕乃死搜其藏寶器豐積珍羞盈品羅列杯案凡人世所珍靡不充備名香數斛寶劒一雙婦人三十輩皆絕其色久者至十年云色衰必被提去莫知所置又捕採

唯止其身更無黨類旦盥洗著帽加白袷被素羅衣不知寒暑遍身白毛長數寸所居常讀木簡字若符篆了不可識已則置石磴下晴晝或舞雙劒環身電飛光圓若月其飲食無常喜啗果栗尤嗜犬咀而飲其血日始逾午即欻然而逝半晝往返數千里及晚必歸此其常也所須無不立得夜就諸牀嬲戲一夕皆周未嘗寢寐言語淹詳華旨會利然其狀即猳玃類也今歲木葉之初忽愴然曰吾爲山神所訴將得死罪亦求護之於衆靈庶幾可免前月哉生魄石磴

生火焚其簡書悵然若失曰吾已千歲而無子今有子死期至矣因顧諸女汍瀾者久之且曰此山復絕未常有人至上高而望絕不見樵者下多虎狼恠獸今能至者非天假之何耶紇即取寶玉珍麗及諸婦人以歸猶有知其妻者紇妻周歲生一子厥狀肖焉後紇爲陳武帝所誅素與江總善愛其子聰悟絕人常留養之故免於難及長果文學善書知名於時

柳毅傳

唐　李朝威

儀鳳中有儒生柳毅者應舉下第將還湘濱念鄉人有客於涇陽者遂往告去至六七里鳥起馬驚疾逸道左又六七里乃止見有婦人牧羊於道畔毅怪視之乃殊色也然而蛾臉不舒巾袖無光凝聽翔立若有所伺毅詰曰子何苦而自辱如是婦始楚而謝終泣而對曰賤妾不幸今日見辱於長者然而恨貫肌骨亦何能媿避幸一聞焉妾洞庭龍君小女也父母配嫁涇川次子而夫壻樂逸爲婢僕所惑日以厭薄既而將訴於舅姑舅姑愛其子不能禦迨訴頻切又得罪舅姑舅姑毀黜以至此言訖歔欷流涕悲不自勝又曰洞庭於茲相遠不知其幾多也長天茫茫信耗莫通心目斷盡無所知哀聞君將還吳密通洞庭欲以尺書寄託侍者未卜將以爲可乎毅曰吾義夫也聞子之說氣血俱動恨無毛羽不能奮飛是何可否之謂乎然而洞庭深水也吾行塵間寧可致意邪唯恐道途顯晦不相通達致負誠託又乖懇願子有

何術可導我邪女悲泣自謝曰負載珍重不復言矣脫獲廻耗雖死必謝君不許何敢言既許而問則洞庭之與京邑不足爲異也毅請聞之女曰洞庭之陰有大橘樹焉鄉人謂之社橘君當解去絲帶束以他物然後舉樹三發當有應者因而隨之無有礙矣幸君子書叙之外悉以心誠之話倚託千萬無渝毅曰敬聞命矣女遂於襦間解書再拜以進東望愁泣若不自勝毅深爲之戚乃置書囊中因復問曰吾不知子之牧羊何所用哉神祇豈宰殺乎女曰非羊也雨

工也何爲雨工曰雷霆之類也毅復視之則皆矯顧怒步飲齕甚異而大小毛角則無別羊焉毅又曰吾爲使者他日歸洞庭慎勿相避女曰寧止不避當如親戚耳語竟引别東去不數十步廻望女與羊俱亡所見矣其夕至邑而别其友月餘到鄉還家乃訪於洞庭洞庭之陰果有社橘遂易帶向樹三擊而止俄有武夫出於波間再拜請曰貴客將自何所至也毅不告其事曰徒謁大王耳武夫揭水指路引毅以進謂毅曰當閉目數息可達矣毅如其言遂至其宫始

見臺閣相向門戸千萬奇草珍木無所不有夫乃止毅停於大室之隅曰客當居此以伺焉毅曰此何所也夫曰此靈虛殿也毅觀之則人間珍寶必盡於此柱以白璧砌以青玉牀以珊瑚簾以水晶雕琉璃於翠楣飾琥珀於虹棟奇秀深杳不可殫言然而王久不至毅謂夫曰洞庭君安在哉曰君方幸玄珠閣與太陽道士講大經少選當畢毅曰何謂大經夫曰吾君龍也龍以水爲神舉一波可包陵谷道士乃人也人以火爲神發一炬可燎阿房然而靈用不同玄化

各異太陽道士精於人理吾君邀以聽焉語畢俄而宮門闢景從雲合而見一人披紫衣執青玉夫躍曰此吾君也乃至前以告之君望毅而問曰豈非人間之人乎毅對曰然既而拜君亦拜復坐於靈虛之下謂毅曰水府幽深寡人暗昧夫子不遠千里將有爲乎毅曰毅大王之鄉人也長於楚遊學於秦昨下第閑驅涇水之涘見大王愛女牧羊於野風鬟雨鬢所不忍視毅因詰之謂毅曰爲夫壻所薄舅姑不念以至於此悲泗流漓誠怛人心遂託書於毅毅許之今

已至此因取書進之洞庭君覽畢以袖掩面而泣曰老父之罪不診鑒聽坐貽聾瞽使閨窗孺弱遠罹詬害公乃陌上人也而能急之幸被齒髮何敢負德詞畢又哀咤良久左右皆流涕時有宦人密侍君者君目以書授之令達宮中須臾宮中皆慟哭君驚謂左右曰疾告宮中無使有聲恐錢塘所知毅曰錢塘何人也曰寡人愛弟也昔爲錢塘長今則致政矣毅曰何故不使知曰以其勇過人耳昔堯遭洪水九年者乃此子一怒也近與天將失意塞其五山上帝以寡人

有薄德於古今遂寬其同氣之罪然猶縻繫於此故錢塘之人日來候焉詞未畢而大聲忽發天折地裂宮殿擺簸雲煙沸湧俄有赤龍長萬餘尺電目血舌朱鱗火鬣項掣金鎖鎖牽玉柱千雷萬霆激繞其身霰雪雨雹一瞬皆下乃擘青天而飛去毅初恐蹶仆地君親起持之曰無懼固無害毅良久安神乃獲自定因告辭曰願得生歸以避復來君曰不必如此其去則然其來則不然幸爲少盡繾綣因命酌互舉以款人事俄而祥風慶雲融融怡怡幢節玲瓏簫韶以隨紅粧千萬笑語熙熙中有一人自然蛾眉明璫滿身綃縠參差迫而視之前所寄辭然而若喜若悲零淚如絲須臾紅煙蔽其左紫氣舒其右香氣環旋入於宮中君笑謂毅曰涇水之囚人至矣君乃辭歸宮中須臾又聞怨苦久而不已有頃君復出與毅飲食又有一人披紫裳執青玉貌聳神溢立於君左右君謂毅曰此錢塘也毅起趨拜之錢塘亦盡禮相接謂毅曰女姪不幸爲頑童所辱賴君子信義昭彰致達遠冤不然者是爲涇陵之土矣饗德懷恩詞不諭心

毅撝退辭謝俯仰唯唯然後迴告兄曰向者辰發靈虛巳至涇陽午戰於彼未還於此中間馳至九天以告上帝帝知其冤而宥其失前所譴軌因而獲免然而剛腸激發不遑辭候驚擾宮中復忤賓客愧惕慚懼不知所遝因退而再拜君曰所殺幾何曰六十萬傷稼乎曰八百里無情郎安在曰食之矣君憮然曰頑童之爲是心也誠不可忍然汝亦太草草賴上帝顯聖諒其至冤不然者吾何辭焉從此已去勿復如是錢塘復再拜坐定遂宿毅於凝光殿明日又宴毅

於凝碧宮會友戚張廣樂具以醪醴羅以甘潔初笳
角鼙鼓旌旗劍戟舞萬夫於其右中有一夫前曰此
錢塘破陣樂旌鉞傑氣顧驟悍慄坐客視之毛髮皆
豎復有金石絲竹羅綺珠翠舞千女於其左中有一
女前進曰此貴主還宮樂清音宛轉如訴如慕坐客
聽之不覺淚下二舞既畢龍君大悅錫以紈綺頒於
舞人然後密席貫坐縱酒極娛酒酣洞庭君乃擊席
而歌曰大天蒼蒼兮大地茫茫人各有志兮何可思
量狐神鼠聖兮薄社依墻雷霆一發兮其孰敢當荷

貞人兮信義長令骨肉兮還故鄉永言慙愧兮何時
忘洞庭君歌罷錢塘君再拜而歌曰上天配合兮生
死有塗此不當婦兮彼不當夫腹心辛苦兮涇水之
隅風霜滿鬢兮雨雪羅襦賴明公兮引素書令骨肉
兮家如初永言珍重兮無時無錢塘君歌闋洞庭君
俱奉觴於毅毅踧踖而受爵飲訖復以二觴奉二君
乃歌曰碧雲悠悠兮涇水東流傷美人兮雨泣花愁
尺書遠達兮以解君憂哀冤果雪兮還處其休荷和
雅兮感甘羞山家寂寞兮難久留欲將辭去兮悲綢

繆歌罷皆呼萬歲洞庭君因出碧玉箱貯以開水犀
錢塘君復出紅珀盤貯以照夜璣皆起進毅毅辭謝
而受然後宮中之人咸以綃綵珠璧投於毅側重疊
煥赫須臾埋沒前後毅笑語四顧媿揖不暇洎酒闌
歡極毅辭起復宿於凝光殿翌日又宴毅於清光閣
錢塘因酒作色踞謂毅曰不聞猛石可裂不可捲義
士可殺不可羞者邪愚有衷曲一陳於公為可則俱
履雲霄如不可則皆夷糞壤足下以為何如哉毅曰
請聞之錢塘曰涇陽之妻則洞庭君之愛女也淑性

茂質為九姻所重不幸見辱於匪人今則絕矣將欲
求託高義世為親戚使受恩者知其所歸懷愛者知
其所付豈不為君子始終之道者毅肅然而作欻然
而笑曰誠不知錢塘君孱困如是毅始聞跨九州懷
五嶽洩其憤怒復見斷鎖金掣玉柱赴其急難毅以
為剛決明直無如君者蓋犯之者不避其死感之者
不愛其生此真丈夫之志柰何簫管方洽親賓正和
不顧其道以威加人豈僕之素望哉若遇公於洪波
之中玄山之間鼓以鱗鬚被以雲雨將迫毅以死毅

則以禽獸視之亦何恨哉今體似衣冠坐談禮義盡五常之志性窮百行之微旨雖人世豪傑有不如者況江河靈類乎而欲以介然之軀悍然之性乘酒假氣將迫於人豈近直哉且毅之質不足以藏王之一甲之間然而敢以不伏之心勝王不道之氣惟王籌之錢塘逡巡致謝曰寡人生長宮房不聞正論向者詞述狂猥唐突高明退自循顧戾不容責幸君子不爲此乖間也其夕復權宴其樂如舊毅與錢塘遂爲知心友明日毅辭歸洞庭君夫人別宴毅於潛景殿

男女僕妾悉出預會夫人泣謂毅曰骨肉受君子深恩恨不得展愧戴遂至睽別使前涇陽女當席拜毅以致謝夫人又曰此別豈有復相遇之日乎毅始雖不諾錢塘之請然當此席殊有歎恨之色宴罷辭別滿宮悽然贈遺珍寶怪不可述毅於是復循出塗上岸見從者十餘人擔囊以隨至其家而辭去毅因適廣陵寶肆鬻其所得百未發一財已盈兆故淮右富族咸以爲莫如遂娶於張氏亡又娶韓氏數月韓氏又亡徙家金陵常以鰥曠多感欲求新匹有媒氏告

之曰有盧氏女范陽人也父曰浩嘗爲清流宰晚歲好道獨遊雲泉今則不知所在矣母曰鄭氏前年適清河張氏不幸而張夫早亡母憐其少艾惜其惠美欲擇壻以配焉又何如哉毅乃十日就禮既而男女二姓俱爲豪族法用禮物盡其豐盛金陵之士莫不健仰居月餘毅因晚入戶視其妻深覺類於龍女而逸豔豐狀則又過之因與話昔事妻謂毅曰人世豈有如是之理乎經歲餘有一子毅益重之既產踰月乃穠飾換服召毅於簾室之間笑謂毅曰君不憶余

之於昔邪毅曰夙非姻好何以爲憶妻曰余即洞庭君之女也涇川之辱君能救之自此誓心求報洎錢塘季父論親不從乖負宿心悵望成疾中間父母欲配嫁於濯錦小兒某遂閉戶剪髮以明無意雖君子棄絕分無見期而當初之心死不自替他日父母憐其志復欲馳白於君値君累娶張韓二氏理不可遣旋張韓繼卒君十居於茲故余之父母得以爲心矣誠不意今日獲奉君子咸喜終世死無恨矣因嗚泣良久復謂毅曰始不言者知君無重色之心今乃言

者知君有愛子之意婦人匪薄不足以確厚永心故
因君愛子以託賤質未知君意如何愁懼兼心不能
自解君附書之日笑謂妾曰他日歸洞庭慎無相避
誠不知當此之際君豈有意於今日之事乎其後季
父請於君君固不許君乃誠將不可邪抑忿然邪君
其話之毅曰似有命者僕始見君於長涇之隅枉抑
憔悴誠有不平之志然自約其心者達君之冤餘無
及也初言慎勿相避者偶然耳豈有意哉洎錢塘逼
迫之際唯理有不可直乃激人之怒耳夫始以義行

為志寧有殺其壻而納其妻者邪一不可也某素以
操貞為志尚寧有屈於己而伏於心者乎二不可也
且以率肆胸臆酬酢紛綸唯直是圖不遑避害然而
將別之日見君有依然之容心甚恨之終以人事扼
束無由報謝吁今日君盧氏也又家於人間則無始
心未為惑矣從此以往永奉懽好心無纖慮也妻因
深感嬌泣良久不已有頃謂毅曰勿以他類遂為無
心固當知報耳夫龍壽萬歲今與君同之水陸無往
不適君不以為妄也毅嘉之曰吾不知國容乃復為

神仙之飾乃相與覲洞庭既至而賓主盛禮不可具
紀後徙居南海僅四十年其邸第輿馬珍鮮服玩雖
侯伯之室無以加也毅之族咸遂濡澤以其春秋積
序容狀不衰南海之人靡不驚惑洎開元中上方屬
意於神仙之事精索道術毅不得安遂相與歸洞庭
凡十餘歲莫知跡至開元末毅之表弟薛嘏為京
畿令謫官東南經洞庭晴晝長望俄見碧山出於遠
波舟人皆側立曰此本無山恐水怪耳指顧之際山
與舟相逼乃有彩船自山馳來迎問於嘏其中有

一人呼之曰柳公來候耳嘏省然記之乃促至山下
攝衣疾上山有宮闕如人世見毅立於宮室之中前
列絲竹後羅珠翠物玩之盛殊倍人間毅詞理益玄
容顏益少初迎嘏於砌持嘏手曰別來瞬息而髮毛
已黃嘏笑曰兄為神仙弟為枯骨命也毅因出藥五
十丸遺嘏曰此藥一丸可增一歲歲滿復來無久居
人世歡宴畢嘏乃辭行自是已後遂絕影響嘏常以
是說告於人世殆四紀嘏亦不知所在

隴西李朝威敘而歎曰五蟲之長必以靈者別斯

見矣人祼也移信鱗蟲洞庭含吐大直錢塘迅疾磊落宜有承焉嘏詠而不載獨可憐其意矣愚義之遂爲斯文

李林甫外傳

唐 亡名氏

唐右丞相李公林甫年二十尚未讀書在東都好遊獵打毬馳逐鷹狗每於城下槐壇下驢擊鞠略無休日既倦捨驢以兩手返據地歇一日有道士某醜陋見李公踞地徐言曰此有何樂郎君如此愛也李怒顧曰關足下何事道者去明日又復言之李公幼聰悟意其異人乃攝衣起謝道士曰郎君雖善此然忽有顛墜之苦則悔不可及李公請自此修謹不復爲也道士囑曰與郎君三日後五更會於此曰諾及往道士已先至曰爲約何後李乃謝之曰更三日復來李公夜半往良久道士至甚喜談笑極洽且曰某行世間五百年見郎君一人已列仙籍合白日升天如不欲則二十年宰相重權在己郎君且歸熟思之後三日五更復會於此李公回討之曰我是宗室少豪俠二十年宰相重權在己安可以白日升天易之乎已決矣及期往白道士嗟歎咄叱如不自持曰五百年始見一人可惜可惜李公悔欲復之道士曰不可

也神明知矣與之敘別曰二十年宰相生殺權在己威振天下然慎勿行陰賊當爲陰德廣救拔人無枉殺人如此則三百年後白日上升矣官祿已至可便入京李公匍匐泣拜道士握手與別時李公堂叔爲庫部郎中在京遂謁叔父以其縱蕩不甚紀錄之頗驚曰汝何得至此曰某知向前之過今故候覲請收節讀書願受鞭箠庫部甚與之亦未令就學每有賓客遣監杯盤之飾無不修潔或謂曰汝爲吾著某事雖雪深沒踝亦不去也庫部益親憐之言於班行知

者甚衆自後以廕敘累官至贊善大夫不十年遂爲相矣權巧深密能伺上旨恩顧隆洽獨當衡軸人情所畏非臣下矣數年後自固益切乃起大獄誅殺異己冤死相繼都忘道士槐壇之言戒也時李公之門將有趨謁者必望之而步不敢乘馬忽一日方午有人扣門吏驚候之見一道士甚枯瘦曰願報相公閽者呵而逐之外吏又欲鞭縛送于府道士微嘯而去明日日中復至門者乘閒而白李公曰吾不記識汝試爲通及道士入李公見之醒然而悟乃槐壇所覩

也慙悸之極若無所措却思二十年之事今已至矣所承教戒曾不暫行中心如疚乃拜道士迎嘯曰相公安否當時之請並不見從遣相公行陰德專枉殺人上天甚明譴謫可畏如何李公但搖頷而已道士留宿李公盡除僕使處于中堂各居一榻道士唯少食茶果餘無所進至夜深李公曰昔奉教言尚有昇天之契今復遂否道士曰緣相公所行不合其道有所竄責又三百年也更六百年乃如約矣李公曰某人間之數將滿既有罪譴後當如何道士曰莫要知

否亦可一行李公降榻拜謝曰相公安神靜慮萬想俱遣幾如枯株即可俱也良久李公曰某都無念慮矣乃下榻曰可同往李公不覺便隨道士去出大門及春明門到輒自關李公援道士衣而過漸行十數里李公素貴尤不善行困苦頗甚道士亦自知之曰莫思歇否乃相與坐於路隅逡巡以數節竹授李公曰可乘此至地方止慎不得開眼李公遂跨之騰空而上覺身泛大海但聞風水之聲食頃止見大郭邑介士數百羅列城門道士至皆迎拜兼拜李公約一

里到一府署又入門復有甲士升階至大殿帳榻甚侈李公困欲就帳卧道士驚牽起曰未可恐不可廻耳此是相公身後之所處也曰爺如是某亦不恨道士嘯曰茲介鱗之屬其間苦事亦不少遂却與李公出大門復以竹杖授之一如來時之狀入其宅登堂見身寘坐於牀上道士乃呼曰相公相公李公遂覺涕泗交流稽首陳謝明日別去李公厚以金帛贈之俱無所受但揮手而已曰免旃六百年後方復見相公遂出門而逝不知所在先是安樂山常養道術士每語之曰我對天子亦不恐懼唯見李相公若無地自容何也術士曰公有陰兵五百皆有銅頭鐵額常在左右何以如此某安得見之祿山乃奏請李相宴於巳宅密遣術士於簾間窺伺退曰奇也某初見報相公有一青衣童子捧香爐而入僕射侍衛銅頭鐵額之類皆穿屋踰墻奔走而去某亦不知其故也當是仙官暫謫人間耳

汧國夫人傳

唐　白行簡

汧國夫人李娃長安之娼女也節行瓌奇有足稱嘆故監察御史白行簡爲傳述天寶中有常州刺史滎陽公者時望甚崇家徒甚殷年五十有一子始弱冠雋朗有詞藻逈然不羣深爲時輩推服其父愛而器之曰此吾家千里駒也應鄉試秀才舉將行乃盛其服玩車馬之飾計其京師薪儲之費謂之曰吾觀爾之才可一戰而霸今備一載之用且豐爾之給將遂其志也生亦自負視上第如指掌自毗陵發月餘抵長安居於布政里嘗遊東市還自平康東門入將訪友於西南至鳴珂曲見一宅門庭不甚廣而室宇嚴邃闔一扉有娃方憑一雙鬟青衣而立妖姿驕妙絕代未有生忽見之不覺停驂久之徘徊不能去乃詐墜鞭於地候其從者勅取之累盼於娃娃迴眸凝睇情甚相慕竟不敢措辭而去生自爾意若有失乃密徵其友遊長安之熟者訊之友曰此狎邪女李氏宅也曰娃可求乎對曰李氏頗贍前與之通者多貴戚

豪族所得甚廣非累百萬不能動其志也生曰苟患其不諧雖百萬何惜他日乃潔其衣服盛賓從而往叩其門俄有侍兒啟扃生曰此誰之第耶侍兒不答馳走大呼曰前時遺策郎也娃大悅曰爾姑止之吾當整粧易服而出生聞之私喜乃引之蕭牆間見一姥垂白上僂即娃母也生跪拜前致詞曰聞茲地有隙院願稅以居信乎姥曰懼其淺陋湫隘不足以辱長者所處安敢言直耶延生於遲賓之館館宇甚麗與生偶坐因曰某有女嬌小技藝薄劣欣見賓客願

將見之乃命娃出明眸皓腕舉步豔冶生遽驚止莫敢仰視與之拜畢敘寒燠觸類妍媚目所未覩復坐烹茶斟酒器用甚潔久之日暮鼓聲四動姥訪其居遠近生紿之曰在延平門外數里冀其遠而見留也姥曰鼓已發矣幸速歸無犯禁生曰幸接歡笑不知日之云夕道里遼闊城內又無親戚將若之何娃曰不見責僻陋方將居之宿何害焉生數目姥姥曰唯唯生乃召其家僮持雙縑請以備一宵之饌娃笑而止之曰賓主之儀且不然也今夕之費願以貧窶之

家隘其疏糲以進之其餘以俟他辰固辭終不許俄徙坐於西堂帷幙簾榻煥然奪目粧奩衾枕亦皆侈麗乃張燭進饌品味甚盛既徹饌姥起生娃談話方切詼諧調笑無所不至生曰前偶過門遇卿適在屏間厥後心常勤念雖寢與食未嘗或捨娃曰我心亦如之生曰今之來非直求居而已願償平生之志但不知命也若何言未終姥至訪其故具以告姥笑曰男女之際大欲存焉情苟相得雖父母之命不能止也女子固陋安足以薦君子之枕席生遽下階拜而

謝焉曰願以己為廝養姥遂目之為郎飲酣而散及旦盡徙其橐裝因家於李之第自是生屏跡戢身不復與親知相聞日會其娼優儕類嬉戲遊宴囊中盡空乃鬻駿乘及其家僮歲餘資財僕馬蕩盡爾來姥意漸怠娃情彌篤他日娃謂生曰與郎相知一年無孕嗣常聞竹林神者報應如響將至薦酹求之可乎生不之悟大喜乃質衣於肆以備牢醴與娃同謁祠宇而禱祝焉信宿而返策驢而後至里北門娃謂生曰此東轉小曲中某之姨宅也將憩而覲之可乎生

如其言前行不踰百步果見一車門竦其際甚弘敞其青衣自車後止之曰至矣生下適有一人出訪曰誰也曰李娃也乃入告俄有一嫗至年可四十餘與之將迎曰吾甥來否娃下車嫗逆訪之曰何久疎絶相視而笑娃引生拜之既見遂諧入西戟門偏院中有山亭竹樹葱蒨池榭幽絶生謂娃曰此姨之私第耶笑而不答以他語對俄獻茶果甚珍奇食頃有一人控大宛馬汗流馳至曰姥嫗暴疾頗甚殆不識人宜速歸娃謂姨曰方寸亂矣某騎而去當令返乘便

與郎偕來生擬隨之其姨與侍兒偶語一手揮之令生止於戶外曰姥且歿矣當與某議喪事以濟其急奈何遽相隨而去乃止共計其凶儀齋祭之用日晚乘不至姨言曰無復命何也郎驟往覘之某當繼至生遂往至舊宅門扃鑰甚密以泥緘之生大駭詰其隣人隣人曰李本稅此而居約已周矣第主自收姥遂居而且再宿矣徵徙何處曰不詳其所生將馳赴宣陽以詰其姨日已晚矣計程不能達乃弛其裝服質饌而食賃榻而寢生恚怒方甚自昏達旦目不交睫質明乃策蹇而去既至連叩其扉無人應生大呼數四有宦者徐出生遽訪之曰姨氏在乎曰無之生曰昨暮至此何故匿之訪其誰氏之第曰此崔尚書宅昨有一人稅此院云逢中表之遠至者薄暮去矣生惶惑發狂罔知所措因返訪布政里舊邸邸主哀而進膳生憤懣絶食三日遘疾甚篤旬餘愈甚邸主懼其不起徙之於凶肆中綿綴移時合肆之人共傷嘆而互飼之後稍愈杖而能起繇是凶肆多日假令之執穗帷獲其直以自給累月漸復壯每聽其哀歌

自嘆不及輙嗚咽流涕不能自止歸則效之生聰敏者也無何曲盡其妙雖長安無有倫比初二肆之傭凶器者互爭勝負其東肆車輿皆奇麗殆不敵唯哀挽劣焉其東肆長知生絶妙乃醵錢二萬索顧焉其黨耆舊共較其所能者陰敎生新聲而相讚和累旬人莫知之其二肆長相謂曰我欲各閱所傭之器於天門街以較優劣其不勝者罰直五萬以備酒饌之用可乎二肆許諾乃要立符契署以保證然後閱之士女大會聚至數萬於是里胥告於賊曹賊曹聞於

京尹四方之士盡赴趨焉巷無居人自旦閱之及亭午歷抵輿輦威儀之具西肆皆不勝師有慚色迺置層榻於南隅有長髯者擁鐸而進翊衛數人於是奮髯揚眉扼腕頓顙而登乃歌白馬之詞恃其夙勝顧眄左右旁若無人齊聲讚揚之自以為獨步一時不可得而屈也有頃東肆長於北隅上設連榻有烏巾少年左右五六人秉翣而至即生也整其衣服俯仰甚徐申喉發調容若不勝乃歌薤露之章舉聲清越響振林木曲度未終聞者歔欷掩泣西肆長為衆所

汧夫人傳　六

誚益慚恥密置所輸之直於前乃潛遁焉四座愕眙莫之測也先是天子方下詔俾外方之牧歲一至闕下謂之入計適遇時生之父在京師與同列者易服竊往觀焉有老豎即生乳母婿也見生之舉措辭氣將認之而未敢乃泫然流涕生父驚而詰之因告曰歌者之貌酷似郎之亡子父曰吾子以多財為盜所害奚至是耶言訖亦泣及歸豎間馳往訪於同黨曰向歌者誰若斯之妙歟皆曰某氏之子徵其名且易之矣豎凜然大驚徐往迫而察之生見豎色動迴翔

將匿於衆中豎遽持其袂曰豈非某乎相持而泣遂載以歸至其室父責曰志行若此污辱吾門何施面目復相見也乃徒行出至曲江西杏園東去其衣服以馬鞭鞭之數百生不勝其苦而斃父棄之而去其師命相狎昵者陰隨之歸告同黨共加傷歎令二人齎葦席瘞焉至則心下微溫舉之良久氣稍通因共荷而歸以葦筒灌勺飲經宿乃活月餘手足不能自舉其楚撻之處皆潰爛穢甚同輩患之一夕棄於道周行者咸傷之往往投其餘食得以充腸十旬方杖

汧夫人傳　七

策而起被布裘有百結繿縷如懸鶉持一破甌巡於閭里以乞食為事自秋徂冬夜入於糞壤窟晝則周遊廛肆一旦大雪生為凍餒所驅冒雪而出乞食之聲甚苦聞見者莫不悽惻時雪方甚人家外戶多不發至安邑東門循里垣北轉第七八有一門獨啟左扉即娃之第也生不知之偶連聲疾呼饑凍之甚音響悽切所不忍聽娃自閣中聽之謂侍兒曰此必生也我辨其音矣連步而出見生枯瘠疥癘殆非人狀娃意感焉乃謂曰豈非我某邪生憤懣絕倒口不能

言領順而已娃前抱其頸以繡襦擁而歸於西廂失
聲長慟曰令子一朝及此我之罪也絶而復蘇姥大
駭奔至曰何也娃曰某郎姥遽曰當逐之奈何容至
此娃斂容却涕曰不然此良家子也當昔驅高車馳
金裝至某之室不踰朞而蕩盡且互設詭計捨而逐
之殆非人行令其失志不得齒於人倫父子之道天
性也使其情絶殺而棄之又困躓若此天下之人盡
知爲某也彼親戚滿朝一旦當權者熟察其本末禍
將及矣況欺天負人鬼神不佑徒自貽其殃耳某爲

姥子迨年有二十歲矣計其貲不啻直千金今姥年
六十餘願計二十年衣食之用以贖身當與此子別
卜所詣所詣非遥晨昏得以温凊某願足矣姥度其
志不可奪也因許之給母之餘有百金離北隅四五
家税一隙院乃與生沐浴易其衣服爲湯粥通其腸
以酥乳潤其臟旬餘方進水陸之饌頭巾履襪皆取
珍異者衣之未數月肌膚稍腴卒歲平愈如初異時
娃謂生曰體已康矣志已壯矣淵思寂慮默想曩昔
之藝業可温習乎生思之曰十得二三耳娃命車出

遊生騎而從至旗亭南偏門鬻墳典之肆令生揀而
市之計費百金盡載以歸因令生斥棄百慮以志學
俾夜作晝孜孜矻矻娃常偶坐宵分乃寐伺其疲倦
即諭之綴詩賦二歲而業大就海内文籍莫不該覽
生謂娃曰可策名就試矣娃曰未也且令精熟以俟
百戰更一年曰可行矣於是遂上一登甲科聲振禮
闈雖前輩見其文莫不斂手喜躍願友之而不得娃
曰未也今秀才苟得一科擢一第則自謂可以取中
朝之顯職擅天下之美名子行穢跡鄙不侔於他士

當礱淬利器以求再捷方可以連衡多士爭霸羣英
生繇是益自勤苦聲價彌甚其年遇大比詔徵四方
之儁生應直言極諫策科名第一授成都府參軍三
事以降皆其友也將之官娃謂生曰今之復子本軀
妾亦不相負也願以殘年歸養老母君當結媛鼎族
以奉蒸嘗中外婚媾無自黷也勉思自愛某從此去
矣生泣曰子若棄我當自剄以就死娃固辭不從生
勤請彌懇娃曰送子涉江至於劍門當令我廻生許
諾月餘至劍門未及發而除書至生父由常州詔入

拜成都尹兼南排訪使洈辰父到生因投刺謁於郵亭父不敢認見其祖父官諱方大驚命登階撫背慟哭移時曰吾與爾父子如初因詰其由具陳其本末太奇之詰娃安在曰送某至此當令復還又曰不可翌日命駕與生先之成都覓娃於劍門築別館以處之明日命媒氏通二姓之好備六禮以迎之遂如秦晉之偶娃既備禮歲時伏臘婦道甚修治家嚴整極爲親所眷尚後數歲生父母皆歿與娃持孝甚至有靈芝產於倚廬一穗三秀本道上聞又有白燕數十巢其層甍天子異之寵錫加等終制累遷清顯之任十年間至數郡娃封汧國夫人有四子皆爲大官其卑者猶爲太原尹

說郛目録

弓第一百十四

太清樓侍宴記

宋　蔡京

政和二年三月皇帝至制詔臣京宥過省愆復官就是就昭以是月八日開後苑晏清樓召臣執中臣俟臣偲臣京臣紳臣居厚臣正夫臣棠臣洵仁臣暨中臣洵武臣倈臣貫於崇政殿賜坐命宫臣擊鞠乃是景福殿西序入苑門詔臣京日此跬步至宣和廊言者所謂金桂玉戶者也厚誣宫禁其令子攸夜入觀焉東入小花徑南度碧蘆叢又東入便門至宣和殿

止三楹几案臺榻漆以黑下宇純朱上棟絶緣飾緣無文彩東西無谷又殿東曰瓊蘭西曰凝芳後曰積翠南口瑶林北曰玉宇後有沼曰環碧兩旁有亭曰臨漪華渚沼坎有山殿曰雲華閣太寧左右躡道以登中道有亭曰琳霄次曰會春閣下有殿曰玉華玉華之側有御書殿榜曰三洞瓊文之殿旁有種玉綠雲軒相峙臣京奏曰宣王殿閣亭沼紫齊清虛雅素若此則言者不根益不足邮日午謁者引執中已下入女童樂四百靴袍玉帶列排場下宫人龍珠翠金玉束帶秉扇拂無巾劍鉞執香毬擁御床以次立酒三行上顧謂群臣曰承平無事君臣同樂宜略去苛禮飲食起居當自便無間已而羣臣盡醉京又爲皇帝幸鳴鑾堂記曰宣和九年九月金芝生道德院二十已而皇帝自景龍江泛舟中天波溪至臣鳴鑾堂淑妃從臣京朝堂下移班拜妃內侍連叫曰妃答拜臣欲謝內侍掖起膝不得下上曰今歲四幸鳴鑾矣臣頓首曰昔人三顧草成已六幸千載榮遇鳴鑾固卑陋且家素甕空且願留少頃使得仰尊奉意上曰

爲卿從容臣退西廡視庖膳上爲舉筋屢觴歎咲如家人有遣使鴉巡大杯賜酒遂御西閣親手調茶分賜左右妃亦酌酒遣賜道由臣堂視卧內睨其弊惡步至之所上立門屏側語臣曰不御袍帶不可相見可去冠服臣惶怖曰人臣安敢罪萬死上曰既爲姻家置君臣禮當敘親上親酌手持橄欖以賜時屏內御坐妃嬪在側咫尺不敢望衆譁曰妃也妃顧起遽起立臣附首貫致禮乃奏乞遺貫妃壽上乃酌酒授貫妃飲竟上酌爲妃酬酒上調羹味妃剖橙榴析芭

蕉分餘甘遣臣妒竟餘賜曰主上躬得門方美味新
奇必賜師相無頃刻廢忘諭師相知無忘臣難感難
謝上又賜酒命貫酌曰可與貫語貫無臣言君臣相
與古今無若者臣嗚咽嗟惜因語身危非主上幾不
保如今日大理魏彥純事是也貫遽以聞上駭曰御
郡若此小人猶敢自肆且聶山對謝窮治彥純已覺
其離間故罷山以事關貴以一語罪卿小人以細故
織羅耳亟索紙御屏上詔草釋彥純聶山知安州上
自命酒使貫陪送醉諸孫掖出

侍宴記　八　三

莊綽曰京之叙致覼縷如此不特欲誇耀於世又
將以恐動言者然不知皆不足恃而榮也適足以
爲國家之辱焉特以其居上露土木賜紫羅萬疋
使治帟幕而京之獻遺方數十萬緡後戶部侍
王蕃發之究治皆權貨賂錢也所謂天波溪者出
景寶籙宮循城西南以至京第其子脩上書其父
謂今日恩波他年禍水而小民謠言蔡相居中入
不義萬乘官家渠底串是也

延福宮曲宴記

宋　李邦彥

宣和二年十二月癸巳召宰執親王等曲宴于延福
宮特召學士承旨臣李邦彥學士承宁文粹中以示
異恩也是日初御睿謨殿設席如外廷賜宴之禮然
器用殽品瓌奇精緻非常宴比仙韶執樂和音曼聲
合變應節亦非教坊工人所能彷彿上遣殿中監察
行諭旨曰此中不同外廷無彈奏之地但飲食自如
食味裹實自當攜歸酒五行以碧玉盞宣諭侍宴諸

延福曲宴記　八　一

云前此曲宴早坐未嘗宣勸今出異數少憩於殿門
之東廡晚召赴景龍門觀燈玉華閣飛陞金碧絢耀
疑在雲霄閣設衛尊鈞樂于下都人熙熙且醉且戲
繼以歌頌示天子與民同樂之意侈太平之盛事次
詣穆清殿後入崆峒洞天過霓橋至會寧殿有八閣
東西對列曰琴棋書畫茶丹經香臣等熟視之自崆
峒入至八閣所陳之物左右上下皆琉璃也映徹熀
熀心目俱奪閣前再坐小案玉斝珍異如海陸羞脯
又與睿謨不同酒三行甚速起詣殿側縱觀上詣保

和殿謂學士蔡絛曰引二翰苑子細看一一說與詩語再三次詣成平殿鳳竹龍燈燦然如畫奇偉萬狀不可名言上命近侍取茶具親手注湯擊沸少頃白乳浮盞面如疎星淡月顧諸臣曰此自烹茶飲畢皆頓首謝既而命坐酒行無筭復出宮人合曲妙舞蹁躚態有餘妍凡目創見上諭臣邦彥臣粹中曰此盡是嬪御自來翰林不曾與此集自卿等始又曰翰林志可以盡載此事臣等榮遇臣邦彥謝不敏瓊瑤玉舟宣勸非一上每親臨視使釂復顧臣某曰李承旨

許飲仍數被特旨進飲夜分而罷

保和殿曲宴記

宋　蔡京

宣和元年九月十二日皇帝召臣蔡京臣王黼臣燕王俁臣楚王似臣嘉王楷臣嗣臣濮臣王仲理臣童貫臣馮熙載臣蔡攸臣蔡絛臣蔡翛宴保和殿山東曲水朝於玉華殿上步西曲水循荼蘼架至太寧閣登層巒凌霄鶱鳳垂雲亭景物滿前林木蔽蔭偏歷奇勝始至保和殿殿三楹楹七十架兩挾閣無綵繪飾落成於八月而高竹崇檜已森然蓊鬱中楹置

御榻東西二間列寶玩與古鼎彝玉器左挾閣曰妙有設古今儒書子史楮墨名畫右挾閣曰宣　設道家金櫃玉笈之書與神霄諸天隱文上步前行登稽古閣有宣王石鼓歷邃古尚古鑑古作古傳古秘古諸閣藏祖宗訓謨與夏商周尊彝鼎鬲爵斝卣敦盤盂漢晉隋唐書畫多不知識而駭見上親指示爲言其槩抵玉林軒過宣和殿列岫軒天眞閣凝德殿殿之東崇石峭壁高百尺林壑茂密倍於昔見過翠翹閣諸處賜茶至全眞閣上御手注湯擊出乳花盈

面臣等惶恐前曰陛下略君臣夷等爲臣下褻瀆震惕惶怖豈敢啜之上曰可少休息乃出瑶林殿中賜馮皓傳旨留題殿壁諭臣筆硯已具乃題曰瓊瑶錯亂乃成林檜竹交加午有陰恩許塵凡時縱步不知身在五雲深頃之就坐女童作樂坐間賜荔子黄橙金柑相間布列前後命師文浩剖橙分賜酒五行始休許至玉眞軒軒在保和西南廡即安妃妝閣命使傳旨曰雅宴酒酬添逸興玉眞軒内看安妃詔臣賡補成篇臣即題曰保和新殿麗秋暉詔許塵凡到綺

闈方是時人自謂得見妃矣既而但見畫像挂西垣臣即以詩謝奏曰玉眞軒檻暖如春即見丹青不見人月裡嫦娥終有恨鑑中姑射未應眞須臾中使召臣至玉華閣上持詩曰因卿有詩况姻家有當見禮臣曰頃緣葭莩以得拜望故敢以詩請上大笑妃素妝無珠玉餙綽約若仙子臣前進再拜叙謝妃答拜臣又拜妃命左右掖起上手持大觥酌酒命妃曰可勸太師臣奏曰禮無不答不審酬酢可否於是特瓶注酒授使以進再坐徹去童女羯鼓御侍奏細樂作

蘭陵王楊州散酬勸交錯臣奏曰陛下樂與人同不間高卑日且暮久勤聖躬人心不安上曰不醉無歸更勸迭送酒行無算臣又奏曰樂奏繽紛酒觴交錯方事宴飲上及故老若朋友相與御杯接慇懃之勸道舊論新故臣何足以當臣請序其事以示後世知今日宴樂非酒食而已夜漏已二鼓五籌衆前奏丐罷退十三日臣京序

周秦行紀

唐　牛僧孺

余真元年舉進士落第歸宛葉間至伊闕南道鳴皐山下將宿大安民舍會暮不至更十餘里一道甚易夜月始出忽聞有異香氣因趨進行不知近遠見火明意謂莊家更前驅至一大宅門庭若富豪家黃衣閽人曰郎君何至余答曰僧孺姓牛應進士落第往家本往大安民舍誤道來此直乞宿無他中有小髻青衣出責黃衣曰門外誰何黃衣曰有客黃衣入告

少時出曰請郎君入余問誰氏宅黃衣曰第進無須問入十餘門至大殿殿蔽以珠簾有朱衣紫衣人百數立階陛間左右曰拜殿下簾中語曰妾漢文帝母薄太后此是廟郎不當來何辱至余曰臣家宛下將歸失道恐死豺虎敢乞託命太后遣軸簾避席曰妾故漢室老母君唐朝名士不相君臣幸希簡敬便上殿來見太后著練衣狀貌瑰偉不甚年高勞余曰行役卻苦乎召坐食頃聞殿內有笑聲太后曰今夜風月甚佳偶有二女伴相尋況又遇嘉賓不可不成一會呼左右屈兩箇娘子出見秀才良久有女二人從中至從者數百前立者一人狹腰長面多髮不粧衣青衣僅可二十餘太后曰高祖戚夫人余下拜夫人亦拜更一人柔肌隱身貌舒態逸光彩射遠近多服花繡年低薄太后后曰此元帝王嬙余拜如戚夫人王嬙復拜各就坐坐定太后使紫衣中貴人曰迎楊家潘家來久之空中見五色雲下聞笑語聲寖近太后曰楊潘至矣忽車音馬跡相雜羅綺煥耀旁視不給有二女子從雲中下余起立於側見前一人纖腰

修眸容甚麗衣黃衣冠玉冠年三十來太后曰此是唐朝太真妃子余即伏謁拜如臣禮太真曰妾得罪先帝（先帝謂肅宗也）皇朝不置妾在后妃數中設此禮豈不虛乎不敢受卻答拜更一人厚肌敏視小質潔白齒極卑被寬博衣太后曰齊潘淑妃余拜之如妃子既而太后命進饌少時饌至芳潔萬端皆不得名余但欲充腹不能足食已更具酒其器用盡如王者太后語太真曰何久不來相看太真謹容對曰三郎（天寶中宮人呼玄宗多曰三郎）數幸華清宮扈從不得至太后又謂潘妃

曰子亦不來何也潘妃匿笑不禁不成對太真視潘妃而對曰潘妃向玉奴（太真名也）說懊惱東昏侯疎狂終日出獵故不得時謁耳太后問余今天子爲誰余對曰今皇帝先帝長子太真笑曰沈婆兒作天子也大奇太后曰何如主余對曰小臣不足以知君德太后曰然無嫌但言之余曰民間傳聖武太后首肯三四太后命進酒加樂樂妓皆少女子酒環行數周樂亦隨輟太后請戚夫人鼓琴夫人約指以玉環光照于座（西京雜記云高祖與夫人環照見指骨也）引琴而鼓聲甚怨太后曰牛

秀才邂逅到此諸娘子又偶相訪今無以盡平生歡牛秀才固才士盍各賦詩言志不亦善乎遂各授與牋筆逡巡詩成薄后詩曰月寢花宮得奉君至今猶愧管夫人漢家舊是笙歌處煙草幾經秋復春王嬙詩曰雪裏穹廬不見春漢衣雖舊淚痕新如今最恨毛延壽愛把丹青錯畫人戚夫人曰自別漢宮休楚舞不能粧粉恨君王無金豈得迎商叟呂氏何曾畏木強太真詩曰金釵墮地別君王紅淚流珠滿御牀雲雨馬嵬分散後驪宮不復舞霓裳潘妃詩曰秋月春風幾度歸江山猶是鄴宮非東昏舊作蓮花地空想曾披金縷衣再三邀余作詩余不得辭遂應命作詩曰香風引到大羅天月地雲階拜洞仙共道人間惆悵事不知今夕是何年別有善笛女子短髮麗服貌甚美而且多媚潘妃偕來太后以接坐居之時令吹笛往往亦及酒太后顧而問曰識此否石家綠珠也潘妃養作妹故潘妃與俱來太后因曰綠珠豈能無詩乎綠珠乃謝而作詩曰此日人非昔日人笛聲空怨趙王倫紅殘翠碎花樓下金谷千年更不春辭

畢酒既至太后曰牛秀才遠來今夕誰人爲伴戚夫人先起辭曰如意成長固不可且不宜如此潘妃辭曰東昏以玉兒身死國除玉兒不擬負他綠珠辭曰石衛尉性嚴忌今有死不可及亂太后曰太真今朝先帝貴妃不可言其他太后謂王嬙曰昭君始嫁呼韓單于復爲株絫單于婦固自困且苦寒地胡鬼何能爲昭君幸無辭昭君不對低眉羞恨俄各歸休余爲左右送入昭君院會將旦侍人告起昭君垂泣持別忽聞外有太后命余遂出見太后太后曰此非郎

君久留地宜亟還便別矣幸無忘向來歡更索酒酒再行已戚夫人潘妃綠珠皆泣下竟辭去太后使朱衣送往大安抵西道旋失使人所在時始明矣余就大安里問其里人里人云此十餘里有薄后廟余却廻望廟荒毁不可入非向者所見矣余衣上香經十餘日不歇竟不知其如何

周秦行紀論

言發於中情見乎辭則言辭者志氣之來也故察其言而知其内覩其辭而見其意矣余嘗聞大牢氏涼國李公嘗呼牛僧孺曰太牢涼公名不便故不書好奇怪其身險易其

行以其姓應國家受命之讖曰首尾三鱗六十年兩角犢子恣狂顛龍蛇相鬬血成川及見著玄怪録多造隱語人不可解其或能曉一二者必附會焉縱司馬取魏之漸用田恒有齊之由故自卑秩至於宰相而朋黨若山不可動摇欲有意擺撼者皆遭亟坐莫不側目結舌事具史官劉軻日曆余得太牢周秦行紀反覆覩其太牢以身與帝王后妃冥遇欲證其身非人臣相也將有意于狂顛及至戲德宗爲沈婆兒以代宗皇后爲沈婆令人骨戰可謂無禮于其君甚矣懷異志于圖讖明矣余少服臧文仲之言曰見無禮于其君者如鷹鸇之逐鳥雀也故貶太牢已久前知政事欲正刑書力未勝而罷余讀國史見開元中御史汝南周子諒彈奏牛仙客以其姓符圖讖雖似是而未合三鱗六十之數自裴晉國與余涼國名不便彭原程趙郡紳諸從兄嫉太牢如讎頗類余志非懷私忿蓋惡其應讖也太牢作鎮襄州日判復州刺史樂坤賀

武宗監國狀曰閑事不足爲賀則恃姓敢如此耶會余復知政事將欲發覺未有由值平昭義得與劉從諫交結書因竄逐之嗟乎爲人臣陰懷逆節不獨人得誅之鬼得誅矣凡與太牢膠固未嘗不是流薄無賴輩以相表裏意太牢有非望而就佐命焉斯亦信符命之致或以中外罪余于太牢愛憎故明此論庶乎知余志所恨未暇族之而余又罷豈非王者不死乎遺禍胎于國亦余大罪也儻同余志繼而爲政宜爲君除患曆既有數意非偶

然若不在當代其必在十子孫須以太牢少長咸寘于法則刑罰中而社稷安無患于二百四十年後嘻余致君之道分隔于明時嫉惡之心放斥于早歲困援毫而攄徇憤亦書行紀之跡于後

是書本李贊皇門人韋瓘所撰而嫁其名于牛相思黯贊皇遂著論一篇極詞醜詆必欲寘之族滅且曰太牢以姓應讖文屢有異志又曰太牢旣而復用豈王者不死乎噫不至是也思黯亦一代奇才特以持論堅癖遂與正士爲仇豈誠有田常魏

操之心者衛公斯言毋乃溺于朋黨之偏乎故余嘗謂士君子于國家大議當平心定氣以求至當如漢之議鹽鐵者乃足以建事而成功不然鮮不激而爲黨如牛李者嗟夫其始一語言之忤而其終也遂成死黨以相排陷延蔓數十百年而不已亦可悲哉吾于斯傳也重有感焉于是乎書子遠志

東城老父傳

唐　陳鴻祖

老父姓賈名昌長安宣陽里人開元元年癸丑生元和庚寅歲九十八年矣視聽不衰言甚安徐心力不耗語太平事歷歷可聽父忠長九尺力能拽倒牛以材官爲中宮幕士景龍四年持幕竿隨玄宗入大明宮誅韋氏奉睿宗朝群后遂爲景雲功臣以長刀備親衛詔徙家東雲龍門昌生七歲趫捷過人能摶柱乘梁善應對解鳥語音玄宗在藩邸時樂民間清明

節鬬雞戲及即位治雞坊于兩宮間索長安雄雞金毫鐵距高冠昂尾千數養于雞坊選六軍小兒五百人使馴擾教飼上之好之民風尤甚諸王世家外戚家貴主家侯家傾帑破產市雞以償雞直都中男女以弄雞爲事貧者弄假雞帝出遊見昌弄木雞於雲龍門道旁召入爲雞坊小兒衣食右龍武軍三尺童子入雞羣如狎羣小壯者弱者勇者怯者水穀之時疾病之候悉能知之舉二雞雞畏而馴使令如人護雞坊中謁者王承恩言于玄宗召試殿庭皆中玄宗

意卿日爲五百小兒長加之以忠厚謹密天子甚愛
幸之金帛之賜日至其家開元十三年雞籠三百從
封東嶽父忠死太山下得子禮奉尸歸葬雍州縣官
爲葬器喪車乘傳洛陽道十四年三月衣鬬雞服會
玄宗於温泉當時天下號爲神雞童時人爲之語曰
生兒不用識文字鬬雞走馬勝讀書賈家小兒年十
三富貴榮華代不如能令金距期勝負白羅繡衫隨
軟輿父死長安千里外差夫持道挽喪車昭成皇后
之在相王府誕聖於八月五日中興之後制爲千秋

節賜天下民牛酒樂三日命之曰酺以爲常也大合
樂於宮中歲或酺於洛元會與清明節率皆在驪山
每至是日萬樂具舉六宮畢從昌冠雕翠金華冠錦
袖繡襦袴執鐸拂導羣雞敘立於廣場顧眄如神指
揮風生樹毛振翼礪吻磨距抑怒待勝進退有期隨
鞭指低昂不失昌度勝負既決彊者前弱者後隨昌
雁行歸于雞坊角觝萬夫跳劍尋橦蹴毬踏繩舞于
竿顛者索氣沮色逡巡不敢入豈教猱擾龍之徒歟
二十三年玄宗爲娶梨園弟子潘大同女男服珮玉

女服繡襦皆出御府昌男至信至德天寶中妻潘氏
以歌舞重幸於楊貴妃夫婦席寵四十年恩澤不渝
豈不敏於伎謹於心乎上生於乙酉雞辰使人朝服
鬬雞兆亂于太平矣上心不悟十四載　胡陷洛潼
開不守大駕幸成都奔衛乘輿夜出便門馬踣道穽
傷足不能進伏入南山每進雞之日則向西南大哭
祿山往年朝於京師識昌於橫門外及亂二京以千
金購昌長安洛陽市昌變姓名依於佛舍除地擊鐘
施力於佛洎太上皇歸興慶宮肅宗受命於別殿昌

還舊里居室爲兵掠家無遺物布衣顦顇不復得入
禁門矣明日復出長安南門道見妻兒於招國里菜
色黯焉兒荷薪妻負故絮昌聚哭訣於道遂長逝息
長安佛寺學大師佛旨大曆元年依資聖寺大德僧
運平往東市海池立陁羅尼石幢書能紀姓名讀釋
氏經亦能了其深義至道以善心化市井人建僧房
佛舍植美草甘木晝把土擁根汲水灌竹夜正觀於
禪室建中三年僧運平人壽盡服禮畢奉舍利塔於
長安東門外鎮國寺東偏手植松栢百株構小舍居

於塔下朝夕焚香灑掃事師如生順宗在東宮捨錢三十萬為昌立大師影堂及齋舍又立外屋居游民取備給昌因日食粥一杯漿水一升臥草席絮衣過是悉歸於佛妻潘氏後亦不知所往貞元中長子至信衣并州甲隨大司徒燧入覲省昌於長壽里昌如已不生絕之使去次子至德歸販繒洛陽市來往長安間歲以金帛奉昌皆絕之遂俱去不復來元和中潁川陳鴻祖攜友人出春明門見竹柏森然香烟聞於道下馬覲昌於塔下聽其言忘日之暮宿鴻祖於

齋舍話身之出處皆有條貫遂及王制鴻祖問開元之理亂昌曰老人少年以鬬雞求媚於上上倡優畜之家於外宮安足以知朝廷之事也然有以為吾子言者老人見黃門侍郎杜暹出為磧西節度攝御史大夫始假風憲以威遠見哥舒翰之鎮涼州也下石堡戍青海城出白龍逾葱嶺界鐵關總管河左道七命始攝御史大夫見張說之領幽州也每歲入關輒長轅輓輻車輦河間薊州庸調繒布駕轊連軏坌入關門輸於王府江淮綺縠巴蜀錦繡後宮玩好而已

河州燉煌道歲屯田實邊食餘粟轉輸靈州漕下黃河入太原倉備關中凶年關中粟麥藏於百姓天子幸五嶽從官千乘萬騎不食於民老人歲時伏臘得歸休行都市間見有賣白衫白疊布行都北鄽間有人禳病法用皂布一匹持重價不克致竟以幞頭羅代之近者老人扶杖出門閱街衢中東西南北視之見白衫者不滿百豈天下之人皆執兵乎開元十二年詔三省侍郎有缺先求曾任刺史者郎官缺先求曾任縣令者及老人見四十三省郎吏有理刑才名

大者出刺郡小者鎮縣自老人居大道旁往往有郡太守休馬於此皆慘然不樂朝廷沙汰使治郡開元取士孝弟治人而已不聞進士宏詞拔萃之為其得人也大略如此因泣下復言曰上皇北臣穹廬東臣雞林南臣滇池西臣昆夷三歲一來朝會視之禮容照之恩澤衣之錦絮飲之酒食使展事而去都中無留外國賓今北胡與京師雜處娶妻生子長安中少年有胡心矣吾子視首飾鞾服之制不與向同得非物妖乎鴻祖默不敢應而罷去

洪邁曰讀此傳玄宗全盛儼然在目至寫呂一毀
去國失寵尤足寫悽感也

登西臺慟哭記

宋　謝翶

始故人唐宰相魯公開府南服余以布衣從　明年
別公章水湄後明年公以事過張睢陽及顏杲卿所
嘗往來處悲歌慷慨卒不負其言而從之游今其詩
具在可考也余恨死無以藉手見公而獨記別時語
每一動念即於夢中尋之或山水池榭雲嵐草木與
所別之處及其時適相類則徘徊顧盼悲不敢泣又
後三年過姑蘇姑蘇公初開府舊治也望夫差之臺
而始哭公焉又後四年而哭之於越臺又後五年及

今而哭於子陵之臺先是一日與友人甲乙若丙約
越宿而集午雨未止買榜江涘登岸謁子陵祠憩祠
旁僧舍毀垣枯甃如入墟墓還與榜人治祭具須臾
雨止登西臺設主於荒亭隅再拜跪伏祝畢號而慟
者三復再拜起又念余弱冠時往來必謁拜祠下其
始至也侍先君焉今余且老江山人物睠焉若失復
東望泣拜不已有雲從南來渰浥浡鬱氣薄林木若
相助以悲者乃以竹如意擊石作楚歌招之曰魂朝

往兮何極暮來歸兮關水黑化爲朱鳥兮有咮焉食歌闋竹石俱碎於是相向感唶復登東臺撫磬石還越于榜中榜人始驚余哭云適有邏舟之過也盍移諸遂移榜中流舉酒相屬各爲詩以寄所思薄暮雪作風禀不可留登岸宿乙家夜復賦詩懷古明日益風雪別甲于江余與丙獨歸行三十里又越宿乃至其後甲以書及別詩來言是日風帆怒駛逾久而後濟既濟疑有神陰相以著茲遊之偉余曰嗚呼阮步兵死空山無哭聲且千年矣若神之助固不可知然

茲遊亦良偉其爲文詞因以達意亦誠可悲已余嘗欲倣太史公著季漢月表如秦楚之際今人不有知余心後之人必有知余者於此宜得書故紀之以附季漢事後時先君登臺後二十六年也先君諱某字某登臺之歲在乙丑云

皐羽倜儻有節嘗布衣杖策參人軍事未幾善哭如唐衢過姑蘇望夫差之臺慟哭終日過勾越行禹穴間北鄉哭乘舟至鄞過蛟門登候潮山感夫于浮桴之嘆則又哭晚登子陵西臺以竹如意擊石歌招魂之詞歌闋竹石俱碎失聲哭何其情之悲也

東陽夜怪錄

唐 王洙

前進士王洙字學源其先本瑯琊人元和十三年春擢第嘗居鄒魯間名山習業洙自云前四年時因隨籍入貢暮次滎陽逆旅值彭城客秀才成自虛者以家事不得就舉言旋故里偶洙因話辛勤往復之意自虛字致本語及人間目覩之異是歲自虛十有一月八日東還翌日到渭南縣方屬陰曀不知時之早晚縣宰黎謂留飲數巡自虛恃所乘壯乃命僮僕輜

重悉令先於赤水店俟宿聊踟躕焉東出縣郭門則陰風刮地飛雪霧天行未數里迨將昏黑自虛僮僕既悉令前去道上又行人已絕無可問程至是不知所屆矣路出東陽驛南尋赤水谷口道去驛不三四里有下烏林月光依微略辨佛廟自虛啟扉投身突入雪勢愈甚自虛竊意佛宇之北有住僧將求委焉則策馬入其後纔認北橫數間空屋寂然無燈燭久之傾聽微似有人喘息聲遽繫馬於西面柱連問院主和尚今夜慈悲相救徐聞人應老病僧智高在此適僮僕已使出村教化無得以致火燭雪若是復當深夜客何爲者自何而來四絕親鄰何以取濟今夕脫不惡其病穢且此相就則免暴露兼輟所藉芻槀分用委質可矣自虛他計既窮聞此內亦甚喜乃問高公生緣何鄉何故棲此又俗姓云何既接恩容還要審其出處曰貧道俗姓安（以本身肉鞍之故也）生在磧西本因捨力隨緣來詣中國到此未幾房院疎蕪秀才卒降無以供待不垂見怪爲幸自虛如此問答頗忘前倦乃謂高公曰方知探寶化城如來非妄立喻今高

公是我導師矣高公本宗固有如是降伏其心之教俄則沓沓然若數人聯步而至者遂聞大極好雪師丈在否高公未應間聞一人云曹長先行或曰朱八丈合先行又聞人曰路甚寬曹長不合苦讓偕行可也自虛竊謂人多私心益壯有頃即似悉造座隅矣內一人謂曰師丈此有宿客乎高公對曰適有客來詣宿耳自虛昏昏然莫審其形質唯最前一人俯簷映雪彷彿若見着皁裘者背及肋有搭白補處其人先發問自虛云客何故踽踽（音禹）然犯雪昏夜止此曰

虛則具以實告其人因請自虛姓名對曰進士成自虛自虛亦從而語曰暗中不可悉揖清揚他日無以爲子孫之舊請各稱其官及名氏便聞一人云前河陰轉運巡官試左驍衛胄曹參軍盧倚馬次一人云桃林客副輕車將軍朱中正次一人曰去文姓敬次一人曰釹金姓奚此時則似周坐矣初因成公應舉倚馬旁及論文倚馬曰某兒童時即聞人詠師丈聚雪爲山詩今猶記得今夜景象宛在目中師丈有之乎高公曰其詞謂何試言之倚馬曰所記云誰家掃

雪滿庭前萬壑千峰在一拳吾心不覺侵衣冷曾向此中居幾年自虛茫然如失口呿眙尤所不測高公乃曰雪山是吾家山往年偶見小兒聚雪屹有峰巒之狀西望故國悵然因作是詩曹長大聰明憑何記得貧道舊時惡句不因曹長誠念在口實亦遺忘倚馬曰師丈騁逸步於遐荒脫塵機（機當爲羈）於維縶巍巍道德可爲首出儕流如小子之徒望塵奔至曷敢窺其高遠哉倚馬今春以公事到城受性頑鈍闕下桂玉煎迫不堪且夕羈旅雖勤勞夙夜料入況微負荷非輕常懼刑責近蒙本院轉一虛銜（謂空驅作替驢）意在苦求脫免昨晚出長樂坡下宿自悲塵中勞役慨然有山鹿野麋之志因寄同侶成兩篇惡詩對諸作者輒欲口占去就未敢自虛曰今夕何夕得聞佳句倚馬又謙曰不揆荒淺況師丈文宗在此敢呈醜拙邪自虛苦請曰願聞願聞倚馬因朗吟其詩曰長安城東洛陽道車輪不息塵浩浩爭利貪前競著鞭相逢盡是塵中老（其一）日晚長川不計程離羣獨步不能鳴賴有青青河畔草春來猶得慰羈情合座咸曰大

高作倚馬謙曰拙惡拙惡中正謂高公曰比聞朔漠之士吟諷師丈佳句絕多今此是潁川況側聆盧曹長所念開洸昏鄙意爽神清新製的多滿座渴咏豈不能見示三兩首以沃羣矚高公請俟他日中正又曰眷彼名公悉至何謝兔園雅論高談抑　時之盛事今去市肆若遠夜艾興餘杯觴固不可求炮炙無由而致賓主禮闕慙恧空多吾輩方以觀心朵頤（謂齕草之性與師丈同）而諸公通宵無以充腹械然何補高公曰吾聞佳話可以忘於饑渴秪如八郎力濟生人動循

軏轍攻城犒士爲己所長但以十二因緣皆從觸起
茫茫苦海煩惱隨生何地而可見菩提（提當作蹄）何門而
得離火宅（亦用事識之）中正對曰以愚所謂覆轍相尋輪
廻螺道先後報應事甚分明引領修行義歸於此高
公大笑乃曰釋氏尚其清淨道成則爲正覺（覺當爲角）覺
則佛也如八郎向來之談深得之矣倚馬大笑自虛
又曰適來朱將軍再三有請和尚新製在小生下情
實願觀寶和尚豈以自虛遠客非我法中而見鄙之
乎且和尚器識非凡岵谷深峻必當格韻才思貫絕

一時妍妙清新擺落俗態豈終秘咳唾之餘思不吟
一兩篇以開耳目乎高公曰深荷秀才苦情事則難
於固違況老僧殘疾衰羸習讀久廢章句之道本非
所長却是朱八無端挑抉吾短然於病中偶有兩篇
自述匠不能聽之乎曰願聞其詩曰擁褐藏名無定
蹤流沙千里度衰容傳得南宗心地後此身應便老
雙峰爲有闍浮珍重因遠離西國赴咸秦自從無力
休行道且作頭陀不繫身又聞滿座稱好聲移時不
定去文忽於座內云昔王子猷訪戴安道於山陰雪

夜皎然及門而返遂傳何必見戴之論當時皆重逸
興今成君可謂以文會友下視袁安蔣詡吾少年時
頗負儁氣性好鷹鶻曾於此時畋遊馳騁吾故林在
長安之巽維御宿川之東畤（此處地名苟家嘴也）詠雪有獻曹
州房一篇不覺詩狂所攻輒汚泥高鑒耳因吟詩曰
愛此飄飄六出公輕瓊洽絮舞長空當時正遂秦丞
相騰蹴川原喜北風獻詩訖曹州房頗甚賞僕此詩
因難僕云呼雪爲公得無檢束乎余遂徵古人尚有
呼竹爲君後賢以爲名論用以證之曹州房結舌莫

知所對然曹州房素非知詩者烏大嘗謂吾曰難得
臭味同斯言不妄今涉彼遠官參東州軍事（事見今古注）
相去數千苗十（以五五之數故第十）氣候啞吒憑恃羣親索人
承事魯無君子者斯焉取諸銳金曰安敢當不見苗
生幾日曰涉旬矣然則苗子何在去文曰亦應非遠
知吾輩會於此計合解來居無幾苗生遽至去文僞
爲喜意拊背曰適我願兮去文遂引苗生與自虛相
揖自虛先稱名氏苗生曰介立姓苗賓主相論之詞
頗甚稠沓銳金居其側曰此時則苦吟之矣諸公皆

在老奚詩病又發如何如何自慮曰向者承奚生眷與之分非淺何爲尙吝瑰寶大失所望銳金退而逡巡曰敢不貽廣席一噱耳輒念三篇近詩云舞鏡爭鸞綵臨場定鶻拳正思仙仗日翹首御樓前養鬬形如水迎春質似泥信如風雨在何憚跡卑棲爲脫田文難常懷紀渻恩欲知疎野態霜曉叫荒村銳金吟訖暗中亦大聞稱賞聲高公曰諸賢勿以武士見待朱將軍此公甚精名理又善屬文而乃猶無所言皮底臧否吾輩抑將不可況成君遠客一夕之聚空門

所謂多生有緣宿鳥同樹者也得不因此當異時之談端哉中正起曰師丈此言乃與中正樹荊棘耳苟衆情疑阻敢不唯命是聽然盧探手作事自貽伊戚如何高公曰請諸賢靜聽中正詩曰亂魯負虛名遊秦感寗生候驚丞相喘用識葛盧鳴黍稷滋農興軒車乏道情近來筋力退一志在歸耕高公歎曰朱八文華若此未離散秩引駕者又何人哉屈甚屈甚倚馬曰扶風二兄偶有所繫（意屬自慮所棄）吾家龜茲蒼文斃甚樂喧厭靜好事揮霍與在結束勇於前驅（謂般輕貨首隊）

頭陁此會不至恨可知也去文謂介立曰胃家兄弟居處匪遙莫往莫來安用尙志詩云朋友攸攝而使尙有遐心必須折簡見招鄙意頗成其美介立曰某本欲訪胃大去方以論文興酣不覺遲遲耳敬君命子今且請諸公不起介立略到胃家即回不然便拉胄氏昆季同至可乎皆曰諾介立乃去無何去文於衆前竊是非介立曰蠢茲爲人甚有爪距頗聞潔廉善主倉庫其如蜡姑之醜難以掩於物論何殊不知介立與胃氏相攜而來及門瞥聞其說介立攘袂大怒

曰天生苗介立鬬伯比之胄下得姓於楚遠祖棼皇茹分二十族祀典配享至于禮經（謂郊特牲八蜡迎虎迎猫）奈何一敬去文盤瓠之餘長細無別非人倫所齒只合馴狎稚子獰守酒旗謟何妖狐竊脂媚竈安敢言人之長短我若不呈薄藝敬子謂我咸秩無文使諸人異日視我今對師丈念一篇惡詩且看如何詩曰爲懸食肉主恩深日晏蟠桃臥錦衾且學志人知白黑那將好爵動吾心自虛頗甚佳歎去文曰卿不詳本末厚加矯誣我實春秋向戌之後卿以爲我盤瓠裔如

厯陽此房於吾殊所乖[illegible]中正深以兩家絲酬未絕爲病乃曰吾願作宜僚以釋二忿可乎昔我逢丑父實與向家棼㚖春秋時屢同盟會今座上有名客二子何乃互毀祖宗語中忽有蹤露是取笑於成公齒冷也且盡吟詠固請息喧於是介立即引胃氏昆仲與自虛相見初礹礹然若白色二人來前長曰胃藏瓠次曰藏立自虛亦稱姓名介立乃於廣衆延譽胃氏昆弟潛蹤草野行著及於名族上參列宿親密內達肝膽況秦之八水實貫天府故林二十族多是咸

京闘弟新有題舊業詩時稱甚美如何得聞乎藏瓠對曰小子謬廁賓筵作者雲集欲出口吻先增慙怍今不得已塵汚諸賢耳目詩曰鳥鼠是家川周王昔獵賢一從離子卯（鼠兎皆變爲蝟也）應見海桑田介立稱好弟他曰必負重名公道若存斯文不朽藏瓠歛躬謝曰藏瓠幽蟄所宜十陪羣彥兄揄揚太過小子繆當重言若負芒刺座客皆笑時自虛方傳諸客佳什不暇自念已文但曰諸公清才綺靡皆是目牛游亦中正將謂有識潛然遁去高公求之不得曰朱八不告

而退何也倚馬對曰朱八世與廂氏爲讎惡聞發瓠之說而去耳自虛謝不敏此時去文獨與自虛論詰語自虛曰凡人行藏卷舒君子尚其達節搖尾求食猛虎所以見機或爲知己吠鳴不可以主人無德而廢斯義也去文不才有兩篇言志奉呈詩曰事君同樂義同憂那校糟糠滿志休不是守株空待兎終當逐鹿出林丘少年嘗負饑鷹用內顧曾無寵鶴心秋草歐除思去宇平原毛血興從禽自虛賞激無限全忘一夕之苦方欲自誇舊制忽聞遠寺撞鐘則比膞

鎗然聲盡矣注目略無所覩但覺風雪透窻臊穢撲鼻雖窣颯如有動者而厲聲呼問絕無由答自虛心神恍惚未敢遽前捫摸退尋所繫之馬宛在屋之西隅鞍韉被雪馬則齕草而立遲疑間曉色已將辨物矣乃於屋壁之北有槖駞一貼腹跪足儑耳齝口自虛覺夜來之異得以遍求之室外北軒下俄又見一瘁瘠烏驢連脊有磨破三處白毛茁然將滿舉視屋之北拱微若振迅有物乃見一老雞蹲馬前及設像佛宇塌座之北東西有隙地數十步牖下皆有彩畫

處土人曾以麥麩之長者觭於其間見一大駁猫兒眠於上咫尺內有盛餉田漿破瓮一次有牧童所棄破笠一自虛因蹴之果獲二刺蝟蠕然而動自虛周求四顧悄未有人又不勝一夕之凍乏乃攬轡振雪上馬而去迴出村之北道左經柴欄舊圃覩一牛踣雪斃草次此不百餘步闔村悉輦糞於此蘊崇自虛過其下羣犬喧吠中有一犬毛悉齊裸其狀甚異髀脫自虛自虛驅馬久之值一叟闢荆扉晨興開徑雪自虛駐馬訊焉對曰此故友右軍彭特進莊也郎君

昨宵何止行李間有似迷途者自虛語及夜來之見叟倚篲驚訝曰極差極差昨晚天氣風雪莊家先有一病橐駝慮其爲所斃遂覆之佛宇之北念佛社屋下有數日前河陰官腳過有乏驢一頭不任前去某哀其殘命未捨以斛粟易留之亦不羈絆彼欄中瘠牛皆莊家所畜適聞此說不知何緣如此放怪自虛曰昨夜已失鞍馱今凍餒且甚事有不可率語者大略如斯難於悉述遂策馬奔去至赤水店見僮僕方訝其主之相失始忙於求訪自虛慨然如喪魂者數

冥通記

梁　陶弘景

夏至日未中少許在所住戶南牀眠始覺仍令善生下簾又眠未熟忽見一人長可七尺面小口鼻猛眉多少有鬚青白色年可四十許著朱衣赤幘上戴蟬垂纓極長紫革帶廣七寸許帶鞶囊鞶囊作龍頭足著兩頭烏烏紫色行時有聲索索然從者十二人二人提裾作兩髻髻如永嘉老姥髻紫衫青袴履縛袴極緩三人著紫袴褶平巾幘手各執簡簡上有字不

可識又七人並白布袴褶自履靺悉有所執一人挾坐席一人把如意五色毛扇一人把大卷書一人持紙筆大硯硯黑色筆猶如世上筆一人捉纖纖狀如毛羽又似絲帛斑駁可愛纖形圓深柄黑色極長入屋後倚簷前其二人並持囊囊大如小柱似有文書挾席人舒置書牀上席白色有光明草縷如葪子但纖縷尤大耳侍者六人入戶並倚子平牀前此人始入戶便皺面去居太近後仍就座以脣隱書案于時筆及約尺悉在案上便自提內格中移格置北頭間

左右那不將几來答云官近行不將來乃謂子良曰我是此山府丞嘉卿無爲故來相造子良乃起整衫未答仍問曰今日吉日日已欲中卿齋不答依常朝拜中食耳未曉齋法又曰中食亦足但夏月眠不益人莫恒貪眠又啓體羸有小事竟覺倦倦如欲眠不能自禁曰小小消息無苦因風起吹纖欲倒仍令左右看纖赤豆在庭中戲走來垂至纖邊左右以手格去郎善又來架子上取堰觸此左右善便倒地此左右以手接之此人問那得此小兒子子良答家在錢

塘姓俞權寄此住又曰勿令裸身善神見之又問郎善何人子良答家在永嘉依廕陶先生又曰陶有美志爲人所歸投又語子良曰卿父昔不無小過釋來已三年今處無事地自云墳塚在越雖自羈廻亦不願移之南頭有一坎宜塞去其今欲同來有文書事未了不果明年春當生王家以其前過未盡故復出世卿前身有福得值正法今生又不失人神之心按錄籍卿大命乃猶餘四十六年夫生爲人實依依於世上死爲神則戀戀於幽冥實而論之幽冥爲勝今

府中闕一任欲以卿補之事目將定莫復多言來年
十月當相召可逆營辦具故來相告者不從此命者
則三官符至可不慎之子良便有懼色此人曰卿趣
欲住世種罪何爲得補吾洞中之職面對天真遊行
聖府自計天下無勝此處子良乃曰唯仰由耳又曰
卿自幼至今不無小愆可自思悔謝若不爾者亦爲
身累凡修道者皆不裸身露髻杜濫無辜起止飲食
悉應依科聊復相告言竟於此今還所任方事猶疑
冀非遠耳卿勗吾言勿示世中悠悠之人山中同志

知之無嫌便下帶未出戶見門上有令春劉白等令春
是婢冊閒猥子劉白是白從子乃又曰勿令小兒輩逼壇靖靖中有
真經前失火處大屋基今猶有吏兵防護莫輕媟慢
其背無知事延家主卿姨病源乃重雖不能致斃亦
難除子良因啟不審若爲治療腹中又有結病何當
得除答曰不可即除歲月之間不知若爲耳腹中亦
有卒可差別當向卿言令春等去便下堦而滅
二十七日二更中開眼見一人在牀前容質端正有
鬚鬢甚厚細眉目年可二十餘顏狀甚可愛著芙蓉
冠垂青纓甚長著衣狀如單衣而有朱青黃白相雜
廁似錦復非素腰帶不知是何所著亦有光如前范
帥來時燭光也獨自而已自云是中山人柄言曰茅
君用爾爲丞已遣丞帥來相報事已定吾今來教爾
修道之方可從而言疏子良仍起襞紙疏之

冥音錄

唐　朱慶餘

廬江尉李侃者隴西人家於洛之河南太和初卒於官有外婦崔氏本廣陵倡家生二女旣孤且幼孀母撫之以道遂子未成人因寓家廬江侃旣死雖侃之宗親居顯要者絶不相聞廬江之人咸哀其孤藐而能自强崔氏性酷嗜音雖貧苦求活常以絃歌自娱有女弟菃奴風容不下善鼓箏爲古今絶妙知名於時年十七未嫁而卒人多傷焉二女幼傳其藝長女

適邑人丁玄夫性識不甚聰慧幼時每教其藝小有所未至其母輒加鞭箠終莫究其妙每心念其姨曰我姨之甥也今乃死生殊途恩愛久絶姨之生乃聰明死何蔑然而不能以力祐助使我心開目明粗及流輩哉每至節朔輒舉觴酹地哀咽流涕如此者八歲母亦哀而憫焉開成五年四月三日因夜夢寐驚起號泣謂其母曰向者夢姨執手泣曰我自辭人世在陰司簿屬教坊授曲於博士李元憑元憑屢薦我於憲宗皇帝帝召居宫一年以我更直穆宗皇帝宫

和之勅秘其詞極切恐爲諸國所得故不敢泄歲攝提地府當有大變得以流傳人世幽明異路人鬼道殊今者人事相接亦萬代一時非偶然也會以吾之十曲獻陽地天子不可使無聞於明代於是縣白州州白府刺史崔璹親召而試之則絲桐之音搶摐可聽其差琴調不類秦聲乃以衆樂合之則宫商調殊不同矣母令小女再拜求傳十曲亦備得之至暮決去數日復來曰吾聞揚州連帥取汝恐有謬誤汝可一一彈之又留一曲曰思歸樂無何州府果令送至

揚州一無差錯廉察使故相李德裕議表其事小女尋卒

三夢記

唐　白行簡

人之夢異於常者有之或彼夢有所往而此遇之者或此有所爲而彼夢之者或兩相通夢者天后時劉幽求爲朝邑丞嘗奉使歸未及家十餘里適有佛堂寺路出其側聞寺中歌笑歡洽寺垣短缺盡得覩其中劉俯身窺之見十數人兒女雜坐羅列盤饌環繞之而共食見其妻在坐中語笑劉初愕然不測其故久思之且思其不當至此復不能捨之又熟視容止

言笑無異將就察之寺門閉不得入劉擲瓦擊之中其罍洗破迸走散因忽不見劉踰垣直入與從者同視殿廡皆無人寺扃如故劉訝益甚遂馳歸比至其家妻方寢聞劉至乃敘寒暄訖妻笑曰向夢中與數十人同遊一寺皆不相識會食於殿庭有人自外以瓦礫投之杯盤狼藉因而遂覺劉亦具陳其見蓋所謂彼夢有所往而此遇之者矣

元和四年河南元微之爲監察御史奉使劒外踰旬予與仲兄樂天隴西李杓直同遊曲江詣慈恩佛舍徧歷僧院淹留移時日已晚同詣杓直修行里第命酒對酬甚歡暢兄停杯久之曰微之當達梁矣命題一篇于壁其詞曰春來無計破春愁醉折花枝作酒籌忽憶故人天際去計程今日到梁州實二十一日也十許日會梁州使適至獲微之書一函後寄紀夢詩一篇其詞曰夢君兄弟曲江頭也入慈恩院裏遊屬吏喚人排馬去覺來身在古梁州日月與遊寺題詩日月率同蓋所謂此有所爲而彼夢之者矣

貞元中扶風竇質與京兆韋旬同自亳入秦宿潼關

逆旅竇夢至華岳祠下見一女巫黑而長青裙素襦迎路拜揖請爲之祝神竇不獲已遂聽之問其姓自稱趙氏及覺具言於韋明日至祠下有巫迎客容質妝服皆所夢也顧韋謂曰夢有徵也乃命從者視囊中得錢三環與之巫撫掌大笑謂同輩曰如所夢矣韋驚問之對曰昨夢二人從東來一髯而短者祝醑獲錢三環焉及旦乃徧述於同輩今則驗矣竇因問巫之姓氏同輩中曰姓趙氏自始及末若合符契蓋所謂兩相通夢者矣

行簡曰春秋及子史言夢者多然未有載此三夢者矣世人之夢亦衆矣亦未有此三夢豈偶然也抑亦必前定耶予不能知今備記其事以存録焉

行簡云淮安西市帛肆有販粥求利而爲之平者姓張不得名家富於財居光德里其女國色也嘗因晝寢夢至一處朱門大戶棨戟森然由門而入望其中堂者設燕張樂之爲左右廊皆施幃幄有紫衣吏引張氏于西廊幕見少女如張等輩十許人皆花容綽約釵鈿照耀旣至促張妝飾諸女迭助之理澤傅粉

有頃自外傳呼侍郎來自隙間窺之見一紫綬大官張氏之兄嘗爲其小吏識之乃言曰吏部沈公也俄又呼曰尚書來未有識者也逡廵復連呼曰某來某來皆郎官以上六七個坐廳前紫衣吏曰可出矣群女旋進金石絲竹鏗鍧震響中署酒酣王并州見張氏而視之尤屬意謂之曰汝習何藝能對曰未嘗學聲音使與之琴辭不能曰第操之乃撫之而成曲與之箏亦然琵琶亦然皆平生所不習也王公曰恐汝或遺乃令口受吟詩鬟梳嫽俏學宮妝獨立閑庭納夜涼手把玉釵敲砌竹清歌一曲月如霜謂張曰且歸辭父母異日復來張忽啼寤手捫衣帶謂母曰嘗書詩遺矣索筆録之母問其故泣對以所夢且曰殆將死乎母怒曰汝作魘爾何以爲辭乃出不祥言如是因臥病累日外親有持酒肴者又有將食來者女曰且須膏沐澡瀹母聽良久豔妝盛色而至食畢乃徧拜父母及坐客曰時不留某今往矣因授衾而寢父母環伺之俄爾遂卒會昌二年六月十五日也

古鏡記

隋　王度

隋汾陰侯生天下奇士也王度常以師禮事之臨終贈度以古鏡曰持此則百邪遠人度受而寶之鏡横徑八寸鼻作麒麟蹲伏之象遶鼻列四方龜龍鳳虎依方陳布四方外又設八卦卦外置十二辰位而具畜馬辰畜之外又置二十四字周遶輪郭文體似隷點畫無缺而非字書所有也侯生云二十四氣之象形承日照之則背上文畫墨入影内纖毫無失舉而

扣之清音徐引竟日方絶嗟乎此則非凡鏡所得同也宜其見賞高賢是稱靈物侯生常云昔者吾聞黄帝鑄十五鏡其第一横徑一尺五寸法滿月之數也以其相差各校一寸此第八鏡也雖歲祀攸遠圖書寂寞而高人所述不可誣矣昔楊氏納環累代延慶張公喪劒其身亦終今度遭世擾攘居常鬱怏王室如燬生涯何地寶鏡復去哀哉今具其異跡列之如後庶千載之下儻有得者知其所由耳大業七年五月度自侍御史罷歸河東適遇侯生卒而得此鏡至其年六月度歸長安至長樂坡宿於主人程雄家雄新受寄一婢頗甚端麗名曰鸚鵡度既稅駕將白云不敢住度因召主人問其故雄云兩月前有一客攜此婢從東來時婢病甚客便寄留云還日當取比不復來不知其婢由也度疑其精魅引鏡逼之便云乞命即變形度即掩鏡曰汝先自叙然後變形當捨汝命婢再拜自陳云某是華山府君廟前長松下千歲老狸大行變惑罪合至死遂爲府君捕逐逃於河渭之間爲下邽陳思恭義女蒙養甚厚嫁鸚鵡與同鄉

人柴華鸚鵡與華意不相愜逃而東出韓城縣爲行人李無傲所執無傲粗暴丈夫也遂將鸚鵡遊行數歲昨隨至此忽爾見留不意遭逢天鏡隱形無路度又謂曰汝本老狸變形爲人豈不害人也婢曰變形事人非有害也但跳隱幻惑神道所惡自當至死耳度又謂曰欲捨汝可乎鸚鵡曰辱公厚賜豈敢忘德然天鏡一照不可逃形但久爲人形羞復故體願緘於匣許盡醉而終度又謂曰緘鏡於匣汝不逃乎鸚鵡笑曰公適有美言尚許相捨緘鏡而走豈不終恩

但天鏡一臨竄跡無路唯希數刻之命以盡一生之歡耳度登時爲匣鏡又爲致酒悉召雄家隣里與宴謔比婢頃大醉奮衣起舞而歌曰寶鏡寶鏡哀哉予命自我離形於今幾姓生雖可樂死不必傷何爲眷戀守此一方歌訖再拜化爲老狸而死一座驚歎大業八年四月一日太陽虧度時在臺直晝卧廳閣覺日漸昏諸吏告度以日蝕甚整衣時引鏡出自覺鏡亦昏昧無復光色度以寶鏡之作合於陰陽光景之妙不然豈合以太陽失曜而寶鏡亦無光乎惟歎未

已俄而光彩出日亦漸明比及日復鏡亦精明如故自此之後每日月薄蝕鏡亦昏昧其年八月十五日友人薛俠者獲一銅劒長四尺劒連於靶靶盤龍鳳之狀左文如火焰右文如水波光彩灼爍非常物也俠持過度曰此劒俠常試之每月十五日天地清朗置之暗室自然有光旁照數丈俠持之有日月矣明公好奇愛古如飢如渴願與君今夕一試度喜甚其夜果遇天地清霽密閉一室無復脫隙與俠同宿度亦出寶鏡置於座側俄而鏡上吐光明照一室相視

如晝劒橫其側無復光彩俠大驚曰請内鏡於匣度從其言然後劒乃吐光不過一二尺耳俠撫劒歎曰天下神物亦有相伏之理也是後每至月望則出鏡於暗室光常照數丈若月影入室則無光也豈太陽太陰之耀不可敵乎其年冬兼著作郎奉詔撰周史欲爲蘇綽立傳度家有奴曰豹生年七十矣本蘇氏部曲頗涉史傳略解屬文見度傳草因悲不自勝度問其故謂度曰豹生常受蘇公厚遇今見蘇公言驗是以悲耳郎君所有寶鏡是蘇公友河南苗季子所

遺蘇公者蘇公愛之甚蘇公臨亡之歲戚戚不樂常召苗生謂曰自度死日不久不知此鏡當入誰手今欲以蓍筮一斷先生幸觀之也便顧豹生取蓍蘇公自揲布卦卦訖蘇公曰我死十餘年我家當失此鏡不知所在然天地神物動靜有徵今河洛之間往往有寶氣與卦兆相合鏡其往彼乎季子曰亦爲人所得乎蘇公又詳其卦云先入侯家復歸王氏過此以往莫知所之也豹生言訖涕泣度問蘇氏果云舊有此鏡蘇公薨後亦失所在如豹生之言故度爲蘇公

傳亦具言其事於末篇論蘇公蓍筮絕倫嘿而獨用謂此也大業九年正月朔旦有一胡僧行乞而至度家弟勣出見之覺其神彩不俗便邀入室而為具食坐語良久胡僧謂勣曰檀越家似有絕世寶鏡也可得見耶勣曰法師何以得知之僧曰貧道受明錄秘術頗識寶氣檀越宅上每日常有碧光連日絳氣屬月此寶鏡氣也貧道見之兩年矣今擇良日故欲一觀勣出之僧跪捧欣躍又謂勣曰此鏡有數種靈相皆當未見但以金膏塗之珠粉拭之舉以照日必影

徹墻壁僧又歎息曰更作法試應照見腑臟所恨卒無藥耳但以金煙薰之玉水洗之復以金膏珠粉如法拭之藏之泥中亦不晦矣遂留金煙玉水等法行之無不獲驗而胡僧遂不復見其年秋度出兼芮城令令廳前有一棗樹圍可數丈不知幾百年矣前後令至皆祠謁此樹不則殃禍立及也度以為妖由人興淫祀宜絕縣吏皆叩頭請度度不得已為之一祀然陰念此樹當有精魅所托人不能除養成其勢乃密懸此鏡於樹之間其夜二鼓許聞其廳前磊落有聲若雷霆者遂起視之則風雨晦暝纏繞此樹電光晃耀忽上忽下至明有一大蛇紫鱗赤尾綠頭白角額上有王字身被數創死於樹下度便收鏡命吏出蛇焚於縣門外仍掘樹樹心有一穴於地漸大有巨蛇蟠泊之跡既而實之妖怪遂絕其年冬度以御史帶芮城令持節河北道開倉糧賑給陝東時天下大饑百姓疾病蒲陝之間癘疫尤甚有河北人張龍駒為度下小吏其家良賤數十口一時遇疾度憫之齎此鏡入其家使龍駒持鏡夜照諸病者見鏡皆驚起

云見龍駒持一月來相照光陰所及如冰著體冷徹腑臟即時熱定至晚並愈以為無害於鏡而所濟衆於是令密持此鏡遍巡百姓其夜鏡如匣中冷然自鳴聲甚徹遠良久乃止度心獨怪明早龍駒來謂度曰龍駒昨忽夢一人龍頭蛇身朱冠紫服謂龍駒我即鏡精也名曰紫珍常有德於君家故來相託為我謝王公百姓有罪天與之疾奈何使我反天救物且病至後月當漸愈無為我苦度感其靈怪因此誌之至後月病果漸愈如其言也大業十年度弟勣自六

合丞棄官歸又將遍遊山水以爲長往之策度止之曰今天下向亂盜賊充斥欲安之乎且吾與汝同氣未常遠別此行也似將高蹈昔尚子平遊五嶽不知所之汝若追踵前賢吾所不堪也便涕泣對勣勣曰意已決矣必不可留兄今之達人當無所不體孔子曰匹夫不可奪其志矣人生百年忽同過隙得情則樂失志則悲安遂其欲聖人之義也度不得已與之決別勣曰此別也亦有所求兄所寶鏡非塵俗物也勣將抗志雲路棲蹤煙露欲兄以此爲贈度曰吾何

惜於汝也卽以與之勣得鏡遂行不言所適至大業十三年夏六月始歸長安以鏡歸謂度曰此鏡眞寶物也勣辭兄之後先遊嵩山少室陟石梁坐玉壇屬日暮遇一嵌巖有一石堂可容三五人勣棲息止焉月夜三更後有兩人一貌胡鬚眉皓而瘦稱山公一面濶白鬢眉長黑而矮稱毛生謂勣曰何人斯居也勣曰尋幽探穴訪奇者二人坐與勣談文往往有異義出於言外勣疑其精怪引手潛後開匣取鏡鏡光出而二人失聲俯伏矮者化爲龜胡者化爲猿

至曉二身俱殞龜身帶綠毛猿身帶白毛卽入箕山渡潁水歷太和視玉井井旁有池水湛然綠色問樵夫曰此靈湫耳村閭每八節祭之以祈福佑若一祭有闕卽池水出黑雲大雹傷稼白雨流樹浸堤壞阜勣引鏡照之池水沸涌有雷如震忽爾池水騰出池中不遺涓滴可行二百餘步水落於地有一魚可長丈餘粗細大於臂首紅額白身作青黃間色無鱗有涎龍形蛇角觜尖狀如鱘魚動而有光在於泥水因而不能遠去勣謂鮫也失水而無能爲耳刃而爲炙

甚膏有味以充數朝口腹遂出於宋汴汴主人張琦家有女子患入夜哀痛之聲實不堪忍勣問其故病來已經年歲白日卽安夜常如此勣停一宿及聞女子聲遂開鏡照之痛者曰戴冠郎被殺其病者牀下有大雄雞死矣乃是主人七八歲老雞也遊江南將渡黃陵楊子江忽暗雲覆水黑風波湧舟子失容慮有覆沒勣攜鏡上舟背江中數步明朗徹底風雲四斂波濤遠息須臾之間達濟天塹躋攝山趨芳嶺或攀危頂或入深洞逢其群鳥環人而噪數熊當路而

猶以鏡揮之熊鳥奔駭是時利涉浙江遇潮出海濤聲振吼數百里而聞舟人曰濤既近未可渡南若不廻舟吾輩必葬魚腹勣出鏡照江波不進屹如雲立四面江水豁開五十餘步水漸清淺黿鼉散走舉帆翩翩直入南浦然後却視濤波洪湧高數十丈而至所渡之津也遂登天台周覽洞壑夜行佩之山谷去身百步四面光徹纖微皆見林間宿鳥驚而亂飛還履會稽逢異人張始鸞授勣周髀九章及明堂六甲之事與陳永同歸更遊豫章見道士許藏秘云是旌陽七代孫有況登力履火之術說妖怪之次便言豐

城縣倉督李敬家有三女遭魅病人莫能識藏秘療之無効勣故人曰趙丹有才器任豐城縣尉勣因過之丹命祗承人指勣停處勣謂曰欲得倉督李敬家居止丹遂設榻爲主禮勣因問其故敬曰三女同居堂內閣子每至日晚即靚粧衒服黃昏後即歸所居閣子每至日滅燈燭聽之竊與人言笑聲及至曉眠非喚不覺日日漸瘦不能下食制之不令粧梳即欲自縊投井無奈之何勣謂敬曰引示閣子之處其閣

東有窗恐其門閉固而難啟遂晝日先刻斷窗櫺四條却以物支柱之如舊至日暮敬報勣曰粧梳入閣矣至一更聽之言笑自然勣拔窗櫺子持鏡入閣照之三女叫云殺我婿也初不見一物懸鏡至明有一鼠狼首尾一尺三四寸身無毛齒有一老鼠亦無毛齒其肥大可重五斤又有守宮大如人手身披鱗甲煥爛五色頭上有兩角長可半寸尾長五寸以上尾頭一寸色白並於壁孔前死矣從此疾愈其後尋眞至廬山婆娑數月或棲息長林或露宿草莽虎豹接尾豺狼連跡舉鏡視之莫不竄伏廬山處士蘇賓奇

識之士也洞明易道藏往知來謂勣曰天下神物必不久居人間今宇宙喪亂他鄉未必可止吾子此鏡尚在足下衛幸速歸家鄉也勣然其言即時北歸便遊河北夜夢鏡謂勣曰我蒙卿兄厚禮今當捨人間遠去欲得一別卿請早歸長安也勣夢中許之及曉獨居思之恍恍發悸即時西首秦路今既見兄勣不負諾矣終恐此靈物亦非兄所有數月勣還河東大業十三年七月十五日匣中悲鳴其聲纖遠俄而漸

大若龍咆虎吼良久乃定開匣視之即失鏡矣

記錦裾

唐 陸龜蒙

侍御史趙郡李君好事之士也因予話上元瓦棺寺有陳後主羊車一輪天后武氏羅裙佛旛皆組繡奇妙李君乃出古錦裾一條示余幅長四尺下廣上狹下闊六寸上減下三寸半皆周尺如直其前則左有鶴二十勢若飛起率曲折一脛口中銜莩葩輩右有一鸚鵡聳肩舒毛數與鶴相等二禽大小不類而又以花卉均布無餘地界道四向五色間雜道上累細鈿點綴其中微雲瑑結互以相帶有若駮霞殘虹流烟墮霧春草夾逕遠山截空壞墻古苔石泓秋水印丹沒漏蘗粉塗染盤紐環珮雲隱涯岸濃淡霏拂靄抑冥密始如不可辨別及諦視之條段斬絕分畫一一有去處非繡非繪縝緻柔美又不可狀也裹用繒綵下制緎尚仍舊兩旁皆解散蓋拆滅零落僅存此故耳縱非齊梁物亦不下三百年矣昔時之工如此妙耶嗚呼其裾者復何人焉因筆之爲辭繼于錦裾之後俾善詩者賦之

寺故有三寶一爲師子國所貢玉如來像一爲顧長康所繪維摩詰天女一爲戴顒所損臂胛塑像惜無文筆如龜蒙紀之者

説郛目録

弓第一百十五

甘澤謡

唐　袁郊

魏先生

魏先生生于周家丁朱儒書之外詳究樂章隋初出游關右値太常考樂議者未平聞先生來競往謁問先生乃取平陳樂器與樂官蘇夔蔡子元等詳其律度然後金石絲竹咸得其所内致清商署爲大樂官欽帛二百段以酬之先生不復入仕遂歸梁宋以琴酒爲娱及隋末兵興楊玄感戰敗謀主李密亡命鴈

門變姓名以教授先生同其鄉曲由是遂相來往常論鐘律李密頗能先生因戲之曰觀吾子氣沮而目亂心揺而語偷氣沮者新破敗目亂者無所倚心揺者神未定語偷者思有謀于人今方捕蒲山黨得非長者虖李公驚起執先生手曰既能知我豈不能教我與先生曰吾子無帝王規模非將相才畧乃亂世之雄傑耳李公曰爲吾辨析行藏亦當由此而退先生曰夫爲帝王者包羅天地儀範古今外則日用而不知中則歲功而自立堯詢四岳舉鯀而殛羽山此乃出于無私也漢任三傑納良而囲垓下亦出于無私也故鳳有爪吻而不施麟有蹄尾而不蹶者能得其道而求自集于時此帝王之規模也凡爲將軍者幕建太一旗驅無戰伐有罪之民乃瑚戈既授玉弩斯張誠負羈之有言郈季良之猶在所以務其燕犒致𥥛待勞修其屯田觀釁而動二使風生虎嘯不可抗其威雲起龍驤不可攘其執仲尼曰我戰則克孟軻云夫誰與敵此將帥之才也至有兼其才知動以機鈐公於國則爲帥臣私於己則曰亂盜私於己必

掠取財色屠其城池朱亥爲前席之賓樊期爲升堂之客朝聞夕死公孫終敗於邑中寧我負人曹操豈兼於天下是忘韓千金之貺報陳一飯之恩有慼謝之人忘懷歸之衆且魯史之誠日度德連山之文曰待時尚欲謀於人不能惠於巳天人厭亂曆數有歸時雨降而妖祲除太陽升而層冰釋引繩縛虎難希飛兎之門赴水持甖豈是安生之地吾嘗望汾晉有聖人生能往事之富貴可取李公拂衣而言曰隋氏以篡殺取天下吾家以勲德居人長振臂一嘑衆心

響應提兵撻代何往不下道行可以取四海不行亦足以王一方委質於人誠所未忍女真賢儁不足以計事遂絶魏生因爲懷賦詩爲鄉吏發覺李公脱身而走所在收兵北依黎陽而南據雒連營百萬與王世充爭衡首尾三年終見敗覆追思魏生之説卽日遂歸于唐乃授司農之官復講桃林之叛魏生得道之士亡其名蒸文貞之宗親也

素娥

素娥者武三思之姬人也三思初幸喬氏窈娘能歌舞三思曉知音律以窈娘歌舞天下之藝也未幾沉于雒水遂族喬氏之家左右有舉素娥者曰相州鳳陽門宋媪女善彈五弦世之殊色三思乃以帛三百段往聘焉素娥既至三思大悦遂盛宴以出素娥公卿大夫畢集唯納言狄仁傑稱疾不來三思怒於座中有言宴罷有告仁傑者明日謝謁三思曰某昨日宿疾暴作不果應召然不覩麗人亦分也他後或有良宴敢不先期到門素娥聞之謂三思曰梁公强毅之士非欵狎之人何必固抑其性再燕不可無請不

召梁公也三思曰儻阻我燕必族其家後數日復宴客未來梁公果先至三思特延梁公坐於內寢徐徐飲酒待諸賓客請先出素娥畧覩其藝遂停杯設榻召之有頃蒼頭出曰素娥藏匿不知所在三思自入召之皆不見忽於堂奧中隙間蘭麝芬馥乃附耳而聽卽素娥語音也細於屬絲纔能認辨曰請公不召梁公今固召之某不復生也三思問其由曰某非他怪乃花月之妖上帝遣來亦以多言蕩公之心將興李氏今梁公乃時之正人某固不敢見某嘗爲僕妾寧敢無情願公勉事梁公勿萌他志不然武氏無遺種矣言訖更問亦不應也三思出見仁傑稱素娥暴疾未可出敬事之禮仁傑莫知其由明日三思密奏其事則天嘆曰天之所授不可廢也

陶峴

陶峴者彭澤之子孫也開元中家于崑山富有田業擇家人不欺而了事者悉付之身則汎艚江湖遍游烟水往往數歲不歸見其子孫成人初不辨其名字也峴之文學可以經濟自謂疎脫不謀宦游有生之

初通於八音命陶人爲甓潛記歲時敲取其聲不失其驗撰樂錄八章以定八音之得失自製三舟備極堅巧一舟自載一舟致賓一舟貯飲饌客有前進士孟彥深進士孟雲卿布衣焦遂各置僕妾共載而峴有女樂一部奏清商曲逢奇遇興則窮其景物興盡而行峴且聞名朝廷又值天下無事經過郡邑無不招延峴拒之曰某麋鹿閒人非王公上客亦有未招而自詣者繫方伯之爲人江山之可駐吳越之士號爲水仙曾有親戚爲南海守因訪韶叉遂往省焉郡

守喜其遠來贈錢百萬遺古劍長二尺許玉環徑四寸海船昆侖奴名摩訶善泅水而勇捷遂悉以所得歸曰吾家之三寶也及回棹下自芷入湘江每遇水色可愛則遺環劍令摩訶下取以爲戲笑也如此數歲因渡巢湖亦投環劍而令取之摩訶纔入獲劍環跳波而出焉曰爲毒蛇所嚙遂刃去一指乃能得免焦遂曰摩訶所傷得非陰陽爲怒乎犀燭下照果爲所讐蓄水府不欲人窺也峴曰敬奉論矣然某嘗樂謝康樂之爲人云終當樂死山水間但殉所好莫知

其他且栖遲於逆旅之中載于大皃之上居布素之賤擅貴遊之權浪跡怡情垂三十年固其分也不得升玉墀見天子施公惠養得志平生亦其分也乃命移舟曰要須一別襄陽山水後老吳郡也行次西塞山泊舟吉祥佛舍見江水黑而不流曰此下必有怪物乃投環命摩訶下取見摩訶汩沒深討入而方出氣力危斷殆不任持曰環劍不可取有龍高二丈許而環劍置前某引手將取龍輒怒目峴曰女與環劍吾之三寶不者既亡環劍汝將安用必須爲我力學

也摩訶不得已被髮大嘷目眦血流窮泉一入不復出矣久之見摩訶支體浮磔裂浮於水上如有示於峴也峴流涕水濱乃命回棹因賦詩自叙不復議游江湖矣詩曰匡廬舊業自有主吳越所居安此生白髮數莖歸未得青山一望計還成鴉栖楓葉夕陽動鷺立蘆根秋水明從此舍舟何所詣酒旗歌扇正相迎孟彥深復游清瑣爲武昌令孟雲卿當時文學南朝上品焦遂天寶中爲長安飲徒時好事者爲飲中八仙歌云云焦遂五斗方卓然高譚雄辯驚四筵

嬾殘

嬾殘者名明瓚天寶初衡岳寺執役僧也退食卽收所餘而食性嬾而食殘故號嬾殘也晝專一寺之功夜止群牛之下曾無倦色已二十年矣時鄴侯李泌寺中讀書察嬾殘所爲曰非凡物也聽其中宵梵唄響徹山林李公情頗知音能辨休戚謂嬾殘經音先悽惋而後喜悅必謫墮之人時將去矣候中夜李公潛往謁焉望席門通名而拜嬾殘大詬仰空而唾曰是將賊我李公愈加謹敬唯拜而已嬾殘正撥牛糞

火出芋啖之良久乃曰可以席地取所啗芋之半以授焉李公奉承就食而謝謂李公曰眘勿多言領取十年宰相又拜而退居一月刺史祭岳修道甚嚴忽中夜風雷而一峰頹下其緣山磴道爲大石所欄乃以十牛縻絆以挽之又以數百人鼓噪以推之物力竭而石愈固更無他途可以修事嬾殘曰不假人力我試去之衆皆大笑以爲狂人嬾殘曰何必見嗤試可乃已寺僧笑而許之遂履石而動忽轉盤而下聲若震雷山路既開寺僧皆羅拜一郡皆嘑至聖刺史奉之如神嬾殘悄然乃懷去意寺外虎豹忽爾成群日有殺傷無繇禁止嬾殘曰授我箠爲爾盡驅除之衆皆曰大石猶可推虎豹當易制遂與之荊挺皆躡而觀之纔出門見一虎啣之而去嬾殘既去虎亦絶蹤後李公果十年爲相也

聶隱娘

聶隱娘者貞元中魏博大將聶鋒之女也方十歲有尼乞食於鋒舍見隱娘悅之乃云問押衙乞取此女鋒大怒叱尼尼曰任押衙鐵櫃中盛亦須偷去矣後

夜果失隱娘所在鋒大驚駭令人搜尋曾無景響父母每思之相對啼哭而已後五年尼送隱娘歸告鋒曰數已成矣可自領取尼欻亦不見一家悲喜問其所習曰初但讀經念咒餘無他也鋒不信懇詰隱娘曰眞說父恐不信如何鋒曰但眞說之乃曰隱娘初被尼挈去不知行幾里及明至大石穴中嵌空數十步寂無居人猿狖極多尼先已有二女亦各十歲皆聰明婉麗不食能於峭壁上飛走若捷猱登木無有蹶失尼與我藥一粒兼令執寶劍一口長一二尺許

鋒利吹毛可斷遂令二女教某攀援漸覺身輕如風一年後刺猨猱百無一失後刺虎豹皆决其首而歸三年使刺鷹隼無不中劍之刃漸減五寸飛走遇之亦莫知其去來也至四年留二女守穴挈我於都市不知何處也指其人者一一數其過曰爲我刺其首來無使知覺定其膽若飛鳥之易也授以羊角匕首刃廣四寸遂白日刺其人於都市中人莫能見以首入囊反命則以藥化之爲水五年又曰某大僚有罪無故害人若干夜可入其室决其首來又攜匕首入

其室度其門隙無有鄣礙伏之梁上至瞑時得其首歸尼大怒曰何太晚如是某云見前人戲弄一兒可愛未忍便下手尼叱曰已後遇此輩必先斷其所愛然後决之某拜謝尼曰吾爲女開腦後藏匕首而無傷用卽抽之曰女術已成可歸家遂送還云後二十年方可一見鋒聞語甚懼後遇夜卽失蹤及明而反鋒已不敢詰之因茲亦不甚憐愛忽値磨鏡少年及門曰此人可與我爲夫白父父不敢不從遂嫁之其夫但能淬鏡餘無他能父乃給衣食甚豐具數年後

父卒魏帥知其異遂以金帛召署爲左右吏如此又數年至元和間魏帥與陳許節度使劉悟參軍不協使隱娘賊其首隱娘辭帥之許帥能神筭已知其來召牙將令曰早至城北候一丈夫一女子各跨白黑衛至門遇有鵲來噪丈夫以弓彈之不中妻奪夫彈一丸而斃鵲揖之曰吾欲相見祗迎也牙將受約束遇之隱娘夫妻云劉僕射果神人不然者何以動召也願見劉公劉勞之隱娘夫妻拜曰得罪僕射合萬死劉曰不然各親其主人之常事魏今與許何異請

當留此勿相疑也隱娘謝曰僕射左右無人願舍彼而就此服公神明耳盡知魏帥之不及劉也劉問所須曰每日只要錢二百文足矣乃依所請忽不見二衛所在劉使人尋之不知所向後潛于布囊中見二紙衛一黑一白後月餘白劉曰彼未知止必使人繼至今宵請剪髮繫之以紅綃送於魏枕前以表不回劉聽之至四更却反曰送其信矣是夜必使精精兒來殺某及賊僕射之首此時亦用討殺之望勿憂耳劉豁達大度亦無畏色是夜明燭半宵之後果有二

懽了一紅一白飄飄然如相擊於床四隅良久見一人自空而踣身首異處隱娘亦出曰精精兒已斃拽出於堂之下以藥末化之爲水毛髮不存矣隱娘曰後夜當使妙手空空兒繼至空空兒之神術人莫能窺其用鬼莫得躡其踪能從空虛入冥漠無形而滅影隱娘之伎故不能造其境此卽繫僕射之福耳但以于闐玉周其頸擁以衾隱娘當化爲蠛蠓潛入腸中聽伺其餘無逃避處劉如言至三更瞑目未熟果聞項上鏗然聲甚厲隱娘自劉口中躍出賀曰僕射

無患矣此人如俊鶻一搏不中卽翩然遠逝恥其不中耳纔未踰一更已千里矣後視其玉果有匕首劃處痕逾數分自元和八年劉自許入覲隱娘不願從焉云自此尋山水訪至人但一一請給與其夫劉如約後漸不知所之及劉薨於軍隱娘亦鞭驢而一至京師柩前慟哭而去開成年昌裔子縱除陵州刺史至蜀棧道遇隱娘貌若當時甚喜相見依前跨白衛如故謂縱曰郎君大災不合適此出藥一粒令縱吞之云來年火急拋官歸雒方脫此禍吾藥力只能一年患耳縱亦不甚信遺其繒綵一無所受但沈醉而去後一年縱不休官果卒於陵州自此無復有人見隱娘矣

韋騶

韋騶者明五音善長嘯自稱逸群公子舉進士一不第輒已曰男子四方之志豈拘節於風塵哉游岳陽太守以親知見辟數月謝病去騶親弟騤舟行溺於洞庭湖騶乃水濱慟哭移舟湖神廟下欲焚其廟曰千金賈胡安穩獲濟吾弟窮悴乃罹此殃焉用爾廟

爲忽於舟中寐夢神人盛服來謁謂騶曰幽冥之途無枉殺者明公先君嘗爲城守方剛讜正鬼神避之撤淫祠甚多不當廢者有一二神上訴帝初不許固請十餘年方許與後嗣一人謝二廢廟之主然亦須退不能知其道進無以補於時者故賢弟當之耳償求喪不獲卽我之過令水工送屍湖上騶驚悟其事遽止遂命漁舟施釣繴果獲弟之屍於蚌是夕又夢神謝曰鬼神不畏忿怒而畏果敢以其誠也君今爲人果敢如是吾所以懷畏昔洞庭張樂是吾所司願

以至音酬君厚惠所冀觀咸池之節奏釋浮世之憂煩也忽覩金石羽籥鏗鏘振作駭甚歎異以爲非據曲終乃寤

圓觀

圓觀者大曆末雒陽惠林寺僧能事田園富有粟帛梵學之外音律大通時人以富僧爲名而莫知所自也李諫議源公卿之子當天寶之際以遊宴飲酒爲務父憕居守陷於賊中乃脫粟布衣止於惠林寺悉將家業爲寺公財寺人日給一器食一杯飲而已不

置僕使斷其聞知唯與圓觀爲忘言交促膝靜話自旦及昏時人以清濁不倫頗生譏誚如此三十年二公一旦約遊蜀州抵青城峨眉同訪道求藥圓觀欲遊長安出斜谷李公欲上荊州三峽爭此兩途半年未決李公曰吾已絕世事豈取途兩京圓觀曰行固不繇人請出三峽而去遂自荊江上峽行次南浦維舟山下見婦人數人錦襠負甖而汲圓觀望見泣下曰其不欲至此恐見其婦人也李公驚問曰自上峽來此徒不少何獨恐此數人圓觀曰其中孕婦姓王者是其託身之所逾三載尚未娩懷以某未來之故也今既見矣即命有所歸釋氏所謂循環也謂公曰請假以符咒遣其速生少駐行舟葬某山下浴兒三日公當訪臨若相顧一笑即某認公也更後十二年中秋月夜杭州天竺寺外與公相見之期李公遂悔此行爲之一慟遂召婦人告以方書其婦人喜躍還家頃之親族畢至以枯魚獻于水濱李公往爲授朱字符圓觀具湯沐新其衣裝是夕圓觀亡而孕婦產矣李公三日往觀新兒襁褓就明果致一笑李公泣

下具告于王王乃多出家財葬圓觀明日李公回棹言歸惠林詢問觀家方知有理命後十二年秋八月直指餘杭赴其所約時天竺寺山雨初晴月色滿川無處尋訪忽聞葛洪川畔有牧豎歌竹枝詞者乘牛叩角雙髻短衣俄至寺前乃觀也李公就謁曰觀公健否却問李公曰真信士與公殊途慎勿相近俗緣未盡但願勤修不墮即遂相見李公以無由叙話望之潸然圓觀又唱竹枝步步前去山長水遠尚聞歌聲詞切韻高莫知所詣初到寺前歌曰三生石上舊

精蒐賞月吟風不要論慙愧情人遠相訪此身雖異性常存寺前又歌曰身前身後事茫茫欲話因緣恐斷腸吳越山川遊已遍却回烟棹上瞿塘後三年李公拜諫議大夫一年亡

紅綫

紅綫潞州節度使薛嵩家青衣善彈阮咸又通經史嵩遣掌牋表號曰内記室時軍中大宴紅綫謂嵩曰羯鼓之音頗悲調其聲者必有事也嵩亦明曉音律曰如女所言乃召而問之云某妻昨夜亡不敢乞假

嵩遽遣放歸時至德之後兩河未寧初置招義軍以釜陽爲鎮命嵩固守控壓山東殺傷之餘軍府艸創朝廷復遣女嫁魏博節度使田承嗣男男取滑州節度使令狐彰女三鎮互爲姻娅人使日浹往來時田承嗣常患熱毒風遇夏增劇每曰我若移鎮山東納其凉冷可緩數年之命乃命軍中武勇十倍者得三千人號外宅男而厚恤養之常令三百人夜直州宅卜選良日將并潞州嵩聞之日夜憂悶咄咄自語計無所出時夜漏將傳轅門已閉杖策庭除惟紅綫從行紅綫曰主自一月不遑寢食意有所屬豈非鄰境乎嵩曰事係安危非爾能料紅綫曰某雖賤品然亦有解主憂者嵩乃具告其事曰我承祖父遺業受國家厚恩一旦失其土疆即數百年勳伐盡矣紅綫曰易爾不足勞主憂也乞放某一到魏郡看其形勢覘其有無今一更首途三更可以復命請先定一走馬兼具寒暄書其他即俟某卻回也嵩大驚曰不知女是異人我之暗也然事若不濟反速其禍奈何紅綫曰某之行無不濟者乃入閨房飾其行具梳烏蠻髻

攢金鳳釵衣紫繡短袍繫青絲輕履胸前佩龍文匕首額上書太乙神名再拜而倐忽不見嵩乃反身閉戶背燭危坐常時飲酒數合是夕舉觴十餘不醉忽聞曉角吟風一葉墮露驚而試問即紅綫回矣嵩喜而慰問曰事諧否曰不敢辱命又問曰無傷殺否曰不至是但取牀頭金合爲信耳紅線曰某子夜前三刻即到魏郡凡歷數門遂及寢所聞外宅男止於房廊睡聲雷動見軍士卒步於庭廡傳呼風生某發其左扉抵其寢帳田親家翁止於帳内鼓趺酣眠頭枕

文犀髻包黃縠桃前露槖一七星劍劍前仰開一金
盒盒內書生身甲子與北斗神名復著名香及美珍
散覆其上揚威玉帳但期心豁於生前同夢蘭堂不
覺命懸於手下寧勞禽獮祇益傷嗟時則蠟炬光凝
爐香燼煨侍人四布兵器森羅或頭觸屏風鼾而軃
者或手持巾拂寢而伸者某擀其簪珥縻其襦裳如
病如昏皆不能寤遂持金合既出魏城西門將行二
百里皆銅臺高揭而漳水東注晨飈動靜斜月在林
憂往喜還頓忘於行役感知酬德仰副於心期所以

夜漏三時往反七百餘里入危邦經五六城冀減主
憂敢言其苦嵩乃發使遺承嗣書曰昨夜有客從魏
中來云自元帥頭邊獲一合不敢留駐謹卻封納專
使星馳夜半方到見搜捕金合一軍憂疑使者以馬
撾叩門非時請見承嗣遽出以金合授之捧承之時
驚怛絕倒遂駐使者止於宅中狎以私宴多其錫賚
明日遣使賚繒帛三萬疋名馬二百匹他物稱是以
獻於嵩曰某之首領繫在恩私便宜知過自新不復
更貽伊戚專膺指使敢議姻親役當奉轂後車來則

麾鞭前馬所置紀綱僕號爲外宅男者本防他盜亦
非異圖今並脫其甲裳放歸田畝矣由是一兩月內
河北河南人使交至而紅綫辭去嵩曰女生我家而
今欲安往又方賴女豈可議行紅綫曰某前世本男
子學江湖閒讀神農藥書救世人災患時里有孕婦
忽患蠱癥某以芫花下之婦人與腹中二子俱斃是
某一舉殺三人陰功見誅降爲女子使身居賤隸氣
稟賊星所幸生於公家今十九年矣使身厭羅綺口
窮甘鮮寵待有加榮亦至矣況國家建極慶且無疆

此輩背違天理當盡弭患昨往魏郡以示報恩兩地
保其城池萬人全其性命使亂臣知懼烈士安謀在
某一婦人功亦不小固可贖其前罪還其本身便當
遁跡塵中栖心物外澄清一氣生死常存嵩曰不然
遺爾千金爲居山之所給紅綫曰事關來世安可預
謀嵩知不可駐留乃廣爲餞別悉集賓客夜宴中堂
嵩以歌送紅綫酒諸坐客冷朝陽爲辭曰采菱歌
怨木蘭舟送客魂消百尺樓還似雒妃乘霧去碧天
無際水空流歌畢嵩不勝悲紅綫反袂且泣因爲辭

離席遂亡其所在

許雲封

許雲封樂工之篴者貞元初韋應物自蘭臺郎出爲和州牧非所宜願頗不得志輕舟東下夜泊靈璧驛時雲天初霽瀼露凝冷舟中吟風將以屬辭忽聞雲封篴聲嗟歎久之韋公洞曉音律謂其篴聲酷似天寶中梨園法曲李謨所吹者遂召雲封問之乃是李謩外孫也雲封曰某任城舊士多年不歸天寶改元初生一月時東封回駕次至任城外祖某聞初生相

見甚喜乃抱詣李白學士乞撰令名李公方坐旗亭高聲命酒當壚賀蘭氏年且九十餘邀李置飲于樓上外祖高遂送酒李公握箋醉書某胸前曰樹下人不語不語負我好語者及日中烟霏謝陳寶外祖辭曰本於學士乞名今不解所書之語李公曰此卽名在其間也樹下人是木子木子李字也不語是莫言莫言謩也好是女子女子外孫也語及日中是言午言午是許也烟霏謝陳寶是雲出封中乃是雲封也卽李謩外孫許雲封也後遂名之某纔始十年身便

孤立因乘義馬西入長安外祖憫以遠來令齒諸甥學業謂某性知音律教以横篴每一曲成必撫背賞歎値梨園法部置小部音聲凡二十餘人皆十五以下天寶十四載六月日侍驪山駐蹕是貴妃誕辰上命小部音聲樂長生殿仍奏新曲未有名會南進荔枝因以曲名荔枝香左右歡呼聲動山谷是年安祿山叛車駕還京自後俱逢離亂漂流南海近四十載今者近訪諸親將抵龍丘韋公曰吾有乳母之子其名千金嘗於天寶中受篴李供奉藝成身死舅所悲

嗟舊吹之篴卽李君所賜也遂囊出舊篴雲封跪視悲切撫而觀之曰信是佳篴但非外祖所吹者又謂韋公曰竹生雲夢之南鑒在柯亭之下以今年七月望前生明年七月望前伐過期不伐則其音實未期而伐則其音沉浮者外澤中乾乾者受氣不全氣不全則其竹夭凡發揚一聲出入九息古之至音者一疊十二節一節十二敲今之名樂也至是落梅流韻感金谷之遊人折柳傳情悲玉關之戍客誠有清響異音非至音無以降神而祈福也其已夭之竹遇至

至音必破所以知非外祖所吹者韋公曰欲信內豎遂破無傷雲封乃奉篴吹六州遍一疊未盡劃然中裂韋公驚嘆久之遂禮雲封於曲部

夢遊錄

唐　任蕃

櫻桃青衣

天寶初有范陽盧子在都應舉頻年不第漸窘迫嘗暮乘驢遊行見一精舍中有僧開講聽徒甚衆盧子方詣講筵倦寢夢至精舍門見一青衣攜一籃櫻桃在下坐盧子訪其誰家因與青衣同餐櫻桃青衣云娘子姓盧嫁崔家今孀居在城因訪近屬即盧子再從姑也青衣曰豈有阿姑同在一都郎君不往起居盧子便隨之過天津橋入水南一坊有一宅門甚高大盧子立於門下青衣先入少頃有四人出門與盧子相見皆姑之子也一任戶部郎中一前任鄭州司馬一任河南功曹一任太常博士二人衣緋二人着綠形貌甚美相見言叙頗極歡暢斯須引入北堂拜姑姑衣紫衣年可六十許言詞高朗威嚴甚肅盧子畏懼莫敢仰視令坐悉訪內外備諳氏族遂訪兒婚姻未盧子曰未姑曰吾有一外甥女姓鄭早孤遺吾妹鞠養甚有容質頗有令淑當爲兒婦平章計必允

遂盧子遽即拜謝乃遣迎鄭氏妹有頃一家並到車馬甚盛遂檢曆擇日云後日吉因與盧子定謝姑云聘財函信禮物兒並莫憂吾悉與處置兒在城有何親故並抄名姓并其家第凡三十餘家並在臺省及府縣官明日下函其夕成結事事華盛殆非人間明日設席大會都城親表拜禮畢遂入一院院中屏帷牀席皆極珍異其妻年可十四五容色美麗宛若神仙盧生心不勝喜遂忘家屬俄又及秋試之時姑曰禮部侍郎與姑有親必合極力更勿憂也明春遂擢

第又應宏詞姑曰吏部侍郎與兒子弟當家連官情分偏洽令渠為兒必取高第及榜出又登甲科授祕書郎姑云河南尹是姑堂外甥令渠奏畿縣尉數月勅授王屋尉遷監察轉殿中拜吏部員外郎判南曹銓畢除郎中餘如故知制誥數月即真遷禮部侍郎兩載知舉賞鑒平允朝廷稱之改河南尹旋屬車駕還京遷兵部侍郎扈從到京除京兆尹改吏部侍郎三年掌銓甚有美譽遂拜黃門侍郎平章事恩渥綢繆賞賜甚厚作相五年因直諫忤旨改左僕射

政事數月為東都留守河南尹兼御史大夫自婚姻後至是經三十年有七男三女婚宦俱畢內外諸孫十人後因出行御到昔年逢攜櫻桃青衣精舍門復見其中有講遂下馬禮謁以故相之尊處端揆居守之重前後導從頗極貴盛高自簡貴輝映左右升殿禮佛忽然昏醉良久不起耳中聞講僧唱云檀越何久不起忽然夢覺乃見著白衫服飾如故前後官吏一人亦無徬徨迷惑徐徐出門乃見小豎捉驢執帽在門外立謂盧曰人驢饑郎君何久不出盧訪其

時奴曰日向午矣盧子罔然歎曰人世榮華窮達富貴貧賤亦當然也而今而後不更求官達矣遂尋仙訪道絕蹟人世焉

獨孤遐叔

貞元中進士獨孤遐叔家于長安崇賢里新娶白氏女家貧下第將遊劍南與其妻訣曰遲可周歲歸矣遐叔至蜀羈棲不偶逾二年乃歸至鄠縣西去城尚百里歸心迫速取是夕到家趨斜逕疾行人畜既殆至金光門五六里天色已暝絕無逆旅唯路隅有佛

堂遐叔止焉時近清明月色如晝繫驢於庭外入空堂中有桃杏十餘株夜深施衾幃於西窻下偃臥方思明晨到家因吟舊詩曰近家心轉切不敢問來人至夜分不寐忽聞墻外有十餘人相呼聲若里胥田叟將有供待迎接須臾有夫役數人各持畚鍤箕箒於庭中糞除訖復去有頃又持牀席牙盤蠟炬之類及酒具樂器闐咽而至遐叔意謂貴族賞會深慮為其迫逐乃潛伏屏氣於佛堂梁上伺之鋪陳既畢復有公子女郎共十數輩青衣黃頭亦十數人步月徐

來言笑晏晏遂於筵中間坐獻酬縱橫履舄交錯中有一女郎憂傷摧悴側身下坐風韻若似遐叔之妻窺之大驚即下屋栿稍於暗處迫而察焉乃真是妻也方見一少年舉杯屬之曰一人向隅滿坐不樂小人竊不自量願聞金玉之聲其妻冤抑悲愁若無所控訴而強置於坐也遂舉金雀收泣而歌曰今夕何夕存耶沒耶良人去兮天之涯園樹傷心兮三見花滿座傾聽諸女郎轉面揮涕一人曰良人非遠何天涯之謂乎少年相顧大笑遐叔驚憤久之計無所出乃就階間捫一大塼向坐飛擊塼纔至地悄然一無所有遐叔悵然悲惋謂其妻死矣速駕而歸前望其家步步悽咽比平明至其所居使蒼頭先入家人並無恙遐叔乃驚愕疾走入門青衣報娘子夢魘方悟遐叔至寢妻卧猶未興良久乃曰向夢與姑妹之黨相與翫月出金光門外向一野寺忽為凶暴者數十脅與雜坐飲酒又說夢中聚會言語與遐叔所見並同又云方飲次忽見大塼飛墜因遂驚魘殆絕纔寤而君至豈幽憤之所感耶

邢鳳

元和十年沈亞之始以記室從事隴西公軍涇州而長安中賢士皆來客之五月十八日隴西公與客期宴于東池便館既半隴西公曰余少從邢鳳遊記得其異譚言之客曰願聽公曰鳳帥家子無他能後寓居長安平康里南以錢百萬質故豪洞門曲房之第即其寢而晝偃夢一美人自西楹來環步從容執卷且吟為古裝而高鬟長眉衣方領繡帶被廣袖之襦鳳大悅曰麗者何自而臨我哉美人曰此妾家也妾

好詩而嘗綴此鳳曰幸少留得觀覽於是美人授詩坐西床鳳發卷視其首篇題之曰春陽曲曲終四句其後他篇皆類此凡數十篇美人曰君必欲傳無令過一篇鳳卽起從東廡下几上取彩牋傳春陽曲其詞曰長安少女翫春陽何處春陽不斷腸舞袖弓彎渾忘却羅帷空度九秋霜鳳卒吟請曰何謂弓彎曰妾昔年父母使妾教此舞美人乃起整衣張袖舞數拍爲弓彎狀以示鳳鳳既罷美人低然良久卽辭去鳳曰願復少留須臾間竟去鳳亦尋覺昏然無有所記

及更衣襟袖得其辭驚視復省所夢事在貞元中後鳳爲余言如是是日監軍使與賓府群佐及寘隴西獨孤鉉范陽盧簡辭常山張又新武功蘇涤皆歎息曰可記故亞之退而著錄明日客復有至者渤海高元中京兆韋諒晉昌唐炎廣漢李瑀吳興姚合洎亞之復與集於明玉泉因出所著以示之於是姚合曰吾友王生者元和初夕夢遊吳侍吳王久之聞宮中出輦吹簫擊鼓言葬西施王悲悼不止立詔門客作挽歌詞生應教爲詞曰西望吳王䦨雲書鳳字牌連江起珠帳擇土葬金釵鋪地紅心草三層碧玉階春風無處所悽恨不勝懷詞進王甚佳之及寤能記其事王生本太原人也

沈亞之

太和初沈亞之將之邠出長安城客索泉邸舍春時晝夢入秦主內史廖家內史廖舉亞之秦公召至殿前促前席曰寡人欲强國願知其方先生何以教寡人亞之以齊桓對公悅遂試補中涓秦官名使佐西乞術伐河西晉秦郊也亞之帥將卒前攻下五城還報公大

悅起勞曰大夫良苦休矣居久之公幼女弄玉婿蕭史先死公謂亞之曰微大夫晉五城非寡人有甚德大夫寡人有愛女而欲與大夫備灑掃可乎亞之少自立雅不欲遇幸臣蓄之固辭不得請拜左庶長尚公主賜金二百斤民間猶謂蕭家公主其日有黄衣中貴騎疾馬來延亞之入宮闕甚嚴呼公主出鬒髮著偏袖衣裝不多飾其芳姝明媚筆不可模畫侍女祇承分立左右者數百人召見亞之便館居亞之於宮題其門曰翠微宮宮人呼爲沈郎院雖備位下大

夫臻公主故出入禁衛公主喜鳳簫每吹簫必翠微
宮高樓上聲調遠逸能悲人聞者莫不自廢公主七
月七日生亞之嘗無睍壽内史廖曾爲秦以女樂遺
西戎戎王與之水犀小合亞之從廖得以獻公主主
悅嘗愛重結裙帶上穆公遇亞之禮兼同列恩賜相
望於道復一年春公之始平公主無疾忽卒公追傷
不已將葬咸陽原公命亞之作挽歌應教而作曰泣
葬一枝紅生同死不同金鈿墜芳草香繡滿春風舊
日聞簫處高樓當月中梨花寒食夜深閉翠微宮進

公公讀詞善之時宮中有出聲若不忍者公隨泣下
又使亞之作墓誌銘獨憶其銘曰白楊風哭兮石甃
髯莎雜英滿地兮春色煙和朱愁粉瘦兮不生綺羅
深深埋玉兮其恨如何亞之亦送葬咸陽宮中十四
人如亞之以悼悵過戚被病猶在翠微宮然處殿外
特室不居宮中矣居月餘病良已公謂亞之曰本以
小女將託久要不謂不得周奉君子而先物故弊秦
區區小國不足辱大夫然寡人每見子卽不能不悲
悼大夫盍適大國乎亞之對曰臣無狀肺腑公室待
罪右庶長不能從死公主幸免罪戾使得歸骨父母
國臣不忘君恩時日將去公追酒高會聲秦聲舞秦
舞舞者擊髆拊髀嗚嗚而音有不快聲甚怨公執酒
亞之前曰予顧此聲少善願沈郎厲揚歌以塞別公
命趣進筆硯亞之受命立爲歌辭曰擊髆舞恨滿煙
光無處所淚如雨欲擬著辭不成語金鳳銜紅舊繡
衣幾度宮中同看舞人間春日正歡樂日暮春風何
處去歌卒授舞者雜其聲而和之四座皆泣既再拜
辭去公復命至翠微宮與公主侍人別重入殿内時

見珠翠遺碎青階下窗紗檀點依然侍人泣對亞之
亞之感咽良久因題宮門詩曰君王多感放東歸從
此秦宮不復期春景自傷秦喪主落花如雨淚臙脂
竟別去公命車駕送出函谷關出關已送吏曰公命
盡此且去亞之與別語未卒忽驚覺臥邸舍明日亞
之爲友人崔九萬具道之九萬博陵人諳古謂余曰
皇覽云秦穆公葬雍橐泉祈年宮下非其神靈憑乎
亞之更求得秦時地志說如九萬言嗚呼弄玉既僊
矣惡又死乎

張生

有張生者家在汴州中牟縣東北赤城坂以饑寒一旦別妻子遊河朔五年方還自河朔還汴州晩出鄭州門到板橋已昏黑矣乃下道取陂中逕路而歸忽於草莽中見燈火熒煌賓客五六人方宴飲次生乃下驢以詣之相去十餘步見其妻亦在坐中與賓客語笑方洽生乃蔽形於白楊樹間以窺之見有長鬚者持盃請措大夫人歌生之妻文學之家幼習詩禮甚有篇詠欲不爲唱四座勤請乃歌曰歎衰草絡緯聲切切良人一去不復還今夕坐愁鬢如雪長鬚云勞歌一盃飲訖酒至白面年少復請歌張妻曰一之已甚其可再乎長鬚持一籌筯云請置觥有拒請歌者飲一鍾歌舊詞中笑語准此罰於是張妻又歌曰勸君酒君莫辭落花徒繞枝流水無返期莫恃少年時少年能幾時酒至紫衣者復持盃請歌張妻不悅沉吟良久乃歌曰怨空閨秋日亦難暮夫婿斷音書遥天鴈空度酒至黑衣胡人復請歌張妻連唱三四曲聲氣不續沉吟未唱間長鬚拋觥云不合推辭乃酌一鍾張妻涕泣而飲復唱送胡人酒曰切切夕風急露滋庭草濕良人去不回焉知掩閨泣酒至緑衣少年持盃曰夜已久恐不得從容即當睽索無辭一曲便望歌之又唱云螢火穿白楊悲風入荒草疑是夢中遊愁迷故園道酒至張妻長鬚歌以送之云花前始相見花下又相送何必言夢中人生盡如夢酒至紫衣　人復請歌云須有艷意張妻低頭未唱間長鬚又拋一觥於是張生怒捫足下得一瓦擊之中長鬚頭再發一瓦中妻額闃然無所見張君謂其妻已卒慟哭連夜而歸及明至門家人驚喜出迎張君問其妻婢僕曰娘子夜來頭痛張君入室問妻病之由曰昨夜夢草莽之處有六七人遍令飲酒各請歌孥凡歌六七曲有長鬚者頻拋觥方飲次外有發瓦來第二中孥額因驚覺乃頭痛張君因知昨夜所見乃妻夢耳

劉道濟

光化中有文士劉道濟止於天台山國清寺嘗夢見一女子引生入牕下有側柏樹葵花遂爲伉儷後頻

於夢中相遇自不曉其故無何於明州奉化縣古寺內見有一牕側栢葵花宛是夢所遊有一客官人寄寓於此室女有美才貧而未聘近中心疾而生所遇乃女之寃也又有彭城劉生夢入一倡樓與諸輩狎飲爾後但夢便及彼處自疑非夢所遇之姬芳香常襲衣亦心邪所致聞於劉山甫也

會眞記

唐　元稹

唐貞元中有張生者性溫茂美丰容內秉堅孤非禮不可入或朋從游宴擾雜其間他人皆洶洶拳拳若將不及張生容順而已終不能亂以是年二十三未嘗近女色知者詰之謝而言曰登徒子非好色者是有淫行余眞好色者而適不我值何以言之大凡物之尤者未嘗不留連於心是知其非忘情者也詰者哂之亡幾何張生游於蒲蒲之東十餘里有僧舍曰

普救寺張生寓焉適有崔氏孀婦將歸長安路出於蒲亦止茲寺崔氏婦鄭女也張出於鄭緒其親乃異派之從母是歲渾瑊薨於蒲有中人丁文雅不善於軍軍人因喪而擾大掠蒲人崔氏之家財產甚厚多奴僕旅寓惶駭不知所托先是張與蒲將之黨友善請吏護之遂不及於難十餘日廉使杜確將天子命以統戎節令於軍軍由是戢鄭厚張之德甚因飾饌以命張中堂宴之復謂曰姨之孤嫠未亡提携幼稚不幸屬師徒大潰實不保其身弱子幼女猶君之生

也豈可比常恩哉今俾以仁兄禮奉見冀所以報恩也命其子曰歡郎可十餘歲容甚溫美次命女鶯鶯出拜爾兄活爾久之辭疾鄭怒曰張兄保爾之命不然爾且虜矣能復遠嫌乎久之乃至常服悴容不加新飾垂鬟黛接雙臉斷紅而已顏色艷異光輝動人張驚爲之禮因坐鄭傍以鄭之抑而見也凝睇怨絕若不勝其體問其年紀鄭曰今天子甲子歲之七月終今貞元庚辰生十七年矣張生稍以詞導之不對終席而罷張自是惑之願致其情無由得也崔之婢

曰紅娘生私爲之禮者數四乘閒遂道其衷婢果驚沮潰然而奔張生悔之翌日婢復至張生乃羞而謝之不復云所求矣婢因謂張曰郎之言所不敢言亦不敢泄然而崔之族姻君所詳也何不因其德而求娶焉張曰予始自孩提性不苟合或時紈綺閒居曾莫流盼不爲當年終有所蔽昨日一席間幾不自持數日來行忘止食忘飽恐不能逾旦暮若因媒氏而娶納采問名則三數月間索我於枯魚之肆矣爾其謂我何婢曰崔之貞順自保雖所尊不可以非語犯

之下人之謀固難入矣然而善屬文往往沉吟章句怨慕者久之君試爲喻情詩以亂之不然則無由也張大喜立綴春詞二首以授之是夕紅娘復至持綵箋以授張曰崔所命也題其篇曰明月三五夜其詞曰待月西廂下迎風戶半開拂牆花影動疑是玉人來張亦微喻其旨是夕歲二月旬有四日矣崔之東有杏花一樹攀援可踰既望之夕張因梯其樹而踰焉達於西廂則戶半開矣紅娘寢於床上因驚之紅娘駭曰郎何以至張因紿之曰崔氏之牋召我矣爾

爲我告之亡幾紅娘復來連曰至矣至矣張生且喜且駭必謂獲濟及崔至則端服嚴容大數張曰兄之恩活我之家厚矣是以慈母以弱子幼女見託奈何因不令之婢致淫逸之詞始以護人之亂爲義而終掠亂以求之是以亂易亂其去幾何誠欲寢其詞則保人之姦不義明之於母則背人之惠不祥將寄於婢僕又懼不得發其真誠是用託短章願自陳啓猶懼兄之見難是用鄙靡之詞以求其必至非禮之動能不愧心特願以禮自持毋及於亂言畢翻然而逝

張自失者久之復踰而出於是絕望數夕張君臨軒獨寢忽有人覺之驚欻而起則紅娘斂衾攜枕而至撫張曰至矣至矣睡何爲哉并枕設衾而去張生拭目危坐久之猶疑夢寐然而修謹以俟俄而紅娘捧崔氏而至至則嬌羞融冶力不能運支體曩時端莊不復同矣是夕旬有八日矣斜月晶熒幽輝半床張生飄飄然且疑神仙之徒不謂從人間至矣有頃寺鐘鳴天將曉紅娘促去崔氏嬌啼宛轉紅娘又捧之而去終夕無一言張生辨色而興自疑曰豈其夢耶

及明覩粧在臂香在衣淚光熒熒然猶瑩於茵席而已是後十餘日杳不復至張生賦會真詩三十韻未畢而紅娘適至因授之以貽崔氏自是復容之朝隱而出暮隱而入同安於曩所謂西廂者幾一月矣張生常詰鄭氏之情則曰知不可奈何矣因欲就成之亡何張生將之長安先以詩諭之崔氏宛無難詞然而愁怨之容動人矣將行之夕再不復可見而張生遂西不數月復游於蒲舍於崔氏者又累月崔氏甚工刀札善屬文求索再三終不可見往往張生自以

文挑之不甚覩覽大畧崔之出人者藝必窮極而貌若不知言則敏辯而寡於酬對待張之意甚厚然未嘗以詞繼之時愁艷幽邃恒若不識喜慍之容亦罕形見異時獨夜操琴愁弄悽惻張竊聽之求之則終不復鼓矣以是愈惑之張生俄以文調及期又當西去當去之夕不復自言其情愁歎於崔氏之側崔已陰知將訣矣恭貌怡聲徐謂張曰始亂之終棄之固其宜矣愚不敢恨必也君亂之君終之君之惠也則沒身之誓其有終矣又何必深感於此行然而君既

不懌無以奉寧君常謂我善鼓琴向時羞顏所不能及今且往矣既君此誠因命拂琴鼓霓裳羽衣序不數聲哀音怨亂不復知其是曲也左右皆歔欷崔亦遽止之投琴泣下流漣趨歸鄭所遂不復至明旦而張行明年文戰不勝遂止於京因貽書於崔以廣其意崔氏緘報之詞粗載於此云捧覽來問撫愛過深兒女之情悲喜交集兼惠花勝一合口脂五寸致耀首膏脣之飾雖荷殊恩誰復爲容睹物增懷但積悲歎耳伏承使於京中就業進修之道固在便安但恨

僻陋之人永以遐棄命也如此知復何言自去秋以來常忽忽如有所失於諠譁之下或勉爲語笑閑宵自處無不淚零乃至夢寐之間亦多叙感咽離憂之思綢繆繾綣暫若尋常幽會未終驚魂已斷雖半衾如煖而思之甚遥一昨拜辭倏逾舊歲長安行樂之地觸緒牽情何幸不忘幽微眷念亡斁鄙薄之志無以奉酬至於終始之盟則固不忒憶昔中表相因或同宴處婢僕見誘遂致私誠兒女之心不能自固君子有援琴之挑鄙人無投梭之拒及薦寢席義盛意

深愚細之情永謂終託豈期既見君子而不能定情致有自獻之羞不復明侍巾幘沒身永恨含歎何言倘仁人用心俯遂幽劣雖死之日猶生之年如或達士畧情舍小從大以先配爲醜行謂要盟之可欺則當骨化形銷丹誠不沒因風委露猶託清塵存沒之誠言盡於此臨紙嗚咽情不能申千萬珍重珍重千萬玉環一枚是兒嬰年所弄寄充君子下體所佩玉取其堅潤不渝環取其終始不絕兼亂絲一絇文竹茶碾子一枚此數物不足見珍意者欲君子如玉之

真伊志如環不解淚痕在竹愁緒縈絲因物達誠永以爲好耳心邇身遐拜會無期幽憤所鍾千里神合千萬珍重春風多厲強飯爲佳愼言自保無以鄙爲深念張生發其書於所知由是時人多聞之所善楊巨源好屬詞因爲賦崔娘詩一絕云清潤潘郎玉不如中庭蕙草雪銷初風流才子多春思腸斷蕭娘一紙書河南元稹亦續生會真詩三十韻曰微月透簾櫳螢光度碧空遥天初縹緲低樹漸葱蘢龍吹過庭竹鸞歌拂井桐羅綃垂薄霧環珮響輕風絳節隨金

母雲心捧玉童更深人悄悄晨會雨濛濛珠瑩光文履花明隱繡龍瑶釵行彩鳳羅帔掩丹虹言自瑶華浦將朝碧玉宫因游里城北偶向宋家東戲調初微拒柔情已暗通低鬟蟬影動迴步玉塵蒙轉面流花雪登床抱綺叢鴛鴦交頸舞翡翠合歡籠眉黛羞偏聚唇朱暖更融氣清蘭蕊馥膚潤玉肌豐無力慵移腕多嬌愛斂躬汗光珠點點髮亂綠葱葱方喜千年會俄聞五夜窮留連時有限繾綣意難終慢臉含愁態芳詞誓素衷贈環明運合留結表心同啼粉流清

鏡殘燈遶闇蟲華光猶苒苒旭日漸曈曨乘鶩還歸
洛吹簫亦上嵩衣香猶染麝枕膩尚殘紅冪冪臨塘
草飄飄思渚蓬素琴鳴鶴怨清漢望歸鴻海潤誠難
度天高不易冲行雲無處所蕭史在樓中張之友聞
之者莫不聳異之然而張亦志絕矣稹特與張厚因
徵其詞張曰大凡天之所命尤物也不妖其身必妖
於人使崔氏子遇合富貴乘寵嬌不為雲為雨則為
蛟為螭吾不知其所變化矣昔殷之辛周之幽據百
萬之國其勢甚厚然而一女子敗之潰其衆屠其身

至今為天下僇笑余之德不足以勝妖孽是用忍情
於時坐者皆為深歎後歲餘崔已委身於人張亦有
所娶後乃因其夫言於崔求以外兄見夫語之而崔
終不為出張怨念之誠動於顏色崔知潛賦一章詞
曰自從別後減容光萬轉十迴懶下床不為傍人羞
不起為郎憔悴卻羞郎竟不之見後數日張生將行
又賦一章以謝絕之棄置今何道當時且自親還將
舊來意憐取眼前人自是絕不復知矣時人多許張
為善補過者矣予常於朋會之中往往及此意者使

夫知者不為為之者不惑貞元歲九月執事李公
宿於予靖安里第語及於是公垂卓然稱異遂為鶯
鶯歌以傳之崔氏小名鶯鶯公垂以命篇

附微之古艷詩詞

春詞二首

春來頻到宋家東垂袖開懷待好風鶯藏柳暗無人
語惟有牆花滿樹紅

其二

深院無人草樹光嬌鶯不語趁陰藏等閑弄水浮花

片流出門前賺阮郎

鶯鶯詩一首

殷紅淺碧舊衣裳取次梳頭雅淡妝夜合帶烟籠曉
日牡丹經雨泣殘陽依稀似笑還非笑彷彿聞香不
是香頻動橫波嬌不語等閑教見小兒郎

離思五首

自愛殘妝曉鏡中環釵謾篸綠絲藂須臾日射臙脂
頰一朵紅酥旋欲融

其二

山泉散漫繞階流萬樹桃花映小樓閒讀道書慵未起水晶簾下看梳頭

其三

紅羅著壓逐時新杏子花紗嫩麴塵第一莫嫌才地薄些些紕縵最宜人

其四

曾經滄海難為水除却巫山不是雲取次花叢嬾廻顧半緣修道半緣君

其五

尋常百種花齊發偏摘梨花與白人今日江頭兩三樹可憐枝葉度殘春

春曉詞一首

半欲天明半未明醉聞花氣睡聞鶯娃兒撼起鐘聲動二十年前曉寺晴

集異記

唐　薛用弱

徐佐卿

明皇天寶十三載重陽日獵於沙苑雲間有孤鶴徊翔焉上親御弧矢一發而中其鶴則帶箭徐墜將及地丈許歘然矯翰西南而逝萬衆極目良久乃滅益州城距郭十五里有明月觀焉依山臨水松桂深寂道流非修習精慤者莫得而居觀之東廊第一院尤為幽絕每有自稱青城道士徐佐卿者風局清古一

歲率三四而至焉觀之耆舊因虛其院之正堂以俟其來而佐卿至則棲焉或三五日或旬朔言歸青城甚為道流之所傾仰一日忽自外至神爽不怡謂院中人曰吾行山中偶為飛矢所加尋已無恙矣然此箭非人間所有吾留之於壁上後年箭主到此即宜付之慎無墜失仍援毫記壁云留箭之時則十三載九月九日也及玄宗避　幸蜀暇日命駕行遊偶至斯觀樂其佳景因遍幸道室既入此堂忽覩挂箭則命侍臣取而玩之蓋御箭也深異之因詢觀之道士

嘗以實對卽是佐卿所題乃前歲沙苑縱畋之日也佐卿蓋中箭孤鶴耳究其題乃沙苑翻飛當日集於斯觀上大奇之因收其箭而寶焉自後蜀人亦無復有逢佐卿者矣

王積薪

玄宗南狩百司奔赴行在翰林善圍棊者王積薪從焉蜀道隘狹每行旅止息中道之郵亭人舍多爲尊官有力者之所見占積薪棲棲而無所入因沿溪深遠寓宿於山中孤姥之家但有婦姑止給水火纔瞑婦姑皆闔戶而休積薪棲于簷下夜闌不寐忽聞堂

內姑謂婦曰良宵無以爲適與子圍棊一賭可乎婦曰諾積薪私心奇之況堂內素無燈燭又婦姑各處東西室積薪乃附耳門扉俄聞婦曰起東五南九置子矣姑應曰東五南十二置子矣婦又曰起西八南十置子矣姑又應曰西九南十置子矣每置一子皆良久思惟夜將盡四更積薪一一密記其下止三十六忽聞姑曰子已敗矣吾止勝九枰耳婦亦甘焉積薪遲明具衣冠請問孤姥曰爾可率己之意而按局置子焉積薪卽出橐中局盡平生之秘妙而布子未及十數孤姥顧謂婦曰是子可教以常勢耳婦乃指示攻守殺奪救應防拒之法其意甚略積薪卽更求其說孤姥笑曰止此已無敵於人間矣積薪虔謝而別行十數步再詰則已失向之室閭矣自是積薪之藝絕無其倫卽布所記婦姑對敵之勢罄竭心力較其九枰之勝終不得也因名鄧艾開蜀勢至今棊圖有焉而世人終莫得而解矣

平等閣

隋開皇中釋子澄空年甫二十誓願於晉陽汾西鑄鐵像高七十尺焉鳩集金炭經求用度周二十年物方乃辦於是告報遐邇大集賢愚然後選日而寫像焉及煙焰息滅啓鑪之後其像無成澄空卽深自咎責稽首懺悔復堅前約再謀鑄造精勤艱苦又二十年事費復備則又告報遐邇大集賢愚然後選日而寫像焉及啓鑪其像又復無成澄空於是呼天求哀叩佛請罪太加貶挫深自勤勵又二十年功力復集乃告遐邇大集賢愚然後選日而寫像焉及期澄空

乃登鑪巔百尺懸絕揚聲謂觀者曰吾少發誓願鑄寫大佛今年八十兩已不成此更進心則吾無身以終志矣況今衆善虛費積年如或蹶前失吾亦無面目見衆善也吾今俟其啓鑪欲於金液而捨命焉一以謝僁於諸佛二以表誠於衆善儻大像圓滿後五十年吾當爲建重閣耳聚觀萬衆號泣諫止而澄空殊不聽覽俄而金液注射赫耀踴躍澄空於是揮手辭謝投身如飛鳥而入焉及開鑪鐵像莊嚴端妙毫髮皆備自是并州之人感思建閣以覆之而佛身洪

大功用極廣自非殊力無自而致開元初李暠充天平軍節度使出游因仰大像歎曰如此相好而爲風日所侵痛哉即施錢七萬緡周歲之內而重閣成就只今北都謂之平等閣者是也計僧死像成之日至暠正五十年矣以釋法推之則暠也得非澄空之後身歟

裴珙

裴孝廉珙者家在洛京仲夏自鄭西歸及端午以覲親焉下驪疲劣日勢已晚方至石橋於是驅馬徒行情頗甚速續有乘馬而牽一馬者步驟極駿顧珙有仁色珙因謂曰子非投夕入都哉曰然珙曰珙有懇誠將丐餘力於君子子其聽乎即以誠告之乘馬者曰但及都門而下則不違也珙許約因顧謂已之二僮曰爾可緩驅疲乘投宿于白馬寺西吾之表兄竇温之墅來辰徐歸因上馬揮鞭而騖俄頃至上東門遂歸其馬珍重而別乘馬者馳去極速珙居水南日已半規即促步而進及家暝矣入門方見其親與珙之弟妹張燈會食珙乃前拜曾莫顧瞻因俯階高語

曰珙自外至即又不聞珙即大呼弟妹之名字亦無應者笑言自若珙心神忿惑因又極叫皆亦不知但見其親顧謂卑小曰珙在何處邪今日不至耶遂涕下而坐者皆泣珙私怪曰吾豈爲異物耶何其幽顯之隔如此哉因出至通衢徘徊久之有貴人導從甚盛遥見珙即以鞭指之曰彼乃生者之魂也俄有佩櫜鞬者出於道左曰地界啓事裴珙孝廉命未合終遇昆明池神七郎子案鷹廻借馬送歸以爲戲耳今當領赴本身貴人微哂曰小兒無理將人命爲戲明

目與尊史書令啓之既至而棨戟者招琪復出上東
門度門隙中至寶莊櫜鞬者令其閉目自後推之省
然而蘇其二僮皆曰向者行至石橋察郎君疾作語
言大異懼其將甚因投于此既至則已絕矣琪驚嘆
久之少頃無恙及歸乃以其實陳於家余於上都自
見寶溫細話其事

蕭穎士

蘭陵蕭穎士楊府功曹秩滿南遊行侶共濟瓜洲舟
中有二少年熟視穎士相顧曰此人甚有肖於鄱陽

忠烈王也穎士是鄱陽曾孫即自款陳二子曰吾識
爾祖久矣穎士以廣衆中未敢詢訪俟及岸方將啓
請而二子忽遽負檐而去穎士必謂非仙則神虔心
嚮矚而已明年穎士北歸止于盱眙邑長之署方與
邑長下簾書坐司門遽白云某吏於某處擒獲發冢
盜共五六人登令召入皆反接其手束縛甚固旅之
于庭而穎士懸認江中二少年亦縲紲于內穎士驚
曰斯二人非仙則神因具述曩事邑長即令先窮二
子須臾款伏佐驗明著皆云我之發丘墓今有年矣
穎士即以前說再令詢之皆曰我嘗開鄱陽王冢人
獲金玉嘗門有貴人顏色如生年方五十髭鬢斑白
偃臥于石塌姿狀正與穎士相類無少差異我舟中
遇子又知蕭氏固是鄱陽胤也因此啓言我豈有他
術哉用弱嘗聞人之紹續其或三五世則必一人有
肖其祖先之形狀者斯豈驗歟

韋宥

元和中故都尉韋宥出牧溫州忽忽不怡江波脩永
舟船燠熱一日晚涼乃跨馬登岸依舟而行忽逢淺

沙亂流蘆葦青翠因縱轡飲馬而蘆枝有拂鞭者宥
因閑援熟視忽見新絲箏絃周纏蘆心宥即拔蘆伸
絃其長倍尋則試縱之應手復結宥奇駭因寘于懷
行次江館其家室皆已維舟入亭矣宥故駙馬也家
有妓樂即付箏妓曰我於蘆心得之頗甚新緊然沙
洲汀徼是物何自而來吾甚異之試施於器以聽其
音妓將安之更無少異唯短二三寸耳方餧妓即置
之赴食蹔置復紉及食罷就視則已蜿蜒舒展遶觸
搖動妓乃驚告衆來競觀而雙眸瞭然矣宥駭曰此

非龍乎遽命衣冠焚香致禮盛諸古水之內而置於江復及中流風浪皆作蒸雲走電咫尺皆暗俄有白龍長百丈拏攫升天衆咸覩之良久乃滅

蔡少霞

蔡少霞者陳留人也性情恬和幼而奉道早歲明經得第選蘄州參軍秩滿漂寓江淮者久之再授兗州泗水丞遂於縣東二十里買山築室爲終焉之計居處深僻俯近龜蒙水石雲霞境象殊勝少霞世累早祛尤諧夙尚於一日沿溪獨行忽得美蔭因就憩焉

神思昏然不覺成寐因爲褐衣鹿幘人之夢中召去隨之遠遠乃至城郭處所碧天虛曠瑞日曈曨人俗潔清卉木鮮茂少霞舉目移足惶惑不寧卽被導之令前經歷門堂深邃莫測遙見玉人當軒獨立少霞遽修敬謁玉人謂曰愍子虔心今宜領事少霞靡知所謂復爲鹿幘人引至東廊止于石碑之側謂少霞曰召君書此賀遇良因少霞素不工書卽極辭讓鹿幘人曰但按文而錄胡乃拒違俄有二青衣自北而至一捧牙箱內有兩幅紫綃文書一置筆硯卽付少霞曰法此而寫少霞凝神搦管頃刻而畢因覽讀之已記于心矣題云蒼龍溪新宮銘紫陽眞人山玄卿撰良常西麓源澤東泄新宮宏宏崇軒巘巘雕珉盤礎鏤檀竦楹碧瓦鱗差瑤階肪截閣凝瑞霧樓橫祥霓騶虞巡徼昌明捧闑珠樹規連玉泉矩泄靈飆遐集聖日俯晰太上游儲無極便闕百神守護諸眞班列仙翁鵠駕道師冰潔飲玉成漿饌瓊爲屑桂旗不動蘭幄互設妙樂竟奏流鈴間發天籟虛徐風簫泠澈鳳歌諧律鶴舞會節三變玄雲九成絳闕易遷虛

語童初浪說如毀乾坤自有日月淸寧二百三十一年四月十二日建於是少霞方更周視遂爲鹿幘人促之怱遽而返醒然遂寤急命紙筆登卽紀錄自是兗豫好奇之人多詣少霞詢訪其事有鄭還古者爲立傳焉用弱亦常至其居就求第一本視之筆迹宛有書石之態少霞無文乃孝廉一叟耳固知其不妄矣少霞爾後修道尤劇元和末已云物故

集翠裘

則天時南海郡獻集翠裘珍麗異常張昌宗侍側則

天因以賜之遂命披裘供奉雙陸宰相狄梁公仁傑時入奏事則天令昇座因命梁公與昌宗雙陸梁公拜恩就局則天曰卿二人賭何物梁公對曰爭先三籌賭昌宗所衣毛裘則天謂曰卿以何物爲對梁公指所衣紫絁袍曰臣以此敵則天笑曰卿未知此裘價逾千金卿之所指爲不等矣梁公起曰臣此袍乃大臣朝見奏對之衣昌宗所衣乃嬖倖寵遇之服對臣之袍臣猶怏怏則天業已處分遂依其説而昌宗心赧神沮氣勢索莫累局連北梁公對御就褫其裘拜恩而出及至光範門遂付家奴衣之乃促馬而去

王維

王維右丞年未弱冠文章得名性閑音律妙能琵琶遊歷諸貴之間尤爲岐王之所眷重時進士張九皋聲稱籍甚客有出入于公主之門者爲其致公主邑司牒京兆試官令以九皋爲解頭維方將應舉具其事言於岐王仍求庇借岐王曰貴主之强不可力爭吾爲子畫焉子之舊詩清越者可錄十篇琵琶之新聲怨切者可度一曲後五日當詣此維即依命如期而至岐王謂曰子以文士請謁貴主何門可見哉子能如吾之教乎維曰謹奉命岐王則出錦繡衣服鮮華奇異遣維衣之仍令賫琵琶同至公主之第岐王入曰承貴主出内故携酒樂奉讌即令張筵諸伶旅進維妙年潔白風姿都美立於前行公主顧之謂岐王曰斯何人哉荅曰知音者也即令獨奏新曲聲調哀切滿座動容公主自詢曰此曲何名維起曰號鬱輪袍公主大奇之岐王曰此生非止音律至於詞學無出其右公主尤異之則曰子有所爲文乎維即出

獻懷中詩卷公主覽讀驚駭曰皆我素所誦習者常謂古人佳作乃子之爲乎因令更衣昇之客右維風流藴籍語言諧戲大爲諸貴之所欽矚岐王因曰若使京兆今年得此生爲解頭誠爲國華矣公主乃曰何不遣其應舉岐王曰此生不得首薦義不就試然已承貴主論託張九皋矣公主笑曰何預兒事本爲他人所託顧謂維曰子誠取解當爲子力維起謙謝公主則召試官至第遣宮婢傳教維遂作解頭而一舉登第

王渙之

開元中詩人王昌齡高適王渙之齊名時風塵未偶而遊處略同一日天寒微雪三詩人共詣旗亭貰酒小飲忽有梨園伶官十數人登樓會讌三詩人因避席隈映擁爐火以觀焉俄有妙妓四輩尋續而至奢華艷曳都冶頗極旋則奏樂皆當時之名部也昌齡等私相約曰我輩各擅詩名每不自定其甲乙今者可以密觀諸伶所謳若詩入歌詞之多者則為優矣俄而一伶拊節而唱乃曰寒雨連江夜入吳平明送

客楚山孤洛陽親友如相問一片冰心在玉壺昌齡則引手畫壁曰一絕句尋又一伶謳之曰開篋淚霑臆見君前日書夜臺何寂寞猶是子雲居適則引手畫壁曰一絕句尋又一伶謳曰奉帚平明金殿開強將團扇共徘徊玉顏不及寒鴉色猶帶昭陽日影來昌齡則又引手畫壁曰二絕句渙之自以詩名已久因謂諸人曰此輩皆潦倒樂官所唱皆巴人下俚之詞耳豈陽春白雪之曲俗物敢近哉因指諸妓之中最佳者曰待此子所唱如非我詩吾即終身不敢與子爭衡矣脫是吾詩子等當須列拜牀下奉吾為師因歡笑而俟之須臾次至雙鬟發聲則曰黃沙遠上白雲間一片孤城萬仞山羌笛何須怨楊柳春風不度玉門關渙之即揶揄二子曰田舍奴我豈妄哉因大諧笑諸伶不喻其故皆起詣曰不知諸郎君何此歡噱昌齡等因話其事諸伶競拜曰俗眼不識神仙乞降清重俯就筵席三子從之飲醉竟日

張鎰

張相公鎰大曆中守工部尚書判度支因奏事稱旨

代宗面許宰相恩澤獨厚張公日日以冀而累旬無耗忽夜夢有人自門遽入抗聲曰任調拜相張驚寤因思中外初無其人尋繹不解有外甥李通禮者博學善智張公因召而示之令研其理李生沉思良久因賀曰舅作相矣張公即詰之通禮答曰任調反語是饒甜饒甜無逾甘草獨為珍藥珍藥反語即舅名氏也張公甚悅俄有走馬吏報曰白麻適下公拜中書侍郎平章事

裴通遠

憲宗遷葬于景陵都城人士畢至時有前集州司馬裴通遠家在崇賢里妻女輩亦以車輿縱觀於通化門及歸日勢已晚車馳馬驟自平康北街後乃有白頭嫗徒步奔走隨車而來氣力殆盡至天門街夜鼓將動車馬轉速嫗亦忙遽而行車中有老青衣從四小女其中或有哀其奔迫者則問其所居對曰崇賢即謂曰與嫗同里今亦將歸若步履不逮懼犯禁車中尚可通容能登車至里門否其嫗乃荷愧丁寧因命同載及至則珍重辭謝而去乃於車中遺下小紅錦囊諸女笑而共開之中有白羅製爲逝者覆面之物四焉諸女驚駭登棄於路自是不旬日四女相次而卒

邢曹進

贈工部尚書邢曹進至德以來名爲河朔之健將也守職魏郡爲田承嗣所縻嘗因討叛飛矢中目左右與之拔箭而鏃留于骨微露其末焉即以鐵鉗遣有力者挾而出之痛楚則極其鏃堅然不可搖動曹進[illegible]痛楚計無所施妻孥輩但爲廣修佛事用希慈[illegible]日則又以索縛身于床復命出之而特牢如故曹進呻吟忍耐俟死而已忽因晝寢夢見 僧入于庭中曹進則以所苦訴之 僧久而謂曰能以米汁注于其中當自愈矣及寤登言於醫工醫工曰米汁即泔也豈宜漬瘡哉遂令廣詢于人人莫諭者明日忽有 僧詣門乞食因遽召入而曹進中堂遙見乃昨之所夢者矣即延之俯近告以危苦 僧曰何不灌以寒食餳當知其神驗也曹進遂悟餳爲米汁況所見復肖夢中則取之如法以點應手清涼頓減酸楚然既夜其瘡稍癢即令如前綳縛用力以拔鉗纔及臉鏃已突然而出後傳藥不旬月而差矣吁西方聖人恩祐顯灼乃若此之明徵邪

韋知微

開元中士人韋知微者選授越州蕭山縣令縣多山魈變幻百端無敢犯者而前後官吏事之如神然終遭其害知微既至則究其窟宅廣備薪樉伺候集聚因環薪縱火衆持兵刃焚煞殆盡而邑中累月蹤跡杜絕忽一日晨朝有客詣縣門車馬風塵僕馭憔悴

投刺請謁曰蘭陵蕭慥知微初不疑慮即延入上座談論笑謔敏辯無雙知微甚加顧重因授館休焉客乃謂知微曰僕途經峽中收得猴雛智能可玩敢以奉貺乃出懷中小合開之而有獮猴大纔如栗跳躑宛轉識解人情知微奇之因携入誇異於宅內獮猴於是騰躍踴駭化爲虎焉爲閑不及兵仗靡加知微闔門皆爲啗噬孑遺無有矣

狄梁公

狄梁公性閑醫藥尤妙針術顯慶中應制入關路由

華州闤闠之北稠人廣衆聚觀如堵狄梁公引轡遥望有巨牌大字云能療此兒酬絹千疋即就觀之有富室兒年可十四五臥牌下鼻端生贅大如拳石根蔕綴鼻纔如食筯或觸之酸痛刻骨於是兩眼爲贅所縋目睛翻白痛楚危極頃刻將絕惻然久之乃曰吾能爲也其父母洎親屬叩顙祈請即輦千絹寘于坐側公因令扶起即於腦後下針寸許仍論病者曰針氣已達病處乎病人頷之公遽抽針而疣贅應手而落雙目登亦如初曾無病痛其父母親屬且泣且拜則以縑物奉焉公笑曰吾哀爾命之危逼吾蓋急病行志耳吾非鬻伎者也不顧而去焉

寧王

寧王方集賓客讌話之際鬻馬牙人麴神奴者請呈二馬焉寧王即於中堂閱試步驟毛骨形相神駿精彩座客觀之不相上下　寧王顧問神奴曰其價幾何牙人先指曰此一千緡次指曰此五百緡寧王忻然謂左右曰如言付錢馬送上廐賓客莫測其價之懸殊即共咨詢寧王曰諸公未喻嘗爲驗之即令鞭轡

馳驅往復數四笑謂座客曰辨其優劣否皆曰不知寧王乃顧千貫者曰此馬緩急百返蹄下不起纖埃復顧五百緡者曰此馬往來十過足下頗生塵埃以此等衰其價之高下焉座客乃伏

續齊諧記

梁 吳均

金鳳凰

漢宣帝以皁蓋車一乘賜大將軍霍光悉以金鈸具至夜車轄上金鳳凰輒亡去莫知所之至曉乃還如此非一守車人亦常見後南郡黃君仲北山羅鳥得鳳凰入手即化成紫金毛羽冠翅宛然具足可長尺餘守車人列上云今月十二日夜車轄上鳳凰俱飛去曉則俱還今則不返恐爲人所得光甚異之具以

列上後數日君仲詣闕上鳳凰子云今月十二夜北山羅鳥所得帝聞而疑之置承露盤上俄而飛去帝使尋之直入光家止車轄上乃知信然帝取其車每遊行即乘御之至帝崩鳳凰飛去莫知所在嵇康詩云翩翩鳳轄逢此網羅

紫荆樹

京兆田眞兄弟三人共議分財生貲皆平均惟堂前一株紫荆樹共議欲破三片明日就截之其樹即枯死狀如火然眞往見之大驚謂諸弟曰樹本同株聞將分斫所以顦顇是人不如木也因悲不自勝不復解樹樹應聲榮茂兄弟相感合財寶遂爲孝門眞仕至大中大夫陸機詩云三荆歡同株

華陰黃雀

弘農楊寶性慈愛年九歲至華陰山見一黃雀爲鴟梟所搏逐樹下傷瘢甚多宛轉復爲螻蟻所困寶懷之以歸置諸梁上夜聞啼聲甚切親自照視爲蚊所嚙乃移置巾箱中啖以黃花逮十餘日毛羽成飛翔朝去暮來宿巾箱中如此積年忽與群雀俱來哀鳴

遶堂數日乃去是夕寶三更讀書有黃衣童子曰我王母使者昔使蓬萊爲鴟梟所搏蒙君之仁愛見救今當受賜南海別以四玉環與之曰令君子孫潔白且從登三公事如此環矣寶之孝大聞天下名位日隆子震震生秉秉生彪四世名公及震葬時有大鳥降人皆謂眞孝招也蔡邕論云昔日黃雀報恩而至

洛水白獺

魏明帝遊洛水水中有白獺數頭美静可憐見人輒去帝欲見之終莫能遂侍中徐景山曰獺嗜鯔魚乃

不避死畫板作兩生鯔魚懸置岸上於是群獺競逐一時執得帝甚佳之曰聞卿善畫何其妙也答曰臣亦未嘗執筆然人之所作可庶幾耳帝曰是善用所長（顔公庭誥云徐景山之畫獺是也）

燕墓斑狸

張華爲司空于時燕昭王墓前有一斑狸化爲書生欲詣張公過問墓前華表曰以我才貌可得見司空耶華表曰子之妙解無爲不可但張公制度恐難籠絡出必遇辱殆不得返非但喪子千年之質亦當深

誤老表狸不從遂詣華見其容止風流雅重之於是論及文章聲實華未嘗勝次復商略三史探貫百氏包十聖洞三才華無不應聲屈滯乃歎曰明公當尊賢容衆嘉善矜不能奈何憎人學問墨子兼愛其若是耶言卒便退華已使人防門不得出既而又問華曰公門置兵甲闌錡當是疑僕也恐天下之人卷舌而不談知謀之士望門而不進深爲明公惜之華不答而使人防禦甚嚴豐城令雷煥博物士也謂華曰聞魅鬼忌狗所別者數百年物耳千年老精不復能別惟千年枯木照之則形見燕昭王墓前華表已當千年使人伐之至聞華表言曰老狸不自知果誤我事於華表穴中得青衣小兒長二尺餘使還未至洛陽而變成枯木遂燃以照之書生乃是一斑狸茂先歎曰此二物不值我千年不復可得

通天犀蠹

東海蔣潛嘗至不其縣路次林中露一屍已自臭爛鳥來食之輒見一小兒長三尺驅鳥鳥即起如此非一潛異之看見屍頭上着通天犀蠹揣其價可數萬

錢潛乃拔取既去見衆鳥集無復驅者潛後以此蠹上晉武陵王晞晞薨以襯衆僧王武剛以九萬錢買之後落褚太宰處復以餉齊故丞相豫章王王薨後納入江夫人遂斷以爲釵每夜輒見一兒繞牀啼叫云何爲見屠割必訴天當相報江夫人惡之月餘乃亡

籠歌小兒

桓玄篡位後來朱雀門中忽見兩小兒通身如墨相和作籠歌路邊小兒從而和之者數十人歌云芒籠

茵繩縛腹車無軸倚孤木聲甚哀楚聽者亡歸日旣夕二小兒入建康縣至閣下遂成雙漆鼓槌吏列云槌積久比恒失之而復得之不意作人也明年春而桓敗車無軸倚孤木桓字也荆州送玄首用敗籠茵包之又芒𦆯束縛其屍沈諸江中悉如所歌焉

陽羨書生

陽羨許彥于綏安山行遇一書生年十七八臥路側云脚痛求寄鵝籠中彥以爲戲言書生便入籠籠亦不更廣書生亦不更小宛然與雙鵝並坐鵝亦不驚

彥負籠而去都不覺重前行息樹下書生乃出籠謂彥曰欲爲君薄設彥曰善乃口中吐出一銅奩子奩子中具諸饌珍羞方丈其器皿皆銅物氣味香旨世所罕見酒數行謂彥曰向將一婦人自隨今欲暫邀之彥曰善又於口中吐一女子年可十五六衣服綺麗容貌殊絕共坐宴俄而書生醉臥此女謂彥曰雖與書生結妻而實懷怨向亦竊得一男子同行書生旣眠暫喚之君幸勿言彥曰善女子於口中吐出一男子年可二十三四亦穎悟可愛乃與彥敘寒溫

書生臥欲覺女子口吐一錦行障遮書生書生乃留女子共臥男子謂彥曰此女子雖有心情亦不甚向復竊得一女人同行今欲暫見之願君勿洩彥曰善男子又於口中吐一婦人年可二十許共酌戲談甚久聞書生動聲男子曰二人眠已覺因取所吐女人還納口中須臾書生　女乃出謂彥曰書生欲起乃吞向男子獨對彥坐然後書生起謂彥曰暫眠遂久君獨坐當悒悒邪日又晚當與君別遂吞其女子諸器皿悉納口中留大銅盤可二尺廣與彥別曰無以

藉君與君相憶也彥大元中爲蘭臺令史以盤餉侍中張散散看其銘題云是永平三年作

九日登高

汝南桓景隨費長房遊學累年長房謂曰九月九日汝家中當有災宜急去令家人各作絳囊盛茱萸以繫臂登高飲菊花酒此禍可除景如言齊家登山夕還見鷄犬牛羊一時暴死長房聞之曰此可代也今世人九日登高飲酒婦人帶茱萸囊盖始於此

上巳曲水

晉武帝問尚書郎摯虞仲治三月三日曲水其義何旨答曰漢章帝時平原徐肇以三月初生三女至三日俱亡一村以爲怪乃相與至水濱盥洗因流以濫觴曲水之義蓋自此矣帝曰若如所談便非嘉事也尚書郎束晳進曰仲治小生不足以知此臣請說其始昔周公成洛邑因流水泛酒故逸詩云羽觴隨波流又秦昭王三月上巳置酒河曲見金人自河而出奉水心劍曰令君制有西夏及秦霸諸侯乃因此處立爲曲水二漢相緣皆爲盛集帝曰善賜金五十斤

左遷仲治爲城陽令

五花絲粽

屈原五月五日投汨羅水楚人哀之至此日以竹筒子貯米投水以祭之漢建武中長沙區曲忽見一士人自云三閭大夫謂曲曰聞君當見祭甚善常年爲蛟龍所竊今若有惠當以楝葉塞其上以綵絲纏之此二物蛟龍所憚曲依其言今五月五日作粽并帶楝葉五花絲遺風也

白膏粥

吳縣張成夜起忽見一婦人立於宅上南角舉手招成成即就之婦人曰此地是君家蠶室我即是此地之神明年正月半宜作白粥泛膏於上祭我也必當令君蠶桑百倍言絕失之成如言作膏粥自此後大得蠶今正月半作白膏粥自此始也

七夕牛女

桂陽成武丁有仙道常在人間忽謂其弟曰七月七日織女當渡河諸仙悉還宮吾向已被召不得停與爾別矣弟問曰織女何事渡河去當何還答曰織女

暫詣牽牛吾復三年當還明日失武丁至今云織女嫁牽牛

眼明袋

弘農鄧紹嘗八月旦入華山採藥見一童子執五綵囊承柏葉上露皆如珠滿囊紹問曰用此何爲答曰赤松先生取以明目言終便失所在今世人八月旦作眼明袋此遺象也

梅溪石磨

吳興故鄣縣東三十里有梅溪山山根直豎一石可

高百餘丈至青而圓如兩間屋大四面斗絶仰之干雲外無登陟之理其上復有盤石圓如車蓋恒轉如磨聲若風雨土人號爲石磨轉快則年豐轉遲則歲儉欲知年之豐儉驗之無失

徐秋夫

錢塘徐秋夫善治病宅在湖溝橋東夜聞空中呻吟聲甚苦秋夫起至呻吟處問曰汝是鬼邪何爲如此饑寒須衣食邪抱病須治療邪鬼曰我是東陽人姓斯名僧平昔爲樂遊吏患腰痛死今在湖北雖爲鬼

苦亦如生爲君善醫故來相告秋夫曰但汝無形何由治鬼曰但縛茅作人按穴鍼之訖棄流水中可也秋夫作茅人爲鍼腰目二處并復薦祭遣人送後湖中及暝夢鬼曰已差并承惠食感君厚意秋夫宋元嘉六年爲奉朝請

清溪廟神

會稽趙文韶爲東宮扶侍坐清溪中橋與尚書王叔敦家隔一巷相去二百步許秋夜嘉月悵然思歸倚門唱西夜烏飛其聲甚哀怨忽有青衣婢年十五六前曰王家娘子白扶侍聞君歌聲有門人逐月遊戲遣相聞耳時未息文韶不之疑委曲答之亟邀相過須臾女到年十八九行步容色可憐猶將兩婢自隨問家在何處舉手指王尚書宅曰是聞君歌聲故來相詣豈能爲一曲邪文韶即爲歌草生盤石音韻清暢又深會女心乃曰但令有瓶何患不得水顧謂婢子還取箜篌爲扶侍鼓之須臾至女爲酌兩三弄泠泠更增楚絶乃令婢子歌繁霜自解裙帶繫箜篌腰叩之以倚歌歌曰日暮風吹葉落依枝丹心寸意愁

君未知歌繁霜侵曉幕何意空相守坐待繁霜落歌闋夜已久遂相佇燕寢竟四更別去脫金簪以贈文部文部亦答以銀椀白琉璃匕各一枚既明文部出偶至清溪廟歇神坐上見椀甚疑而悉委之屏風後則琉璃匕在焉箜篌帶縳如故祠廟中惟女姑神像青衣婢立在前細視之皆夜所見者於是遂絶當宋元嘉五年也

齊諧志怪者也蓋莊生寓言耳今吳均所續特取義云耳前無其書也考文獻通考書目亦云至元

甲子吳郡陸友記

春夢錄

元　鄭禧

城之西有吳氏女生長儒家才色俱麗琴棋詩書靡不究通大夫士類稱之其父早世治命宜以爲儒家室女亦自負不凡余今年客于洪府一日媒嫗來言女家久擇壻難其人洪仲明公子戲欲與余求之余辭云已娶不期媒嫗欲求余詩詞達于女氏余戲賦木蘭花慢一闋一日女和前詞附媒嫗至乃曰吳氏之族見此詞喜稱文士之美但母氏謂官人已娶而不可然女獨憐余之才賡唱迭和復命乳母來覩且

述女意又喜欲雖居二室亦不辭也囑余托相知之深者求啓母意歸余然余在城之日淺相知者少謀囑意山長吳槐坡者往說其母終亦不從有周氏子懼余之成事挾財以媚母氏母乃失於從周遂納其定禮女號泣曰父臨終命歸儒生周子不學無術但能琵琶耳我誓不從周氏因佯狂擲冠于地母怒歐之女發憤成疾病且篤母乃大悔懼逆其意卽以定禮付媒嫗以歸于周然女病竟無起色因以書遺余

曰妾之病實爲郎也若生不救抱恨於地下料郎之情豈能忘乎臨終又流謂其青衣名梅蘂者曰我愛鄭郎生也爲鄭死也爲鄭我死之後汝可以鄭詩詞書翰密藏棺中以成我意未幾果卒嗚呼文君之於相如自昔所難而況夫婦之間多才相配世之尤難者乎夫以女之才如是而憐余之才又如是齊眉相好唱和百年豈非天下之至樂者乎而況其家本豐殖復有貲財者哉乃厄母命之不從發憤成疾抱恨而死嗟夫紅顔勝人多薄命且古如斯而況才色之

兼全者乎驚綵雲之易失痛黄壤之相遺亦徒重余之隱風悒怏耳恨何言也抑余非悅於色也愛其才也感其心也今具録往來詞翰于後覽者亦必昭余之悽愴也延祐戊午永嘉鄭禧天趣序

丁巳歲二月廿六日余寄木蘭花慢云倚平生豪氣冲星斗渺雲煙記楚水湘山吳雲越月頻入詩篇夌花𥈭潔劍光零亂算幾番沉醉樂生前種仙人瑶艸故家五色雲邊芙蓉金闕正需賢詔下九重天念蒲牘琅玕盈襟書傳人正韶年蟾宫近傳芳信姮娥嬌態待詩仙領取天香第一縱横禮樂三千冀日女氏和云愛風流俊雅看筆下掃雲煙正困倚書窗慵拈針線懶詠詩篇紅葉未知誰繫慢躊躇無語小闌前燕子知人有意雙雙飛度花邊殷勤一笑問英賢夫乃婦之天恐薛媛圖形楚材興念喚醒當年纍紫蒲枝梅子料今生無分共坡仙羸得鮫綃帕上啼痕萬萬千千二月廿九日女寄令乳母來覩三月一日再賦前腔云望垂楊裊翠簾試捲小紅樓想鸞珮敲瓊鸞妝沁粉越様風流吟懷自憐豪健灑雲牋醉裏度

春秋有唱還應有和纖纖玉映銀鈎犀心一點暗相投好事莫悠悠便有約尋芳蜂媒纔到蝶使重遊梅花故園憔悴損東風讓與古梢頭況是梅花無語杏花好好相留女氏再和云看紅箋寫恨人醉倚夕陽樓故里梅花總傳春信先認儒流此生料應緣淺倚窗下兩怨共雲愁如今杏花嬌艷珠簾嬾上銀鈎絲蘿倚樹欲依投此景兩悠悠恐鸎老花殘翠消紅減辜負春遊蜂媒問人情思無緣應只低頭夢斷東風路遠柔情猶爲遲留余觀所和兩詞其才情標致豈

易得哉此余所以深不能忘也再賦詩三首云銀箋爲恨奈情何料得情深斂翠蛾須信梅花貪結子東風著意杏花多翠袖籠香倚畫樓柔情猶爲我遲留何時共箇死央字吟到東風淚欲流兩才相遇古來難重寫芳情仔細看莫待後時空自悔不如聞取舞雙鸞吳氏和云慈親未識意如何不肯令君畫翠娥自是杏花開較晚梅花占得舊情多殘紅片片入書樓獨倚危闌覺久留可惜才高招不得紅絲雙繫別風流今生緣分料應難接得新詩不忍看謾說胸襟

有才思却無韓壽與紅鸞詩尾又繫數語云屢蒙家什珍藏篋笥福淺緣慳不成好事母命伯言不期違背一片貞情番成虛意勤讀詩書好圖名利故里梅花依然夫婿數語贈君盈盈垂淚余復爲儷語以寄遺恨囚達于女氏云切以詩書相過罕見于夫婦之間詞翰先投乃求于聲臭之表字含玉潤韻染蘭香悵故里之梅花緣傳春信比芳園之杏蕊無奈風僝復令乳母來覩預遣女媒通好謂先君已定猶遺在耳之言矧才子如斯不忝齊眉之願倘得百年而諧

老雖居一室而不辭妙語難忘芳心可掬既約貌之慨然許鄭何聖善之必欲從周事既相違分亦何淺幕底姻牽於紅綫石上空磨於玉簪誰令憔悴之男强投雁幣痛失文章之壻怨擲蟬冠脉脉春愁盈盈妝淚念欲挾文君而夜遁終不忍爲竟辜杜牧之春遊實成深恨猶勸詩書之勤讀極知恩愛之愈深嗟伉儷之無緣徒唱酬之相與此日落花愁裏夫遥想芳塵它時折桂月中歸必貽後悔茲憑四六用表再三願深思賢父之言庶免抱終身之歎難期而叙幸

與心融又續以詩云畫梁雙燕舞輕塵只見新詩不見人夜夜相思飛蝶夢東風著意杏花春風流才思古難全若得相逢不偶然有約綠楊門下過珠簾半捲露嬋娟吳氏答書云伏以鍾天地之秀氣偉矣儒人含閨閣之芳情孤哉幼女兩才相遇方圖結於紅絲一語敗盟又空成於畫餅詩詞寄恨蜂蝶傳情先人之遺訓昭昭曾已告母慈母之嚴命切切乃不諒人鄭郎將故里之梅花憔悴周子戀芳園之杏蕊嬌羞齊眉之好已休衆口之辭不息龜占未吉雁幣輒

修經史不得聞琵琶奚足聽死央枕上夜夜相思蝴
蝶夢中時時歡會深沉院宇無路可求寂寞簾櫳有
緣終遇雖後死幼玉也尋柳氏奈今生文君未識相
如勒此中酬伏祈丙照復和前詩二首云才高豈肯
困泥塵雁塔名香第一人却笑此生緣分淺可憐辜
負兩青春琴棋書畫藝皆全一段風流出自然院宇
深沉簾不捲想君難得到嬋娟是日吳氏又寄繡領
呈其工夫精巧云此是十年工夫所繡者若此余復
作詩云領中垂繡鳳雙鸞幼小工夫此最難日久羅

襦香欲褪多情拆寄鄭郎看落花時序易消魂忍看
雲牋沁粉痕近日懨懨香玉瘦可憐和淚倚重門繡
線慵拈夢乍醒風流誰畫柳眉青琵琶聲裏昭君怨
莫向它時不忍聽嫩柳嬌依道韞家東風何事苦驚
鴉流鶯欲往頻回首盡日愁腸惱落花吳氏答書云
某早忽然洪妳至欲遣一書奈家事冗人事多竟弗
克午間再辱雲牋披味恍如會晤之爲快中間此事
苦爲母氏所阻故作痴佯狂此數日周子稍緩其事
但兩受凌辱被打氣憤成疾不離枕席亦是因君耳

恐天不假之以壽萬一抱恨而歸亦爲君耳如天從
人願因緣有在此事尚可成就中間多感十一安人
恩意如三五日病可却至洪府相謝亦可以見與言
至此悲涕漣漣先生千金之軀不可因賤妾而成疾
但以堅心爲念好事亦不在忽忙衷腸非筆可盡切
祈尊照又詩二絶云淚珠滴滴濕香羅病裏芳肌瘦
減多怪得夜來春夢淺不知今日定如何青衣扶起
鬢雲偏病裡情懷最可憐已自懨懨無氣力強檯纖
手寫雲牋吳氏臨終答書云哀哉古人云春蠶到繭

絲方盡蠟燭成灰淚始乾誠哉是言也一自女媒通
好之後妒情之輩登奴門者其說不一有云先生貧
者有云子多者有云妻妒行者奴聞之若風過耳但
以眞心而待況兼母與伯以奴之身色才藝俱全豈
可爲人次妻而周舍挾財以媚母氏遂以一紅一書
爲定奴乃泣涕不已兩被母凌以致成病而相思之
情又何可勝言念欲竊香相隨奈千方百計不可而
此病愈危昨日兩奉佳音且喜且泣母氏而今已作
噬臍之悔有通容處但奴魂飛不定神亂不常雖師

巫醫卜無所不至而病略不減先生自宜將息不可因賤妾而失寢忘飡以郎之才不患無好色之妻以奴之命負恐不見有才之郎若此生不救抱恨於地下料郎之情豈能忘乎然妾之死無身後之累郎若成疾則故里梅花青青梅子將靠之誰乎倘得病安必見臨終哽咽不知下筆處奴扶憊拜上吳氏既終余以文寄祭云嗚呼昆山玉樹閬苑瓊葩豈人間之凡植夐獨冠於仙花儲芳絕艷吐日春華祥雲爲蓋皓月爲家俄驟驚爲怪雨飇遺緑於塵沙悲玉鸞而

自惜愁翠鳳而空嗟嗚呼哀哉玉容如在瑶珮何之生也何待死之何爲染芙蓉以爲色裁錦繡以爲詩琴彈綠綺兮永雪爲絲畫鉛粉滓兮烟霞爲姿牙籤縹帙兮融融與古紋楸玉子兮了了玄機閨房之秀誰其似之謝家柳絮詎足方斯余也惜年冉冉負志奇奇投餘竿兮學海之驚濤透翠衣兮詞苑之葳蕤鴛鳳孤退鵬雲自垂楚山古木湘水蕪祠泣娥英兮愁牽翠衣吊靈均兮空抱瓊芝悠悠徒返渺渺遐思抱英懷之未躍留窈窕之相知始之以女媒而通好申之以乳母而傳書是耶非耶物理茫茫色可得而有兮才孰儷而孤芳形不可得而見兮心殷殷而愈彰於夫女夢之初覺余亦覽瀞而成章朗吉路凡莫奠靈觴千古萬古遺恨空傷又悼亡吟二首云特寫青牋幾往來佳人何自苦憐才傷心春與花俱盡啼殺流鶯喚不回相見愁無奈相思自有緣死生俱夢幻來往只詩篇玉珮驚沉水瑶琴恨斷絃傷心數行淚盡日落花前余召箕仙卜問得一詞云緣慘雙鸞香冤猶自多迷戀芳心寄語在身邊如見詩人面又

是柔腸未斷奈天不從人願瓊銷玉減夢冤空有幾多愁怨四月朔余再調木蘭花慢云任東風老去吹不斷淚盈盈記春淺春深春寒春煖春雨春晴都來助與詩人興夏落花無定挽春情芳草猶迷舞蝶綠楊空悞流鶯玄霜著意擣初成回首失雲英但如醉如痴如狂如舞如夢如驚香冤至今迷戀問真仙消息最分明後夜相逢何處清風明月蓬瀛是日再召箕仙一道童降筆詞云今日瑶池大會羣仙不肯來臨簀蒔傳語鄭郎君記得相嘲如行好个木蘭花慢

你題相契分明君還要問那香魂正在仙宮聽命與氏之母痛憶之甚亦死一子年長不慧移居鄉村此眞可惜哉余又作哀文云嗚呼蕊蕊九泉愛莫起之靈之容忽有遠矣中心藏之何日忘之靈之心其可忘乎蝴蝶在堂蛸蟏在戶靈之家蕩然矣天長地久恨無絶期靈之恨其可絶乎使靈之至此者誰之咎歟母氏之無明見伯氏之無理言也當是時二老果無允余之意姑舒徐數日而興圖擇婿誰得而間之矧先君之治命若見之昭昭者乎龜占未吉雁幣輒

修其靈之死在此而不在彼也靈之容固不可得而見之矣靈之恨靈之心與余相悲怏者果無幽冥之隔也耶余嘗過靈之家但見門掩夕暉兮艸沿堦而春色憐人疑爲我而來兮空彷彿乎靈之魂獨在也吾意靈飄霞佩於太淸兮擬羣仙於瑶池邊迤而不忍去兮欲與余而追隨余因知靈之同心兮雖同往而何辭忽返魂乎故鄉兮念衆雛之無依靈書勉余以自愛兮何既死而忽遺繫母氏之念而死兮諒雖悔而曷追余於義未可以死兮則亦付脩短之有期

嗚呼疇昔之夜忽有擁余髻而泣者非靈也耶恍一夢之驚覺空伏枕而漣漪愴余懷之鬱結重抑憤之哀詞母知天知有知無知吾獨自知爾嗚呼哀哉友人共閲此女詞情事迹可傷作詩悼之云結髮因緣豈偶然如何契闊便登仙可憐一點眞才思辜負部華二十年磊落襟懷亞淑眞琴棋書畫更超倫惜哉周鄭番成怨底不當初早嫁人女子文章天下少男兒才學豈應無滿懷空有詩書料負个卿卿旦夕呼不見佳人亦可傷傷他非命爲才郎杏花夢斷東風

曉空把新詩寫數行黄子脩敏讀之有感云春樓珠箔捲東風幾度偷彈淚粉紅艶質豈期黄壤隔香魂應逐綵雲空解將遺事留身後盡忘前言在耳中杏蕊梅花俱一夢悠悠深恨鎖幽宮汪庭材子才云犀心兎頴屢通津未識嫦娥一面新興盡故園梅已謝情留别塢杏初春將身輕許志雖失在耳不忘言可遵生死幽冥千古恨臨風披閲爲傷情徐子文天賚和黄韻云杏花初破怯春風未識芳心一點紅詞翰往來傳意密死生夢幻轉頭空素知分淺鴛幃裏預

許名魁雁塔中杳杳幽竈何處覓眞華消息報仙宮先生沈若清和黃汪韻云落花一掃夜來風枉駕相思寄斷紅梅信日聞魚水遠杏香還逐燕泥空情懷琴瑟千春恨怨入琵琶一夢中門掩蒲庭詩思遠令人惆悵舘娃宮仙境何由一問津但吟佳句覺清新不知中道夢中夢如坐上陽春復春空想綵鸞緣有分可憐司馬意難遵白頭老去吟猶苦羨爾忘形似有神眞子述後序云眞子述者不欲知其姓字故作此名昔者孔子繫周易其辭有曰言行君子之樞機也樞機之發吉凶

榮辱之主也是以子張問行孔子則以言忠信行篤敬者答之其學干祿也孔子又以言寡尤行寡悔者告之蓋一言一行實乃君子立身之大節可不愼歟今衛陽鄭天趣讀聖人書將以爲祿仕也其未遇時嘗舘于洪氏舍而城之西吳氏女與之有文學之好天趣乃以其往來詩詞書翰編爲春夢錄以示於人且自爲之序言其女之心甘爲之一笑然痴小女子不能持其志而輕身以許人固多有之矣天趣以爲得之如俯拾地芥吁其愚之不可及也夫今觀其初達

女詞則有嫦娥嬌艷待詩仙之語實所以挑之也而女氏則以薛媛圖形寄南楚村事而和之有云料今生無分共坡仙亦可謂止乎禮義者矣鄭子當於此時灰心可也乃復懷聰聰既有梅花故園憔悴杏花好好相留之詞反不如聞早舞雙鸞之句心迹顯然而謂之樂而不淫可乎女答之則曰恐君難得見嬋娟蓋已截之之意矣於是天趣復有儷語以貽之者夫婦之稱齊眉之好又曰念欲挾文君而夜遁終不忍爲既念之矣其心果不忍爲之乎特欲爲之而不

能耳且如此女動心怫性亂其所爲違母之命持不嫁凡子之說以至殞其軀而弗悔實天趣導之也其罪容可隱乎且序又曰况其家本豐殖而有資財者乎吁此一言足以見其貪戀顧惜之心而惑之甚者也雖然又曰非余悅其色也愛其才也非徒愛其才也感其心也愚獨以爲非徒愛其才也實貪其財也非徒感其心也實慕其色也文中子曰一夫一婦庶人之職也今天趣有妻在室有子在家而猶寓人門館苟慕妻子則何以少艾爲而况鍾於情形於言

之不足又從其咏嘆之者乎然聽其言也則有踰東家墻而摟其處子之心欲其言不寡尤也難矣言之忠信者如是乎觀其行也蓋欲淫於新昏而棄其舊室也要其行不寡悔也難矣行之篤敬者奚取焉然與氏母之不從正也其女之愚可哀也哉女子情固不足取惜乎天趣學而優則仕者也顧其行言若斯士君子立身之大節已虧宜乎不容於堯舜之世詩云女也不爽士貳其行士也罔極二三其德鄭子與姬皆有之矣噫春夢一錄非所以爲榮實所以爲辱

迫其前程之讖未知果天趣之筆若果天趣之筆余不得而助其悽愴也遂復爲儷語以斷其後雖曰刺時亦自難之也非徒能言之亦允蹈之也其詞云蓋聞有德者先須正已無瑕者可以戮人事宜變通時有可否爰觀鄭子錯愛吳姬才美雖可誇名教未足數廣文先生官獨冷斐然成章深閨少女嬌復痴喜而不寐有唱還應有和多才又遇多能公子得之於辭婚既慎其始佳人自嗟於薄命鮮克有終胡爲戀往深之嬌羞而欲棄悔花之憔悴雙鸞早舞豈能樂爾斐孳一雁傳書安可便爲夫婦毋乃養小而失大未免棄舊而憐新爲之也難言之非怍彼美人之多情無定寧不動心而先君之治命是違亦有立志嬋娟難見珠簾故嬾上於銀鈎信禮不持羅孺乃折寄於綉領苟甘心於二室實屈已於偏房不出正兮豈能叶於琴瑟斯爲下矣空寄怨於琵琶祇自辱兮未之思耳然女子之嫁也故母氏而命之若曰無緣或云非偶周鄭等耳亦何親而何疎秦晉輔之當別卜而別選章臺柳乃肯攀折遂負倉庚之好音洛陽花

是處芬芳竟與死央而同夢既失自生之慈愛空能守死之遺言女不爽而死無名士極罔而貳其行暗求鳳也鄭亦不能無罪焉强委禽焉周當分受其責也傷中道人倫之廢嘆前程事業可知慕文章而論其財斯人之過也哀窈窕不淫其色大我乃行之昔幼卿結髮以求親月如有約若倩女離魂而覓負壻與卜無心夫居縲者尚不忍爲而得偶者何須多愛縱橫禮樂三千字因此作虛名寂寞余敘十二行付之於分定雖故獲蘇軒之寵鶴然終愧釣渭之非熊

歎龍虎榜之方登奈鳳凰池之遽奪若是彼夫之愚得似非君子之所爲春事悠悠總是綠楊風後絮秋陽皜皜依然丹桂月中花常擬閑人來貴人空嗟好事成虛事古既有春秋之作今何無月旦之評饒舌以言話寧甘得罪於鄭如心而爲恕李然行歸於周倘或反身而誠庶幾克己復禮彼丈夫也吾何畏彼哉舜何人哉有爲者亦若是不揣小子之狂簡聊布箴規尚賴達人之大觀特加斤正

說郛目錄

弓第一百十六

諾皐記　段成式　闕

金剛經鳩異　段成式

博異志　鄭還古

括異志　張師正

括異志　魯應龍

靈鬼志　荀氏

才鬼記　張君房

諾臯記引

夫度朔司刑可以知其情狀葆登掌祀將以著於感通有生盡幻遊魂爲變乃聖人定璇璣之式立巫祝之官考乎十煇之祥正乎九黎之亂當有道之日鬼不傷人在觀德之時神無乏主苟或生言寵下之騎掇莊生言戶內之雷蕘楚莊爭隨兕而禍移齊桓覩委蛇而病愈徵祥變化無日無之在乎不傷人不乏主而已成式因覽歷代怪書偶疏所記題曰諾臯記街談鄙俚與言風波不足以辯九鼎之象廣七車之對然游息之暇足爲鼓吹耳唐太常少卿臨淄柯古段成式撰

諾臯記

唐　段成式

崑崙之墟帝之下都百神所在也

太一君諱臌天秩萬二千在

天翁姓張名堅字刺渴漁陽人少不羈無所拘忌常張羅得一白雀愛而養之夢天劉翁責怒每欲殺之白雀輒以報堅堅設諸方待之終莫能害天翁遂下觀之堅盛設賓主乃竊騎天翁車乘白龍振策登天天翁乘餘龍追之不及堅旣到玄宮易百官杜塞北門封白雀爲上卿侯改白雀之胤不產於下土劉翁失治徘徊五岳作災堅患之以劉翁爲太山太守主生死之籍

北斗魁第一星神名曰執一報一曰陰第二星曰叶詣一作茀第三星曰視金第四星曰拒泗一作理第五星曰防忤第六星曰開寶第七星曰招搖好一曰

東王公諱倪字君明天下未有人民時秩二萬六千石佩雜色綬綬長六丈六尺從女九千以丁亥日死

西王母姓楊諱回治崑崙西北隅以丁丑日死一曰

姹妗
竈神名隗狀如美女又姓張名單字子郭夫人字卿
忌有六女皆名察一作祭洽常以月晦日上天白人罪
狀大者奪紀紀三百日小者奪算算一百日故為天
帝督使下為地精已丑日日出卯時上天禺中下行
署此日祭得福其餘神有天帝嬌孫天帝大夫天帝
都尉天帝長兄硎上童子突上紫官君太和君玉池
夫人等一曰竈神名壤子也
河伯人面乘兩龍一曰冰夷一曰馮夷又曰人面魚

身金一匱言名馮脩一作修河圖言姓呂名夷穆天子
傳言無夷淮南子言馮遲聖賢記言服八石得水仙
抱朴子曰八月上庚日溺河
甲子神名弓隆欲入水內呼之河伯九千尊引人本
不溺
甲戌神名執明呼之入火不燒
太眞科經說有鬼仙丙戌日鬼名麄生　丙午日鬼
名挺張　乙卯日鬼名天陷　戊午日鬼名叉述
壬戌日鬼名遊　辛丑日鬼名泜　乙酉日鬼名尋

左　丙辰日鬼名天遊　辛卯日鬼名懟　酉重鬼
名髮延迋　廁鬼名項天竺一曰笨　語忘敬遺二鬼
名婦人臨産呼之不害人長三寸三分上下烏衣
馬鬼名賜　虵鬼名側一曰非作　井鬼名瓊　衣
服鬼名甚遼　神荼鬱壘領萬鬼有側詞日中作食
狒胃食虎雄伯食魅騰簡一曰簡食祥攬諸一曰撫食
咎伯倚食夢強梁祖名共食磔一曰磔死寄生窮奇騰
根共食蠱王延壽所夢有遊光　龔毅　諸渠　印
堯　夔瞿　偷狰　將劇　摘豚　苑睨寺一曰堯睨等堯

吐火羅國縛底野城古波斯王烏瑟多習之所築也
王初築此城高二三尺即壞歎曰吾應無道天令築
此城不成矣有小女名那息見父憂恚問曰王有隣
敵乎王曰吾是波斯國王領千餘國今至吐火羅國
中欲築此城垂功萬代既不遂心所以憂耳女曰願
王無憂明旦令匠視我所履之跡築之即立王異之
至明女起步西北自截右手小指遺血成蹤匠隨血
築之遂日轉蹤而女遂化為海神其海神至今猶在
然于下澄清如鏡周五百餘步

右龜茲國王阿主兒者有神異力能降伏毒龍時有賈人買市人金銀寶貨至夜中錢並化爲炭境内數百家皆失金寶王有男先出家成阿羅漢王問之羅漢曰此龍所爲龍居北山其頭若虎今在某處眠耳王乃易衣持劍默出至龍所見龍卧將欲斬之因曰吾斬寐龍誰知吾有神力遂叱龍龍驚起化爲師子王卽乘其上龍怒作雷聲騰空至城北二十里王謂龍曰爾不降當斷爾頭龍懼王神力乃作人語曰勿殺我我當與王乘欲有所向隨心卽至王許之後常乘龍而行

乾陁國昔有王神勇多謀號伽當（一曰加色伽當）討襲諸國所向悉降至五天竺國得上細綵二條自留一一與妃妃因衣其綵謁王綵當妃乳上有鬱金香手印跡王見驚恐謂妃曰爾忽著此手跡之服何也妃言向王所賜之綵王怒問藏臣藏臣曰綵本有是非臣之咎王追商者問之商言南天竺國娑陁婆恨王有宿願每年所賦細綵並重疊積之手染鬱金柘於綵上千萬重手印悉透丈夫衣之手印當背婦人衣之手印當乳王令左右披之皆如商者言王因叩劍曰吾若不以此劍裁娑陁婆恨王手足無以寢食乃遣使就南天竺國索娑陁婆恨王手足使至其國娑陁婆恨王與羣臣紿報曰我國雖有王名娑陁婆恨原無王也但以金爲王設於殿上凡統領教習在臣下耳王遂起象馬兵南討其國其國隱其王於地窟中鑄金人來迎伽色伽王知其僞且自恃福力因斷金人手足娑陁婆恨王於窟中手足亦自落也

齊郡接歷山上有古鐵鎖大如人臂繞其峯再浹相

傳本海中山山神好移故海神鎖之挽鎖斷飛來於此矣

太原郡東有崖山天旱土人常燒此山以求雨俗傳崖山神娶河伯女故河伯見火必降雨救之今山上多生水草

華不注泉齊頃公取水處方圓百餘步北齊時有人以繩千尺沉石測之不窮而出赤如血其人不久坐事死

荆州永豐縣東鄉里有卧石一長九尺六寸其形似

人而舉體青黄隱起狀若雕刻境若畢便齊手（一作祭元齊字）而舉之小舉小而大舉大而相傳此不忽見於此本長九尺今加六寸矣

荆之淸（一曰水死一曰淸穴）口傍義熙十二年有見華浴此水忽然岸側有錢出如流沙因競取之手滿拼地隨復去乃衣襟結之然後各有所得流錢中有銅車以銅牛牽之勢甚迅速諸童奔逐摽得車一脚徑可五寸許豬鼻轂有六輻通體青色轂內黃銳狀如常運於時沈敞（一作敞）守南陽求得車脚錢行時貫草飄

渚宮記　七

便停破竟不知所終在

虎窟山相傳燕建平中濟南太守胡諮於此山窟得白虎因名焉

烏山下無水魏末有人掘井五丈得一石函函中得一龜大如馬蹄積炭五枝於函傍復掘三丈遇盤石下有水流洶洶然遂鑿石穿水北流甚駛俄有一船觸石而上匠人窺船上得一杉木板板刻字曰吳赤烏二年八月十日武昌王子義之船

平原縣西十里舊有杜林南燕太上時有邵敬伯者家於長白山有人寄敬伯一函書言我吳江使也令吾通問於濟伯今須過長白幸君爲通之仍教敬伯但於杜林中取樹葉投之於水當有人出敬伯從之果見人引入敬伯懼水其人令敬伯閉目似入水中豁然宮殿宏麗見一翁年可八九十坐水精床發函開書曰裕興超滅侍衛者皆圓眼具甲胄敬伯辭出以一刀子贈敬伯曰好去但持此刀當無水厄矣敬伯出還至杜林中而衣裳初無沾濕果其年宋武帝滅燕敬伯三年居兩河間夜中忽大水舉村俱沒唯

渚宮記　八

敬伯坐一榻牀至曉着岸敬伯下看之乃是一大黿（一曰龜）也敬伯死刀子亦失世傳杜林下有河伯家

臨淸有妒婦津相傳言晉大始中劉伯玉妻段氏字明光性妒忌伯玉常於妻前誦洛神賦語其妻曰娶婦得如此吾無憾矣明光曰君何得以水神美而欲輕我吾死何愁不爲水神其夜乃自沈而死死後七日託夢語伯玉曰君本願神吾今得爲神也伯玉寤而覺之遂終身不復渡水有婦人渡此津者皆壞衣枉粧然後敢濟不爾風波暴發醜婦雖粧飾而渡其

神亦不妒也婦人渡河無風浪者以爲己醜不致水神怒醜婦諱之無不皆自毁形容以塞嗤笑也故齊人語曰欲求好婦立在津口婦立水傍好醜自彰褰衣一作攘衣

虞道施義熙中乘車山行忽有一人烏衣徑上車言寄載頭上有光口目皆赤面被毛行十里方去臨別語施曰我是驅除大將軍感爾相容因留銀環一雙、

晉隆安中吳興有人年可二十自號聖公姓謝死已

百年忽詣陳氏宅言是己舊宅可見還不爾燒汝一夕火發蕩盡因有鳥毛插地繞宅周匝數重百姓乃起廟

大足初有士人隨新羅使風吹至一處人皆長鬚語與唐言通號長鬚國人物茂盛棟宇衣冠稍異中國地曰扶桑洲其署官品有正長戢波目役一作波目島邏等號士人歷謁數處其國皆敬之忽一日有車馬數十言大王召客行兩日方至一大城甲士守門焉使者導士人入伏謁殿宇高敞儀衛如王者見士人拜伏小起乃拜士人爲司風長兼駙馬其主甚美有鬚數十根士人威勢烜赫富有珠玉然每歸見其妻則不悦其王多月滿夜則大會後遇會士人見姬嬪悉有鬚因賦詩曰花無蕊不妍女無鬚亦醜丈人試遣總無未必不如總有王大笑曰駙馬竟未能忘情於小女頤頷間乎經十餘年士人有一兒二女忽一日其君臣憂慼士人怪問之王泣曰吾國有難禍在旦夕非駙馬不能救士人驚曰苟難可弭性命不敢辭也王乃令具舟令兩使隨士人謂曰煩駙馬一謁海

龍王但言東海第三汊第七島長鬚國有難求救我國絕微須再三言之因涕泣執手而別士人登舟瞬息至岸岸沙悉七寶人皆衣冠長大士人乃前求謁龍王龍宮狀如佛寺所圖天宮光明迭激目不能視龍王降階迎士人齊級升殿訪其來意士人具說龍王即令速勘良久一人自外白曰境內並無此國士人復哀祈言長鬚國在東海第三汊第七島龍王復叱使者細尋勘速報經食頃使者返曰此島蝦合供大王此月食料前日已追到龍王笑曰客固爲蝦所

魅耳吾雖爲王所食皆稟天符不得妄食今爲客減
食乃令引客視之見鐵鑊數十如屋滿中是蝦有五
六頭色赤大如臂見客跳躍似求救狀引者曰此蝦
王也士人不覺悲泣龍王命放蝦王一鑊令二使送
客歸中國一夕至登州回顧二使乃巨龍也
天寶初安思順進五色玉帶又於左藏庫中得五色
玉杯上怪近日西賚（一作貢）無五色玉令責安西諸蕃
蕃言比常進皆爲小勃律所劫不達上怒欲征之羣
臣多諫獨李右座林甫贊成上意且言武臣王天運
謀運可將乃命王天運將四萬人兼統諸蕃兵伐之
及逼勃律城下勃律君長恐懼請罪悉出寶玉願歲
貢獻天運不許即屠城虜三千人及其珠璣而還勃
律中有術者言將軍無義不祥天將大風雪矣行數
百里忽風四起雪花如翼風激小海水成冰柱起而
復摧經半日小海漲湧四萬人一時凍死唯蕃漢各
一人得還具奏玄宗大驚即令中使隨二人驗之
至小海側冰猶崢嶸如山隔冰見兵士屍立者坐者
瑩徹可數中使將返冰忽消釋衆屍亦不復見

郭代公常山居中夜有人面如盤瞚目出於燈下公
了無懼色徐染翰題其頰曰久戍人偏老長征馬不
肥公之警句也題畢吟之其物遂滅數日公隨樵閒
步見巨木上有白耳大如數斗所題句在焉
大曆中有士人莊在渭南遇疾卒於京妻柳氏因莊
居一子年十一二夏夜其子忽恐悸不眠三更後忽
見一老人白衣兩牙出吻外熟視之良久漸近床前
床前有婢眠熟因扼其喉咬然有聲衣隨手碎攫食
之須臾骨露乃舉起飲其五臟見老人口大如簸箕
子方叫一無所見婢已骨矣數月後亦無他士人祥
齋日暮柳氏露坐逐涼有胡蜂遶其首面柳氏以扇
擊墮地乃胡桃也柳氏遽取玩之掌中遂長初如拳
如椀驚顧之際已如盤矣嚗然分爲兩扇盆中輪轉
聲如分蜂忽合於柳氏首柳氏碎首齒著於樹其物
因飛去竟不知何怪也
賈相公耽在滑州境內大旱秋稼盡損賈召大將二
人謂曰今歲荒旱煩君二人救三軍百姓也皆言苟
利軍州死不足辭賈笑曰君可辱爲健步乙（一作丹）

嘗有兩騎衣慘緋所乘馬首步鬣長經市出城君等躡之識其所滅處則吾事諧矣二將乃衷糧衣皂衣尋之一如買言自市至野二百餘里映大冢而滅遂畾石標表誌焉經宿而返買大喜令軍徒數百人具畚鍤與二將偕往其所因發冢獲陳粟數十萬斛人竟不之測

胡珦爲虢州時獵人殺得鹿重一百八十觔蹄下貫銅鐶鐶上有篆字博物者不能識之

傳十丘儒說汝州傍縣五十年前村人失其女數歲

忽自歸言初被物寐中牽去倏止一處及明乃在古塔中見美丈夫謂曰我天人分合得汝爲妻自有年限勿生疑懼且戒其不窺外也日兩返下取食有時炙餌猶熱經年女伺其去竊窺之見其騰空如飛火髮藍膚磔磔耳如驢焉至地乃復人矣驚怖汗洽其物返覺曰爾固窺我我實野叉與爾有緣終不害汝女素惠謝曰我既爲君妻豈有惡乎君既靈異何不居人間使我時見父母乎其物言我輩罪業或與人雜處則疫癘作今形跡已露任爾縱觀不久當爾歸也其塔去人居止甚近女常下視其物在空中不能化形至地方與人雜或有白衣塵中者其物斂手側避或見撓其頭唾其面者行人悉若不見及歸女問之向見君街中有敬之者有戲狎之者何也物笑曰世有喫牛肉者予得而欺之或遇忠直孝養釋道守戒律法籙者吾懼犯之當爲天戮又經年忽悲泣語女緣已盡候風雨送爾歸因授一青石大如雞卵言至家可磨此服之能下毒氣後一夕風雷其物遽持女曰可去矣如釋氏言屈伸臂頃已至其家墮之庭中其母因磨石飲之下物如青泥斗餘

李公佐大曆中在廬州有書吏王庚請假歸夜行郭外忽值引騶呵辟書吏遽映大樹窺之且怪此無尊官也導騎後一人紫衣儀衛如節使後有車一乘方渡水御者前白車輪索斷紫衣者言檢簿遂見數吏檢簿曰合取廬州某里張某妻脊筋乃書吏之姨也頃刻吏迴持兩條白物各長數尺乃渡水而去至家姨尚無恙經宿忽患背疼半日而卒

元和初有一士人失姓字因醉卧廳中及醒見古屏

上婦人等悉於床前踏歌歌曰長安女兒踏春陽無處春陽不斷腸舞袖弓腰渾忘却蛾眉空帶九秋霜其中雙鬟者問曰如何是弓腰歌者笑曰汝不見我作弓腰乎乃反首髻及地腰勢如規焉士人驚懼因叱之忽然上屏亦無其他

鄭相餘慶在梁州有龍興寺僧智圓善總持敕勒之術制邪理痛多著効日有數十人候門智圓臘高稍倦鄭公頗敬之因求住城東隙地鄭公為起草屋種植有沙彌行者各一人居之數年暇日智圓向陽科

脚甲有婦人布衣甚端麗至階作禮智圓遽整衣搃問弟子何由至此婦人因泣曰妾不幸夫亡而子幼小老母危病知和尚神咒助力乞加救護智圓曰貧道本厭城隍喧啾兼煩於招謝弟子母病可就此為加持也婦人復再三泣請且言母病劇不可舉扶智圓亦哀而許之乃言從此向北二十餘里至一村村側近有魯家莊但訪韋十娘所居也智圓詰朝如言行二十餘里歷訪悉無而返來日婦人復至僧責曰貧道昨日遠赴約何差謬如此婦人言只去和尚所止處二三里耳和尚慈悲必為再往僧怒曰老僧衰暮今誓不出婦人乃聲高曰慈悲何在耶今事須去因上階牽僧臂驚迫亦疑其非人恍惚間以刀子刺之婦人遂倒乃沙彌誤中刀流血死矣僧忙然遽與行者瘞之於飯甕下沙彌本村人家去蘭若十七八里其日其家悉在田有人皂衣揭襆乞漿於田中村人訪其所由乃言居近智圓和尚蘭若沙彌之父欣然訪其子耗其人請問具言其事蓋魅所為也沙彌父母盡皆號哭詣僧僧猶紿焉其父乃鍬索而獲郎

訴於官鄭公大駭俾求盜吏細按意其必冤也僧具陳狀貧道宿債有死而已按者亦以死論僧求假七日令持念為將來資糧鄭公哀而許之僧沐浴設壇結印契縛繇考其魅凡三夕婦人見於壇上言我類不少所求食處輒為和尚破除沙彌且在能為誓不持念必相還也智圓懇為設誓婦人喜曰沙彌在城南某村幾里古丘中僧言於官吏用其言尋之沙彌果在塚已癡矣發沙彌棺中乃苕箒也僧始得雪自是絕不復道一梵字

元和初洛陽村百姓王清傭力得錢五鐶因買田畔一枯栗樹將爲薪以求利經宿爲隣人盜斫創及腹忽有黑蛇舉首如臂人語曰我王清本也汝勿斫其人驚懼失斤而走及明王清率子孫薪之復掘其根根下得大瓮二散錢實之王清因是獲利而歸十餘年巨富遂甃錢成龍形號王清本

元和中蘇湛游蓬鵲山裹糧鑽火境無遺址忽謂妻曰我行山中覩倒崖有光如鏡必靈境也明日將投之今與卿訣妻子號泣止之不得及明遂行妻子領奴

婢潛隨之入山數十里遥望巖有白光圓明徑丈蘇遂逼之纔及其光長叫一聲妻兒遽前救之身如繭矣有蜘蛛黑色大如鈷鉧走集巖下奴以利刃決其網方斷蘇已腦陷而死妻乃積薪燒其崖臭滿一山中

相傳裴旻山行有山蜘蛛垂絲如疋布將及旻旻引弓射殺之大如車輪因斷其絲數尺收之部下有金創者剪方寸貼之血立止也

和州劉錄事者大曆中罷官居和州旁縣食兼數人尤能食鱠常言鱠味未嘗果腹邑客乃網魚百餘斤會於野亭觀其下箸初食鱠數疊忽似哽咯出一骨珠子大如黑豆乃寘於茶甌中以疊覆之食未半怪覆甌傾側劉舉視之向者骨珠已長數寸如人狀坐客競觀之隨視而長頃刻長及人遂捽劉因毆流血良久各散走一循廳之西一轉廳之左俱及後門相觸翕成一人乃劉也神已癡矣半日方能言訪其所以皆不省自是惡鱠

馮坦者常有疾醫令浸蛇酒服之初服一瓮子疾減

半又令家人執一蛇投瓮中封閉七日及開蛇躍出舉首尺餘出門因失所在其過跡地墳起數寸

陸紹郎中言常記一人浸蛇酒前後殺蛇數十頭一日自臨瓮窺酒有物跳出齧其鼻將落視之乃蛇頭骨因瘡毀其鼻如劓焉

有陳朴元和中住崇賢里北街大門外有大槐樹朴常黄昏徙倚窺外見若婦人及狐犬老烏之類飛入樹中遂伐視之树凡三槎一槎空中一槎有獨頭栗一百二十一槎中襁一死兒長尺餘

僧無可言近傳有白將軍者常於曲江洗馬馬忽跳出驚走前足有物色白如衣帶縈繞數匝遽令解之血流數升白異之遂封紙貼中藏衣箱內一日送客至滻水出示諸客客曰盍以水試之白以鞭築地成竅置蟲於中沃盥其上少頃蟲蠕蠕而長竅中泉湧倏忽自盤若一席有黑氣如香煙徑出簷外衆懼曰必龍也遂急歸未數里風雨驟至大震數聲

景公寺前街中舊有巨井俗呼爲八角井元和初有公主夏中過見百姓方汲令從婢以銀稜椀就井承

水誤墜椀經月餘出於渭河

東平未用兵有舉人孟不疑客昭義夜至一驛方欲濯足有稱淄青張評事者僕從數十孟欲參謁張被酒初不顧孟因退就西間張連呼驛吏索煎餅孟默然窺之且怒其傲良久煎餅熟孟見一黑物如豬隨盤至燈影而立如此五六返張竟不察孟因恐懼無寐張尋大鼾至三更後孟纔交睫忽見一人皂衣與張角力久乃相捽入東偏房中拳聲如杵一餉間張被髮雙袒而出還寢牀上入五更張乃喚僕使張燭巾櫛就孟曰某昨醉中都不知秀才同廳因命食談笑甚懽時時小聲曰昨夜甚慚長者乞不言也孟但唯唯復曰某有程須早發秀才可先也遂摸靴中得金一挺授曰薄貺乞密前事孟不敢辭即爲前去行數日方聽捕殺人賊孟詢之道路皆曰淄青張評事至某驛早發遲明空鞍失所在驛吏返至驛尋索驛西閣中有席角發之白骨而已無泊一蠅肉也地上滴血無餘惟一隻履在旁相傳此驛舊凶竟不知何怪舉人祝元膺常言親見孟不疑說每每戒夜食必

須發祭也祝又言孟素不信釋氏頗能詩其句云白日故鄉遠青山佳句中後常持念遊覽不復應舉

劉積中常於京近縣莊居妻病重於一夕劉未眠忽有婦人白首長纔三尺自燈影中出謂劉曰夫人病唯我能理何不祈我劉素剛咄之姥徐戟手曰勿悔勿悔遂滅妻因暴心痛殆將卒劉不得已祝之言已復出劉揖之坐乃索茶一甌向口如呪狀顧命灌夫人茶纔入口痛愈後時時輒出家人亦不之懼經年復謂劉曰我有女子及笄煩主人求一佳壻劉笑曰

人鬼路殊固難遂所託姥曰非求人也但爲刻削木爲形稍工者則爲佳矣劉許諾因爲具之經宿木人失矣又謂劉曰兼煩主人作鋪公鋪母若可某夕我自具車輪奉迎劉心計無奈何亦許至一日過酉有僕馬車從至門姥亦至曰主人可往劉與妻各登其車馬天黑至一處朱門崇墉籠燭列迎賓客供帳之盛如王公家引劉至一廳朱紫數十有與相識者有已歿者各相視無言妻至一堂蠟炬如臂錦翠爭煥亦有婦人數十存歿相識各半但相視而已及五更

劉與妻恍惚間却還至家如醉醒十不記其一二矣經數月姥復來拜謝曰小女成長今復託主人劉不耐以枕擲之曰老魅敢如此擾人姥隨枕而滅妻遂疾發劉與男女酹地禱之不復出矣妻竟以心痛卒劉妹復病心痛劉欲徙居一切物膠着其處輕若履屣亦不可舉迎道流上章梵僧持咒悉不禁劉常暇日藥方其婢小碧自外來垂手緩步大言劉四顛憶平昔無既而嘶咽曰省躬近從泰山回路逢飛天野叉攜賢妹心肝我亦奪得因舉袖袖中蠕蠕有物左顧似有所命曰可爲安置又覺袖中風生衝簾幌入堂中乃上堂對劉坐問存歿叙平生事劉與杜省躬同年及第有分其婢舉止笑語無不肖也頃曰我有事不可久留執劉手嗚咽劉亦悲不自勝婢忽然而倒及覺一無所記其妹亦自此無恙

臨川郡南城縣令戴譽初買宅於館娃坊暇日與弟閒坐廳中忽聽婦人聚笑聲或近或遠譽頗異之笑聲漸近忽見婦人數十散在廳前倏忽不見如是累日譽不知所爲廳階前枯梨樹大合抱意其爲祟因

伐之根下有石露如塊掘之轉闊勢如鏊形乃火上沃醯鑿深五六尺不透忽見婦人繞坑抵掌大笑有頃共牽譽入坑投於石上一家驚懼之際婦人復還大笑譽亦隨出譽纔出又失其弟家人慟哭譽獨不哭曰他亦甚快活何用哭也譽至死不肯言其情狀

獨孤叔牙常令家人汲水重不可轉數人助出之乃人也戴席帽攀欄大笑却墜井中汲者攬得席帽挂於庭樹每雨所濡雨處輒生黃菌

有史秀才者元和中曾與道流遊華山時暑環憩一

小溪忽有一葉大如掌紅潤可愛隨流而下史獨掇得寘懷中坐食頃覺懷中漸重潛起觀之覺葉上鱗起栗栗而動史驚懼棄林中遽白衆曰此必龍也可速去矣須臾林中白烟生彌於一谷史下山未半風雷大至

史論作將軍時忽覺妻所居房中有光異之因與妻遍索房中且無所見一日妻早粧開奩奩中忽有五色一作金龜大如錢吐五色氣彌滿一室後常養之

工部員外郎張周封言舊莊城東狗脊觜西常築牆

於太歲上一夕牆崩且意其基虛工不至乃率莊客指揮築之高未數尺炊者驚叫曰怪作矣遽視之飯數斗悉躍出蔽地着牆勺若蠶子無一粒重者蠹牆之半如界焉因詣巫酹地謝之亦無他焉

山蕭一名山臊神異經作㺐音操一曰永嘉郡記作山魅一名山駱一名蛟蛟一曰一名濯肉一名熱肉一名暉一名飛龍如鳩青色亦曰治鳥巢大如五斗器飾以土堊赤白相間狀如射侯犯者能役虎害人燒人廬舍俗言山蕭

伍相奴或擾人許於伍相廟多已舊說一姓姚二姓王三姓汪昔值洪水食都樹皮餓死化爲鳥都皮骨爲豬都婦女爲人都鳥鳥一曰都左腋下有鏡印闊一寸一分右脚無大指右手無三指左耳缺右目盲在樹根居者名豬都在樹半可禁及者名人都在樹尾者名鳥都其禁有打土壟法山鵲法其掌訣右手第二指上節邊禁山都眼左手目禁其喉南中多食其巢味如木芝窠表可爲履屧治脚氣

舊說野狐名紫狐夜擊尾火出將爲怪必戴髑髏拜北斗髑髏不墜則化爲人矣

劉元鼎爲蔡州蔡州新破食場狐暴劉遣吏生捕日於毬場縱犬逐之爲樂經年所殺百數後獲一疥狐縱五六犬皆不敢逐狐亦不走劉大異之令訪大將家獵狗及監軍亦自誇巨犬至皆弭耳環守之狐良久緩跡直上設廳穿臺盤出廳後及城牆俄失所在劉自是不復令捕道術中有天狐別行法言天狐九尾金色役於日月宮有符有醮日可洞達陰陽

南中有獸名風狸如狙眉長好羞見人輒低頭其溺

能理風疾術士多言風狸杖難得於翳形草南人以
上長繩繫於野外大樹下人匿於旁樹穴中以伺之
三日後知無人至乃於草中尋摸忽得一草莖折之
長尺許竊樹上有鳥集指之隨指而墮因取而食之
人候其息勁走奪之見人遽嚙食之或不及則弃於
草中若不可得當打之數百方肯爲人取有得之者
禽獸隨指而斃有所欲者指之如意
開成末永興坊百姓王乙掘井過常井一丈餘無水
忽聽向下有人語及雞聲甚喧鬧近如隔壁井匠懼

不敢掘街司申金吾韋處仁將軍韋以事涉怪異不
復奏遽令塞之據亡新求周秦故事謁者閣上得驪
山本李斯領徒七十二萬人作陵鑿之以韋（一作章）程
三十七歲固地中水泉奔同已深已極鑿之不入燒
之不然叩之空空如下天（上女作天狀）狀抑知厚地之下
別有天地也
太和三年壽州虞候景乙京西防秋廻其妻久病纔
相見遽言我半身被所去往東園矣可速逐之乙大
驚因趣園中時昏黑見一物長六尺餘狀如嬰兒裸
立挈一竹器乙情急將擊之物遂走遺其器乙就視
見其妻半身乙驚倒或亡所見反視妻自髮際眉間
及胸有璺如指映膜赤色又謂乙曰可辦乳二升沃
於園中所見物處我前生爲人後妻節其子乳致死
因爲所訟冥斷還其半身向無君則死矣八丨
太和末荊南松滋縣南有士人寄居親故莊中肄業
初到之夕二更後方張燈臨案忽有小人纔半寸葛
巾杖策入門謂士人曰乍到無主人當寂寞其聲大
如蒼蠅士人素有膽氣初若不見乃登牀責曰遽不

存主客禮乎復升案窺書詬罵不已因覆硯於書上
士人不耐以筆擊之墮地叫數聲出門而滅頃有婦
人四五或姥或少皆長一寸呼曰眞官以君獨學故
令郎君言展且論精奧何癡頑狂率輒致損害今可
見眞官其來索續如蟻狀如騶卒撲緣士人士人怳
然若夢因嚙四肢痛苦甚復曰汝不去將損汝眼四
五頭遂上其面士人驚懼隨出門至堂東遙望見一
門絕小如節使之門士人乃叫何物魑魅敢凌人如
此復被嚙且衆嚙之怳惚間已入小門內見一人裁

冠當殿階下侍衛千數悉長寸餘叱士人曰吾憐汝
獨處伊小兒往何若致害罪當腰斬乃見數十人悉
持刀攘臂追之士人大懼謝曰某顯騃肉眼不識貞
官乞賜餘生久乃曰且解如恢叱令曳出不覺已在
小門外及歸書堂已五更矣殘燈猶在及明尋其蹤
跡東壁古培下有小穴如栗守宮出入焉士人卽率
數夫發之深數丈有守宮十餘石大者色赤長尺許
蓋其王也壞土如樓狀士人聚蘊焚之後亦無他

京宜平坊有官人夜歸入曲有賣油者張帽驅驢馱
桶不避導者搏之頭隨而落遂遽入一大宅門官人
異之隨入至大槐樹下遂滅因告其家卽掘之深數
尺其樹根枯下有大蝦蟆如叠挾二筆鏴（他各反補器又云器鏴物興也）
樹溜津滿其中也及巨白崗如殿門浮漚釘其
蓋已落蝦蟆卽驗矣筆鏴乃油桶也蚋卽其人也里
有沽其油者月餘悟其油好而賤及怪露食者悉病
嘔洩

陵州龍興寺僧惠恪不拘戒律力舉石臼好客往來
多依之常夜會寺僧十餘設煎餅二更有巨手被毛
如胡鹿大言曰乞一煎餅衆僧驚散惟惠恪巖煎餅
數枚置其掌中魅因合拳僧遂極力急握之魅哀祈
聲甚切惠恪呼家人斫之及斷乃鳥一羽也明日隨
其血蹤出寺西南入溪至一巖罅而滅惠恪率人發
掘乃一坑骼石

開成初東市百姓喪父騎驢市凶具行百步驢忽曰
我姓白名元通負君家力已足勿復騎我南市賣麩
家欠我五千四百我又負君錢數亦如之今可賣我
其人驚異卽牽行旋訪主賣之驢甚壯報價只及五

千詣麩行乃還五千四百因賣之兩宿而死

鄆州閿司倉者家在荊州其女乳母鈕氏有一子妻
愛之與其子均焉衣物飲食悉等忽一日妻偶得林
檎一蔕戲與己子乳母乃怒曰小娘子成長忘我矣
常有物與我子停今何容偏因齧吻攘臂再三反覆
主人之子一家驚怖遂奪之其子狀貌長短正與乳
母兒不下也妻知其怪謝之鈕氏復手簇主人之子
始如舊矣閿爲災祥寄令人持鑁闇擊之正當其脳
驍然反中門扇鈕大怒詬閿曰爾如此勿悔閿知無

可柰何與妻拜祈之怒方解鈕至今尚在其家敬之如神更有事甚多矣

荆州處士侯又玄常出郊厠於荒冢上及下跌傷其肘瘡甚行數百步逢一老人問何所苦也又玄見其肘老人言偶有良藥可封之十日不開必愈又玄如其言及解視之一臂遂落又玄兄弟五六互病病必出血月餘又玄兄兩臂忽病瘡六七處小者如榆錢大者如錢皆人面至死不差時荆秀才杜暐話此事於座客

許卑山人言江左有商人左膊上有瘡如人面亦無他苦商人戲滴酒口中其面亦赤以物食之凡物必食食多覺膊内肉脹起疑胃在其中也或不食之則一臂痹焉有善醫者教其歷試諸藥金石草木悉與之至貝母其瘡乃聚眉閉口商人喜曰此藥必治也因以小葦筒毀其口灌之數日成痂遂愈

工部員外張周封言今年春拜掃假延至湖城逆旅說去年秋有河北軍將過此至郊外數里忽有旋風如斗器常起於馬前軍將以鞭擊之轉大遂旋馬首鬣起如植軍將懼下馬觀之覺鬣長數尺中有細纏如紅綫馬時立嘶鳴軍將怒乃取佩刀拂之風因散滅馬亦死軍將割馬腹視之腹中亦無傷不知是何怪也

金剛經鳩異

唐　段成式

貞元十七年先君自荆入蜀應韋南康辟命泊韋之暮年爲賊闢譏構遂攝尉靈池縣韋尋薨賊闢知留後先君舊與闢不合聞之連夜離縣至城東門闢尋有帖不令諸縣官離縣其夕陰風及返出郭二里見火兩炬夾道百步爲導初意縣吏迎候且怪其不前高下遠近不差欲及縣郭方滅及問縣吏尚未知府帖也時先君念金剛經已五六年數無虛日信乎至

誠必感有感必應向之導火乃經所著迹也後闢逆節漸露詔以袁公滋爲節度使成式再從叔少從軍知左營事懼及禍與監軍定計以蠟丸帛書通謀於袁事旋發悉爲魚肉賊謂先君知其謀於一時先君念經夜久不覺困寐門戶悉閉忽覺聞開戶而入言不畏者再三若物投案嚇然有聲驚起之際言猶在耳顧視左右吏僕皆睡俾燭樺四索初無所見向之關扃已開闔矣先君受持此經十餘萬遍徵應事孔著成式近覩晉宋已來時人咸著傳記彰明其事又先命受持講解有唐已來金剛經靈驗記三卷成式當奉先命受持講解太和二年於揚州僧栖簡處聽平消御注一遍六年於荆州僧靖奢處聽大雲疏一遍開成元年於上都懷楚法師處聽青龍疏一遍復日念書寫猶希傳照罔極盡形流通攄拾遺逸以備闕佛事號金剛經鳩異（燭樺一作熾權）

張鎰相公先君齊丘酷信釋氏每旦更新衣執經於像前念金剛經十五遍積數十年不懈永泰初爲朔方節度使衙內有小將負罪懼事露乃扇動軍人數

百定謀反叛齊丘因衙退於小廳閑行忽有兵數十露刃走入齊丘左右唯奴僕遽奔宅門過小廳數步迴顧又無人疑是鬼物將及門其妻女奴婢復叫呼出門云有兩甲士身出廳屋上時衙隊軍健聞變持兵亂入至小廳前見十餘人仡然庭中垂手張口投兵於地衆遂擒縛五六人瘖不能言餘者具首云欲上廳忽見二甲士長數丈瞋目叱之初如中惡齊丘聞之因斷酒肉張鳳翔即予門吏盧邁親姨夫邁語予云

劉逸淮在汴時韓弘爲右廂虞候王某爲左廂虞候與弘相善或謂二人取軍情將不利於劉劉大怒俱召詰之弘即劉之甥因控地碎首大言劉意稍解王其年老股戰不能自辨劉叱令拉坐杖三十時新造赤棒頭徑數寸固以筋漆拉之不仆數五六當死矣韓意其必死及昏造其家怪無哭聲又謂其懼不敢哭訪其門卒即云大使無恙弘素與熟遂至臥內問之王云我讀金剛經四十年矣今方得力言初被坐時見巨手如簸箕翕然遮背因袒示韓都無撻痕韓

金剛經鳩異　三

舊不好釋氏由此始與僧往來日自寫十紙乃積計數百軸矣後在中書盛暑有諫官因事謁見韓方洽汗寫經怪問之韓乃具道王某事予職在集仙常侍柳公爲予說

梁崇義在襄州未阻兵時有小將孫咸暴卒信宿却蘇夢至一處如王者所居儀衛甚嚴有吏引與一對事僧法號懷秀亡已經年在生極犯戒及入冥無善可錄乃紿云我常囑孫咸寫法華經故咸被追對咸初不省僧故執之經時不決忽見沙門曰地藏尊者當云弟子若招承亦自獲祐咸乃依言因得無事又說對勘時見一戎王衛者數百自外來冥王降階齊級升殿坐未久乃大風捲去又見一人被拷覆罪福此人常持金剛經又好食肉左邊有經數千軸右邊積肉成山以肉多將入重論俄經堆中有火一星飛向肉山頃刻銷盡此人遂履空而去咸問地藏向來外國王風吹何處地藏云彼王當入無間向來風即業風也因引咸看地獄及門烟焰扇赫聲若風雷懼不敢視臨回鑊湯跳沫滴落左股痛入心髓地藏

金剛經鳩異　四

乃令一吏送歸不許漏洩冥事及迴如夢妻兒環泣已一日矣遂破家寫經因請出家夢中所滴處成瘡終身不差

貞元中荊州天崇寺僧智燈常持金剛經遇疾死弟子啟手足猶熱不即入木經七日却活云初見冥中若王者以念經故合掌降階因問訊言更容上人十年在世勉出生死又問人間衆僧中後食薏苡仁及藥食此大違本教燈報云律中有開遮條如何云此後人加之非佛意也今荊州僧衆中後無飲藥者

公安潺陵林百姓王從貴妹未嫁常持金剛經貞元中忽暴疾卒埋已三日其家復墓聞塚中呻吟遂發視之果有氣輿歸數日能言云初至冥間冥吏以持經功德放還王從貴能治木常於公安靈化寺起造其寺禪師曙中常見從貴說

韋南康鎮蜀時有左營伍伯於西山行營與同火卒學念金剛經性頑初一日纔得題目其夜堡外拾薪為蕃騎縛去行百餘里乃止天未明遂踣之於地以髮繫撅覆以駞毯一作劉寢其上此人惟念經題忽見金一鋌放光止於前試舉首動身所縛悉脫遂潛起逐金鋌走計行未得十餘里遲明不覺已至家家在府東市妻兒初疑其鬼具陳來由到家五六日行營將方申其逃初韋不信以逃日與至家日不差始免之

元和初漢州孔目典陳昭因患見一人着黃衣至牀前云趙判官喚爾昭問所因云至自冥間劉闢與竇懸對事要君為證昭即留坐逡巡又有一人手持一物如毬胞前吏惟其遲晉之曰緣此候屠行開因笑謂昭曰君勿懼取生人氣須得猪胞君可面東側卧昭依其言不覺已隨二吏行路甚平可十餘里至一城大如府城甲士守門焉及入見一人怒容可駭即趙判官也語云劉闢收東川竇懸捕牛四十七頭送梓州稱准闢判殺闢又云先無牒君為孔目典合知是實未及對隔壁聞竇懸呼陳昭好在及問兄弟妻子存亡昭即欲祭見冥吏云竇使君形容極惡不欲相見昭乃具說殺牛實奉劉尚書委曲非牒也紙是麻面見在漢州某司房架即令吏領昭至漢州取之

門館扃鎖乃於節竅中出入委曲至闕乃無言趙語昭爾自有一過知否竇懸所殺牛爾取一牛頭昭未及對趙曰此不同人間不可抵假須臾見一卒挈牛頭而至昭即恐懼求救趙令檢格合決一百考五十日因謂昭曰爾有何功德昭即自陳設若干人齋畫其像趙云此來生緣爾昭又言曾於表兄家轉金剛經趙曰可合掌請昭依言有頃見黃幞箱經自天而下住昭前昭取視即表兄所借本也有燒處尚在又令合掌其經即滅趙曰此足以免使放廻復令昭往

一司曰生祿檢其修短吏報云昭本名釗是金傍刀至某年改爲昭更得十八年昭悶惆悵趙笑曰十八年大得作樂事何不悅乎乃令吏送昭至半道見一馬當路吏云此爾本屬可乘此卽騎乃活死已一日半矣

荆州法性寺僧惟恭三十餘年念金剛經日五十遍不拘僧儀好酒多是非爲衆僧所惡後遇疾且死同寺有僧靈歸其迹類惟恭爲一寺二害因他故出去寺一里逢五六人年少甚都衣服鮮潔各執樂器如

綸盆部問靈歸惟恭上人何在靈歸卽語其處疑其寺中有供也及晚迴入寺聞鐘聲惟恭已死因說向來所見其日介寺聞絲竹聲竟無樂人入寺當時名僧云惟恭蓋承經之力生不動國一作閦亦以其跡勉靈歸也靈歸感悟折節緇門

董進朝元和中入軍初在軍時宿直城東樓上一夕月明忽見四人着黃從東來聚立城下說己姓名狀若追捕因相語曰董進朝常持金剛經以一分功德祝庇冥司我輩久蒙其惠如何殺之須枉命相代若此人他去我等無所賴矣其一人云董進朝對門有一人同姓同年壽限相埒可以代矣因忽不見進朝驚異之及明已聞對門復魂聲問其故死者父母云子昨宵暴卒進朝感泣說之因謂殯葬供養其父母焉後出家法號慧通住典元唐安寺

元和中嚴司空綬在江陵時涔陽鎮將王沔常持金剛經因使歸州勘事迴至咤灘船破五人同溺沔初入水若有人授竹一竿隨波出沒至下牢鎮着岸不死視手中物乃授持金剛經也咤灘至下牢三百餘

里

長慶初荆州公安僧會宗姓蔡常中蠱得病骨立乃發願念金剛經以待盡至五十遍晝夢有人令開口喉中引出髮十餘莖夜又夢吐大螾長一肘餘因此遂愈荆山僧行堅見其事

江陵開元寺般若院僧法正日持金剛經三七遍長慶初得病卒至冥司見若王者問師生平作何功德答曰常念金剛經乃揖上殿令登繡坐念經七遍侍衛悉合掌階下拷掠論對皆停息而聽念畢後遣一

與引見王下階送云上人更得三十年在人間勿廢讀誦因隨吏行數十里至一大坑吏因臨坑自後推之若墮空焉死已七日唯面不冷法正今尚在年八十餘荆州僧常靖親見其事

石首縣有沙彌道蔭常持念金剛經寶歷初（一云長慶）因他出夜歸中路忽遇虎吼擲而前沙彌知不免乃閉目而坐但默念經心期救護虎遂伏草守之及曙村人來往虎乃去視其蹲處涎流於地

元和三年賊李同捷阻兵滄景帝命劉祐統齊德軍

討之初圍德州城城堅不拔翌日又攻之自卯至未十傷八九竟不能拔時有齊州衙内八將官健兒王忠幹博野人常念金剛經積二十餘年日數不闕其日忠幹上飛梯將及堞身中箭如蝟爲櫑木擊落同火卒曳出羊馬城外置之水濠裏岸祐以暮夜命抽軍其時城下矢落如雨同火人忿忙忘取忠幹屍忠幹既死夢至荒野遇大河欲渡無因仰天大哭忽聞人語聲忠幹見一人長丈餘疑其神人因求指營路其人云爾莫怕我令爾得渡此河忠幹拜之頭低未舉神人把腰擲之空中久方着地忽如夢覺聞賊城上交二更初不記過水亦不知瘡擡手捫面血塗眉睫方知傷損乃舉身强行百餘步却倒復見向人持刀叱曰起起忠幹驚懼遂走一里餘坐歇方聞本軍喝號聲遂及本營訪同火卒方知身死在水濠裏即夢中所過河也忠幹見在齊德軍

何軫鬻販爲業妻劉氏少斷酒肉常持金剛經先焚香像前願年止四十五臨終心不亂先知死日至太和四年冬四十五矣悉捨資裝供僧欲入歲假遍别

親故何軫以爲病而不信至歲除日請僧受八關沐浴易衣獨處一室趺坐高聲念經及辨色悄然兒女排室入看之已卒頂熱灼手軫以僧禮葬塔在荆州北郭

蜀左營卒王殷常讀金剛經不茹葷飲酒爲賞設庫子前後爲人誤累合死者數四皆非意得免至太和四年郭釗司空鎮蜀郭性嚴急小不如意皆死王殷因呈錦纈郭嫌其惡弱令袒背將斃之郭有番狗隨郭卧起非使宅人逢之輙噬忽吠數聲立抱王殷背

驅逐不去郭異之怒遂解

郭司空離蜀之年有百姓趙安常念金剛經因行野外見衣一襆遺墓側安以無主遂持還至家言於妻子隣人即告官趙盜物捕送縣賊曹怒其不承認以大關挾脛折三段後令杖脊杖下輒折吏意其有他術問之惟念金剛經及申郭郭亦異之判放及歸其妻云某日聞君經函中震裂數聲懼不敢發安乃馳視之帶斷軸折紙盡破裂安今見在

太和五年漢州什邡縣百姓王翰常在市日逐小利

忽暴卒經三日却活云冥中有十六人同被追十五人散配他處翰獨至一司見一青衫少年稱是已姪爲冥官廳子遂引見推典又云是巳兄貌皆不相類其兄語云有寃牛一頭訴爾燒畬枉燒殺之爾又曾賣竹與殺狗人作箜篌殺狗兩頭狗亦訴爾爾今名未係死籍猶可以免爲作何功德翰欲爲設齋及寫法華經金光明經皆曰不可乃請曰持金剛經日七遍與之其兄喜曰足矣及活遂捨業出家今在什邡縣

太和七年冬給事中李公石爲太原行軍司馬孔目官高涉因宿使院至鼕鼕鼓起時詣隣房忽遇一人長六尺餘呼曰行軍喚爾涉遂行行稍遲其人自後拓之不覺向北約行數十里至野外漸入一谷底後上一山至頂四望邑屋盡眼下至一曹司所追者呼云追高涉到其中人多衣朱綠當案者似崔行信郎中判云付司對復引出至一處數百人露坐與猪羊雜處領至一人前乃涉妹婿杜則也遥謂涉曰君初得書手時作新人局遣某買羊四口記得否今被相

債備嘗苦毒涉遽云爾時祇使市肉非羊也則遂無言因見羊人立齧則遂延被領他去倏忽又見一處露架方梁梁上釘大鐵環有數百人皆持刀以繩繫人頭牽入環中刳剔之涉懼走出但念金剛經倏忽逢舊相識楊演云李尚書時杖殺賊李英道爲劫賊事已於諸處受生三十年今却訴前事君常記得無涉辭以年幼不省又遇舊典段怡先與涉爲義兄弟逢涉云先念金剛經莫廢忘否向來所見未是極苦處勉樹善業今得還乃經之力因送至家如夢死巳

經宿向所拓處數日青腫
永泰初豐州烽子暴由爲党項縛入西蕃易馬蕃將
令穴肩骨貫以皮索以馬數百蹄配之經半歲馬息
一倍蕃將賞以羊革數百因轉近牙帳贊普子愛其
了事遂令執纛左右有剩肉餘酪與之又居半年因
與酪肉悲泣不食贊普問之云有老母頻夜夢見贊
普頗仁聞之悵然夜召帳中語云蕃法嚴無放還例
我與爾馬有力者兩疋於某道縱爾歸無言我也烽
子得馬極騁俱乏死遂晝潛夜走數日後爲刺傷足

金剛經鳩異八　十三

倒磧中忽有風吹物窸窣過其前因攬之裹足有頃
不復痛試起步走如故經信宿方及豐州界歸家母
尚存悲喜曰自失爾我唯念金剛經寢食不廢以祈
見爾今果其誓因取經拜之縫斷亡數幅不知其由
子因道磧中傷足[illegible]母令解足視之所裹瘡物乃數
幅經也其瘡亦愈
大曆中太原偷馬賊誣一王孝廉同情拷掠旬日苦
極强首推吏疑其冤未即具獄其人唯念金剛經其
聲哀切晝夜不息忽一日有竹兩節墜獄中轉至於
前他因爭取之獄卒意藏刃破視內有字兩行云法
尚應捨何況非法書蹟甚工賊首悲悔具承以匿嫌
誣之匿一日舊

博異志

唐　鄭還古

敬元穎

天寶中有陳仲躬家居金陵多金帛仲躬好學修詞未成乃携數千金於洛陽清化里假居一宅其井尤大甚好溺人仲躬亦知之㤉靡有家室無所懼仲躬常抄習不出月餘日有鄰家取水女子可十數歲怪每日來於井上則逾時不去忽墮井中而溺死井水深經宿方索得屍仲躬異之閑乃窺於井上忽見水

影中一女子面年狀少麗依時樣粧飾以目仲躬仲躬凝睇之則紅袂半掩其面微笑妖冶之姿出於世表仲躬神魂恍惚若不支持然乃歎曰斯乃溺人之由也遂不顧而退後數月炎旱此井亦不減忽一日水頓竭清旦有一人扣門云敬元穎請謁仲躬命入乃井中所見者衣緋綠之衣其製飾鉛粉乃當時耳仲躬與坐而訊之曰卿何以殺人元穎曰妾實非殺人者此井有毒龍自漢朝絳侯居於玆遂穿此井洛城内都有五毒龍斯乃一也緣與太一左右侍龍相得勢相蒙蔽天命追徵多故爲不赴集役而好食人血自漢已來已殺三千七百人矣而水不曾耗涸某乃國初方墮於井遂爲龍所驅使爲妖惑以誘人用供龍所食其於辛苦情所非願昨爲太一使者交替天下龍神盡須集駕昨夜子時已朝太一矣兼爲河南旱被勘責三數日方迴今井内已無水君子誠能命匠淘之則獲脱難矣如脱難願於君子一生奉養世間之事無所不致言訖便失所在仲躬乃當時命匠令一信者與匠同入井中但見異物即令收之至

底無別物唯獲古銅鏡一枚面闊七寸八分仲躬令洗淨安匣中焚香以潔之斯乃敬元穎者也一更後忽見元穎自門而入直造燭前設拜謂仲躬曰謝以生成之恩煦衣濁水泥之下某本師曠所鑄十二鏡之第七者也其鑄時皆以日月爲大小之差元穎則七月七日午時鑄者也貞觀中爲許敬宗婢蘭苔所墮以此井水深兼毒龍氣所苦人入者悶絶而不可收遂爲毒龍所役幸遇君子正直者乃獲重見人間耳然明晨内望君子移出此宅仲躬曰某以用錢僦

居今移出何以取措定之所元頹曰但請君子飾裝一無憂矣言訖再拜云自此去不復見形矣仲躬遽留之問曰汝以紅綠脂粉之麗何以誘女子小兒也對曰某變化無常各以所悅百方謀策以供龍用言訖即無所見明晨忽有牙人扣戶兼領宅主來謁仲躬便請仲躬移居夫役並足到齋時便到立德坊一宅中其大小價數一如清化者其牙人云價直契書一無遺闕並交割訖後三日會清化宅井無故自崩兼延及堂隍東廂一時陷地仲躬後文戰累勝大官所有要事未嘗不如移宅之績効也其鏡背有二十八字皆科斗書以今文推而寫之曰維晉新公二年七月七日午時於首陽山前白龍潭鑄成此鏡千年後世於背上環書一字管天文一宿依方列之則左有日而右有月龜龍虎雀並依方安焉於鼻中題日

則之鏡

許漢陽

漢陽名商本汝南人也貞元中舟行於洪饒間日暮洪波急尋小浦灣入不覺行三四里到一湖中雖廣而水纔三二尺北行一里許見湖岸竹樹森茂乃投以泊舟漸近見亭宇甚盛有二青衣雙鬟若鴉素面如玉迎舟而笑漢陽訝之而入以游詞又大笑返走入宅漢陽束帶上岸投謁未行三數步青衣延入內廳揖坐云女郎等易服次須臾青衣命漢陽入中門見滿庭皆一大池池中荷芰芬芳四岸砌如碧玉作兩道虹橋以通南北北有大閣上階見白金書曰夜日宮四面奇花異木森聳連雲青衣引上閣一層又有青衣六七人見漢陽列拜又引上二層方見女郎六七人目未嘗覩相拜問來由漢陽具述不意至此女郎揖坐云客中止一宵亦有少酒願追歡揖坐訖青衣具飲食所用皆非人間見者食訖命酒其中有一樹高數丈餘幹如梧桐葉如芭蕉有紅花滿樹未吐大如斗盎正對飲所一女郎執酒相揖一青衣捧一鳥如鸚鵡置飲前闌干上叫一聲而樹上花一時開芳香襲人每花中有美人長尺餘婉麗之姿掣曳之服各稱其質諸樂絃管盡備其鳥再拜女郎舉酒衆樂具作蕭蕭泠泠杳入神仙纔一巡此夕月色復

明丿郎所論皆非人間事漢陽所不測時因漢陽以人間事雜之則女郎亦無所酬答歡飲至二更已來畢其樹花片片落池中人亦落便失所在一女郎取一卷文書以示漢陽覽之乃江海賦女郎令漢陽讀之遂爲讀一遍女郎請又自讀一遍命青衣收之一女郎謂諸女郎兼白漢陽曰有感懷一章欲誦之諸女郎及漢陽曰善乃言曰海門連洞庭每去三千里十載一歸來辛苦瀟湘水女郎命青衣取諸卷兼筆硯請漢陽與錄之漢陽展卷皆金花之素上以銀字

札之卷大如拱已半卷相卷矣觀其筆乃白玉爲管硯乃碧玉以頗黎爲匣硯中皆研銀水寫畢令以漢陽之名押之展向前見數首皆有人名押署有名仲方者有名巫者有名朝陽者而不見其姓女郎遂却索卷漢陽曰有一篇欲奉和擬繼此可乎女郎曰不可此卷每歸呈父母兄弟不欲雜爾漢陽曰適以弊名押署復可乎曰事別非君子所論四更已來命發收拾揮霍次二青衣曰郎可歸舟矣漢陽乃起諸女郎曰欣此旅泊接奉不得鄭重耳悵悵而別歸舟忽大風雲色十暗寸步黯黑而至平明方自觀夜來飲所乃空林樹而已漢陽解纜行至昨晚濡口江岸人家見十數人似有非常故泊舟乃訊之曰濡口溺殺四人至二更後却澇出三人已卒其一人雖似活而若醉有巫女以楊柳水灑拂禁咒久而乃言曰昨夜海龍王諸女及姨姊妹六七人過歸洞庭宿於此處取我輩四人作酒緣客少不多飲所以我却得來漢陽異之乃問曰客者謂誰曰一措大耳不記姓名又云青衣言諸小娘子苦愛人間文字不可得常欲請

一措大文字而無由又問今在何處已發過也漢陽乃念昨宵之事及感懷之什皆可驗也漢陽黙然而歸舟覺腹中不安乃吐出鮮血數升方知悉以人血爲酒爾三日方平

王昌齡

開元中琅邪王昌齡自吳抵京國舟行至馬當山屬風便而舟人云貴賤至此皆合謁廟以祈風水之安昌齡不能駐亦先有禱神之備見舟人言乃命使賫酒脯紙馬獻于大王兼有一量草履子上大王夫人

而以一首詩令使者至彼而禱之詩曰青驄一疋堪爲象奉上大王不取錢直爲猛風波裏驟真怪昌齡不下船讀畢而過當市草履子將兼市金錯刀子一副貯在履子内至禱神特忘取之誤并履子將往使者亦不曉焉昌齡至前程偶覓錯刀子方知誤并將神廟所矣又行數里忽有赤鯉魚長可三尺躍入昌齡舟中昌齡笑曰自來之味呼侍者烹之既剖腹得金錯刀子宛是誤送廟中者昌齡歎息曰鬼神之情亦昭然當聞葛仙公命魚送書古詩有剖鯉得素書今日亦頗同

張竭忠

天寶中河南緱氏縣東太子陵仙鶴觀常有道士七十餘人皆精專修習法籙齋戒皆全有不專者自不肯住矣常每年九月三日夜有一道士得仙已有舊例至旦則具姓名申報以爲常其中道士每年到其夜皆不扃戶各自獨行以求上昇之應後張竭忠攝緱氏令不信至時乃令二勇者以兵器潛覘之初無所覩至三更後見一黑虎入觀來須臾銜出一道士二人逐射不中奔棄道士而往至明並無人得仙具以此白竭忠竭忠申府請弓矢大獵於太子陵東石穴中格殺數虎獲金簡玉籙洎冠帔武人之髮骨甚多斯皆謂每年得仙道士也自後仙鶴觀中即漸無道士今並休廢爲守陵使所居也

陰隱客

神龍元年房州竹山縣陰隱客家富莊後穿井二年已濬一千餘尺而無水隱客穿鑿之志不輟二年外一月餘工人忽聞地中雞犬鳥雀聲更鑿數尺傍通

一石穴工人乃入穴探之初數十步無所見但捫壁而傍行俄轉會如日月之光遂下其穴下連一山峯工人乃下於山正立而視乃別一天地日月世界其山傍向萬仞千巖萬壑莫非靈景石盡碧琉璃色每巖壑中皆有金銀宮闕有大樹身如竹有節葉如芭蕉又有紫花如盤五色蛺蝶翅大如扇翔舞花間五色鳥大如鶴翱翔乎樹杪每巖中有清泉一眼色如鏡白泉一眼白如乳工人漸下至宮闕所欲入詢問行至闕前見牌上署曰天桂山宮以銀字書之門兩

閣內各有一人驚出各長五尺餘童顏如玉衣服輕
細如白霧綠煙絳脣皓齒鬚髮如青絲首冠金冠而
跣足顧謂工人曰汝胡爲至此工人具陳本末言未
畢門中有數十人出云怪有昏濁氣令責守門者二
人惶懼而言曰有外界工人不意而到詢問次所以
未奏須臾有緋衣一人傳勅曰勅門吏禮而遣之工
人拜謝未畢門人曰汝已至此何不求遊覽畢而返
工人曰向者未敢儻賜從容乞乘便而言之門人遂
通一玉簡入旋而玉簡却出門人執之引工人行至

清泉眼令洗浴及澣衣服又至白泉眼令與漱之味
如乳甘美甚連飲數掬似醉而飽遂爲門人引下山
每至宮闕只得於門外而不許入如是經行半日至
山趾有一國城皆是金銀珸玉爲宮室城樓以玉字
題云梯仙國工人詢曰此國何如門人曰此皆諸仙
初得仙者關送此國修行七十萬日然後得至諸天
或玉京蓬萊崑閬姑射然方得仙官職位主籙主符
主印主衣飛行自在工人曰既是仙國何在吾國之
下界門人曰吾此國是下界之上仙國也汝國之上

還有仙國如吾國亦曰梯仙國與無所異言畢謂工
人曰卿可歸矣遂却上山尋來路又令飲白泉數
掬欲至山頂求來穴門人曰汝來此雖頃刻已人間
數十年矣却出舊穴應不可矣待吾奏請道天關鑰
是送卿歸工人拜謝須臾門人携金印及玉簡又引
工人別路而上至一大門勢侔樓閣門有數人俯伏
而候門人視金印讀玉簡劃然開門門人引工人上
纔入門風雲擁而去因無所覩唯聞門人云好去爲
吾致意於赤城眞伯須臾雲開已在房州北三十里

孤星山頂洞中出後而詢陰隱客家時人云已三四
世矣開井之由皆不能知工人自尋其路惟見一巨
坑乃崩井之所爲也時貞元七年工人尋覓家人了
不知處自後不樂人間遂不食五穀信足而行數年
後有人於劍閣雞冠山側近逢之後莫知所在

岑文本

貞觀中文本下朝多於山亭避暑日午時寐初忽覺
有叩山亭院門者藥豎報云上清童子元寶特此參
奉文本性慕高道束帶命入乃年二十已下道士儀

箕裘漁衣服纖異冠淺青闕所冠衣淺青闕幘襲衣服輕細如霧非齊紈魯縞之比文本與語乃曰僕上清童子自漢朝而果成本生於吳已得不凝滯之道遂為吳王進入見漢帝有事擁遏教化不得者無不開問僕常與方圓行下皆得美暢由是自文武二帝迄至哀帝皆相眷王莽作亂方出外方所在皆沐人憐愛自漢成帝遂厭人間乃尸解或秦或楚不常厥居聞公好道故此相曉耳文本詰以漢魏宋齊梁間君王社稷之事了了如目覩因言史傳間屈者虛者

亦甚多文本曰吾人冠幘何制度之異對曰夫道在於方圓之中僕外服圓而心方正相時儀也又問曰衣服皆輕細何土所出對曰此是上清五銖服又問曰此間六銖者天人衣何五銖之異對曰尤細者則五銖也談論不覺日晚文本乃別出門而忽不見文本知是異人乃每下朝卽令伺之到則談論移時后令人備送詣其所止出山亭門東行數步於院墻下瞥然不見文本命工力掘之三尺至一古墓墓中了無餘物唯得古錢一枚文本悟上清童子是銅名元寶之文也外圓心方錢之狀也青衣銅衣也五銖服亦錢之文也漢時生於吳是漢朝鑄五銖錢於吳王也文本雖知之而錢帛日盛至中書令十餘年忽失古錢所在文本遂薨

沈亞之

沈亞之以記室從隴西公謂軍涇州昔見隴西公言少從邢鳳游鳳帥家子無他能後寓居長安平康里南以錢百萬質故豪洞門曲房之第卽其寢而晝偃夢一美人自西楹來環步從容執卷且吟為古粧而

高鬟長眉衣方領繡帶被廣袖之襦鳳大悅問麗人何自而臨我哉美人笑曰此妾家也而君客于妾宇下焉有所自鳳曰願示其書目美人曰妾好詩而嘗綴此鳳曰麗人幸少留得賜覩覽於人美人授詩坐西床鳳發卷視其首篇題之曰春陽曲終四句其後他篇皆數十句美人曰君必欲傳之無令過一篇鳳卽起從東廡下几上取彩箋傳春陽之曲其詞曰長安少女踏春陽何處春陽不斷腸舞袖弓彎渾忘却羅幃空度九秋霜鳳吟卒請曰何謂弓彎曰妾昔年

父母教妾此舞美人乃起整衣張袖舞數拍爲弓彎之狀以示鳳既罷美人低然良久却辭去鳳曰願復少從容須臾間竟去鳳亦旋覺昏然忘有所記鳳更衣郎於懷袖中得其詞驚視方省所夢時貞元中也又吳興姚合謂亞之曰吾友王炎云元和初夕夢遊吳侍吳王久之聞宮中出葬鳴簫擊鼓言葬西施王悲悼不止立詔詞客作挽歌炎遂應教作西施挽歌其詞曰西望吳王闕雲書鳳字牌連工起珠帳擇土葬金釵滿地紅心草三層碧玉堦春風無處所悽恨不勝懷進詞王甚嘉之乃悟能記其實炎太原人也

劉方玄

山人劉方玄自漢南抵巴陵夜宿江岸古館之廳其西有巴籬所隔又有一廳常扃鎖云多有怪物使客不安已十數年不開矣中間爲廳廊崩摧州司完葺至新淨而無人敢入其夜方玄都不知之至二更後見月色滿庭江山清寂唯聞廳西有家口語言嘯咏之聲殆不多辨唯一老青衣語聲稍重而帶秦音者言曰往年阿郎貶官時令老身常騎偏面騾抱阿荆郎阿荆郎嬌不肯穩坐或偏于左或偏于右墜損老身左膊至今天欲陰使我患酸疼焉今又發矣明日必大雨如今阿荆郎官高也不知知有老身無復聞相應答者俄而有歌者歌音清細若曳緒之不絕復吟詩者吟聲切切如含酸和淚之詞幽咽良久亦不可辨其文而無所記錄也久而老青衣又云昔日阿荆郎愛念青青河畔草今日亦頗謂綿綿思遠道也僅四更方不聞其聲明旦果大雨呼館吏訊之吏云此西廳空更無人方敘此中賓客不曾敢入之由方

玄因請開院視之則秋草滿地蒼苔沒堦中院之西則連山林無人迹也啓其廳廳則新淨了無所有唯前間東面柱上有詩一首墨色甚新其詞曰耶娘送我青楓根不記青楓幾迴落當時手刺衣上花今日爲灰不堪着視其書則鬼之詩也館吏云此廳成來不曾有人入亦適無此題詩處乃知夜來人也復以此訪於人終不能知其來由耳

馬侍中

爲燧貧賤時寓遊北京謁府主不見而乃寄於園吏

吏曰某欲謁護戎否若謁卽須先言當爲其岐路耳
護戎諱數字而甚切君當在意若犯之無逃其死也
然若幸㥘之則所益與諸人不同愼勿暗投也某乃
護戎先乳母子得以詳悉而輒贊君子焉燧信與疑
半明晨入謁護戎果犯諱庭叱而出畏懼之色見圍
吏吏曰是必忤護戎耳燧問計求脫闔吏曰君子戾
我而恓惶如是然敢則死不得潰我也遂匿燧於糞
車中載出郭而逃于時護戎果索燧一報不獲散鐵
騎者俘門十人燧狠忙竄六十餘里日暮度不出境

求蔽于逃民敗室中尚未安聞車馬蹄歎聲人相議
言能更三二十里否果護戎之使也俄聞勢漸遠稍
安焉未復常息又聞有悉窣人行聲燧危慄次忽於
戶牖見一女人衣布衣身形絕長手携一襆曰馬燧
在此否燧黙不敢對又曰大驚怕否胡二姊知君在
此故來安慰無至憂疑也燧乃應唯而出胡二姊曰
大厄然已過尚有餘恐爾君固餒我食汝乃解所携
襆有熟肉一甌胡餠數枚燧食甚飽却令於舊處更
不可動胡二姊簸灰數斗於燧前地上橫布一道以
投之言曰今夜半有異物相恐切愼不得動過此厄
後勳貴無雙言畢而去近夜半有物閃閃照人漸近
戶牖間見一物長丈餘乃夜叉也赤髮帽奮金牙鋒
鑠臂曲瘦木甲架獸爪衣豹皮褌携短兵直入室來
獰目電燄吐火噀血跳躑哮吼鐵石消鑠燧之惴慄
殆喪魄亡精矣然此物終不敢越胡二姊所布之灰
久之物乃撤一門扉藉而熟寢俄又聞車馬來聲有
人相請曰此乃逃人之室不妨馬生匿於此子時數
人持兵器下馬入來衝踏夜叉夜叉奮起大吼數聲

裂人馬噉食血肉殆盡夜叉意氣徐步而去四更東
方月上燧覺寂靜乃出而去見人馬骨肉狼籍燧乃
獲免後立大勳官爵寄崇詢訪胡二姊之由竟不能
得思報不及每春秋祠饗別置胡二姊一座列於廟
左

集異志

唐 陸勲

秦始皇三十六年鄭客從關東來至華陰望見素車白馬從華山上下知其非人道住止而待之遂至持璧與客曰爲我遺鎬池君因言今年祖龍死忽不見客奉璧始皇使御史視之廼二十八年過江所沉璧也默然良久曰山神不過知一歳事也

魏襄王十三年魏有女子化爲丈夫京房曰女子化爲丈夫茲謂陰昌賤人爲王丈夫化爲女子茲謂陰

勝厥咎亡一曰男化爲女宫刑濫也女化爲男婦政行也

齊湣王時齊有人當闕而哭者求之不得去則聞其聲

漢武帝與羣臣宴未央方食黍䎘忽聞語云老臣尋覓不見梁上有一公長九寸拄杖僂步帝問之公下稽首不言自仰視屋俯指帝脚忽然不見問東方朔朔對曰其名爲藻兼水木之精也夏巢林冬潜河陛下興造宫室斬伐其居故來訴耳仰視屋者殿名未央也俯視脚者脚足也願王足於此也帝爲此暫止

漢末大亂有發前漢時宫人冢者宫人猶活旣出復平如舊魏郭后愛念之留於宫中常在左右問漢時宫中事言皆有條緒

吳孫皓寶鼎元年丹陽宣騫母年八十因浴化爲黿兄弟閉戸衛之掘堂上作一池寘水中黿入池遊戲二日引頸外望伺戸小開便轉輪自躍入於遠潭遂不復還

吳成將鄧喜殺猪祀神治畢懸之忽見一人頭往食

肉喜引弓射之咋咋作聲繞屋三日

晉惠帝光熙元年會稽謝眞生子頭大而有髮兩蹠反向上有男女兩體生便作丈夫聲經一日死

晉謝靈運以元嘉五年忽見謝晦手提其頭來坐別牀血淋落不可忍視

魏公孫淵家數有怪犬冠幘絳衣上屋炊有小兒蒸死甑中

晉元帝永昌元年甘卓將襲王敦旣而中止及還家多變怪照鏡不見其頭

晉阮瞻嘗著無鬼論而一鬼通姓名作客詣之寒溫畢仰談名理客甚有才辯與言良久及鬼神事乃作色曰鬼神古今聖賢所共傳君何獨言無耶僕便是鬼於是變爲異形須臾便滅阮默然大惡之年餘卒

宋文帝元嘉末長廣人病差使能食而不得臥一飯輒覺身長如此數日頭遂出屋

梁武帝太清元年丹陽有莫氏妻生男眼在頂上大如兩歲兒墮地而言曰兒是旱疫鬼不得住母曰汝當令我得過疫鬼曰有上官何得自由母可急作絳

帽故當無憂母不暇作絳帽以絳繫髮自是旱疫者二年揚徐兗豫尤甚莫氏鄉鄰多以絳免他士效之無驗

隋煬大業七年正月朔旦有盜衣白練裙襦手持香花自稱彌勒出世入建國門奪衛士仗將爲亂齊王暕遇而斬之

武后神功元年二月庚子有人走入端門又入則天門至通天宮門守門者及杖衛不知覺時來俊臣婢産一肉塊如三升器剖之有赤蟲須臾化爲蜂螫人而去

武后時武三思置一妾絶色士大夫皆訪覩之狄梁公亦往爲妾逃遁不見三思搜之在於壁隙中語曰我乃花月之妖天遣我奉君談笑梁公時之正人我不可以見

天寶五載楊愼矜爲御史中丞愼矜至洛陽正食忽見一鬼物長丈餘朱衣冠幘立於其後愼矜叱之良久不滅以熱羹潑之方滅

高宗嘗患頭風召名醫於四方終不能療宮人有自

陳世業醫術請修藥餌者帝許之初穿地置藥爐忽有一蝦蟇躍出色如黄金背有朱書武字宮人不敢匿奏之帝頗驚異遽命放於苑地宮人別穿地得蝦蟇如初帝深以爲不祥

玄宗好鬭雞貴臣外戚皆尚之貧者或弄木雞識者以爲雞酉屬帝生之歲鬭者兵象

晉愍帝建興二年十一月抱罕羌妓産一龍子色似錦文常就母乳遥見神光少得就視未久帝竟淪没

玄宗天寶十一載六月虢州閿鄉黄河中女媧墓因

大雨晦冥失所在至乾元二年六月乙未瀕河人聞有風雷曉見其墓湧出下有巨石上有雙柳各長丈餘時號風陵堆占曰冢墓自移天下破

晉穆帝升平三年二月涼州城東池中有火四年四月姑臧澤水中又有火

大曆末深州東鹿縣中有水影長七八尺遥望見人馬往來如在水中及至前不見水

晉元帝大興四年廬江灊縣何旭家忽聞地中有犬子聲掘之得一母犬青黎色狀甚羸瘦

荆齊高帝建元元年荆州人井湖出綿人用與常綿不異

漢靈帝熹平二年六月雒陽民譌言虎賁寺東壁中有黄人形容鬚眉良是觀者數萬

陳後主禎明二年五月東冶鐵鑄有物赤色大如斗自天墜鎔所隆隆有聲鐵飛破屋而四散

元和中翰林院有鈴夜中文書入則引之以代傳呼長寧中河北用兵鈴輒自鳴與軍中息耗相應聲急則軍事急聲緩則軍事緩

王莽地皇元年七月杜陵便殿乘輿虎文衣廢藏在室匣中出自樹立外堂上良久乃委地吏卒見者以聞莽惡之

漢桓帝元嘉中京都婦女作愁眉啼粧墮馬髻折腰步齲齒笑所謂愁眉者細而曲折啼粧者薄拭目下若啼處墮馬髻者作一邊折腰步者足不在體下齲齒笑者若齒痛樂不欣欣始自大將軍梁冀家所爲京師翕然諸夏皆放此服妖也

漢桓帝延熹中梁冀誅後京都幘顔短耳長短上長

下時中常侍單超左悺徐璜至於貧家不能自辨自號無頭就人借頭

晉孝武太元中帝每聞手巾箱中有鼓吹鞞角響於是請僧齋會夜見一臂長三丈餘手長數尺來摹經案帝是歲崩

後齊武平時後主於苑内作貧兒村親衣繿縷之服而行乞其間爲笑樂多令人服烏衣以相執縛

又婦人皆剪剔以著假髻而危邪之狀如飛鳥至於南面則髻心正西始自宮内爲之被於四遠天戒若

曰元首剪落危側當走西也
漢靈帝好胡服胡帳胡牀胡坐胡飯胡箜篌胡笛胡舞京城貴戚皆競爲之此服妖也其後董卓乃擁胡兵塡塞街衢擄掠宮掖發掘園陵
晉孝懷帝永嘉二年冬項縣桑樹有聲如解材人謂之桑樹哭
晉元帝大興四年王敦在武昌鈴下儀仗生華如蓮華五六日而萎落此木失其性于寶以爲狂華生枯木

晉劉曜時西明大內大樹風吹折經一宿樹忽變爲人形髮長一尺鬚眉長三寸皆黃白色有斂手之狀亦有兩脚著裙之形惟無目鼻每夜有聲十日而生柯條遂成大樹枝葉甚茂
晉少帝開運元年七月大雨門內井亭石盆走水槽有龍首悉驅數十步而龍首斷
後趙石季龍時東海有大石自立傍有血流鄴西山石間血流出長十餘步廣二尺餘大武殿畫古賢悉變爲胡旬餘頭悉縮入肩中季龍大惡之

至德二年昭陵石馬汗出昔周武帝克晉州齊有石象汗流濕地此其類也
漢劉聰末年犬與豕交于相國府門又交于宮門又交于司隸御史門有豕着進賢冠升聰坐犬冠武冠帶綬與豕並升俄而鬬死殿上宿衛莫有見其入者
隋開皇末渭南有人寄宿他舍夜聞二豕對話其一曰歲將盡阿爺明日殺我供歲何處避之一答曰可向水北姊家因相隨去天曉主人覓豕不得疑是宿客得之宿客言狀主人如其所言得豕其後蜀王秀

得罪文帝將殺之平樂公主救之得全
魏司馬太傅討公孫淵父子先時淵家有犬着絳幘絳衣又襄城北市生肉有頭目無手足而動搖占者曰有形不成有體無聲其國滅
新野庾謹母病兄弟三人白日侍疾常燃火忽見帳帶自捲上自舒下如此數遭
長慶二年五月有自吐蕃至者稱隴上自去歲以來出異獸如猴而腰尾皆長色青迅猛見蕃人即捕而食之遇漢人則否

秦孝公二十一年有馬生人占曰諸畜生非其類子
孫必有非其姓者至始皇果呂不韋子
漢末糜竺嘗從洛歸未達家數里路傍見一婦人從
竺求寄載行可數里婦謝去謂竺曰我天使也當往
燒東海糜竺家感君見載故以相語竺因私請之婦
曰不可不燒如此君可馳去我當緩行日中火當發
竺乃還歸盡出財物日中而火大發
吳孫權太元元年臨海羅陽縣有神自稱王表周旋
民間言語飲食與人無異然不見其形又有一婢名

紡績是月遣中書郎李崇齋輔將軍羅陽王印綬迎
表表隨崇俱出與崇及所在郡中令長談論崇等無
以易所歷山川輒遣婢與神相聞秋七月崇與表至
權於蒼龍門外爲立第舍數使近臣齎酒食往表說
承旱小事往往譏有驗
晉武帝咸寧二年十二月瑯琊人顔畿病死棺斂已
久家人咸夢畿謂巳曰我當復生可急開棺遂出之
漸能飲食屈伸視瞻不能行語二年復死京房易傳
曰至陰爲陽下人爲上厥妖人死復生其後劉石僭

逆俱亡
晉惠帝元康中安豐有女子周世寧八歲漸化爲男
子至十七八而氣性成京房易傳曰女子化爲丈夫
茲爲陰昌賤人爲王此亦劉石覆蕩天下之妖也
晉元嘉九年南陽樂遐嘗狂生忽聞室中有人呼其
夫婦名甚急夜半乃止殊自驚懼後數日婦產後還
忽舉體衣服總是血未及三月而夫婦相繼病卒
漢劉聰時光義人羊充妻產子二頭其夫竊而食之
三日而死

東晉王綏爲冠軍將軍其家夜中梁上無故有人頭
墮於床而血流淋漓俄拜荆州刺史坐其父愉之謀
與弟納並被誅
後魏肅宗熙平二年幷州祁縣人韓僧眞女從母右
脇而出胡太后命付掖庭養之太后臨朝爲元人劉
騰幽於永巷後竟被爾朱榮沉於河魏室因茲大亂
陳後主禎明二年有神自稱老子游於都下與人對
語而不見形言吉凶多驗得酒輒飲之經三四年乃
去有船下忽聞人言明年亂視之得死嬰兒長三尺

而無頭明年陳亡

陳周文育爲鎮南將軍初文育據三陂時有流星墜其聲如雷地陷方二丈中有碎炭數斗又軍市中忽聞小兒啼一市並驚聽之在土下軍人掘得木棺長三尺文育惡之俄而見殺

北齊爾朱世隆爲尚書令嘗晝寢其妻奚氏忽見一人持世隆首去奚氏驚怖就視而寢如故既覺謂妻曰向夢人斷我頭去意殊不適不久被誅

隋煬帝大業元年鴈門人房回安母年百歲額上生角長二寸洪範五行傳曰婦人陰象也角兵象也下反上之應是後天下果大亂陰賊圍帝於鴈門

咸通十三年四月太原晉陽民閈有嬰兒兩頭異頸四耳聯足此天下不一之妖也

漢景帝元鳳元年有烏與鵲鬬燕王宮池上烏墮地死時燕王旦謀爲亂未幾伏辜

魏明帝景初元年凌霄闕始搆有鵲巢其上鵲體白黑雜色帝以問高唐隆對曰詩云惟鵲有巢惟鳩居之今興起宮室而鵲來巢此宮室未成身不得居之

象也於是帝改容動色

晉安帝永熙三年龍驤將軍朱猗戍壽陽婢炊飯忽有羣烏集竈競來啄噉婢驅逐不去有獵狗咋殺兩烏餘烏因共啄殺狗又噉其肉惟餘骨存明年六月猗死

晉昭公十九年龍鬬於鄭時門之外洧淵鄭以小國攝乎晉楚之間重以彊吳時子產任政内惠於民外善辭令以交三國鄭卒無患能以德消變之效也

漢惠帝二年五月癸酉旦有兩龍見於蘭陵廷東里溫陵井中至乙亥夜去劉向以爲龍貴象而困於庶人井中象諸侯將有幽執之禍其後呂太后幽殺趙王諸呂亦終殺滅

晉武帝太康五年正月癸卯二龍見武庫井中帝觀之有喜色百僚將賀劉毅獨表曰昔龍漦夏庭禍發周室龍見鄭門子產不賀帝答曰朕德政未修未有以應受嘉祥遂不賀也

晉明帝太寧初武昌有大蛇常居故神祠空樹中每出頭從人求食尋有王敦之逆

晉武帝太康五年四月魯國池水變赤如血七年十月河陰雨赤雪二尺

武后時來俊臣井水變赤如血井中常有吁嗟之聲俊臣酷吏也

咸通八年七月泗州下邳雨湯殺鳥雀水沸于火則可以傷物也雨者自上而降鳥雀民象

太康二年六月泰山江夏大水泰山流三百家殺六千餘人江夏亦殺人時平吳後王濬爲元功而詆劾妄加荀賈爲無謀而並蒙重賞收吳姬五千納之後宮此其應也

漢成帝時歌謠又曰邪徑敗良田讒口亂善人桂樹華不實黃雀巢其顛古爲人所羨今爲人所憐桂赤色漢家象華不實無繼嗣也王莽自謂黃象黃雀巢其顛也

漢光武建武六年蜀有童謠曰黃牛白腹五銖當復是時公孫述僭號於蜀時人竊言王莽稱黃述欲繼之故稱曰五銖漢時錢名明當復也述遂敗滅（述一作述）

晉太安中童謠曰五馬遊渡江一馬化爲龍後中原大亂宗藩多死惟瑯琊汝南西陽南頓彭城同至江東而元帝嗣統矣

玄宗時童謠曰燕燕飛上天上天女兒鋪白氈氈上有千錢時幽州又有謠曰舊來誇戴竿今日不堪看但看五月裡清水河邊見契丹其後祿山反

王莽始建國元年長安狂女子碧呼道中（碧女子名也）曰高皇帝大怒趣歸我國不者九月必殺汝莽收捕殺之

中平元年二月張角兄弟起兵冀州自號黃巾三十六萬四面出師將帥星布吏士外屬因其疲餧幸而勝之

晉惠帝永寧初齊王冏唱義兵誅亂逆乘輿反正忽有婦人詣大司馬門求寄產門者詰之婦曰我截臍便去耳其後冏果斬戮

晉太元中小兒以兩鐵相打於土中名曰鬬族後王國寶王孝伯一姓之中自相攻擊也

晉海西公太和元年京州楊樹生松天戒若曰松者不改柯易葉楊者柔脆之木今松生於楊豈非永久

之葉將集危亡之地邪是時張天錫稱雄於凉州後
降苻堅
晉惠帝大安元年夏巢湖有大石浮三百步登岸民
驚譟相告曰石來干寶曰壽有石氷入建業
晉惠帝元康三年閏二月殿前六鐘皆出涕五刻止
前年賈后殺楊太后於金墉城而賈后爲惡不止故
鐘出涕猶傷之也
乾符二年洛陽建春門外因暴雨有物墜地如羖羊
不食頃之入地中其跡月餘不滅或以爲雨土也占

曰當旱
晉朱逵爲丹陽内史家犬生三子皆無頭後爲揚州
剌史曹武所殺
吳諸葛恪征淮南歸將朝犬銜引其衣恪曰犬不欲
我行乎還坐俄頃復起犬又銜衣乃令逐犬遂升車
入被害
謝文靜於後府接賓婦劉氏見狗銜謝頭來久乃失
所在婦具說之謝容無異色是月薨
太興元年武昌太守王諒牛生子兩頭八足兩尾共
一腹三年後死又有牛一足三尾司馬彪曰兩頭者
政出私門京房曰足多者所任邪也足少者不勝任
也其後王敦等亂相繼
晉武帝太康四年會稽彭蜞及蟹皆化爲鼠任衆復
食稻爲災時帝聽讒諛寵任賈充楊駿之應

括異志

宋 張師正

欒

欒史爲西京留臺御史常夢帝命召俄見宮闕壯麗帝曰西主求嗣吾爲擇之少選一人至帝曰中原求嗣汝生勿辭頻首祈免者再三帝曰往哉遂唯而去旁拱立者曰此南岳赤脚李仙人也嘗酣于酒一年果生仁宗

明道師

天聖明道宗師市井凡物之佳美者即曰曹門好物之高大者即曰曹門高宗景祐初仁宗冊曹王女孫爲后

費孝先

費孝先成都人取人生年月日時成卦謂之軌革後有卦影所畫皆唐衣冠祿位亦唐官次豈非唐之精象數者爲之歟

劉燁

劉燁侍郎有別第在襄陽燁卒長子庫部又卒乃鬻宅第爲茅處士所得夜聞呼曰庫部來俄一人頂帽從數鬼叱茅曰我第爾何敢據速出無買禍也凡三夕至其聲愈厲茅叱曰爾昔爲人今鬼矣尚恃貴氣敢爾若我擅居爾第宜逐我出爾子不肖不能保有先人舊廬售貨於我尚敢逐我耶言訖返叱令趣出鬼遂遁去

馮拯

天聖中侍中馮拯甍次年京城南錫慶院側人家生一驢腹下白毛成馮拯二字馮氏以金贖之潛育於槽中四方皆知之

杜紫微

杜紫微頃于宰執處求一小儀不遂請小秋又不遂嘗夢人謂曰辭春不及秋昆脚與皆頭後果得比部員外

王元規

王元規赴吏部選一夕夢一人衣冠高古因訪以當受何地官期早晚書八字與之云時生一陽體合三水既覺不悟意及注官河南府河清主簿凡三字從

水到官日正冬至

括異志

宋　魯應龍

三山曾先生陟嘗寓館於陳氏七載音信不通夏月青衿俱歇獨處一室有道人自吳山來謂之曰子思鄉之切何不少稱歸陟曰水陸三千里幾時得到道人剪紙爲馬令合眼上馬以水噀之其疾如風祝曰汝歸不可久留須臾到家門戶如舊妻令入浴易新衣陟曰我便去妻曰纔歸便去何不念父母妻子乎陟便上馬而行所騎馬足折驚寤乃身在書館中隨身衣服皆新製者道人亦不見惟留一藥籃中有一詩云一騎如龍送客歸銀鬃綠耳步相隨佳人未許輕分別不是僊翁豈得知

景德禪院去縣五里在城西門外之焚化院昔有白龍高數丈民以爲祥乃作寺有白龍潭在寺前以白龍穴於此行人多漂溺居人作塔瘞金劍鎮之後遂無害今人謂之三塔灣寺三伽藍順德龍王也淳熙大旱知縣李伯時以攪龍事告太守以長繩繫虎骨縋于龍潭中遂得雨取之稍遲雷電遶廳事亟令人

取之乃止
上舍伯祖巽舊塋惹山後忽卜兆於丁村遂遷塋焉
其中紫藤蟠朽棺上或云穴有紫藤此吉徵也遂斫
藤遷之自後其家浸衰
嘉禾北門有孩兒橋橋欄四角皆石刻孩兒因名之
不知何時所建歲時既久遂出爲怪或夜出叩人門
戶求食或於月夜遊戲于市人多見之一夕有驍勇
者至夜密伺果見其三二石孩兒徐徐自橋而下遂
大呼有鬼以刀逐至其處斫去其頭怪遂絶

秀州子城有天王樓建炎間金邑順藴秀大擾將
屠之有天王現於城上若數間屋大兵卒望之怖懼
遂引去一州之境獲免及亂平建樓西北隅見今事
之
有住庵僧王了因事母至孝母病危篤日夜禱於所
事華天獲法神誠意感格忽神降其身作蠻語云憫
汝孝誠故救汝母教以藥餌遂愈自是神常降之言
人休咎多驗遠近趨之一日有人請禱僧不謹神怒
責遂發狂不可止索浴左右不得已具湯與之湯百
沸猶以爲冷投於中死轉爲快衆拜祈其神曰姑略
懲之爾遂免及出浴舉體畧無少損病亦愈神不復
降矣
紹興兵火之變所在荒涼圻怡有市人儲醬一瓮獲
利巳多然貪心愈生設計售僞日以鹹水及碎瓦屑
炭煤之屬和之所得十倍一夕風雨屋棟析折而夫
婦正卧其下皆壓死瓮亦破焉而傍舍畧無損動何
提刑詩云萬僞何緣闘一眞時間謾得面前人生男
種女多喑啞果報元來必有因可不信哉

盧十五嘉興華亭人所居脩竹鄉盧十五以擉鼈爲
業每擉鼈歸舍與妻共活煑其鼈然後出賣每日如
是嘉泰二年壬戌四月十七申時忽大風驟雨雷電
兩光霹靂大震盧十五并妻女三人皆死雷斧之下
嗟乎夫龜鼈介族中之靈物也人豈可殺乎盧十五
之報亦可畏也今時食鼈之人心既好食又招賓友
聚會而食號團魚會彼此以所食多寡爲勝負殺生
之念滋甚罪報何逃聞此可不戒哉
卒新縣村民繫牛於柱將殺之其鄰家子平時豢食

衆醉入觀踞坐指屠者曰速操刀我欲肝肺生食不
宜緩仍不可與他人也語至再三牛忽驤首怒目直
視此子奮力掣索斷亩前徑觸之穿其腹戴之以走
過四十里不脫鄉民及豪子弟僮奴極百餘人皆擒
杖叫譟共往追逐乃得其尸

嚴泰江行逢漁舟問之云有龜五十頭泰用錢十千
贖放之行數十步漁舟乃覆其夕乃有五十人詣泰
門告其父母曰賢郎附錢五十千可領之緡皆沾濕
父母惟之及泰歸乃說贖龜之異

陳宏泰家富於財有人假貸錢一萬宏泰徵之甚急
其人曰請無慮吾先養蝦蟇萬餘頭鬻之足以奉償
泰聞之惻然已其償仍别與錢十千令悉放之江中
經月餘泰因夜歸馬驚不進前視之乃一金蝦蟇也

司瀍曾伯祖行恕丱角而孤侍母徐氏就醫嘉興留
精嚴僧舍値徐明反擾亂一州土不容僧母子俯伏
於寺之夾街下衆鎗攢剌命在須臾然禱伽藍神賚
善與福明王願脫刀兵之難世世子孫不忘香火果
得免然至今奉事丁寧云祖瑩司法生主簿果主簿
生知縣季韻相繼登科

巫家丘氏世事鄒瀍主其家盛時神極靈與人有譴
之者能作人語指其禍福感應如響家遂稍康自後
兄弟析居神亦不復語今其子孫尚以巫祝相傳不
絶

去東湖三四里有村曰楊墩左右皆楊其姓者有楊
四九者以養鴨爲生數百爲羣人有鬻之者就令其
打併楊利於得錢則每鴨必執其頸可以　宛轉
於地立然前後不知其幾矣又得痔治之瀍沃之以

熱湯而氣未絶隨痔而身毛脫落晚年得一疾甚怪
每常浸浴缸中妻孥頻頻添湯極熱而不覺皮膚皆
浸成白折又令人以足跟踏心至今　尚存而
家事索然矣人以爲楊生活受鑊湯地獄報云

秀州魏塘村方通判乳媪周氏臨安人爲人朴直自
信不慮人欺村民或從假貸不問識不識隨意與之
有蔡公者負最多每督取率託以他故經數年媪呼
而責之每以妄言荅云實負婆錢眾欲償輒爲官事
所觴願更寛今歲如再背約當爲八乳牝狗以報恭

鍛蔡炊而方家得一犬八乳閩媼常戲呼曰汝是蔡公耶即掉尾而前自是聞呼即至十年乃死

嘉興府德化鄉第一都鈕七者農田爲業常恃頑抵賴王家租米嘉泰辛酉歲種早禾八十畝悉以成熟收割囤穀於柴稼之側遮隱無蹤依然入官訢傷而柴與穀半夜一火焚盡壬戌歲秋其弟鈕十二亦種早稻八十畝藏穀於家又且怨天尤地忽日午間天宇昏暗大風捲地其家一火灰燼無餘嗚呼鈕七鈕十二欺官瞞人天網恢恢疎而不漏亦可畏也

眉山王簿高公有愛子眉郎甚慧不幸早夭心甚悼之公忽暴卒復甦言至陰府初爲二吏來召引至一處如州城若官府所俄見一人著道服手持數珠而出王簿熟視乃其父也責之曰汝有不公當事還曾知否王簿曰何事不公當也父曰斷遞鋪殺人事不窮其理以直爲曲所以天奪汝愛兒眉郎見亦在此汝有陰隲天未遽奪汝壽汝今還世切須事君則忠事長則順不可爲已營私不可以直爲曲戒殺戒淫戒嗔戒怒但依吾教則盡天年不然則壽祿皆削也

海鹽縣蔣十八居士蔣念二孺人日誦大乘所捨資欲一日洗漱更衣燒香念佛書頌而終居士頌曰這箇幻身四大合成今日分散各歸其根諸幻既滅灰飛煙絕如空中風猶碧天月既無障礙又能皎潔一切永斷無復言說又云直道而行心不諂曲四十年來脫離嗜欲唯聞大乘朝讀暮誦今朝擺手西歸自有現成果足蔣孺人頌曰不過邁經萬四千平生香火有因緣西方自是吾歸路風月同乘般若船

江南平建州有大將余洪敬妻鄭氏有絕色爲亂兵

所獲獻於裨將王建荼遇以非禮鄭志不可奪脅以白刃不屈又命引所掠婦人令鄭殺以食之謂鄭曰汝懼乎曰此身寧早充君庖誓不可以非禮汚我竟不忍殺以獻大將軍查文徽將以薦桃鄭大罵曰王師弔伐義夫節婦宜加旌賞王司徒出於卒伍固無足怪君侯知書爲國上將乃欲加非禮於一婦人以逞欲乎願速見殺查大慚求其夫而付之鄭氏節義凜凜二將虎狼終不敢犯婦人之淫奔無恥者視此獨不靦顏乎

華亭人黃翁世以賣香爲業從能在東湖畔開張世
以賣香爲生每往臨安江下收賣甜頭僧家修事爲
香貨賣甜頭者香行俚語也乃海南貨到香木及藤
頭是也黃遂將此木斷截挑剔如瓜香片子與藿香
相和上甑內蒸透以米湯調合墨水用帶赤蘸墨水
就甑內糊灑此香遍斑取出攤乾上市貨賣淳熙年
間黃翁一日駕舟欲歸華亭留東湖湖口泊船而宿
候曉即行湖口有金山大王廟靈威人皆敬畏之是
夜三鼓時忽一人搭起黃翁連拳毆之謂曰汝何作

括異志　八

業造罪貨賣假香可速去來過更時許方得蘇醒次
日抵舍病月餘而斃一夕其妻黃嫂夢至陰司見二
鬼以沸湯兩桶洗一罪人鬼遂叱黃嫂曰婆子此汝
之夫黃某也在世作賣假香今受此報汝今回世說
與諸子速改此業黃嫂痛悲泣言及諸子即飯僧修
設功德追救其夫遂改業別爲生理

海鹽縣倪生每用雜木碎剉炒磨爲末號曰印香發
販貨賣一夜燒蓋蚊蟲藥爆少火入印香籮內遂起
烟焰事急用水澆之傍有切香亦見焚燬又用水澆
之屋上印香多焚但見火□難拯□衝出戶於火
何遍室煙迷而不能出避須臾人屋一火而盡

嘉興府周大郎每賣香時纔與人評直或疑其不中
周曰此香若不好願出門當逢惡神撲殺常以此誓
爲詞淳祐年間忽日過府後橋如逢一物絆倒衆即
扶持氣已絕矣嗚呼世人焚香誠欲供養三界十方
賢聖黃翁倪生與周大郎者乃以穢木爲真觸穢神
祇豈得不遭誅戮哉

有人好道不知其方朝夕拜一枯樹輙云乞長生如

括異志　九

此二十八年不倦一旦木生紫花甘津如客食之即
仙去

黃覺旅舍見道士共飲舉盃之際道士以箸蘸酒於
案上寫呂字覺悟其爲洞賓也遂驚然起敬道士又
於袖中出大錢七小錢三曰數不可益也又與藥寸
許歲旦以酒磨服之可終歲無疾如其言至七十餘
藥亦盡作詩云床頭曆日無多了屈指明年七十三
於是歲卒

陳元植好積陰德禽鳥悉蒙其惠□每食□□□

烏飛鳴就食一夕夢緋衣人曰汝有陰德及物壽未不逾四十延至九十九無疾而終

周世宗毀銅佛像曰佛教以頭目髓腦有利於衆生尚無所惜寧復以銅像爲愛乎鎮州大悲銅像甚有靈應擊毀之以斧鉞自胷鑱破其後世宗北征疽發胷間咸以爲報應云

李主簿夜泊舟臨舷濯足忽有物在水中掣其足衆力救之李號呼曰痛徹心骨不可恐吾寧死也遂隨入水明日求其屍不獲

晉周興死而復生言天帝召見升殿仰視雲氣紫鬱鬱然天帝面方一尺問左右曰是張天帝耶荅曰上古天帝久已聖矣此近曹明帝耳

李勇之弟患風或云蛇酒治風乃求黑蛇生置甕中醞以麴蘖數日蛇聲不絶及熟香氣酷烈引滿而飲斯須之間化爲水惟毛髮存焉

茅山有村兒牧牛洗所著汗衫曬於艸上牛食艸之際併食其衫疑鄰兒竊之其父怒曰生兒爲盜[illegible]用之即將兒投於水中鄰兒稱冤呼天纔出[illegible]擲之俄太雷雨震死其牛汗衫自牛口中出

錢處士嘗見一人謂曰爾天罰將及可急告謝其人曰某平生無過但昨日飲食不如意棄於溝中錢曰是也可急取食之乃以水汏去其穢俄雷電大震錢曰急并穢食之雷電果息

惠州一娼震死於市脇下有朱書云李林甫以毒虐弄權帝命震死此女蓋偃月公後身也元和六年六月某日

金蠶蠶金色食以蜀錦取其遺糞置飲食中毒人必死善能致他財使人暴富遣之極難雖水火兵刃不能害多以金銀藏篋置蠶其中投之路隅人或收之以去謂之嫁金蠶

臨江軍惠曆寺初造輪藏成僧限千錢則轉一匝有營妓喪夫家極貧念欲轉藏以資冥福累月辛苦求捨隨緣終不滿一千迫於貧乏無以自存且嫁有日矣此心眷眷不能已乃儘所聚之錢號泣藏前擲錢拜地輪藏自轉闔寺駭異自是不復限數矣

有趙小子納涼水濱見行買擲水濯漱俯身潭上一

鬼自潭引手至項上三進三止逬叫呼鬼即隨没賈
曰頭髻中有少雄黄辟邪之效也
南陽人侯慶有一銅像欲賣牛粉金色偶有急事他
用久矣一夕慶妻忽夢像曰卿夫妻負我金色久不
償今取卿兒醜以償金色至曉兒醜有病像忽有金
色光照四鄰皆來觀焉
零陵太守有女悦父書吏無計得偶使婢取書吏所
飲餘水飲之因有娠生一男數歲太守莫知其所從
來一日使是男求其父兒直入書吏幄中化爲水父

大驚問其女始言其故遂以女妻之
有人好食羊頭嘗晨出見一羊頭人身衣冠甚偉曰
吾未位之神也其屬在羊爾食羊頭甚多故來取汝
若輟食則已不然吾將殺汝其人懼不復食羊
雷州西有雷公廟百姓歲納雷鼓車人有以黄魚與
彘肉同食立遭雷震每大雷人多於野中掘得黳石
號雷公墨光瑩如漆
婺源公山二洞有穴號通天有鄭道士以繩縋下百
滕式傍有光往視之路窮水阻隔岸有花木二道士
對棋使一童子刺船而至問欲渡否答曰當還童子
回舟去鄭復攀繩而出明日穴中有石篟塞其口自
是無復入者
終南山中有人身無衣服徧體生黑毛飛騰不可及
爲獵人所得言秦宮人避亂入山有老翁教食松實
初甚苦澁後稍便之遂不饑獵人以穀食之初聞甚
臭吐逆數日乃安身毛脱落漸老而死
朱師古眉州人年三十時得疾不能食聞葷腥即嘔
用火鐺旋煑湯沃淡飯數數食之醫莫能治史載之

曰俗輩不讀醫經而妄欲療人可歎也君之疾正在
素問經中名食掛凡人肺六葉舒張如蓋下覆於脾
子母氣和則進食一或有戾則肺不能舒脾爲之蔽
故不嗜食素問曰肺葉僬熱掛遂授一方買藥服之
三日聞人食肉甚香取而啖之遂愈
歐陽文忠公慶曆末水宿采石渡舟人郲㯹漸至月
黑公滅燭方寢微聞呼聲曰去來舟尾答曰有參政
船宿此不可擅去齋料幸攜至公私念曰舟尼逆遡
狙無從人必鬼也通夕不寐五鼓聞岸山[illegible]

聲舟尾曰齋料幸見還且行且答曰道場不清淨矣
所得而歸公與之後日遊金山與長老瑞新話其異
夜有施主設水陸揭室人至方拜忽思臥少頃乳一
子俄腥風滅燭一衆盡恐乃公宿采石之夜也公後
果參大政
蔡元度適餘杭舟次泗州僧伽吐光射其舟萬人仰
瞻有按呈露士大夫知元度不起矣至高郵而沒世
言元度乃木叉後身云
有人得青石大如磚背有鼻穿鐵索長數丈循環無

相斷處海商見之以數十千易之云此協金石投於
海中經夕引出上必有金
西域胡僧呪人能生死太宗令壯勇者試之如言而
死如言而甦傅奕曰此邪法也邪不犯正若呪臣必
不行召僧呪奕初無所覺胡僧自倒更不復甦
大侵中隴右大饑其年秋稼甚豐將刈之間太半無
穗有就田畔斷鼠穴求之所獲甚多於是家家窮穴
有獲五七斛者相傳謂之劫鼠倉饑民皆出求食濟
活甚衆

夷陵有陰陽石陰石常潤陽石常燥旱則鞭陰石霖
則鞭陽石皆應
韋思玄求鍊金術一日有居士辛銳來謁病癰潰血
且甚韋方會客居士遂溺於筵上客怒皆起銳亦告
去忽不見視其溺乃紫金液光彩爛然客有解者曰
辛屬金兌西方屬金銳其金精乎
南海小虞山有鬼母一產千鬼朝產之暮食之今蒼
梧有鬼姑神是也虎頭龍足蟒目蛟眉
荊南都頭李遇病困攝至陰府有一先物故者曰常

待安得來此復有一人云追到李遇遂甦見妻子環
泣身下卧一青人號替代云
王洙避暑于廟見一老人佗背及肋有搭白處明月
視之乃蒼蠅也昨夕所見貸其精耿
資聖寺在海鹽縣西本晋明院舊記晉將軍戴威捨
宅爲寺司徒王詢建爲光興寺天禧二年賜今名寺
有寶塔極高峻層層用四方燈點照東海行舟者皆
望此爲標的焉功爲甚宏有海濱業戶某與兄弟泛
舟入洋口捋鮮風濤驟惡舟楫悉壞俱溺於海而死

其家日夕號泣一夕夢其夫歸曰我本當海時先夢
神告曰來日有風波之厄不可往吾不信遂死於此
初墜海時彈指隨波已去數百里神欲救我不可及
今在海潮鬼部中極苦每日潮上皆我輩推擁而來
他佛事祭享皆爲諸鬼奪去我不可得獨有資聖塔
燈光明功德浩大耳其妻因鬻家貲入寺設燈願次
夕又夢夫來謝云今得升一等矣
捍海塘凡十八條自縣去海九十五里有望海鎮歲
久波濤衝嚙盡爲洋海紹興中知縣陳某嘗於海塘

五里建望月亭殆今則亭基在水中不可復見每歲
沙岸崩得瓦盆鐵劍舉手粉碎
嘉興縣西南六十步地志云晉歌妓蘇小小墓今有
片石在道判聽曰蘇小小墓徐凝寒食詩云嘉興郭
裏逢寒食落日家家拜掃歸只有縣前蘇小小無人
送與紙錢灰
當湖在今縣北五十里南北十二里東西六里古老
相傳地初陷時有婦人產一物若蛟蜃狀躍於水遂
陷一方迤邐從東北去今有泖港直通太湖所得石
刻乃唐吳郡陸府君墓銘葬於蘇州海鹽縣齊景鄉
當湖則當湖之名舊矣或云鸚鵡洲圖經不載義熙
末陷曾有此湖耶曩歲漁者於湖中獲一鐵鏈長不
計極舟滿幾覆懼而棄之或云繫廐於此自漢迄今
上下千餘年湖日淺土日增聞有於其中髣髴見其
餘趾
金山忠烈王漢博陸侯姓霍氏吳孫權時一日致疾
黃門小豎附語曰國主封界華亭谷極西南有金山
鹹塘湖爲民害民將魚鱉食之非人力能防金山故

海鹽縣一旦陷沒爲湖無大神護也臣漢之功臣霍
某也部黨有力能鎮之可立廟於山吳王乃立廟建
炎間建行宮於當湖賜名顯應尤著鄉民祈禱輒應
部下錢侯尤爲靈著王以四月十八誕辰浙之東西
商賈舟楫朝獻踵至自八四月至中旬末一市爲之
闐沸間有設祭於松栢間祀其先亡慟哭而反謂之
小嶽廟廟中鐵鑄四聖由海而來至今見存
古老相傳湖初陷白沃史君躍馬疾走不及遂駐馬
以鞭指得湖東南一角水至不沒因立廟迄今此[illegible]

獨高又云兄弟三人一在沙腰一在乍浦皆稱白[illegible]

廟

東林施水院本定庵居士白蓮道場寺有藏歲久弊甚住持僧智祥力鳩衆緣爲之僅成規模其中實無所有始寺有轉藏不問多寡僧以一餅啖之由是至者甚衆人有病祟必以東林藏轉之即愈蓋寺有神姓施封護國公爲之打供僧徒得以濟

齊景鄉縣北四十里有廟在焉圖宅號齊景公廟一云永明大王古老相傳齊景公遵海而南觀於轉附

朝儛曾遊於此立廟於斯舊有碑今磨滅不存矣唐貞元十四年太子左贊善大夫吳郡陸使君夫人汝南縣君周氏墓志云祔于嘉興縣東界海鹽縣齊景鄉青墩原西北塋則齊景鄉青墩之名舊矣

元豐末秀州人家屋瓦霜後冰自成花每瓦一枝正如畫家所爲折枝有大花如牡丹花葉者細花如萱草海棠者皆有枝葉無毫髮不具雖巧筆不能爲之以紙摹之無異石刻

寶聖石佛院在嘉興縣東南唐至德二年於寺[illegible]得石佛四軀至今見有天聖中賜名寶聖入但呼石佛寺寶一作保

庚子歲夏旱湖間可以通轍有魚舟夜艤水滸遥見有光燭人意謂必窖藏遂於中夜掘之得磚一井片長六七寸兩首各有方竅相人兩面皆有手掌紋極細宛然可見不知此磚始於何時竊意當時陶人手法爲之耳兒童爭鬻于市或取以爲硯清潤細膩可愛余嘗得片磚爲好事取去

南林祖塋高祖宣義之塋嘗聞諸伯叔祖言初營地

時高祖頗明地理將鑿池引水至墓之西南夜夢一婦人請曰妾有墓在正南所開池處君戒役夫勿傷吾墓當有厚報次日果於其地得金數塊遂用以營寺至今其墓尚存自建朔以來將踰百年林木塢竹視他處爲盛丙午夏忽生雙笋數株莫不嗟異各有賦詠然竟不成竿亦無他應蓋物反常爲妖卒以自斃云

光巖庵正議之塋瀕湖占勝爲一方冠東南皆巍巒羣峯列如筆架一塔屹於波心文筆挺立登名仕[illegible]

者世有其人視他族爲最盛淳祐間忽樹間出煙一道遠近莫不驚異有細視之者見其間有蠓蚋不可計從樹中出終日不絶蓋此煙即此所成不知何與

湖心有地一方立塔以按風水人呼之曰按山湖水瀰漫時盜多竄伏於此山是守庵者不敢居遂成荒蕪其中有大穴如瓮下極空洞巨蟒潛伏於内時有人見之或偃卧湖沙之側近年有數道者居之佛殿廊廡稍稍成緒蛇亦不復見矣余家舊有蛇穴於壁間每春月常有小蛇出沒近歲稍少又有一族人課

僕鋤草忽聞地中有聲入土尺許有石板蓋覆甚固啟之得缸可貯數石米其中皆巨蛇八九奔走四出急擊之或死或竄去竟不知從何而入也意者必有異物蓋不遇而變化云

陳山在縣東北四十里高八十一丈週圍二十五里有白龍湫顯濟敷澤龍王廟山頂有龍穴深不數尺春夏不涸百姓遇旱則禱於穴必有異物見因取其水祀之雨即滂沛又有龍母塚在焉每歲常在七月多風雨人謂龍洗墓云

陳山龍王廟後有觀音殿數年忽有兩石從山巔墜而下一從殿後壁滚入觀音座下一墜殿之西檐瓦無所損不知從何而入殿中也今二石尚存亦可異留題者甚多余乙卯歲到祠下嘗賦詩于壁以紀其事

華亭縣北七十里有澱湖山上有三姑廟每歲湖中群蛟競鬭水爲沸騰獨不入廟中神板露異寺僧藉其力以給齋粥水陸尤感應向年有漁舟艤湖口忽見一婦人附舟云欲到澱山寺及抵岸婦人直入寺

去舟中止遺一履漁人執此履以往索渡錢寺僧甚訝之曰此必三姑顯靈因相隨至殿中果見左足無履坐傍百錢在焉遂授漁人而去嘉禾百詠云神居陰陽護尋關捍洪波莫慮蛟龍怒年來畏叱呵

德藏寺前鐘乃銅所鑄音極洪響嘗見古老云初鑄鍾時有匠者云此鐘未可使扣俟吾至六十里乃擊之及既去方至新坊十八里寺僧遽扣之匠人聞其聲嘆曰聲止於此今寺中鐘自新坊十八里外不復聞矣惜哉

當湖酒庫有四聖廟在炊湖之側立祠以來閲歲滋
久前後交承祀之奉之甚謹毎一任初到則上兩幡
既解印則復兩幡酬神之庇以爲定例丙辰丁巳之
間有姑蘇姚承節應端者董糟丘將幡書徧於神祠
中然後取幡染爲黑色俾用人無知者及去任未數
里忽其子舟中爲神所憑責之曰我立祠福汝坊場
久矣新舊之幡皆我之物安得擅取以爲兒服耶及
指其妾何人磨墨何人折幡歷道其所以衆皆驚愕
姚懼亟禱於神許以謝過其子遂甦

括異志　二十三

伍子胥逃楚仕吳吳王賜以屬鏤之劒自殺浮其屍
于江遂爲濤神謂之胥濤人皆知之今嘉興有胥山
鄉山高一十五丈週圍二里舊經云伍子胥伐越經
營於此水經云子胥死於吳吳人立祠江上名胥山
杭州吳山亦名胥山蘇州吳縣亦有胥山則其名非
一今胥山鄉伍姓甚繁亦謂之云云

嘉禾志傾亭林庵中有忠烈公祠近歲忽地裂數尺
中有風濤聲以物探之應手火起至今尚然

華亭陸四官廟一名陸司空元和初有鹽船數十艘
於廟前泊夜中雨過有光如火或吐或吞船人覓之
見一物長數丈大如屋樑口弄一團火以竹篙抑之
驚入草際光遺在地乃一珠徑寸以衣裹之光透出
乃脫褻服裹之光始不見後至揚州賣之獲數萬緡

輿地志秦置海鹽縣王莽改爲展武縣縣陷爲湖湖
中小山生柘樹因以爲名又云秦時有女入湖爲神
即此祠也荊公詩云柘林著湖名麥葉蔓湖濱秦女
亦何事能爲此湖神年年賽雞豚漁子自知津幽妖
屈險阻禍福易欺人

括異志　二十三

吳躍龍余友吳宗禮達之之子也乙卯與余友鄉舉
同廊試是歲俱發小薦而躍龍實爲亞榜賦魁實
通榜詞賦之第八也揭曉之夕夢登七層寶塔已及
六層止餘一層欲上之間忽見一人星冠雲帔若天
尊像叱曰此鴈塔也汝何人輒登此邀步遂下迍邅
至塔外遂坐其傍驚而寤及榜至乃在七名之外余
親見其說又有張湘亦以乙卯魁亞薦揭曉兩夕前
夢人持巨盤撲賣湘一撲五錢皆黑一錢旋轉不已
竟作字一人曰幾乎渾純及榜乃爲小薦第一功名

前定不可強求也如此

西宮真武道院西廡一室有純陽真人呂翁像極踰嚴乃曾叔祖大中丞所創道堂中塑像道堂廢遂移奉於此頗著靈異小兒有拜禱乞錢者或於几上及坐處得之亦見其假道變化之驗云

嘉興縣界移風鄉有魏四十道者有妻有子中年忽悟真空捨俗出家修行齋戒甚至鄉民敬之重之淳祐丙辰冬忽感疾自度氣血衰不能起呼同侶具湯沐更衣曰大限到來吾復何戀各自珍重遂跏趺奄

然而逝遠近聞者屬踵相摩觀瞻嘆羡凡兩日未定

淳祐甲申春余館於沈氏書塾因寓宿焉一夕夢婦人著紅衣至其家廳廡下轎無侍女手執黄羅裙直入其堂且與諸生言之皆莫曉所謂次夕方篝燈披閲卷帙忽有人報街外鼓聲甚急倉皇使人視之乃市樓失火烟焰燭天衆力撲救僅免延燎止捜倒小屋數間方知婦人之祟也

永興橋之西陸氏宅有大井不知何年所鑿而闊數尺其深不可測雖大旱不涸其下可以轉筒時時於井中有浮泮及破碎瓷瓶浮起不知何來古老相傳云此下通大海並海水伏流地中從此過耶今爲富氏得之正居堂之中以板覆蓋甚謹蓋防顛仆也

余家全盛時以東廳爲書塾其西南隅後爲居民王氏宅王見其家每夜常有白衣人出見意其爲祟每夜防之一夕持杖逐至竈側而沒掘之得銀一瓶人無知者遂以此經營他之遂小康焉又李閎者以種圃爲業初甚貧一日揮鋤忽覺土中有聲掘得一瓮皆小金牌滿其中李得之遂轉而貨易爲他人所發

聞于官備極箠楚半爲他人所得今無復一存矣

嘉興貢院元是州學今有采芹橋泮水之舊規在焉後遷學於鳳池坊此地遂爲貢院每舉終場幾二千人荷笈而進者隨子弟而入者幾及萬餘人然西廊之第三間極北舉子常有爲魅所憑而至死者或如猶而過或如婦人每一發喊則妖氣愈盛是以分案於其間者多不欲就前後所死非一兵卒之宿於廊廡往往夜見鬼物甚至驚魘不醒遂弗可救丙午歲游龍來監試官忽夢有人自稱貢院將軍云我救八

此地今得爲神每舉子死於場屋者皆我輩爲之訶立廟於西北隅事我則免於是明言於府以立祠焉由是兩舉稍安士人之就試者莫不先期備金錢禱以求陰庇或云此地元爲勸院徐明之亂多鞫死於此故遇呼喊三聲則出矣

靈鬼志

唐 荀氏

貞元中河南有獨孤穆者客淮南夜投大義縣宿未至十里餘見一青衣乘馬顔色頗麗穆微以詞調之青衣對答甚有風格俄有車輅北下導者引之而去穆遽謂曰向者麤承顔色謂可以周旋終接何乃頓相舍乎青衣笑曰愧恥之意誠亦不足但娘子少年獨居性甚嚴整難以相許耳穆因問娘子姓氏及中外親族青衣曰姓楊第六不答其他既而不覺行數

里俄至一處門館甚肅青衣下馬入久之乃出延客就館曰自絶賓客已數年矣娘子以上客至無所爲辭勿嫌疎陋也於是秉燭陳榻衾褥畢具有頃青衣出謂穆曰君非隋將獨孤盛之後乎穆乃自陳是盛八代孫青衣曰果如是娘子與郎君乃有舊穆詢其故青衣曰某賤人也不知其由娘子即當自出申達須臾設食水陸畢備食訖青衣數十人前導曰縣主至見一女年可十三四姿色絶代拜跪訖就坐謂穆曰兆居寂寞久絶賓客不意君子惠顧然而與君有

嘗不敢使婢僕言之幸勿爲笑穆曰羈旅之人館穀是惠豈意特賜相見兼許敘故舊且穆平生未離京洛是以江淮親故多不之識幸盡言也縣主曰欲自陳敘竊恐驚動長者妾離人間已二百年矣君亦何從面識穆初聞其姓楊及自稱縣主意已疑之及聞此言乃知是鬼亦無所懼縣主曰以君獨孤將軍之貴裔世稟忠烈故欲奉託勿以幽冥見疑穆曰穆之先祖爲隋室忠臣縣主必以穆忝有祖風故欲相託乃平生之樂聞也有何疑焉縣主曰欲自宣洩實增

悲感妾父齊王隋室第二子隋室傾覆妾之君父同時遇害大臣宿將無不從逆唯君先將軍力拒逆黨妾時年幼尚在左右具見始末及亂兵入宮賊黨有欲相逼者妾因罵辱之遂爲所害因悲不自勝穆因問其當時人物及大業末事大約多同隋史久之命酒對飲言多悲咽爲詩以贈穆穆深嗟嘆以爲班婕好所不及也因問其平生製作對曰妾本無才但好讀古集常見謝家姊妹及鮑氏諸氏皆善屬文私懷景慕帝亦雅好文學時時被命當時薛道衡名高海內妾每見其文心頗鄙之向者情發於中但直敘事耳何足稱賛穆曰縣主才自天授乃鄴中七子之流道衡安足比擬穆遂賦詩以答之縣主吟諷數回悲不自勝者久之逡巡青衣人皆將樂器而有一人前白縣主曰言及舊事但恐使人悲感且獨孤郎新至豈可終夜啼泣相對乎某請充使召來家娘子相伴縣主許之既而謂穆曰此大將軍來護兒歌人亦當時遇害近在於此俄頃即至甚有姿色陪言笑因作樂縱飲甚歡來氏歌數曲穆唯記其一云平陽縣中

樹久作廣陵塵不意何郎至黃泉重見春良久曰妾與縣主居此二百餘年豈期今日忽有嘉禮縣主曰本以獨孤公忠烈之家願一相見欲豁幽憤耳豈可以塵土之質厚誣君子穆因吟縣主詩落句云求義若可託誰能抱幽貞縣主微笑曰亦大彊記穆因以歌諷之曰今聞久無主羅袂坐生塵願作吹簫伴同爲騎鳳人縣主亦以歌答曰朱軒下長路青草啓孤墳猶勝陽臺上空看朝暮雲來氏曰曩者蕭皇后欲以縣主配後兒子正見江都之亂其事遂寢獨孤冠

見盛族忠烈之家今日相對正爲嘉偶穆問縣主所封何邑縣主曰見以仁壽四年生於京師時駕幸仁壽宮因名壽兒明年太子即位封清河縣主上幸江都宮徙封臨安縣主將爲皇后所愛常在宮內來曰夜已深矣獨孤郎宜早成禮兆當奉侯於東閣侯曉拜賀於是群婢戲謔皆若人間之儀既入卧内但其氣奄然其身頗冷頃之泣謂穆曰殂謝之人久爲塵灰幸將奉事巾櫛死且不朽於是復召來氏飲讌如初因問穆曰承君今適江都何日當回有以奉託可

乎穆曰死且不顧其他何有不可乎縣主曰帝既改塟妾獨居此今爲惡王墓所擾欲聘妾爲姬妾以帝王之家義不爲凶鬼所辱本願相見正爲此耳君將適江南路出其墓下以妾之故必爲其所困道士王善交書符於淮南市能制鬼神君若求之即免矣又曰妾居此亦終不安君江南回日能挈我俱去置我洛陽北坂上得與君相近永有依託生成之惠也穆皆許諾曰遷塟之禮乃穆家事矣酒酣倚穆而歌曰露草芊芊頽塋未遷自我居此于今幾年與君先祖

疇昔恩波死生契濶忽此相過誰謂佳期尋當別離俟君之北攜手同歸因下淚沾襟來氏亦泣語穆曰獨孤郎勿負縣主厚意穆因以歌答曰伊彼維陽在天一方驅馬悠悠忽來異鄉情通幽顯獲此相見義感疇昔言存繾綣清江桂舟可以遨遊惟子之故不憚淹留縣主泣謝穆曰一辱佳貺永以爲好須臾天將明縣主涕泣穆亦相對而泣凡在坐者皆與辭訣既出門回顧無所見地平但亦無墳墓之迹穆意恍惚良久乃定因徙柳樹一株以誌之家人索穆頗急

後數日穆乃入淮南市果遇王善交於市遂求一符既至惡王墓下爲旋風所撲三四穆因出符示之乃止先是穆頗不信鬼神之事及縣主無不明曉穆乃深歎訝亦私爲所親者言之次年正月自淮南回發其地數尺得骸骨一具以衣衾斂之穆以其死時草草塟必有闕既至洛陽大具威儀親爲祝文以祭之塟於安喜門外其後獨宿於村野縣主復至謂穆曰遷塟之德萬古不忘幽滯之人分不及此者久矣幸君思存舊好使我永得安宅道途之間所不奉見者

以君爲我脩穢恐致嫌惡耳穆視其車輿導從悉光
赫於當時縣主謝曰此皆君子賜也歲至己卯當遂
相見其夕因宿穆所至明乃去穆既爲數十里遷葬
復昌言其事凡穆之親戚故舊無不畢知貞元十五
年歲在己卯穆晨起將出忽見數人至其家謂穆曰
縣主有命穆曰豈相見之期至耶其夕暴亡遂合葬
於楊氏

才鬼記

宋　張君房

李章武字子飛其先中山人生而敏博遇事便了工
文好學雖弘道自高惡爲潔飾而容貌閑美即之溫
然少與清河崔信友善信亦雅士多聚古物以章武
精敏每訪辯論皆洞達玄微研究原本時人比之
張華貞元七年崔信任華州別駕章武自長安詣之
數日出行于市北見一婦人甚美因給信云須州外
與親故知聞遂僦舍於美人之家主人姓王此則其
子婦也乃悅而私焉居月餘所計用其三萬餘子婦

所供費倍之既而兩心克諧相思彌切無何章武繫
事告歸長安殷勤叙別章武留交頸鴛綺一端仍贈
詩曰鴛鴦綺知結幾千絲別後尋難見綢傷未別時
子婦答以白玉指環曰念指環相思重相憶願君永
持翫循環無終極章武有僕楊果子婦齎錢一千以
獎其敬事之勤既別積八九年章武游宦亦無從與
之相聞至貞元十一年因友人張元宗寓下邽
武又自京師與元會忽思曩好乃迴車涉渭水訪之

日暝達華州將舍于王氏之室至其門則闃無行跡但外有賓榻而已章武以爲下里之民或廢業卽農居暫郊野或賓邀聚未始歸復但休止其門且將別適他舍見東隣之婦就而訪之乃云王氏之長老皆捨業而出遊其子婦殁已再周矣又詳與之談卽云其姓第六爲東鄰妻復訪耶何姓章武具語之又云曩曾有僕姓楊名杲乎曰有之因泣告曰某爲里中婦五年與王氏相善嘗云我夫室猶如傳舍閱人多矣其於往來見調者皆殫財窮產甘辭厚誓未嘗動

心頃歲有李十八郎曾舍于我家我初見之不覺自失後遂私侍枕席實蒙歡愛今與之別累年矣思慕之心或竟日不食終夜無寢我家人固不可說復被彼天東西不時會遇脫有至者願以物色名氏求之如不參差相託祗奉并語深意但有僕夫楊杲卽是不二三年子婦寢疾臨死復見託曰我本寒微曾辱君子厚顧心常感念久以成疾自料不治曩所奉託萬一至此願申九泉銜恨千古睽離之嘆仍乞留止此冀神會於髣髴之中章武乃求鄰婦爲開門命從者治食物方將具裀席忽有一婦人持箒出房掃地鄰婦亦不之識章武因訪所從者云是舍中人又過而詰之卽徐曰王家亡婦感郎恩情將見會恐生怪怖故使相聞章武許諾云章武所由來者實爲此也雖顯晦殊途人皆忌憚而思念情至實所不疑語畢執帚人欣然而去逡巡映門卽不復見乃具飲饌呼自食飲畢安寢至二更許篝燈在床之東南忽爾稍暗如此再三章武心知有變因命移燭背牆置室東南隅旋聞西北角悉窣有聲如有人形冉冉而至五

六步卽可辨其容色衣服乃主人子婦也與昔見不異但舉止浮急音調輕清耳章武下床迎擁攜手款若平生之歡自云在冥錄中都忘親戚但思君子之心如平昔耳章武倍與狎暱間無他異但數請令人視明星若出當須還不可久住每講歡之暇卽懇託謝鄰婦楊氏云非此人誰達幽恨至五更有人告可還子婦泣下床與章武連臂出門仰望天漢嗚咽悲怨却入室自於裙帶上解錦囊囊中取一物似彈丸其色紺碧質又堅密似玉而冷狀如小葉章武不之

識子婦曰此所謂靺鞨寶出崑崙玄圃中彼亦不可
得妾近與西岳玉京夫人戲見此物在衆寶璫中愛
而訪之夫人遂解以相授云洞天羣仙每得此一寶
皆爲光榮以郎奉玄道有精識故以投贈常願寶之
此非人間之有遂吟詩曰河漢巳傾斜神魂欲超越
願郎更廻抱終天從此別章武取白玉寶簪一以酬
之并答詩曰分從幽顯隔豈謂有佳期寧辭重重別
所嘆去何之因相持泣良久子婦復爲詩曰昔辭懷
復會今別便終天新悲與舊恨千古閉重泉章武答

才鬼記　八　曲

曰後期杳無約前恨已相尋別路行無信何因得寄
心歎曲敘別訖遂却赴西北隅行數步猶迴顧拭淚
云李郎無捨念此泉下人復哽咽佇立視天欲明急
趨至角即不復見但空室窅然寒燈半滅而已章武
乃促裝自下邽歸長安復歸安定後復之下邽與張
元宗及羣官携酒宴飲酒酣章武懷感因仰事賦詩
曰水不西歸月暫圓令人悵望古城邊蕭條明早分
岐路知更相逢何歲年吟畢與羣官別獨行數里又
自諷誦忽聞空中有歎賞音調悽惻更問之乃王氏

了婦也自云冥中各有地分今於此間郢高亭□□
思眷故月隂司之貴遊來送千萬自珍章武亦感
之及至長安與道友隴西李助話亦感其誠而賦
詩曰石沉遼海闊劍別楚天長會合知無日離心滿
夕陽章武既事東平丞相府因閑召玉工視所得靺
鞨寶工亦不知不敢雕刻後奉使大梁又召玉工粗
能辨乃因其形刻作檞葉象奉使上京每以此物貯
懷中至市東街獨見胡僧忽近馬叩頭云君有寶玉
在乞一見爾乃引於靜處開懷示僧捧翫移時云此

才鬼記　六　五

天上至物非人間有也章武復來華州訪遺陽六娘
至今不絕

說郛目録

弓第一百十七

異聞實錄

唐　李玫

長明公

楊積于昭應寺讀書每見一紅裳女子一日誦詩曰金殿不勝秋月斜石樓冷誰是相顧人褰幃弔孤影積問其姓氏云逵祖名無忌姓宋十四代祖因顯揚釋教封長明公開元中明皇與楊妃建此寺立經幢封妾為西州夫人因賜珊瑚寶帳居之自此巽生賊郎不復施暴矣後驗之乃經幢中燈也

妾換馬

酒徒鮑生多聲妓外第韋生好乘駿馬經行四方各求其好一日相遇于途宿于山寺各出所有互易之乃以女妓善四絃者換紫叱撥會飲未終有二人造席適聞以妾換馬可作題共聯賦否乃折庭下舊蕉書之一云彼佳人兮如瓊之英此良馬兮負駿之名將有求于逐日豈得吝于傾城香暖深閨未厭夭桃之色風清廣陌曾憐嘖玉之聲一日步至庭砌立嘗軒瑤望新恩懼非吾偶也戀舊主擬借人乘之香散綠鬆意以忘于鬒髮汗流紅頷愛無異于凝脂七多不載二客自稱江淹謝莊也

甘棠館詩

會昌中許孝廣路出甘棠館逢白衣叟乘馬高吟曰草萋萋春水綠野棠開盡飄香玉繡嶺宮前鶴髮人猶唱開元太平曲許異其詩逐問之忽入一林遂不見

竹葉舟

陳季卿者江南人舉進士至長安十年不歸一日于

青龍寺訪僧不値憩于大閣有終南山翁亦候僧偶坐久之壁間有寰瀛圖季卿尋江南路太息曰得此歸不悔無成翁曰此何難乃折堦前竹葉置圖上渭水中謂陳曰注目于此如願矣季卿熟視即渭水波濤洶洶涌一舟甚大恍然登舟其去極速行次禪窟寺題詩云霜鍾鳴時夕風急亂鴉又望寒林集此時輟棹悲且吟獨對蓮花一峯立明日次潼關又作詩題之末句云已作羞歸計猶勝羞不歸旬餘至家見弟妻子迎見甚喜信宿謂其晏曰我試期已逼不可

又留乃復進棹又作詩別其妻云酒至添愁飲詩成和淚吟飄然而去家人輩皆驚爲鬼物矣俟忽復至淸水絕趨青龍寺山翁尚擁褐而坐僧猶未歸季卿謝曰豈非夢耶翁曰他日自知經月家人來訪具述所以題詩皆在

蜉蚍王漁紫石

徐玄之夜讀書見人物如粟米粒數百皆具甲冑擁一紫衣者行案上傳呼云蚍蜉王欲觀漁于紫石潭漁具數十人入硯中皆獲小魚玄之大駭以冊覆之

照看皆無

靈異小錄

宋　曾慥

化度寺内有無盡藏院京城捨施日漸崇盛武德貞觀后錢帛金玉積聚不可勝計常使名僧監藏爲等分一分供天下伽藍修理之用一分施天下饑餓一分充舊供無遮之會城中士女奔走捨施爭次不得至暮收獲亦鉅萬有大車載錢帛捨了棄去不知姓名者多矣藏内物天下寺院許容來取供給亦不可勝數不阻貞觀年中有裴克智戒行修謹宛是修行

高人入寺灑掃十年有餘寺中觀其行無玷缺使之守藏不覺被盜去黃金極多將去不可知數寺衆見潜走去後不還衆僧驚異遂於元智寢房内看壁上有詩四句曰將肉遣狼守置骨向狗投自非阿羅漢焉能免得偷后莫知所之武后遂移藏東都福光寺日久錢物漸耗却移歸舊寺至開元九年發散錢帛於京師諸寺

正月十五日夜許三夜夜行金吾巡禁察其寺觀及前後街巷會要盛造燈籠燒燈光明若晝山堂高百

餘尺神龍已後復加嚴飾士女無不夜遊罕有居者車馬塞路有足不躡地被浮行數十步者王公之家皆數百騎行歌蘇味道詩曰火樹銀花合星橋鐵鎖開暗塵隨馬去明月逐人來遊妓皆穠李行歌盡落梅金吾不禁夜玉漏莫相催郭利正詩曰九陌連燈影千門度月華傾城出馬騎匝路轉香車爛熳惟愁曉周遊不問家更聞清管發處處落梅花崔液詩曰今年春色勝常年此夜風光正可憐鳷鵲樓前新月滿鳳凰臺上寶燈燃玉漏銅壺且莫催鐵關金鎖徹

明開誰家見月能閑坐何處聞燈不看來神燈佛火百輪張刻像圖容七寶粧影裏惟聞金口悅空中疑散玉毫光金勒銀鞍控紫騮玉輪青蓋駕青牛驂驔始散東城外倏忽還逢南陌頭公子王孫意氣驕不論相識也相邀最憐長袖風前弱更賞新絃暗裏調星回漢轉月將微露灑煙飄燈漸稀猶惜路傍歌舞處躊躕相顧不能歸

明皇友悌古無有者嘗以書賜弟憲等魏文帝詩以西山一何高高高殊無極上有兩仙童不飲亦不食賜我一丸藥光耀有五色服之四五日身體生羽翼朕每言服藥而生羽翼寧如兄弟天生之羽翼乎陳思王之才足以經國絕其朝謁卒使憂死魏祚未終司馬氏奪之豈神丸效耶

潁州張龍圖皆見州縣押字多闊下拽一畫有人云押字如有蒸餅樣張應聲曰為官恰似麵糊團有同人自言延年云鬚髮恰如驄馬色張曰文章依舊草驢鳴

唐太府寺隋都水門之地隋平陳於此置叔寶叔寶

敗亡有飛鳥集於庭以背畫地作詩云獨足上高臺腐艸化為灰欲知我家處朱門臨水開

異苑

宋　劉敬叔

漢安帝元初三年平陸有瓜異處同蔕共生一瓜時
以爲嘉瓜
晉武帝太康八年六月王濬園瓜生一實
古語有之曰古者有夫妻荒年菜食而死俱化成青
絳故俗呼美人虹
太原温湛婢見一嫗向婢流涕無孔竅婢駭怖告湛
湛遂抽刀逐之化成一物如紫虹形宛然長舒上沒

霄漢
長沙王道憐子義慶在廣陵臥疾食次忽有白虹入
室就飲其粥義慶擲器於階遂作風雨聲振於庭戶
良久不見
會稽天台山雖非遐遠自非卒生忘形則不能躋也
赤城阻其徑瀑布激其衝石有莓苔之險淵有不測
之深
烏程卞山本名土山有項籍廟自號卞王因改名山
山足有一石櫃高數尺陳郡殷康常往開之風雨

寘乃止
釣磯山者陶侃嘗釣於此山下水中得一織梭還挂
壁上有頃雷雨梭變成赤龍從空而去其山石上猶
有侃迹存焉
乘磯山下臨淸川昔有漁父宿於川夜半聞水中有
絃歌之音宮商和暢淸弄諧密
百丈山上有石房内有石案置石書二卷
永寧縣濤山有河水色紅赤有自然石橋多魚獮異
每陰雨時嘗聞鼓角聲甚亮

凉州西有沙山俗云昔有覆師於此者積尸數萬從
是有大風吹沙覆其上遂成山阜因名沙山時聞有
鼓角聲
蘭陵昌慮縣郗城有華山山上有井鳥巢其中金喙
黑色而團翅此鳥見則大水井又不可窺窺者不盈
一歲輒死
潯陽曇椿世居長沙宅有古井每夜輒聞有如炮竹
聲相承謂之龍吒
句容縣有延陵季子廟廟前井及瀆恒自涌沸故亞

沸井於今猶然亦曰沸潭
陳郡　嚩字宣明宅南路上有古井以元嘉二年漢
者忽見二龍甚分明行道往觀莫不嗟異有人入井
始知是磚隱起作龍形
魏時殿前大鐘無故大鳴人皆異之以問張華華曰
此蜀郡銅山崩故鐘鳴應之耳尋蜀郡上其事果如
華言
晉武帝時吳郡臨平岸崩出一石鼓打之無聲以問
張華華云可取蜀中桐材刻作魚形打之則鳴矣於

是如言音聞數十里
晉康帝建元中有漁父垂釣得一金鎖引鎖盡見金
牛急挽出牛斷猶得鎖長二尺
晉太元中桂陽臨武徐孫江行見岸有錢溢出即輦
着船　須臾悉變成土
義熙中新野黄翁耕田得一缸金卜者云三年勿用
長守富也翁不能從遂成土壤
苻堅建元年中長安樵人於城內見金鼎走自堅堅
遣載取到化爲銅禹入門又變成大鏵

西河有鐘在水中晦朔輒鳴[illegible]悲激[illegible]聞而栖
愴
越巂會元縣有元馬河有銅紡臨河畔有刻字存
碧珠若不祭祀取之不祥
上虞侯亮之於江都城下獲一石磨下有銅馬
月支國有佛髮盛以瑠璃罌
陽羨縣小吏吳龕於溪中見五色浮石因取內牀頭
至夜化成女子
河內司馬元瓛元嘉中爲新蔡令喪官月旦設祭柑

化而爲鷰
晉惠帝元康二年巴西郡界竹生花紫色結實如麥
外皮青中赤白味甚甘
晉太元中南郡忻陵縣有棗樹一年忽生桃李棗三
種花子
漢興平元年九月桑再椹時劉玄德軍於沛年荒穀
貴士衆皆饑仰以爲糧
北方有白桑椹長數寸食之甘美
建安有篔簹竹節中有人長尺許頭足皆具

交州諸蔺以葉塗人軀便舉體蔺生生既遍便朽爛肌肉消腐

幽明録

宋　劉義慶

狸知雨

有客詣董仲舒談論微奧仲舒疑之客又云天欲雨仲舒因戲之曰巢居知風穴處知雨卿非狐狸卽鼠老鼠客化爲老狸而走

化女

碭美縣小吏吳龕嘗於溪中見五色浮石因取內床頭至夜化成女子

金臺

海中有金臺山高百丈結構巧麗窮盡神工橫立巖渚竦曜星門臺內有金機彫文備制

赤幘

義熙五年彭城劉澄常見鬼及爲左衛司馬與將軍巢營廨宇相接澄夜相就坐語見一小兒赭衣手執赤幘團團似芙蓉花數日巢大遭火

丹野

桓溫北征姚襄在伊水上許遜曰不見得襄而有大

功見襄走入太玄中問曰太玄是何等也答曰南爲
丹野北爲太玄必西北走也果如言

庾宏奴

庾宏爲竟陵王府佐家在江陵宏令奴無患者載米
餉家未達三里遭刼被殺屍流泊查口村時岸傍有
文欣者母病醫云須得髑髏骨服之即差欣重賞募
索有鄰婦楊氏見無患屍因斷頭與欣欣燒之欲去
皮肉經三日夜不焦眼角張轉欣雖異之猶惜不棄
因刮耳頰骨與母服之即覺骨停喉中經七日而卒

幽明録　八　二

尋而楊氏得疾通身洪腫形如牛馬見無患頭來罵
云善惡之報其能免乎楊氏以語兒言終而卒

袁安

漢袁安父亡母使安以雞酒詣卜工問葬地道逢三
書生問安何之具以告書生曰吾知好葬地安以雞
酒禮之畢告安地處云當此世爲貴公便與別數步
顧視皆不見安疑是神人因葬其地遂登司徒子孫
昌盛四世五公焉

陳仲舉

陳仲舉微時嘗行宿主人黃申家申家夜産仲舉不
知夜三更有叩門者久許聞應云門裏有貴人不可
前宜從後門往俄聞往者還門內者問之見何兒名
何當幾歲還者云是男兒名阿奴當十五歲又問曰
後當若爲死答曰爲人作屋落地死仲舉聞此默志
之後十五年爲豫章太守遣吏往問昔兒阿奴所在
家云助東家作屋墮棟而死矣仲舉後果大貴

賈弼

河東賈弼爲琅琊參軍夜夢一人瘤䶑大鼻瞷目請

幽明録　八　三

曰愛君之貌換君之頭可乎夢中不獲已遂被換去
覺而人見者悉驚走還家家人悉藏自此後能半面
笑啼兩手足及口中各題一筆書之詞翰俱美

王奉先

有貴人亡後乘輿令王奉先夢與之相對如平生奉
先問還有情色乎答云某日至其家問婢後覺問其
婢云此日其夢郎君來

魚報

昆明池中有神池通白鹿原人釣魚綸絶而去夢於

漢武帝求去鉤帝明日戲於池見大魚銜索帝曰豈夢所見耶取而放之後三日池邊得明珠一雙帝曰豈魚之報耶

續幽明錄

唐 劉孝孫

盧充范陽人家西三十里有崔少府墓充年二十先冬至一日出宅西獵射麞中之麞倒而復起充逐之不覺忽然見道北一里許高門瓦屋四周有如府舍不復見麞門中一鈴下唱客前有一人投一襆新衣曰府君以遺郎充着訖進見少府語充曰尊府君不以僕門鄙近得書爲郎君索少女爲婚故相迎耳便以書示充父亡時雖小然已識父手跡即歔欷無復

辭免便勑內處郎已來便可使女粧嚴既就東廊及至黃昏內白女郎嚴竟崔語充君可至東廊既至婦已下車立席頭即共拜時爲三日給食三日畢崔謂充曰君可歸女生男當以相還無相疑生女當留養勑內嚴車送客充便出崔氏送至中門執手涕零出門見一犢車駕青牛又見本所着衣及弓箭故在門外尋追傳教將一人捉一襆衣與充相問曰姻緣始爾別甚悵恨今故致衣一襲被褥一副充上車去如電逝須臾至家母問其故充悉以狀對別後四年三

月充臨水戲忽見傍有犢車乍沉乍浮既而上岸同坐皆見而充往開其車後戶見崔氏女與三歲男共載女抱兒以還充又與金椀并贈詩曰煌煌靈芝質光麗何猗猗華艷當時顯嘉異表神奇含英未及秀中夏罹霜萎榮耀長幽滅世路永無施不悟陰陽運哲人忽來儀充取兒椀及詩忽然不見充後乘車入市賣椀冀有識者有一婢識此還白大家曰市中見一人乘車賣崔氏女郎棺中椀大家即崔氏親姨母也遣兒視之果如婢言乃上車敘姓名語充曰昔我

姨姊少府女未嫁而亡家親痛之贈一金椀著棺中可說得椀本末充以事對此兒亦爲悲咽齎還白母母即令詣充家迎兒還諸親悉集兒有崔氏之狀又復以充貌兒椀俱驗姨母曰我外甥也即字溫休溫休者是幽婚也遂成令器歷郡守子孫冠蓋相承至今其後生植字幹有名天下

搜神記

晉　干寶

園客者濟陰人也貌美邑人多欲妻之客終不娶嘗種五色香草積數十年服食其實忽有五色神蛾止香草之上客收而薦之以布生桑蠶焉至蠶時有神女夜至助客養蠶亦以香草食蠶得繭百二十頭大如甕每一繭繅六七日乃盡繅訖女與客俱仙去莫知所如

袁釛者羌豪也秦時拘執爲奴隸後得亡去秦人追

之急迫藏於穴中秦人焚之有景相如虎來爲蔽故得不死諸羌神之推以爲君

謝糺嘗食客以朱書符投井中有一雙鯉魚跳出即命作膾一坐皆徧

夏侯愷因病死宗人兒苟奴素見鬼見愷數歸欲取馬并病其妻著平上幘單衣入坐生時西壁大床就人覓茶飲

陳節訪諸神東海君以織青襦一領遺之

豫章有一家婢在竈下忽有人長數寸來竈間壁婢

誤以寢陵之綴一人須史遂有數百人著衰麻服涕
棺迎喪凶儀皆備就視之皆是鼠婦
昔魏武軍中無故作白帢此縞凶喪之徵也初橫縫
其前以別後名之曰顔帢傳行之至永嘉之間稍去
其縫名無顔帢而婦人束髪其緩彌甚紒之堅不能
自立髪被於額目出而已無顔者愧之言也覆額者
慙之貌也其緩彌甚者言天下亡禮與義放縱情性
及其終極至於大恥也
吳中有一書生皓首稱胡博士教授諸生忽復不見

九月初九日士人相與登山遊觀聞講書聲命僕尋
之見空冢中羣狐羅列見人即走老狐獨不去乃是
皓首書生
漢時京師賓婚嘉會皆作魁櫑酒酣之後續以挽歌
魁櫑喪家之樂挽歌執紼相偶和之者天戒若曰國
家當急殄悴諸貴樂皆死亡也
南康郡南東望山有三人入山見山頂有果樹衆果
畢植行列整齊如人行甘子正熟三人共食致飽乃
懷二枚欲出示人聞空中語云催放雙甘乃聽汝去

也
獻帝初平中長沙有人姓桓氏死棺斂月餘其母聞
棺中有聲發之遂生占曰至陰爲陽下人爲人其後
曹公由庶士起
羊祜年五歲時令乳母取所弄金鐶乳母曰汝先無
此物祜即詣鄰人李氏東垣桑樹中探得之主人驚
曰此吾亡兒所失物也云何持去乳母具言之李氏
悲惋時人異之
初鉤弋夫人有罪以譴死既殯屍不臭而香聞十餘

里因葬雲陵上哀悼之又疑之又疑其非常人乃發
冢開視棺空無屍惟雙履存
夫金之性一也以五月丙午日中鑄爲陽燧以十一
月壬子夜半鑄爲陰燧
晉獻公二年周惠王居於鄭鄭人入王府多脫化爲
蜮射人
湘穴中有黑土歲大旱人則共壅水以塞此穴穴淹
則大雨立至
護軍張劭母病篤智筮之使西出市沭猴繫母臂令

傍人提栢恒使作聲三日放厺勁從之其猴出門即
為犬所咋死母病遂差
南海之外有鮫人水居如魚不廢織績其眼泣則能
出珠

搜神後記卷

晉　陶潛

丁令威本遼東人學道于靈虛山後化鶴歸遼集城門華表柱時有少年舉弓欲射之鶴乃飛徘徊空中而言曰有鳥有鳥丁令威去家千年今始歸城郭如故人民非何不學仙家纍纍遂高上冲天今遼東諸丁云其先世有升仙者但不知名字耳

嵩高山北有大穴莫測其深百姓歲時遊觀晉初嘗有一人誤墮穴中同輩冀其儻不死投食于穴中墜

者得之為尋穴而行計可十餘日忽然見明又有草屋中有二人對坐圍棊局下有一杯白飲墜者告以飢渴棊者曰可飲此遂飲之氣力十倍棊者曰汝欲停此否墜者不願停棊者曰從此西行有天井其中多蛟龍但投身入井自當出若餓取井中物食墜者如言半年許乃出蜀中歸洛下問張華華曰此仙館大夫所飲者瓊漿也所食者龍穴石髓也

會稽剡縣民袁相根碩二人獵經深山重嶺甚多見一羣山羊六七頭逐之經一石橋甚狹而峻羊去根

等亦隨渡向絕崖崖正赤壁立名曰赤城上有水流下廣狹如匹布剡人謂之瀑布路徑有山穴如門豁然而過既入內甚平敞草木皆香有一小屋二女子住其中年皆十五六容色甚美着青衣一名瑩珠一名　見二人至忻然云早望汝來遂爲室家忽二女出行云復有得壻者往慶之曳履于絕巖上行琅琅然二人思歸潛去歸路二女追還已知乃謂曰自可去乃以一腕囊與根等語曰慎勿開也於是乃歸後出行家人開視其囊囊如蓮花一重去一重復至五蓋中有小青鳥飛去根還知此悵然而已後根于田中耕家依常餉之見在田中不動就視但有殼乃蟬蛻也

搜神後記　八　二

滎陽人姓何忘其名有名聞士也荊州辟爲別駕不就隱遁養志常至田舍人收穫在場上忽有一人長丈餘蕭疎單衣角巾來詣之翩翩舉其兩手並舞而來語何云君曾見韶舞不此是韶舞且舞且去何尋逐徑向一山山有穴纔容一人其人命入穴何亦隨之入初甚急前輒閒曠便失人見有良田數十頃何遂懇作以爲世業子孫至今賴之

晉太元中武陵人捕魚爲業緣溪行忘路遠近忽逢桃花夾岸數百步中無雜樹芳華鮮美落英繽紛漁人甚異之（漁人姓黃名道眞）復前行欲窮其林林盡水源便得一山山有小口彷彿若有光便捨舟從口入初極狹纔通人復行數十步豁然開朗土地曠空屋舍儼然有良田美池桑竹之屬阡陌交通雞犬相聞男女衣著悉如外人黃髮垂髻並怡然自樂見漁人大驚問所從來具荅之便要還家爲設酒殺雞作食村中

搜神後記　八　三

人聞有此人咸來問訊自云先世避秦難率妻子邑人至此絕境不復出焉遂與外隔問今是何世乃不知有漢無論魏晉此人一一具言所聞皆爲歎惋餘人各復延至其家皆出酒食停數日辭去此中人語云不足爲外人道也既出得其船便扶向路處處誌之及郡乃詣太守說如此太守劉歆即遣人隨之往尋向所誌不復得焉

南陽劉驎之字子驥好遊山水嘗採藥至衡山深入忘反見有一澗水水南有二石囷一閉一開水深廣

不得渉欲還失道遇伐薪人問徑僅得還家或說囷
中皆仙方靈藥及諸雜物驎之欲更尋索不復知處
長沙醴陵縣有小水有二人乘船取樵見岸下土穴
中水逐流出有新斫木片逐流下深山中有人跡異
之乃相謂曰可試如水中看何由爾一人便以笠自
障入穴穴纔容人行數十步便開明朗然不異世間
平樂縣有山臨水巖間有兩目如人眼極大瞳子白
黑分明名爲目巖
始興機山東有兩巖相向如鴟尾石室數十所經過

皆聞有金石絲竹之響
中宿縣有貞女峽峽西岸水際有石如人形狀似女
子是曰貞女父老相傳秦世有女數人取螺于此遇
風雨晝昏而一女化爲此石
臨城縣南四十里有蓋山百許步有姑舒泉昔有舒
女與父析薪于此泉女因坐牽挽不動乃還告家比
還唯見淸泉湛然女母曰吾女好音樂乃作弦歌泉
涌洄流有朱鯉一雙今人作樂嬉戲泉故涌出

搜神後記卷二

吳舍人名猛字世雲有道術同縣鄒惠政迎猛夜於
家中庭燒香忽有虎來抱政兒超籬去猛語云無所
苦須臾當還虎去數十步忽然復送兒歸政遂精進
乞爲好道士猛性至孝小兒時在父母旁臥時夏日
多蚊虫而終不搖扇同宿人覺問其故答云懼蚊虫
去嚙我父母爾及父母終行服墓次蜀賊縱暴焚燒
邑屋發掘墳壟民人迸竄猛在墓側號慟不去賊爲
之感愴遂不犯

謝允從武當山還在桓宣武座有言及左元放爲曹
公致鱸魚者允便云此可得爾求大瓮盛水朱書符
投水中俄有一鯉魚鼓鬐水中
錢塘杜子恭有秘術嘗就人借瓜刀其主求之子恭
曰當即相還耳既而刀主行至嘉興有魚躍入船中
破魚腹得瓜刀
太興中衡陽區純作鼠市四方丈餘開四門門有一
木人縱四五鼠于中欲出門木人輒以手推之
晉大司馬桓温字元子末年忽有一比丘尼失其名

來自遠方投溫爲檀越尼才行不恒溫甚敬待居之門内尼每浴必至移時溫疑而窺之見尼裸身揮刀破腹出臟斷截身首支分臠切溫怪駭而還及至尼出浴室身形如常溫以實問尼答曰若逐淩君上形當如之時溫方謀問鼎聞之悵然故以戒懼終守臣節尼後辭去不知所在

沛國有一士人姓周同生三子年將弱冠皆有聲無言忽有一客從門過因乞飲聞其兒聲問之曰此是何聲答曰是僕之子皆不能言客曰君可還内省過

何以致此主人異其言知非常人良久出云都不憶有罪過客曰試更思幼時事入内食頃出語客曰記小兒時當牀上有燕巢中有三子其母從外得食哺三子皆出口受之積日如此試以指内巢中燕雛亦出口承受因取三薔茨各與食之俄而皆死母還不見子悲鳴而去昔有此事今實悔之客聞言遂變爲道人之容曰君既自知悔罪今除矣言訖便聞其子言語周正忽不見此道人

天竺人佛圖澄永嘉四年來洛陽善誦神呪役使鬼神腹旁有一孔常以絮塞之每夜讀書則拔絮孔中出光照于一室平旦至流水側從孔中引出五臟六腑洗之訖還内腹中

石虎鄴中有一胡道人知呪術乘驢作估客于外國深山中行下有絶澗窅然無底忽有惡鬼偷牽此道人驢下入絶澗道人尋跡呪誓呼諸鬼王須臾即驢物如故

曇遊道人清苦沙門也剡縣有一家事蠱人噉其食飲無不吐血死遊嘗詣之主人下食遊依常呪願一

雙蜈蚣長尺餘便于盤中跳走遊便飽食而歸安然無他

高悝家有鬼怪言語呵叱投擲内外不見人形或器物自行再三發火巫祝厭劾而不能絶適値幸靈乃要之至門見符索甚多並取焚之惟據軒小坐而去其夕鬼怪即絶

趙固常乘一匹赤馬以戰征甚所愛重常繫所住齋前忽腹脹少時死郭璞從北過因往詣之門吏云將軍好馬甚愛惜今死盛懊惋璞便語門吏云可入爲

道吾能活此馬則必見我門吏聞之驚喜即啓固固踴躍令門吏走往迎之始交寒溫便問卿能活我馬乎璞曰我可活爾固忻喜即問須何方術璞云得卿同心健兒二三十人皆令持竹竿于此東行三十里當有丘陵林樹狀若社廟有此者便當以竹竿攪擾打拍之當得一物便急持歸既得此物馬便活矣于是左右驍勇之士五十人使去果如璞言得大叢林有一物似猴而非走出人共逐得便抱持歸此物遙見死馬便跳梁欲往璞令放之此物便自走往馬頭間噓吸其鼻良久馬起噴奮奔迅便不見此物固厚貲給璞得過江左

王文獻曾令郭璞筮已一年吉凶璞曰當有小不吉利可取廣州二大罌盛水置床張二角名曰鏡好以厭之至某時撤罌去水如此其災可消至日忘之尋失銅鏡不知所在後撤去水乃見所失鏡在于罌中罌口數寸鏡大尺餘王公復令璞筮鏡罌之意璞云撤罌違期故至此妖邪魅所爲無他故也使燒車轝而鏡立出

中興初郭璞每自爲卦知其凶終嘗行經建康柵塘逢一趨步少年甚寒便牽住脫絲布袍與之其人辭不受璞曰但取後自當知其人受而去及當死果此人行刑旁人皆爲求屬璞曰我託之久矣此人爲之歔欷哽咽行刑既畢此人乃說

高平郗超字嘉賓年二十餘得重病廬江杜不愆少就外祖郭璞學易卜頗有經驗超令試占之卦成不愆曰案卦言之卿所恙尋愈然宜于東北三十里上官姓家索其所養雄雉籠而絆之置東簷下却後九

日景午日午時必當有野雌雉飛來與交合既畢雙飛去若如此不出二十日病都除又是休應年將八十位極人臣若但雌逝雄留者病一周方差年半八十名位亦失超時正羸篤慮命在旦夕笑而答曰若保八十之半便有餘矣一周病差何足爲淹然未之信或勸依其言索雄果得至景午日超臥南軒之下觀之至日晏果有雌雉飛入籠與雄雉交而去雄雉不動超歎息曰管郭之奇何以尚此超病逾年乃起至四十卒于中書郎

稽神錄

唐

廣陵有男子行乞於市每見馬矢即取食自云常爲人飼馬慵不能晨起其主恒自檢視槽中無草餧責之乃取烏梅并以飼馬矢齒楚不能食竟以是致死後因病見馬矢輒流涎欲食食之與烏梅味正同了無穢氣

清源人陳褒隱居別業臨窗夜坐窗外即曠野忽聞有人馬聲視之見一婦人騎虎自窗下過徑之屋西

室內壁先有一婢卧婦人即取細竹杖從壁隙中刺之婢忽爾肚痛開戶云如廁褒方愕駭未及言婢始出已爲虎所搏遽前救之僅免鄉人云村中恒有此怪所謂鬼虎者也

周寶爲浙西節度使治城壍至鶴林門得古塚棺槨將腐發之有一女子面如鉛粉衣服皆不敗堂役者以告寶親視之或曰當此是嘗餌靈藥待時而發發則解化之期矣寶即命改葬之具車輿聲樂以送寶僚屬登城望之行數里有紫雲覆輀車之上衆咸見一女子出自車中坐于紫雲冉冉而上久之乃没開棺則無矣

梁開平二年使其將李忠安攻潞州營於　關伐木爲柵破一大木木中朱書文六字曰天十四載石遲思安表上之其群臣皆賀以爲十四年必有遠夷貢稱寶者其司天少監徐鴻獨謂其所親曰遲右無之字爲犀號者上天符命豈缺文乎吾以爲丙申之歲當有石氏王此地者移四字中兩豎畫置天字左右即丙字也移丙字外圍以十貫之即申字也後至丙

申歲晉高祖以石姓起并州如鴻之言

楚王馬希範修長沙城開濠畢忽有一物長十餘丈高丈餘無頭尾手足狀若土山自北岸游泳水上久之入南岸而沒出入俱無蹤跡或謂之土龍無幾何而馬氏亡

閩王審知初爲泉州刺史州北數十里地名桃林光啓初一夕村中地震有聲如鳴數百面鼓及明視之禾稼方茂了無一莖試掘地求之則皆倒懸在土下其年審知尅晉安盡有甌閩之地傳國六十年至子

延義立桃林地中復有鼓聲時禾已收穫倏疲在田及時視之亦無一莖掘地求之則亦倒懸土下其年延義爲左右所殺王氏遂滅

福州城中有烏石山山有峯大鑿三字曰薛老峯癸卯歲一夕風雨聞山上如數千人喧噪之聲及旦則薛老峯倒立峯字返向上地中石碑皆自轉側

幽怪錄

唐　牛僧孺

鸜鵒能言

柳歸舜至君山忽見鸜鵒群集皆能人言各相稱呼故有武遊郎武仙郎阿蘇兒者又有自在先生踏蓮露鳳皇藏蟬兒多花子亦有能歌者音調清麗

阿春看客

鸜鵒見歸舜忽呼曰阿春看客忽一青衣乘雲而下相見

欝概

武遊郎言余昔見漢武乘欝金概泛積翠池吹縹玉長笛

玉卮娘

有書生姓崔遇神女因見一胡僧指其女曰此西王母第三女號玉卮娘子也

輕紅輕素

曹惠得木偶人能言語自稱輕紅輕素因語惠曰雞角入骨紫鶴喫黄角甲不害五通泉室爲六代吉昌

且曰唬此者當極貴顯中書令岑文本識其三句矣

三耳秀才

董慎爲太山府君呼爲録事令決疑獄慎舉秀才張審通決之甚當府君喜其聰敏爲于額上更一耳既還頗極痒踴出一耳尤聰時人曰天有九頭鳥地有三耳秀才亦呼爲鷄冠秀才

耳中天地

薛君忽見二青衣駕赤犢出耳中乃別有天地花木繁茂云兜玄國

威汚蠖

隋來君綽夜行投宿埜人家主人曰威汚蠖奴曰蝸兒館之甚厚翊眎其處乃陂澤沮洳有蚓蝸螺在焉

顧愻是劉禎後身

梁顧愻始爲縣吏曰昔共罪一夕過二人自稱王粲徐幹且謂愻曰公乃劉禎後身因誦其夕爲之文愻乃頓悟前事得其遺文數篇投于令令待之甚厚時謂死劉禎猶庇得生顧愻

炎沙之罰

開元中葉天師講經于明州奉化縣忽一老父來禮自云守藏龍守此千歲方免炎沙之罰今爲僧咒水欲殺幸師以符救之

和神國

李元之暴卒後生云往遊和神之國人壽皆一百二十歲皆二男二女鄰里爲婚姻地産大瓠瓠中皆五穀不種而實水泉皆如美酒飲多不醉氣候常如深春樹木皆絲綵可以爲衣

滕六降雪巽二起風

晉州刺史蕭至忠將以臘日出獵前一日有樵者見禽獸百許祈于玄冥使者使者令老麋祈于東谷嚴四嚴四曰若令滕六降雪巽二起風不復遊獵矣天未明忽風雪大作刺史不復出也耶

橘中之樂不減商山

巴卭橘園中霜後見橘如缶剖開中有三老叟象戲一叟曰橘中之樂不減商山但不得深根固蒂爾一叟取龍脯食之食訖餘脯化爲龍衆乘之而去

王甕九斛

橘中叟相謂曰汝輸我瀛洲玉塵九斛

甕中琴瑟

伶人刁朝俊妻甚美而有癭癭中有琴瑟笙竽之聲一日忽破裂内一猱跳去癭乃無

四真

暢敬真忽有仙樂綵雲來迎至一處云雲仚峯有四人來謁號四真馬信真徐湛真徐修真夏守真曰須謁大仙伯問爲誰即茅真君也

郭登厠

厠神名

坤明國

頓愆前身是劉積昔嘗爲坤明國[illegible]中魏開國鄴地也

幽怪録

唐　王惲

代國公郭元振開元中不第自晉之汾夜行陰晦失道久而絶遠有燈火之光以爲人居也徑往尋之八九里有宅門院宇甚峻入廟廊下及堂上燈燭熒煌牢饌羅列若嫁女之家而悄無人公繫馬西廊前歴階而升徘徊堂上不知其何處也俄聞堂上東閤有女子哭聲嗚咽不已公問曰堂中泣者人邪鬼邪何陳設如此無人而獨泣曰妾此鄉之祠有烏將軍者

能禍福人每歲求耦於鄉人必擇處女之美者而嫁焉妾雖陋拙父利鄉人之五百緡潜以應選今夕鄉人之女並爲遊宴者到是醉妾此室共鏁而去以適於將軍者也今父母弃之就死而今惴惴哀懼君誠人邪能相救免畢身爲掃除之婦以奉指使公大憤曰其來當何時曰二更曰吾忝爲大丈夫必力救之若不得當殺身以徇汝終不使汝枉死於淫鬼之手也女泣少止於是坐於西階上移其馬於堂北令一僕峙立於前若爲賓而待之未幾火光照耀車馬駢

闕二紫衣吏入而復走出曰相公在此逡巡二黄衫吏入而出亦曰相公在此公私心獨喜曰吾當爲宰相必勝此鬼矣既而將軍漸下導吏復告之將軍曰入有戈劍弓矢翼以入即東階下公使僕前曰郭秀才遂行揖將軍曰秀才安得到此曰聞將軍今夕嘉禮願爲小相耳將軍者喜而延坐與對食言笑極歡公於囊中有利刀思欲刺之乃問曰將軍曾食鹿腊乎曰此地難遇公曰某有少許珍者得自御厨願削以獻將軍者大悅公乃起取鹿腊并小刀因削之置

一小器令自取之將軍喜引手取之不疑其他公伺其無機乃投其脯捉其腕而斷之將軍失聲而走導從之吏一時驚散公執其手脫衣纏之令僕夫出望之寂無所見乃啓門謂泣者曰將軍之腕已在此矣尋其血蹤死亦不久汝既獲免可出就食泣者乃出年可十七八而甚佳麗拜於公前曰誓爲僕妾公勉諭焉天方曙開視其手猪蹄也俄聞哭泣之聲漸近乃女之父母兄弟及鄉中耆老相與舁櫬而來將收屍以備殯殮見公及女乃生人也咸驚以問之公具

以告烏鄉老共怒公殘其神曰烏將軍此鄉鎮神鄉人奉之久矣歲配以女才無他虞此禮不設即風雨雷雹爲災奈何失路之客而傷我明神致暴於神此鄉何負當殺卿以祭烏將軍不爾亦縛送本縣揮少年將令執公公諭之曰爾徒老於年未老於事我天下之達理者爾衆其聽吾言夫承天而爲鎮也不若諸侯受命於天子而疆理天下乎曰然公曰使諸侯漁色於國中天子不怒乎殘虐於人天子不伐乎誠使爾呼將軍者其神明也神固有猪蹄者乎且淫妖

之獸天地之罪畜也吾執正以誅之豈不可乎爾曹無正人使爾少年之女橫死於妖畜積罪動天安知天不使虐焉從吾言當爲爾除之永無聘禮之患如何鄉人悟而喜之曰願從命公乃令數百人執弓矢刀鎗鍬钁之屬相隨尋血而行纔二十里血入大塚穴中因圍而斸之應手漸大如瓮口公令束薪燃火投入照之其中若大室見一大猪無前左腳血臥其地突烟走出斃於圍中鄉人翻共相慶會錢以酬公公不受曰吾爲人除害非鬻獵者得救之人誰其父

母親族曰多幸爲人托質血肉團鬧未出囹無可殺之罪今月貪錢五十萬以嫁妖獸忍鎖而去豈人所宜若非郭公之仁勇寧有今日是妾死於父母生於郭公也請從郭公不復以舊鄉爲念矣泣拜而從公公多岐慰喻止之不獲遂納爲側室生子數人公之貴也皆任大官之位事已前定雖生遠地而至於鬼神終不能害明矣

尼妙寂景氏初嫁任華父與華往賈長沙廣陵間元和十一年春之潭州不復過期數月妙寂忽夢父被髮裸形流血滿身泣曰吾與汝夫湖中遇盜皆已死矣以汝心似有志者天許復讐但幽冥之意不欲顯言故吾隱語報汝誠能思而復之吾亦何恨妙寂口隱語云何錯曰殺我者車中猴門東草俄而見夫形狀若父泣曰殺我者禾中走一日夫妙寂撫膺而哭遂爲女弟所覺泣告其母闔門大駭念其隱語杳不可知訪於鄰叟及鄉閭之有知者皆不能解秋諸上元縣舟檝之所交者四方士大夫多憩焉而又邑有瓦棺寺寺上有閣倚山瞰江萬里在目亦江湖之

極境遊人弭棹莫不登眺吾將緇服其間伺可問者必有醒吾惑者於是緇衣上元捨身瓦棺寺日策帚洒掃閣下閒則徙倚闌檻以俟識者見高冠博帶吟嘯而來者必拜而問居數年無能辨者十七年歲在辛巳李公佐者罷嶺南從事而來攬衣至閣神采俊逸頗異常倫妙寂前拜泣且以前事問之公佐曰吾平生好爲人解疑況子之冤懇而神告如此當爲子思之默行數步喜招妙寂曰吾得之矣殺汝父者申蘭殺汝夫者申春耳妙寂悲喜嗚咽拜問其說公佐曰夫猴申生也車去兩頭而言猴故申字耳草而門門而東非蘭字邪禾中走者穿田過也此亦申字也一日又加夫蓋春字耳鬼神欲惑人故有錯其言妙寂喜若不自勝久而掩涕拜謝曰賊名既彰雪冤有路苟獲釋憾誓報深恩婦人無他唯潔誠奉求佛祈增福海耳乃再拜而去元和初泗洲普光王寺有梵氏戒壇人之爲僧者必由之四方輻湊僧尼繁會觀者如市焉公佐自楚之秦維舟而往觀之有一尼眉目朗秀若舊識者每過必凝視公佐若有意而未言

者久之公佐將去其尼遂呼曰侍御元和中不爲南從事乎公佐曰然然則記小師乎公佐曰不記也妙寂曰昔尾榻寺閤求解車中猴者也公佐悟曰竟獲賊否對曰自悟夢言乃男服易名士寂泛傭於江湖之間數年聞蘄黃之間有申村因往焉流轉周星乃聞其村西北隅有申蘭者默往求傭輟貶其價喜蘭召之俄又聞其從父弟有名春者於是勤恭執事晝夜不離見其可爲者不顧輕重而爲之未嘗待命蘭家器之晝與郡傭共作夜寢其席無知其非丈夫者逾年益自勤幹蘭愈欽念視士寂卽自視其子不若也蘭或農或商或畜貨於武昌關鑰啟閉悉委焉因驗其櫃中半是巳物亦見其夫及父常所服者垂涕而記之而蘭春叔出處未常偕在處其擒一而驚逸其一也銜之數年永貞年重陽二盜飲旣醉士寂奔告于州乘醉而獲一問而辭伏就法得其所喪以歸盡奉母而請從釋教師洪州之天宮寺尼洞微卽昔時受教者也妙寂雖一女也誓血誠獲讐天亦不奪遂以夢寐之言獲悟於君子與其讐者得不同天歟

此微軀豈酬明哲惟捨身梵宇無他惟虔誠法像以報効耳公佐大異之遂爲作傳

續幽怪錄

唐　李復言

盧從史元和初以左僕射節制澤潞因[illegible]陽拒命跡涉不臣爲中官驃騎將軍吐突承璀所給縛送京師以反狀未明左遷驩州司馬旣而逆跡盡露賜死於康州寶曆元年蒙州刺史李湘去郡歸闕自以海隅郡守無臺閣之親一旦造上國若漏舟泛滄海者聞端溪縣女巫者知未來之事維舟召焉巫到曰某能知未來之事乃見鬼者呼之皆可召然有二等有福

德之鬼有貧賤之鬼福德者精神俊爽往往自與人言貧賤者氣劣神悴假某以言事盡在所遇非某能知也湘曰安得鬼而問之曰廳前楸林下有一人衣紫佩魚自稱澤潞盧僕射可拜而請之湘乃公服執簡向林而拜女巫曰僕射已答拜湘遂揖上階空中言曰從史死於此廳爲弓弦所迫今尚惡之使君牀上兮幸除之湘遽命去焉時驛廳副階上只有一榻湘偶忘其貴將坐問之女巫曰使君無禮僕射官高何不迎坐乃將吏視之僕射大怒去也急隨拜謝或肯却來湘匍匐下階問其所向一步一拜凡數十步空中曰大錯公之官未敵吾軍一裨將奈何對我而自坐湘再三辭謝方肯却回女巫曰僕射却迴矣於是拱立而行及階女巫曰僕射上矣別置榻而設茵褥以延之巫曰坐矣湘乃坐空中曰使君何所問對曰湘遠官歸朝憂疑之極伏知僕射神通造化識達未然伏乞畧賜一言示其榮悴空中曰大有人接到城一月當刺梧州湘又問終更不言湘因問曰僕射去人寰久矣何不還生人中而久處冥寞曰吁是何

言哉人世勞苦萬愁纏心盡如燈蛾爭撲名利愁勝而髮白神敗而形羸方寸之間波瀾萬丈相妬相賊猛於豪獸故佛以世界爲火宅道以人身爲大患吾已免離下視湯火豈復低身而臥其間乎且夫據其生死明晦未殊學仙成敗則無復計之也其辭自無形而煉成三尺之形則上天入地乘雲駕鶴千變萬化無不可也吾之形未圓者三寸耳飛行自在出幽入明亦可也萬乘之君不及我況乎民乎湘曰煉形之道可得聞乎曰非使君所宜聞也復問吾州之後

終不言乃去湘到輦下以其貨求助助者數人未一
月拜梧州刺〈皆如其言竟終於梧州盧所以不使
言其後事也

窮怪錄　闕名

茅崇丘

齊世祖永明十年丹陽郡民茅崇丘家夜夜廚中有人語笑復明燈火有宴饌之聲及開門視之即無所見及閉戶即依然聞此數旬忽有一道士詣崇丘間曰君家夜有妖患乎崇丘曰然道士爲懷中取一符與之謂崇丘曰但釘于竈上及北壁來日早視之言訖遂失其道士崇丘喜乃以符如其言明日見廚中有五六大鼠各長二尺無毛而色如朱盡死於北壁

乃竟絕

天女

後魏明帝正光二年夏六月首陽山中有晚虹下飲於[illegible][illegible]樵人陽萬於嶺下見之良久化爲女子年十六七異之問不言乃告浦津戍將宇文顯取之以聞明帝召入宮幸未央宮視之見其容貌姝美問云我天女也暫降人間帝欲逼幸而色甚難復令左右擁抱聲如鍾磬化爲虹而上天

射猎翁

辰州有射猎者遂入石室見老翁問何故射吾猪對以傷禾翁即呼一童責之曰何不謹門令猪出射猪者問翁是何人童子答曰此河上翁帝使為諸生講易我即王弼受易未通遂罰守門

玄怪記

唐　徐炫

陽雍伯嘗設義漿以給行旅一日有行人飲訖懷中出石子一升與之曰種此可生美玉并得好婦如其言種之有徐氏女極美試求之徐公曰得白璧一雙即可乃於所種處得璧遂娶之

楊道和夏於田中有雷神至桑下霹靂下擊之道和以鋤格其肱遂落地不得去色如丹目如鏡毛角長三尺餘狀如六畜頭似獼猴

盧汾夢入蟻穴見堂宇危豁題曰審雨堂

廬陵太守龐企自云其乃祖非罪繫獄墻上有螻蛄行其左右謂曰爾有神能活我死否因投食與之螻蛄食盡去有頃復出行形體稍大乃復與食如此數月間其大如豚及將刑之夜螻蛄掘壁為大穴乃破械從之出亡後遇赦免故龐氏世祀螻蛄

狄希中山人也能造千日酒飲之千日醉時有州人姓劉名玄石好飲酒往求之希曰我酒發來未定不敢飲君石曰縱未熟且與一盃得否希曰聞此語不

免飲之復索曰美哉可更與之希曰且歸別日當來只此一盃可眠千日石別似有怍色至家醉死家不之疑哭而葬之經三年希曰玄石必應酒醒宜往問之既往石家語曰石在家否家人皆怪之曰玄石亡來服已闋矣希驚曰酒眠千日今合醒矣乃命其家人鑿塚破棺看之塚上汗氣徹天遂命發塚方見開目張口引聲而言曰快哉醉我也因問希曰汝作何物令我一盃大醉今日方醒日高幾許墓上人皆笑之被石酒氣衝入鼻中亦各醉臥三月

青蚨似蟬而差大其味辛可食每生子必於草葉大如蠶子人將子歸則母亦飛來即以母血塗錢八十一文以子血復塗餘錢每市物或先用子者即母歸用母即子歸如此輪環不已

安豐侯王戎常赴人家殯殮主人治棺未竟安豐在車上卧見空中有一異物如鳥熟視轉大漸近見一乘赤馬車一人在中着幘赤衣手持一斧至地下車徑入王車中廻環久之謂王曰君神明清照物無隱情凡人家殯殮葬送苟非至親不可急往良不獲已可乘赤車令髯奴御之及乘白馬則可禳之因謂戎君當致位三公語良久主人內棺當殯衆客悉入此鬼亦入既入戶鬼便持斧行棺牆上有一親趨棺欲與亡人訣鬼便以斧正打其額即倒地左右扶出鬼於棺上視戎而笑衆悉見鬼持斧而出

續玄怪錄

闕名

延州婦人

昔延州有婦人白皙頗有姿貌年可二十四五孤行城市年少之子悉與之遊狎昵薦枕一無所卻數年而歿州人莫不悲惜共醵喪具爲之葬焉以其無家瘞於道左大曆中忽有胡僧自西域來見墓遂趺坐具敬禮焚香圍繞讚歎數日人見謂曰此一淫縱女子人盡夫也以其無屬故瘞於此和尚何敬耶僧曰

非檀越所知斯乃大聖慈悲喜捨世俗之欲無不狥焉此即鎖骨菩薩順緣已盡聖者云耳不信即啟以驗之衆人即開墓視遍身之骨鈎結皆如鎖狀果如僧言州人異之爲設大齋起塔焉

臨海射人

吳末臨海人入山射獵爲舍住夜中一人長丈着黃衣白帶徑來謂射人曰我有讎尅明日當戰君可見助當厚相報明日食時君出溪邊敵從北來我南往白帶者我黄帶者彼射人許之明出果聞岸北有聲狀如風雨草木四靡視南亦爾唯見二大蛇長十丈於溪中相遇便見盤繞白蛇勢弱因引弓射之黃蛇死日將暮復見昨人來辭謝云住此一年獵明年去甚勿復來來必爲禍射人曰善遂停一年獵所獲甚多家至巨富數年後忽憶先所獲多乃忘前言復更往獵見先白帶人告曰我語君勿更來不能見用讎子已大今必報君非我所知射人聞之甚怖便欲走乃見三烏衣皆長八尺俱張口向之射人即死

志怪錄

唐　陸勳

勸酒女子

有董氏女病邪多不食時索酒飲後作月旋舞頻年醫治不差云常有一女子來相伴如夢寐中家人後於樹間得一勸酒女子疑之作祟遂焚之其女自此愈矣

澡盆

文獻公誕時一蛇自屋墮于前舉頭張喙久之方去

及七日浴忽飄風暴雨劈其澡盆爲二片與母俱無驚動

宅物

有人夜泊舟子富春間月色澹然見一人於沙際吟曰陵江三十年潮打形骸朽家人都不知何處奠杯酒舟人問曰君是誰可示姓名否又吟曰莫問我姓名向君言亦恐潮生沙骨冷魂魄悲秋風舟人上岸揖之遂失所在

林中恠

黃韶說明州黃使君時有吏人家竹園甚廣秋夕明月見車馬十來隊長數寸馬大如鼠或持鎗劍或負弓弩次第自林中出望其園門軋然而開似有人拔開吏人驚懼呼家人隨後觀之從江橋過望西南而馳迴知所之吏人明旦伐去竹林無所見其家亦無患害

枯竹根

金樓子云山中夜見胡人者銅鐵精也中嘗見火光者朽木也皆不爲害溫州有人山中遇一波斯抱野

雞見人揮霍鑽入石壁中其石自合龔明子嘗聞外舅說頃歲莊墻間熒熒光尺餘時兼兄弟中有不寧者衆謂之恠憂之數夕炳然如初外舅情不甘乃就拔之得一物向燈下看乃枯竹根耳其光遂滅病者無恙

宅流

顧全武於越中廣搜梗柟建宅甚宏壯畢工之際梁棟皆出水戶牖濆濕竟不得入斯屋而卒人謂之宅流

怪婢

鄭彥瑩買得一婢年十五六容色不舒常顑然鄭詰之婢不對但低頭而巳忽爾火光屋塼瓦亂擲床榻俱震鄭甚懼猶未疑其婢自後或食饌穢汙或財帛潛失日見鼠人立夜有物歌吟召行道法者書符默劾終不能勝婢自云但可驅使無有他事即日平靜問其所從曰常有一男子夜來同處性頗剛戾如別有顧即見嗔怒爾鄭既知不敢駐乃貨售之其年鄭遇害

虱異

揚州蘇隱夜臥聞被下有數人齊念阿房宮賦聲緊而小急開被視之無他物惟得虱十餘其大如豆殺之即止

髮變血

項鄴上元後忽髮變如血汁曰元夜食牛肺犯天樞遐使夜行禳謝可免

猪肝中有讖書

白浦氏割猪肝肝中有一紙大如手色如新書云煙焚蔡明年無糧火年巢寇起州郡多荒

狗歌怨

吏人蔡超家狗作怪蹲於堂上將拍板唱歌聲悲怨又一旦覓頭巾不見戴在竈上坐其月超遇害

蟾蜍

沈慶校書說鄉中有一吏人家女病邪飲食無恒或歌或哭祼形奔馳抓毀面目遂召巫者治之結壇場鳴鼓吹禁呪之次有一乘航船者偶駐湖門首河內枕舷臥忽見陰溝中一蟾蜍大如椀朱眼毛腳蹦跶鼓聲作舞乃將筒擫得縛於旁板下聞其女叫云何故縛我將船者乃扣門語其主曰某善除此疾主深喜問其所欲云秪乞數千文別無所求主曰某惟此女偏愛之痛後齊瘵已數百緡如得愈何惜數千邪願借腳之船者乃將其蟾以油煎之女豈日差

蝸涎首

陸承淨遷新居有一女子布服戴巾蒙其面入門氣息纔蹤云回謝此擬當須殺人問曰何者即急聲再問亦不應陸怒令人起巾趯一姑爛瑰着其手陸遇

害

雙筆自舞

杜昭遠將失寵幸家多妖物晝見狗作雞鳴嘗一日架上雙筆起舞相對回旋不已杜曰既爲祟能自書平右一筆倒硯中漬其毫於案上大書一殺字其年杜陷大辟

枕聲

中郎王文英枕自作聲

髮異

孤山寺前楓樹上有一鵲巢甚偉人上取其子探得頭髮千數結光潤各長五尺莫知其由

一團毛

明州有市人家見一大鳥飛入室家人擊殺之回似人身一團毛而已可重數兩乃挂於籬上旬日其家月下會宗忽從籬下地人立而語自稱我偶避猛鷙到此爾何見殺方欲陰論今値爾飲酒我甚思得一杯荷惠之郎不爲仇矣席人驚避乃自於尊中吸之及啄筵内餚饌畢望空而奮莫知所以尋州發有事其家即無咎

猪臂

吳中有一人於曲阿見塘上有一女子貌端正呼之即來便留宿乃解金鈴繫其臂至明日更求女却無人忽過猪牢邊見母猪臂上有金鈴

攝鏡

吳興許寂之太元中忽有鬼怪攝取大鏡以内器裏

石立

後趙録云塗中有大石二丈許自立石勤命斷之有

魚羊之文于是字玄羊

皁莢

元符三年冬内人自泰陵還摘皁莢一籠入宮門籠輒自躍皁莢皆躍出

宮屏婦人

元和初有士人因醉臥廳中及醒見古屏上婦人等悉於床前踏歌歌曰長安女兒踏春陽無處春陽不斷腸士人驚叱之忽然上屏

撫化女子

昔有燕飛入人家化爲一小女子長僅三寸自言天女能先知吉凶

蝦蟆毒

元嘉年十四遭母喪以熟菜有味不嘗於口歲餘忽夢母曰汝啖生菜遇蝦蟆毒靈牀前有三丸藥可取服之儀驚起果得甌中藥服之下科斗子數升

鼓鞞響

晉孝武太元中帝每聞手巾箱中有鼓吹鞞角響於是請僧齋會夜見一臂長三丈餘手長數尺來摹箱

案

一物如人眼

蔣符上元夜於宣陽里酒盤下得一物如人眼睛其體潔白光彩射人餘夜遊市肆閑置掌中每行黑闇衢巷隨身光明三尺毫末可鑒後因而飛出

人頭食肉

鄧喜殺猪祀神治畢懸之忽見一人頭往食肉喜引乃射之咋咋作聲繞屋三日

水影

大曆末深淵東鹿縣中有水影長七八尺遥望見人馬往來如在水中及至前不見水

桑樹哭

晉孝懷帝永嘉二年冬項縣桑樹有聲如解材人謂之桑樹哭

怪疾

陳子直主簿妻有異疾每腹脹則腹中有聲如擊鼓遠聞于外行人過門者皆謂其家作樂腹消則鼓聲亦止一月一作醫莫能知

志怪錄

祖台之

吳未亡前常有紫赤氣見斗牛之間星官及諸善占者咸憂吳方興惟張茂先於天文尤精獨知爲神劍之氣非江南之祥

晉懷帝永嘉中譙國丁杜渡江至陰陵界時天昏霧在道北見一物如人倒立兩眼垂血從頭下聚地兩處各有升餘杜與從弟齊聲喝之滅而不見立處聚血皆化爲螢火數千枚縱橫飛去

荀晞爲兗州鎮去京師五百里有貢晞珍異食者欲貽都邑親貴慮經信宿之間不復鮮美募有牛能日行數百里者當厚賞之有人進一牛云此一日行千里晞乃命其丁車善馭書疏發遣旦發日中到京師取答書還至一更始竟便達晞以其駿快筋骨必將有異遂殺而觀之亦無靈唯奴筋如小竹大自頭抆脊著肉褁故非不覺也

吳中有一士大夫於都假還西曲阿堂上昇一女子甚美留其宿士解臂金鈴繫女臂令暮更來遂不至使人求覓無此色遍術因見一豚臂上繫金鈴

會稽山陰東郭氏女先與縣人私通此人估還於縣東露慈橋女往入船就之因共寢接爲設食鮪鮝食畢女將兩鮪鮝上岸去船還來至郭逢人語此女已死乃往省之尚未殯也發衾視之兩手各把一鮪鮝

吳中書郎盛沖至孝母王氏失明沖暫行敕婢食母婢乃蠐螬蒸食之王氏甚美然非魚肉母謂沖曰汝試問之既而問婢服實見蠐螬沖抱母慟哭而目立開本草經曰蠐螬一名蟦齊主治血痺

建康小吏曹著見廬山夫人夫人爲設酒出金烏啄罌其中鏤刻奇飾異形非人所能名下七子合盤盤中亦無俗中餚

孫弘常自云見鬼神與其言語委曲衆未之信鎮西將軍謝尚常所乘馬忽暴死會弘詣尚常愛惜至甚謂尚曰我爲君活馬何如尚常不信弘答曰卿若能令此馬更生則卿眞實通神矣弘於是便下床去良久還語尚曰廟神愛樂馬故耳向我詣神請之初殊不許後乃見聽馬即日便活尚對死馬坐意甚不信

怪其所言須臾其馬忽從門外走還衆咸見之莫不
驚惋既至馬廄應時能動有頃奔逸嗚呼尚方歎服
會稽郡常有大鬼長數丈腰大數十圍高冠玄衣郡
將吉凶皷于雷門示憂喜之色謝氏一族憂喜必告
弘道未遭艱難數月鬼遽夕來臨及後轉吏部尚書
拊掌三節舞自大門至中庭謌而遡閤至

吉凶影響録

宋　岑象求

韋丹未第時洛陽橋見漁者得一黿甚大丹異之買
投于河後有元長史名濟之來謝謁即其黿也
治平中黄靖國死見冥中數獄吏指一所曰此庇武
后獄后惡至大方以大甕貯黄蝎擦之也酷吏奸臣
皆有獄也
馮乘虞蕩夜獵見一大麈射之麈便云虞蕩汝射殺
我耶明晨得一麈而入即時蕩死

曾子從仲尼在楚而心動辭歸問母母曰思爾齧指
孔子曰曾參之精感萬里
靈帝光和元年南宮侍中寺雌雞欲化爲雄一身毛
皆似
次年南宮侍舍一雌雞亦化爲雄一身毛皆似雄但
頭冠尚未變
昭帝時上林苑中大柳樹斷仆地一朝起立生枝葉
有蟲食其葉成文字曰公孫病已立
魯定公元年有九蛇繞柱占以爲九世廟不祀乃立

陽宮

靈應錄

邸娵　唐　傅亮

有邸娵鋤桑拾得一銅觀音像刻壁作龕安之每有食饌不惟蔬菽魚肉之類皆將供養娵有子時在潞藉軍前日夕祝之保其安寧其子當陣之際倒于草間聞背上連下三劍似擊銅器聲賊罷起看身上並無所痕其母此日見銅像落在地背上有三刃痕始知其由至子回說其事方知神助爾

沈仲霄子

沈仲霄之子於竹林中見蛇纏一龜將鋤擊殺之其家數十口每日相次而卒有識者曰玄武神也

衢州民

衢州民家里胥至督促租賦家貧無以備飧秖有哺雞一隻擬烹之里胥恍惚間見桑下有著黃衣女子前拜乞命又云自死即閑不忍兒子未見日光里胥因果到此催徵即無追捕殺傷者其女泣而逃里胥驚惻回至屋頭見一雞哺數子其家將縛之次意疑

之不許殺遂去後一旦再來其雞已抱出一窠子見里胥向前踴躍有似相感之狀捨而遂行數百步過一虎跳躑漸近忽一雞飛去撲其虎眼里胥因斯奔馳得免至暮從別路回其家已不見雞問之云朝來西飛去杳無蹤里胥怖之具說見虎之事遂往尋之其雞已斃於草間羽毛零落自後一鄉少有食雞子者

長興媼

晉郭文舉與虎探去鯁虎送鹿來報以爲異今長興縣有邸媼採桑次被虎銜入深谷中不傷之其虎就將蹲自旦至午媼告曰某之年邁莫有宿業否今因於此又不食乞大聖念之呼虎爲大聖遂伸一脚於媼前看之有一竹簽在爪下媼又曰莫要去邪虎掉尾點頭似相感之狀媼乃爲拔之迅躍數四却銜至舊所前無損至夜置一鹿於門首去

安吉媼

智鈞大師說天禧中安吉有邸媼家力農備好修善長疏食或見魚鼈之徒鳥雀之類皆贖而放之因滌水後有一龜長尺餘從門入媼誰之令子將往家前瀆内放之其子遂於龜背著放生字放於水中其龜又上岸沿田田畦間有一孔穴可深三二尺龜忽落其中媼子曰本將放爾命却落於此中乃攘臂取之龜郎不見矣探得白金二鋌莫知其由

呂門官

洋山在海中有廟其神傳是隋煬帝山高峻内有三湖名曰三姑菱芡鳧鴈鵁鶄鴛鴦之類悉有又有神立于門首號曰呂門官凡欲祭饗其厨多鼠而夏足蠅預告其門神郎絕之

陳太

陳太者先家貧販紙爲業而好施有一僧不知其名號長仰酒恣訪來求食多說一生瞬息速作善事或問居何寺云老僧以四方爲常住呵呵而已如此得三載而陳氏供待如初忽一旦謂陳曰爾有多少口要幾許金便得足陳曰弟子約累二十口歲約一百緡粗備緣以業次淺薄無得厚利僧笑曰我有白金五十鋌酬補三年供養因指庭中金櫻樹曰此去造

一佛堂當有報應言訖而去陳謂之風狂故不信至夜見一白鼠雪色緣其樹或上或下久之揮而不去陳言於妻子曰衆言有白鼠處即有藏僧應不妄言遂掘之果獲五十笏其僧遂絕蹤矣

薛主簿

問濤說永嘉縣有一人患癩衣裳襤褸顔色寒餒於市中求乞羣小兒多將瓦隨後擲其瘡處亦不爲怒有薛主簿憫之來即與飲食去亦不謝或特負薪出賣至暮從水南而往莫知所止薛後暴卒見一人持

文帖云太山府君追薛憂懼隨往經歷路岐甚崎嶇入一城中如官府薛立門外追者入唱喏云某乙到問聲去領入追者却出引薛至堦前仰視一人衣王者之服廳宇高敞兩廊數十人濟濟而立王問因何事追之吏云爲前生寃家執論王遣之令勘對薛方回身忽報大舅至王即起身迎揖薛觀之乃瘡者也遂高聲叫相救癩者見薛拍手驚曰主簿何得此來王曰有寃債追癩者謂王曰老舅承斯人顧眄可爲救之乎王憮然良久謂吏曰試看命如何吏趍出將到二卷簿書檢云有三十年在王曰奇哉乃謂薛曰能作善業即可得還薛曰如得還生願造尊勝幢子所解寃債王令一吏記之語畢又一吏報云某乙寃讎已承功德解脫王顧薛忻然稽首曰大哉之法力還世速建若無遷延者非勇知識亦難相爲吏令拜王及舅王處分吏曰令向追者準前押領薛回不得停駐遂引從舊路歸直至所居門首似夢覺家人號泣云一宿矣須方能言斯事後遂每日一食建幢子專持念其癩者即不至矣乃圖像供養焉

高彥

湖州高彥司徒夢見一道士仗劔至卧内高問彼何人答曰來作司徒之子要娶數千寃讎高驚覺說之其妻是月有孕恭長一子精神俊利名曰禮年十三四心奸詐後繼父之位毒害生民動惟傷殺醉怒一婢因而斬之後頻作祟照鏡見其形禮甚惡之謂親密者曰我前後殺人多矣或衙内宿舊或軍中勳列皆無滯魄偶斬一婢彷彿在焉有善道法者求以厭之親密者乃言道士葉孤雲精於符籙請試佩之禮

如其言後果絶影響

黄德瓌

黄德瓌家人烹鼈將箸笠覆其釜揭見一鼈仰把其笠背皆蒸爛然頭足猶能伸縮家人愍之潛放河邉間後爾患熱將廢德瓌徙於河邊屋中將養夜有一物徐徐上身覺其冷及曉能視胸臆悉塗淤泥其鼈在上閗三匝三顧而去即日病差

錢珝

右丞錢珝與裴安居近珝病死再宿而活言於妻子曰人召云命已終然平生無作罪業便再爲男子遂去市人畢瑫家託身入見其家雖門戸低小而物力甚豐其畢氏妻有孕月數足將有所育忽一使者持帖奔至云悞矣合在裴家爲男〻非也又隨使者到裴家見其妻使者云當在斯爲子緣裴氏妻月數未滿故令其囬此去四十日壽當終衛及期而卒裴家是日果産一男容色有似右丞訪畢氏之子皆如所說

章藴

上虞縣有民章藴者因歲歉於隣人假粟數十斛後隣人闘食就索之抵負誓曰的不還作犢牛填章笑而許諾替其章卒其隣家産一犢當耕耨之次謂弟兄曰章某欠我米已云許作牛還此犢莫是否偶以姓名呼之隨聲而應再答既而淚滴屈膝似拜許之狀報其家屬來驗之右肋上隱起字曰負人米罰作此畜其家乃數倍價贖而養之

合州漁者

合州海壖有漁者死信宿而活云被人追往一處人院宇中見先舅氏在其間似爲世之曹吏謂漁者曰追者悞矣姓名同爾呼追者曰是温州界某乙速押斯人囬去當别之際謂曰舅在此甚驅馳爲向骨肉間言造楞嚴經救拔餘無所要又戒之曰爾之業不善還世改求衣食艮久有人報上司有貼下云來歲在戊子諸道兵起惟江南疫死數千人處分水府減魚料一百萬頭追者促行囬至所居驚覺其家將欲殯次其年果然漁者乃爲行者

嵊縣人

有人常糶鱔貨歲月既深而有惡報一旦歸怒其妻振髮而曳之其髻子脱在手腳中盡是鱔頭戢戢焉而卒

狗不相食

衆説狗不相食者近人道矣鮑里有人將其肉餧之犬銜往草中跑地埋之嗚咽久而不去

屠者

漢書云挹婁國人穴居好養豕食其肉衣其皮冬以膏塗身厚數分以禦風寒今之屠者眼多似其類焉

霅溪漁人

霅溪有漁人將箄籪捕魚往收之際見一鱧長數尺枕於箄上將鐵叉叉之不中看箄内有一小鱧漁者思之此但是其子來取之隱於葦叢再候大者良久至游泳箄外求出其子漁者忽悟曰常聞殺鱧蓋罪乃謂其魚曰若有變異當放爾子其魚乃吐一條黄氣上有一翁長數丈其氣高二丈餘頃而没漁者駭然遂開箄放其子相引跳躍漁者棄業於金山寺爲僧至今存焉襄明子疑斯事召其僧詢之不虚

胡氏

越中有胡氏之妹性妬忌怒婢妾將熨斗烙其兩皮肉焦爛猶未快意及其疾病遍身瘡疾兼當三伏中卧欲展轉肌膚旋粘牀席體血髮穢骨露方卒

台州民

台州有民姓王常祭厠神一日至其所見着黄女子民問何許人答云非人厠神也感君敬我今來相報乃曰君聞螻蟻言否民謝之非惟鄙人自占不聞此説遂懷中取小合子以指點少膏如口脂塗民右耳

下戒之曰或見蟻子側耳聆之必有所得良久而滅民明日一見柱礎下羣蟻紛紜憶其言乃聽之果聞相語云移穴去暖處傍有問之何故云其下有實甚寒住不安民伺蟻出訖尋之獲白金十鋌即此後不更聞矣

沈微

有沈微者性惡見蜘蛛前後殺之甚多一旦腿間生瘡内有一肉毬起有似蜘蛛之頭觸之痛楚入髓欲斧鑿無灑處莫有慰之其夜夢一條極偉作人言曰

我業爲此蟲類以時出於泥中無患君事何意殺我
眷屬今來要君命聞往瀨公處取膏且去也速與作
善因拔我卽不再來徵驚覺說似妻子許寫佛經看
其瘡果有一條從中而出徵以指引之長數寸其瘡
卽日而合

龍山軍人

龍山有數軍人修築茶園見一白蛇大如栱競舉鍬
擊之內一人姓余者勸不殺衆不從其言遂攫斃之
來旦一白衣女子携一籃下嶺皆見之良久放下籃

子入林中似同顧衆往奪之姓余者亦不隨其籃內
盛一顆蕈光懷□色女戲手曰平時此地有盜垂泣
而去軍人將歸□慕烹之方食之次姓余者忽頭痛
不可忍乃聽其女子云此蕈有毒君不害我請莫
食之聽覺衆人各食訖姓余者惟而疑之將拋棄旬
日衆人相次嘔血而卒惟姓余者存焉

潘遂

潘遂者爲吏有抵囚罪而法未合死潘曲□之後見
從人卽不見惟聞語聲云在陰中論爾須去對□
得脫於冥間潘召入禁呪訣不能除餘日同欲食
行坐惟不入國門潘問之何不入其門曰我是鬼門
神不與入潘曰爾是官殺何相執不能取我命否朝
夕繫縱何也鬼曰爾不上文字官焉殺我蓋緣爾命
未盡是以隨之潘無奈之乃曰與修善因拔離冥寞
如何鬼曰甚善然須作手狀云爲某甲造某事依其
言後卽不見矣

彭和尚

大鄴大師說彭和尚性殺螻蟻前後火燒湯發不可

勝紀及爲病蟻緣臥床上身圍匝并於淨室中務虔
灰周遭遶之又自空而飛至及卒口眼耳鼻中皆是

梁元帝

梁元帝母阮修容嘗失一珠元帝時紀幼吞之謂是
左右所盜乃灸其眼以厭之信宿之間珠從便出元
帝壽一目致眇

黃敏

都校黃敏者因禦寇墮馬折其左股其下遂速以甕
碎生龜傳之月餘乃愈而龜頭尚活龜腹與骨肉□

連而生敏遂惡之他日思剸去將下少稍楚與巳斷無異不能而止龜日所視亦同巳所見也

聞奇錄

王氣　唐　于逖

太宗少時御師戰淮人於千秋嶺大克之彼望我軍上雲作龍虎之狀有識者曰此王者之氣也

楊集

楊集精異得玄女之術下城破陳定日時取之計收人馬羣甲預言其數略無參差武肅定江表賴其功遂將處州闕之三讓不就曰某將數千衆當訪敵不敢辱命擁雙旌理百姓恐無分祿武肅不識其言堅授之至郡月餘卒

方干

處士方干與許贖善贖寓越中有非罪金漢宏械于閩關下時在新定聞之馳於境上責一樹高其價不售因蔭噴之刑也曰方處士爲友責樹太守知之遂釋贖之過

鍾安禮

郎中鍾安禮好學多能著武成王備誌十卷選諸家

詩爲貧吟集五卷餘有畢吏部之皆談若問未嘗不
言之見家人食饌戒之曰少喫腐爾酒音大醉卒

越僧

越僧䛒光善草書自言授法於陸相希聲其飄逸有
張旭之妙吳翰林以歌獎之言多不載羅綺事贈詩
云聖主賜衣稱絕藝侍臣摛藻許高蹤又有亞棲書
骨氣不及䛒而趨媚過之二人俱應制其蹤海內皆
盛

王松年

道士王松年說厲歸真在丹丘善畫常至人家有好
事者將絹素鋪於案上卽自下筆預知人之所欲會
獸松竹之類如請之却多不允飲酒數斗不醉武人
在州城竟日飲其日有人於桐柏宮見之或來國清
寺遊又有見在開元宮後往洪州白日上昇遺下一
布衣異香馥郁令人收得其書蹤者多

羊襲吉

羊襲吉狀元之子少時庭中乘涼忽見天開其內雲
霞頹洞樓閣參差光明下照山谷襲吉驚懼遂延乃
開襲吉勤於書寫佗佗不倦今尚在年逾八十矣

葉簡

葉簡剡人善卜筮凡有盜賊皆知其姓名有鄉夫失
牛卜之曰占失牛已被家邊截上州欲知賊姓一斤
求欲知賊名十千頭乃隣人丘甲爾又有將橘子令
之令占曰圓似珠色如丹儻能擘破同分喫爭不慙
愧洞庭山又將巾子射覆云近來好裹束各自競尖
新秤無三五兩因何號一斤又將雞子二箇占云此
物不難知一雄兼一雌請將打破看方明混沌時他

皆類此

漁者

貞明中有漁者於大湖上見一船子光彩射入內有
道士三人飲酒各長鬚眉日皆生於額上見漁者俱
舉袖掩面其舟無人撑隨風行甚疾望洞庭而去

馬自然

馬自然貌醜鼻禿鬢大口飲酒石餘醉卧卽以拳
入口人有疾病告之折薪草呵而與食無不差者嘗
吟曰昔日曾隨魏伯陽無端醉卧紫金牀東君謂我

多情頗罰向人間作酒狂後往擁州上升

孫聑

孫聑家於七里瀨善於葬法得青烏子之術尤妙相墳仰知其家貴賤貧富官祿人口數亦知穴中男女之老少因某病而卒兼精於三命時楊集統師收復睦州至一巖下砦軍次忽一大石盤墜下楊占之曰此巖上有二十五人點兵收之獲居民二十人還楊曰合有二十五人何欠五人也問於民曰某等初聞大將軍將至遂與二十五人同避於斯內一夫孫聑善

卜到時立草舍畢有雙雉飛下鬬孫云軍至此也宜往別處不然遭擒掠某等不順其言有誠信者四人相隨去矣楊令人捕之不獲意甚不快曰得此人可師事之蘄道後復在彼漁

呂知隱

呂知隱於洞庭山穿一松造草舍而居實正中徵起鶴髮絲出見武胐甚奇之善星緯識地理多術數嘗謂人曰夫草木鬱茂處有泉脈戀卧處地可鑿井蚺蛤之屬內有少魚蝦及自死鳥獸口不閉者嘗為造

鮓醬祭肉動者皆不可食又云赤豆湯洗色衣垢楊桃枝去粘研芥子入豆醬不生蟲牛乳去油衣粘問事無不知者

陸龜蒙

陸龜蒙才名播海內居吳中然性浮薄時有內官經長洲於水濱見一花鴨彈之而斃守者告之乃乘小舟修表章告內官曰某養此鴨能人言方欲上進君何殺之乃將表示之內官驚而且懇酬之銀盎臨行詢之竟解何言語陸曰教來數載能自呼名爾

徐知業

徐侍郎知業少時游天台山憩於大樹陰巖上石盤欲墜空中語曰下有人石砉然架樹回身乃落震地塌然

皮光禹

皮光禹業五七言詩自言賈浪仙之傳也句有燒平樵路出潮落海山高作者多許之

傅弘業

傅弘業宰天台縣有人獵得一獸形如豕仰鼻長尾

有岐謂之怪傳識之曰雖（以醉反）非怪也雨則縣於樹以尾塞其鼻後驗之可類子雲別颸鼠曼倩識騶虞

陸孜

陸孜居于明州大隱勤於畎畝物力粗備時太守酷虐不恤其民有贍者悉被擒獲孜所有財物窴于地後果搜其家庫孜懼其罪遂通所藏之物掘地丈餘竟無所得謂是人所取太守怒其妄謫于象山築居掘得大隱之藏一一無失焉又懼有告者遂將納之太守異之釋罪與財却就舊業至今存焉

王耕

王耕善畫而牡丹最佳春張於庭廡間則蜂蝶萃至本業文因畫所掩竟不成事

凌途

凌途賣香好施一日旦有僧負布囊携木杖至謂曰龍鍾步趨寄店憩歇可否途乃設榻僧寢移時起曰略詣近郊權寄囊杖去月餘不來取途潛啟囊有異香末二包氛氳破鼻其杖三尺本是黃金途得其香和衆香而貨人不遠千里來售乃致家富

楊虔

楊虔爲人與物無競性至孝母疾病衣不解帶常戚戚然焉丁憂泣血漣如每灑掃於墓徘徊涕泣不能去鄉黨欽焉

裴嬰

處士裴嬰性高古善撫琴去其爪作肉聲有公子不善之嬰作色曰如樂（五教反）其聲何不槌鼓聞者莫不大笑

花犬

僧子捷建靈隱高峯浮圖養一花犬每隨工徒銜塼置于塔所又寺人於荒榛間收得一石佛而少右耳犬即跑古寺基深可三尺取得佛耳塔成乃斃

唐捷

唐捷父延紹宰錢塘縣有仇訟之濫延紹不能自理捷乃入官山伐木則與守者競鬬於殿下曰邑大夫之子而自折薪可原之矣遂宥父子捷自此知名

沈嶠

沈嶠居于鏡中初求縣宰夜夢還家渡江船覆水分

爲二西則清東則濁遂沿東而過詭似友人賀曰君當授分水縣後何日果應之見謝於友友勉曰爲政宜清緣昨夜入濁非嘉徵後果因濫而致命悲哉不内友之言

崔端巳

崔端巳字安道善酒令著庭萱譜稱同塵先生有魏温者不知是崔撰嘗問曰君曾覽同塵先生庭萱譜乎崔正顏對曰不知同塵先生何姓氏左右大笑之

徐廷實

徐庭實巡官說乾符中武義縣有人入山葬子掘地二尺來忽陷丈餘深數尺收得秫百斛莫知其由將釀酒其味濃厚

蔣氏

陸濛爲湖州司法參軍妻蔣氏即嶷之女也善屬文而耽酒後染邪氣心神不恒姊妹憂之勸節飲强飧應聲吟曰平生偏好酒勞爾勸吾飧但得尊中滿時光度不難

又

有聖保寺僧知業性高古有詩名[illegible][illegible][illegible]玄之次蔣氏遽自内遞一杯酒與知業公[illegible]云業不肯飲蔣氏隔簾對曰秖如上人詩云接疊橋通何處路倚欄人是阿誰家覩此風韻得不飲乎業公慚怍起而退

高縈

高縈員外人才慵家困窶主上愍之奏授東化縣到任不預時事有里胥送果親修緘扎謝之左右聞之云此在伏事縈曰豈有得人惠不謝之乎又有督賦

者稽遲吏具檢請懲戒示之曰本司有狀訴公郎官人嗔責翻怒於吏曰此輩不良平地作訟聞者莫不大笑又謂於友曰常聞字人驢之雞自至此思一隻亨不得則庶有殭驅之

夏宗萬

夏宗萬知前生事年五歲門首見一僧牽其衣呼是奴子和尚涕泣不已衆罔知情僧將去堅覓相隨往寺似熟其路入房良久云奴子讀底經安某處何在又云念珠雜戲具子在某處果然取得僧方悟云是

貧道施于下界了年七歲而卒今涉五載矣其經是
觀音經品試之尚彷彿記爾

費縣民

琅琊費縣民家常患失物謂是偷者每以扃鑰為意常局行伺內後果見籬一穿穴可容人狀滑澤有踪跡乃作繩羅放穴口夜中忽聞有羅撲聲往掩得一髮長可三尺許從此無復所失

費季

吳人費季客賈去家與諸賈人語曰吾臨行就婦求

金釵婦與之吾乃置戶楣上忘向婦說妻夢見季死前金釵在戶上復取得發哀一年季却還

麻姑

丹陽縣故湖側有麻姑廟姑生時有道術能着履行水上

留贊

留贊為將臨敵必先被髮叫天因抗音而歌左右應之歌畢乃進戰

鄭昌圖

鄭昌圖登第歲居長安[illegible]納涼于庭夢為人毆擊擒出春明門至石橋上乃[illegible]解遺其紫羅履一隻并及居而痛甚因言于弟兄[illegible]休前果失一履且令人于石橋上尋得

燕奴

有術士於腕間出彈子二丸皆五色叱令變化即化雙燕飛騰名燕奴又令變即化二小劍交擊須臾復為丸入腕中

唐人靈應錄聞奇錄二帙合之即陳氏葆光集不

知孰為先後吾善其類者蔡羽識

說郛目録

弓第一百十八

録異記

唐　杜光庭

蘇校書者好酒唱望江南善製毬杖外混於衆内潛修眞每有所闕即以毬杖干於人得所酬之金以易酒一旦於郡中白日昇天約是壬申癸酉年晉州汾西令張文漁長官說此

馬道流名智能常游歷江湖間乾寧丁巳歲至玉梁觀時有大齋智能登上山頂時道衆留之不住至山頂九仙得道處安座儼然而化神色不變手足柔軟

與生無異

李特字玄休廩君之後昔武落鍾離山崩有石穴二所一赤如丹一黑如漆有人出於赤穴者名務相姓巴氏有出於黑穴者凡四姓皡氏樊氏柏氏鄭氏五姓皆出爭爲長於是務相約以劍刺穴能著者爲廩君四姓莫著而務相之劍懸焉又以土爲船雕畫之而浮水中曰若其船浮者爲廩君務相船又獨浮於是遂稱廩君乘其土船將其徒卒當　水而下至於鹽陽鹽陽水神女子止廩君曰此魚鹽所有地廣大與君俱生可止無行廩君曰我當爲君求廩地不能止也鹽神夜從廩君宿旦輒去爲飛蟲諸神皆從其飛蔽日廩君欲殺之不可別又不知天地東西如此者十日廩君即以青縷遺鹽神曰嬰此即宜之與汝俱生不宜將去汝鹽神受而嬰之廩君至碭石上望膺有青縷者跪而射之中鹽神鹽神死羣神與俱飛者皆去天乃開朗廩君復乘土船下及夷城夷城石岸曲泉水亦曲望之如穴狀廩君歎曰我新從穴中出今又入此奈何岸即爲崩廣三丈餘而階階

相承廩君登之岸上有平石長五尺方一丈廩君休其上投策計算皆著石焉因立城其旁而居之其後種類遂繁秦并天下以爲黔中郡薄賦斂之歲出錢四十萬巴人呼賦爲賨因謂之賨人焉

袁遇者後漢時湘中人在鄉忽醉三日始醒起吐皆聞酒氣自云起與天人共飲後任漢陽令道說豐儉有驗白日騎陽夜判陰忽乘雲而上天不知所在

鼠知果亦有道者也居賨關山與虎豹同處馴之如家犬焉鴉數隻集其肩臂之上鳴戲爲常又有巨虵

時出知果此而遺之蜿蜒而去虎三數頭於䆗中月
夜交持騰踏極甚知果怒持白挺擊之逐散去知果
於谿側薙草見同草中不驚手移於他所如猶大耳
其怪異類也如此一旦失所之
夔州道士王法玄舌大而長呼文字不甚典切常以
爲恨因發願讀道德經夢老君與翦其舌覺而言詞
輕利精誦五千言頗有徵驗
燉煌公李太尉德裕一旦有老叟詣門引五六輩舁
巨木請濶爲關老不能拒之公異而見之叟曰某家

藏此桑寶三世矣某已耄矣感公之好奇搜異是以
獻爾木中有奇寶若能者斵之必有所得洛邑有匠
計其年齒且老或身已歿子孫亦當得其旨訣非洛
匠無能斵之者也公如其言訪於洛下匠已殂矣其
子應召而來睨而視之曰此可徐而斵之矣因解爲
二琵琶槽自然有白鴿羽翼爪足巨細畢備匠料之
微失厚薄不中一鴿少其翼公以形羽全者進之上
畱其一今猶在民間水部員外盧延讓見太尉係
道其事

宣州節度使趙鍠額上亦有肉隱起時人疑其有珠既
爲淮南攻奪其郡縣鍠爲亂兵所害有李訪其首級
剖額得珠而去貨與商胡胡云此人珠既死矣不可
復用乃售與塑畫之人爲佛額珠而已
吉州東山有觀焉臨瀨江去州六十里咸通中有楊
尊師居焉師有道術能飛符救人觀側有三井一井
出鹽一井出茶一井出豉每有所闕師令取之皆得
食之能療衆疾師得道之後取之無復得矣
楊太傅資州人也年十六廬父母墓三年有神燈照

墓猛虎馴伏有白兔之異蜀相王公上聞降敕褒獎
表其門閭
蜀庚午歲金州刺史王宗朗奏洵陽縣洵水畔有青
烟廟數日廟上烟雲昏晦晝夜奏樂忽一旦水波騰
躍有群龍出於水上行入漢江大者數丈小者丈餘
或黃或黑或赤或白或青有如牛馬驢羊之形大小
五十餘頭相次行入漢江却回廟所往復數里或隱
或見二日乃止
成都書臺坊武侯宅南乘烟觀內古井中有魚長

七寸往往遊於井上水必將涌相傳井有龍

六時水青城山宗玄觀南二里已來有峭崖而對觀中高五百餘尺其山崖上有授道堂昔甯真君與軒轅黃帝授道之所下瀾底有石龕玄宗皇帝御真每日六時從崖上自然有水出至今不絕時人號禮見焉

婺州永康縣山亭中有枯松樹因斷之誤墮水中化爲石取未化者試於水隨亦化爲其所化者枝幹及皮與松無異但堅勁有未化者數段相兼留之以旌異物焉

蜀州晉源縣山亭中有二大石各徑二尺已來出地七八寸人或坐之心痛往往不救又是落星石東邊者生師靈驗西邊者死與諸石無異色並帶青白

房州上　界有伏羲女媧廟云是摶土爲人民之所古跡存焉又華州界黃河中有小洲島古樹數根河水泛漲終不能沒云是女媧墓大曆年中連日風雨晦冥雷電不已晴霽之後忽失此墓不知所在

晉州常塗縣之東南有横山焉山下有八[illegible]

大乾符中有盜發之得一穴縝紵爲繩凡七十匹絕一人以觀之爲黑蜂所螫蜂既甚多絕者驚懼而去竟無所得相傳云是陶廣州墓莫知其名及年代矣

纂異記

宋 李玫

白沃廟

古老相傳湖初陷白沃史君躍馬疾走不及遂駐馬以鞭指得湖東南一角水至不沒因立廟迄今此地獨高又云兄弟三人一在沙腰一在乍浦皆稱白沃廟

氷花

元豐末秀州人家屋瓦霜後氷自成花片于瓦上正

如畫家所爲折枝有大花如牡丹花葉者細花如萱草海棠者皆有枝葉無毫髮不具雖巧筆不能爲之以紙摹之無異不刻

德藏寺鍾

德藏寺前鐘乃銅所鑄音極洪響嘗見古老云初鑄鐘時有匠者云此鐘未可便扣俟吾至六十里乃擊之及旣去方至新坊十八里寺僧遽扣之匠人聞其聲嘆曰聲止於此今寺中鐘自新坊十八里外不復聞矣怪哉

地裂濤聲

嘉禾志顧亭林廢中有忠烈二祠近歲忽地裂數尺常有風濤聲以物應之應手火起至今尚然

蘇小墓

嘉興縣西南六十步地志云晉歌妓蘇小小墓今有片石作道判曰蘇小小墓徐凝寒食詩云嘉興郭外逢寒食落日家家拜掃歸只有縣前蘇小小無人送與紙錢灰

紫藤

予舍伯祖巽舊葬慧山後忽卜兆於一村遂遷葬焉其中紫藤蟠固棺上或云穴有紫藤此吉徵也遂斫藤遷之自後其家浸衰

天王

秀州子城有天王樓建炎間金人犯順蘇秀大擾將毁之有天王現於城上若數間屋大兵卒望之怖懼遂引去一州之境獲免及亂平建樓西北隅見今事之

金蝦蟆

陳宏泰家富於財有人假貸錢一萬宏泰徵之甚急其人曰請無慮吾先養蝦蟇萬餘頭將之足以奉償泰聞之惻然已其償仍別與錢十千令悉放之江中經月餘泰因夜歸馬驚不進前視之乃一金蝦蟇躍出也

乞長生

有人好道不知其方朝夕拜一枯樹輒云乞長生如此二十八年不倦一旦木生紫花甘津如蜜食之即仙去

水物

李主簿夜泊舟臨舷濯足忽有物在水中掣其足衆力救之李號呼曰痛徹心骨不可忍吾寧死也遂墮入水明日求其屍不獲

辟邪

有趙小子納凉水濱見行買掬水灌漱俯身潭上一鬼自潭引手至項上三進三止趙叫呼鬼即隨沒買曰頭髻中有少雄黄辟邪之效也

雷公

雷州西有雷公廟百姓歲納雷鼓車人有以黄魚與彘肉同食立遭雷震毎大雷人多於野中掘得黳石號雷公墨光瑩如漆

引金

有人得青石大如磚背有鼻穿鐵索長數丈循環無相斷處海商見之以數十千易之云此協金石垂於海中經夕引出上必有金

釆異記

宋　陳達叟

伏龜山鐵銘

江南保大中秋八月伏龜山圯得一石函長二丈闊八寸中有鐵銘文云梁天監十四年秋八月葬寶于是銘背有引曰寶公嘗爲此偈大書于木版之上以白巾幕之人或欲讀者必施錢方得一覩讀畢覆之當時名臣自陸倕王筠姚察而下皆莫知其旨或問其意答云事在五百年後非今也至卒日乃書其偈

同葬之以志其事銘曰莫問江南事江南自有憑乘鷄登寶位跨犬出金陵子建司南位安仁秉夜燈東隣家道闕隨虎遇明徵其字皆小篆體勢完具無缺落處當日二徐韓張之徒亦不能解其意至李氏國亡好事者稍稍尋見其意蓋應在江浙也後主丁酉生又以辛酉年即僞位是乘鷄登寶位之應至甲戌年國破是跨犬出金陵之應時曹侯彬掖甲於城南是子建司南位之應潘太師美統兵於城北是安仁秉夜燈之應後二句亦未見其旨至戊寅年淮海王錢氏舉國之覲方驗其東隣之句俗彥云家道闕者是無錢也所云隨虎者蓋戊寅年矣又淮海王小字虎子

江陵鐵銘

高氏專江陵日乾祐中於山庭後鑿一大池爲游嬉之所掘地丈餘得一大石匣長丈餘闊數寸扃鑰甚固主者不敢啓之具事以獻高氏大神之乃屏去左右唯與親僚屬三五人焚香而啓之匣中惟金篆銘一首云此去遇龍即歇於是祕之至太祖龍飛改號

建隆高氏下國

銘記

廬山康王觀道士李谷神言沈彬郎中袁州宜陽人即谷神鄉里之隣伍也趣尚高邈嘗謂簪組爲梏身具狀卒年自卜葬地子孫不敢違既兆穴開之下至七尺間得大石數片既啓之下有隧道漸次闢之乃造成石墓一所其中高九尺前後一丈二尺闊與高等燈座前有青石蓮花臺三樹上有石青蓮花燈碗[illegible]枝背覆之後列燈樹如前者其鑄鏤之工妙絶[illegible]

世靈席中又得青石銘記一片朱字篆若方墳云開
成二年開雖開不埋塋地漆燈内木照留待沈彬來乃
就瘞之

乘異記

宋　張君房

安第三等眼

陶穀少時夢爲吏追去云奉符換眼吏附穀耳求錢
安第十等眼穀不應又安第二等眼又不應吏曰只
得第三等眼矣既覺眼睛深碧色後遇善相道士陳
紫陽相穀曰一雙鬼眼固當清貴然不至人位也後
果然

論雌雄龍

劉洞微善畫龍一日有夫婦二人造門覩畫因謂劉
曰龍有雌雄其狀不同雄者角浪凹峭目深鼻豁鬐
尖鱗密上壯下殺朱火燁燁雌者角靡浪平目肆鼻
直鬐圓鱗薄尾壯于腹劉不能平作色問何以名之
其人曰身乃龍也請公觀之遂化作雙龍而去

沈彬石藝

郎官沈彬既瘞掘地得石藝中有石蓮花燈三碗無
他物傍有銘云開成一年開雖開即不埋漆燈猶不
滅留待沈彬來因就瘞之

化鶴丹

許遜有幻術每爲人燒丹必厚取其資云市藥造爐使其人自守而候之每燒四十九日將成必有犬逐猫觸其爐破雙鶴飛去廣如此時人呼爲化鶴丹

廣異記

太歲地

晁良正性剛不怖鬼每年常掘太歲地掘後忽見一白物良正打之三日送於河其夜使人視之三更後車馬甚衆來至河所問太歲何故受此屈辱不讐報之太歲曰彼正榮盛無奈之何暨明失所在

白頭老人

乾元中張守一爲大理少卿平反折獄死囚出免者

甚多後有白頭老人詣前拜謝曰某非生人明公所出死囚之父也無以報德倘有急切之求或能致耳俄有詔賜酺城中縱觀之守一見士人家女甚美悅之計無從出試呼前鬼問曰能爲我致否鬼曰此易事然不得久纔可七日而已遂管靜處設帷帳女有頃而至驚曰此何處守一見鬼在傍紿云此是天上因與狎昵情愛甚至七日鬼復掩其目送還守一私訊女家云女郎卒中惡不識人七日而醒

送鏑

劉彥回父爲湖州刺史有下僚於銀坑得一龜長一尺持獻彥回父郡官畢賀云得此龜壽千歲使君謝巳非其人自騎馬送龜却至坑所後彥回父亡彥回爲房州司士之官屬山水汎溢平地盡沒一家惶懼俄有大龜引路隨龜而行悉是淺處歷十餘池得免水難其夕彥回夢龜曰昔在銀坑蒙先使君之惠故此報恩

神降詩

有神降於鄭滌家吟詩曰忽然湖上片雲飛不覺舟中雨濕衣折得蓮花渾忘却空將荷葉蓋頭歸

野狸奴

曲沃縣尉孫緬家奴年六歲忽覩緬母笑云娘子總角時曾養一野狸今憶否母亦省之奴云爾時野狸卽奴身也應逐走入古冢後爲獵人擊殪見閻羅王王以無罪當得人身遂生湖州爲乞人子苦飢寒二十而死又見王王曰與汝作貴人家奴遂得至此今巳三生矣

芝圖

仙都有芝圖悉種靈芝或如車騎或如華蓋或如樓閣或如飛鳥五色

獨異志

宋　李元

李德裕

李德裕奢侈每食一桮羹其費約錢三萬雜珠玉寶貝雄黃硃砂煎汁爲之過三煎仰棄其滓

王元寶

明皇問富人王元寶家財多少對曰請以一縑繫南山一樹南山樹盡臣縑未窮

賀知章

賀知章乘醉賦詩問左右紙多少紙盡思窮

彭樂

北齊將彭樂勇猛無雙時神武率樂等十餘萬人於沙苑與宇文護戰時樂飲酒乘醉深入被刺肝肚俱出内之不盡截去之復入戰護兵遂敗相枕籍死者三萬餘人

高開道

隋末高開道被箭鏃入骨命一醫工拔之不得開道問之云畏王痛開道斬之更命一醫云我能拔之以一小斧子當刺下瘡際用小棒打入骨二寸以鉗拔之開道飲啗自若賜醫工絹三百匹後爲其將張金樹所殺

杜伏威

隋煬帝無道杜伏威以齊州叛煬帝遣陳稜擊之稜下偏裨射中伏威額伏威怒曰不殺射我者終不拔此箭由是奮擊而入獲所射者乃令拔箭畢然後斬其首入稜軍中稜遂大敗

韓晉公

韓晉公滉鎮浙西威令大行浙右進錢船渡江爲驚濤所溺篙公募人漉出兩辦不得衆以錢損其數混自至津部視之乃責江神因得其錢指曰此錢乾非水波得之者罰吏吏具實對復以實投詞祈責俄然二緡浮出波上乃取之

于相悰

長典于相悰與埠人裴丘友善丘有一古鏡所常寶者悰布素時曾一照分明見有朱衣吏導從他皆類此其鏡旋亦墜矣

鄒平公

丞相鄒平公段文昌負才傲俗落泊荆楚間嘗半酣靸履于江陵大街往來雨霽泥甚街側有大宅桃渠公乘醉于渠上脫靴濯足旁若無人自言我作江陵節度使必買此宅聞者皆笑其後果鎮荆南遂買此宅

甄異記

晉　戴祚

夏侯

譙郡夏侯文規亡後見形還家經庭前桃樹邊過曰此桃我昔所種子乃美好其婦曰人言亡者畏桃君何不畏耶答曰桃東南枝長二尺八寸向日者憎之或亦不畏也

盧虓

昔有盧虓仕州爲治中嘗元會至曉不及朝化爲白

鵠至閣前廻翔欲下威儀以帚擲之得一雙履虓驚還就列內外左右莫不駭異時步隲爲廣州刺史意甚惡之便以狀聞遂至誅滅

陳濟

巴丘人陳濟者作州吏其妻獨在家常有一丈夫儀貌端正着絳碧袍采色炫耀相期于一山澗間至丁寢處不覺有人道相感接比鄰人覩其前至輒有虹見

賈弼

買漏夜夢易其頭翊日人見皆驚遂能半面啼半面笑

査道

待制査道奉使高麗晚泊一山而止望見沙中有一婦人紅裳雙袒髻鬟紛亂肘後微有紅鬣査命水工以篙投於水中勿令傷婦人得水偃仰復身望査拜手感戀而沒水工曰某在海上未曾見此何物査曰此人魚也能與人姦處水族人性也

祖異記

剪舌　聶田

夔州道士王法朗舌長呼字不正乃口誦道德經後夢老君剪其舌覺來語言乃正

山魈

山魈嶺南皆有一尺反踵手足皆三指雄曰山丈雌曰山姑夜叩人門雄求金縮雌求脂粉

海賈

有海賈每見兩山相對于波間各高數丈已忽不見舟人云此是巨蟹螯也

積雪

有積雪久不消掘地得金羊玉馬高三尺許

化鍬

武勝之嘗于江灘見雷公逐一黄虵或以石投之鏗然有聲雷公飛去乃一銅鍬

阿香車

、途次寄宿道傍草舍惟女子居之夜半門外有

小兒呼曰阿香官呼爾推雷車女子乃去迨昕其宅乃一古塚耳

祥異記

闕名

呼子先

呼子先者漢中關下卜壽百餘歲臨去呼酒家嫗急裝有仙人持二茅狗來至先將一與酒嫗但騎之乃龍也

吳猛

吳猛與弟子度石梁見金闕玉房地皆五色文石一老人以玉杯盛甘露漿授猛

安帝

漢安帝時有異物生長樂宮東廡栢樹永巷南閨合歡樹識者以爲芝草也

陳文達

陳文達持誦金剛經有人入冥見築金云名般若臺待文達也

月鹽

昆吾陸鹽週十里月滿如積雪月虧如霜月晦則無

寶母

魏生嘗得一美石後有胡人見之云此寶母每月望設壇海邊石上可以集珠寶

種玉

陽雍伯嘗設義漿以給行旅一日有人飲訖懷中取石子一升與之曰種此可生美玉并得好婦

帶鉤

長安民有鳩飛入懷中化爲金帶鉤子孫遂富數世不絕

呼風

趙炳從舟人乞渡不獲乃坐水中長嘯呼風而濟

五色霧

吉祥之地雲起五色著草木乃成霧

寶爵

天帝流花寶爵致於日中則光氣連天

天使

李揆未相之前忽見一大蝦蟇占之曰蝦蟇天使吉兆也未幾果拜小鳳

降光

仲尼春秋成紫微降光

近異錄

宋　劉質

宋慶元二年十月二十夜三更後月初出時臨安嘉興兩邦人未寢者皆見其團圓如望夕太史奏是爲上瑞其地當十歲大稔其冬不雪明春無雨民極以爲憂下詔惻怛懇祈中夏雨足纔此必有望也

趙清獻賜第在京師府司巷長安適史氏以暑月不寐啓戶納凉見月滿中庭如晝方歎曰大好月色俄庭下漸暗月痕稍稍縮小斯須光滅仰視星斗粲然

而是夕乃晦月竟不曉爲何物光也

黃宋永淶莆田人師憲狀元之從兄也幼時戲於廳正晝雲雨晦冥雷震轟轟繞柱穿壁而過家人意其驚怖爭出尋之原在戲處端坐無所覺也得一斧長三寸非鐵非石鑿小孔而無柄蓋雷神所執而誤墮者諸人傳玩未已黃持入藏之雷復至似訪其物不可取俄頃開霽宣和間黃以童子入京蒙召對賜五經及第仕止鄂州通判斧至今存

鄱陽南鄉民妻淳熙十年生男子從頂至足皆與人無異而兩肘各有三臂軒軒可畏母惡其怪即溺諸水盆中俄翻身起坐又擲入水加一木櫈壓之復推櫈而起祖母在旁惻然曰此恐是神部中來且試養育看長大後如何遂沐浴施施襁褓日以益壯及八九歲時放牛于野他家童稚或與爭忿則六臂齊舉奮擊莫能抗敵

旌異記

宋　侯君素

宣和間陝西一武官爲京東路分都監官舍在青州到任踰歲忽見照壁後一大青面鬼倨坐頭高柱屋武人膽勇不懼取弓矢射之中其腹笑曰着又射之曰射得好連二十發矢集其軀如蝟毛鬼殊不動俄二小鬼挾都監母從房出捽或傷害乃捨弓箭奪救之呼諸子僕妾爲助了無一應回視屋下則一家人盡死疊尸地上每身帶一箭皆適所射者老幼二十

口唯子母兩人存驚痛幾絶厩吏走報府府帥遣僚屬來視咸怪愕無策但爲買棺收斂留一宿將出殯偶啓便室取物見一家聚坐其中元不死渾如夢寐扣其始末昧無知覺于是揭棺各貯箕箒榻杌之類耳遂徙他所而空厥居

晏元獻家老乳媼燕婆在晏氏數十年一家頗加禮旣死猶以時節祭之嘗見夢曰冥間甚樂但寒老須人扶持苦乏人耳其家爲畫二婦人焚之又夢曰受賜多矣奈軟弱不中用何其家嘆異命匠爲厚紙格績二美婢他日又夢來謝曰新婢絶可人意今不寂寞矣明年寒食家人上冢婦復夢曰向所得婢今又捨我去曰何得爾曰初不欲言以少年淫蕩皆爲燕三誘去家人曰燕三人也安有是曰今亦來矣曰然則當爲辦之不難也明日相語皆大笑燕三媼姪也素不撿媼死不復往來莫知其存亡遣人訪之果死矣遂復畫二老者與之又來致謝蓋前後五夢得二老婢而去

臨川王行之爲廣州龍泉尉表弟季生郡人也來訪

之泊船月明中夜半有鬼長二尺髡身朱髮倏然而入漸逼卧席冉冉騰其身行于腹上季生素有膽氣引手執之喚僕共擊叫呼之聲甚異頃刻死而形不滅明旦剖其腸胃以鹽腊之藏篋中或與談及神怪事則出示之

崔公度字伯陽自少施食常以導勝黃旛徧揷食上率夜半爲節雖寒暑不廢爲館職日飲于親故家中夕方歸道沿蔡河馬觸酒家簾驚而逸崔墜地迷不知之夢一婦人至曰崔學士也急解帕巾幕其首又

昔其徒曰此乃施食崔學士令遭難不可不救餓十餘婦應聲而來爲之按摩扶掖似覺少甦駁卒亦至勉扶上馬迨歸家人方知之但怪暮夜安得有人裹首崔彷彿能道向來事數日方愈解帕視之乃二紅纈有血滲色中實碎紙甚多皆所插黃幡也應手灰飛方知鬼也

紹興元年三月鎮江西津發渡船已載四十四人太半是茅山道人赴鶴會而回者此外一丈夫携小兒年十二三歲不肯登舟强拽使上亦不聽父怒擊其

首兒不得已乃云待我說忽隨聲仆地手足厥冷父窘懸扶掖叫呼衆不肯俟遂離岸未到金山大風作平沉洪波并篙工凡四十六人皆死兒奮身起若睡覺父喜始問其故曰恰見一船人盡是鬼形狀可怖所以不敢往方欲說時一鬼掩我口便昏昏如夢元無他也

會稽張國敗在郡庠有同席某士好浪遊率以夜分踰垣出五更復入以爲常一夕明當釋奠時子夜即歸中途聞擿呵聲退避簷廡見四人衣紫窄衫卷腳幞頭秉紅紗燭籠夾列一婦人着朱衣無首乘馬而來生驚甚望共去蓋同途也隨至學前落斜數十步馳入荒園秉燭者立四旁乘人馬居中央作舞挽勢良久而滅歸以語同舍生皆莫之信明日訪諸園有一大井問園夫此井有何異曰數日前外間民女嫁人歸母家至井上浣衣忽悶絕不省舁歸壻家與巫者治之曰犯井中伏尸女傷鬼其法用紙畫紫衣四人持燭籠剪熟紅紙作背子一領具酒飯燒祭之聞昨夕事畢三更後女病良愈問女家所居云蕙蘭橋

正生所行路也

徐州人竇公邁靖康中買一妾滑人也未幾虜犯河北妾父母隔絕不相聞憂思之至爲廢寢食忽僵仆于地若爲物所憑附乃言曰吾女之父也遭兵亂舉家戕于賊旅魂無依欲就女丐食而神不容入竇氏之門歲餘矣土地見憐今始得入竇曰汝不幸死夫復何言吾令汝女作佛事且具食祭汝汝懸去許諾妾即蘇竇如所言陰與之戒内外勿語妾知之又再歲其父乃自鄉里來初未嘗死也蓋鬼竊食云爾

□兵士沈富父溺錢塘江死時富方五六歲其母保養之被祟致疾呼諸巫皆云其父為厲毋瀝酒禱之日爾死唯一子吾恃以為生何故數數禍之若有所須當以夢告我是夕見夢曰我今為江神所錄為潮部鬼每日職推潮勞苦備至須草履并杉板甚急宜夕焚以濟用年滿當求代始脫去矣母如其言焚二物與之富病遂愈

慶元元年五月湖州南門外一婦人顏色潔白着皂弓鞋踽踽獨行呼賃小船欲從何山路往易村既登

舟未幾即偃臥自取篷席以蔽舟纔一葉展轉聲欬必相聞寂然無聲舟人訝焉舉席視之乃見小烏蛇可長尺許凡數千條蟠繞成聚驚怛流汗復以席覆之凡行六十里始抵岸乃扣舷警之奮而起儼然人矣與初下船不小異腰間解錢二百為僱值舟人不敢受婦問其故曰我適見汝若此何敢受笑曰切莫說與人我從城里來此行蛇瘟一箇月後却歸矣徐行入竹林數步而沒彼村居人七百家是夏死者太半初湖常秀三州自春徂夏疫癘大作湖州尤甚獨五月稍寧六月復然常是蛇婦再還也

童貫將敗之一年庖人方治膳忽鼎釜磔磔有聲頃之所烹肉悉化為蝴蝶殆几萬數飛舞自如直至堂中貫心怪之命僮僕執撲皆莫能得俄兩犬着婦人衣裳挺人立而語曰此易撲耳各揮梃縱擊蝶紛紛墮地盡成鮮血犬亦不見已而貫伏誅

冥祥記

劉度　晉　王琰

劉度平原聊城人也鄉里千餘家並奉大法造立形像供養僧尼値虜主木末時此縣常有逃叛末大路欲盡滅一城衆皆兇懼分必殄盡度乃潔誠率衆歸命觀世音頃之末見物從空下繞其屋柱驚視乃觀世音經卞大歡喜因省刑戮於是此城卽得免害

釋法智

沙門釋法智爲白衣時嘗獨行至大澤中忽遇猛火四方俱起走路已絶便至心禮誦觀世音俄而火過一澤之草無有遺莖者惟法智所容身處不燒始乃敬奉大法後爲姚興將從征索虜軍退失馬落在圍裹乃隱溝邊叢棘中得蔽頭復念觀世音心甚勤至隔溝人遥喚後軍指令殺之而軍過搜覔輒無見者遂得免後遥出家

智通

尼宋智通年少信師不專師死罷道嫁魏郡梁甫生一男家貧無以爲衣有法華等經悉練之以衣其兒俄得病徧體壞爛狀若火瘡有細白蟲日出數升餘晝夜號叫聞空中語云壞經爲衣得此報旬餘而死

明相寺

鳳州城南有明相寺佛數尊皆飾以金爲亂催之後有貧民刮金鬻而自給迨至時金彩已盡於是遍身生癬癢不可忍必須以物自刮皮盡至肉肉盡至骨而死焉

薛孤訓

唐貞觀二十年征龜茲有薛孤訓者爲行軍倉曹軍及屠龜茲後乃於精舍剝佛面金旬日之間眉毛盡落還至伊州乃於佛前悔過以所得金皆爲造功德未幾眉毛復生

沙門法稱

宋沙門法稱臨終曰有松山人告我江東劉將軍應受天命吾以三十二璧一餅金爲信宋祖聞之命僧惠義往松山七日七夜行道夢有一長鬚翁指示及覺分明憶所在掘而得之

費崇先

費崇先少信佛法常以鵲尾香鑪置膝前

集靈記

王諶 闕名

王諶瑯琊人也仕梁爲南康王記室亡後數年妻子困于衣食歲暮諶見形謂婦曰卿困乏衣食妻因與之酒別而去諶曰我若得財物當以相寄後月小女探得金指環一雙

瓦棺閣

開元九年江寧縣瓦棺寺閣西南久傾因風自正吳

順義中改寺爲昇元寺閣爲昇元閣

張仲舒

張仲舒在廣天雨降羅殘甚多

湖神

宫亭湖神能分風擘流實昆詩云分風爲二擘流成兩

仙父

有僧在蒙山頂見一老父云仙家有雷鳴茶井俟雷發聲井中採擷一兩祛宿疾二兩當眼前無疾三兩

換骨四兩爲地仙矣

蚩尤塚

蚩尤塚在東郡壽張縣闞城中人常以十月祀之每

有氣如匹絳自上屬下號曰蚩尤旗

太清記

晉　王韶之

翔鶴

滎陽郡南百餘里有蘭岩常有雙鶴素羽皦然日夕

偶影翔集

髮如鴨

太玄女行玉子之術鬒髮如鴨

拔宅

許眞君拔宅上升帷車轂錦帳俱故宅

玉樓

王母所居玉樓十二瑤池翠水非飈車羽輪不可到

也

洗頭盆

華山絶頂有石臼號玉女洗頭盆中有碧水未嘗增

減

擁琴朝謁

緱丘君泰山下道士曾謂漢武帝東巡擁琴朝謁遂

仙去

碧虛監

董奉上升號碧虛監

艷質

劉孝儀諸妹文彩艷質甚於神人也

採菊

九月九日採菊花與茯苓松脂久服之令人不老

香爐峰

廬峰孤峭特起氣籠其上氤氲若香煙

華嶽夫人

華嶽三夫人媚李湜云笑開星眼花媚玉顏

玉英粉

有道士持湯餅語人曰此乃玉英粉食之七日必羽化

輸瀛州

橋中叟相謂曰汝輸我瀛州玉塵九斛

河漢

翰曰牽牛郎何在女曰河漢阻隔不復相聞

葵兒

妖化錄

宋　宣靖

宣和七年京城諸園苑中盛夏六月間牡丹皆開始作金色又變異色而退諸𧶘皆生黃花大如林檎萼結子淡黃色食之微苦又瓜圃中瓜生雙蒂酸不堪食

靖康元年梨樹生豆莢木香架生蒲桃可食又王殿直家籠中貯松花及啓籠視之每一片中雪白小松一小株又寶籙宮前華表柱忽生松一枝北向者生

一天黃如斗大凡三日而萎又童貫轎中木板上生雜草砍刈復生蓋妖異也未幾京師遭金人破蕩異花文木皆爲薪蒸妖變先有兆焉

宣和五年京師城北乃官民牧養羊地忽有野犬不知所從來入羣羊中鳴吼左右前後諸犬皆往聚會一羊間一犬黑白交映至次日城內外諸犬咸集武將者斷索而來凡擾攘兩日犬多羊少皆齧殺其羊識者知爲不祥後果見有北虜犬羊之禍

寶籙宮之建也極土木之盛燦金碧之輝危殿傑閣瑶室修廊爲諸宮之冠宣和末忽有題字數行於瑶仙殿左扉云家中木雖盡南方火不明吉人歸塞漠亘木又摧頹始不可辨後方知金賊之變家中木宋也南方火乃火德吉人亘木乃二帝御名又有鬼書一卷其紙薄如蟬翼月中見影紙長四尺高一尺乃宣和七年十二月二十八日闔城時有一黃衣自稱鬼郎中送書與寶籙宮徐知宮黃衣人不知所在其書上標云書上寶籙宮徐知宮下云都領神次部郎中行此鄉採事鬼仲徹封其中大率言金人變盟兆

亂之事其末有一頁不曉今記于後云東中西裏六花四火能以千尺絲繫之必可達而補三推而補三極也北濵開南海與能康濟天下者眞人出焉太華雖崩衡岷特起龍魚燕鳳在人可記凡六十字其書徐知宮徒弟荆大安收之余曾見之非世物也近不知存否

宣驗記

闕名

丁零

相州鄴城中有丈六銅立像一軀賊丁零者志性兇悖無有信心乃彎弓射像箭中像面血下交流雖加瑩飾血痕猶在又選五百力士令挽仆地消鑄爲銅擬充器用乃口發大聲響烈雷震力士亡魂喪膽人皆仆地迷悶宛轉怖不能起由是賊侶慚惶歸信者衆丁零後時著疾被誅乃死

王遵

唐王遵者河內人也兄弟三人並時疾甚宅有鵲巢旦夕翔鳴忿其喧噪兄弟共惡之及病差因張鵲斷舌而放之既而兄弟皆患口齒之疾家漸貧以至行乞

逐賊

元嘉元年建安郡山賊百餘人掩破郡治抄掠百姓子女資產遂入佛圖搜掠財寶先是諸供養具別封置一室賊破戶忽有蜜蜂數萬頭從衣簏出同時噬螫群賊身首腫痛眼皆盲合先諸所掠皆棄而走

睽車志

宋　郭彖

長安近城官道之側有大古冢以當行人常所往來故獨久存不毀建炎初寇亂有人發之得古銅鍾鼎之屬甚多驗欵識皆三代物塚爲隧道窟室土堅如石周匝皆刻成人物侍衛之狀其冠服大人則幞頭婦人則叚紒衣皆寛袖頗類今制而小異乃知數千載前冠服已嘗如此

龍舒人劉觀仕平江許浦監酒其子尭舉字唐卿因就嘉禾流寓赴試僦舟以行舟人有女尭舉調之舟人防閑甚嚴無由得間既引試舟人以其重爲棘闈無它慮也日出市貿易而試題通唐卿私課既得出院意甚欵此兩場皆然遂與舟女得諧私約觀夫婦一夕夢黄衣一人馳至報牓云郎君首薦觀前欲視其牓適一人忽掣去云劉尭舉近作欺心事天符殿一舉矣覺言其夢恊而頗驚異俄而拆卷尭舉以雜犯見黜主文皆歎惜其文既歸觀以夢語之且告其近作何事匿不敢言次舉果首薦於舒然至今未第也

岳侯死後臨安西溪寨軍將子弟因請紫姑神而岳侯降之大書其名衆皆驚愕請其花押則宛然平日真迹也復書一絕云經略中原二十秋功多過少未全酬丹心似石憑誰愬空有遊魂徧九州丞相秦公聞而惡之擒治其徒流竄者數人人有死者

常州一村媪老而盲家惟一子一婦婦一日作炊未熟而其子呼之他所婦嚬姑爲畢其炊媪盲無所覩飲食成搠器貯之誤得溺器婦歸不敢言先取其當中潔者食姑次以饋夫其覩器旁惡者乃以自食良久天忽晝瞑覿其面不相視其婦瞻中若爲人攝去俄頃開明身乃在近舍林中壞衣間得小布囊貯米三四升還足供夕餔明旦視囊中米復如故實之至今予始聞此事竊謂晝瞑得米或孝感所致如郭巨得金之類至謂囊米旦旦常盈則頗近迂誕然范德老爲人誠慤恐必不妄傳而村婦一節如此亦可尚也故錄以爲人之勸云

治平丁未歲漳州地震裂長數十丈濶丈餘有狗白

中出覩其底皆林木枝葉蔚然

程泡者伊川之後紹興八年來居臨安之津洋衛閣臨通衢垂簾爲蔽一日有物如燕㸌然自外飛入徑著于堂家人竊就視乃一美婦僅長五六寸而形體皆具容服甚靚麗人殊不驚小聲歷歷可辨自言我玉眞娘子也偶至此非爲禍祟苟能事我亦甚善其家乃就壁爲小龕至於香火奉之頗能預言休咎能驗好事者爭往求覩人輸百錢乃爲啓龕至者絡繹期年忽復飛去不知所在

紹興初福建寇亂賊魁曰張義張萬全葉百小凶焰頗盛提形李稷臣論降之二張之於稷臣且言葉無降意將復爲變稷臣信之乃植大柱於通衢取葉以鐵索鎖縛于柱熾炭圍繞醯和五辛飲之備極楚毒稷臣躬臨觀之葉大呼曰我已就降何罪至此體皆燋爛乃死自是稷臣每獨坐時見葉在側大惡三年之後稷臣偏體生瘡疱狀如火灼痛不可忍竟卒宋

左藏聰常言家故澤州有第宅園囿廧角有古塚因濬池發之得一石誌題曰郡守李公之墓疊石爲墓有朽骨一具無他物而棺之側有瓦婦抱哺嬰兒不知其何所爲也

向汲與其弟攣生狀貌酷相肖人不能辨一日汲自外歸弟婦其以爲夫也迎而呼之不應隨而詈之遂批其頰汲正謂之曰我乃伯也婦惶愧而退汲自是更其衣冠以自別

宣和間沂密有優人持二子號曰　孩兒年各六七歲童首而長鬣所至觀者如堵自云其婦孿生此三見生而倩麗亦不知優人所自來後失所在即時

魑亂華蓋人妖也

逆亮末年自製奕鞾頭極長銳云便於取鞚而足指所不及謂之不到頭人爲短鞭僅存其半謂之沒下鞘其後愈盟犯順果爲其下所戕死于江上

劉先生者河朔人年六十餘居衡岳紫蓋峰下間出衡山縣市從人丐得錢則市鹽酪徑歸盡則更出丐携一竹籃中貯大小筆糭帚麻拂數事遍遊諸寺廟拂拭神佛塑像鼻耳竅有塵土即以筆撥出之率以爲常環百里人皆熟識之縣市一富人嘗贈一紬袍

劉欣謝而去越數日見之則故褐如初問之云吾以爲子所累吾常日出巷有門不掩既歸就寢門亦不扃自得袍之後不衣而出則心繫念因市一鎖出則鎖之或衣以出夜歸則密關以備盜數日營營不能自在今日偶衣至市忽自悟以一袍故使方寸如此是大可咲適遇一人過前即脱袍與之吾心方坦然無復繫念吾幾爲子所累矣嘗至上封歸路遇雨避道邊一冢有穴遂入以避會昏暮因就寢夜分不寐覺雨止月明遠照穴中歷歷可見髑髏甚光潔北壁

惟白骨一具自頂至足俱全餘無一物劉方起坐少近視之白骨倏然而起急前抱劉劉極力奮擊乃零落墮地不復動矣劉出每與人談此異或曰此非魅也劉真氣壯盛足以翕附枯骨耳今兒童取鷄羽置之唇以手指上下引之隨動羽稍折斷即不應亦此類也

睽車志

宋　歐陽玄

無處非鬼

天下無處非鬼充塞無間獨互人國白玉城白玉墻至城下俱以白玉爲之鬼不敢入蓋鬼陰物喜黑而長白耳

以鬼爲飯

江南有人長七丈名黄父以鬼爲飯以霧露爲漿

賣鬼

南陽宗定伯年少時夜行逢鬼問鬼所忌答云唯不喜人唾定伯便擔鬼著頭上急持行徑至市中下著地化爲一羊唾之恐其變化賣之得錢千五百

却鬼丸

梁武帝正月賜羣臣却鬼丸

鬼血

瑪瑙鬼血所化

部鬼

部鬼將軍主廁

鬼母

南海小虞山中有鬼母一產千鬼朝產之暮食之今蒼梧神有鬼姑神是也虎頭龍足蟒目蛟眉其形甚人

馬鬼

馬鬼名賜

人鬼各半

有女巫識鬼形狀孫知微問之云今道途人鬼各半人自不辨

衣服鬼

衣服鬼名甚遜又世説曰人見死者著生時衣服然則衣服亦復有鬼耶

才鬼

陶貞白曰寧爲才鬼無爲頑仙

下鬼

紫元夫人受寶書于魏華曰有泄我書身爲下鬼塞諸河源

食魅

鬼罰食虎雄伯食魅

倀鬼

虎所至倀鬼爲之先驅輒壞獵人機械嘗以烏梅楊梅之類布地蓋此鬼嗜酸而不顧虎虎乃可擒

鬼仙

鬼仙出太真科經

司書鬼

司書鬼曰長恩除夕呼其名而祭之鼠不敢齧蠹魚不生

鬼陣

昔人謂碁爲鬼陣

鬼宿

佛教上屬鬼宿蓋神鬼之事鬼宿則佛教衰吳氏嘗謂佛乃一靈鬼耳

俗鬼

嶺表占卜甚多鼠卜米卜箸卜牛卜骨卜田螺卜雞卵卜篾竹卜俗鬼故也

灌鬼

杜子美詩三年犹瘧疾一鬼不銷亡

破面鬼

齊東昏即位多行殺戮沈昭畧與沈文季徐孝嗣同召入省側賜藥酒徐孝嗣曰廢昏立明古今令典宰相無才致有今日卽以甌投孝嗣面曰汝便作破面鬼

羅鬼

鬼方俗爲羅鬼

爲鬼所笑

劉伯寵貧窶尤甚常營什一之利忽見一鬼在旁大笑伯寵曰貧窮固有命乃爲鬼所笑

領萬鬼

神荼鬱壘領萬鬼

鬼乞婿

劉積中一夕見女鬼長纔三尺自燈影中出夠劉乞婿一夕又向劉煩主人作鋪公鋪母

鬼錄

古詩奄忽就鬼錄

省中多鬼

晉以來尚書省多有鬼惟拚夜或見人着衣冠從中出見者多死宋徐孝先居之見物遂息

人鬼相觸

梁傅昭歷位左戶尚書安成内史郡自宋來兵亂相接府舍稱凶每昏旦聞人鬼相觸昭至有人夜見甲兵出曰傅公善人不可侵犯自是郡遂無患

井鬼

井鬼名瓊

鬼詩題驛

劉元方嘗宿湖岸驛中夜聞歌聲朝閱楹間有題云爺娘送我青楓根不記青楓幾回落當時手刺衣上花今日爲灰不堪著

畫車辟鬼

漢作畫雲氣車及各以勝日駕車辟惡鬼

變鬼法

俗有人能爲變鬼法

鬼衣

鬼衣無縫

鬼虎

一姆方臥有婦人取細竹杖從壁隙中刺之姆餘腹
痛開戶如厠忽爲虎所搏鄉人云村中恒有此怪所
謂鬼虎者也

忠鬼

後周李遠曰大丈夫寧爲忠鬼

祀猫鬼

隋獨孤陀好左道祀猫鬼每殺人所死家財移于祀

睽車志　六

猫鬼家

黎丘鬼

梁北丈人有之市而醉歸者黎丘鬼喜効人子姪之
狀扶而道苦之歸而誚其子始知奇鬼也明旦復往
其眞子往迎之丈人望其眞子拔劍而刺之

沉鬼

心蔽幽憂者沉鬼攝之

鬼還

高某死踰年既葬其子以清明上冢方悲哭塚中

應謂曰吾今隨汝歸矣子到家聞聲已在堂中呼妻
女出慰問款密宛如生時及暮曰吾當還可令一僕
相送

敬鬼

東甌敬鬼壽百六十歲

鬼持矛

信都令家婦女驚恐更互疾病使輅筮之輅曰君北
堂西頭有兩死男子一持矛一持弓箭頭在壁内脚
在壁外

睽車志　七

小鬼

杜主故周之右將軍其在秦中最小鬼之神者見封
禪書

鬼忌

雷煥謂華曰門魅鬼忌狗所別者數百年物耳惟千
年枯木照之則形見

鬼偷

丹陽張承先有一鬼爲張偷得一箭云愼勿毛於亭
射此三井陶家物也

鬼主

南蠻傳俗尚巫鬼大部落有大鬼主百家則置小鬼主一姓

青鬼

劉禹錫南中詩曰淫祀多青鬼

鬼魅取伏虎

吳時倪彥思忽見鬼魅入其家乃延道士逐之酒餚既設道士便擊鼓召諸神魅乃取伏虎于神坐吹作角聲以亂音有頃道士忽覺背中冷驚起解衣乃伏虎也

陰摩羅鬼

崔嗣復預貢入都一夕宿僧寺忽有聲叱之者驚起視之則一物如鶴色蒼黑目烱烱如燎鼓翅大呼擊厲明日語僧對曰素無此怪第旬日前有叢柩堂上恐是耳嗣復後爲開寶一僧言之僧曰藏經有之此新死屍氣所變號陰摩羅鬼

鬼時

人以子時祀鬼言子者鬼也

海潮鬼

人夢亡者曰今在海潮鬼部中極苦每日潮上皆我輩推擁而來

鬼事

漢以來葬者皆有瘞錢後世里俗稍以紙寓錢爲鬼事

鬼媒人

北俗男女年當嫁娶未婚而死者兩家命媒互求之謂之鬼媒人

鬼不傷人

有道之日鬼不傷人

烏鬼

杜詩家家養烏鬼說者不一以爲烏蠻鬼者是也謂鸕鷀者非

鬼矢

鬼矢生陰濕地淺黃白色或時見之主瘡

鬼冑

鬼冑有紫煞刃斗出於古器

判冥鬼

張叔言判冥鬼十人十人數内兩人是婦人

鬼宫

鬼詩曰流水涓涓芹努牙織烏雙飛客還家荒村無人作寒食殯宫空對棠梨花

鬼携扇去

范魯公一日坐封丘巷茶肆中有人貌惟陋前揖因携公扇去公後至祆廟後門見一土木短鬼其貌肖茶肆中見者扇亦在其手中

鬼治家

有民家主死不離其家有所爲鬼語於空中謹從之俱有利益

鬼豕

齊人歸罪取彭生而殺之後襄公獵于貝丘有大豕從者曰臣見豕乃彭生也

鬼至

鄭人殺伯有每相驚言其鬼至則皆走或夢伯有介而行曰壬子余將殺帶也明年壬寅余又將殺段也

牛鬼

李賀序曰牛鬼蛇神

無鬼

阮瞻素執無鬼論忽有一客通名詣瞻寒温畢聊談名理及鬼神之事反覆甚苦客遂屈乃作色曰鬼神聖賢所共傳君何得言無耶僕便是鬼須臾消滅

鬼談易

陸雲夜行迷路忽望草中有火光於是趣之至一家便寄宿見一年少美風姿共談老易音致深遠向曉

尋昨宿處乃王弼冢

鬼之董狐

于寶爲搜神記以示劉惔惔曰卿可謂鬼之董狐

新鬼

杜詩新鬼煩冤舊鬼哭

鬼眼

晉王範行荒澤中見一鬼面甚青黑眼無瞳子

鬼雄

屈原國殤云魂魄兮爲鬼雄

鬼手入牕

馬公亮少時燭下閲書忽有大手如扇自牕前伸入公以筆濡雄黄水大書花字牕外疾呼手不能縮

原鬼

韓愈作原鬼

書鬼

虞世南書冠當時人謂其有義之鬼李賀詩曰願持漢戟招書鬼

山鬼

楚辭山鬼辭曰若有人兮山之阿被薜荔兮帶女蘿

不信鬼

阮宣子不信鬼

鬼影

晉陳超誤殺人後鬼常爲祟乃逃于長干寺易姓名避之一日臨水酒酣超曰今當不復畏此鬼也俛頭便見鬼影已在水中

鬼才

世目長吉爲鬼才

燈下鬼現

嵇中散燈下彈琴忽有一人面甚小斯須轉大遂長尺餘單衣革帶嵇視之既熟吹其燈滅曰予恥與鬼魅爭光

鬼蜮

史曰此如鬼蜮百方害人

點鬼簿

楊炯爲文好以古人姓名連用時人號點鬼簿

鬼火

鮑照曰昨行春竹叢中鬼火狐鳴殊爲哀切

女鬼

王彦伯善鼓琴燭下見一女子披幃而進取琴調之聲甚哀雅彦伯曰所未曾聞女曰此向所謂楚明光者也

鬼唱

李賀詩曰秋墳鬼唱鮑家詩恨血千年土中碧

釣鬼

李子昂春日以游絲釣鬼

紙上鬼

李恒家事巫祝陳增妻召恒恒索于水盆中沉白紙使增妻視之正見紙上一婦人被二鬼驅拽增妻皇懼告增增明召恒還以水盆沉之恒觀之正見紙上有十鬼驅拽題名云此李恒也恒慚走蓋以白礬書紙上沉水中與水同色

鬼啼

杜詩山鬼啼春竹

鬼借筆

睽車志　八　十四

王紹夜讀書忽窗外有言借筆者紹與之於窗上題一詩曰何人窗下讀書聲南斗闌干北斗横千里思家歸不得春風腸斷石頭城

俠鬼

賀詩曰此中多俠鬼

鬼詠

甘露中有人夜泊巴州忽聞有人朗詠曉訪之更無舟船但空山石泉谿谷幽絶詠詩處有人骨一具

鬼續句

曉郊過一塚上因駐馬吟曰塚上兩竿竹風吹常裊裊久不能續聞塚中言曰何不云下有百年人長眠不知曉郊驚悶之不復言矣

鬼聽法

生公說法時有鬼來聽生公識之喝曰何不爲人去鬼以詩對曰做鬼今經五百秋也無煩惱也無愁生公勸我爲人去只恐爲人不到頭

鬼生子

胡馥之婦卒忽於燈後見就依如平生時當爲君生

睽車志　八　十五

一男馥如言暗而就之十月始嬪果生一男男名靈産

絶鬼食

宗岱著無鬼論無能屈者一鬼化書生振衣起曰君絶我輩血食二十餘年

饗鬼

若於墓祭祀都無益但於月盡日黄昏時於野田中呼兒名字必得饗也

冢中鬼惡

侯弘捉得一小鬼問所持何物曰殺人以此矛戟若中心腹者無不輒死弘曰治此病有方否鬼曰以烏雞薄之即差

古鬼

杜牧詩古鬼哭幽塚

鬼貪食

一人見尸邊有老鬼伸手乞肉因捉其臂鬼不復得去但聞戶外有諸鬼共呼云老奴貪食至此甚決

鬼舉錢

太山府君家撒帳錢大如盞四十鬼不能舉一枚

鬼子

盧充與崔少府女幽婚後生子抱以還充故陸士衡晉盧曰鬼子敢爾

與鬼語

漢時王忱字少林為郿令一夕有女子稱欲訴冤無衣自蔽忱以衣與之訴為縣門下游徼所害忱曰當為汝報之鬼提衣而去謂曰信哉少林世無偶彼走馬與鬼語

鬼手

世說曰冷如鬼手馨

鬼中毒

有鬼偷食人以毒藥中之須臾聞在屋頭吐

剩鬼

賈人章某死有人遇于路問之曰吾以小罪未免今配為揚州掠剩鬼

鬼氣

楊仲弘以下詩文多殺機鬼氣

鬼兵

姚萇既殺永固一夕寢疾見永固云將鬼兵數百突入營中萇懼走入後帳宮人逆來刺鬼誤中萇陰鬼即相謂曰正著死所

愚鬼

吏曰愚鬼弄爾公

鬼囊

一人於鬼手中奪得革囊鬼笑曰此蓄氣袋耳其囊可盛數升絳色如藕絲擕于日中無影

鬼葬

辰州西四十里有鬼葬山

難見如鬼

蘇秦曰楚謁者難見如鬼

友鬼

有新死鬼形疲瘦頓忽見生時友人死及二十年肥健相問訊曰卿那爾友鬼曰此易耳但作怪怖人當與卿食

鬼國

有人飄至一處遠望有山川城郭海師曰此即鬼國也

役鬼

左慈明六甲能役鬼坐致行厨

治鬼

管輅曰吾額上無主骨目中無守精鼻無梁柱脚無天根背無三甲腹無三壬但恐至泰山治鬼不得治生人耳

鬼膽

韓愈詩險語破鬼膽

笛部鬼

有人夜行一彩禽觸馬首墜日過鬼乃莊宗時女樂笛部頭云已遣錦羽兒相迎

鬼所

或問鬼所惡荅云最惡金姑聲問人剖破竹葉為金姑聲

徵鬼

晉士伯薛徵于人宋徵於鬼

厲鬼

張廵曰死當為厲鬼以殺賊

鬼妻

粤西夫死謂之鬼妻人無娶者

足中有鬼

梅侍讀晚年躁於祿位而病足常撫其足而詈之曰是中有鬼令我不至兩府者汝也

畫鬼

丹青志曰畫鬼易畫人難

奇鬼

記曰如奇鬼森然影攫人

冤鬼

有巫送鬼自持咒前行令一童擔羹飯既行童覺擔漸重至不能任巫曰此冤鬼難送也

漢江鬼

伶人才俊朝妻項瘦如皷斛之囊瘦裂一猴跳出曰吾老猴精解風雨與漢江鬼愁潭老蛟往還

兎鬼

楊遇好畋獵放鷹於野見草中一兎搏之無所有如是者三郎投草求之得兎骨一具乃兎之鬼也

不怖鬼

晁良正性剛不怖鬼每年常掘太歲地掘後忽見一肉物良正打之三日送於河

產鬼

世傳婦人有產鬼形者不能執而殺之則飛去夜復歸就乳多瘁其母

小人以鬼

步曰敬之敵小人以鬼

空林鬼

嘯旨有十五章有深溪虎扁柳蟬空林鬼巫峽猿之類

鬼哭

倉頡作字鬼夜哭

傖鬼

王丞相答陸玩云昨食酪小過通夜委頓民雖吳人幾為傖鬼

鬼作

元部家有二玉鉢相盛可轉而不可出瑪瑙榼容三升玉纏之皆西域鬼作也鬼作即世所謂鬼工

眎鬼

邢和璞能算人壽夭使算張果老莫知其甲子師夜光能眎鬼令眎果終莫能見

鬼蛺蝶

鬼蛺蝶大如扇四翅好飛荔枝上

鍼鬼

徐秋夫善治病一鬼自稱患腰痛死今在湖北雖爲鬼苦亦如生求夫鍼治夫曰但汝無形何由治鬼曰但縛茅作人按穴鍼之訖棄流水中可也

羅襦鬼

庾道閒謂蕉葉爲鬼羅襦

鬼樹

一人出買油酥遇不相識男子强討不與便毆明日復遇語旁見大皂莢樹莢瓦一嚙痕頗似其面眉目悉其口中猶含酥氣

鬼雛

南城尉耿君妻孕臨蓐痛不可忍延僧誦孔雀咒吞符下鬼雛遍體皆毛

叢祠鬼

大江以南地多山而俗禨鬼甚怪異多依岩石樹木爲叢祠村村有鬼曰木究曰木下三郎一足者曰獨脚五通

鬼漸輕

平江民夜宿田際[illegible]女子就寢既體冷如冰知其非人一夜密以布被縫作袋貯之肩以歸始覺甚重俄漸輕到家舉火視之一血痕衫板而已

鬼太保

侯鄰事妾懷娠未及產而死後改葬見白骨已朽一嬰兒坐于足上食餅侯衆大駭抱出鞠養之及長祗事宮禁識者目爲鬼太保

鬼官

鬼官七十五職凡一百一十九人

使鬼

葛森先初在長山乘虎使鬼無處不至

鬼國記

宋　洪邁

建康巨商楊二郎本以牙儈起家數販南海往來十有餘年累貲千萬淳熙中遇盗於鯨波中一行盡遭害楊偶先墜水得免登一木抱之沉浮自分必死經兩日漂至一島捨而登岸信脚行俄入一洞其中男女雜沓争來聚觀大抵多裸形而聲音可辯認一婦人若最尊者稱爲鬼國母侍衛頗衆駭曰此間似有生人氣遣小鬟出探則見楊遽走報母令引當前問之曰汝願住此否楊自念無許可脫姑委命逃生應曰願住母即分付鬟爲治一室而使爲夫婦約僅二年久飲食起居與世間無異嘗有驅卒持書至曰眞仙邀迎國母請赴瓊室即命而出自此旬日或一月必往其衆悉從楊獨處洞中他日言於母乞侍行母曰汝是凡人欲去不得如是者累累致懇忽許之驅然颷處如騰烟雲至一館宇優樂盤饌極爲豐潔主者古位而坐鬼母導楊伏於卓帷戒以屏息勿動移時宴罷乃焚燒楮鏹游奕門人哭聲盈耳之蓋其妻子與姻戚也楊從卓下出喚家人名皆以爲鬼物交口唾駡唯妻泣曰汝沒於大海杳無消息當時發喪行服招魂卜葬今夕除靈故設水陸做道場追薦何得在此莫是別有强魂附託邪楊曰我眞是人元不曾死具道所値遇曲折方信爲然鬼母在外招喚繼以怒駡然不能相近少頃寂然楊氏呼醫用藥調補幾歲顏狀始復

鬼國續記

宋　洪邁

福州福清海商楊氏父子三人同溺於大洋共附一木遂漂墜鬼國中烟火聚落悉如人世但其人形軀枯悴生理窮窶每相報云去某州某縣赴法會則各有喜色往往盡室以行大率醉歸挾餘饌分餉三楊賴以充饑或數日不値枵腹竟夕居數年不堪鬼氣薫蒸父兄皆死唯幼子存一日見飛符使者從天而下訪問此子衆鬼謀曰使去則不可若不去又已有

他姓名將奈之何或曰令隨隊而行亦可戒楊瞑目勿開既登塗耳畔聞風雨波濤之聲甚厲良久脚履平地見僧振鈴咒食衆合掌盡入引楊生蔽身大樹之上時持食物出餽忽鈴羣誦大悲咒楊少年時能之自隨異域已廢亡一聽其聲便能憶亦隨口持誦鬼不復相親會散稀跡楊彷徨到曉往來見者指爲猿猱乃下樹與人說本末始認得夜來法席正其家也楊氏一門且疑且畏妻亦不敢深相認識經日驗其無他方悲泣存問積久漸復人色

鬼方爲南獠而此若實有其地恐亦齊諧志怪之寓託耳

壠上記

唐　蘇頲

玉唾壺

廣川王發魏襄王冢得玉唾壺一枚

聞角聲

郡方回葬婦於驪山使會稽郡吏史澤治墓多平夷古墳後壞一冢搆制甚偉器物殊盛冢發聞鼓角聲

象牙火籠

漢故事梓宮中有象牙火籠

惟有劍

王子喬墓京陵戰國時人有盜發之者覩無所見惟有一劍停在穴中欲進取之徑飛上天

紺單衣

舜葬零陵葬時月以紺單衣

墓下彈烏

前輩人忌日不飲酒作樂王世將以忌日送客至新亭主人欲作音樂王便起去持彈往衛洗馬墓下彈烏

葬得石銘

烏重胤葬先世掘得石銘有云牛領岡前紅蘚壠下葬用丙日手板相亞重胤依而用之

方玉石

周末有發冢得方玉石上刻文八十字當時莫識遂藏書府至秦時李斯識八字云上天作命皇辟迭王至漢時叔孫通識二字

石室銘

漢夏侯嬰以功封滕王及死將葬未及墓引車馬踣

地不前使人掘之得一石室室中有銘曰佳城鬱鬱三千年見白日吁嗟滕公居此室遂改卜焉

古冢銘

熊博者本建安津吏岸崩得一古冢藤蔓纏其棺旁有石銘云欲陷不陷被藤縛欲落不落被沙閣五百年後遇熊博

湯冢志

後魏大湯中河東人張恩盜發湯冢得志云我死後二千年困於恩恩得古鐘磬皆投於河

賃造墓

劉寵喪母時亂墳墓發傷寵乃矯母命爲家貧無財惟有手上金環賃造墓供送免發掘

虎丘

闔閭冢在閶門外銅槨三重墳池六尺葬三月而白虎居上故號爲虎丘

不用棺槨

楊王孫卒勑其子儉葬於山足不用棺槨附體單帛

葬冢側

梁鴻卒伯通等爲求葬地於吳要離冢傍咸曰要離烈士而伯鸞淸高可令相近

書生語地

袁安葬其母逢三書生語其葬地遂至四世三公其後公歸年十八驕豪故常食蜜飯諸女以絳爲地道遊行其上此葬地所致也

千人會葬

□□卒四方之士千餘人皆來會葬又鄭玄卒遺令薄葬衰絰赴者千餘人

氣如絳帛

蚩尤冢民常以十月祀之有赤氣出如一疋絳帛民名爲蚩尤旗

松栢不彫

白水有高巖臨水頂有梁侯墓遥望松栢卒歲不彫

冢樹西靡

東平王冢在東平傳言王思歸京師其冢上樹皆西靡

大蛇繞墳

陳蕃冢昔值軍亂閭墓有寶三軍爭掘忽有大蛇團繞墳側雷雨晦冥竟不得發

象祁連

霍去病薨上悼之發屬國玄甲軍陳自長安至茂陵爲冢象祁連山

瑠璃爲魚

始皇冢中以瑠璃雜寶爲龜魚

石麒麟

五柞宮前有石麒麟二枚刊其脇爲文字是秦始皇
驪山墓上物也

玉蟾蜍

廣川王發晉靈公冢得玉蟾蜍一枚大如拳腹空容
五合水光潤如新玉取以盛書滴

白狐

廣川王發欒書塚有一白狐見人驚走左右遂擊之
傷其左脚其夕王夢一丈夫鬚眉盡白來謂王曰何
故傷吾左脚

竹書

太康元年汲縣民盜發魏王冢得竹書漆字

得罇簫

咸寧二年胡人發張駿冢得白玉罇紫玉簫

諛墓

劉乂因持韓愈金數斤去云此諛墓中人得耳不若
與劉君爲壽愈不能止

無枳棘

唐魏鄭公狄梁公張燕公墓棘並而不岐世以爲異
而孔林無枳棘也

馬陵

董仲舒墓門人至皆下馬謂之馬陵

阮咸

有人破古塚得銅器似琵琶身正圓人莫能辨行沖
曰此阮咸所作器也命易以木絃其聲亮雅樂家遂謂
之阮咸

紫玉盃

梁昭明墓爲人所開取其琉璃碗紫玉盃攜入大航

有燕雀數萬擊之

玉屐

齊建元中盜發楚王冢獲玉鏡玉屐又得古書青絲
簡編

茶酒輒祭

列禦寇墓在鄭郊胡生家貧有茶酒輒祭

並枕樹

潘章夫婦死葬塚木交枝號並枕樹

巨虵

有盜發蜀先主墓見兩人張燈對棋驚懼一人顧曰爾飲水乎各飲一杯并與玉帶數條命速出盜至外口已漆矣帶乃巨蛇也

埋玉著十

庾文康亡何揚州臨葬云埋玉樹著土中使人情何能已

銅斗

有人開玄武湖於古冢得一銅斗有柄文帝以訪朝士何承天謂此亡新威斗莽三公亡者賜之一在冢

外一在冢內

塚墓自移

天寶十一載女媧墓因大雨晦冥失所在占曰塚墓自移天下破

物異考

吳　方鳳

語曰子不語怪恐後世好奇之士立爲變幻不經之說以惑亂天下以此防民而邪說不息然宇宙之廣氣數不齊人妖物怪在在有之予因閱史凡異之甚者輒記之庶資博聞者一咲非敢以惑衆也凡七條

水異

魯襄公時穀洛二水鬪將毀王室後數年有如目者

五出於水秦武王時渭水赤三日昭王時又赤三日秦遂亡漢安帝時水赤如血鄧后專政苻堅選見地色如水謂之地鏡堅遂死紹興中田水如爲物所吸聚而直行平地數尺程氏井水溢亦高數尺矯如長虹聲如雷二水相鬪十刻各退歸舊處乃解

火異

惠帝元康中武庫火燒異寶若王莽頭孔子屐漢高斬白蛇劍及兵器一時蕩盡是後愍懷見殺太子之罰也天順中相國寺災見赤塊飛入門獄之北飛佛

闕亦災齊武帝永明中魏地謡言赤火南流喪南國
有沙門從北齎火至火赤於常火而小能療疾咸呼
爲聖火病者取以灸至七炷即愈

眚異

哲宗政和中宫中眚作狀先若屋倒聲其形丈餘彷
彿如龍金眼行動硜硜有聲黑氣蒙之腥血四灑兵
刃不能施或變人形亦或爲驢其出無時宣和中洛
陽有物如人或蹲踞如犬色正青方夜即出掠小兒
傷食之後晝亦出入人家爲患謂之黑漢二年乃熄

哀帝建平中湖陵雨血廣三尺長五寸大者如錢和
帝建和中北地雨肉似羊肋大如手魏公孫淵時襄
平生肉長圍各丈許有頭目口喙無手足而能動搖
吳將孫喜殺豬祠神治畢懸之忽見一人頭往食豬
肉盡引弓射之而中咋咋作聲繞屋三日晉武帝太
康中河陰下赤雪三頃劉聰建興中雨血深五寸亦
氣至天中有赤龍奮飛流星入紫微龍形有光落于
平陽視之則肉甚臭肉傍有哭聲晝夜不止數日聰
后劉氏產一蛇一獸各害人而走尋之不得頃之見

於隕肉傍天寶中楊慎矜父墓草木皆流血懷之慎
矜裸而桎梏於墓側血亦不止李林甫家東北隅每
夜火光先起衆小兒持火出入爲戲建炎中新城縣
夜風雪若數千人行聲歌笑雜擾昏黑莫辨窺之無
所見明旦雪中有人獸跡流血十餘里

木異

哀帝建平中汝南屋柱仆地生枝如人形身青黄色
面白頭有鬚髪長六寸一分獻帝時有兩樗樹皆高
四尺其一株宿夕忽暴長丈餘大一圍作　人狀頭

目鬚髪皆備劉曜時有大樹風吹折一宿忽變爲人
形髪長一尺鬚眉三寸皆黄白色二手皆斂若欲揖
者亦有二足著裙之態惟無目每夜有聲

金石異

元帝永昌中甘卓將襲王敦還家議事金石多變怪
卓心疑索鏡照之不見其頭是甘卓爲敦所襲後唐
淡掘古劍有文曰巳與水同宫王將耳口
易首山岫護重重疊唐太宗巳亥生水同
二句爲璽君出三字成帝鴻嘉中大石如

百里外野雞皆應而鳴俗呼爲石鼓石鼓鳴
有兵魏明帝青龍中水涌寶石負圖象如靈龜有
石馬七匹之上有列宿馬獸之形唐垂拱中武威郡
石化爲麵貧人取以給食熙寧中益陽縣雷震山石
盡裂出米十萬斛炊之成飯而腥不可食頃之米黑
如炭

人異

春秋文公時長狄兄弟三人被殺身横九畝斷其首
而截之眉高於軾秦始皇時有大人長五丈足履六

尺皆服凡十二人見於臨洮漢景時下密人年七
十餘生角角有毛魏襄王時有女子化爲丈夫哀帝
建平中豫章有男子化爲女子嫁人生一子平帝元
始中長安女子生兒兩頭異頸面相向四臂共胸俱
前向尻上有目長二寸靈帝時江夏黃氏母浴而化
爲黿入于深淵時出水上一髮猶在首元康中梁國
女子嫁夫夫戍長安不歸父母更以女適人女固不
從强而配之尋病亡其夫戍還逕至女墓開棺號呼
女遂活後夫爭之不得復歸前夫惠帝時京洛有

雖男女體亦能兩用人道性尤淫元帝大興中有女
子陰在腹又有女子陰在頭俱好淫安帝義熙中無
錫人趙未年八歲一旦暴長八尺髭鬚蔚然三日而
死儀鳳中衛士胡丁年其妻吳氏生一男一女其胸
相連其餘體各異乃析之則皆死後又産二男亦相
連至四歲獻于朝淳熙中崑山縣石工採巧石石壓
厭之又三年六月他石工開石呼聲報其家鑿石出
之見其妻喜曰久閉乍風我肌如裂俄頃聲微噤不
語化爲石人貌如生

獸異

長慶中吐蕃隴上出異獸如狼而腰尾皆長色青迅
猛見蕃人即捕而食之遇漢人則不食漢文時吳有
馬生角右角三寸左角二寸靈帝和光中長史馮巡
馬生人獻帝大安中張聘所乘牛言曰天下亂乘
我何之聘懼而還牛又曰歸何早也後又人立而行
後周建德中陽武有獸三狀如水牛一黃一赤一黑
赤與黑鬭久之黃者自傍觸之黑者死黃赤俱入于
河成帝咸和中豕生兩子皆人面如　人狀其身則

豕隋開皇末渭南有沙門三人行法於場圃之上夜
大豕與小豕十餘謂沙門曰阿練我欲得賢聖道又
有人家寄宿聞其家二豕對語其一曰歲將盡阿爺
將我殺何處避之其一荅曰可向水北姊家因相隨
而去明日客告主人如其言覓之得二豕開皇中繁
昌楊悅見雲中二物如羝羊黃色大如新生犬鬬而
墜悅獲其一養之數旬失去武帝和平中長安石良
劉音二人同居有人在室中作聲持杖擊之爲狗走
出忽數人持兵至良家良等格殺皆狗也吳諸葛恪

將朝犬啣衣止之如此者再乃令人逐犬遂升車入
朝是日被害後主時凡內犬皆有官稱甚至開府儀
同雌犬有大人郡君之號天寶中李林甫將朝取書
囊視之有物如鼠躍于地即變爲狗雄目張牙欲嚙
林甫即射殺之惠帝永康中趙王倫既篡得異馬莫
能名有小兒見之曰服角馬醫倫將小兒入宮閉之
深戶明日視之皆不見安帝雍熙中朱倚家婢炊飯
群鳥來啄不能逐有獵犬咋殺二鳥群鳥因共啄犬
殺之盡噉其肉魏齊王正始中王周南爲邑長有鼠

語曰王周南某日死王不應後又語曰王周南今日
日中死王又不應至日中鼠顛蹶而死慶元中鄱陽
民家一猫帶數十鼠行止食息皆同如母子相哺民
惡猫殺之鼠舐其血

說郛目錄

雲仙雜記卷一

唐　馮贄

幽人筆

司空圖隱於中條山芟松枝爲筆管人問之曰幽人筆正當如是　汗漫錄

飛雲履

白樂天燒丹于廬山草堂作飛雲履玄綾爲質四面以素綃作雲朵染以四選香振履則如烟霧樂天着示山中道友曰吾足下生雲計不久上升朱府矣　樵人直說

孫登琴

孫登琴遇雨必有響如刃物聲竟因陰雨破作數截有黑蛟踊去　金徽變化篇

棊聲與律呂相應

元順本棋枰聲與律呂相應蓋用響玉爲盤非有異術也　棋天洞覽

紅白二墨

[illegible]夔使人造紅白二墨爲戲及書寫衣服其衣

所白書白衣用紅書自成一家大唐龍髓記

龍耳李

蓬萊國家一種李肉厚而無核識者曰天罰乖龍必割其耳耳血墮地故生此李琴莊美事

瑠黃椀

元載飲食冷物用瑠黃椀熱物用泛水甆器器有三千事出樞要錄

夢裁錦

蕭穎士少夢有人授紙百番開之皆是繡花又夢裁

錦因此文思大進出文筆襍燬

無塵子

方鎔隱天門山以椶櫚葉拂書號曰無塵子月以酒脯祭之出高士春秋

惜春御史

穆宗每宮中花開則以重頂帳蒙蔽欄檻置惜春御史掌之號曰括香玉麈集

黑松使者

玄宗御案墨曰龍香劑一日見墨上有小道士如蠅而行之即呼萬歲曰臣即墨之精黑松使者也凡世人有文者其墨上皆有龍賓十二上神之乃以墨分賜掌文官出陶家瓶餘事

柳神九烈君

李固言未第前行古柳下聞有彈指聲固言問之應曰吾柳神九烈君已用柳汁染子衣矣科第無疑果得藍袍當以棗餻祠我固言許之未幾狀元及第出三峯集

六鼻鏡生雲烟

黃巢陷京城南唐王氏有鏡六鼻常生雲烟照之則左右前三方事皆見王氏向京城照之巢寇兵甲如在目前上平都邑以映日紗囊取入禁中出纂異記

文星典吏

杜子美十餘歲夢人令采文于康水覺而問人此水在二十里外乃往求之見鷄冠童子告曰汝本文星典吏天使汝下謫爲唐世文章海九雲誥已降可於豆壠下取而依其言果得一石金字曰詩王本在陳芳國九夜捫之麟篆熟聲振扶桑享天爵後因佩入

鶖示歸而飛火滿室有聲曰邂逅穢吾令汝文而濟
貴 出文覽

玄山印記

陳茂爲尚書郎每書信印記曰玄山典記又曰玄山印擣朱礬澆麝酒閣則匣以鎮犀養以透雲香印書迹數十里香不斷印刻胭脂木爲之 出玄山記

水玉數珠

房次律弟子金圖十二歲時次律徵問葛洪仙籙中事以水玉數珠手節之凡兩遍近二百事琅琅誦之不止次律賞以轉枝梨 童子通神集

爲梨花洗粧

洛陽梨花時人多攜酒其下曰爲梨花洗粧或至買樹 出餘錄

龍楠衫楠油巾

杜甫在蜀日以七金買黃兒米半籃細子魚一串籠桐衫楠油巾皆蜀人奉養之粗者 出浣花旅地志

石斧銘

玄針子得石斧銘曰天雷斧逮玄裝敲石任子亦甘詩詞如燕雲千步千首 清異志

棠才印

張寶凡衣服綵帛皆以所任官印之白黃物以墨紅黑物以粉常曰此印賢於掌庫奴遠矣文字亦然人收寶文以有棠木印者爲眞 張寶氏印譜

鳳窠羣女

姑臧太守張憲使娼妓戴拂壺中錦仙裳密粉淡粧使侍閣下奏書者號傳芳妓酌酒者號龍津女傳食者號仙盤使代書札者號墨娥按香者號麝姬掌詩藁者號雙清子諸倡曰鳳窠羣女又曰團雲隊曳雲仙 出姑臧前後記

地仙圓

虢州別駕賣泥以當歸爲地仙圓曰使血海增光以棗木爲杵曰號金剛骨 出三堂往事

涼物

房壽六月召客坐糠竹簟凭狐文几編香藤爲俎刳椰子爲杯搗蓮花製碧芳酒調羊酪造含風鮓皆涼物也壽勸樊川以桃觴覺舊懼其深曰但見龍門漢

上元中明頭錄

梅粧閣

郭元振落梅粧閣有婢數十人客至則拖鴛鴦𦃇裙衫一曲終則賞以糖雞卵明其聲也宴罷散九和握香出叙聞錄

洛陽歲節

洛陽人家正旦造絲雞蠟燕粉荔枝正月十五日造火蛾兒食玉梁糕寒食裝萬花輿煮楊花粥端午朮羹艾酒以花絲樓閣插髩贈遺辟瘟扇乞巧使蜘蛛結萬字造明星酒裝同心膾重九迎涼脯羊肝餅佩瘦木符冬至煎餳彩珠戴一陽巾除夜銅刀刻門埋小兒硯點水盆燈臘日造脂花餤金門歲節

旃檀寺春秋二會

旃檀寺楞木詩春秋二會飲牛乳為龍華飯供獻結綵錢為幡蓋設客以覓興鬱園糟授戒者施以般若錢求男者解落珠璫出僧園逸錄

搔首問青天

李白登華山落鴈峯曰此山最高呼吸之氣想通天帝座矣恨不携謝脁驚人詩來搔首問青天耳摭遺集

清高門戶

樂天語人曰吾已脫去利名枷鎖開清高門戶但蓮龕子母丹不知何時可成白婁傳

午橋莊

裴令臨終告門人曰吾死無所繫但午橋莊松雲嶺未成軟碧池繡尾魚未長漢書未終篇為可恨爾出晉公遺語

養硯墨筆紙

養筆以硫黃酒舒其毫養紙以芙蓉粉借其色養硯以文綾蓋貴乎隔塵養墨以豹皮囊貴乎遠濕蓬溪子遵之文房寶飾

迷香洞

史鳳宣城妓也待客以等差甚異者有迷香洞神雞枕鎖蓮燈次則交紅被傳香枕八分羊下列不相見以閉門羹待之使人致語曰請公夢中來馮垂客于鳳罄囊有銅錢三十萬盡納得至迷香洞題九迷詩於照春屏而歸常新錄

袖裏春

□宗爲太子時愛妾號鸞兒多從中貴董逍遙微行以輕羅造梨花散蘂裹以月麟香號袖裏春所至暗遺之 史諱錄

金鳳凰

周光祿諸妓掠鬢用鬱金油傅面用龍消粉染衣以沉香水月終人賞金鳳凰一隻 傳芳略記

三賢松

湖眞觀九星院有三賢松三株如古君子梁開老妓

英奴以麗水囊貯香遊之不數日松皆半枯 事略

芋魁遭遇

李華燒三城絶品炭以龍腦裹芋魁煨之擊爐曰芋魁遭遇矣 三賢典語

山神以豐年相報

琴叟耕鳳嶺之田以虎紋巾裹犁推之曰勞吾躬耕山神必以豐年相報已而果然 鳳翔退耕傳

縮龍臺

李邺遇以楓溪鐵造縮龍臺爲宴燈花燈八層間以裙點紫菱油燃鳳縷 疑尚缺文出裙擁精華

吳興米

吳興米炊之甑香白馬豆食之齒醉虢國夫人廚吏鄧連以此米擣爲透花餈以豆洗皮作靈沙臛以供翠鴛堂 品物類聚記

掃露明軒

王施避巢寇入天台山主人賀理給以牛粥練藥施謝曰公乃命司延我光景當爲掃露明軒永爲下吏 出芝醫傳

吞雲夢澤

張曲江語人曰學者常想胸次吞雲夢澤筆頭湧若耶溪量旣并包文亦浩瀚 徵文玉井

雲仙雜記卷一

田水聲過吾師丈人

淵明嘗聞田水聲倚杖久聽歎曰秫稻已秀翠色染人時剖胸襟一洗荆棘此水過吾師丈人矣 淵明别傳

龍鬚友

郄詵射策第一再拜其筆曰龍鬚友使我至此後有貴人遺金龜并拔藥石替咸與弟子曰可示筆三百管退而藏之貯以文錦一千年後猶當令子孫以名香禮之 龍鬚志

隱士衫

成芳隱麥林山剝苧織布爲短襴寛袖之衣着以酤酒自稱隱士衫 梁福廬陵記

俗耳鍼砭詩腸鼓吹

戴顒春携雙柑斗酒人問何之曰往聽黄鸝聲此俗耳鍼砭詩腸鼓吹汝知之乎 高隱外書

半月履

趙廷芝安成人作半月履裁千紋布爲之托以精銀續以絳蠟唐輔明遇之奪取以貯酒已乃自飲廷之問之答曰公器皿太微此履有於海之積耳 紗豐署七安歳記

菱角巾

王鄉隱西山頂菱角巾又嘗就人買菱脫頂巾貯之嘗未遇而歎曰此巾名實相副矣 董慎續豫章記

大鯉五色

孫顧復行橫塘見池中大魚映月吸水移時不去池外數步有一小坎正涵北斗有蝦蟇數十共來飲嬰顧異之明日汰池中惟有一大鯉身已五色復來坎所訪求蝦蟇得三足者數十 馮玉雲金溪記

烟姿玉骨

裴豐居宅後有六株梅開時爲鄰屋烟氣所爍屋乃貧人所寄豐即圖泥塞竈張幕蔽風久之拆去其屋歎曰烟姿玉骨世外佳人但恨無傾城笑耳即使妓秋蟾出比之乃云可與比驅爭先然脈脂之徒正當在後 張洞林桂林志

日精

陸展郎中見楊梅歎曰此果恐是日精然若無鐸兒

採香雖勝雞和之味即以竹絲藍貯千枚并茶花蜜送衡山道士常奉眞湘潭記

火筯如兩儀

朱符謂火筯如兩儀成變化不可缺一本明火師在坐曰當以玉爲之貴能不熱李明之衡山記

羔羊揮淚

程皓以鐵床熁肉肥膏見火則油滴淋漓皓戲言曰羔羊揮淚矣又云我以三十萬錢償鐵匠而得此奉養豈不太過方得遠金陵記

屋龍吏衣

饒子卿隱廬山康王谷無瓦屋伐以茅茨每年一易茅謂之茅龍吏衣或時雨濕致漏則以油幄承梁坐於其下初不愁歎十三賢共匯廬山記

掌有臥蛇文

傅咸掌有臥蛇文指甲上隱起花草如雕刻是以文章過人逍遙公府康記

栗木爲關

北門以栗木爲關者夜可以遠盜從客錄

九華半臂

闕文衍爲散騎常侍畫九華山圖於白綾半臂號九華半臂自云令吾此身常在雲泉之内時逢書陽記

遷官面長額有光氣

郭汾陽每遷官則面長二寸額有光氣事已乃復隴王書

壺中景

石崇砌上就苔蘚刻成百花飾以金玉曰壺中之景不過如是耕桑偶記

辨琴秦楚聲

李龜年至岐王宅聞琴聲曰此秦聲良久又曰此楚聲主人入問之則前彈者隴西沈妍也後彈者揚州薛滿二妓大服乃贈之破紅綃蟾酥麨龜年自負强取妍秦音琵琶捍撥而去辨音集

臨光宴

正月十五夜元宗於常春殿張臨光宴白鷺轉花黃龍吐水金鳧銀燕浮光洞攢星閣皆燈也奏月分光曲又撒閩江錦荔支千萬顆令宮人爭拾多者賞以

紅閨帙綠暈彩 影燈記

水松牌

李白遊慈恩寺寺僧用水牌側以吳膠粉捧乞新詩白爲題訖僧獻玄沙鉢綠英梅檀香筆格蘭縑袴紫瓊霜 海墨微言

泛春渠

汝陽王璡取雲夢石甃泛春渠以蓄酒作金銀龜魚浮沉其中爲酌酒具自稱釀王兼麴部尚書 醉仙圖記

百花獅子

曲江貴家遊賞則剪百花裝成獅子相送遺獅子有小連環欲送則以蜀錦流酥牽之唱曰春光且莫去留與醉人看 曲江春宴錄

桃花紙

楊炎在中書後閣糊窗用桃花紙塗以冰油取其明甚 鳳池編

酒器九品

李適之有酒器九品蓬萊盞海川螺舞仙瓠子巵幔捲荷金蕉葉玉蟾兒醉劉伶東溟樣蓬萊盞上有山三島注酒以山沒爲限舞仙盞有關捩酒滿則仙人出舞瑞香毬子落盞外 逢原記

暖香滿室如春

寶雲溪有僧舍盛冬若客至則燃薪火暖香一炷滿室如春人歸更取餘燼 雲林異景志

啼猿生蕨

猿啼之地蕨乃多有每一聲遽生萬莖 窮幽記

買春錢

進士不第者親知供酒肉費號買春錢 承平舊纂

苦吟

孟浩然眉毫盡落裴祐袖手衣袖至穿王維至走入醋甕皆苦吟者也 詩源指訣

蜕龍牙

取蜕龍牙一枚手握之臨局自然機變橫出 手參棊訣

碎金面棊盤

蘇尚書八十猶參禪大潙訪之以手拍碎金面棊盤尚書尋有悟解 晉相禪學錄

琴價與武庫爭先

嵇康抱琴訪山濤濤醉欲剖琴曰吾責東陽舊業以得琴乞尚書令河輪珮玉截為繳貨所衣玉簾中單買縮絲為囊論其價與武庫爭先汝欲剖之吾從死矣 金鑾變化篇

圍棋奪造化

王勃圍棋率下四子成一首詩勃猶詫之向人曰吾自奪造化雖一時之間百用亦可 恭天洞覽

墨紋如履皮

墨紋如履皮磨之有油暈者一兩可染三萬筆 成老伯墨經

換茶醒酒

樂天方入關劉禹錫正病酒禹錫乃餽菊苗虀蘆菔鮓換取樂天六班茶二囊以醒酒 蠻甌志

腸胃文章映日

元稹為翰林丞旨朝退行鐘廊時初日映九英梅隙光射稹有氣勃勃然百僚望之豈腸胃文章映日可見乎 常朝錄

天峯煤與凌文刺孰勝

蘇杞與馮盛相遇於道各攜一囊杞發盛囊有墨一枚杞大笑盛正色曰天峯煤和針魚腦入金溪子手中錄離騷古本比公曰提綾文刺三百為名利奴頗當孰勝已而搜杞囊果是三百刺 大唐龍髓記

粥飼鳩

蘭先生坐琴莊食蘭香粥有鳩至堦上先生以匙擲飼之漸進至肩遂盡此粥後日鳩以千百至先生飼之 琴莊美事

花簪壓損帽簷

梁緒梨花時折花簪之壓損帽簷至頭不能舉 雲林志

翡翠指環

何充妓於後閣以翡翠指環換刺繡筆充知嘆曰此物洞仙與吾欲保長年之好乃命蒼頭急以蜻蜓帽贖之 妝樓記

赤將軍

哥舒翰有馬曰赤將軍翰愛之甚常以朝章加其背曰過吾北林兒遠矣此駿馬也 馬癖記

地脂

高展爲并門判官一日見砌間沫出以手撮之試塗一老吏面上皺皮頓改如少年色展以謂必神藥問承天道士荅曰此名地脂食之不死展乃發甎已無所覩 方鎮編年

胡麻啖犬

以胡麻麨啖犬則光黑而駿使獵必大獲狐兎又可得三十歲 好事集

得意用

雲陽畋氏値豐年則盡取金錢埋之九里皆滿曰有

得意田遂可棄無用金 豐年錄

雲仙雜記卷三

過門錢

龍山康甫慷慨不羈每日置酒於門邀留賓客不住者贈過門錢日費酒者鶴嘴餅二十 放懷集

虞永興書

有人收得虞永興與圓機書一紙剪開字字賣之擊卿一字得麻一斗鶴口一字得銅硯一枚房村一字得芋千頭隨人好之淺深 字錦

一醉六日

張麟一醉六日嚙柱幾半 醉錄

起宅刷以醇酒

蓮花巷王珊起宅畢其門刷以醇酒更散香末蓋禮神之至 宜武盛事

題梁字

范溥題聽事梁每字以木花蓮承之歲旦一開次日復上之 河中記

郇公厨

韋陟厨中飲食之香錯雜人入其中多飽飫而歸語

曰人欲不飯筋骨舒貪緣須入郇公厨 長安後記

廁上以朮湯盥手

陳宛盛其居止廁上以朮湯盥手槐板覆薇葉穴爲都城第一 洛陽要記

書北山移文

樂大女金鑾十歲忽書北山移文示家人樂天方買終南紫石欲開文士傳遂輟以勒之 豐寧傳

爭春館

揚州太守圃中有杏花數十畷每至爛開張大宴一

株令一倡倚其傍立館曰爭春開元中宴罷夜闌人或云花有歎聲 揚州事迹

薛家士風

成都薛氏家士風甚美厨司以半瓠爲杓子孫就食啜羹肉臠一取之飯再取之 蜀普錄

食蒲桃

楊炎食蒲桃曰汝若不滯當以太原尹相授 河東備錄

梅聘海棠棖子臣櫻桃

黎舉常云欲令梅聘海棠棖子臣櫻桃及以芥嫁筍但恨時不同耳然牡丹醉醾楊梅枇杷幸爲執友 誠[illegible]記

檜生藥圃

幽燕思先驛後有五樹檜忽生藥圃試摘服之往往療疾有驗 幽燕記異

過廳羊

熊鱗每會客至酒半堦前旋殺羊令衆客自割隨所好者綵綿繫之記號畢烝之各自認取以剛竹刀切食一時盛行號過廳羊 青州雜記

軟漆纏桑枝爲籬障

杜邠公以軟漆纏桑枝編爲籬障雨一過黑光照四面時通甫愛之欲以銅官第取不應 鄴郡名錄

嚼雞舌香

飲酒者嚼雞舌香則量廣浸半天回則不醉 酒中玄

能詩

能詩之士雨泡滅則得意香烟斷而成吟 白氏金鎖

朱書禹字渡江河

渡江河者朱書禹字佩之免風濤保安吉 [illegible]記

謀數天星徧知棋勢

人能謀數天星則徧知棋勢 止戈集

雌雄樹

九仙殿銀井有梨二株枝葉交結宮中呼爲雌雄樹 金鑾密記

作詩如繡花

作詩如繡花女令寵絡枝葉而已無過不及乃善 鍾嶸何眼

化玉膏

衛玠盥面用化玉膏及芹泥故色愈明潤終不枯槁 金臺錄

貯蘭蕙

王維以黃磁斗貯蘭蕙養以綺石累年彌盛 汗漫錄

百齒梳

孫思邈以交加木造百齒梳用之養生要法也 樵人直說

科斗筯魚尾匙

向範待客有漆花盤科斗筯魚尾匙 檀要錄

唾地成文

有人謁李賀見其久而不言唾地者三俄而成文三篇 文筆䙝喉

菖蒲當拜此君

王徽之以菖蒲映竹曰菖蒲止以九節爲貴而此君面目聳然正當再拜此君而此君亦安得不受之耶 高士春秋

界尺筆槽

有借界尺筆槽而破其槽者白其主人曰韓直木如常孤竹君無恙但半面之交忽然折節矣主人大笑 玉塵集

犀如意

虞世南以犀如意爬癢久之歎曰妨吾聲律半工夫 緋係事

萱草浣衣

鄭源令婢萱草浣衣萱草輒云郎君塵土太多令人手皮俱脫 三峯集

虎毛紅毫筆

有傚焉生甚貧遇人與虎毛紅毫筆一枚曰所須但

呵筆即得之然夫妻之外令一人知則殆矣時方盛
行凝烟帳風篁扇皆呵而得之一日晩思兎頭羹遽
呵遽得數盤夫妻不能盡以與鄰家日是筆雖存呵
之無應　纂異記

一詩輒洗其筆

白傅每一詩輒洗其筆　文覽

句中喜得魚竹

孟浩然一日周旋竹間喜色可掬又見網師得魚尤
甚喜躍友人問之荅云吾適得句中有魚竹二物不

知竹有幾節魚有幾鱗疑致疎謬今見二物乃釋然
矣　玄山記

洪兒紙

姜澄十歲時父苦無紙澄乃燒糠協竹爲之以供父
澄小字洪兒鄉人號洪兒紙　童子通神錄

束修羊

倪若水藏書甚多列架不足疊隱安置不見天日子
弟直日看書借書者先投束修羊　唐餘錄

愚一絲兩絲

杜甫寓蜀每蠶熟即與兒躬行而乞曰如或相憫惠
我一絲兩絲　浣花旅地志

蕨成金釵

王鯨逢賣蕨姥黄衣破結有饑色憫之乃以千錢買
蕨姥謝而去及歸烝于鳥頭甑盡成金釵蓋姥非常
人也　清異志

雞鴨卵㲉

張寶嘗使子弟廵市乞雞鴨卵㲉雞卵以煮藥鴨卵
以金絲纏海棠花名㲉胎盞醉後畏酒時多用之　箴卬

錄

八梭綾

鄴中老母村人織綾必三交五結號八梭綾匹直米
陸篚　摭拾精華

染花奩

郭代公愛姬薛氏貯食物以散風奩收粧具以染花
奩　品物類聚記

文享媚香無柰

張說攜麗正文章譜友生時止行宮中媚香號化樓

紫友生焚以待説説出文置香上曰吾文享是香無
忝 鬱文玉井

少延清歡

陶淵明得太守送酒多以春秋水雜投之曰少延清
歡數日 淵明別傳

筆文章貨

羅隱喜筆工萇鳳語之曰筆文章貨也吾以一物助
子取高價即贈鴈頭牋百幅士夫聞之懐金同價或
以綵羅大紐換之 龍鬚志

降龍道者

戴顒見降龍道者曰生死外人願陳三拜獻護經簾

青銅磬 芳賢傳

何徵君隱吳郡

何徵君隱吳郡多遊臨華寺九金堂飲鹿塘靈寶院

酒星澗 高隱外書

西昌逸士

郎詠隱西昌採樵爲業或擔至都中人買之則曰我
西昌逸士酒中人也今獻公所闕公當惠我所好 [illegible]

亨鹿肉

黃昇日亨鹿肉三斤自晨煮至日影下門西則喜曰
火候足矣如是四十年 安成記

獵蠅記室

盧記室多作脯腊夏則委人於十步內扇上塗餳以
撲蠅脯以青紗障隔塵土時人呼爲獵蠅記室 鈆溪記

種蔬助爵俎

宋宇種蔬三十品時雨之後按行園圃曰天出此徒

助予爵俎家復何患 豫章記

畜鴨

當揚庭畜鴨萬隻每飼以米五石遺毛覆渚 梓林記

雲仙雜記卷四

石鼈銜賦題

高郢夜課于豐亭忽見一鼈在案上視之石也郢異其事取千題散置楮中祷祝令石鼈銜之以卜來事既而石鼈舉頭乃是沙洲獨鳥賦題出果然其年首選 湘潭記

自負書劍

凌倚隱衡山往來自負書劍削竹為擔畢以烏堊倚既死山僧取以供事 衡山記

松精成使者

茅山有野人見一使者異服牽一白羊野人問若何地曰假蓋山隨至古松下而沒松形果如假蓋意使者乃松樹精羊乃茯苓耳 金陵記

龍窠石

中山僧表堅面多瘢痕偶溪中得石如雞子夜覺凉冷信手磨面瘢痕盡滅後讀博異志曰龍窠石磨瘡瘢大效 廬山記

召客念無魚

蘇螾郎中召客無魚念曲江多有而禁釣乃令掌[illegible]用油幕偷數頭適濟其事 承平舊纂

金雞抱卵時

封少卿問禪於龍華厚乘師曰金雞抱卵時如何少卿歸而默坐三年不能領解至于發狂而死 禪學錄

胡松節支琴

白傅用胡松節支琴 金徽變化篇

竊嗤碁子

李約直與人碁而敗乃竊數子嗤之歸問乃鼓局大怒 棋天洞覽

墨染紙不昏

墨染紙三年字不昏暗者為上 成老相墨經

茶焦縛奴投火

陸鴻漸採越江茶使小奴子看焙奴失睡茶焦爍鴻漸怒以鐵繩縛奴投火中 蠻甌志

袖餅班中

十琮班中有時袖餅而食或以遺同列 常朝記

石進師

許芝有妙墨八厨巢賊亂瘞于善和里第驛平取
畢已不見惟石蓮匣存 大唐龍髓記

鵝炙

藺先生上隱亭望九里山七日不能下但食鵝炙二
十段 琴莊美事

粉指印青編

徐州張尚書妓女多涉獵人有借其書者往往粉指
痕並印于青編 妝樓記

一里更二馬

校書郎李蟠畜馬甚多出遊則一里更二馬借借供
慿可逮十家 馬癖記

旋風筆

魏博田承嗣簽治文案如流水吏人私相謂曰世罕
有此旋風筆 方鎮編年

贈相得以鳩

毛傅好食鳩人與巳相得者必以鳩贈之一見李翔
贈十二監 好事集

物價至微

開成中物價至微村落買魚肉者俗人買以胡絹半
尺士大夫買以樂天詩一首兼之 豐年編

夜飛蟬

杜甫每朋友至引見妻子韋侍御見而退使其婦送
夜飛蟬以助粧飾 放懷集

羲之鬼

虞世南書冠當時人謂其有羲之鬼 字録

竹枝曲

張旭醉後唱竹枝曲反復必至九回乃止 醉録

郄老先生

王僧虔晚年惡白髮一日對客左右進銅鑷僧虔曰
郄老先生至矣麻幾乎 南康記

小兒司命

郭汾陽語子弟曰西陽麻寶方小兒之司命不可不
讀 從容録

青蠅拜賀

術士相牛僧孺若青蠅拜賀方能及第公疑之及登
科范歸坐家庭有青蠅作八行立約數萬折躬而三

良久乃去　青陽記

甃得石牌

爲重甃甃先世掘得石牌有云牛領岡前紅篛隴下甃用丙日手板相亞重甃依而用之　壠上書

貧而圖婚

白厚貧而圖娶劉純材女厚送烏犢十事裴紙爲書純材大笑答以象田珠十升紫粥千餘頭及使家僮撤燭花盈路厚閉門大慚賓客走去　耕桑偶記

以海駿皮爲皷

凡皷以海駿皮爲之泥以象骨則雄而清用雜皮則

濁而易去　辨音集　疑是皷字

上元影燈

洛陽人家上元以影燈多者爲上其相勝之辭曰千影萬影又各家造芋郎君食之宜男女仍云送雞肉消用六木餅貯之於親知門前留地而去　影燈記

軟棗餻

宜慈寺每求化人先留食軟棗餻柳尚書來方食餻而疏欲出尚書急解連帶緋袍鏁于魚袋施之　海墨微言

竊花

霍定與友生遊曲江以千金募人竊貴侯亭榭中蘭花插帽兼自持往綺羅叢中賣之士女爭買擲金錢又各以錐刺鞠孔中者罰巨觥不中者得美饌　曲江春宴錄

酒窟

蘇晉作曲室爲飲所名酒窟又地上每一塼鋪一甌酒計甎約五萬枚晉日率友朋次第飲之取盡而已　醉仙圖記

詩成裁窻紙

段九章詩成無紙就窻裁故紙連綴用之九章字惠

文　逢原記

白羊妝點芳草

午橋莊小兒坡茂草盈里晉公每使數羣羊散于坡上曰芳草多情賴此妝點也　窮幽記

浮萍爲鴨作茵褥

浮光多美鴨太原少尹樊千里買百隻置後池栽數車浮萍入池使爲鴨作裀褥　雲林異景志

自爲小君裁剪

李紳爲相時俗尚輕綃染蕉碧爲婦人衣紳自爲小君裁剪 鳳池編

貴家棋子

開臣中貴家以紫檀心瑞龍腦爲棋子 棋譜

弄葫蘆成詩

王筠好弄葫蘆每吟詠則注水於葫傾已復注若擲之於地則詩成矣 詩源指訣

好讀離騷

錢芸士好讀離騷手不暇揭忘去肉味半月如齋 姑藏記

採花浸酒

楊恂遇花時就花下取蘂粘綴于婦人衣上微用蜜蠟兼採花浸酒以快一時之意 三堂往事

挑野蔬

郭元中家貧無食春月携兒挑野蔬一日有餘三日不出 叩頭錄

餞酒

王洞好酒而無資常携榼登人門每家取一盞投之號爲餞酒 叙聞錄

祭詩以酒脯

賈島常以歳除取一年所得詩祭以酒脯曰勞吾精神以是補之 金門歳節

碾磨齋

都下寺院每歳用除碾磨是日作碾磨齋 僧園逸記

歛衣

伊處士從衆人求尺寸之帛聚而服之名曰歛衣 播首

凌虛宴

齊文宣帝凌虛宴取香蔬以供品味廣唐則出於石首銅官等處銅釘菌分絲菌 自慶傳

桃花醋

唐世風俗貴重葫蘆醬桃花醋照水油 晉公遺語

蟣肝龍首

毛貢教授於導江春日主人宴之賦散語曰蟣肝之味何堪龍首之拳可整主人曰吾勸以陸源綺貫以拂綿肝 文房寶飾

雲仙雜記卷五

筆描竄竹影

宗測樂閑靜好松竹嘗見日飾竹影上窻以筆備描之常新錄

糖蜜莫逆交

陳昉得蜀糖輒以蜜澆之曰與蜜本莫逆交記傳芳略

風月常新印宮人臂

明皇開元初宮人被進御者日印選以綢繆記印于臂上文曰風月常新印畢漬以桂紅膏則水洗色不

退史諱錄

念金輪咒

敲兩耳鐺服桂心九念金輪咒則所思之人不以存沒是夜必夢見之事略

水晶環渡舟

蕭轚嘗登陸渾沙洲忽水漲不得下急呼村童折塵尾水晶環與之渡舟而過三賢典語

鳴牙餅

[illegible]康年謁劉遜贈遜鳴牙餅千枚曰雖微物也助厨中兩日之費退耕傳

棠棣之好

李初直過與人相知則曰棠棣之好何以過此喜慶倍常叙聞錄

金蘭簿

戴弘正每得密友一人則書于編簡焚香告祖考號爲金蘭簿宣武盛事

鴨卵成花

向聲能於鐺中以手撥鴨卵成花河中記

燭圍

韋涉家宴使每婢執一燭四面行立人呼爲燭圍長安後記

宴客典斟

陳無咎宴一客用一婢典斟必十二而後使滿以盡誠敬之道洛都要記

金牌盈座

河間王夜飲妓女謳歌一曲下一金牌席終金牌盈座豐盈傳

聚香團
楊州太守仲端畏妻不敢延客謝延皓諧之坐久[illegible]饑端入内袖聚香團啗之 楊州事迹

待闕鴛鴦社
朱子春未婚先開房室帷帳甚麗以待其事旁人謂之待闕鴛鴦社 妝樓記

笑春紅
閩中叅軍黃涉妓曰笑春紅死涉念之淚洒犀簾至皆損壞 西晉錄

二花
阮文姬插鬢用杏花陶溥公呼曰二花 河東備錄

三鹿郡公
袁利見爲性頑獷方棠謂袁生已封三鹿郡公蓋譏其太麤疎也 幽燕記

崑崙玉蕊
宇文卓方執崑崙玉蕊聽左丞楷超高譚不覺墜地 青州雜記

坐開牡丹花
宋旻語常帶華藻李孺安曰時方三月坐開生無數牡丹花矣 鄴郡名錄

杜鵑喚歸
石誼未娶聞杜鵑喚歸歎曰此物催人使歸使我何所歸耶 金臺錄

遇河神
顧希微開成二年遇河神屈莫多曰更二千年大江所在堤岸當崩沙九里 禹功記

口吻生花

張祐苦吟妻孥喚之不應以責祐祐曰吾方口吻生花豈恤汝輩 白氏金鎖

贈詩勝爛黃魚
皇甫䕍謁韓愈愈贈以詩䕍退有言怒愈不爲置酒愈曰豈不勝以爛黃魚待汝耶 續鍾嶸句眼

折筋不休
山濤酒後哺啜折筋不休 酒中玄

防風粥
白居易在翰林賜防風粥一甌剔取防風得五合餘

食之口香七日 金鑾密記

食蝌蚪

鹿宜孫食蝌蚪炙於壽陽甕中頓進數器 北戎集

犛公對雪

犛公對雪尚隆之曰燹堆金井誰調湯餅吳水紊曰玉滿天山難刻珮環坐間服其韵精 姑臧記

屋瓦皆鏤

余宗伯屋瓦皆鏤竅穴千百雨則散如真珠用陳留瓦則堅而易鏤 三堂往事

三年不見羊角

皮蕃去北而復來鄱陽食竹笋曰三年不見羊角哀矣 叩頭錄

採星盆

嵇昌蓄採星盆夏月漬果則倍冷 叙聞錄

作剪刀

姑閣戲作剪刀以苜蓿根粉養之裁衣則盡成墨界不用人手而自行 握手集

左撚巾拭面

陽華用左撚巾拭面倍有光彩 白虞傳

砷石

李輔國葬父砷石用豆屑一千團磨瑩如紫玉砷字四面鐫葵花三百朵 晉公遺語

漬紙

以竹稍甘露和天南星漬紙一宿裁之刀去如飛 文房寶飾

除夜歎老

裴度除夜歎老迨曉不寐爐中商陸火凡數添也 金門歲節

印普賢象

玄奘以回鋒紙印普賢象施于四衆每歲五馱無餘 偉闌說錄

三辰酒

玄宗置麴清潭砌以銀甎泥以石粉貯三辰酒萬車以賜當制學士等 史諱錄

桑木根可作沉香想

裴休得桑木根曰若作沉香想之更無異相雖對沉

水香反作桑根想終不聞香氣諸相從心起常新錄

甲葢能與日輪爭功

韓愈刺潮州暑中出張皁葢歸而喜曰此物能與日輪爭功豈細事耶傳芳略記

雷門四老石

丁維輞川林下坐用當門四老石燈滅則石中鑽火事略

握麥芒刁字

牛僧孺進士時嘗麥芒刁字有謬誤隨手剛割點定

三賢點略

麒麟草

元和時館閣湯飲待學士者煎麒麟草鳳翔退耕傳

魚藻洞

魚朝恩有洞四壁夾安琉璃板中貯江水及萍藻諸色蝦號魚藻洞南康記

鼻出黃膠

賀知章忽鼻出黃膠數盆醫者謂飲酒之過從容錄

數米而食

沈休文羸劣多病日數米而食藥不過一筯青楊記

廬墓日影爲之不移

鄧寅廬墓墳土未乾日影爲之不移朧上記

飼牛以天麻飯

青齊間遇春耕則飼牛以天麻飯仍用錦縷繫于角上耕桑偶記

高麗絲結

張均妓多麗彈琵琶曲項上有高麗絲結趙詩爭奪致傷二指辨音集

元夜食牛脯祀天樞使

梁鄴上元後忽髮變如血卜曰元夜食牛脯祀天樞迎使夜行禱謝可免影燈記

菖蒲成獅子鸞鳳狀

僧普寂大好菖蒲房中以菖蒲種成獅子鸞鳳仙人之狀海墨微言

鴨肝猪肚

王縉飲酒非鴨肝猪肚筯輒不舉醉仙圖記

吞花臥酒

虞松方春以謂握月擔風且留後日吞花臥酒不可過時 曲江春宴錄

庭椿不染風

盧携夢人贈句曰若問登庸日庭椿不染風初不解其言後數年携拜相庭下古椿一株雖狂風驟雨不濕不搖 鳳池編

屋竅如七星

鄭廣文屋室破漏自下望之竅如七星 逢原記

日用斗麪爲糊以供緘封

順宗時劉禹錫干預大權門吏接書尺日數千禹錫一一報謝緘珠盆中日用麪一斗爲糊以供緘封 宣武盛事

麪如棗核而中空

揚埏游上供家食一物如棗核中空其實麪也埏詢其法供笑而不言 河中記

雲仙雜記卷六

蕤賓鐵

樂工廉郊師於曹綱綱曰教授人多矣未有此性靈弟子也郊嘗池上彈蕤賓調忽聞芰荷間有物跳躍出岸乃方響一片有知者識是蕤賓鐵也指撥精妙致律呂相應物類相感耳 琵琶錄

截鐙留鞭

姚崇牧荊州受代日闔境民泣撫馬首截鐙留鞭以表瞻戀 開元天寶遺事

蜂蝶慕香

都下名妓楚蓮香國色無雙每出則蜂蝶相隨慕其香 同上

自煖盃

內庫有青酒盃紋如亂絲其薄如紙以酒注之溫溫然有氣相次如沸湯名自煖盃 同上

遊仙枕

龜兹國進一枕色如瑪瑙枕之則十洲三島四海五湖盡入夢中帝名遊仙枕 同上

辟寒犀

交趾國進犀一株以金盤置於殿中暖氣襲人使者曰此辟寒犀也 同上

喚鐵

太白山居士郭休有運氣絕粒之術以繩繫一鐵片子鳥獸聞之即集庭下名曰喚鐵 開元天寶遺事

冰山

進士張彖力學有大名楊國忠用事爭詣門彖獨不往曰爾輩謂楊公之勢可倚如太山耶以吾所見乃

冰山也皎日一照則當悮人後登第爲華陰尉歎曰丈夫有凌雲蓋世之志拘於下位若立身於矮屋中使人擡頭不得遂拂衣長往 同上

花裀

學士許慎與親友宴花圃中聚花鋪座曰吾自有花裀何消坐具 同上

風流藪澤

長安平康坊妓女所居新進士以紅牋名紙遊其中時謂此坊爲風流藪澤 同上

筆頭生花

李太白少夢筆頭生花後天才贍逸名聞天下

百寶欄

上賜國忠木芍藥國忠以百寶爲欄 開元遺事

吸花露

貴妃每宿酒初消多苦肺熱凌晨傍花枝口吸花露潤肺 同上

含玉嚥津

貴妃素有肉體苦熱肺渴每日含一玉魚藉其凉津

沃肺 同上

夜明枕

虢國夫人有夜明枕光照一室不假燈燭 同上

粲花

李白與人譚論皆成句讀如春葩麗藻粲於齒牙時號李白粲花之論 同上

二鶴擲卵

嘉陵江上見二鶴擲卵相上下以接之蓋習其飛也其胎教之意乎又翅羽未成[illegible]

然其天性俊勇是亦躁進之類

山雞自愛

山雞自愛其色終日映水目眩則溺死

天心月脇

皇甫湜稱愈文曰窮天心出月脇

茗戰

建人謂鬭茶爲茗戰

金鹿銀麞

天子北征曹奴之人觴天子于洋水之上賜金鹿銀麞今有地上得銀豘金狗之類皆古賂夷狄奇貨　穆天子傳

溫柔鄉

成帝謂合德爲溫柔鄉曰吾老是鄉矣不能效武帝求白雲鄉也樊嫕賀曰陛下眞得仙者合德號爲婕妤　趙后外傳

六甲行厨

左慈明六甲能役鬼神坐致行厨　葛洪傳

老子僕徐甲

老子西度關關令尹喜知其非常人從之問道老子大驚舌㗲然故號老聃老子耳有三漏手握十文其僕徐甲約日直百錢自隨二百年計欠七百二十萬錢甲詣關令索所欠令問老子老子對曰甲久應死吾以太玄清生符救之得至今日使甲張口向地符出丹書文字如新甲立成一聚枯骨令知老子神異叩頭請命復以符投骨上甲乃復生

龍牀

韓志和有道術憲宗時獻一龍牀坐則鱗鬣爪角皆動又於御前以蠅虎子數十人分隊舞梁州曲皆中音節　沈汾傳

九色鳳鶵

東方朔游房林之野獲九色鳳鶵　洞冥記

懷夢草

鍾火山有香草武帝思李夫人東方朔獻帝懷之即夢見名懷夢草　洞冥記

青鶴

羽山之北有鳥曰青鶴聲如鍾磬世語曰青鶴鳴時

太平 拾遺記

寶井

范蠡收四方難得之貨或藏之井塹謂之寶井麗色溢於閨房謂之游宮 拾遺記

瓊廚金穴

光武皇后弟郭況家工冶之聲不絕人謂之郭氏之室不雨而雷東京謂況家為瓊廚金穴

流香渠

靈帝起裸游館千間渠水遶砌蓮大如蓋長一丈其

葉夜舒晝卷名夜舒荷宮人靚粧解上衣著內服或共裸浴西域貢茵墀香煮湯餘汁入渠號流香渠

書倉

曹曾積石為倉以藏書名曹氏書倉

如願

有商人過清湖見清湖君君問所須商曰但乞如願君許之果得一婢如願即其名也商有所求悉能致之後因正旦如願晚起商人撻之走入糞壤中不見今人正旦以細繩繫偶人投糞掃中云乞如願

金虀玉膾

吳都獻松江鱸魚煬帝曰所謂金虀玉膾東南佳味也 南部烟花記

閃電窗

帝觀書處窗戶玲瓏相望金鋪玉觀輝映溢目號為閃電窗 南部烟花記

雲仙雜記卷七

元白兩不相下

元微之白樂天兩不相下一日同詠李花微之先成曰葦綃開萬朵樂天乃服綃陳也葦白而綃輕 高隱外書

仙人栢葉書

郭天民巧思横生能摺書爲反覆如栢葉狀鄉人謂之仙人栢葉書 安成記

家庖百品

張元厚家庖百品日日不變有綦機缸二千盛貯皆滿 梁福廬陵記

硯中出白影珠

侯道昌因雨置龜頭硯於簷下承溜以滌之俄而滌處見硯中出白影珠十顆有患目者煑珠水洗之皆愈 馮正雲金谿記

陳蕃待客

陳蕃待客井飯以鹿脯芼羹以牛脯未嘗別爲異饌 黃傾積殖譜

桂人好食蝦蟆

桂人好食蝦蟆仍重乾菌爲糝赴食者至以餘饌包歸遺兒女雖汚衫不恥 張洞林桂林志

霜露能染紅紫

雞管山霜可染紫白廳潭露能染紅爲天下冠恨人無知者 常奉眞相潭記

蒲桃髻

小兒髮初生爲小髻十數其父母爲兒女相勝之辭曰蒲桃髻十穗勝五穗 李明之衡山詩

方囊盛金錢

富人賈三折夜以方囊盛金錢於腰間微行市中買酒呼秦聲女置宴 方德遠金陵記

千眼仙人赴東林寺

廬山遠法師命盡之日山中峯澗寺落皆見千眼仙人成隊執幡幢香花赴東林寺法師死乃止 十三賢共住廬山記

洛如花

吳興山中有一樹類竹而有實似莢狀鄉人見之以問陸澄澄曰名洛如花郡有文士則生 張寶就印錄

虱念阿房宮賦

揚州蘇隱夜卧聞被下有數人齊念阿房宮賦聲緊而小急開被視之無他物惟得虱十餘其大如豆殺之即止 清異志

甲乙膏

蜀人二月好以豉雜黄牛肉爲甲乙膏非尊親厚知不得而預其家小兒三年一享 浣沙聚地志

魚脊出金釵

寶曆中西陽人見釣魚師有魚腦貫黄文愛而買歸

食至脊上出金釵一隻長六寸 唐餘錄

團沙捏成睡嵇康

房琯少時曾至洲渚上團沙捏成睡嵇康甚有標態見者多愛之 童子通神錄

樂音泉

强村有水方寸許人欲取之唱浪淘沙一曲即得一盃味大甘冷村人因名曰樂音泉 玄山記

石斧砍斷詩手

杜甫子宗武以詩示阮兵曹兵曹答以石斧一具隨使兴詩還之宗武曰斧父斤也兵曹使我呈父加斤削也俄而阮聞之曰誤矣欲子砍斷其手此手若存天下詩名又在杜家矣 出文覽

清水郎君

司馬伯姝買得鴨卵一枚非常珍重夜猶未食夢曰此卵乃徐龍幼子清水郎君也不殺將富姝乃放之 三峯集

徐鳳儀杖

徐鳳儀有一杖直如筆管其後每年生一節二十年

每年縮一節三月則杖之四面青赤白黑各開一花不知何木也 蘭案解餘事

劒生神芝則天下晏清

成都朱善存家世寶一劒每生神芝則天下晏清如安史黄巢之亂劒皆吐黑烟厲天不差毫釐 玉塵集

聚芳圖百花帶

宗測春遊山谷見奇花異草則係于帶上歸而圖其形狀名聚芳圖百花帶人多效之 高士春秋

李花如飛

伍貫卿居沅陵家有李花一株月夜奴婢遥見花作
數團如飛仙狀上天去花上露水倏然作雨數千點
花亡矣 樞要錄

起藁窻上

江總爲文次至吟詠得意則起藁於窻上不堪示則
投置溷中久而文遂工矣 文筆襟喉

蜜浸烏梅解宿醒

陳永陽王宿醒未解則爲蜜浸烏梅每啖不下二十
枚清醒乃已 樵人直說

榕粉

小兒瘡痂以榕粉日傅之則易瘥而無痕 出汗漫錄

灰山

無棣有灰山山南有石竅其中二麥無數取之不極
三賢典略

嗜蛤蜊

吐突承璀嗜蛤蜊炙以鐵絲床數澆鹿角漿然後食
傳芳畧記

諢衣

穆宗以玄紵白書素紗墨書爲衣服賜承幸宮人皆
淫鄙之詞詩號諢衣至廣明中猶有存者 史諱錄

三樣錢買二色酒

西門季玄造二色酒白酒中有墨花斟於器中花亦
不散其中有肝石故也崔道旅以金銀銅錢來酤曰
以我三樣錢買君二色酒欲辭得乎 常新錄

大筍中有眼睛

裴晉公於藍田得一大筍破之有三四眼睛而香美
過甚乃與予序分食之 晉公遺語

雨點螺磨紙

治紙之昏而不染墨者用雨點螺磨紙左右三千下
其病去矣 文房寶飾

沈休文多病

沈休文多病六月猶綿帽溫爐食薑椒飯不爾則委
頓 自慶集

盲郭璞

路巖幼病有人稱善醫禳之術巖用之不效歎曰此
盲郭璞也 搔首集

淨眼僧

傳法寺淨眼僧能用藥煮烏頭施人治百疾皆驗又以機跡咒治痁破鐵城僞除鬼祟發無不抽 擔圃逸錄

竹節中神水

重午日午時有雨則急斫一竿竹竹節中必有神水瀝取和獺肝爲圓治心腹塊聚等病 出金門歲節

醸換骨醪

憲宗釆鳳李花醸換骨醪晉國公平淮西回黃帊金餅恩賜二斗 敘聞錄

畏藷藥

李輔國大畏藷藥或人因以示之必眼中火出毛髮皆瀝血因致大病 叩頭錄

分香蓮

三堂使宅有鍮仙池一種蓮子一歲再結實子十隻其花盼香兼桃梅萸菊郡人傳分香蓮不論錢 三堂雜事

雪竹播頭

趙綸妻死遺雪竹播頭於堦下不數日化爲楊梅花朶如撒時人異之 姑臧前後記

遇棋仙

卞子京遇棋仙束帶拜金鑄紫堂仙仍坐於席上勝克之利萬不失一 手參棋訣

焚杜甫詩飲以膏蜜

張籍取杜甫詩一帙焚取灰燼副以膏蜜頻飲之曰令吾肝腸從此改易 詩源指訣

藏盤筵於水底

白氏履道里宅有池水可泛舟樂天每命賓客繞舡以百十油囊懸酒炙沉水中隨船而行一物盡則左

右文進之藏盤筵於水底也 窮幽記

七井生涼

霍仙鳴別墅在龍門一室之中開七井皆以雕鏤木盤覆之夏月坐其上七井生涼不知暑氣 雲林異景志

雲仙雜記卷八

八角玉升

宣帝時西𢘅陁國貢八角玉升夏以水澆之則無暑冬以火迫之無寒與事甚衆 逄夏記

失去周字知唐必興

則天初稱周方具告天開文有吏人見大周字上有兩仙童長二三寸執刀剗削斯須視之失去周字入知唐必復興 鳳池編

曲江春遊

曲江春遊之家以脂粉作紅餅竿上成雙挑掛夾雜

畫帶前引車馬 曲江春遊錄

毛詩卷染油代燭

倪芳飲後必有狂悖括然不耻或以毛詩卷染油代燭醉遊徹曉 醉仙圖記

眉睫間常化佛

清涼僧海豐苦行二十餘年人見其眉睫間常化佛千百大如黍米往來遊行已不覺也 清涼僧海

好李花致富

終南及廬岳出好李花雨市貴侯富民以千金買種終廬有致富者 耕桑偶記

一物如人眼睛

蕭餘上元夜於宣陽里酒盤下得一物如人眼睛其體類美石光彩射人餘夜遊市肆開置掌中每行黑闇衢巷隨身光明三尺毫末可鑒後因而飛出 影歷記

造笙

初造笙每管中入荻根細沙一豆許遇吹時飛砂於中激揚聲愈清徹近世樂工未有知者惜夫 辨音集

喬敷嗜魚

喬敷嗜魚而貧日向漁人貸食漁人送魚一斤則以白至標門記之後日償債年律一終白至盈門 壠上書

浮陽筍

九華小民浚池得物狀類竹根旁有一銘曰浮陽筍太古孕舉投醑缶三年不盡民不識字使人讀之試以豆一斗造醑投物其中果三年不減 時逢道士清陽記

爪甲間皆出雲煙

魏郡開成中大旱徧禱山岳或言西沈陸先生道行

精明請之必驗太守以下乃携杏酒青羊以備牲醪告于山中先生受禮訖對太守呼吸數過五指連拂之爪甲間皆出雲煙之氣惟中指氣象甚盛先生曰郡中雨得足諸縣皆獲八分亦可小稔已而其說不誣 從容録

石魚

南康有狂人周可大見魚必買數十頭食餘棄于几上人謂隨郎臭腐可大以手摩之皆爲石魚後年餘友人訪之見其紙裹石魚粮以啖客新香不異常魚 逍遙公南康記

王母惜黃中李過蟠桃

西王母居龍月城城中產黃中李花開則三影結實則九影花實上皆有黃中二字王中惜之過於蟠桃與紫陽眞官博戲則以一二百枚遞分勝負 集眞記

重黎盞酌水

宣武判官洪子昇延嵩山鍊師在宅值大雨堦庭彌滿欲上堂戶子昇有憂色鍊師取懷中重黎盞酌水不滿盃而庭砌隨已乾矣 宣武盛事

時元亨鍊眞

方山道人時元亨鍊眞歇世三十餘年精唾涕淚俱惜之七十髮不白走如奔馬宋先生曰吾以小術令此子三日卽死乃於酒中以羊豕腦一拌啖之元亨不覺也飲罷便苦頭痛下痢明日便出如剝淨雞頭肉者二三升許又明日元亨果卒 河中記

孫逢年好酒色老不衰

長安孫逢年日一醉無虛席妓妾曳綺羅者二百餘人晚年衰憊齒皆蚛齲空處如樓閣而舊好不衰 長安後記

王維居輞川地不容塵

王維居輞川宅宇既廣山林亦遠而性好溫潔地不容浮塵日有十數掃飾者使兩童專掌縛帚而有時不給 洛陽要記

磁石益眼

益眼者無如磁石以爲盆枕可老而不昏寧王宮中多用之 豐寧傳

魚喜鹿胎香

揚州太守圍丘惠會僚友于轉沙亭集境內漁戶令日所得魚多者有金帛之賞有一漁人以肉物作塊散懸於網上取魚培衆力凡十網得魚三千六百無甚小者衆慚而退太守詢之曰魚喜鹿胎之香適散懸者乃此物也下網召之萬魚畢聚矣　揚州事迹

降魔寺僧以名召魚

東川降魔寺僧吉祥魁梧多力受飯五鉢日夜誦經九函池中魚知其數以名召之背出水面使去即沒　蜀晉錄

并代人喜嗜麪

并代人喜嗜麪切以吳刀淘以洛酒滌斗貯之繫鼓集老幼自以多寡取之至飽　河東備錄

鶴識字

衛濟川養六鶴日以粥飲啖之三年識字濟川檢書皆使鶴銜取之無差　金城記

洗心糖

茅地經冬燒去枝梗至春取土中餘根白如玉者搗汁煎之至甘可爲洗心糖　幽燕異記

桃花絲

青齊間有一種桃李盛開時垂絲至二三尺採之績以松脂遍相纏結織成鞋履寄往都下人皆不辨何物　青州雜記

秘寄泉

甘塘社有一水方丈瑩潔春夏不竭旱則禱之應時雨下然牛馬猪羊飲之肥澤雞鴨鴈飲之必死鄉民緣可救旱號秘寄泉　鄴都名錄

怯夜幡

胡陽白壇寺幡刹日中有影月中無影不知何故因號怯夜幡　金臺記

魚鱉隨世安危

大禹治水功成令江淮河海神曰魚鱉衰盛隨世安危自此之後年必小減使其價遞增以食晚末之民應天意也　禹功記

書冊以竹漆爲糊

凡書冊以竹漆爲糊逐葉微攤之不惟可以久存字畫兼紙不生毛百年如新此宮中法也　白氏金鎖

眞脫絲布

人之爲文語意疎慢者眞脫絲布文士之病莫大乎此 鍾嶸何眼

入酒中沐浴使毛髮識味

石裕方明造酒數斛忽解衣入其中恣沐浴而出告子弟曰吾平生飲酒恨毛髮未識其味今日聊以設之庶無厚薄 酒中玄

龍口渠

翰林有龍口渠通內苑大雨之後必飄諸花蕋經由

而出有百種香色名不可盡春月尤妙 金鑾密記

口中現五色牙齒

孔戣好術藝延接方士多所傳授能口中現五色牙齒彩色光絢一瞬即改 止戈集

李有九標

薛瑀陳叔達於龍昌寺看李花相與香雅細淡潔密宜月夜宜綠鬢宜白酒 承平舊纂

斗盆燒乳頭香

曹務光見趙州以斗盆燒乳頭香十斤曰財易得佛

難求 [illegible]相[illegible]學錄

鼠精李

王侍中家堂前有鼠從地出其穴即生李樹花實與好此鼠精李也 好事集

猪肝中有藏書

白浦民割猪肝肝中有一紙大如手色如新書云煙蒼蒼明年無糧次年巢寇起州郡多荒 纂異記

酒魔

常元載不飲羣僚百種強之辭以鼻聞酒氣已醉其中一人謂可用術治之即取針挑元載鼻尖出一青

蟲如小蛇曰此酒魔也聞酒即畏之去此何患元載是日已飲一斗五日倍是 玄山記

糠市

洛陽振德坊皆貧民側享糟糠之薄賀知章目爲糠市 從容錄

品物互徵古事

房璘至人家凡閱四筵摘其品物互徵古事一一切當 河中記

雲仙雜記卷八終

雲仙雜記卷九

一杯羹三萬錢

李德裕奢侈每食一杯羹其費約錢三萬雜珠玉寶貝雄黃朱砂煎汁爲之過三煎即棄其滓 獨異志

縑繫南山樹

明皇問富人王元寶家財多少對曰請以一縑繫壁下南山樹南山樹盡臣縑未窮 博異志

心織筆耕

翰林盛事云王勃所至請託爲文金帛豐積人謂心

織筆耕 北里志

燕奴

有術士於腕間出彈子二丸皆五色叱令變化即化雙燕飛騰名燕奴又令變即化二小劒交擊須臾復爲丸入腕中 洞微志

三斗爛腸

殷洪遠云周旦腹中有三斗爛腸 金樓子

金菜玉蔬

始皇遣徐福入海求金菜玉蔬并一寸椹

無腸公子

蟹曰無腸公子龜曰先知君

駭雞犀

通天犀中有白紋如絲者置米其上以飼雞雞見驚走名駭雞犀刻爲魚形持入水水輒開 出抱朴子

天鼓

雷曰天鼓雷神曰雷公 抱朴子

虎狼稱呼五君

山中寅曰稱虞吏者虎也稱當路君者狼也稱東王

父者麋也西王母者鹿也成陽公者狐也社君者鼠也 抱朴子

鵲巢稱穴

鵲巢知風之所起稱穴知水之高下暉日知宴陰諧知雨 暉日鴆鳥也陰諧雌也出淮南子

靈運鬚

謝靈運美鬚臨刑施南海祇洹寺爲維摩詰鬚寺中寶惜中宗時安樂公主五日鬬百草遣人取之仍劣棄其餘 國史纂異

没了期

錢鏐封吳越王工役大興士卒嗟怨或夜書府門曰没了期没了期修城纔了又開池鏐出見之命吏書曰没了期没了期春衣纔了又冬衣嗟怨頓息 五代史補

拔釘錢

趙在禮在宋州所爲不法百姓苦之一日制下移鎮永興百姓相賀曰眼中拔却釘矣可不快哉在禮聞之上表乞還鎮朝廷許之在禮每日率錢一千號拔釘錢遂獲百萬 同上

釜中龍

南唐時有蒼頭持龍水圖來貨或得之將褾爲衣忽釜中雲蒸起見二龍騰躍穿壁而去

黃紙寫勑

貞觀中太宗詔用麻紙寫勑詔高宗以白紙多虫蛀尚書省須下州縣並用黃紙

食玉炊桂

蘇秦之楚三日乃得見王辭行王曰曾不少留對曰楚國食貴於玉薪貴於桂謁者難得見如鬼王難得

鬼如天帝臣食玉炊桂因鬼見帝王曰聞命矣 戰國策

鷸蚌

趙且伐燕蘇代爲燕謂惠王曰臣過易水蚌方出曝而鷸啄其肉蚌合而箝其喙鷸曰今日不雨明日不雨即有死蚌蚌曰今日不出明日不出必有死鷸兩不相舍漁者得而并之 同上

釐婦

魯人有獨處室者隣之釐婦亦獨處夜暴風雨釐婦室壞趨而託焉魯人閉戶曰男女不六十不閒居今

子幼吾亦幼是以不敢納婦曰何不學柳下惠然嫗不逮門之女魯人曰下惠則可吾固不可吾將以吾之不可學下惠之可 釐婦寡婦也 孔子家語

螳螂搏輪

齊莊公出獵有螳螂舉足將搏其輪御曰此蟲知進而不知退不量力而輕就敵莊公曰以爲人必爲天下勇士矣於是廻車而避之而勇士歸之 同上

銅鶴樽

韓王元嘉有一銅鶴樽背上注酒則一足倚滿則正不滿則傾側 朝野僉載

鵲尾杓

陳思王有鵲尾杓柄長而直置之酒樽凡王欲勸飲者呼之則尾指其人 同上

麒麟楦

唐楊炯每呼朝士爲麒麟楦或問之曰今假弄麒麟者必修飾其形覆之驢上宛然異物及去其皮還是驢耳無德而朱紫何以異是 同上

喙長三尺手重五斤

陸餘慶爲洛州長史善論事而謬於決判時嘲之曰說事則喙長三尺判事則手重五斤 同上

鶴鳴鷄樹

鳳閣侍郎桓景儉文章知識並高遠時號鶴鳴鷄樹 朝野僉載

鳩集鳳池

王及善才行庸猥爲內史號鳩集鳳池 出朝野僉載

金剛舞夜叉歌

隋諸葛昂高瓚爭爲豪侈昂屈瓚串長八尺餅濶丈

[illegible]飲罷如杜酒行自作金剛舞以送之璜復屈昴以車行酒馬行肉碓斬繪碾蒜虀自唱夜了歌以送之 朝野僉載

金戺玉階

明光殿金玉珠璣爲簾箔金戺玉階晝夜光明在桂宮中 三輔皇圖

傳座

長安風俗元日以後遞飲食相邀號傳座 南部新書

寶苗

山中有葱下必有銀有薤下必有金有薑下必有銅錫山中有玉者木旁枝下垂謂之寶苗

築糠三尺

新羅人泛海漂墮鬼國鬼執之曰汝能與我築糠三尺乎汝欲鼻長一丈乎其人請築久不成乃爲鬼拔其鼻如象 酉陽雜俎

飜綍入水

玄宗嘗令左右提飜綍入池水中復出曰向見屈原笑臣爾遭逢聖明何亦至此 同上

龍巢飜

夷陵江或浮大木敝塞水而上人爲之龍巢飜 北夢瑣言

見李思戒

明宗不豫馮道入問因指果實曰如食桃不康他日見李思戒 北夢瑣言

一步一計

李克用入魏博覘之城上有旗幟來往晉王曰劉鄩一步一計更令審探果縛芻爲人縛旗於上以驢負之循城而行鄩軍遁已二日矣 同上

通神錢

張延賞判度支有獄頗冤濫公召吏嚴戒旬日須了明日案上有小帖子曰錢三萬貫乞不問此獄公怒更促之明日帖子云五萬貫公亦怒明日復見帖子曰錢十萬貫遂止不問所親問之公曰錢至十萬通神矣無不可爲之事吾懼及禍不得不止也 幽閒鼓吹

九花虬

代宗時范陽貢馬額高九寸眞虬龍也身被五花紋號九花虬後以賜郭子儀 杜陽雜編

上清珠

開元初罽賓國王貢上清珠光照一室有仙人玉女雲鶴搖動其中有水旱兵革之灾虔祝無不應驗 同上

副急淚

宋世祖謂劉德願曰卿哭貴妃悲者當厚賞德願應聲慟哭撫膺擗踊涕泗交流上甚悅故用豫州刺史以賞之上又令醫術人羊志哭貴妃志亦嗚咽極悲他日有問志者曰卿那得此副急淚志曰我爾日自哭亡妾耳 通鑑

五花館

荆南舊有五花館待賓之上地也故眩上成納詩曰不是上台憐姓字五花賓館敢從容 南部新書

烏龍

會稽人張然滯役經年不歸婦與奴私通然養一狗名曰烏龍後然歸奴懼事覺欲謀殺然狗注睛視奴奴方興手烏龍盪奴奴失刀仗然取刀殺奴 續搜神記

駙馬如戟

山陰公主淫恣悅褚彥回以白帝帝召彥回西上閤宿十日公主夜就之備見逼迫彥回整身而立從夕至曉畢不移志公主謂曰君鬚髯如戟何無丈夫意彥回曰雖不敏何敢首為亂階 通鑑

田舍翁十斛麥

李勣入見上問之曰朕欲立武昭儀為后褚遂良固執以為不可遂良既顧命大臣事當且已乎對曰此陛下家事何必更問外人上意遂決許敬宗宣言於朝曰田舍翁多收十斛麥尚欲易婦況天子立后何豫諸人事而妄生議乎 同上

赤鳳凰

后所通宮奴燕赤鳳者雄捷能超樓閣兼通昭儀十月五日宮中故事上靈安廟吹塤擊鼓連臂踏歌赤鳳凰來曲后曰赤鳳凰為誰來昭儀曰赤鳳為姊來寧為他人乎后怒以杯擲昭儀裙曰鼠子能噬人乎昭儀曰穿其裙見其私足矣安在噬人乎帝微聞其事以問昭儀昭儀曰以漢家火德故以帝為赤鳳帝信之大悅 趙后外傳

雲仙雜記卷十

蕤賓鐵

樂工廉郊師於曹綱綱曰教授人多矣未有此性靈弟子也郊常池上彈蕤賓調忽聞芰荷間有物跳躍出岸乃方響一片有知者識是蕤賓鐵也指撥精妙致律呂相應物類相感耳 琵琶錄

截鐙留鞭

姚崇牧荊州受代日闔境民泣撫馬首截鐙留鞭以表攀戀 開元天寶遺事

蜂蝶慕香

都下名妓楚蓮香者國香無及每出則蜂蝶相隨慕其香 同上

自暖盃

內庫有青酒盃紋如亂絲其薄如紙以酒注之溫溫然有氣相次如沸湯名自暖盃 同上

遊仙枕

龜茲國進一枕色如瑪瑙枕之則十洲三島四海五湖盡入夢中帝名遊仙枕 同上

辟寒犀

交趾國進犀一株以金盤置於殿中暖風襲人使者曰此辟寒犀也 同上

喚鐵

太白山居士郭休有運氣絕粒之術以繩繫一鐵片子鳥獸聞之即集庭下名曰喚鐵 開元天寶遺事

冰山

進士張彖力學有大名楊國忠用事爭詣門彖獨不往曰爾輩謂楊公之勢可倚如太山耶以吾所見乃冰山也皎日一照則當悞人後登第爲華陰尉歎曰

丈夫有凌雲蓋世之志拘於下位若立身於矮屋中使人擡頭不得遂拂衣長往 同上

花裀

學士許慎與親友宴花圃中聚花鋪座曰吾自有花裀何消坐具 同上

風流藪澤

長安平康坊妓女所居新進士以紅牋名紙遊其中時謂此坊爲風流藪澤 同上

筆頭生花

李太白少夢筆頭生花後天才贍逸名聞天下同上

百寶欄

上賜國忠木芍藥國忠以百寶爲欄開元遺事

吸花露

貴妃每宿酒初消多苦肺熱凌晨傍花枝口吸花露潤肺同上

含玉嚥津

貴妃素有肉體苦熱肺渴每日含一玉魚藉其凉津

沃肺同上

夜明枕

虢國夫人有夜明枕光照一室不假燈燭同上

梨花

李白與人譚論皆成句讀如春葩麗藻粲於齒牙時號李白梨花之論同上

二鵲擲卵

嘉陵江上見二鵲擲卵相上下以接之蓋習其飛也其胎教之意子又趨羽木成躍出巢穴往往墮崖而死其天性俊勇是亦躁進之類

山雞自愛

山雞自愛其色終日映水目眩則溺死

天心月脇

皇甫湜稱愈文曰穿天心出月脇

茗戰

建人謂鬬茶爲茗戰

金鹿銀麕

天子北征曹奴之人觴天子于洋水之上賜金鹿銀

麕今有地上得銀豘金狗之類皆古賂夷狄奇貨穆天子傳

溫柔鄉

成帝謂合德爲溫柔鄉曰吾老是鄉矣不能效武帝求白雲鄉也樊嫕賀曰陛下眞得仙者合德號爲婕妤趙后外傳

六甲行厨

左慈明六甲能役鬼神坐致行厨葛洪傳

老子僕徐甲

老子西度關關令尹喜知其非常人從之問道老子大驚舌﨑然故號老聃老子耳有三漏手握十文其僕徐甲約日直百錢自隨二百年計欠七百二十萬錢甲詣關令索所欠令問老子對曰甲久應死吾以太玄清生符救之得至今日使甲張口向地符出丹書文字如新甲立成一聚枯骨令知老子神異叩頭請命復以符投骨上甲乃復生

龍牀

韓志和有道術憲宗時獻一龍牀坐則鱗鬣爪角皆

動又於御前以蠅虎子數十人分隊舞梁州曲皆中音節 沈玢傳

九色鳳鶵

東方朔游房林之野獲九色鳳鶵 洞冥記

懷夢草

鍾火山有香草武帝思李夫人東方朔獻帝懷之即夢見名懷夢草 洞冥記

青鷸

羽山之北有鳥曰青鷸聲如鍾磬世語曰青鷸鳴時

太平 拾遺記

寶井

范蠡收四方難得之貨或藏之井塹謂之寶井麗色溢於閨房謂之游宮 拾遺記

瓊厨金穴

光武皇后弟郭况家工冶之聲不絕人謂之郭氏之室不雨而雷東京謂况家爲瓊厨金穴

流香渠

靈帝起裸游館千間渠水遶砌蓮大如蓋長一丈其

葉夜舒晝卷名夜舒荷宮人靚粧解上衣著内服或共裸浴西域貢茵墀香煮湯餘汁入渠號流香渠

書倉

曹曾積石爲倉以藏書名曹氏書倉

如願

有商人過清湖見清湖君君問所須商曰但乞如願君許之果得一婢如願即其名也商有所求悉能致之後因正旦如願晚起商人撻之走入糞壤中不見今人正旦以細繩繫綿人投糞埽中云乞如願

金齏玉膾

吳都獻松江鱸魚煬帝曰所謂金齏玉膾東南佳味也 南部烟花記

閃電窗

帝觀書處窗戶玲瓏相望金鋪玉觀輝映溢日號爲閃電窗 南部烟花記

說郛目錄

弓第一百二十

清異錄 陶穀

清異錄卷一

宋 陶穀撰 明沈 循閱

天文

龍潤

李煜在國時自作祈雨文曰尚乖龍潤之祥

䟦扈將軍

隋煬帝泛舟忽陰風頻發歎曰此風可謂䟦扈將軍

祈水

雨無雲而降非龍而作號爲祈水

天公絮

雲者山川之氣今秦隴村民稱爲天公絮

赤眞人

周季年東漢國大雪盛唱曰生怕赤眞人鄰來一夜

春後大宋受命

吼天氏

吉闓貧秋深大風晔人朱錄事富而輕闓後書小紙

諭闓前云闓洛師人也身寒而德備 曰吼天氏

作孽竊示威於闓

碧琉璃

王衍伶官家樂侍燕小池水澄天見家樂應制云一

傻聖琉璃

艷陽根

爲閣中書吏韋添天字謎云露頭更一日眞是艷陽

根

碧翁翁

晉出帝不善詩時爲俳諧語詠天詩曰高平上監碧

翁翁

吟飛白

老伶官黃世明常言遊事莊宗大雪內宴鏡新磨進

詞號吟飛白

天公玉戲

比丘淸傳與一客同入湖南客曰凡雪仙人亦重之

號天公玉戲

花糯扇

俗以開花風爲花糯扇潤花雨爲花沐浴至花老風

[illegible]斷送落花刑耳

驚世先生

驚世先生雷之聲也千里鏡電之形也

迷空步障

世宗時水部郎韓彥卿使高麗卿有一書曰博學記偷抄之得三百餘事今抄天部七事迷空步障霧威屑霰教水霜冰子雹氣母虹屑金星秋明大老大河

地理

黄金母

汾晉村野間語曰欲作千箱主問取黄金母意謂多

糞厚畜由耕耘所致

空青府

契丹東丹王突買巧石數峰目爲空青府

隱士泥

秣陵孟娘山土正白色目曰白埒土用護始調塗其四堵因呼隱士泥

寵仙

宋維翰壽辰裴晉德獻太湖石一塊上有鐫字金填曰寵仙

琉璃變

劉東叔賦臘月雨云且雨且凍山徑滑是誰作此琉璃變

青銅海

許老圃紀生一鉏芘三十口病篤呼子孫戒曰此土十畝地便是青銅海也

七絃水

武夷山有石如立壁鑿隱一泉分七派山僧顥堅名爲七絃水

一十辛

積麥以十辛日下子不得過三辛收澇不得過三辛上場入倉亦用辛日

君道

蕭閑大夫

劉鋹僭立奢麗自恣在宮中自稱蕭閑大夫

候窗監

南漢劉晟廳側置宮人掌更則窗以候曉宮人謂之候窗監

摘爪手

人君號能選才者莫如唐太宗然瀛洲十八人許敬宗乃得與如摘爪手耳取之既多其中不容無濫

掃國眞人

隋裴寂待選京部一日郊飲遇老人畫地上沙土曰掃國眞人宗太又曰玉環天子宗玄又曰丹丘上聖宗憲告寂云三百年中最雄者此三人耳

彩局兒

開元中後宮繁衆侍御寢者難於取捨爲彩局兒以定之集宮嬪用骰子擲最勝一人乃得專夜宦璫私號骰子爲剉角媒人

大昏元年

王曦紹僭號梁闕越淫刑不道黄峻曰合非永隆號是大昏元年

紫明供奉

武帝宮内供奉賜坐食井露琵蠻鵰山藥池浴既退凌夜宮嬪離次上獨映琉璃屏籠觀青乂之繡簇颯召才人問宮家今日以何消遣上曰綠羅供奉已去紫羅供奉宮人特譽不來與紫明供奉燈相守熟讀尚書無逸篇數遍朕非不能取熱鬧快活正要與弦管尊罍暫時隔破

容易郎君

晉少主志於富貴纔進族名即問幾錢拜官賜職出於談笑幸臣私號容易郎君

媚豬

劉鋹昏縱角出得波斯女年破瓜黑腯而慧艷善淫曲盡其妙鋹嬖之賜號媚豬

官志

風力相國

越公楊素專恣既久包藏可畏四方寒心不敢直指故以風力相國槩之

潤家錢

南漢地狹力弱事例卑猥州縣時會僚屬不設席而分饋阿堵號潤家錢

分身將

梁將葛從周忠義驍勇每臨陣東西南北忽焉如神

晉人稱爲分身將

肉雷

來紹乃唐酷吏俊臣之裔天稟驚忍以决罰爲樂嘗
宰郃陽生靈困于孽手創造鐵繩千條或有令不承
則急縛之仍以其半槌手往往委頓僵肆枯木之威
則百囚俱斷轟響震動一邑時呼肉雷

百和參軍

袁象先判衢州時幕客謝平子癖於焚香至忘形廢
事同僚蘇收戲刺一札伺其亡也而投之云鼎炷郎

守衢州百和參軍謝子平

赤心榜

張聿宰華亭治政凜然凡有府使賦外之需直榜邑
門民感其誠指爲赤心榜

小宰羊

時戢爲青陽丞潔己勤民肉味不給日市豆腐數箇
邑人呼豆腐爲小宰羊

牛皮綳鐵鼓

[illegible]州錄事參軍齊翺廉勤明察羣吏呼爲牛皮綳

饑甚言難緩也

軟繡天街

本朝以親王尹開封謂之判南衙羽儀散從粲如圖
畫京師人歎曰好一條軟繡天街近日士大夫騎吏
華繁者亦號半里嬌

脯掾

何敬洙帥武昌時司倉彭湘餘習知膳味就中脯腊
尤殊敬洙徹掌公厨郡中號爲脯掾

裹頭冰

宋城王鑄賦天眖勵已如冰玉百姓呼爲裹頭冰天
眖去後和凝來尉頗得天眖餘味加以儒而文民間
語曰去了裹頭冰却得一段著脚琉璃

名字副車

鄧州别駕令狐上選政貪性疎百姓呼名字副車

人事

鬧佉

佉元亮馬氏時湖湘宰退居長沙門常有客宴會無
虛日人目爲鬧佉

九龍燭

杜黄裳當憲宗初載深謀密議脊禮敦優生日例外別賜九龍燭十挺

呷大夫

家述常聿修仕爲蜀爲太子左贊善大夫西人皆滑稽聿修倜述酒瓮將與呷門求飲未通大道已見譽耻濡筆書壁曰酒客乾喉去唯存呷大夫

九福

天下有九福京師錢福眼福病福屏帷福吳越口福洛陽花福蜀川藥福秦隴鞍馬福燕趙衣裳福

蓬窠巷陌

四方指南海爲烟月作坊以言風俗尚淫今京師需色戶將及萬計至于男子舉體自貨進退恬然遂成蓬窠巷陌又不止烟月作坊也

手民

木匠總號運金之藝又曰手民手貨

女及弟

齊魯燕趙之種蠶收繭訖主蠶者簪通花銀碗謝祠廟村野指爲女及弟

不動尊

宣武劉錢民也鑄鐵爲筭子薄遊妓求釵奩劉子厭之姥曰郎君家廂裏許多青銅教做不動尊可惜爛了風流拋散能使幾何劉子云我爺喚筭子作長生鐵况錢乎

瓩宰

廣席多賓必差一人慣習精俊者充瓩宰使舉職律衆

金搭膝

温韜少無賴牽人幾死市魁將送官謝過魁前拜逾數百魁釋之韜每念之以爲耻既貴達拍金薄搭膝帶之曰聊酬此膝

女行

烟脂虎

朱氏女沉慘狡妬嫁爲陸慎言妻慎言宰尉氏政不在已吏民語曰烟脂虎

冠子蟲

除弱婦人爲冠子蟲謂性若蟲也有傷無補

補闕燈檠

貞時儒李大壯畏服小君萬一不遵號令則叱令正坐爲綰匾髻中安燈盌然燈火大壯屛氣定體如枯木土偶人諢目之曰補闕燈檠

黑心符

萊州長史于義方著黑心符一卷錄以傳後黑心者繼婦之德名也

君子

髯佛

滑州賈寧性仁恕賑饑救患耆稚愛慕之以寧多髯遂皆以髯佛呼之

老雅陳

巴陵陳氏累世孝謹鄉里以老雅陳目之謂烏鴉能反哺也

百悔經

闒士劉乙嘗乘醉與人爭妓女既醒慚悔集書籍凡飲因酒致失賈禍者編以自警題曰百悔經自此不飲至于終身

樂天羹

周維簡隱洪州西山嘗云得米三四石樂天羹七百二十碗足了一年之費

私麼

蟲使

莊宗時伶官朱國賓天姿乖狠衆皆畏恨以其閩人號爲蟲使

腹兵

荊楚賈者與閩商爭宿邸荊賈曰爾一等人橫面蛙言通身劍戟天生玉網腹內包蟲閩商應之曰汝輩腹兵亦自不淺蓋謂荊字從刀也

瓮精

螺川人何晝溥有文藝而屈意於五侯鯖尤善酒人以瓮精誚之

釋族

的乳三神仙

太祖陳橋時太后方飯僧于寺懼不測寺主僧普以

身敝上受禪[illegible]的乳三神仙

引飯大神

禪家未粥飯先鳴椎維那掌之叢林目淨椎爲引飯

大師維那爲　椎都督

鉢盂精

行脚僧鶩舉子驢舉子不忿僧曰麻衣鬼著汝何時

會林舉子揚鞭曰鉢盂精且理會取養命圖

雙撚布

長安素上人四時止雙撚布爲三衣執一鬼脚杖而

巳

寄生囊

梓潼雙燈寺僧書一頌曰撞來好箇寄生囊云云趺

坐而化

泥融覺

比丘無染遊廬山春雨路滑忽仆石上由是洞見本

源士大夫稱爲泥融覺

紫織

護嘉充士胃微僭奢如貴要子弟旋織小疊勝羅染

伊服號紫織力

三隻韈

去習者雲行一至峨眉山而隱蓄三隻韈常川二補去

歲久裂帛交雜望之茸茸焉自呼爲獅子韈

仙宗

饕餮仙

近世事仙道者不務寡欲多搜黃白術貪婪無厭宜

謂之饕餮仙

草

昌九

宣春太守虞杲郡齋植昌蒲五檻次子夢髯翁自號

昌九言願賜保養

科名草

杜荀鶴舍前椿樹生芝草明年及第以漆彩飾之安

几硯間號科名草

蕉迷

南漢貴璫趙純節性惟喜芭蕉凡軒窻館宇咸種之

時稱純節爲蕉迷

綠天

懷素居零陵菴東郊治芭蕉亘帶幾數萬取葉代紙而書號其所曰綠天菴曰種紙厥後道州刺史追作綠天銘

馨列侯

唐保大二年國主幸飲香亭賞新蘭詔苑令取滬溪美土爲馨列侯擁培之具

蕭寒郡假節侯

蘆之爲物大類此君但[illegible]事侯陵改素爲傀耳故好事君子號蘆爲蕭寒郡假節侯

木

綠卿

王彪臨池賦云碧氏方將宅龜魚而蕩漾綠卿高拂宿烟霧以參差

平頭筍

海南島中一類筍極[illegible][illegible]而甚短島人號平頭筍

文章樹

張曲江里第之側有古桮背因狂風發其一根解爲器其花紋甚奇人又以公之[illegible][illegible]冠世目之曰文章樹

蚱蜢竹

江湖間有一種野竹其[illegible][illegible]如[illegible]狀小民曰此蚱蜢竹也

鞾鞻樹

金鄉路上一老榆[illegible]者就樹下易草履飼以其[illegible]意而去行人指[illegible]鞾鞻樹

邊幼節

[illegible]幼傳休奕作墓誌曰邊幼節字脆中晉林琅邪死建隆二年三月二十五日立石

清異錄卷二

花

小南強

南漢地狹力貧不自揣度有欺四方傲中國之志每見北人盛誇嶺海之強世宗遣使入嶺館接者遺茉莉文其名曰小南強及本朝鋹主面縛偽臣到闕見洛陽牡丹大駭歎有縉紳謂曰此名大北勝

睡香

廬山瑞香花始緣一比丘晝寢盤石上夢中聞花香

烈酷不可名既覺尋香求之因名睡香四方奇之謂乃花中祥瑞遂以瑞易睡

獨立仙

孟昶時每臘日内官各獻羅體圈金花樹子梁守珍獻忍冬花樹金于花上曰獨立仙

錦洞天

李後主每春盛時梁棟窻壁柱栱階砌並作隔筒密插雜花榜曰錦洞天

黃玉玦

錢俶以弟信鎮湖州後圃芙蓉枝上穿一黃玉玦枝梢交雜不知從何而穿也信截幹取玦以獻人謂真仙來遊留此以驚世耳

樓羅曆

劉鋹在國春深令宮人鬭花凌晨開後苑各任採擇少頃勑還宮鎖花門膳訖皆集角勝負于殿中宦士抱關宮人出入皆搜懷袖置樓羅曆以驗姓名法制甚嚴時號花禁負者獻耍金耍銀買燕

紫風流

廬山僧舍有麝囊花一叢色正紫類丁香號紫風流江南后主詔取數十根植于移風殿賜名蓬萊紫

婪尾春

胡嶠詩詩裏數枝婪尾春時人罔喻其意桑維翰曰唐末文人有謂芍藥爲婪尾春者婪尾酒乃最後之杯芍藥殿春亦得是名

金剛不壞王

鏻宗賞花短歌云長生白又䴉黃共拜金剛不壞王謂菊花也

雨天三昧
蜀昶春餘宴後苑飛紅滿空昶曰彌陀經云雨天曼陀羅華此景近似今日觀化工之雨天三昧宜召六宫設三昧燕

瀛州玉雨
司空圖菩薩鬘謂梨花爲瀛州玉雨

嚴山圭木
韓恭叟離合栀桂二字爲嚴山圭木

百宜枝杖
酴醾木香事事稱宜故賣插枝云百宜枝杖此洛社故事也

花腊
腊粉流愛重酴醾盛開時置書冊中冬間取以插鬢蓋花腊耳

香瓔綬帶
許能賞酴醾詩云香瓔綬帶雪纓絡

花太醫
蘇直善治花瘠者腴之病者安之時人競稱爲花太醫

菓

瑞聖奴
天寶年内中柑樹結實帝曰與貴妃賞御呼爲瑞聖奴

餘甘尉
鄴中環桃特異後唐莊宗曰昔人以橘爲千頭木奴此不爲餘甘尉乎

省事三
北蓮實狀長少味出藕頗佳然止三孔　漢語轉譯其名曰省事三

蜜父蠟兒
建業野人種梨者誇其味曰蜜父種枇杷者恃其色曰蠟兒

赤誌翁
予嘗以鴨卵及蓮枝一稔紅餉符昭遠介還送一詩云聖胎初出赤誌翁醜杖旁扶赤誌翁

河東飯

晉王嘗窮追汴師糧運不繼蒸栗以食軍中遂呼栗爲河東飯

雞冠棗

睢陽多善棗雞冠棗宜作脯醍醐棗宜生啖或謂棗是聖花兒

紅雲宴

嶺南荔枝固不逮閩蜀劉鋹每年設紅雲宴正紅荔枝熟時

月一盤

蜀孟昶月旦必素飧性喜薯藥左右因呼薯藥爲月一盤

玉角香

新羅使者每來多鬻松子有數等玉角香重堂棗御家長龍牙子惟玉角香最奇使者亦自珍之

鐵脚梨

木瓜性益下部若脚膝筋骨有疾者必用焉故萬家號爲鐵脚梨

黄金類

丘鵬南出甘蔗啖朝友云黄金類

百二子

河東葡萄有極大者惟土人得啖之其至京師者百二子紫粉頭而已

御蟬香

洛南會昌中瓜圃結五六實長幾尺而極大者類蛾綠其上皺文酷似蟬形圃中人連蔓移土檻貢上命之曰御蟬香挹腰綠

百子瓮

果中子繁者惟夏瓜冬瓜石榴故嗜果者目瓜爲百子瓮

獨子青

遼東一處有瓜若磽沃則以酒代水實成破爲十房若房中止有一子而長數寸食一顆可作十日糧國人珍之名獨子青

瓜戰

吳越稱霅上瓜錢氏子弟逃暑取一瓜各言子之的數言定剖觀負者張宴謂之瓜戰

鼻選

瓜最盛者無踰齊趙車擔列市道路濃香故彼人云未至舌交先以鼻選

袂寶

崔遠家墅在長安城南就中袂池産巨藕貴重一時相傳爲袂寶又曰玉臂龍

九天材料

一時之果品類幾何惟假蜂蔗川糖白鹽藥物煎釀曝粉各隨所宜郭崇韜家最善乎此知味者稱爲九

天材料

蔬

崑味

落蘇本名茄子隋煬帝緣飾爲崑崙紫瓜人間但名崑味而已

千金菜

高國使者來漢隋人求得菜種酬之甚厚故因名千金菜今萵苣也

百歲羹

俗號虀爲百歲羹言至貧亦可具雖百歲可長享也

子母蕨

湖南馬氏有雞狗坊卒長能種子母蕨

一束金

杜頠食不可無韭人懇其嗽候其僕市還潛取棄之怒罵曰奴狗奴狗安得去此一束金也

和事草

葱和羹衆味若藥劑必用甘草也所以文言曰和事

草

玉乳蘿蔔

王薁善營度子弟不許仕宦每年止火田玉乳蘿蔔壺城馬面菘可致千斛

筍奴菌妾

江右多菘菜粥筍者惡之罵曰心子菜盖筍奴菌妾也

笑矣乎

南蕈有一種食之令人得乾笑疾士人戲呼爲笑矣乎

蒜五代宮中呼麝香草

麝香草

錬鶴一羹醉猫三餅

居士李巍求道雪竇山中畦蔬自供有問巍曰日進何味荅曰以錬鶴一羹（蓋爲錬得身形似鶴形也）醉猫三餅（巍以時蘿薄荷搗餅爲餅）問者語所親者以濤饑道者旦暮必以菜解

纏齒羊

袁居道不求問達馬希範聞延入府希範病酒厭膏膩居道曰大王今日使得貧家纏齒羊詢其故則蔬

茹

淨街槌

瓠少味無韻葷素俱不相宜俗呼淨街槌

藥

迎年佩

咸通後士風尚於正旦未明佩紫赤囊中盛人參木香如豆樣時時傾出嚼吞之至日出乃止號迎年佩

師子朮

潛山產蒼朮以其盤結醜怪有獸之形因號爲師子朮

却老霜

却老霜九錬松枝爲之辟穀長生

日面天腸福衛壽車

大清草木方云服雲母者成日面天腸餌鍾乳者登福衛壽車

草創刀圭

高麗博學記云酥名大刀圭醍醐名小刀圭酪名木刀圭乳腐名草創刀圭

火輪三昧

凡病膏肓之際藥攻難比鍼灸之所以用也鍼長於宣壅滯灸長於氣血古人謂之延年火又曰火輪三昧

火靈庫

昌黎公愈晚年頗親脂粉故事服食用硫黃末攪粥飯啖雞男不使交千日烹庖名火靈庫公間日進一隻焉始亦見功終致絶命

回頭青

香附于湖湘人謂之回頭青言就地劉去轉首已青
也
禽
羹本
郝輪陳別墅畜雞數百外甥丁權伯勸諭輪畜一雞
日殺小虫無數況損命莫知紀極豈不寒心輪曰汝
要我破除羹本雖親而實疏也
插羽佳人
豪少年尚畜鴿號半天嬌人以其蠱惑過於嬌女艷
清異錄　八卷二　十
妖呼為插羽佳人
家常臘肭脯
臘肭脯不可常得野雀久食積功固亦峻緊蓋家常
臘肭脯也
婆娑兒
鄭遨隱居有高士問何以閑目對曰不淫目於婆娑
兒即側耳於鼓吹長謂玩既而聽蛙也
黒鳳凰
禮部郎康凝畏妻甚有聲妻嘗病求烏雅為藥而積
雪未消難以網捕妻大怒欲加捶楚凝畏懼涉泥出
郊用粒食引致之僅獲一枚同雀劉尚賢戲之曰聖
人以鳳凰來儀為瑞君獲此免禍可謂黒鳳凰矣
兀地奴
世呼鵝為兀地奴爲謂其行步盤跚耳
減脚鵝
御史符昭遠曰鴨頗類乎鵝但足短耳宜謂之減脚
鵝
兀亭仙
清異錄　八卷二　十二
鸛多在殿閣鴟尾及人家屋獸結巢故或有呼兀亭
仙者
肉寄生
章貢小蒙川蘇氏山林多鳩賓客滿坐可悉饜飫一
網數十百咄嗟可具故其黨戲之曰此君家肉寄生
也
啞瑞
于頔董天休俱為鄜州從事頔文辨天休木訥而衣
冠甚麗一日有吏人獲錦雉來獻頔笑曰此物[illegible][illegible]

參錯但鳴不中律呂亦啞瑞而已矣

長生網

鶉之爲性鬭同類之聲則至熟其性必求鶉之善鳴者誘致則無不獲自號引鶉爲長生網

族味

鶉捕之者多論網而獲故雌雄羣子同被鼎俎世人文其名爲族味

碧海舍人

隋宦者劉繼詮得芙蓉鷳二十四隻以獻毛色如芙

蓉帝甚喜置北海中曰鷳字三品鳥宜封碧海舍人碧一作北

人日鳥

南唐主建封不識文義族子有動植疏俾吏錄之其載鴿事以傳寫訛謬分一字爲三變而爲人日鳥矣建封信之每人日開筵必首進此味

納膾塲小尉

取魚用鸕鷀快捷爲甚人遂謂曰小舟郎納膾塲鸕鷀乃小尉耳

相如錦

相如文君用鷫鸘裘貰酒長沙浪士王渲與名倡董和仙客爲麗服塗鷫鸘狀號相如錦久而都下亦效之

獸

白沙龍

馮翊産羊膏嫩第一言飲食者必推馮翊白沙龍爲首

珍郎

天后好食冷修羊腸張昌宗冷修羊手札曰珍郎殺身以奉國

角仙

華清宮一鹿十年精俊不衰人呼曰角仙

玉署三牲

道家流青言麞鹿麂是玉署三牲神仙所享故奉道者不忌

糟糠氏

爲唐陳喬食蒸肫曰此糟糠氏面目殊乖而風味不

不潑也

金鞍使者

王昶傾金錢市名馬凡得五匹各有位號曰金鞍使者千里將軍致遠侯渥洼郎驥國公

尾君子

郭休隱居太山畜一　猻謹恪不踰規矩呼曰尾君子

綠耳梯

江南後主同氣宜春王從謙常春日與妃侍遊宮中

後圃妃侍觀桃花爛開意欲折而條高小黃門取綵梯獻時從謙王乘駿馬擊毬乃引韁至花底痛採芳菲顧謂嬪妾曰吾之綠耳梯何如

白雪姑

余在輦轂至大街見揭小榜曰虞大博宅失去猫兒色白小名曰雪姑

肉麻

吉祥座杜重威馬也肉鞍床景延廣馬也

肉竈燒丹

開運中術士曹毆道來謁自陳能肉竈燒丹借廳修養詢其說肉竈者末生硃砂飼羊羔脯乃供厨借廳者素女容成閉陽采陰之意

清異錄卷三

蟲

塗金折枝蜻蜓

後唐宮人或網獲蜻蜓愛其翠薄遂以描金筆塗翅作小折枝花子金線籠貯養之爾後上元賣花者取象爲之售于遊女

花賊

溫庭筠嘗得一句云蜜官金翼使偏于知識無人可屬久之自聯其下曰花賊玉腰奴予以謂道盡蜂蝶

篆愁君

臨川李善寧之子十歲能即席賦詩親友嘗以貧家壁試之畧不搆思吟曰椒氣從何得燈光鑿處分拖涎來藻飾惟有篆愁君拖涎蝸牛也

青林樂 音樂

唐世京城遊手夏月採蟬貨之唱曰只賣青林樂婦妾小兒爭買以籠懸窻戶間亦有驗其聲長短爲勝負者謂之仙蟲社

爾雅蟲

小符折字爲賦得父緒餘予過其家正見雅賓李若獲小符曰此蟲雅哉予曰予將拆爾爲二出雅字以張本若作爾雅蟲無疑也適中其諱轟笑而已

魚

一命鰻鱺

江南紫微郎熈載酷好鰻鱺庖人私語曰韓中書一命二鰻鱺

王字鯉

鯉魚多是龍化額上有眞書王字者名王字鯉此尤通神

裙襴大夫

晉祠小池蓄老鱉大如食盤不知何人題闌桯曰裙襴大夫烏衣開國何元美後失鱉所在

水晶人

二三友來訪買得蝦蝌具饌語及唐士人逆風至長須國娶蝦女事坐客謝秉沖曰蝦女豈不好白角衫裹箇水晶人滿筵無不大笑

蝦人

僞德昌宮使劉承勳嗜蟹但取圓殼而已親友中有
言古重二螯承勳曰十萬白八敵一箇黄大不得謂
蟹有八足故云

筴舌蟲

盧絳從弟純以蟹肉爲一品膏嘗曰四方之味當許
含黄伯爲第一後因食二螯筴傷其舌血流盈襟絳
自是戲純蟹爲筴舌蟲

軟釘雪籠

京洛白鱔極佳烹治四方罕有得法者周朝寺人楊

承祿造脫骨獨爲魁冠禁中時亦宣索承祿進之文
其名曰軟釘雪籠

水族加恩簿

吳越功德判官毛勝多雅戲以地產魚蝦海物四方
所無因造水族加恩簿

肢體

髭聖

唐文王虬須壯冠人號髭聖

玉版刀

小生昨晴開明窗深爐之會時詹際串脯正乾温胃
宜取以侑觴衆賓用小刀削食獨立侑之左右咬嚼
捷如虎兒一坐譁云丘至簿口中自有玉版刀也

十樣佛

世有十樣佛皆禿首者也一僧二尼三老翁四小兒
五優伶六角觝七淘魚漢八打狐人九禿瘡十酒禿

五百斤肉磨

晉祖時寺宦者廖習之體質魁梧食量寬博食物勇
捷有若豺虎晉祖嘗云卿腹中不是脾胃乃五百斤

肉磨

針史

自唐末無賴男子以劄刺相高或鋪輞川圖一本或
砌白鹿天羅隱二人詩百首至有以平生所歷郡縣
飲酒蒱博之事所交婦人姓名齒行第坊巷形貌之
詳一一標表者時人號爲針史

作用

齒牙春色

裴師德位貴而性通豁尤善捧腹大笑人謂顛齒爲

鑿開春色

口歎手怒

和魯公慷慨厚德毎滑稽則哄堂大笑時博士楊永符能草聖有省郎問魯公笑聲戲謂楊曰丞相口歎笑丞符曰予丞事筆墨方揮掃之際亦謂太傅手怒耶

混沌譜

華山陳眞人隱於睡竭嵑士宬朝一常事眞人得睡之崖畧後還鄉惟睡而已郡南劉垂範往謁其從以

睡告垂範坐寢外聞齁鼾之聲雄美可聽退而告人曰寇先生睡中有樂乃華胥調雙門曲也或曰未審譜記何如垂範以濃墨塗紙滿幅題曰混沌譜云即此是也

小太平

郭尚賢嘗云服餌導引之餘有二事乃養生火要梳頭洛脚是也尚賢毎夜先髮後脚方寢自曰梳頭洛脚長生事臨卧之時小太平

軟盡虛空藏

人而無信不知其可也浮屠者流謂若將妄語誑衆生自招拔舌塵沙劫今世假裴桃杏義修樓閣雖士大夫尚不能免况屠沽乎余不敢誆訾輒借菩薩名加兩字稱曰軟盡虛空藏

居

竹節洞

洛下公卿第宅棊布而郭從義爲符巧匠蔡奇獻様起竹節洞通貫明窮人以爲神工然從義亦不甚以爲佳終往他所

不思議堂

懿代崇佛法館宇踰制佛骨至起不思議堂將奉遺體工半帝升遐

秋聲館

余銜命渡淮入廣陵界維舟野次縱步至一村圃有碧蘆方數畝中隱小室榜曰秋聲館時甚愛之不知誰家之别墅意主人亦雅士也

覽驪亭

周初樞密王峻會朝臣予亦預焉引坐覽驪亭下

矜其名呼吏問之曰太尉暇日悉閱廐馬於此爲娛
玩焉

懈宮

懈宮孟蜀高祖晩年作以畫屏七十張關百紐而鬬
之用爲寢所

含薰閣

長安富室王元寶起高閣以銀鏤三稜屏風代籬落
密置香槽自花鏤中出號含薰閣

自在窻

韓熙載家故縱姬侍第側建横窻絡以絲繩爲觀覘
之地初惟市物後或調戲贈與所欲如意時人目爲
自在窻

棧王家

王驤家壽春山郊隔山陂以木棧通之其門人遂目
爲棧王家

金迷紙醉

癰醫孟斧昭宗時常以方藥入侍唐末竄居蜀中以
其熟於宮故治居宅法度奇雅有一小窻窗[illegible]
罩皆金紙光瑩四射金采奪目所親見之歸語人曰
此室暫憩令人金迷紙醉

高明世界

陳犀罷司農少卿省女兄于姑蘇適上元夜觀燈車
馬喧闐目奪神醉歎曰涉水霜泛州水乍見此高明
世界頓覺神明頓遠落觀

長慶赤

穆宗喜華麗所建殿閣以紙膏膠水調粉飾墻名雪
花泥又一等鰾清和丹砂末謂之長慶赤

藏用仙人

廣府劉龔僭大號晩年亦事奢靡作南薰殿柱皆通
透刻鏤礎石各置爐燃香故有氣無形上謂左右曰
帝論車燒沉水却成麁踈爭似我二十四箇藏用仙
人縱不及堯舜禹湯不失作風流天子

蝶菴

李愚告人予夙夜在公不曾爛遊華胥國意欲於洛
陽買水竹作蝶菴謝事居其間菴未下手銘已畢上
菴中當以莊周爲開山第一祖陳搏配食然忙者難

為汪籍供職

醉漏亭

王震為天福國子博士好觀雨中漏疎稠出没每副就四階狹擁處寫曰滿心醉焉張嶙嘯藏之曰公宜以此亭為醉漏

衣服

珠絡平金朝天幞頭

廣順初簿閱太廟雜物其間有珠絡平金朝天幞頭一事

順裹

郢王鳳曆之叛別制幞頭鄣如唐巾但更雙腳為仙藤耳其徒號為順裹

聖逍遥

同光既即位猶襲故態身預俳優尚方進御巾裹名品曰新令伶人所預尚有合其遺製者曰聖逍遥

李家寬

清泰燕服凡兩品幞頭李家寬者漆𫆐加金線稜盤四腳差細

安豐頂

南漢僭創小國乃作平頂帽自冠之由是風俗一變皆以安豐頂為尚

化巾

桑維翰服蟬翼紗大人帽庶表四方名為化巾

韓君輕格

韓熙載在江南造輕紗帽匠帽者謂為韓君輕格

減樣方平帽

羅隱帽輕巧簡便省朴人竊倣學相傳為減樣方平帽

千重襪

唐制立冬日進千重襪其法用羅帛十餘層錦夾絡之

蒸黃透繡襖子

明宗天資恭儉嘗因暑寒左右進蒸黃透繡襖子不肯服索托羅氈襖衣之

遵王履

宣宗性儒雅令有司倣孔子履製進名魯風䝉相

楮王倣之而微殺其式別呼爲遵王履

脆玉條

武帝緣金丹示孽中燒躁亂内侍前膺福希旨進脆玉條用鍮作虛帶以氷條裸腹繫之心腑俱凉移時銷鎔復別更替

佛光袴

潞王從珂出馳獵從者皆輕零衫佛光袴佛光者以雜色横合爲褲

小樣雲

士人暑天不欲露髻則頂矮冠清泰間都下星貨鋪賣一冠子銀爲之五朶平雲作三層安置計止是梁朝物匠者遂倣傚造小樣求售

雨仙

張崇帥廣在鎮不法酷於聚斂從者數千人出遇雨雪皆頂蓮花帽琥珀衫所費油絹不知紀極市人稱曰雨仙

拂拂嬌

光年上因暇日晚霽登興平閣見霞彩可人命染院作霞樣紗作千褶裙分賜宮嬪是後民間尚之競爲衫裙號拂拂嬌

氅裝

男子出家學佛始衣楚碧墨遲裙黲黲謂之氅裝

闌單帶疊垛衫

諺曰闌單帶疊垛衫肥人也覺瘦嚴岩闌單破裂狀疊垛補衲盖掩之多

鳳尾袍

鳳尾袍者相國桑維翰時朱仕緇衣也謂其襤褸穿

結類乎鳳尾

芭蕉袴

余在翰苑以油衣漸故遣吏市新者回云馬行油作鋪目錄入朝避雨衫芭蕉袴一副二貫

闌頭債

晉朝賤者承人乏供八鞭之職猥蒙天眷一日大暑方下直還私室裸袒揮拂未須臾中使促召左右急報裏頭巾余歎曰阿僧祇劫中欠此闌頭債天使公禁林嚴緊地還之也

裝飾

脂粉簿

顯德中岐下嘆客入朝因言其家有舊書名脂粉簿載古今妝飾殊制

開元御愛眉

五代宮中畫開元御愛眉小山眉五岳眉垂珠眉月稜眉分梢眉涵烟眉國初小山尚行德之宦者實季明

臙脂暈品

僖昭時都事娼家競事妝唇婦女以此分妍否其點注之工名字差繁其略有臙脂暈品石榴嬌大紅春小紅春嫩吳香半邊嬌萬金紅聖檀心露珠兒內家圓天宮巧洛兒殷淡紅心腥腥暈小珠龍格雙（一作作暈）唐媚花奴樣子

淺文殊

范陽鳳池院尼童子年未二十濃艷明俊頗通宵遊創作新眉輕纖不類時俗人以其佛弟子謂之淺文殊眉

綠牙五色梳（色一作梳下同）

洛陽少年崔瑜卿多貲喜遊冶嘗爲娼女玉潤子造綠象牙五色梳費錢近二十萬

北苑妝

江南晚季建陽進茶油花子大小形製各別極可愛宮嬪縷金于面皆以淡妝以此花餅施于額上時號北苑妝

膠煤變相

瑩姐平康妓也玉淨花明尤善梳掠畫眉日作一樣

唐斯立戲之曰西蜀有十眉圖汝眉癖若是可作百眉圖更假以歲年當率同志爲修眉史矣有細宅（一作宅）眷而不喜瑩者謗之爲膠煤變相自招哀來不用青黛掃拂皆以善墨火煨染指號薰墨變相

陳設

瑞英簾

人家畜一簾赤紫色人在簾間自外望之繞身有光云得於天寶之亂蓋宮禁物也後歸于渾咸家有貴臣識之曰此瑞英簾耳

尊重綿帳

顯德中創行尊重綿淡墨體花深黃工部郎陳昌達好嫁飾家貧貨琴劍作綿帳一具

六合被

莊宗滅梁平蜀志頗自逸命蜀匠旋織十幅無縫錦爲被材被成賜名六合被

起紋秋水席

顯德中書堂設起紋秋水席色如葡萄紫而柔薄類綿疊之可置研函中吏偶覆水水皆散去不能沾濡

不識其何物爲之

楊花枕

盧文紀有玉枕骨故凡枕之堅實者悉不可用親舊間作楊花枕贈之遂獲安寢自是繼青繒充以柳絮一年一易

水精金脈屏風

成德節度王鎔求長生不死日延異人方士坐蓬宇映水精金脈屏風焚香讀飛昇可致吏民莫不爲[illegible]

鬪磨大同簟

李文饒家藏會昌所賜大同簟其體白竹也鬪磨平密了無罅隙但如一度膩玉耳

左宮枕

左宮枕青玉爲之體方平長可寢二人冬溫夏涼醉者破醒夢者遊仙云是左宮王夫人左宮以授杜光庭光庭進之蜀主與皇明帳爲解宮二寶

皇明帳

自知詳傳至祖但稱皇明帳不知所自色淺紅恐是鮫綃之類於纈紋中有十洲三島象施之大小床皆

稱可此爲怪耳夜則燦錯如金箔狀祖敗失所在

玉羅漢屏

京城北醫者孫氏有木纈小石屏石色赤纖上有正白如蒙頭坐僧頗類真京人相沿號玉羅漢屏孫家

逍遙座

一床施轉關以交足穿便條以容坐轉縮須臾重不數斤相傳明皇行幸頗多從臣或待詔野頓扈駕登山不能跂立欲息則無以寄身遂創意如此當時稱逍遙座

具

十二時盤

唐內庫有一盤色正黃圓三尺四周有物象元和中偶用之覺逐時物象變更且如辰時花草間皆戲龍轉巳則為蛇轉午則成馬矣因號十二時盤流傳及朱梁猶在

魚英托鏤椰子立壺

劉鋹僞宮中有魚英托鏤椰子立壺四隻各受三斗嶺海人亦以為罕有魚英盞魚腦骨精泊之可以成

器

仙臺秘府小中臼

郭從義管路第發池得一器受五升餘體如綠玉形正方其中可用杵物四角有蹲獸坐頂傍有篆文曰仙臺祕府小中臼按蘇鶚杜陽雜編仙臺秘府乃武宗修和藥餌之所

神通盞

文宗爲宦豎專橫動即掣肘頗以酬飲為娛嬪御之小臣者厭患之乎路內執事則造黃金盞以金蓮荷

[illegible]為玦束盤其實中空盞滿則可潛引入盤中人[illegible]知也遂有神通盞了事盤之號

五位餅

五位餅自同光至開運盛行以銀銅為之高三尺圍八九寸上下直如筒樣安嵌蓋其口有微窪處可以傾酒春日郊行家家用之

銀稜木瓜胡樣桶

段文昌微時貧幾不能自存既貴遂竭財奉身晚年尤甚以木瓜盞脚滕銀稜木瓜胡樣桶濯足蓋用木

瓜樹解合為桶也

九曲杯

以螺為杯亦無甚奇惟藪穴極彎曲則可以藏酒有一螺能貯三盞許者號九曲螺杯

小海甌

耀州陶匠創造一等平底深盌狀簡古號小海甌

抵鵲杯

抵鵲杯房州刺史元自誠物也類瓦而色淺黃夏月用浸桃李雖無堅雪而水與果俱冷齒盛冬時[illegible]則

竟不凍

占景盤

郭江州有巧思多創物見遺占景盤銅爲之花唇平底深四寸許底上出細筒殆數十餘用時滿添清水擇繁花插筒中可留十餘日不衰

燕羽觴

江南中書厨宰相飲器有燕羽觴似常杯而狹長兩邊作羽形塗以佳漆云者有宰相病目惡五色耗朋凡器用類改令黑

不二山

吳越孫總監承佑富傾霸朝用千金市得石緑一塊天質嵯峨如山命匠治爲博山香爐峯尖上作一暗竅出烟一則聚而且直穗凌空實美觀視親明傚之呼不二山

夜潲

溺曰房中弱水見於道書

琖中游妓

余家有魚英酒琖中陷園林美女象又嘗以沉香水精飯入盌清馨不散騎常侍黄霖曰陶翰林甑裏熏香琖中遊妓非好事而何

水晶不落

白樂天送春詩云銀花不落從君勸不落酒器也乃屈巵鑿落之類開運宰相馮家王有滑樣水晶不落一隻

玉太古

李煜僞長秋周氏居柔儀殿有主香宮女其焚香之器曰把子蓮三雲鳳折腰獅子小三神名字金鳳口

罌玉太古容華鼎凡數十種金玉爲之

烏身金奴

江南烈祖素儉寢殿燭不用脂蠟灌以烏臼子油但呼烏身案上捧燭鐵人高尺五云是楊氏時馬廐中物一日黄昏急須燭喚小黄門掇過我金奴來左右竊相謂曰烏身金奴正好作對

百八丸

和尚市語以念珠爲百八丸裴休見人執此則喜色可掬曰手中把諸佛寄子未見有隨三塗者也

還元竹

白紙行乎世簡牘之制遂絕予曾與所親許當取江湖大竹火上出汗候色變白磨瑩破之濶半寸長七寸厚三分兩兩膠固面目在外細線爲繩三道編聯使卷舒快利每片書字一行客則倍不欲人見者加囊封宜號還元竹終以身未至南但成漫語

方便囊

唐季王侯競作方便囊重錦爲之形如今之照袋每出行雜置衣巾篦鑑香藥詞册頗爲簡快

龍酥方丈小驪山

吳越外戚孫承佑奢僭異常用龍腦煎酥製小樣驪山山水屋室人畜林木橋道纖悉備具近者畢工承祐大喜贈蠍裝龍腦山子一座

金剛炭

金剛炭有司以進御爐圍徑欲及瓮口自唐宋五代皆然方燒造時置式以受柴稍劣者必退之小爐一爐可以終日

珠龍九五鞍

劉鋹自結珠龍九五鞍獻闕下頗甚勤勞

小摩尼數珠

漢隱帝之禍手中猶持小摩尼數珠凡一百八枚盖合浦珠也郭允明劫去

玉平脫雙蒲萄鏡

開運既私寵馮夫人其事猶祕會高祖御器用有玉平脫雙蒲萄鏡乃高祖所愛帝初即位舉以賜馮人咸訝之未久册爲皇后

仙音燭

同昌公主薨帝傷悼不已以仙音燭賜安國寺冀追冥福其狀如高層露臺雜寶爲之花鳥皆玲瓏臺上安燭旣燃點則玲瓏者皆動丁當清妙燭盡絕響莫測其理

金泥五簷傘

晉少主北還至孟津界一古寺遺下所張紫羅傘柄層疊垛簷仍泥金作盤花但朱柄折耳

薛醜刀

薛醜刀圖里人善栽植凡花穿接無不冠絕常持厚

有利刃芟洗繁穢人遂名此樣爲薛䰟刀

碧金仙

有刀蕭者携一鏡色碧體瑩背有字曰碧金仙大中元年十二月銅坊長老白九峯造余以俸粒五石換之置于文瑞堂呼爲銅此君

光音王

光政之賢會昌徼忌之帝因引照戲令宮嬪離合鏡字須臾以光音王奏帝曰鏡子封王耶帝不懌而罷距宣宗卽位止三四年

驕龍杖

天師杜光庭驕龍杖紅如猩肉重若圭石似非藤竹所爲相傳是仙人留賜

流星輦

蜀衍荒於遊幸乃造平底大車下設四囬軸每軸安五輪凡二十輪牽以駿馬騎去如飛謂之流星輦

巧先生

石守信掌庫奴蕭雲常博奕大北夜開庫私取錢將陰懼失鎖所在雲不敢明言但云不見叉手鐵龍有同類戲曰何不問巧先生求之意以銷口上御鑰鐵雲焉

眉匠

篦誠瑣縷物也然丈夫整鬢婦人作眉捨此無以代之余名之曰鬢師眉匠

主風神

余遊少室經壇院大暑疲薾其徒以扇進題曰經壇院主主風神而解事有可愛者

黑金社

廬山白鹿洞遊士輻湊每冬寒醵金市烏薪爲禦冬備號黑金社十月旦日命酒爲蟺爐會盎禦寒窻家張置毯褥以是日始也

黑太陽

黑太陽法出自韋郇公家用精炭擣治作末研米煎粥搜和得所預辦圓鐵範滿內炭末遲鐵而鎚實擊五七十下出範陰乾

廬州大中正

焚香栖匙七室既寒爐既深非遲七治灰則淺深峻

綏將馬扎哉七之爲功帑矣命之曰盧州大中正

木齒丹

修養家謂梳爲木齒丹法用奴婢細意者執梳理髮無數日愈多愈神

漆方士

王丞相溥還政閒居四方書牘答報皆手筆然不過百字目前事與親黨相問勸於紙扎封疊造赤漆小版書其上僕吏以帊蒙傳去雖一時間可發數十公自爲木箴後後加額拒安抽面以啓閉字濕則能護

之故又有漆方士漆雕開之名

光濟叟

同光年高麗行人至副使者部少卿上柱國朴嵓叟文雅如中朝賢士既行吏掃除其館舍得餘燭半梃其末紅印篆文曰光濟叟叟蓋以命燭也

鐵了事

杜岐公悰以剜耳匙子爲鐵了事見悰敗藁有云悰封邠國公恐非岐字

火寸

夜中有急苦於作燈之緩有智者批杉條染硫黃之待用一與火遇得燄穗然既神之呼引光奴今遂有貨者易名火寸

二儀刀

上饒葛溪鐵精而工細余中表以剪刀二柄遺贈交股屈環遇物如風經年不營一上有鑿字曰二儀刀公

惺惺二十一

歸徒隱語以骰子爲惺惺二十一又曰象六謂六

武副

清異錄卷四

文用

月團

徐鉉兄弟工翰染崇飾書具嘗出一月團墨曰此價值三萬

藏鋒都尉

蜀多文婦亦風土所致元微之素聞薛濤名因奉使使見焉微之矜持筆硯濤走筆作四友贊其略曰磨潤色先生之腹濡藏鋒都尉之頭引書媒而黯黯入

文畝以休休微之驚服傳記此載首蒲花發五雲高之何而遺此故錄之

壁友

余家世寶一硯不知何在形正圓腹作兩池底分三魚尸以承之紫潤可愛背陰有字云壁友銘云華先生製天受玉質研磨百爲夫惟歲寒非友而誰似是唐物

定名筆

唐世舉子將入場嗜利者爭賣健豪圓鋒筆其價十倍號定名筆筆工每賣一枝則錄姓名俟其榮捷即詣門求阿堵俗呼謝筆

剡溪小等月面松紋紙

先君畜白樂天墨跡兩幅背之右角有方長小黃印文曰剡溪小等月面松紋紙臣彥古等上彥古得非守臣之名乎

雪方池

和凝公有白方硯通明無纇瞬得之于峨嵋比丘公自題硯室曰雪方池

小金成

小金成命者徐關之硯體純紫而截腰有綠紋如城之女墻是以得名

四環鼓硯

宜城裁衣肆用一石鎮紫而潤予以謂堪爲硯材買之琢爲四鐶鼓硯綴以白玉環方圓逾一尺

發光地菩薩

舒雅才韻不在人下以戲狎得韓熙載之心一日得蔚螺甚奇宜用滑紙以備獻于熙載云遊中有無心

斑道人往諸門下名者材糙澀逆意可使道人訓之
即證發光地菩薩熙載喜受之發光地十地之一也
出華嚴書

畦宗郎君

歐陽通善書修飾文具其家藏遺物尚多皆就刻名
號研室曰紫方館金城盛研滴曰金小相鎮紙曰套
子龜（薰陸香獸）小連城（玉璽一作玉瓚）千鈞史（水筆鐵眠兒）界尺曰由
準氏芒筆曰畦宗郎君來槽曰半身龍

三灾石

蕭穎士文與隸人而矜躁為甚嘗至倉曹李韶家見
歙硯頗良既退謂同行者君識此硯乎蓋三灾石也
同行不喻而問之曰字札不奇研一灾文辭不美研
二灾窻几狼籍研三灾同行者歛眉頷之

寶箒

僞唐宜春王從謙喜書札學晉二王楷法用宣城諸
葛筆一枝價以十金勁妙甲當時號為翹軒寶箒士
人往往呼寶箒

副墨子

蜀人景煥博雅士也志尚靜隱卜築玉壘山茅堂花
榭足以自娛嘗得墨材甚精止造五十團曰以此終
身墨印文曰香璧陰篆曰副墨子

麝香月

韓熙載留心翰墨四方膠煤多不合意延歙匠朱逢
於書館傍燒墨供用命其所曰化松堂墨又曰玄中
子又自名麝香月匣而寶之熙載死妓妾携去了無
存者

寶相枝

開元二年賜宰相張文蔚楊涉薛貽寶相枝各二十
龍鱗月硯各一寶相枝斑竹筆管也花點勻密紋如
兔毫龍鱗石紋似之月硯形象之歙産也

字厄

蔡邕非紈素不下筆書篆老賊古姦太多魏晉人墨
跡類是第一等楮先生可謂自重今人不擇紙而書
已納敗闕更有用故紙者字之大厄也

尺二寃家

少師楊凝式書畫獨步一時求字者紙軸堆疊若垣

坐少師見則浩歎曰無奈許多債主眞尺二冤家也
少時怪聞立本戒子弟勿習丹青年長以來始覺以
能爲累

退鋒郎

趙光逢薄游襄漢濯足溪上見一方磚類碑上題字
云禿友退鋒郎功成鬓髮傷冢頭封馬鬣不敢負恩
光獨孤貞節立甎後積土如盎微有苔蘚蓋好事者
瘞筆所在

砑光小本

姚顗子姪善造五色箋光緊精華砑紙版乃沉香刻
山水林木折枝花果獅鳳虫魚壽星八仙鍾鼎文幅
幅不同文縷奇細號砑光小本

武器

玉柄龍

朔方裨將其父嘗夢朱衣黑幘人曰吾開陽長史天
命以玉柄龍授君若遇素髯翁宜付之後汾陽王誕
日部曲競獻珍異裨將以父所寶玉柄龍奉之意汾
陽即翁也得夢六日買是劒既藏四年歸汾陽

護聖將軍

貞明末帝夜於寢閤擒刺客乃康王友孜所遣帝自
劉之造雲母匣貯所用劒名匣曰護聖將軍之館

堅利侯

安祿山得飛剛寶劒欲奏上乞封劒爲堅利侯僚屬
以爲不可力止之

風流箭

寶曆中帝造紙箭竹皮弓紙間密貯龍麝末香每宮
嬪羣聚帝躬射之中者濃香觸體了無痛楚宮中名

風流箭爲之語曰風流箭中的人人願

一丈威

隋煬帝將征遼將軍麥鐵杖見帝悽愴誓死扞敵帝
賜御副鎗一丈威

托地仙

槍材難得十全魏州石屋林多有之楊師厚時賜鎗
效節軍皆采于此圖典所用多是絶品堅韌筋餘軍
不過四五等托地仙長腰奴范陽嬌金梢梟兒是也
更有風火枝聖蚰蜒顚曲弱軍中不收

小逡巡

王建初起軍中懸語代器械之名以犯者爲不祥至孟氏時猶有能道其略者劍曰奪命龍刀曰小逡巡鎗曰肩二斧曰鐵鐎摩甲曰千斤使弓曰潛尚書弩曰百步王箭曰飛郎鼓曰聖牛兒鑼曰響八旗曰愁眉錦鐵蒺藜曰冷尖

十二機弩

宣武騰子都尤勇悍其弩張一大機則十二小機皆發用連珠大箭無遠不及晉人極畏此文士戲呼爲

急龍車

火龍標

梁祖自初起每令左右持大赤旗緩急之際用以揮軍祖自目爲火龍標

玉靶兒腰品

唐劍具稍短常施於脇下者名腰品隴西人輩景珍有四方志呼盧酣酒衣玉篆袍珮玉靶兒腰品修飾若神人李太白嘗識之見感寓詩云玉劍誰家子西秦豪俠兒謂景珍也

金翅將軍

葛從周有水瑩鐵甲十年不磨治亦若鏡面遇賊戰不利甲必前昏事已還復從周常以候兇衄其驗若神日以香酒奉之設次于中寢曰金翅將軍之位

酒漿

太平君子

穆宗臨芳殿賞櫻桃進西凉州蒲萄帝曰飲此頓覺四體融和眞太平君子也

天祿大夫

王世充僭號謂羣臣曰朕萬幾繁壅所以輔朕和氣者唯酒功耳宜封天祿大夫永賴醇德

魚兒酒

裴晉公盛冬常以魚兒酒飲客其法用龍腦凝結刻成小魚形狀每用沸酒一盞投一魚其中

甘露經

汝陽王璡家有酒法號甘露經四方風俗諸家材料莫不備具

玉浮梁

傳聞李太白好飲玉浮梁不知其果何物余得吳婢
使釀酒因促其功答曰尚未熟但浮梁耳試取一盞
至則浮蛆酒脂也乃悟太白所飲蓋此耳

材虛漿

後唐時高麗遣其廣評侍郎韓申一來申一通書史
臨回召對便殿出新貢林虛漿賜之

觥籌獄

荆南節判單天粹宜城人性躭酒日延親朋强以巨
杯多致狼狽然人以其德善亦喜從之時戲語曰單

家酒筵乃觥籌獄也

麯世界

河陽釋法常性英爽酷嗜酒無寒暑風雨常醉醉即
熟寢覺即朗吟曰優游麯世界爛熳枕神仙

丑未觴

余開運中賜丑未觴法用雞酥棧羊筒子髓置醇酒
中煖消然後飲

甕宮集大成

雍都酒海也梁春常和泉病於井劉拾遺玉露春病
於辛皇甫別駕慶雲春病于顏光祿大夫致仕韋昕
取三家酒攬合澄窨飲之遂為雍都第一名甕宮集
大成甕宮謂耀州倩糯

禍泉

置之缾中酒也酌于杯注于腸善惡喜怒交矣禍福
得失岐矣倘夫性昏志亂膽脹身狂平日不敢為者
為之平日不容為者為之言騰煳焰事墮穽機是豈
聖人賢人乎一言蔽之曰禍泉而已

瓶盞病

嗜飲者無早晚無寒暑樂固醉愁亦如之閒因醉忙
亦如之肴核有無醪醴善否一不問典當抽那借貸
賒衖一不鄙日必飲飲必醉醉不厭貧不悔俗號瓶
盞病編揭本草細檢素問只無此一種藥

茗荈

十六湯

蘇廙仙芽傳第九卷載作湯十六法以謂湯者茶之
司命若名茶而濫湯則與凡末同調矣煎以老嫩言
者凡三品注以緩急言者凡三品以器標者共五品

以新論者共五品

湯社

和凝在朝率同列遞日以茶相飲味劣者有罰號爲湯社

縷金耐重兒

有得建州茶膏取作耐重兒八枚膠以金縷獻于閩王曦遇通文之禍爲内侍所盜轉遺貴臣

乳妖

吳僧文了善烹茶游荆南高保勉白子季興延置紫

雲菴日試其藝保勉父子呼爲湯神奏授華定水大師上人目曰乳妖

清人樹

僞閩甘露堂前兩株茶鬱茂婆娑宮人呼爲清人樹每春初嬪嬙戲摘新芽堂中設傾筐會

玉蟬膏

顯德初大理徐恪見貽鄉信鋌子茶茶面印文曰玉蟬膏一種曰清風使恪建人也

水豹囊

豹革爲囊風神呼吸之具也煮茶啜之可以滌滯思而起清風每引此義稱茶爲水豹囊

冷面草

符昭遠不喜茶嘗爲御史同列會茶嘆曰此物面目嚴冷了無和美之態可謂冷面草也飯餘嚼佛眼芎以甘菊湯送之亦可爽神

晚甘侯

孫樵送茶與焦刑部書云晚甘侯十五人遣侍齋閣此徒皆請雷而摘拜水而和蓋建陽丹山碧水之鄉

月澗雲龕之品愼勿賤用之

生成盞

饌茶而幻出物象于湯面者茶匠通神之藝也沙門福全生于金鄉長于茶海能注湯幻茶成一句詩共點四甌共一絶句泛乎湯表小小物類唾手辦耳

茶百戲

茶至唐始盛近世有下湯運匕别施妙訣使湯紋水脉成物象者禽獸虫魚花草之屬纖巧如畫但須臾即就散滅此茶之變也時人謂之茶百戲

漏影春

漏影春法用鏤紙貼盞糝茶而去紙偽為花身別以荔肉為葉松實鴨腳之類珍物為蕊沸湯點攪

苦師

皮光業耽茗事一日中表請嘗新柑筵具殊豐簪紱叢集纔至未顧尊罍而呼茶甚急徑進一巨甌題詩曰未見甘心氏先迎苦口師衆噱曰此師固清高而難以療饑也

饌羞

無心炙

段成式馳獵饑甚叩村家主人老姥出彘臛五味不具成式食之有逾土鼎曰老姥初不加意而殊美如此常令庖人具此品因呼無心炙

蓮花餅餡

郭進家能作蓮花餅餡有十五隔者每隔有一折枝蓮花作十五色自云周世宗有故宮婢流落因受顧十家婢言宮中人號蕊押班

縷子膾

廣陵法曹宋龜造縷子膾其法用鯽魚肉鯉魚子以碧筍或菊苗為胎骨

赤明香

赤明香世傳仇士良家脯名也輕薄甘香殷紅浮脆後世莫及

玲瓏牡丹鮓

吳越有一種玲瓏牡丹鮓以魚葉鬭成牡丹狀既熟出盎中微紅如初開牡丹

五福餅

湯悅逢人於驛舍士人揖食其中一物是爐餅各五事細味之餡料互不同以問七人嘆曰此五福餅也

輞川小樣

比丘尼梵正庖制精巧用鮓臛膾脯醢醬瓜蔬黃赤雜色鬭成景物若坐及二十人則人裝一景合成輞川圖小樣

逍遙炙

睿宗聞金仙玉真公主飲素日令以九龍食轝裝逍

隨身賜之

縷金龍鳳蟹

煬帝幸江都吳中貢糟蟹糖蟹每進御則上旋潔拭殼面以金縷龍鳳花雲貼其上

消災餅

僖宗幸蜀乏食有宮人出方巾所包麪半升許會村人獻酒一提偏用酒溲麪煿餅以進嬪嬙泣奏曰此消災餅乞強進半枚

道場羹

江南仰山善作道場羹菁麪蒓笋非一物也

法乳湯

明宗在藩不妄費嘗召幕屬論事各設法乳湯半盞蓋甕中粟所煎者

同阿餅

天成中帝令作同阿餅法用碎肉與麪搜和如臂刀截每隻二寸厚蒸之

轉身米

貴有力者治飯材舂揭簸汰但中心一顆存之轉身米

雙弓米

單公潔陽翟人耻言貧嘗有所親訪之留食饑態於正名但云啜少許雙弓

鄒平公食憲章

段文昌丞相尤精饌事第中庖所榜曰鍊珍堂在塗號行珍館家有老婢掌修變之法指授女僕老婢名膳祖四十年閱百婢獨九者可嗣法文昌自編食經五十章時稱鄒平公食憲章

社零星

予偶以農幹至莊墅適秋社莊丁皆㪚社零星盞用猪羊雞鴨粉麪蔬米爲羹

辣驕羊

和魯公嘗以春社遺節饌用奩惟一新樣大方碗覆以剪鏤蠟春羅椀内品物不知其幾種也物上而飯二焉禁庭社日爲之名辣驕羊

小四海

孫承佑在浙右嘗饌客指其盤筵曰今日水中南北

蛸蚌北之紅羊東之鰕魚西之栗無不畢備可謂富有小四海矣

鴈櫝

富家出遊運致饌具皆川椓櫝蒙以紫碧重簷覃衣兩人舁之其行列之盛有若推行旁觀號爲鴈櫝

八珍主人

醬八珍主人也醋食總管也反是爲惡醬爲厨司大耗惡醋爲小耗

酒骨糟

孟蜀尚食掌食典一百卷有賜緋羊其法以紅麴煑肉緊卷石鎮深入酒骨淹透使如紙薄乃進注云酒骨糟也

建康七妙

金陵士大夫淵藪家家事鼎鐺有七妙虀可照面餛飩湯可注硯餅可映字飯可打擦擦臺濕麪可穿結帶餅可作勸盞寒具嚼注驚動十里人

糟雲

釋鑒典天台山居頌湯王入甌糟雲上筯謂湯餅生

滑糟麓岐秀焉耳

花糕員外

皇建僧舍旁有糕坊主人由此入貲爲員外官蓋顯德中也都人呼花糕員外

于闐法全蒸羊

于闐法全蒸羊廣順中尚食取法爲之西施捧心學者愈醜

薰燎

龍腦著色小兒

以龍腦爲佛像者有矣未見著色者也汴都龍興寺惠乘寶一龍腦小兒雕製巧妙彩繪可人

刀圭第一香

昭宗嘗賜崔徹香一黄綾角約二兩御題曰刀圭第一香酷烈清妙雖焚豆大亦終日旖旎蓋成通所製賜同昌公主者

乾饐香

江南山谷間有一種奇木曰麝香樹其老根焚之亦清烈號乾饐香

靈芳國

後唐龍輝殿安假山水一鋪沉香爲山阜薔薇水蘇合油爲江池苓藿丁香爲林樹薰陸爲城郭黄紫檀爲屋宇白檀爲人物方圓一丈三尺城門小牌曰靈芳國或云平蜀得之者

曲水香

用香末布篆文木範中急覆之是爲曲水香

旖旎山

高麗舶主王大世選沉水近千斤叠爲旖旎山象衡

岳七十二峯錢俶許黄金五百兩竟不售

鬭香

中宗朝宗紀韋武間爲雅會各攜名香比試優劣名曰鬭香惟韋溫挾椒塗所賜常獲魁

平等香

清泰中荆南有僧貨平等香貧富不二價不見市香和合疑其仙者

鷓鴣沉界尺

沉水帶斑點者名鷓鴣沉華山道士蘇志恬偶獲尺許修爲界尺

香燕

李璟保大七年召大臣宗室赴内香燕凡中國外夷所出以至和合煎飲佩帶粉囊共九十二種江南素所無也

沉香甑

有賈志林邑舍一翁姥家日食其飯濃香滿室賈亦不諭偶見甑則沉香所刳也

山水香

道士譚紫霄有異術閩王昶奉之爲師月給山水香焚之香用精沉上火半㸃則沃以蘇合油

伴月香

徐鉉或遇月夜露坐中庭但爇佳香一炷其所親私別號伴月香

雪香扇

夏昶夏月水調龍腦末塗白扇上用以揮風一夜與花蘂夫人登樓望月悮墮其扇爲人所得外有效者名雪香扇

奪真盤飣

顯德元年周祖創造供薦之物世宗以外姓繼統凡百務從崇厚靈前看果雕香爲之形以黃金起突登格禁中謂之奪真盤飣

六尺雪檀

南香槎到文苾盡以易定物同光中有舶上檀香色正白號雪檀長六尺地人買爲僧坊刹竿

握君

僧繼顒住五臺山手執香如意紫檀鏤成芬馨滿室

繼凡時在潛邸以金易致每接僧則頂帽具三衣假比丘秉此揮談名爲握君

清門處士

海舶來有一沉香翁剜鏤若鬼工高尺餘舶酋以上吳越王王目爲清門處士發源於心清聞妙香也

喪葬

魂樓墓衣

葬處上封謂之魂樓凡兩品一如平頂炊餅一如刻合水桶上作銅鑼形亦有更用一重瓶甕者或刻鐵物象名墓衣

泉臺上寶眞游亞寶

顯德六年世宗慶陵攢土發引之日百司設祭於道翰林院楮泉大若盞口余令雕印字文文之黃曰泉臺上寶白曰眞遊亞寶

義疾

他疾雖一臟受病勞瘵則異矣次第傳變五臟百脉俱傷血絶然後奄喪人死則有虫出中者病如前人非死不已一傳十十傳百展轉無窮故號義疾

永息菴

右補闕王巳四十四致仕預製棺題曰永息菴置諸寢室人勸移之僻地曰吾欲見之常運死想滅除貪愛耳壽七十八無疾而逝

漆宅

余嘗臨外氏之喪工見漆工髹裹凶器余因言棺槨甚如法漆工曰七郎中隨身富貴只贏得一座漆宅豈可鹵莽

布漆山

天成開運以來俗尚巨棺有停之中寢八立兩邊不相見者因肆號布漆山

漆宮沙府

蘇司空禹珪薨百官致祭侍御史何彂撰版文曰漆宮永閟沙府告成禮畢余問沙府之說曰自隧道至窆棺之穴皆鋪沙以防陰雨泥滑名沙府唐人嘗引用之

大小脫空

長安人物繁習俗侈喪葬陳拽寓像其表以綾綃金

銀者曰大脫空褚外而設色者曰小脫空製造列肆茅行俗謂之茅行家事

土筵席

葬家聽術士說例用朱書鐵券若人家契帖標四界及主名意謂亡者居室之執守不知爭地者誰耶龕前甃石若甎表之面方長高不登三尺號曰券臺貧無力則每祭祀以藉尊俎謂之土筵席

鬼

會稽人名鬼

釋種令超遊南岳將至祝融峰逢赤幘紫衣人同憩道側超問其所之因密語曰我豈人也凡舉子入試天命使鬼三番旁護之欲以振發其聰明其中爲名第及時運未偶者則無所護衛君以一第爲兒戲耶我即其數也隸蓬萊下宮西臺此來南嶽關會一人陰德增減耳

神

侯白唾神茶

侯白隋人性輕多戲言嘗唾壁誤中神茶像人因責

之應曰侯白兩脚墮地雙眼覷天太平田地步履安然此皆符耳安敢望侯白哉

妖

活玉巢

盩厔吏魁召士人訓子弟館于門士人素有蛀牙一月復作左腮掀腫遂張口卧意似甞膽忽聞有聲發於齦齶若切切語言人馬喧鬨漸次出口外痛頓止至半夜却聞衆來之聲仍云小都郎回活玉巢也似訶喝狀頰上蠢蠢然直入口彈指頃齒大痛詰旦具

皆主人勸呼〻符祝用符水士人從之痛已癒術竟莫知何怪也